LE COURAGE DE PENSER L'AVENIR

CHRISTOPH THEOBALD

LE COURAGE DE PENSER L'AVENIR

Études œcuméniques de théologie fondamentale et ecclésiologique

Cogitatio fidei

LES ÉDITIONS DU CERF

Collection dirigée
par
EMMANUEL DURAND

www.editionsducerf.fr
24, rue des Tanneries
75013 Paris

ISBN 978-2-204-14350-9

Liste des sigles et des abréviations

AETC	Association européenne de théologie catholique
ARCIC	Commission internationale anglicane-catholique romaine
AS	*Acta synodalia sacrosancti concilii oecumenici Vatiani II*
BETL	Collection *Bibliotheca ephemeridum theologicarum lovanensium*, Peeters, Louvain
Cath	Dictionnaire *Catholicisme*
CCSL	*Corpus Christianorum Series Latina*
CDC	*Codex de droit canonique*, 1983
CIC	*Codex iuris canonici*, 1917
COD	*Conciliorum oecumenicorum decreta* (éd. ALBERIGO)
COE	Conseil œcuménique des Églises
CrSt	*Chistianesimo nella Storia*, Bologna
CTI	*Commission théologique internationale*
DC	*Documentation catholique*, Paris
DTC	*Dictionnaire de théologie catholique*
DzH	*Denzinger-Hünermann*
ET	K. RAHNER, *Écrits théologiques*, DDB, Paris
EThL	*Ephemerides theologicae Lovanienses*
JBTh	*Juhrbuch für biblische Theologie*
K. I	H. J. SIEBEN, *Die Konzilsidee der alten Kirche*, Paderborn, Ferdinand Schöningh, 1979.
K. II	H. J. SIEBEN, *Die Konzilsidee des lateinischen Mittelalters*, Paderborn, Ferdinand Schöningh, 1984.
K. III	H. J. SIEBEN, *Die katholische Konzilsidee von der Reformation bis zur Aufklärung*, Paderborn, Ferdinand Schöningh, 1988.
K. IV	H. J. SIEBEN, *Katholische Konzilsidee im 19. und 20. Jahrhundert*, Paderborn, Ferdinand Schöningh, 1993.
MCG	*Monumenta conciliorum generalium seculi decimi quinti*, Concilium Basileense, tomes I-III, E. BIRK *et al.* (éd.), Vienne, 1857-1932
NRT	*Nouvelle revue théologique*, Bruxelles
PG	*Patrologiae Cursus Completus, Series Graeca*
PG	*Patrologiae cursus completus. Accurane Jacques-Paul Migne. Series Graeca.*
QD	Collection *Quaestationes disputatae*, Herder, Fribourg/Basel/Wien
R. franç. Sociol.	*Revue française de sociologie*

RSPhTh	*Revue des sciences philosophiques et théologiques*
RSR	*Recherches de science religieuse*
RTL	*Revue théologique de Louvain*
SC	Collection « Sources Chrétiennes », Éd. du Cerf, Paris
StZ	*Stimmen der Zeit*, Munich
SW	K. Rahner, *Sämtliche Werke*
ThPh	*Theologie und Philosophie*, Francfort
ThQ	*Theologische Quartalschriften*, Tübingen
TRE	*Theologische Realenzyklopädie*
US	Collection « Unam Sanctam », Éd. du Cerf, Paris
WA	Édition critique des œuvres de Luther *(Weimarer Ausgabe)*

Pour les textes du magistère

Du concile

AG	*Ad gentes*
CD	*Christus Dominus*
DH	*Dignitatis humanae*
DV	*Dei verbum*
GS	*Gaudium et spes*
LG	*Lumen gentium*
OT	*Optatam totius*
SC	*Sacrosanctum concilium*
UR	*Unitatis redintegratio*

Autres

AL	*Amoris laetitia*
CN	*Communionis notio*
EG	*Evangelii gaudium*
Lsi'	*Laudato si'*
VC	*Vita consecrata*
VG	*Veritatis Gaudium*

AVANT-PROPOS

Comme l'indique la date apposée à l'introduction de ce volume – la fête de la conversion de l'apôtre Paul, célébrée dans l'Église catholique le 25 janvier –, le manuscrit de cet ouvrage a été terminé avant l'irruption de la Covid 19 en France. Après une ultime relecture en septembre de cette mémorable année 2020, il m'a semblé que la pandémie, avec son cortège de conséquences pour les individus et nos collectivités, n'a pas rendu obsolète mon propos mais au contraire l'a confirmé et rendu encore plus incisif. Le virus fonctionne en effet comme un révélateur de forces et de tendances déjà présentes au sein de nos sociétés et dans les Églises, accusant davantage leur relief et leurs contrastes, voire leurs oppositions.

Je n'ai donc pas modifié mon manuscrit en fonction de la situation actuelle. Que le lecteur n'hésite pas cependant à suivre l'itinéraire de pensée que je lui propose avec pour arrière-plan ce qui nous arrive ces temps-ci. Aussi dramatique que soit la condition de beaucoup de nos concitoyens et d'une large partie de la population humaine, la foi peut discerner, dans l'incertitude « mondialisée » par rapport à l'avenir de notre planète, un *kairos* au sens biblique et évangélique du terme. C'est ce que le pape François fait dans son encyclique *Fratelli tutti* sur la fraternité et l'amitié sociale, signée à la veille de la fête du « Poverello », le 3 octobre 2020, sans oublier son exhortation apostolique postsynodale *Querida Amazonia,* parue le 2 février 2020, peu avant qu'on mesure l'ampleur de la pandémie. Donnant dans cet ouvrage une large part à la perspective « polyédrique » du pape François en son rapport au concile Vatican II, nous signalons ces deux textes qui prolongent et synthétisent les principales préoccupations déjà exprimées dans ses documents antérieurs.

Et si le lecteur voulait prendre connaissance de la relecture de la tradition chrétienne qui s'est imposée à moi au fil de mes méditations durant les semaines du premier confinement, je peux le renvoyer à ma « Lettre à celles et ceux qui ne sont pas indifférents à l'avenir de la tradition chrétienne » qui paraît au même moment que cet ouvrage-ci, sous le titre biblique « Et le peuple eut soif… ».

CHRISTOPH THEOBALD

INTRODUCTION

La crise de l'Église catholique en Europe est devenue proverbiale. À chaque nouvel épisode – en tout dernier lieu les affaires de pédocriminalité –, des analystes de toute provenance se penchent sur elle et tentent de diagnostiquer ce qui se passe. Simultanément, les sociologues du religieux et les historiens contemporanéistes multiplient leurs approches techniques [1], rappelant que l'actualité du catholicisme européen ne se comprend que si on la situe dans l'histoire et dans l'histoire de nos sociétés. Peu sont ceux qui osent anticiper son avenir en Europe, voire ont le courage de le penser. Et on le comprend, car l'incertitude est grande ; et la rigueur des sciences humaines résiste aux prévisions, laissées plutôt aux climatologues. Avant d'esquisser l'itinéraire que nous allons suivre dans cet ouvrage, il nous faut donc réfléchir quelque peu aux conditions intellectuelles et spirituelles d'un regard prospectif sur l'Église, sans perdre le contact avec ceux qui font de son présent et de son passé l'objet de leurs explications scientifiques.

1. D. Hervieu-Léger, *Catholicisme, la fin d'un monde*, Paris, Bayard, 2003 ; id., *Le temps des moines. Clôture et hospitalité*, Paris, PUF, 2017 ; C. Béraud, *Prêtres, diacres laïcs – Révolution silencieuse dans le catholicisme français*, Paris, PUF, 2007 ; G. Cuchet, *Comment notre monde a cessé d'être chrétien. Anatomie d'un effondrement*, Paris, Éd. du Seuil, 2018 ; D. Pelletier, *Les catholiques en France de 1789 à nos jours*, Paris, Albin Michel, 2019.

HISTORIENS CONTEMPORANÉISTES, SOCIOLOGUES ET THÉOLOGIENS AUX PRISES AVEC LE PRÉSENT... ET L'AVENIR DU CATHOLICISME

1. Restant un « événement repère » incontournable, le concile Vatican II continue à susciter le schème d'interprétation du « tournant d'époque ». Qu'on se souvienne de la chronique, dans la revue *Études*, du père Rouquette qui affirmait au moment des premiers conflits au sein de l'assemblée et de la formation d'une majorité anti-curiale (à l'automne 1962) que l'âge de la Contre-Réforme était terminé ; or, bientôt soixante ans après, ce « tournant », s'il a eu lieu, semble toujours faire douter de lui. D'autres ont en effet contesté et contestent toujours ce genre de périodisation, insistant plutôt sur des continuités profondes d'un catholicisme qui certes serait passé par un temps de crise, mais qui, avec l'arrivée de Jean-Paul II en 1978, aurait commencé à procéder à un heureux rééquilibrage. On peut penser à « l'herméneutique de continuité » du Concile, chère à Benoît XVI qui, dès le début de son pontificat (en 2005), l'a d'ailleurs rebaptisée « herméneutique de réforme ». D'autres encore, comme l'historien Denis Pelletier dans son dernier ouvrage, insistent davantage sur le moment qui débute avec Jean-Paul II et le synode extraordinaire (en 1985) de commémoration du vingtième anniversaire de la fin du Concile. À un premier niveau, Pelletier distingue une série de « crises » mais comprend l'époque du Concile et la « seconde Révolution » (« 68 » et la décennie qui suit) comme un « moment tournant » où disparaît la configuration du catholicisme né du bouleversement révolutionnaire de 1789. L'époque de Jean-Paul II et de Benoît XVI est alors abordée sous l'angle d'une reconstruction *inachevée*, ouverte à l'incertitude.

La tâche de comprendre ce qui se passe est en effet très délicate ; en partie parce que le découpage en étapes, en époques ou en tournants, s'il s'appuie sur un certain nombre d'indices bien repérables (Concile, changements de pontificat, statistiques de pratiques, du personnel ecclésial, traitement de telle question comme la liberté religieuse, le rapport au judaïsme, etc.), se heurte inévitablement à des tuilages entre phases, qui laissent la place à des appréciations et des interprétations différentes. Ce qui est particulièrement le cas aujourd'hui, non seulement en France mais un peu partout en Europe et dans l'Église universelle où les conflits entre chrétiens sont attisés, jusqu'au plus haut niveau de la hiérarchie catholique, symbolisés par le vis-à-vis d'un pape émérite qui continue à parler et à peser dans le débat et de l'actuel évêque de Rome et occupant de la chaire de Pierre, dont certains vont jusqu'à contester la légitimité. Les *acteurs* d'une reconstruction – et qui ne prétend pas l'être parmi les chrétiens actifs et leurs pasteurs ! – ainsi que de nombreux observateurs du phénomène chrétien et catholique trouvent évidemment sans peine dans l'histoire récente du catholicisme ce qui légitime leurs propres orientations. En revanche, les *sociologues* et les *historiens* se soumettent à la dure ascèse du décryptage des documents, des statistiques et des événements, de la reconstruction des représentations et de l'auscultation des mouvements de fond de nos sociétés et des Églises en leur sein, faisant apparaître des facettes non immédiatement perceptibles par les observateurs d'un jour ou les acteurs attelés aux combats quotidiens. Mais la visée scientifique ou la « neutralité axiale » de leurs travaux ne les exempte pas de l'obligation de réfléchir aux inévitables points aveugles de leur recherche ; et il n'est pas non plus exclu que, sous le couvert de tout un appareil argumentatif, ils laissent, eux aussi, parler leurs propres intérêts et préférences.

Quant au *théologien chrétien et catholique* que je suis, il se trouve devant les mêmes obscurités de l'histoire. Acteur ecclésial, il est en même temps soumis aux règles intellectuelles de sa propre discipline qui implique la *foi* de celui qui s'y engage. Ayant certes renoncé ainsi à la neutralité des sciences sociales et historiques, il ne peut pas pour autant exclure de son champ leur regard critique, en quelque sorte externe, sur le phénomène chrétien et catholique, laissant sans cesse déplacer sa propre perspective croyante ; faute de quoi il deviendrait l'intellectuel d'une secte « catholique » fermée sur elle-même.

Sans peine, il inscrit donc d'abord ses propres travaux parmi les relectures sociohistoriques du catholicisme du XXe siècle, considérant l'époque du concile Vatican II (1962-1965), avec sa période de « gestation » pastorale et théologique préconciliaire (1946-1962) et sa première phase de réception (1965-1985), comme un véritable « tournant [1] ». Si, pendant ce long laps de

1. Voir Chr. THEOBALD, *La réception du concile Vatican II. I. L'accès à la source*, Paris, Éd. du Cerf, 2009, p. 495-682.

temps, on peut effectivement observer ce que Guillaume Cuchet interprète comme un « effondrement », rien ne permet à un théologien et à un historien qui situent le phénomène ecclésial *dans l'évolution des sociétés européennes* de transformer la « concomitance » entre la longue fin du catholicisme « postrévolutionnaire » et le concile Vatican II en « relation de causalité », et de considérer ce dernier comme « événement déclencheur [1] ». Il y perçoit plutôt une première réponse officielle à la situation internationale de l'Église catholique, telle qu'elle a pu être discernée collectivement à l'époque.

La prise de conscience ecclésiale, déclenchée par Vatican II, obéit évidemment à une temporalité spécifique, appelée aussi « réception », même si celle-ci s'organise en fonction des espaces culturels et des mutations qui y interviennent. D'un point de vue théologique, il est donc tout à fait légitime de parler d'une phase de reconstruction inachevée sous le pontificat de Jean-Paul II et de Benoît XVI, bien qu'il faille considérer aussi que la réception passe d'une phase d'application à celle d'une intériorisation collective – concentrée par Jean-Paul II dans l'expression métaphorique du Concile comme « boussole » –, laissant la place à des oublis et à l'historicisation de l'événement conciliaire mais aussi à l'émergence d'une nouvelle créativité ajustée aux nouvelles situations. Ainsi les mutations anthropologiques des dernières décennies du XXe siècle et les enjeux de la transition écologique entrent-ils progressivement dans la conscience ecclésiale, suscitant un nouveau type de réponse et d'invitation évangélique ; ce qui est la caractéristique principale du pontificat de François (depuis 2013).

2. Un forage en profondeur au sein de la situation actuelle de l'Église catholique permet de préciser davantage l'angle spécifique sous lequel le théologien peut aborder l'histoire de celle-ci. Certes, la crise de la pédocriminalité occupe la surface [2]. Dans sa dimension internationale, elle révèle une crise institutionnelle que, dans sa lettre au peuple de Dieu (août 2018), le pape François a « reconduit » au « cléricalisme ». C'est de toute évidence l'exer-

1. G. CUCHET, *Comment notre monde a cessé d'être chrétien*, p. 130 s. et D. PELLETIER, *Les catholiques en France de 1789 à nos jours*, p. 213.

2. Et c'est tout naturellement par elle que Denis Pelletier termine son ouvrage : « Épilogue : sur une crise en cours (2019) ».

cice du pouvoir par les clercs et donc par des hommes qui est visé ici ; ce qui met la question de la place du ministère dans l'Église et des ordinations féminines au premier plan. L'ouvrage publié par le cardinal Sarah avec la collaboration du pape émérite, le 15 janvier 2020, avant même que le synode de l'Amazonie ait trouvé une conclusion par l'exhortation attendue du pape François, prouve que nous sommes ici dans l'épicentre de la crise actuelle. Pour le théologien, il est difficile de rester ici dans une attitude de neutralité axiale [1].

À l'arrière-plan de cette crise institutionnelle qui porte en effet sur la figure que prend l'Église aujourd'hui se trouve le phénomène plus ancien et sans aucun doute préconciliaire du « rétrécissement » progressif de sa surface ; terme générique qui, à ce stade, permet d'éviter des querelles de mot. Il s'agit d'un phénomène très difficile à analyser et donc soumis à maints conflits d'interprétation, surtout si l'on ne se limite pas à la France et prend en compte d'autres régions de l'Europe. Entre en compte non seulement la courbe descendante des ordinations presbytérales et des vœux de religion, mais aussi la modification profonde de la carte des pratiques religieuses et de la conception même de la pratique chrétienne et surtout la différenciation des types d'appartenance à la tradition ecclésiale qui en résulte. Les sociologues développent des typologies [2] et utilisent maintenant la métaphore de l'« ar-

---

1. Ce qui n'est pas non plus le cas de Denis Pelletier dans le même épilogue.

2. Voir par exemple Y. RAISON DU CLEUZIOU, *Qui sont les cathos aujourd'hui ? Sociologie d'un monde divisé*, Paris, DDB, 2014 ; ID. et Ph. CIBOIS, « Qui sont vraiment les catholiques », *La Croix*, 12 janvier 2017. Pour ce qui est de la France, ces sociologues distinguent (1°) les catholiques conciliaires, (2°) les observants qui défendent des formes classiques de piété (comme l'adoration du Saint-Sacrement) et se positionnent plutôt à « droite » sur l'échiquier politique, et (3°) les inspirés qui se définissent comme convertis, se sentent à l'aise surtout dans des mouvements charismatiques et leurs paroisses et défendent une image spirituelle de l'Église, (4°) les pratiquants saisonniers qui sont moins intéressés par la personne de Jésus que par le système des valeurs humanistes du christianisme, notamment par la fraternité, puis (5°) les catholiques culturels des fêtes familiales pour qui Jésus est un fondateur de religion et le catholicisme un élément constitutif de leur identité culturelle et, enfin, (6°) les émancipés qui voient en Jésus un libérateur et qui, au nom de leur foi chrétienne, s'engagent, plutôt à « gauche », dans la société, mais gardent leurs distances par rapport à la liturgie dominicale qui leur paraît trop éloignée du monde réel.

chipel[1] » pour désigner la configuration de la société française et une certaine tribalisation du catholicisme ainsi que la difficile communication en son sein.

Sans doute faut-il distinguer ici entre l'effectivité observable du phénomène et la manière de vivre ce « rétrécissement », pouvant aller jusqu'à la crainte de disparition (face à un islam européen qui s'affirme), sentiment éprouvé par bon nombre de catholiques et différemment vécu par les uns et les autres selon le type de pratique et d'appartenance adopté[2]. Peu d'analyses psycho-sociales se sont penchées sur cet « écart[3] » qui ouvre aussi un espace à l'interprétation théologique. Une minorisation progressive de la présence ecclésiale dans nos sociétés peut être vécue en contraste par rapport à un passé largement imaginaire et sous forme de regret ; elle peut alors susciter des réflexes défaitistes de fermeture sectaire ou des « ouvertures » militantes, se saisissant de la perspective missionnaire de la tradition chrétienne dans une attitude revendicative, voire de reconquête. Le devenir minoritaire peut être aussi vécu comme une « nécessité » inhérente à la tradition chrétienne, le christianisme et les Églises étant destinés à la sortie de la « chrétienté » et, dans un monde globalisé, à vivre en « diaspora » – ce qui est la thèse de Karl Rahner, défendue en 1954 (!) dans une célèbre conférence à Cologne[4]. Étant au fait des donnés sociohistoriques de son époque et parfai-

---

1. J. FOURQUET, *L'archipel français. Naissance d'une nation multiple et divisée*, Paris, Éd. du Seuil, 2019 ; ID., *À la droite de Dieu. Le réveil identitaire des catholiques*, Paris, Éd. du Cerf, 2018.

2. Voir p. 15, n. 2.

3. Denis Pelletier aborde cette question en parlant des « paradoxes du "devenir minoritaire" » (*Les catholiques en France de 1789 à nos jours*, p. 302-304), liés à la question de leur visibilité : « La visibilité des minorités est devenu un enjeu politique majeur, bien au-delà du seul fait religieux. Depuis Erving Goffman, les sociologues parlent d'une sociologie du "stigmate" pour désigner la façon dont les traits qui disqualifient une minorité dominée peuvent être retournés par elle, à travers une pratique militante, en autant de supports d'une revendication de ses droits et de reconnaissance de son altérité » (*ibid.*, p. 303).

4. K. RAHNER, « L'interprétation théologique de la situation du chrétien dans le monde moderne » (1954), dans *L'Église face aux défis de notre temps. Études sur l'ecclésiologie et l'existence ecclésiale*, édition critique sous la direction de Chr. THEOBALD et G. ROUTHIER, *Œuvres* 10, Paris, Éd. du Cerf, 2016, p. 357-394. Voir le dossier des *RSR* 107/3 (2019), intitulé « Faire de la théologie dans un christianisme diasporique ».

tement conscient du danger sectaire d'une minorisation de l'Église, Rahner ose – de manière précoce – une interprétation théologique de cette situation ; ce qui suppose qu'il s'interroge sur la manière de Dieu de se rendre présent dans l'histoire de l'humanité contemporaine. Comme par rapport à la crise institutionnelle de l'Église, le théologien ne peut pas rester ici dans la neutralité mais doit en effet prendre position aujourd'hui dans le débat ecclésiologique sur les manières de vivre le statut de minorité archipellisée et sur la conception de la mission qui y est liée, proposant des critères historico-théologiques de discernement.

Quand on continue le forage en profondeur, on atteint un troisième niveau de la crise actuelle du catholicisme européen, à savoir sa difficulté à être une véritable « ressource » et à rejoindre, voire à inspirer la vie quotidienne de nos contemporains, difficulté analysée par les sociologues en termes d'« exculturation [1] ». Le problème est ancien et remonte à la « crise moderniste ». Déjà, un Loisy s'était rendu compte du fossé entre la culture catholique d'un côté et la jeunesse d'une école catholique à Neuilly de l'autre, établissement où, après son éloignement de l'enseignement biblique à l'Institut catholique de Paris, il était devenu aumônier[2]. Du côté protestant, un des premiers à avoir sondé la difficulté est Rudolf Bultmann qui, ayant perçu le statut mythique de la vision biblique du monde, tente de penser la tâche ecclésiale de l'interprétation existentiale du kérygme, réalisée dans son programme de « démythologisation [3] ». L'enjeu fondamental a été et reste encore la question de la « recevabilité » de l'Évangile de Dieu *en sa théologalité charnelle* – si je puis m'exprimer ainsi – au sein de notre culture désormais pluralisée, sans nier les forces de résistance et du mal à l'œuvre en celle-ci.

Sur ce chantier de grande envergure et décisif pour l'avenir de la tradition chrétienne, nous disposons de solides enquêtes quantitatives et qualitatives, permettant de réaliser ce qui est effective-

---

1. Voir les travaux de Danièle Hervieu-Léger, p. 11, n. 1.

2. Voir A. LOISY, *La crise de la foi dans le temps présent*, texte inédit publié par Fr. Laplanche, suivi des études de R. Ciappa, Fr. Laplanche et Chr. Theobald. Avant-propos de Cl. Langlois, Turnhout, Brepols, 2010.

3. R. BULTMANN, *Foi et compréhension*, t. II : *Eschatologie et démythologisation*, trad. sous la direction d'A. Malet par A. et S. Pfrimmer, S. Bovet et A. Malet, Paris, Éd. du Seuil, 1969.

ment reçu et ce qui ne l'est pas, non seulement dans le domaine moral qui fait facilement la une des journaux, mais aussi sur le plan des représentations langagières et sacramentelles de la foi [1]. En revanche, les travaux des historiens sur ceux qui ont quitté la foi et sur les manifestations diffuses d'« irrecevabilité » sont plutôt rares même si nous disposons de plus de recherches sur telle catégorie de chrétiens et d'intellectuels catholiques et sur leurs trajectoires, voire leurs prises de distance par rapport au christianisme ecclésial [2]. Parmi les chrétiens ou ceux qui se disent tels, la conscience du décalage grandissant entre la civilisation européenne et la culture interne à l'Église est plus ou moins répandue et différemment portée. Le théologien touche ici à la question centrale de la transmission et de la communication missionnaire de l'Évangile, quand celle-ci n'est plus du tout garantie par les institutions du lignage ou de l'éducation, comme cela a été le cas dans le christianisme postrévolutionnaire et plus largement à l'époque de la chrétienté. Les initiatives pastorales sur ce terrain se multiplient actuellement et manifestent des positionnements, voire des présupposés théologiques très divers [3], obligeant le théologien à sortir de la position de l'observateur d'un catholicisme « multitudinariste », à éclairer l'impact de la liberté religieuse et de l'absence de toute garantie sur la transmission et la manière de la mettre en œuvre et à en expliciter les conséquences sur la communalisation ecclésiale de la foi chrétienne et catholique.

3. Comme il ressort de ce forage en profondeur au sein de la situation *actuelle* de l'Église catholique, le théologien ne peut pas déserter la sociohistoire effective de la tradition chrétienne, toujours localement et temporellement circonscrite, et donc enracinée dans telle société et en conséquence périodisée de manière différenciée. Il s'y inscrit mais le fait de manière spécifique, *à partir de son engagement croyant et comme acteur ecclésial et citoyen.*

---

1. Voir par exemple dans l'ouvrage de P. BRÉCHON, F. GONTHIER, S. ASTOR (dir.), *La France des valeurs*, Grenoble, Presses universitaires de Grenoble, 2019, la 6e partie « La religion en mouvement » par C. DARGENT et O. GALLAND.

2. Voir par exemple les travaux de Fr. GUGELOT.

3. Voir C. BÉRAUD, Fr. GUGELOT, I. SAINT-MARTIN (dir.), *Catholicisme en tensions*, Paris, Éd. de l'EHESS, 2012 ; B. DUMONS, Fr. GUGELOT (dir.), *Catholicisme et identité. Regards sur le catholicisme français contemporain (1980-2017)*, Paris, Karthala, 2017.

Sans doute sera-t-il davantage sensible aux *dimensions globales*, au moins européennes, de la crise du catholicisme [1] ; l'existence internationale, voire mondiale de celle-ci et l'émergence spectaculaire du mouvement œcuménique au XXe siècle l'obligent à ce décentrement. Les différents niveaux de la crise du catholicisme européen, dégagés à l'instant, l'invitent aussi à prêter davantage attention au *long terme* de la tradition chrétienne et catholique. Cela ne vaut pas seulement pour l'intelligence théologique de la crise institutionnelle de l'Église catholique – le « cléricalisme » – qui nécessite un « retour » sur sa « figure grégorienne » et « tridentine » mais aussi pour le phénomène de rétrécissement de la surface catholique et de son archipellisation qui renvoie la théologie à la question déjà ancienne, en tout cas préconstantinienne, du statut « diasporique » du christianisme. Et quant au constat de l'« exculturation » de la foi, il est l'envers de la visée, âprement discutée, de l'« inculturation » qui accompagne toutes les phases de son histoire missionnaire.

Un point mérite d'être abordé plus particulièrement parce qu'il est susceptible de nuancer, sinon de bouleverser la périodisation couramment adoptée par les historiens français du catholicisme contemporain et reprise ici, et qui consiste à considérer l'époque pré- et postconciliaire de 1945 jusqu'en 1980 comme « moment tournant » et de comprendre la suite jusqu'à nos jours comme phase de « reconstruction inachevée ». On peut se demander si les mutations anthropologiques des dernières décennies et la prise de conscience du problème migratoire et de la crise écologique dans nos pays européens (sans parler du décalage de plus en plus criant, en France, entre les métropoles et le rural) ne sont pas en train de redistribuer les cartes, au sein de l'Église catholique *comme* au sein de la société.

Dans un discours à Florence (2015) et dans sa Constitution apostolique sur les Universités et les Facultés ecclésiastiques *Veritatis gaudium* (2017), le pape François insiste sur le fait qu'

> *aujourd'hui* nous ne vivons pas seulement une époque de changements mais un véritable changement d'époque, marqué par une « crise anthropologique » et « socio-environnementale » globale dans laquelle nous

1. C'est un certain francocentrisme qu'on peut reprocher à l'ouvrage à thèse de G. Cuchet sur « l'anatomie d'un effondrement » (2018).

rencontrons chaque jour davantage « des symptômes d'un point de rupture à cause de la rapidité des changements et de la dégradation qui se manifestent tant dans les catastrophes naturelles régionales que dans les crises sociales ou même financières ». Il s'agit en définitive de « convertir le modèle de développement global » et de « redéfinir le progrès » : « Le problème est que nous n'avons pas encore la culture nécessaire pour faire face à cette crise, et il faut des leaderships qui tracent des chemins » [*VG*, 3].

Tout est évidemment une question de perspective. Rien ne nous oblige à abandonner l'hypothèse de la « reconstruction inachevée ». Mais on peut se demander si le passage de l'« holocène » à l'« anthropocène », beaucoup discuté à l'heure actuelle[1] – le pape parle d'une « crise anthropologique » et « socio-environnementale » globale – n'introduit pas une *autre temporalité*, celle précisément qui se mesure aux actions humaines devenant la force géologique dominante. La question est alors d'examiner comment nos sociétés européennes et, en leur sein, les Églises, réagissent par rapport à ces mutations ; question posée aux historiens contemporanéistes et aux sociologues, mais aussi aux théologiens. Si l'époque de Vatican II et, en particulier, l'événement et le corpus textuel du Concile gardent encore des potentialités d'avenir importantes, l'actuel « tournant » sociétal et environnemental est de tout autres dimensions que la « révolution » culturelles des années soixante du dernier siècle, et exige des réponses nouvelles. Cette exigence légitime des prises de distances par rapport à Vatican II, voire des critiques, orientant en tout cas le processus de réception dans une nouvelle direction. La soi-disant « reconstruction » du catholicisme français et européen devient ainsi encore *plus incertaine*, se voyant soumise à des préoccupations tout à fait différentes de la défense identitaire qui semblait la dominer pendant ces dernières décennies[2]. Si nous partageons les problèmes anthropologiques, ceux du vivre-ensemble en société et celui de la transition écologique avec l'ensemble des citoyens, nous devons nous demander comme chrétiens et théologiens quelle « ressource » y apporte l'Évangile du Règne de Dieu et

---

1. Voir le dossier des *RSR* 107/4 (2019), intitulé « Repenser la création à l'âge de l'anthropocène » avec sa bibliographie.

2. Voir les ouvrages collectifs cités p. 18 n. 3.

quelle communalisation ecclésiale et institutionnelle correspond à la mission de laisser émerger et couler cette « source ».

La perspective de l'avenir intervient ici, au cœur de l'incertitude, avec une quasi-nécessité. La situation actuelle, tant sociétale qu'ecclésiale, nous force en effet à comprendre que la neutralité axiale des sciences sociales et historiques et celle, dans un sens plus restreint, de l'ecclésiologie chrétienne et catholique, touchent à des limites quand la vie et son avenir sur notre planète et l'avenir de l'Évangile de Dieu sont en jeu. L'acteur citoyen et chrétien est nécessairement habité par telle conviction particulière ; ce qui nécessite en même temps un fort sens critique, forgé par les sciences et la théologie, et la capacité d'apprentissage, y compris la franche reconnaissance de s'être trompé. Or, le « multitudinarisme » catholique qui, refusant toute partialité, risque de tout bénir, est menacé soit par l'indécision soit par la défense de tel point de vue particulier, projetant le fantôme du schisme pour le faire adopter par la collectivité ; l'actuelle archi pellisation de l'Église en est le résultat. L'affirmation du pape François de « ne pas avoir peur du schisme » démasque cet inconscient « catholique » et rétablit la priorité de la question de la vérité.

Il faut donc du courage à l'acteur – le courage de la foi – pour « extrapoler » la situation actuelle, voire pour anticiper l'avenir et le penser. Il ne s'agit nullement d'un exercice arbitraire mais d'une manière de s'appuyer à la fois sur l'histoire du christianisme européen (ou plus modestement ouest- et sud-européen) et sur l'histoire de la réception du concile Vatican II, qui reste pour le moment la toute dernière expression collective et normative de l'Église catholique, à situer dans le long terme de la tradition chrétienne [1]. Ce sont les « cohérences en profondeur », comme l'a déjà noté le saint cardinal Newman – cohérences impliquant de véritables changements paradigmatiques – qui restent la règle fondamentale de notre anticipation. Il me semble – c'est l'hypothèse majeure de cet ouvrage – que la « crise » actuelle du catholicisme dont nous venons de dégager trois niveaux de profondeur et en particulier la question de la « recevabilité » du kérygme chrétien, mais aussi le mouvement œcuménique, et tout cela

1. Voir notre ouvrage cité p. 13, n. 1 et ID., *Le concile Vatican II. Quel avenir ?*, Paris, Éd. du Cerf, 2015.

sur fond d'une mutation de « l'humain » sur notre planète, nous conduit vers une question très élémentaire : *de quoi s'agit-il finalement dans la foi chrétienne ?* Tout se passe comme si l'incertitude actuelle à tous les niveaux nous incitait – une fois de plus – à nous ressouvenir de l'essentiel ; ce que le théologien fait en revisitant les « fondamentaux » dans un esprit œcuménique.

La structure élémentaire de la tradition chrétienne et son « ouverture » par rapport aux évolutions historiques de l'humanité

Si nous avons abordé, dans un premier temps, la question de l'avenir du catholicisme français et européen à partir de ce que les sciences historiques et sociales nous apprennent de son périple pendant la deuxième moitié du XXe siècle et au début de ce nouveau millénaire, nous devons maintenant inverser notre perspective et interroger le présent et l'avenir de l'Église en les situant dans la structure élémentaire de la tradition chrétienne.

1. En revenant à cette structure élémentaire, telle que l'apôtre Paul (1 Co 11, 23-26 et 15, 1-3), saint Irénée (*Contre les hérésies*, III, 1.1-2) et les conciles de Trente (Décret *Sacrosancta*) et de Vatican II (Constitution *Dei verbum*, II) l'ont perçue, on peut y distinguer trois pôles ; (1°) une référence : ce qui est à transmettre *(tradendum)*, à savoir l'*Évangile* du Règne de Dieu (Mc 1, 14) ; (2°) ceux qui l'annoncent *(tradentes)*, jamais en leur propre nom mais au nom de *celui qui les a envoyés* – le Christ Jésus et ses « disciples-missionnaires » (selon l'expression du pape François) ou l'*Église* des baptisés – ; et (3°) ceux qui le reçoivent, les *destinataires*, les chrétiens eux-mêmes ou l'Église et la société. On peut ainsi parler du « triangle constitutif » de la Tradition chrétienne.

Ajoutons, pour comprendre *l'unité interne de cette structure matricielle*, que l'Évangile (εὐ-αγγέλιον) – cette nouvelle de bonté inconditionnelle toujours nouvelle – ne peut être attribué qu'à Celui que nous appelons « Dieu ». Il s'agit en effet d'une nouvelle exorbitante, étant donné l'état de notre monde et de notre histoire, traversés par le mal sous ses différentes formes (mal-heur, mal-adie, mal-veillance). Quel être humain pourrait prendre sur lui de l'annoncer en son propre nom ! On comprend immédiatement que la présence de cet Évangile de « Dieu », ou de « Dieu » comme Évangile parmi les hommes et dans la création nécessite une autorisation ou un envoi qui remonte à Celui qui en est le seul et unique garant. Et cela vaut pour Jésus de Nazareth comme pour ses disciples (Jn 17, 18 et 20, 21), jusqu'à la fin des temps. Quant à l'universalité des destinataires – « quiconque » –, elle est, elle aussi, impliquée dans cet Évangile. Car que serait une nouvelle de bonté inconditionnelle toujours nouvelle pour quelques-uns seulement – des « happy few » ? Elle ne serait plus discernable des multiples nouvelles ou fake news que telle tribu humaine invente au détriment des autres. Son caractère universel et, ajoutons-le, ultime, vient du fait qu'elle veut rejoindre tout homme et toute femme en leur combat pour la vie et pour une vie bonne, les rejoignant même là où ils sont consciemment ou inconsciemment complices du mal. L'Église des baptisés, enfin, n'a sa raison d'être qu'en étant en relation à l'Évangile de « Dieu », à savoir avec celui qui l'incarne parmi les hommes, le Christ Jésus, *et* avec ses destinataires ; elle existe donc comme étant constitutionnellement « décentrée », décentrée vers le Christ Jésus *et* décentrée vers les peuples, elle existe comme « sacrement universel du salut », comme l'affirme le concile Vatican II dès le début de *Lumen gentium.*

2. Le concile Vatican II a en effet mis en valeur plusieurs aspects de cette structure élémentaire de la tradition chrétienne.

Une première insistance se précise seulement à la fin du Concile dans le Décret sur l'activité missionnaire de l'Église. Tandis que la constitution dogmatique sur l'Église *Lumen gentium* (1964) distingue encore « la nature de l'Église » et sa « mission », le Décret (1965) identifie les deux : « *De sa nature*, l'Église durant son pèlerinage sur terre, *est* missionnaire, puisqu'elle tire son origine de la mission du Fils et de la mission du Saint-Esprit, selon le dessein de Dieu le Père. Ce dessein découle de "l'amour dans sa source" » (*Ad gentes*, 2). Le pape François enregistre cette précision sur un plan individuel quand il forge la notion de « disciple-missionnaire » (*Evangelii gaudium*, 24) et sur un plan collectif en parlant de « l'Église en sortie » (*EG*, 20-24).

Une deuxième insistance, particulièrement présente dans la Constitution pastorale *Gaudium et spes* consiste dans l'intérêt pour les destinataires de l'Évangile de Dieu ; il est au principe de la fameuse « pastoralité » du Concile. Selon ce principe, les destinataires de l'Évangile ne sont pas une simple caisse de résonance : l'Évangile annoncé est *déjà* mystérieusement à l'œuvre en eux, en creux ou en attente, grâce à la présence de la sagesse, de l'Esprit Saint ou du Verbe de Dieu dans toute la création et en chaque être humain [1]. Ce qui veut dire que ceux qui annoncent l'Évangile du Règne de Dieu sont déjà *précédés* [2] et que – d'un point de vue herméneutique – la structure tripolaire de la tradition chrétienne doit être aussi lue en sens inverse : ce qui se passe chez les destinataires – au sein de leur culture et de leur manière d'habiter le monde, sans cesse à discerner par l'Église (*GS*, 11) – reflue en quelque sorte sur la figure d'une Église missionnaire et sur la manière d'interpréter, ici et maintenant, l'Évangile du Règne de Dieu (*GS*, 44).

Un dernier accent du Concile consiste à mettre en valeur la *nécessaire concordance* entre ce qui est annoncé et la manière de le faire. La Déclaration sur la liberté religieuse *Dignitatis humanae* y est particulièrement sensible, surtout dans sa deuxième partie qui traite de la « manière d'agir » du Christ Jésus, de ses apôtres et de l'Église (*DH*, 11 et 12). Le texte reconnaît d'ailleurs – pour la première fois – (sans doute encore trop) prudemment « qu'il y a(it) eu parfois dans la vie du peuple de Dieu, cheminant à travers les vicissitudes de l'histoire humaine, des manières d'agir moins conformes, bien plus même contraires à l'esprit évangélique » (*DH*, 12). Plus globalement, le Concile insiste sur l'articulation entre l'Évangile de Dieu et le style de vie de ceux qui l'annoncent, qu'il s'agisse du chap. V de la Constitution sur l'Église *Lumen gentium* qui expose « l'appel universel à la sainteté dans l'Église » ou déjà de son n° 8 qui introduit la *simultanéité* de la sainteté de l'Église et de l'appel constant à la purification, ce dernier devenant dans le contexte œcuménique du Décret *Unitatis redintegratio* l'appel à la « réforme permanente » (*UR*, 6).

---

1. Voir le Prologue du Quatrième évangile.

2. Comme l'indiquent clairement les textes missionnaires du Nouveau Testament, en particulier Lc 10 qui relate l'envoi des Soixante-douze par Jésus et leur retour : « S'il s'y trouve un homme de paix, votre paix ira reposer sur lui. »

3. C'est en prenant aujourd'hui plus nettement conscience de ces insistances novatrices de Vatican II au sein d'une structure fondamentale à la fois invariable et historiquement diversifiée et diversifiante qu'on peut mieux situer et comprendre le présent du catholicisme européen et l'avenir, tel qu'il semble s'esquisser. En lien avec l'analyse en profondeur du catholicisme opéré plus haut je retiens trois aspects décisifs qui, comme à Vatican II, conduisent à mettre à nouveau en travail et en mouvement la matrice chrétienne.

(1) L'affaiblissement, voire en beaucoup d'endroits la disparition de la transmission familiale de la foi ou – pour le dire positivement – l'insistance sur la liberté de tous les *destinataires* a permis de prendre conscience que, dans la tradition chrétienne, *la transmission est celle d'un « intransmissible*[1] *»* : la « foi » et a fortiori celle en l'Évangile de Dieu ne se transmet pas, car elle est l'expression de la conscience des humains et donc enracinée dans leur liberté, menacée par le mal ; au cœur de cette liberté, elle est en même temps, croyons-nous, l'œuvre de l'Esprit Saint ; les disciples-missionnaires peuvent tout au plus poser les conditions de sa réception. Il y a donc au centre même de la tradition chrétienne – à l'endroit où se déroule la rencontre entre le destinateur et le destinataire – un « impondérable » ou un « seuil » qui rend tout automatisme impossible, et impensable toute garantie. Aujourd'hui nous en sommes davantage conscients qu'à l'époque où le Concile s'interrogeait sur la « pastoralité ». D'où l'interrogation sur ce qui est à transmettre et la manière de le faire ainsi que la distinction désormais nécessaire entre la *recevabilité* de l'Évangile qui nécessite une herméneutique contextuelle, relevant de la responsabilité des disciples-missionnaires et des Églises, et la *réception effective*, livrée à la liberté de conscience des destinataires.

Les débats sur la mission, suscités en Europe par la première Exhortation apostolique *Evangelii gaudium* du pape François (2013), en particulier par son premier chapitre sur « la transformation missionnaire de l'Église », sont un *symptôme* qui montre que la différence entre « recevabilité » et « réception » effective ainsi que le « seuil de l'intransmissibilité » commencent à monter à la surface de la conscience ecclésiale et produisent toute sorte de

---

1. Voir Chr. THEOBALD, « La foi au Christ : transmettre l'intransmissible ? », dans *DC* 103 (5 février 2006), p. 125-130.

réactions, repérables par les sociologues et contemporanéistes. Elles se repèrent, d'un côté, chez ceux qui tentent de rendre le « contenu catholique » plus attractif, se fiant aux techniques contemporaines de persuasion, voire de publicité, et, de l'autre, chez ceux qui refusent catégoriquement toute mission, l'identifiant d'emblée au prosélytisme. Sur un autre plan, plus institutionnel, les révélations sur la pédocriminalité et le refus du « cléricalisme » (s'exprimant parfois de manière « cléricale ») touchent, eux aussi, à la question de la « recevabilité » de l'Évangile de Dieu et à la nécessaire cohérence « stylistique » entre ce qui est proposé, l'Évangile du Règne de Dieu, et une manière de le rendre présent. Qu'il s'agisse ici d'une perspective inédite, l'Exhortation apostolique *Gaudete et exultate* (2018) qui relit et réinterprète le chap. v de *Lumen gentium* sur « l'appel à la sainteté » le prouve amplement ; mais il n'est pas sûr que les différentes « prises de conscience » qu'on vient d'évoquer se renouent déjà comme des « fils » dans un ensemble cohérent, une vision d'avenir de la tradition qui dégagerait de nouvelles énergies.

(2) La fin de tout automatisme de transmission entraîne le statut de minorité pour les chrétiens dans la plupart de nos sociétés européennes ; et le souci de la liberté des récepteurs et de la recevabilité de l'Évangile au sein de leur culture – souci partagé par certains et refusé par d'autres – a conduit vers une considérable différenciation interne de la tradition et de l'Église qui la porte, d'autres marqueurs de type culturel, social et politique pouvant désormais prendre le dessus par rapport à l'intégration et l'intégralisme catholiques. On connaît ce phénomène depuis longtemps dans l'espace interconfessionnel où la recherche œcuménique d'un consensus différencié, évoquée plus haut, peut déjà s'appuyer sur une longue histoire et, obéissant à une logique propre de dialogue et donc à une temporalité spécifique, représente désormais, au sein de la grande tradition chrétienne, une véritable tradition, portée au moins par une certaine « élite » ecclésiale.

En revanche, on a du mal à admettre ce type de diversification au sein du catholicisme romain, pourtant très largement archipellisé. La logique œcuménique pourrait l'instruire dans la recherche de sa propre unité ; ce qui se fait d'ailleurs à certains endroits, voire en certains milieux : il y a par exemple des paroisses de différentes confessions qui cohabitent sur un même territoire et communiquent plus aisément entre elles (par exemple pendant la semaine de l'unité) que ne le font un nombre non négligeable de communautés « traditionalistes » avec telle autre communauté ou groupe de fidèles d'une même dénomination mais plus ouvert à l'altérité et aux nécessaires transformations. Contemporanéistes et sociologues devraient dessiner une carte de ces manières de gérer les différenciations œcuméniques et intra-catholiques et l'introduire dans l'étape de « reconstruction inachevée, ouverte à l'incertitude ».

(3) Un dernier phénomène, déjà mentionné, doit être situé par le théologien au sein de la structure élémentaire de la tradition chrétienne. Il s'agit de la « crise anthropologique » et « socio-environnementale » globale, discernée dès 2015 par le pape François. Elle concerne la question du « genre » et les « politiques de la vie » qui « brouillent la frontière entre la sphère intime et la sphère politique », ce qui, selon le diagnostic de Denis Pelletier, centré ici sur la France, « conduit à une remise en jeu du travail de séparation entre l'État et les religions [1] ». Elle porte aussi et en même temps sur le problème de la transition écologique, montée plus récemment à la conscience ecclésiale, qui se conjugue dans la plupart de nos pays européens avec les questions que posent le vivre-ensemble en société, les migrations, la métropolisation et la désertification du « rural ».

Ce sont les destinataires de l'Évangile du Règne de Dieu qui sont concernés par ces questions et mutations en cours, nos sociétés et donc aussi les chrétiens en tant que citoyens. Ces derniers sont plus particulièrement interrogés sur leur manière de laisser refluer ces phénomènes – en leur racine commune dans une anthropologie ajustée à l'anthropocène – sur l'interprétation même de l'Évangile et la forme « missionnaire » que, dans cette situation, doit prendre l'Église. Même si tous ces problèmes anthropologiques et socio-environnementaux remontent au siècle dernier et, pour une partie, même en deçà du seuil de 1985, leur cumulation et leur articulation inchoative dans la conscience ecclésiale est beaucoup plus récente et justifie l'expression du « changement d'époque » (pape François) au sein d'une histoire de la réception de Vatican II qui prend maintenant de tout autres dimensions.

Aux yeux du théologien que je suis, cette mutation révèle aussi des risques importants, sinon des carences dans l'écoute ecclésiale

1. D. PELLETIER, *Les catholiques en France de 1789 à nos jours*, p. 304 s.

de l'Évangile de Dieu. L'insistance sur les questions de politique de la vie a eu pour conséquence que le discours ecclésial s'est très largement centré sur le début et la fin de la vie humaine ; et la transition écologique conduit, elle aussi, à mettre le projecteur ecclésial sur les limites de l'existence collective sur notre planète, activant fréquemment le registre de la peur. La théologie morale s'est greffée sur cet ensemble de problématiques avec beaucoup de courage, se différenciant en même temps. Mais en tant que discours argumentatif en faveur d'un agir éthique ou d'une abstention par rapport à tel ou tel possible technique, elle se trouve devant le défi de ne pas transformer en « ressource » ce qui, dans l'Évangile de Dieu, ne peut être instrumentalisé : la « source » de gratuité inconditionnelle en sa théologalité charnelle. Entre les instances de limite de la vie humaine, la naissance et la mort, et face à la question de l'habitabilité future de notre planète, se situe la vie quotidienne des citoyens et des chrétiens, l'Église n'y étant plus guère attendue. C'est pourtant le tout premier terrain où, selon l'Exhortation *Gaudete et exultate*, l'Évangile du Règne de Dieu doit pouvoir être entendu, n'intervenant pas d'abord comme consigne ou obligation éthique mais comme « source » théologale inépuisable à repérer comme étant déjà présente en chaque être humain et à laisser, voire à faire jaillir.

Un itinéraire de pensée

On vient de situer le présent du catholicisme européen et ce qu'on peut déjà raisonnablement percevoir de son avenir au sein de la structure élémentaire de la tradition chrétienne, sans oublier son ouverture universelle et son histoire deux fois millénaire. Quelques tâches se sont précisées. Les études œcuméniques de théologie fondamentale et ecclésiologique qu'on trouvera dans cet ouvrage y sont consacrées. Elles prennent la suite de mes travaux de théologie systématique, en particulier des deux tomes sur *Le christianisme comme style*[1] et celui, porté par la pneumatologie,

1. Chr. Theobald, *Le christianisme comme style. Une manière de faire de la théologie en postmodernité. Deux volumes*, Paris, Éd. du Cerf, 2007.

sur la *Genèse d'une théologie systématique*[1]. Dans ce volume-ci, le projecteur est mis sur la théologie fondamentale[2] – selon ce qui vient d'être dit de la structure élémentaire de la tradition chrétienne – et, au sein de celle-ci, sur la figure actuelle et à venir de l'Église (2e pôle : les *tradentes*) ; thématique qui relève de l'ecclésiologie. J'aborderai cet ensemble dans une perspective œcuménique.

Suivant ce qui a été dit plus haut de l'histoire du catholicisme européen, les vingt-et-une études sont ordonnées de manière diachronique et distribuées en deux grandes étapes. S'intitulant *Dans les traces du concile Vatican II... la nouvelle perspective du pape François*, la première étape couvre les deux premières parties de l'ouvrage et traite du « tournant d'époque » évoqué plus haut. Celui-ci est en effet envisagé d'abord comme révélateur de certaines potentialités d'avenir du corpus de Vatican II, peu perçues jusqu'alors, puis à partir des mutations introduites par le pape François. Celles-ci touchent à la structure fondamentale de la tradition, la faisant varier à nouveau, bien évidemment dans le cadre d'une « normativité ouverte[3] », tracée par Vatican II. L'ecclésiologie semble y occuper le premier plan. Nous n'en parlons guère dans la première partie (sauf dans les chapitres IV et V), ayant déjà consacré d'autres études à l'Église du Concile[4]. Par contre, elle se trouvera en bonne place dans la deuxième partie, sous une forme décentrée de « sortie » ou traversée par le dynamisme de la mission. Aimanté par ce que le pape François appelle un « nouvel humanisme », l'accent nouveau repose sur le « transit » de l'Église vers la société et vice versa, porté par ce qu'il appelle une « mystique de la fraternité ».

Sous le titre *L'invitation à revisiter les fondamentaux... dans un esprit œcuménique*, la deuxième étape consiste à renouer les différents fils tirés dans les deux premières parties et à les renouer

---

1. Chr. THEOBALD, *Selon l'Esprit de sainteté. Genèse d'une théologie systématique*, Paris, Éd. du Cerf, 2015.

2. Voir, plus récemment, Chr. THEOBALD, *Europe, terre de mission. Vivre et penser la foi dans un espace d'hospitalité messianique*, Paris, Éd. du Cerf, 2019, qui propose une théologie de la foi.

3. Voir Chr. THEOBALD, *Selon l'Esprit de sainteté. Genèse d'une théologie systématique*, p. 14, 27 et 34.

4. Voir Chr. THEOBALD, *Le concile Vatican II. Quel avenir ?*, p. 205-226 ; ID., *Europe, terre de mission*, p. 323-379.

dans une vision cohérente, tentant ainsi de répondre à la question : *de quoi s'agit-il dans la foi chrétienne ?* Encadrée par deux études historico-épistémologiques sur la manière de faire de la théologie aujourd'hui, la troisième partie revient au « triangle constitutif » de la tradition en faisant paraître le lien intrinsèque entre l'Évangile de Dieu, compris comme « auto-révélation » de Dieu (1er pôle : le *tradendum*), la foi et la forme ecclésiale que celle-ci prend (2e pôle : les *tradentes*) dans nos sociétés européennes ou ouest-européennes (3e pôle : *les destinataires*). Le pôle ecclésiologique y est privilégié ; à lui seul, il occupe quatre études. Si celles-ci omettent plusieurs questions centrales de l'ecclésiologie grégorienne et post-tridentine, comme celles du ministère épiscopal et presbytéral et de leur attribution exclusive à des hommes [1], ainsi que celles de l'égalité baptismale et de l'économie sacramentelle, elles fournissent cependant quelques leviers, permettant de sortir de l'âge grégorien. Ceux-ci sont déjà pensés dans un esprit œcuménique. Mais il m'a semblé nécessaire d'expliciter cet esprit dans une dernière partie, faisant valoir qu'après plus de cent ans d'existence, l'œcuménisme est devenu une véritable tradition qu'il faut interroger maintenant – dans une perspective d'avenir – sur sa capacité de s'infiltrer dans nos traditions ecclésiales et de les transformer de l'intérieur.

Envisager et penser l'avenir est une entreprise périlleuse, menacée par l'idéologisation. Il me semble donc opportun de rappeler à nouveau que notre esquisse historico-théologique tente de rester ouverte, voire vulnérable aux deux instances, chacune à sa façon « critique », que sont le travail des sociologues et historiens, et le vécu effectif au quotidien de nos concitoyens et communautés chrétiennes. Que les lecteurs de cet ouvrage, qu'ils soient théologiens/théologiennes ou acteurs/actrices pastoraux, y trouvent de quoi nourrir leur propre intelligence du présent et des lendemains de la foi en Europe, c'est mon vœu le plus cher.

CHRISTOPH THEOBALD
En la fête de la conversion de l'apôtre Paul 2020.

---

1. Voir notre étude « Pour une anthropologie théologique de la différence », dans *Selon l'Esprit de sainteté*, p. 367-392 et la remarquable étude de L. CASTIGLIONI, *Filles et fils de Dieu. Égalité baptismale et différence sexuelle*, Paris, Éd. du Cerf, 2020.

PREMIÈRE PARTIE

DANS LES TRACES DU CONCILE VATICAN II...

Quand, sous le pontificat du pape François, on s'interroge sur ce qui émerge du massif appelé Vatican II, aucune hésitation n'est possible. C'est la *forme pastorale* de l'enseignement du Concile qui passe au premier plan. Si discutée depuis le célèbre discours d'ouverture de Jean XXIII (11 octobre 1962), elle trouve une nouvelle vigueur dans les gestes et les paroles de celui qui, en Argentine et à la Ve Conférence générale de l'épiscopat latino-américain et des Caraïbes à Aparecida (2007), a été son fervent promoteur. Les synodes romains sur le mariage et sur la jeunesse et, plus récemment, sur l'Amazonie, sont, avec les principaux textes du pape, les manifestations les plus visibles de cette perspective centrale et en même temps des lieux d'âpres controverses où l'interprétation de la « pastoralité » est le principal diviseur.

Il est donc décisif de commencer cet ouvrage par un bilan de la réception controversée de ce principe (chap. I), avant de consacrer la suite à deux des Constitutions du Concile (chap. II et III), particulièrement impliquées dans le recadrage de la structure triangulaire de la tradition chrétienne : la Constitution dogmatique sur la Révélation divine *Dei verbum* (1er pôle – le *tradendum*) et la Constitution pastorale sur l'Église dans le monde de ce temps *Gaudium et spes* (3e pôle – les destinataires). Le « changement d'époque », discerné dans l'introduction, nécessite une nouvelle interrogation sur la pertinence de ces textes et leur capacité de nous inspirer aujourd'hui. Les distances sont à la fois d'ordre épistémologique – elles portent sur le lien entre la foi et la compétence d'interprétation qui lui est liée (1er pôle) – et concernent des questions de fond – le passage de l'anthropocentrisme européen, reçue par Vatican II, vers l'actuel contexte de l'anthropocène (3e pôle). Cette dernière mutation – la « crise anthropologique et socio-environnementale » (*Veritatis gaudium*, 3) – est en même temps si décisive et si éloignée des préoccupations du Concile qu'il me semble bon d'ajouter à cet endroit une étude spécifique qui montre concrètement l'enjeu, pour la théologie, de laisser advenir de nouvelles questions qui ne rentrent plus dans le cadre normatif tracé par le dernier concile (chap. IV).

Que le pape François ait fait coïncider le 50e anniversaire de la clôture de Vatican II avec une Année de la Vie consacrée (2015) en a surpris beaucoup. Il l'a fait en étant lui-même religieux, mais sans doute aussi parce que, traitée par le Concile au chap. VI de la Constitution *Lumen gentium* et dans un décret spécial, celui sur la rénovation et l'adaptation de la vie religieuse *Perfectae caritatis*, la Vie consacrée incarne un rapport particulier à l'avenir et garde, pour cette raison et malgré la crise qu'elle traverse, une grande force « charismatique » et paradigmatique, surtout dans la situation actuelle de la société et de l'Église. C'est pour cette raison que nous terminerons cette première partie en traitant de son fondement et de la diversité de ses formes à inscrire dans un processus historique ouvert.

I

LA « PASTORALITÉ » DE L'ENSEIGNEMENT DU CONCILE VATICAN II

Bilan d'une réception controversée

La question de la forme pastorale de l'enseignement du concile Vatican II soulève un double problème : un problème de fond et un problème historique.

Sur le fond, l'intention de Jean XXIII de convoquer un concile « pastoral », confirmée à sa manière par Paul VI, est claire, mais l'un et l'autre ne font qu'esquisser dans leurs discours [1] ce *en quoi* consiste cette « pastoralité » du Concile, sans préciser quels sont les *paramètres, éventuellement nouveaux*, qui la caractérisent. Nous sommes donc, pour cette question, renvoyés à l'œuvre même de Vatican II, au corpus textuel *et* à la manière d'y aboutir grâce à la délibération des Pères : le Concile, que signifie-t-il lui-même du caractère pastoral de son enseignement ?

Disons-le de suite : l'enquête s'avère complexe. Certes, le vocabulaire pastoral est omniprésent dans les textes [2]. Mais un repérage systématique ne conduit que vers la constellation d'un certain nombre de pratiques ; il ne laisse rien filtrer quant à la *forme* même du *magistère* ou *enseignement* pastoral du Concile

1. Principalement le discours d'ouverture de Jean XXIII du 11 octobre 1962, le discours d'ouverture de la deuxième période par Paul VI du 29 septembre 1963, son encyclique inaugurale *Ecclesiam suam* (1964) et son grand discours de clôture du 7 décembre 1965.

2. On le trouve dans des titres de documents comme la *Constitution pastorale* ou le *Décret sur la charge pastorale des évêques* et dans beaucoup d'autres développements, précisant par exemple la tâche de telle fonction (la pastorale du prêtre) ou accompagnant tel acte ecclésial (comme la pastorale liturgique).

– mis à part la définition du genre « Constitution pastorale », accrochée au titre de celle-ci. Le passage de telles pratiques vers le principe même de pastoralité n'est pas opéré.

Or, l'assemblée conciliaire a connu un long processus d'apprentissage sur ce point ; inauguré par le discours d'ouverture de Jean XXIII, il ne s'est terminé que durant les tout derniers jours du Concile, au moment où le titre de « Constitution pastorale » est acquis. La recherche historique a en effet montré qu'en dépit de la généreuse proposition du cardinal Bea, faite huit jours après l'ouverture du Concile, d'engager *d'abord* un débat *in aula* sur le « caractère pastoral du magistère » pour en faire découler *ensuite* un choix parmi les textes et engager leur reprise ou une nouvelle rédaction, le Concile commence immédiatement son travail sur les schémas préparatoires. Le principe de pastoralité n'intervient donc plus dans la programmation des travaux (qui suit une tout autre logique) ; il émerge à l'occasion des débats sur tel texte, joue même le rôle de critère dans l'évaluation de telle ou telle proposition et s'enrichit ainsi progressivement des acquis ; mais quand le processus conciliaire est achevé, ce qui a été appris sur la pastoralité ne pourra plus refluer sur les premiers textes déjà promulgués depuis un ou deux ans et surtout ne se trouve nulle part synthétisé, à moins qu'on doive lire le discours de clôture de Paul VI en ce sens [1].

Cette « ouverture » caractéristique de Vatican II quant au statut précis de ses textes pose en réalité un *problème historique* considérable. Il porte sur la position spécifique de ce concile en tant que concile « pastoral » parmi ceux de la tradition conciliaire du christianisme et de l'Église catholique romaine et explique, pour une large part, les âpres débats sur la « pastoralité » que nous avons connus dans la phase de réception.

Pour engager donc un bilan respectueux de ces interprétations controversées, il nous faut d'abord montrer rapidement quels sont, au vu du Concile, les paramètres de ladite « pastoralité » de l'enseignement de l'Église. Forment-ils comme une structure ? Et si oui, à quel niveau se situe-t-elle ? C'est avec ces questions que nous

1. Voir Chr. THEOBALD, *La réception du concile Vatican II*. I. *Accéder à la source*, Paris, Éd. du Cerf, 2009, p. 281-319 (avec les références nécessaires aux documents) ; pour ce qui est du discours de clôture de Paul VI, voir *ibid.*, p. 402-407.

pourrons affronter ensuite l'« ouverture » du Concile quant à son propre statut et discuter les solutions les plus significatives qui ont été apportées durant les cinquante dernières années avant d'oser, pour finir, quelques réflexions conclusives sur la situation actuelle.

Les éléments constitutifs de la « pastoralité » à Vatican II

Pour préciser le problème de fond que pose la forme de l'enseignement de Vatican II, nous commençons donc par recueillir les principaux points à propos desquels les débats conciliaires et ensuite les textes eux-mêmes se sont confrontés à la question de leur propre « pastoralité ».

Réception conciliaire du principe de pastoralité et mise à jour progressive de ses implications

1. Durant la première période, la question du style pastoral des textes est plusieurs fois abordée : à propos de la liturgie de manière très positive et ensuite, de manière plutôt controversée, lors de la discussion sur le *De fontibus* et, pendant les derniers jours, lors du débat sur le *De Ecclesia*. Toutes les positions sont déjà en place : ceux qui, s'appuyant sur Trente et Vatican I, défendent la distinction traditionnelle entre doctrine et discipline ; ceux qui militent pour une juxtaposition des visées doctrinales et pastorales, éventuellement dans un même texte, ce qui représente une concession, adoptée à la fin de la première période par Mgr Lefebvre et d'autres ténors de la minorité ; et, enfin, ceux qui veulent maintenir l'unité de la doctrine et de la pastorale, comme le dira avec force Mgr Volk, de Mayence, théologien évêque du secrétariat pour l'unité :

> La doctrine dogmatique sur l'Église elle-même peut et doit être proposée par le Concile *comme Évangile*, ce qui veut dire Bonne Nouvelle ; et c'est ainsi que la doctrine dogmatique est *en elle-même* vraiment *pastorale*. Si la doctrine n'a pas de force salutaire en elle-même, le travail pastoral ne peut pas non plus l'ajouter [1].

1. *AS* I/4, p. 388.

Karl Rahner, dont la *Disquisitio brevis de Schemate « De fontibus revelationis »* et les *Animadversiones de Schemate « De ecclesia »* circulent parmi les pères conciliaires, ajoute comme condition souvent reprise *in aula*, la *possible* réception de la vérité proposée, condition qu'il élargit à l'œcuménicité des schémas, en exigeant la « *possibilité* pour les frères séparés de pressentir que nous n'obscurcissons pas ce qu'ils défendent légitimement comme vrai et comme leur propre bien [1] ». La question du « style pastoral » s'identifie en effet pendant cette première période à celle du « style œcuménique ». Rappelons encore qu'au moment du bilan, au début de décembre 1962, quand plusieurs des grands ténors conciliaires, les cardinaux Suenens, Montini et Lercaro, proposent des plans architecturaux du futur corpus textuel, le dernier donne beaucoup de force à une explicitation du *caractère relationnel* du principe pastoral, en mettant au principe de l'Église l'évangélisation des pauvres et l'évangélisation de l'Église par les pauvres.

2. Les deuxième et troisième périodes sont prioritairement occupées par les débats ecclésiologiques et œcuméniques, l'Église étant devenue, avec Paul VI, « l'argument principal du concile œcuménique ». Deux thématiques nouvelles, proches de la pastoralité, s'y joignent maintenant : la distinction entre *renovatio* et *reformatio* et la fameuse « hiérarchie des vérités ». Obéissant à l'exigence d'une plus grande fidélité, la première thématique se loge originairement dans la relation entre le Christ saint et l'Église qui, enfermant des pécheurs en son sein, est donc à la fois sainte *et* appelée à se « renouveler » continuellement. On aura reconnu dans cette formulation la perspective christo-ecclésiologique, propre à *Lumen gentium*, 8. Le début du n° 6 du Décret sur l'œcuménisme semble se situer dans la même optique ; mais l'introduction du terme *reformatio* et surtout l'étendue qu'on lui donne – morale, discipline ecclésiastique et même la formulation de la doctrine (le numéro cite le discours d'ouverture de Jean XXIII dans sa version italienne) – montrent bien que cette réforme ne pourra rien exclure et devra même conduire à revoir

---

1. On trouve maintenant ces textes dans K. RAHNER, *Le deuxième concile œcuménique du Vatican. Contributions au Concile et à son interprétation*, dirigé et préfacé par Chr. THEOBALD, *Œuvres* 21, Paris, Éd. du Cerf, 2015, p. 301-353 (citation p. 305).

telle *formulation* doctrinale. Fondée sur la fidélité au Christ et à l'Évangile, la *reformatio* rejoint ici la pastoralité de la doctrine en en devenant une condition essentielle, sa *formulation* devant en effet rester *réformable*, précisément en fonction de la prise en compte du point de vue des destinataires, frères séparés et autres.

C'est la deuxième thématique qui prend ici le relais. Elle porte sur l'expression *différenciée* de la doctrine. En effet, la « hiérarchie des vérités » maintient, d'un côté, que *toute* expression de la foi doit rester *ordonnée* aux « insondables richesses du Christ » comme à un *au-delà* de toute expression (le texte cite Ep 3, 8) ; mais puisqu'elles sont « insondables », ces « richesses » se réfractent, de l'autre côté, dans la communication ou « émulation » entre chrétiens différemment situés, voire séparés. Tout faux irénisme en est exclu, mais est exclue aussi une absolutisation de la doctrine catholique qui empêcherait toute révision de sa formulation et toute communication à ce sujet avec d'autres. Affirmer que la relationalité pastorale entre le Christ Jésus et les siens, et entre ceux-ci et leurs destinataires de tous les temps soit le centre de cette hiérarchie, dépasse sans doute la lettre d'*Unitatis redintegratio*, 11, mais en est une lecture intertextuelle possible à laquelle je reviendrai.

3. Dans la quatrième période, enfin, les questions concernant les *destinataires de l'Évangile*, restées jusqu'alors en suspens, montent à la surface de la conscience conciliaire ; on peut rappeler, par exemple, les débats antérieurs sur la langue liturgique (*SC*, 36), sur le rapport de l'Église aux cultures (*LG*, 13 et 17) ou sur la place de l'exégèse historico-critique dans l'interprétation ecclésiale de la Bible (*DV*, 12). Ces questions concernent principalement l'*historicité ou la contextualité culturelle de toutes les expressions de la foi*. La discussion remonte maintenant, de manière plus systématique et à travers beaucoup d'hésitations et de controverses, au principe même de pastoralité. Il doit orienter l'ensemble du fameux schéma XIII dont le statut de « *Constitution* pastorale », finalement reconnu, va dans le sens d'une accréditation de la contextualité historico-culturelle du mystère chrétien tout entier et « des circonstances mouvantes » comme étant « inséparables des thèmes doctrinaux » abordés, selon la note agrafée au titre de *Gaudium et spes*.

Il n'est pas sûr que tous les Pères aient perçu la *complexité* introduite ainsi dans le principe pastoral du Concile. Elle résulte du passage du *contenu* doctrinal de la foi à la *forme* de son expression, nécessité par l'interlocution de plus en plus élargie du Concile à tous les hommes, non seulement avec des chrétiens d'autres confessions, mais encore avec tous les partenaires possibles, religieux ou non, ainsi que leurs points de vue propres. Deux extraits seulement, tous deux tributaires d'un dernier toilettage textuel, en relèvent le défi et montrent que le principe de pastoralité n'a pas seulement une signification ponctuelle, mais concerne l'ensemble de la tradition chrétienne en sa capacité de s'ajuster à ses récepteurs et interlocuteurs. Il s'agit des n° 44 de *Gaudium et spes* et 22 d'*Ad gentes*, tous deux insistant sur le lien intrinsèque entre une herméneutique de l'Évangile et une herméneutique des langues et cultures, susceptibles de recevoir la Bonne Nouvelle du Christ. *Gaudium et spes*, 44, va finalement jusqu'à formuler une loi, « la manière appropriée de prêcher la Parole révélée *[accommodata praedicatio]* devant demeurer la loi de toute évangélisation *[lex omnis evangelizationis]* ».

Les paramètres de la « pastoralité » de l'enseignement conciliaire forment-ils une structure ?

Ces principaux points rassemblés nous permettent-ils de dégager une structure interne de la forme pastorale de l'enseignement du Concile ? Ce qui précède fait pressentir une réponse positive et je tâcherai de préciser la forme relationnelle de cette structure kérygmatique et ses différents niveaux dans la dernière partie de ce chapitre. Je dois cependant ajouter qu'elle ne s'impose pas immédiatement. Si elle s'appuie sur un certain nombre d'indices textuels et de débats *in aula*, elle n'a jamais été discutée comme telle, comme l'aurait souhaité le cardinal Bea dont le Secrétariat a œuvré en sa faveur (sans avoir lui-même une synthèse à sa disposition). Ce n'est pas le moindre des paradoxes du concile Vatican II.

Est-ce que le discours final de Paul VI fait fonction d'une telle synthèse ? Le pape parvient certes à rééquilibrer les rapports entre les grands ensembles du corpus conciliaire, dissipant définitivement l'impression ecclésio-centrée donnée par son discours d'ouverture de la deuxième période. Intègre-t-il aussi le passage si difficile du contenu de la foi à la *forme historique et donc plurielle de son expression* ? Je ne le pense pas, car le problème herméneutique de l'interprétation des Écritures et des signes des temps d'aujourd'hui, qui hante l'assemblée durant toute la quatrième période, est absent de son discours. Il semble plutôt que Paul VI conçoive la pastoralité de l'enseignement du Concile comme simple *élargissement* de l'« enseignement proposé avec autorité » par l'Église « à une quantité de questions qui engagent aujourd'hui la conscience et l'activité de l'homme ; [l'Église] en est venue, pour ainsi dire à dialoguer avec lui [1] ». Ce dialogue serait le cœur de la pastoralité qui implique aussi un certain style de parole, suggéré avec force dans le même passage du discours.

L'impulsion initiale : le discours d'ouverture de Jean XXIII

Or, pour mesurer l'éventuel écart entre cette synthèse de Paul VI et l'ensemble des paramètres dégagés à l'instant des débats et des textes – l'attachement à la réception et aux récepteurs possibles de l'Évangile, la réforme permanente comme condition pastorale et œcuménique, le respect de la « hiérarchie des vérités » et le conditionnement historique du mystère chrétien et de ses destinataires – il convient de revenir à l'impulsion initiale du Concile, au discours d'ouverture de Jean XXIII. Il a eu un effet de réception surprenant ; et c'est dans sa trame que les deux interventions principales de Paul VI se sont inscrites, en en citant chaque fois des passages différents.

En relisant ce discours à partir de la fin du parcours conciliaire, on perçoit que la difficulté que représente le dernier des paramètres, à savoir le passage herméneutique du contenu doctrinal à son expression historiquement conditionnée, est déjà présente dans ce texte dont la double version, italienne et latine, révèle d'emblée le conflit suscité par ce qu'il convient d'appeler le principe « roncallien », principe qui porte précisément sur la place et la fonction du « dogmatique » ou du « doctrinal ». La version italienne [2], citée par le pape lui-même et par

1. *AS* IV/7, p. 660.

2. Voir l'édition critique de *Gaudet mater Ecclesia* par A. Melloni, dans G. Alberigo, A. Melloni, G. Batelli, et S. Trinchese, *Fede, tradizione, profezia, Studia su Giovanni XXIII e sul Vaticano II*, Brescia, Paidei Editrice,

le Concile[1], affirme pour la première fois la différence fondamentale entre le dépôt de la foi, pris ici comme un *tout* – sans référence à une pluralité de vérités qui relèveraient déjà de l'expression doctrinale – et la forme historique qu'il prend (« la formulation dont on la revêt ») à telle ou telle époque, différence à mettre à profit par un magistère pastoral. Or, la version latine, également citée par le Concile[2], dissimule cette distinction historique et identifie d'emblée le dépôt avec un pluriel de vérités transhistoriques et transculturelles qui, elles, peuvent être énoncées sous des formes différentes et développées (en respect du célèbre canon de Vincent de Lérins, déjà cité par Vatican I) : ce qui limite considérablement l'historicité de la tradition chrétienne et la liberté d'interprétation dont a besoin un magistère pastoral.

L'« ouverture » du Concile par rapport à la forme pastorale de son propre enseignement se trouve ainsi précisée : *étant d'emblée soumis à un conflit d'interprétation jamais dirimée, le principe « roncallien » déploie pourtant ses effets au sein des débats conciliaires et dans certains textes, s'agrégeant les éléments constitutifs qui viennent d'être repérés, sans jamais être soumis à un débat* in aula *ni être repris dans un texte synthétique permettant de fixer une ligne d'interprétation du corpus textuel tout entier.* Ce n'est qu'en partant de ce constat qu'on peut discuter maintenant les solutions qui ont été apportées à cette « ouverture » du Concile quant à son propre statut.

LA RÉCEPTION POSTCONCILIAIRE DU PRINCIPE DE « PASTORALITÉ »

Le problème historique que représente cette « ouverture » se remarque d'abord par la perplexité des pères conciliaires eux-mêmes devant la tâche de fixer des règles d'interprétation,

---

1984, p. 269 ; rééd. dans A. MELLONI, *Papa Giovanni. Un cristiano e il suo concilio*, Turin, Einaudi, 2009, p. 325.

1. Voir La réponse de Jean XXIII aux *Vœux du Sacré collège* (23 décembre 1962), dans *DC* 60 (1963), p. 101 ; voir également *UR*, 6.

2. Voir *GS*, 62 § 2.

appuyées sur l'autorité des textes. Ce débat, largement dominé par la théorie classique des qualifications théologiques, débute donc durant le Concile et se poursuit après, jusqu'au moment de la promulgation du nouveau Code de droit canonique en 1983 et du synode extraordinaire de 1985. Il est accompagné et parasité, à l'arrière-plan, par une partie de la minorité conciliaire, Mgr Lefebvre et son groupe, qui, à l'époque, prônent une « herméneutique de rupture [1] ».

Cette première phase est suivie d'une deuxième qui est portée principalement par l'historicisation du Concile et un intérêt inédit, d'ordre linguistique et stylistique, pour la forme synchronique du corpus, pris en sa globalité. Le souci d'inscrire le concile Vatican II dans une histoire longue passe désormais au premier plan ; ce qui conduit une partie des interprètes et tel représentant du magistère romain à défendre une « herméneutique de continuité », en opposition à Mgr Lefebvre et à la Fraternité Saint-Pie-X (avec qui le Saint-Siège est alors en discussion), d'un côté, et aux différentes recherches historiques, stylistiques et constitutionnelles, entreprises dans la mouvance de l'*Histoire du concile Vatican II* de Bologna et du *Commentaire* de Tübingen, de l'autre. Le célèbre discours de Benoît XVI devant la Curie en 2005, qui remplace le concept d'« herméneutique de continuité » par celui, plus nuancé, d'« herméneutique de *réforme* » pourrait signifier la fin de cette phase hautement polémique ; même si un certain nombre d'auteurs refusent d'enregistrer les avancées et précisions obtenues ces dernières années. Parcourons rapidement ces deux phases.

Le débat sur les qualifications théologiques des textes de Vatican II, sur leur traduction canonique et leur interprétation théologique lors du synode extraordinaire de 1985

1. La question de la qualification théologique des documents conciliaires est en effet soulevée dès 1963, dans une note doctrinale datée du 29 novembre. Elle se situe encore dans le cadre

---

1. Pour davantage de précisions, voir Chr. THEOBALD, *Le concile Vatican II. Quel avenir ?*, Paris, Éd. du Cerf, 2015, p. 91-102.

classique de la double distinction : d'un côté entre textes doctrinaux et textes disciplinaires – la Constitution sur la sainte Liturgie et le Décret sur les moyens de communication sociale (qui attendent leur promulgation) ne traitant, selon l'affirmation du secrétaire du Concile, « que d'une matière disciplinaire » – ; et de l'autre côté entre magistère infaillible et magistère authentique – le secrétaire optant pour la seconde modalité [1]. Or, ces distinctions disparaissent en 1964 et en 1965 dans les précisions canoniques apportées par la commission doctrinale à *Lumen gentium* et à *Dei verbum* [2], ainsi que dans la note agrafée au titre de la Constitution pastorale. Se référant à « l'usage des conciles et au but pastoral du Concile actuel », ces « réponses » maintiennent en même temps que les deux constitutions sont l'expression du magistère suprême de l'Église qui est celui d'un concile en union avec le pape. Comment comprendre dès lors l'autorité spécifique de ces textes ou groupes de textes en tenant *à la fois* au statut extraordinaire de tout concile *et* au fait que les *modalités* classiques d'un jugement solennel, l'anathème refusé par le pape Jean ou autres indications claires, ne soient pas données ? Nous retrouvons ici, sous une forme canonique, l'« ouverture » soulignée à l'instant.

Un rapide regard sur les solutions données au problème, immédiatement après le Concile, permet de mieux saisir l'enjeu des hésitations et oppositions. Dans un article publié en 1967 [3], O. Semmelroth, théologien des évêques allemands au Concile, distingue les positions « extrêmes » de ceux qui, appelés « minimalistes », utilisent le qualificatif pastoral pour « disqualifier » l'autorité des documents (ce qui est la stratégie des Lefebvristes) et ceux, appelés « maximalistes », qui, en dépit du manque d'indices d'une « définition », utilisent les « règles générales » pour conclure, dans le cas du chapitre III de *Lumen gentium*, à une « affirmation définitive *implicite* », relevant donc du magistère infaillible [4]. Avec d'autres comme Joseph Ratzinger et Mgr Phi-

---

1. *AS* II/6, p. 305.

2. *AS* III/8, p. 10 et *AS* IV/6, p. 419.

3. O. SEMMELROTH, « Zur Frage nach der Verbindlichkeit der dogmatischen Aussagen des zweiten Vatikanischen Konzils », dans *ThPh* 42 (1967), p. 236-246.

4. U. BETTI, « Qualification théologique de la constitution », dans G. BARAÚNA, *L'Église de Vatican II*, Paris, Éd. du Cerf, 1966, p. 211-218.

lips, Semmelroth lui-même plaide pour une solution moyenne qui reconnaît certes que le Concile n'a pas formulé de « définition dogmatique » au sens strict du terme mais affirme en même temps la normativité de son enseignement.

Cette solution laisse un certain nombre de questions ouvertes ; mais Semmelroth touche pour la première fois au point essentiel qui fait que Vatican II « échappe » aux critères classiques d'interprétation : si le Concile n'a pas utilisé le moyen de la « définition dogmatique », ce n'est pas parce qu'il n'a pas voulu s'engager sur des *points de doctrine*, mais plutôt parce qu'il a décidé de donner à son engagement doctrinal *une forme pastorale* ; tandis que le dogme risque en effet de donner l'impression d'une vérité transhistorique, le Concile aurait intégré, sous la conduite charismatique de l'Esprit, la *conscience historique de notre temps*.

2. Nous sommes, avec cette hypothèse, devant une véritable *bifurcation* à laquelle il faudra revenir en fin de parcours. Semmelroth aurait pu en effet s'autoriser d'une lecture de *Lumen gentium*, 25, qui, dans son premier paragraphe, donne au magistère son sens biblique ou kérygmatique : « Parmi les charges principales des évêques, la prédication de l'Évangile est la première. » Les évêques sont donc appelés « hérauts de la foi » *et* « docteurs authentiques, c'est-à-dire pourvus de l'autorité du Christ » puisque la foi qu'ils prêchent est *en même temps*, pour eux et pour les fidèles, « règle de pensée et de conduite ». Il ne semble pas que ce texte, ni d'ailleurs les notes de 1964 et de 1965, ait voulu introduire une « hiérarchie » entre cet « englobant » kérygmatique ou pastoral, et les distinctions classiques, progressivement développées dans les trois paragraphes suivants du n° 25, l'enseignement dogmatique infaillible occupant une place particulière. Le « magistère authentique » dont relèvent les textes de Vatican II *engloberait* donc plutôt le « dogmatique », le faisant en quelque sorte *muter* par un *recadrage à partir d'une perspective à la fois nouvelle et très ancienne* : celle, kérygmatique et pastorale, qui s'exprime dans le premier paragraphe du n° 25 de la constitution dogmatique sur l'Église. C'est la pastoralité du dogme lui-même qui est ici mise en valeur, comme l'avait fait un Mgr Volk en 1963 en parlant de la doctrine de l'Église comme Évangile ; pastoralité qui, comme le suggère O. Semmelroth, intègre la conscience historique dans le « dogmatique » (au sens classique du terme).

Or, une *autre lecture* des mêmes données conciliaires se précise progressivement pendant ces années postconciliaires. La difficulté de qualifier, à l'aide des règles classiques, l'enseignement de type pastoral du Concile fait comprendre qu'une *pensée juridique* ait la tentation de soupçonner la présentation pastorale de la foi d'avoir renoncé à son caractère normatif[1] ou, au contraire, se voie incitée à la traduire en termes de droit. Dans son article « Vatican II », inséré en 1972 dans les tables du *Dictionnaire de théologie catholique*, Ph. Delhaye s'inspire certes de la position médiane des Semmelroth, Ratzinger et Philips mais situe l'enseignement du Concile clairement dans « une espèce nouvelle du magistère ordinaire universel », « d'autorité moindre que les enseignements de l'infaillibilité[2] ». La distinction hiérarchique de la note du 29 novembre 1963 fait à nouveau surface. Sur cette base et s'inspirant surtout du lien constitutif entre principes et circonstances, établi par la note d'introduction de *Gaudium et spes*, Delhaye développe « l'idée de la hiérarchie des lois » qui, selon lui, traverse les constitutions et décrets du Concile, justifiant par ce biais la nécessité d'une transcription juridique de l'enseignement conciliaire par la curie[3].

Avec la réalisation de ce projet dans le nouveau Code, en 1983, le débat sur l'interprétation des textes conciliaires passe un seuil. La constitution apostolique de Jean-Paul II *Sacrae disciplinae leges* (du 25 janvier 1983) reconnaît certes qu'« il n'est pas possible de traduire parfaitement en langage canonique l'image conciliaire de l'Église » dont le droit « doit (toutefois) exprimer les traits autant qu'il est possible[4] ». Notons cependant que cette affirmation décisive d'une indépassable différence entre l'institution ecclésiale (avec ses textes normatifs) et la conduite charismatique de l'Église par l'Esprit passe sous silence la conscience historique du Concile, attribuée par Semmelroth au travail du même Esprit.

---

1. Voir O. SEMMELROTH, « Zur Frage nach der Verbindlichkeit », p. 243 ; voir aussi Ph. DELHAYE, « Vatican II », dans *DTC*, Tables III, 1972, col. 4347 : « Pour ceux qui ont été habitués à chercher partout des énoncés infaillibles, il y aura longtemps un certain malaise, voire un mépris caché pour ces doctrines auxquelles on apporte "seulement" un assentiment religieux. »

2. *DTC*, Tables III, col. 4330 et 4344.

3. *Ibid.*, col. 4341-4343.

4. *Code de droit canonique.* Texte officiel et traduction française, XII-XV ; voir aussi *DC* 80 (1983), p. 246.

3. Deux ans plus tard, le synode extraordinaire convoqué par Jean-Paul II pour « célébrer le Concile, le vérifier et le promouvoir », fixe quatre règles d'interprétation qui s'ajoutent désormais à celles déjà édictées par le Concile lui-même (*LG*, 25 et les notes de la commission doctrinale) : celle qu'on pourrait appeler *règle du corpus textuel*, et qui stipule le respect de tous les documents dans leur étroit rapport les uns avec les autres et selon leur hiérarchie interne (contre ceux qui voudraient en éliminer les Déclarations sur la liberté religieuse et sur les religions) ; deux *règles négatives* qui interdisent de séparer le doctrinal et le pastoral et de détacher la lettre et l'esprit du Concile – avec cette troisième règle, on se retrouve sur le terrain de *Sacrae disciplinae leges* – ; celle enfin qu'on pourrait nommer *règle diachronique* ou *historique* qui situe Vatican II en continuité par rapport à la « grande tradition » de l'Église, tout en attendant du Concile lumière pour l'Église et le monde d'aujourd'hui [1].

Ces nouvelles règles permettent-elles de sortir de la perplexité provoquée par la confrontation entre la nouveauté des textes conciliaires et les règles classiques d'interprétation ? Sans doute pas parce qu'elles se situent à un autre niveau. Elles restent en effet formelles dans leur exigence de ne pas déserter les tensions qu'elles nomment, en choisissant un des pôles plutôt que l'autre ; ce qui les ouvre à l'histoire effective des communautés. Les formulations négatives des deuxième et troisième règles le soulignent plus particulièrement parce que, comme toutes les formules négatives de la Tradition, elles délimitent un espace de légitimité, sans dire positivement *ni* en quoi consiste l'articulation du doctrinal et du pastoral, *ni* comment comprendre le lien entre la lettre et l'esprit du Concile, alors que ces deux problèmes sont des points litigieux centraux qui expliquent une bonne partie des conflits conciliaires et postconciliaires. Par ailleurs, l'utilisation du terme englobant de « grande tradition » et la référence très générale à l'Église et au monde d'aujourd'hui dans la quatrième règle introduisent encore une autre relation d'incertitude.

Le dernier paramètre de la pastoralité, relevé plus haut, l'historicité du mystère chrétien et de ses destinataires, est certes présent dans la quatrième règle sous la forme de l'argument de

1. Voir *DC* 83 (1986), p. 37.

tradition. Mais il est d'emblée interprété au sens d'une continuité : « L'Église est elle-même et la même dans tous les conciles[1]. » Cette affirmation est d'ordre principiel ; elle ne règle rien sur le plan historique. On pourrait dire qu'elle appuie une « herméneutique de continuité » ; or, elle ignore tout simplement le problème que pose l'opposition entre une « herméneutique de continuité » et une « herméneutique de discontinuité ». On peut en effet la comprendre dans un sens qui annule finalement la nouveauté du Concile ; on peut l'interpréter aussi à partir d'une prise en compte de la nouveauté de Vatican II au sein de l'histoire longue du christianisme, précisément comme tâche donnée aux interprètes de redécouvrir sans cesse la continuité *à partir* des mutations internes à l'expérience conciliaire de tradition.

Nouveaux débats sur l'interprétation de l'événement et du corpus conciliaires

1. L'année 1985 est vraiment une année charnière, marquée non seulement par le synode extraordinaire mais aussi par le célèbre livre-entretien du cardinal préfet de la Congrégation pour la doctrine de la foi, Joseph Ratzinger, qui s'oppose nettement à ceux, de droite *et* de gauche, qui pensent que « Vatican II a(it) pu constituer une "rupture", un abandon de la Tradition[2] ». C'est dans ce cadre et plus particulièrement en lien avec son désir de réconciliation avec les Lefebvristes – sans doute plus qu'on ne l'a perçu à l'époque – que naît l'expression « herméneutique de continuité[3] ». Elle répond en effet à la stratégie de Mgr Lefebvre qui, entre 1978 et 1987, tente une réconciliation avec Rome sur la base d'une acceptation du Concile, « lu à la lumière de la Tradition », en en excluant cependant *Gaudium et spes*, *Nostra aetate* et *Dignitatis humanae* ; ce que Rome ne peut évidemment pas accepter[4].

1. Voir *ibid.*

2. V. MESSORI, *Entretien sur la foi*, Paris, Fayard, 1985, p. 32.

3. Voir *ibid.*, p. 37.

4. Voir la remarquable analyse de tout cet échange entre Rome et Mgr Lefebvre par G. ROUTHIER, « L'herméneutique de la réforme comme tâche pour la théologie », dans ID., *Cinquante ans après Vatican II. Que reste-t-il à mettre en œuvre ?*, Paris, Éd. du Cerf, 2015, p. 129-158.

2. Les recherches historiques et stylistiques qui débutent après le synode extraordinaire seraient-elles à mettre du côté d'une « herméneutique de rupture » ? Je ne le pense pas, car elles contribuent toutes à nuancer la distinction trop brutale entre discontinuité et continuité. Cela vaut en priorité de l'*Histoire du concile Vatican II*, rédigée entre 1988 et 2001 sous l'égide de l'Istituto de Bologna[1]. Les tensions au sein des deuxième, troisième et quatrième règles d'interprétation du synode extraordinaire – entre le doctrinal et le pastoral, la lettre et l'esprit ainsi qu'entre l'Église toujours identique à elle-même et la lumière que le Concile doit apporter pour aujourd'hui – s'exacerbent en quelque sorte par l'effet inévitable de l'historicisation de l'événement conciliaire, sans pour autant être brisées. Les historiens introduisent en effet en ces lieux de tension un récit de « l'événement » conciliaire qui, en raison de leur perspective à la fois distante et globale qu'aucun des participants ne pouvait adopter, fait paraître toute une complexité intestine jusqu'alors inaperçue : le Concile paraît ainsi lui-même comme manifestation de sa propre pastoralité *in actu*, de plus en plus traversée par les relations qu'il entretient avec la société et ses multiples acteurs religieux ou non et confrontée du coup en son propre sein à un gigantesque processus de conversion et de difficile entente. Le récit fait ainsi advenir les paramètres constitutifs de la pastoralité (dont il a été question dans la première partie), tout en montrant qu'ils ne sont pas coextensifs avec un seul texte final du Concile ; bien qu'on puisse se demander si l'*Histoire* prête suffisamment d'attention à la genèse des textes eux-mêmes et à leur version finale[2]. C'est ici qu'intervient la première règle du synode extraordinaire – celle du *corpus textuel* –, particulièrement valorisée par deux approches différentes.

3. La première est celle de John W. O'Malley qui, depuis 1987, poursuit l'idée que la nouveauté du Concile consiste dans

---

1. G. ALBERIGO (dir.), *Histoire du concile Vatican II. 1959-1965*, 5 tomes (1995-2001), version française, Paris/Louvain, Éd. du Cerf/Peeters, 1997-2005.

2. H. LEGRAND, « Relecture et évaluation de l'*Histoire du concile Vatican II* d'un point de vue ecclésiologique », dans Chr. THEOBALD (dir.), *Vatican II sous le regard des historiens. Colloque du 23 septembre 2005. Centre Sèvres – Facultés jésuites de Paris*, Paris, Médiasèvres, « Théologie » 136, p. 63 et 75.

la mise en place d'un nouveau « jeu de langage », voire d'une nouvelle « rhétorique unique en elle-même [1] ». L'unité du corpus est donc essentiellement d'ordre stylistique ; son genre littéraire relève de « l'éloquence épidictique » qui remplace « l'éloquence judiciaire » des conciles antérieurs [2] ; éloquence spécifique, particulièrement adaptée à la pastoralité. Cette hypothèse conduit vers une reformulation conjointe des troisième et quatrième règles d'interprétation du synode extraordinaire.

> Il n'est pas légitime de détacher l'esprit de la lettre du Concile. *Pour comprendre la relation entre l'esprit et la lettre du Concile, une attention spéciale doit être prêtée au style et aux formes littéraires dans lesquelles l'enseignement du Concile est exprimé* [3].

Cette précision qui abandonne le statut formel et négatif de la troisième règle pour attirer l'attention sur la médiation linguistique de la normativité conciliaire est intimement liée à la reformulation de la quatrième règle :

> Le Concile doit être compris dans sa continuité avec la grande tradition de l'Église. *Gardant à l'esprit cette continuité fondamentale dans la grande tradition de l'Église, les interprètes doivent aussi rendre compte du comment le Concile est en discontinuité par rapport à des pratiques, enseignements et traditions antérieurs* [4].

L'autre approche est celle de Peter Hünermann qui inscrit son analyse dans l'herméneutique des auteurs, du texte et des récepteurs [5] et détermine l'unité du corpus à l'aide de *structures syn-*

1. J. W. O'MALLEY, « Erasmus and Vatican II : Interpreting the Council », dans A. MELLONI (Éd.), *Cristianesimo nella storia. Saggi in onore di Giuseppe Alberigo*, Bologna, Il Mulino, 1996, p. 197.

2. J. W. O'MALLEY, *L'Événement Vatican II* (2008), Bruxelles, Lessius, p. 70-73.

3. J. W. O'MALLEY, « Official Norms : On Interpreting the Council, with a Response to Cardinal Avery Dulles », dans *America*, 188/11, 31 mars 2003, p. 12.

4. *Ibid.*

5. P. HÜNERMANN, « Der Text : Werden - Gestalt - Bedeutung », dans P. HÜNERMANN, B. J. HILBERATH (dir.), *Herders theologischer Kommentar zum zweiten vatikanischen Konzil*, vol. 5, Fribourg, Herder, 2006, p. 5-101. Voir aussi ID., *Sprache des Glaubens – Sprache des Lehramts – Sprache der Theologie. Eine geschichtliche Orientierung*, *QD* 274, Fribourg/Basel/Wien, Herder, 2016.

chroniques qu'il appelle aussi «arcs de tension» entre, d'un côté, le fondement théologique des textes et, de l'autre, les formes de vie de l'Église, des fidèles et des autres, aucune logique déductive ne permettant de les relier. Par ailleurs, cette structure interne est profondément marquée par toute l'*histoire* du christianisme, l'Écriture, l'héritage de la patristique et du Moyen Âge, les documents du magistère conciliaire et pontifical des temps modernes ainsi que le travail de la théologie contemporaine.

Fort de ce repérage à la fois formel *et* chargé de contenu sur le plan des textes et du type d'unité que ceux-ci véhiculent, Hünermann s'engage du côté de l'herméneutique de la réception. Deux aspects sont mis en valeur[1], et d'abord l'*horizon d'attente* du corpus: n'ayant ni la forme de «définitions» ni de «lois disciplinaires», les textes ne représentent pas des clarifications objectives mais déploient avant tout la «description» *(Schilderung)* d'une série de processus ou de pratiques fondamentales et donnent aussi, sur cette base, des «ordres» *(Weisungen)*; ils n'exigent donc pas la simple adhésion des sujets croyants mais attendent de leurs destinataires qu'ils entrent réellement dans le jeu de «tensions» qui les caractérise au plan structurel. Cette réponse ne peut pas rester passive mais fait appel à la *créativité*; et c'est le deuxième aspect: les textes réservent en effet à leurs destinataires des «places vides» *(Leerstellen)* à occuper activement par une conversion individuelle et collective quant à la forme de vie des communautés chrétiennes et leurs relations avec les autres, y compris l'ajustement des institutions ecclésiales que ces nouvelles formes et relations exigent. Cette insistance sur le statut processuel ou opérateur des textes, à vérifier dans chaque cas spécifique, précise un aspect décisif de leur pastoralité[2].

Cette traversée des herméneutiques des auteurs, du texte et des récepteurs conduit Hünermann à déterminer, pour finir, le genre littéraire du corpus: d'après lui, le texte conciliaire est un «texte constitutionnel». Sur ce point, son repérage se situe à l'opposé du «genre épidictique» identifié par O'Malley qui contourne en

---

1. P. Hünermann, «Der Text: Werden - Gestalt - Bedeutung», p. 78-82.

2. Voir aussi le concept d'«hétérotopie» de H.-J. Sander dans son commentaire de la Constitution pastorale *Gaudium et spes*, dans P. Hünermann, B. J. Hilberath (dir.), *Herders theologischer Kommentar zum zweiten vatikanischen Konzil*, vol. 4, Fribourg, Herder, 2005, p. 581-886.

quelque sorte la question de la normativité du corpus conciliaire. Sans pouvoir discuter en détail ces positions, remarquons que la thèse « constitutionnaliste » risque d'entretenir une confusion dommageable entre l'œuvre pastorale de Vatican II et sa traduction canonique ; par ailleurs, elle me semble enfermer le corpus conciliaire dans un seul genre littéraire.

L'« herméneutique de réforme » de Benoît XVI

Ces tentatives d'envergure internationale se trouvent à l'arrière-plan du fameux bilan proposé par Benoît XVI, le 22 décembre 2005. Le début quelque peu polémique de son discours, s'opposant à une « herméneutique de rupture » ou de « discontinuité » où certains n'auront pas manqué de reconnaître le travail des historiens de Bologna et la thèse constitutionnaliste, a pu cacher que ce texte représente une véritable *retractatio* : il remplace en effet l'herméneutique de continuité, défendue jusqu'alors, par une « herméneutique de réforme » qui, s'appuyant sur le tournant anthropologique de la seconde partie du Concile, tente pour la première fois d'articuler les discontinuités évidentes sur un plan historique et la continuité plus profonde sur le plan des principes. Je cite le passage central (sans doute inspiré de Newman), passage d'une prudence extrême :

> Il est clair que dans tous ces secteurs, dont l'ensemble forme une unique question, pouvait ressortir une certaine forme de discontinuité et que, dans un certain sens, s'était effectivement manifestée une discontinuité dans laquelle, pourtant, une fois établies les diverses distinctions entre les situations historiques concrètes et leurs exigences, il apparaissait que la continuité des principes n'était pas abandonnée – un fait qui peut échapper facilement au premier abord. C'est précisément dans cet ensemble de continuité et de discontinuité à divers niveaux que consiste la nature de la véritable réforme [1].

Certes, ce texte n'honore pas jusqu'au bout les contingences historiques (Galilée, syllabus, etc.) qui ont laissé des traces souvent douloureuses dans l'histoire, et construit peut-être trop rapi-

---

1. BENOÎT XVI, *Réflexions sur une année de la vie de l'Église et du monde. Discours à la curie romaine*, dans *DC* 103 (2006), p. 61.

dement des continuités, là où l'Église doit aussi reconnaître ses défaillances (voir *LG*, 8). Mais une certaine intercompréhension entre les différentes positions, rapportées ici, me semble possible, à condition cependant que cette réforme aille jusqu'à œuvrer sur le plan proprement herméneutique, devenant alors une « réforme de l'herméneutique » de la Tradition [1].

Que résulte-t-il de ce long parcours ? A-t-on progressé quant à la compréhension de la forme pastorale de l'enseignement de Vatican II, compte tenu de l'« ouverture » du Concile par rapport à son propre statut ? Est-ce que les paramètres de ladite « pastoralité », repérés dans la première partie, se sont précisés ? Je tâcherai de répondre à ces questions en partant de notre situation actuelle.

OÙ EN SOMMES-NOUS AUJOURD'HUI ?

Les débats actuels sur la pastoralité de Vatican II nous laissent en effet avec une image contrastée, pour ne pas dire brouillée. Plusieurs aspects méritent d'être retenus avant d'oser anticiper quelque peu l'avenir.

Une concorde parasitée par la Fraternité Saint-Pie-X

On aurait pu espérer qu'en dépit de leurs limites, signalées à l'instant, les clarifications apportées par Benoît XVI en 2005 soient reçues plus largement et considérées comme base de discussion et de concorde. Or, le désir de réintégration de la Fraternité Saint-Pie-X et son actuel non-aboutissement conduisent, dans un petit groupe d'auteurs romains, à une répétition obsessionnelle des mêmes arguments, déjà entendus en 1967 : l'utilisation du qualificatif pastoral pour disqualifier l'enseignement des documents conciliaires, la limitation de l'autorité des « Déclarations » *Nostra aetate* et *Dignitatis humanae*, etc., et cela en dépit de la

1. Voir Chr. THEOBALD, « L'herméneutique de réforme implique-t-elle une réforme de l'herméneutique », dans ID., *Le concile Vatican II. Quel avenir ?*, p. 129-158.

règle du corpus édictée par le synode extraordinaire de 1985[1]. S'ajoute à ces ambiguïtés répétées le fait que le récent synode sur la famille (2014/2015) vient de rejouer certains scénarios d'opposition de la première période du Concile, laissant courir l'affirmation qu'on ne toucherait pas à la doctrine catholique du mariage mais traiterait uniquement de « pastorale ». L'absence de clarté quant aux rapports précis entre la doctrine et la pastorale semble lourdement peser sur les débats publics dans l'Église.

Le pape François et la pastoralité

1. D'autre part, il est clair que l'impulsion donnée par le pape François dès son Exhortation apostolique *Evangelii gaudium* s'inspire directement de la « pastoralité » de l'enseignement conciliaire, non sans réarticuler les paramètres que nous avons repérés dans la première partie ; on pourrait dire que François s'inscrit vigoureusement dans l'herméneutique de réforme de son prédécesseur. Le principe de cette réforme est la mission ou la pastorale missionnaire ; comme chez Paul VI et dans *Evangelii nuntiandi* (1975), le fil kérygmatique des textes conciliaires, en particulier du Décret *Ad gentes*, et la relation pastorale entre les destinateurs et les destinataires de l'Évangile, passe au premier plan. On retrouve ici les accents du cardinal Lercaro et du groupe conciliaire « Église des pauvres » qui a tant insisté sur la réciprocité de la relation pastorale, les destinataires de l'Évangile suscitant du côté des destinateurs un mouvement d'apprentissage et de conversion. La réforme intérieure et extérieure de l'Église n'est pas seconde, voire secondaire par rapport à l'annonce de l'Évangile (*Unitatis redintegratio*, 6 est claire à ce sujet) mais en fait *intrinsèquement* partie comme sa condition de crédibilité ; de la même manière que les actes de Jésus sont *intrinsèquement* liés à ses paroles et inversement, selon la belle formule de *Dei verbum*, 2.

Quant à la doctrine, le pape François ne craint pas de dénoncer son utilisation « mondaine » ou idéologique et insiste positivement

1. W. Brandmüller, N. Bux, A. Marchetto, *Le "Chiavi" di Benedetto XVI per interpretari il Vaticano II*, Rome, Cantagalli, 2012 ; B. Gherardini, *Concilio Ecumenico Vaticano II. Un discorso da fare*, Frigento, Casa Mariana Editrice, 2009.

sur la tâche herméneutique, donnée avec l'Évangile lui-même et située dans le cadre de la doctrine catholique, sans cesse à replacer dans la relation entre destinateurs et destinataires historiquement situés. Ce sont les n° 34 à 45 du premier chapitre d'*Evangelii gaudium* qui abordent cette question. Le texte ne laisse aucun doute sur deux points essentiels : affrontant le risque de « sélection intéressée », inhérente aux moyens contemporains de communication, il invite les prédicateurs à mettre tous les « accents secondaires » en lien avec « le cœur de l'Évangile » (n° 34-39) – la fameuse « hiérarchie des vérités » (*UR*, 11) revient ici comme principe régulateur – et à interpréter cet « essentiel » dans les limites des langues humaines (n° 40-45). Contre le rêve d'une « conception monolithique de la doctrine », il affirme donc que la « variété – celle des "diverses lignes de pensées philosophique, théologique et pastorale" – aide à manifester et à mieux développer les divers aspects de la richesse inépuisable de l'Évangile » (n° 40). Il n'est pas surprenant qu'on retrouve, au n° 41, la célèbre formule de Jean XXIII, à nouveau reconduite vers son sens original : la *substance* de la « vérité de toujours » est identifiée à sa « nouveauté permanente » ; s'ensuit la distinction entre cette « substance » et le « *modus* de son énonciation », distinction qui est introduite « *dans* le dépôt lui-même de la doctrine chrétienne » comme tâche pastorale, et non pas tenue à l'extérieur de celui-ci, comme cela a été le cas dans la plupart des reprises postconciliaires de la formule du pape Jean. Ajoutons que d'autres aspects de la pastoralité conciliaire, peu présents ces dernières décennies, trouvent maintenant droit de cité : l'insistance sur le peuple des baptisés comme peuple missionnaire, porté par le « sens de la foi [1] » ; la réévaluation de la pluralité interne de l'Église et de nos cultures.

2. Ces considérations fondamentales sont presque données en passant, la préoccupation principale du pape François étant la mise en œuvre *effective* de la pastoralité de l'enseignement conci-

1. Voir J. FAMERÉE, « *Sensus fidei, sensus fidelium.* Histoire d'une notion théologique discutée », dans *RSR* 104/2 (2016), p. 167-185 ; J.-Fr. CHIRON, « *Sensus fidei* et vision de l'Église chez le pape François », dans *RSR* 104/2 (2016), p. 187-205 ; Chr. THEOBALD, « *Sensus fidei fidelium.* Enjeux d'avenir d'une notion classique », dans *RSR* 104/2 (2016), p. 207-236 (republié dans ce volume, chapitre XIII).

liaire qui conduit nécessairement à une « réécriture » de certains textes, surtout de *Gaudium et spes* dont l'enseignement est à réajuster aux conditions historiques de nos sociétés actuelles. Cela s'est fait dans l'encyclique *Laudato si'* dans une perspective écologique et critique par rapport à un anthropocentrisme mal éclairé sur ses limites ; cela s'est fait encore dans l'Exhortation apostolique *Amoris laetitia* dans le domaine du mariage et de la famille ; exemplification remarquable de la « pastoralité » de la doctrine de l'Église selon Vatican II [1]. Il suffit d'en souligner deux aspects : la manière de présenter le mariage et la famille comme évangile ou grâce, voire comme charisme, en déployant donc la force pastorale inhérente à la doctrine catholique (selon la consigne de Mgr Volk au Concile) ; et la manière d'articuler cette grâce *et* la miséricorde au cœur de nos fragilités humaines. Rappelons que le discours d'ouverture au Concile de Jean XXIII avait déjà uni le « remède de la miséricorde » et l'absence d'anathèmes ou de condamnation. La thématique de la « miséricorde » parcourt ensuite l'ensemble des cinquante ans qui séparent le Concile de l'année de la miséricorde (2015/2016). *Elle est le cœur théologal de la « pastoralité » de l'enseignement de l'Église.* Dans son Exhortation, le pape François cite un extrait-clé de son homélie du 15 février 2015 sur la guérison d'un lépreux (Mc 1, 40-45). Il donne à ce texte, où il oppose la logique de l'intégration à celle de l'exclusion, une forme très solennelle et quasi « cathédrale » :

> Le Synode s'est référé à diverses situations de fragilité ou d'imperfection. À ce sujet, je voudrais rappeler ici *quelque chose dont j'ai voulu faire clairement part à toute l'Église pour que nous ne nous trompions pas de chemin* : « Deux logiques parcourent toute l'histoire de l'Église : exclure et réintégrer [...]. La route de l'Église, depuis le Concile de Jérusalem, est toujours celle de Jésus : celle de la miséricorde et de l'intégration [...]. La route de l'Église est celle de ne condamner personne éternellement ; de répandre la miséricorde de Dieu sur toutes les personnes qui la demandent d'un cœur sincère » [*AL*, 296].

1. Ne pouvant pas commenter ici ce texte, je renvoie le lecteur au commentaire officiel, publié par Lessius, avec notre propre contribution conclusive : « Et maintenant ? Une nouvelle perspective pour l'Église », dans *Exhortation apostolique post-synodale du pape François « La joie de l'amour ». Édition présentée et annotée sous la direction du Service national Famille et Société – Conférence des évêques de France – et de la Faculté de théologie du Centre Sèvres. Avec un guide de lecture et des témoignages*, Namur/Paris, Lessius, 2016, p. 321-336.

En vue d'une clarification future

1. Je fais l'hypothèse, pour terminer ce bilan, que les difficultés de réception que rencontre l'enseignement du pape François sont liées à l'absence de clarté, notée à l'instant, quant au rapport entre la doctrine catholique et ladite pastorale. De ce point de vue, la bifurcation qui s'est présentée dès la première phase postconciliaire et repérée au début de notre deuxième partie me paraît significative de deux logiques différentes qui, tout au long de ces années, n'ont pas eu l'occasion de s'expliciter et de se confronter réellement : une logique de continuité doctrinale, telle qu'elle s'exprime déjà dans la version latine du discours de Jean XXIII et qui suppose l'identification de l'Évangile avec une pluralité de vérités, rassemblées dans le *Catéchisme de l'Église catholique*, et traduite, pour ce qui est de l'existence ecclésiale des croyants, par le Code de droit canonique – c'est une logique qui reste hantée par le modèle dogmatique qui a régné tout au long de l'époque de chrétienté – et une autre logique, telle qu'elle s'exprime dans la version italienne du discours du pape Jean, logique fondée sur la relation pastorale entre l'Évangile ou son « dépôt » et ses destinataires, l'« expression » ou la « formulation » de la foi étant toujours relative à la situation historique ; le « dogmatique » (au sens classique du terme) n'en est nullement exclu mais intégré et désormais reçu dans la perspective relationnelle propre à l'Évangile.

2. Sans doute faudra-t-il parvenir un jour à clarifier ce conflit. Dans ce but, j'ai proposé moi-même une relecture du Concile et de sa pastoralité à partir du concept de « Tradition vivante », concept qui me paraît être le véritable enjeu des débats de ces cinquante dernières années [1]. Les paramètres évoqués dans la première partie, apparus progressivement dans les débats conciliaires – auxquels il faut ajouter avec le pape François une attention renouvelée au *sensus fidei fidelium* et à la pluralité pentecostale de l'Église qui en résulte (*LG*, 12) –, forment une structure qui trouve dans la *paradosis* chrétienne son point d'unité. La *paradosis* est par essence « pastorale » et « missionnaire » ; ce qui me

1. *La réception du concile Vatican II.* I. *Accéder à la source* ; voir en particulier la deuxième partie, la conclusion de la quatrième partie et toute la cinquième partie.

paraît être l'acquis principal du concile Vatican II. Elle est pastorale dans la mesure où elle ne veut pas seulement rejoindre et transformer ses destinataires historiquement et culturellement situés, mais se laisse aussi travailler de l'intérieur – en toutes ses expressions (doctrinales, liturgiques, éthiques, etc.) – par ce qu'elle apprend de ses interlocuteurs. Ce travail, le terme « réforme » le désigne au mieux, car il s'agit d'une remise en forme permanente de la *paradosis* dans l'acte même de réception et de livraison, qui la constitue sous la conduite de l'Esprit.

3. La structure interne de la Tradition vivante de l'Église, telle qu'elle vient d'être dégagée, est évidemment régulée par l'Écriture dont Vatican II reçoit à la fois la mise en contexte historique par l'exégèse critique[1] et la lecture théologico-pastorale qui y entend la Parole évangélique de Dieu adressée à l'homme d'aujourd'hui. Quant à la doctrine catholique, voire au dogme, ils relèvent de l'ensemble des expressions historiques de l'Évangile ou de son « dépôt » mais nous lèguent en même temps la tâche herméneutique d'en dégager la normativité, non pas en elle-même mais en relation avec les destinataires d'aujourd'hui. C'est là qu'intervient la hiérarchie des vérités qui – c'est mon hypothèse – trouve son centre d'unification dans la relation kérygmatique et pastorale entre le Christ Jésus et les siens, et ceux-ci et les destinataires de l'Évangile de tous les temps, relation ecclésiale de *paradosis* qui « porte » l'ensemble de l'économie christologique et pneumatologique du mystère chrétien. Par rapport au dogme et à la doctrine, tournés vers les contenus de la foi, la structure interne de la *paradosis* – sa « pastoralité » – relève d'un méta-niveau qui se trouve exprimé au mieux par la « loi de toute évangélisation » *(lex omnis evangelizationis)*, formulée à la fin du Concile dans *Gaudium et spes*, 44.

On peut espérer que le conflit herméneutique au sujet de la « pastoralité » de Vatican II sorte un jour du risque de répétition dans laquelle il s'est enlisé et conduise vers une clarification, susceptible de recevoir l'assentiment de tous ou de presque tous.

1. Voi les chap. III à VI de *Dei verbum*.

II

PAROLES HUMAINES – PAROLE DE DIEU

Quelques réflexions théologiques et pastorales à partir de la Constitution *Dei verbum* de Vatican II

Dès son tout premier écrit, le Nouveau Testament aborde la question posée ici : comment comprendre le terme « Parole de Dieu » ? Dieu parle-t-il réellement ? Ce que nous tenons, dans la foi, pour Sa Parole, n'est-ce pas plutôt une parole humaine, voire un ensemble de paroles d'hommes ? Comment a-t-on pu passer des paroles *des* hommes à la Parole *de* Dieu ?

L'épître aux Thessaloniciens de l'apôtre Paul à laquelle je viens ainsi de faire allusion aborde précisément cette question. Paul a fondé cette communauté et s'émerveille au début de sa lettre du fait que sa parole, l'annonce de l'Évangile auprès de ceux qui l'ont accueilli, n'a pas été seulement un « discours » mais une manifestation d'énergie *(dynamis)*, d'Esprit Saint et de plénitude (1 Th 1, 5) ; on pourrait dire qu'elle a été « présence » *(parousia)* qui rayonne et se propage grâce à la *mimésis*, l'imitation qui du Christ passe par Paul et joue de communauté en communauté. Le chapitre 2 de l'épître entre alors dans une relecture de ce mystérieux processus d'« engendrement » où Paul s'attribue une position à la fois maternelle et paternelle, concluant cette relecture par une action de grâce à Dieu :

> Quand vous avez reçu la parole de Dieu que nous vous faisions entendre, vous l'avez accueillie, *non comme une parole d'homme* mais comme ce qu'elle est réellement, *la parole de Dieu*, qui est aussi à l'œuvre *en vous*, les croyants [1 Th 2, 13].

Cette finale est décisive, car elle indique déjà un, sinon le critère distinctif qui permet de reconnaître la Parole de Dieu au sein d'une parole d'homme, à savoir l'effet qu'elle produit. Avant qu'elle atteigne l'oreille et le cœur, elle est *déjà* au travail *dans* l'auditeur potentiel, grâce à l'Esprit Saint, de sorte que, lorsqu'il l'entend, elle éveille en lui la capacité de la « reconnaître » comme ce qu'elle est en vérité : Parole *de* Dieu.

Nous repérons ici, sous une forme extrêmement simple, ce que le concile Vatican II appelle la « pastoralité » : *ce* dont il s'agit dans l'Évangile de Dieu est déjà à l'œuvre *en* celui qui le reçoit ; ce qui implique ou exige un singulier « ajustement » entre le destinateur, l'apôtre, et le destinataire ou récepteur, sa communauté, « ajustement » appelé par *Gaudium et spes « accomodata praedicatio »* : « Cette *manière appropriée* de proclamer la parole révélée doit demeurer la loi de toute évangélisation » (*GS*, 44 § 2). En lisant l'épître aux Thessaloniciens, on comprend donc tout de suite que l'imbrication théologique de la Parole de Dieu et de nos paroles d'hommes, est *en elle-même* « pastorale » parce que relationnelle. Toute séparation qui voudrait isoler, d'un côté, une doctrine intangible et réduire, de l'autre, la pastorale à une simple application de cette doctrine, sans faire intervenir *ce qui est déjà à l'œuvre dans les destinataires*, ne serait pas à la hauteur de notre tradition et transformerait finalement l'évangélisation en endoctrinement.

Or, aujourd'hui, ce *processus de l'annonce* est devenu infiniment plus complexe qu'à l'époque de l'apôtre Paul, car il ne se déroule plus à l'intérieur d'une sphère culturelle relativement homogène comme celle de l'empire romain ; il doit traverser une multitude de frontières, il est devenu pluriculturel ; même au sein de nos sociétés européennes. Le concile Vatican II en a progressivement pris conscience, ce qui a mobilisé beaucoup de ses énergies. Dans les deux premières parties de cette étude, je vais tenter d'exposer l'essentiel de ce travail, me laissant guider par une double conviction :

Premièrement : s'interrogeant sur la place des Écritures dans la vie de l'Église et sur une pastorale biblique, le Concile a noué son propos autour de la notion de « Parole de Dieu » – *Dei verbum* –, supposant tranquillement que tout le monde comprend ce que signifie ce terme. Or, si ce présupposé était peut-être assuré à l'époque, il ne l'est plus aujourd'hui. C'est là, à mon avis, la principale difficulté que la Constitution *Dei verbum* nous pose aujourd'hui et que la pastorale biblique doit aborder et résoudre.

Deuxièmement: cette question décisive, le Concile ne l'aborde pas seulement dans sa Constitution dogmatique sur la Révélation divine, *Dei verbum*, mais aussi dans celle, dite « pastorale », sur « l'Église dans le monde de ce temps », *Gaudium et spes* et, bien sûr, dans celle sur la Liturgie, *Sacrosanctum concilium*. La recherche sur Vatican II est très soucieuse aujourd'hui de mettre en relief les liens souterrains *entre* ces textes [1] ; ce qui s'est manifesté aussi lors du synode sur « La Parole de Dieu dans la vie et dans la mission de l'Église » en 2008 et dans l'Exhortation apostolique *Verbum Domini* qui a suivi. Celle-ci recommande « d'intensifier "la pastorale biblique", non en la juxtaposant à d'autres formes de la pastorale, mais comme *animation biblique de toute la pastorale* » (n° 73, se référant à *Dei Verbum*, 24) ; ce qui est une manière de traduire pastoralement les liens cachés qui existent entre les trois Constitutions.

Je les interrogerai donc dans les deux premières parties de ce chapitre sur ce qu'elles nous apportent de décisif pour la compréhension de la notion « Parole de Dieu » et je terminerai mes réflexions en tentant de rendre plausible l'imbrication même entre nos paroles humaines et la Parole de Dieu par une brève réflexion anthropologique.

Révélation et Parole de Dieu dans la constitution *Dei verbum*

Nous commençons donc notre parcours par la Constitution dogmatique sur la Révélation divine dont la rédaction a occupé l'ensemble des quatre périodes du Concile. Après quelques remarques nécessaires sur ce texte [2], nous allons nous demander quelle signification il donne au terme « Parole de Dieu ».

---

1. Voir Chr. THEOBALD, *Le concile Vatican II. Quel avenir ?*, (avec indications bibliographiques) ; ID., *La réception du concile Vatican II.*

2. Voir ID., *« Dans les traces... » de la Constitution* Dei verbum *du Concile Vatican II*, Paris, Éd. du Cerf, 2009.

Les principaux acquis de *Dei verbum*

La réussite principale de la Constitution est de traiter, dans ses chap. III à VI, de l'*Écriture sainte* selon la double perspective d'une exégèse historico-critique *et* d'une lecture théologico-pastorale. Ces deux versants d'une même interprétation de la Bible sont inséparables, car ils manifestent d'emblée l'historicité du texte *et* la nécessité *de le faire parler aujourd'hui* selon l'exigence d'une « prédication ajustée » à la situation qui est la nôtre. On y retrouve donc le principe de « pastoralité », mentionné à l'instant (voir *GS*, 44 § 2).

Cette articulation ressort avec force quand on remonte en quelque sorte de la partie biblique de *Dei verbum* – des chap. III à VI – au chapitre II qui traite de « la transmission de la révélation divine » : l'Écriture nous parvient par la *tradition vivante*, qui la transmet en tant que texte déjà interprété et actualisé dans la vie de l'Église *et* encore sans cesse à relire et à remettre en relation, vivifiante et critique, avec les situations individuelles et collectives d'aujourd'hui et de demain. La tradition *précède* donc le texte des Écritures qui est la « cristallisation » littéraire et normative de l'expérience de l'Église naissante, en sa relation initiale avec le Christ Jésus *et* avec la société de l'époque.

C'est là le deuxième acquis de la Constitution : elle a su enraciner les Écritures dans une conception relationnelle de la tradition, conception qui doit beaucoup à l'apôtre Paul et à saint Irénée. Ce qu'on désigne par le terme « tradition » ou « livraison testamentaire » (*paradosis* : 1 Co 11, 23 s. et 1 Co 15, 1) *relie intimement*, d'un côté, l'*Évangile transmis* par la prédication évangélique et, de l'autre côté, *ceux* qui le transmettent, toujours en relation les uns avec les autres, avec le Christ *et* avec ceux auxquels ils s'adressent. Ce point est décisif aujourd'hui ; nous l'avons déjà perçu tout au début, en référence à la première lettre aux Thessaloniciens : *le christianisme n'est pas une religion du livre* ; *l'Écriture n'est pas immédiatement « Parole de Dieu »* ; elle est le moyen unique – et à ce titre inspiré – qui permet de prolonger à distance (comme le fait déjà l'épître aux Thessaloniciens), voire en absence des premiers acteurs, ce qui a commencé à se passer *entre* Jésus et les apôtres *et* ceux auxquels ils se sont adressés, à savoir la « passation » – « de main en main » – de l'Évangile du Règne de Dieu et son enracinement effectif dans des personnes en relation et au sein de la société.

Relisons le début du chap. II (nº 7) qui expose ce processus relationnel :

> Le Christ Seigneur, [...] ayant accompli lui-même et proclamé de sa propre bouche l'Évangile d'abord promis par les prophètes, ordonna à ses Apôtres de le prêcher à tous comme la source de toute vérité salutaire et de toute règle morale, en leur communiquant les dons divins. Ce qui fut fidèlement exécuté, (1) soit par les Apôtres, qui, par la prédication orale, par leurs exemples et des institutions, transmirent, (a) *ce qu'ils avaient reçu de la bouche du Christ en vivant avec lui et en le voyant agir*, ou (b) *ce qu'ils avaient appris (didicerant) de ce que leur suggérait le Saint-Esprit*, (2) *soit* par ces Apôtres et par des hommes de leur entourage, qui, sous l'inspiration du même Esprit Saint, *consignèrent par écrit* le message du salut. Mais pour que l'Évangile fût toujours gardé intact et vivant dans l'Église, les Apôtres laissèrent pour successeurs des évêques, auxquels ils « *transmirent* leur propre fonction d'enseignement ».

De cette « généalogie » de la Tradition qui s'enracine donc dans la relation inaugurale entre le Seigneur Jésus et ses disciples-apôtres – relation « pastorale » dont il a l'initiative, tout en comptant avec l'Esprit qui est *déjà à l'œuvre dans* l'apprentissage de ses partenaires –, on peut remonter à « la Révélation elle-même » dont traite le tout premier chapitre de la Constitution *Dei verbum*. Celui-ci insiste sur l'initiative absolument libre de Dieu et introduit, sous une forme verbale, les concepts clé d'*autorévélation* (*DV*, 2) et d'*autocommunication* de Dieu (*DV*, 6).

La Parole silencieuse ou le Silence parlant de Dieu

C'est ici qu'apparaît une double difficulté qui porte, d'un côté, sur le sens du terme « Parole de Dieu » et, de l'autre, sur son audition (voir le point suivant). La première difficulté vient du fait que la relation entre les deux jeux de langage de la « révélation » de Dieu (au premier chapitre) et de la « parole de Dieu » (dans le second) demeure indéterminée, même s'il est dit que la première est *achevée* (*DV*, 4), tandis que Dieu *ne cesse* de converser avec l'Église de son Fils et à travers elle avec l'humanité (*DV*, 8, 21, 25). Comment comprendre cet « achèvement » *et* le maintien *simultané* d'une « conversation » *(colloquium)* de Dieu avec l'Église et avec tous les hommes ? C'est ce *paradoxe* que le texte ne parvient pas à dire mais qu'il faut tenter de faire comprendre dans notre contexte actuel.

Commençons donc par « l'achèvement » de la Révélation divine, impliqué dans les concepts d'auto-révélation et d'auto-communication de Dieu. Trois affirmations simples permettent de comprendre l'enjeu de cette implication : (1°) Dieu n'a *rien* à nous révéler de ce que nous pourrions découvrir un jour par nous-mêmes (cette première affirmation qui est négative arrête toute confusion entre la Révélation et le génie humain et permet de penser théologiquement la sécularisation qui sous-tend également l'exégèse critique dont il est question dans la deuxième partie de *Dei verbum*) ; (2°) Dieu n'a qu'une seule chose à nous dire et c'est *Lui-même et Lui-même comme notre destinée* (cette deuxième affirmation est positive et garantit la spécificité unique de la tradition chrétienne : l'accès à l'intimité de Dieu – les *intima Dei* [*DV*, 4] – par le Christ, dans l'Esprit Saint). N'est-ce pas plausible de dire que *seul* Dieu peut nous donner accès à son intimité ? (3°) *Si Dieu a tout dit* de sa propre intimité abyssale en Jésus, *il peut dorénavant se taire*. Que pourrait-il nous dire encore puisqu'il a tout dit en son Fils ?, se demande saint Jean de la Croix en référence à l'épître aux Hébreux (He 1, 1 ; saint Jean de la Croix, *La montée du Carmel*, livre II, chap. XXII).

Comment dès lors comprendre, *sur le fond de ce silence divin* si caractéristique de notre monde « sécularisé », la conversation – le *colloquium* dont parlent les chap. II et VI de *Dei verbum* – entre Dieu et « l'épouse de son fils », l'Église, et potentiellement avec toute l'humanité ? Cette question nous situe à un carrefour décisif auquel je reviendrai dans la troisième partie : on pourrait se contenter ici d'un fondamentalisme inconscient et naïf, « chosifier » en quelque sorte le partenaire divin de la conversation et identifier les Écritures directement avec son « parler ». On oublierait ainsi que la formule vétérotestamentaire « La parole de Dieu fut adressée au prophète… » (voir par exemple Jr 1, 1-10) disparaît tout simplement dans le Nouveau Testament, laissant la place à la *relation* entre le Christ Jésus et ses apôtres, disciples et sympathisants : ayant *tout* dit – le Verbe de Dieu étant effectivement devenu chair (Jn 1, 14 et *DV*, 2) –, « l'accès à l'intimité silencieuse de Dieu » ne s'ouvre plus que *dans la relation entre* son Fils unique et ses partenaires à lui.

Pour clarifier le sens du terme « Parole de Dieu » et l'accorder à celui de l'« auto-révélation de Dieu », il faut donc se souvenir du début du deuxième chapitre, cité ci-dessus : il rapporte toute la Tradition précisément à la *relation* inaugurale entre le Seigneur Jésus et ses disciples-apôtres. Il faut transférer aujourd'hui cette relation du second au premier chapitre de *Dei verbum*.

L'irréversible autocommunication (ou autodonation) de Dieu *dans* le don de soi de Jésus – au service du Règne de Dieu en train d'advenir (*DV*, 4) – est impensable sans un processus *relationnel* de « transmission » *historique*, au sens où la « Tradition » est en même temps « livraison testamentaire » *(paradosis)* ou « don de soi » eucharistique (1 Th 2, 8 ; 1 Co 10, 23 s.) qui suscite la créativité des récepteurs de cette « communication » – la nôtre –, l'ensemble de ce processus étant au service de la présence de Dieu – son Règne –, à rendre accessible *ici et maintenant*. Car l'autocommunication de Dieu *et* la transmission constituent un seul processus relationnel qui ne trouve son achèvement que si – sans aucune garantie préalable – il a pour conséquence la libération de toutes les compétences des récepteurs que nous sommes et de leur libre don de soi. *L'auto-révélation de Dieu et sa parole adressée à l'homme sont donc les deux côtés indissociables d'un seul et même processus historique de transmission.* Tandis que le mot « Révélation » désigne l'ouverture définitive et irréversible de la bonté et de la sagesse abyssales de Dieu *lui*-même *dans* la parole, l'action et le don de soi *de Jésus*, le terme de « Parole de Dieu » signifie le « parler *actuel* » de Dieu *sur fond d'une qualité nouvelle de silence* : le silence de Celui qui, ayant lui-même tout dit et tout donné, attend patiemment que l'homme et l'humanité tout entière prennent désormais la parole, de manière juste et vraie, et qui laisse son Esprit Saint œuvrer en ce sens.

Une double écoute

Ce bref parcours à travers la Constitution *Dei verbum* nous aura fait comprendre la complexité de la notion « Parole de Dieu », qui défie toute utilisation distraite ou routinière et tout fondamentalisme. Cette complexité est précisément celle d'une « parole silencieuse » ou d'un « silence qui parle », appelant, *ici et maintenant*, chaque femme et chaque homme en particulier, tous les êtres humains ensemble et toute la création à la vie *et* à la parole. Or, à ce titre, elle ne peut pas ne pas refluer sur l'*acte d'écoute* qui constitue le cœur de la foi.

Mais là encore, reconnaissons-le, nous nous trouvons devant la même indétermination de la Constitution que nous avons déjà constatée dans le cas du rapport entre révélation et parole de Dieu : si le n° 5 du premier chapitre conçoit la foi comme « écoute obéissante » (*oboeditio fidei*, Rm 16, 26 ; Rm 1, 5 ; 2 Co 10, 5-6) qui répond au Dieu qui Se révèle, ce n'est que dans le n° 8 du second chapitre que cet acte est inscrit dans la relation pastorale entre ceux qui annoncent l'Évangile et ceux qui le reçoivent. On trouve ici l'amorce d'une distinction importante entre, d'un côté, l'écoute de la prédication et, de l'autre, la « perception des réalités et des paroles transmises *par la méditation dans le cœur et par l'intelligence intérieure* » (*DV*, 8 § 2) ; distinction qui nous renvoie à *Gaudium et spes*, 16 qui affirme avec grande précision que « la voix de Dieu se fait entendre dans la conscience » qui « est le centre le plus secret de l'homme, le sanctuaire où il est seul avec Dieu ».

La complexification de l'acte de foi ne résulte donc pas seulement de la multiplicité historico-culturelle des auditeurs potentiels, à laquelle je reviendrai ; elle est issue d'abord et avant tout de la *différenciation du processus même de l'audition* du côté des récepteurs que nous sommes ; différenciation qui découle du fait que, dans le Nouveau Testament, on ne peut plus séparer ce qui advient dans la relation entre Jésus et ses auditeurs et l'accès à l'intimité de Dieu, accès qui passe par la liberté de la conscience de chacun : l'audition combine donc chaque fois l'écoute de l'annonce au sein de la relation pastorale ou kérygmatique *et* l'écoute de la voix intérieure et singulière qui anticipe et vérifie ce qu'elle a entendu. C'est précisément parce que l'auto-révélation de Dieu, advenue une fois pour toutes, entraîne *son silence* que sa « parole » ne peut plus résonner que *dans* une parole humaine *et* dans *la voix intérieure* de la conscience qui la reçoit et l'interprète. C'est ce mouvement qui est déjà impliqué dans la formule de la première lettre aux Thessaloniciens, citée en introduction et devenue maintenant – espérons-le – plus intelligible : « Quand vous avez reçu la parole de Dieu que nous vous faisions entendre, vous l'avez accueillie, *non comme une parole d'homme* mais comme ce qu'elle est réellement, *la parole de Dieu,* qui est aussi à l'œuvre *en vous*, les croyants » (1 Th 2, 13).

Le discernement des « signes des temps » dans *Gaudium et spes* : pour une écoute stéréophonique de la Parole de Dieu

Parallèlement à la rédaction finale de la Constitution sur la révélation divine, le Concile continue à élaborer les dernières versions de la Constitution pastorale *Gaudium et spes* qui, sans jamais se référer à la Constitution dogmatique *Dei verbum*, soulève un nouveau débat. Il porte cette fois-ci sur *l'autre versant de l'articulation complexe entre la Parole de Dieu et nos paroles humaines*, à savoir sur la pluralité de leurs expressions culturelles, déjà évoquée. Il y a comme un fil invisible qui relie les considérations de *Dei verbum* sur les Écritures avec leur versant historico-critique et les réflexions de *Gaudium et spes*, introduites au dernier moment, sur « l'aide que l'Église reçoit du monde d'aujourd'hui ». Ces ajouts ainsi que le chapitre de la deuxième partie de la Constitution pastorale sur la culture font comprendre que la « parole révélée » n'existe pas en dehors de sa réception – pentecostale – au sein des multiples langues humaines qui, à leur tour, sont sans cesse soumises à interprétation et jugement « à la lumière de la parole divine » (*GS*, 44 § 2).

Plusieurs problèmes paraissent ici, qui rajoutent encore à la complexité de la notion de « parole de Dieu », telle que nous l'avons perçue jusqu'à maintenant : le manque de liens transversaux entre les textes conciliaires fait que l'interprétation des Écritures pour y faire entendre Dieu nous parler et le discernement des langues et des signes des temps restent deux opérations séparées, favorisant ainsi une conception « extérieure » de la Révélation qu'on a sans doute trop vite cru dépassée ; le résultat est que la méthode du discernement des signes des temps reste trop indéterminée et sans fondement biblique et théologique. Une des manifestations de cette déficience est la séparation postconciliaire entre l'apostolat dans les mouvements laïcs de l'Action catholique, plutôt fondé sur la Constitution pastorale, et l'apostolat biblique qui s'appuie prioritairement sur la Constitution dogmatique sur la Révélation.

Commençons par la première de ces deux difficultés.

Le problème de l'interprétation des Écritures et de nos langues et cultures humaines

C'est en effet seulement quelques jours avant la fin du Concile que s'achève la rédaction du n° 44 de *Gaudium et spes* qui représente en quelque sorte, avec le n° 22 du Décret *Ad gentes,* le dernier mot de Vatican II par rapport à la question de l'interprétation des Écritures *et* de l'interprétation de nos langues et cultures humaines.

Le texte rappelle, sans l'expliciter, que l'écoute de la Parole, voire de la voix de Dieu ne peut se faire en régime chrétien que si son « expression » est culturellement recevable ou « ajustée » au récepteur. Cette condition de possibilité de toute écoute et de toute compréhension intérieure est déjà présente dans les chapitres exégétiques de *Dei verbum* (voir les n° 12 § 2 et 19) ; elle se trouve nettement énoncée en *Gaudium et spes*, 44 sous la forme d'une « capacité » spécifique : la « capacité d'exprimer, en toute nation et selon son mode, le message du Christ » *(facultas nuntium Christi suo modo exprimendi).* La mise en œuvre de cette « capacité » implique cependant une opération circulaire, appelée par les biblistes et théologiens « cercle herméneutique ». La signification de ce « cercle » est facile à comprendre : d'un côté, il faut exprimer le message du Christ dans telle langue ou culture donnée ; ce que le texte décrit longuement en aboutissant à la formule déjà citée, définissant le principe de pastoralité : « Cette *manière appropriée* de proclamer la parole révélée doit demeurer la loi de toute évangélisation » (*GS*, 44 § 2). Mais de l'autre côté, les langues et cultures ne sont jamais des entités entièrement disponibles ou ouvertes à l'expression de la parole révélée ; elles sont traversées par toutes les ambiguïtés et violences que nous connaissons : il faut donc les « scruter, discerner et interpréter à la lumière de la parole divine ». Le Concile ajoute que cela se fait « avec l'aide de l'Esprit Saint » et en indique de nouveau la finalité : « [...] pour que la vérité révélée puisse être sans cesse mieux perçue, comprise et présentée sous une forme plus adaptée » *(ibid.).*

Il est donc impossible, pouvons-nous conclure provisoirement, d'établir une relation pastorale et kérygmatique entre ceux qui annoncent l'Évangile de Dieu et ceux qui le reçoivent *en reconnaissant intérieurement que, tout en passant par des paroles humaines, il vient vraiment de Dieu*, sans que cette relation soit accompagnée d'un travail constant d'interprétation. On mesure la complexité de cette tâche ; car toute interprétation part déjà d'une interprétation culturelle de la Parole de Dieu et doit, pour aboutir à une nouvelle interprétation « ajustée », scruter et interpréter *en même temps* les langues humaines dans lesquelles nous sommes « empêtrés ». Ainsi l'herméneutique pastorale navigue-t-elle en quelque sorte – le Concile en est conscient – entre la pluralité radicale des langues et cultures et l'unité ultime de la Parole de Dieu.

Ce qu'on appelle discernement des signes des temps – méthode ou manière de procéder qui structure l'ensemble de la Constitution pastorale – se situe au *croisement* de l'interprétation de nos cultures à la lumière de l'Évangile *et* de l'interprétation de l'Évangile de Dieu au sein d'une culture donnée, toujours avec le même but de rendre la voix même de Dieu audible, *ici et maintenant*. Nous venons d'en comprendre le fondement théologique qui, à la lecture des textes, ne s'impose pas immédiatement ; car la dispersion des principaux passages concernés dans l'ensemble de la Constitution et du corpus conciliaire ne favorise pas le dégagement d'une manière de procéder à intégrer dans notre vie pastorale ; ce que je vais tenter maintenant, toujours en lien avec mon désir de mieux comprendre l'imbrication de la Parole de Dieu dans nos paroles humaines.

Une manière de procéder

La définition la plus achevée de cette manière de procéder se trouve au début du premier chapitre de la Constitution pastorale, au n° 11. Relisons ce passage :

> *Mû par la foi* par laquelle *il se croit conduit* par l'Esprit du Seigneur qui remplit l'univers, le peuple de Dieu s'efforce de discerner dans les *événements*, les *exigences* et les *désirs* de notre temps, auxquels il participe avec les autres hommes, quels sont les signes véritables de la présence et du dessein de Dieu. *La foi*, en effet, éclaire toutes choses

d'une lumière nouvelle et nous fait connaître la volonté divine sur la vocation intégrale de l'homme, orientant ainsi l'esprit vers des solutions pleinement humaines.

Plusieurs éléments ressortent de cet extrait. D'abord l'importance donnée à la *foi* et à la *compétence d'interprétation* qu'elle exerce ; compétence qui, nous venons de le voir, porte à la fois sur les choses du monde, les langues et cultures de notre temps, et sur l'Évangile lui-même. Cet aspect mérite d'être souligné, car il risque d'être sous-estimé. Le pape François l'a remis en valeur dans l'Exhortation *Evangelii gaudium* qui, tout en insistant sur l'importance décisive du « sens de la foi des fidèles » *(sensus fidei et fidelium)*, semble regretter qu'il reste souvent muet (*EG*, 119) et, ajoutons-le, comme enveloppé par la parole des ministres de la Parole.

Avec cette insistance sur la compétence interprétative de la foi, le projecteur se déplace quelque peu de l'acte d'*écoute* comme cœur de la foi *(oboeditio)* vers sa capacité de *perception* et de *vision*, véhiculée par la métaphore de la « lumière » : « [...] à la lumière de la parole divine » ou « sous une nouvelle lumière ». Mais la formule qui décrit le discernement à l'aide de trois termes – « événements *[in eventibus]*, exigences *[exigentiis]*, requêtes *[optatis]* de notre temps » – revient vers l'histoire avec ses obscurités, les « événements » individuels et collectifs jouant à la fois comme « déclencheurs » d'un nouvel acte ou d'un acte renouvelé de foi et comme appel à interprétation et à jugement ; déjà l'évangile de Luc souligne cet aspect, évoquant dès sa dédicace « les événements accomplis parmi nous » (Lc 1, 1). Or, qu'ils soient individuels ou collectifs, ces événements font apparaître des « exigences », parfois de dimension gigantesque comme l'actuel défi écologique ou le problème de l'accueil des réfugiés en Europe ; exigences ou nécessités qui, pour être affrontées, demandent non seulement de grandes compétences scientifiques et techniques mais aussi des énergies considérables de « foi » et les libèrent en même temps. Comment ne pas voir enfin les « souhaits » ou « requêtes » qui se manifestent à l'occasion de tel ou tel événement et qui activent l'orientation utopique ou messianique de l'humanité – l'hospitalité, la paix et la réconciliation avec la création –, donnant à nouveau place à l'aspect visionnaire de la foi ?

Retenons, pour conclure ce deuxième développement, qu'il s'inscrit harmonieusement dans l'exigence d'une « manière appropriée de proclamer la parole révélée » – la *lex omnis evangelisationis* –, et qu'il actualise donc la « capacité d'expression » de la foi et sa « compétence interprétative ». Ce que nous appelons « Parole de Dieu » et son écoute se « fragmentent » ici considérablement : la Parole ne résonne pas seulement dans les Écritures et dans l'intériorité de la conscience qui l'entend et la reconnaît, elle est aussi à l'œuvre et en attente dans les multiples langues et cultures de l'humanité – et, ajoutons-le, dans les religions et « spiritualités » humaines –; celles-ci ne lui restent pas extérieures ; car ce n'est que dans l'humain – dans la « chair » du Verbe de manière absolument unique – qu'elle peut être entendue. Cette situation rend l'écoute difficile et compréhensibles – reconnaissons-le – nos surdités ou nos fondamentalismes naïfs. Mais, malgré ces difficultés, Vatican II mise déjà sur ce qu'on peut appeler une « écoute stéréophonique » de la Parole de Dieu ; ce qu'il me reste à préciser maintenant.

Pour une écoute stéréophonique

À la fin de la première partie et en tirant les conclusions d'une relecture de la Constitution dogmatique *Dei verbum*, j'ai évoqué une *double* écoute : celle de la « parole externe » de la prédication évangélique (le *Verbum externum*) et celle de la « parole interne » qui résonne dans la conscience (le *Verbum internum*). Cette double écoute représente la figure classique de l'herméneutique pastorale du christianisme, telle qu'on la trouve déjà à l'œuvre dans la première lettre aux Thessaloniciens. Or, l'exégèse critique, d'un côté, *et* la prise de conscience d'une pluralité culturelle en dehors et au sein de l'Église, de l'autre, multiplient à l'infini les types d'auditeurs, font découvrir le caractère culturel, voire charnel de toute écoute véritable et invitent à activer la vision pentecostale de la tradition biblique.

C'est ici que se situe l'apprentissage difficile de ce que j'appelle une écoute stéréophonique. Il ne suffit pas d'écouter *uniquement* la parole évangélique, lue en commun dans la liturgie ou ailleurs ; si elle devient exclusive, cette pratique risque de glisser vers le fondamentalisme. Il ne suffit pas non plus d'écouter *seu-*

lement la parole interne à la conscience ; si cette écoute s'isole, elle tombe dans le moralisme ou dans un certain évangélisme piétiste. Il n'est pas suffisant, enfin, de *se contenter* d'une interprétation correcte du moment présent ; si l'on réduit l'identité chrétienne au « voir-juger-agir », on risque de vider de sa substance le meilleur de ce que nous ont livrés l'Action catholique et la théologie de la libération [1]. C'est l'écoute *simultanée* – stéréophonique – de ces trois « voix » qui nous fait entendre Dieu lui-même nous « parler », ici et maintenant.

La formule triadique, citée plus haut, qui aligne « *événements*, *exigences* et *désirs* de notre temps », nous donne quelques critères de vérification : est-ce que les *événements* quotidiens, individuels et collectifs, déclenchent réellement notre capacité d'écoute et d'expression ou nous referment-ils sur nous-mêmes ? Est-ce qu'ils suscitent nos compétences cordiales, affectives et intellectuelles, techniques et scientifiques, selon ce qu'*ils exigent* de notre part, ou nous confirment-ils dans des paresses et compromissions de toute sorte ? Finalement, est-ce que l'écoute stéréophonique des différentes « voix » identifiées à l'instant conduit l'auditeur individuel et collectif vers la dispersion et la distraction ou produit-elle son unité interne, répondant ainsi à ses « souhaits » et « désirs » les plus profonds, à savoir la paix intérieure et la paix messianique entre tous ?

En déclinant, sous forme de questions alternatives, ces trois critères, on perçoit à la fois la difficulté d'une telle écoute et l'énergie théologale ou « spirituelle » qui peut la rendre possible : c'est la troisième Constitution du Concile, celle sur la Liturgie qui devra intervenir ici, comme nous le verrons ci-après. Mais notons d'ores et déjà qu'on peut relire l'histoire pré- et postconciliaire sous l'angle de l'apprentissage pastoral et spirituel que je viens d'évoquer dans cette partie. Tout semble s'être passé comme si la sortie des Églises de leur enveloppe culturelle et spirituelle relativement homogène les avait progressivement conduites, à travers les multiples péripéties que nous connaissons – l'*Action catholique*, les mouvements charismatiques, évangéliques, le renouveau liturgique, catéchétique et diaconal, etc. –, vers la nécessité de

---

1. Pour davantage de précisions, voir p. 88 s.

revoir leur manière d'entendre Dieu lui-même leur parler en écoutant une multitude de « voix » humaines.

C'est cet appel qui nous guide depuis le début de notre parcours que je voudrais faire résonner brièvement dans sa dernière partie.

Pour une conception non fondamentaliste de la Parole de Dieu

À relire aujourd'hui, sous cet angle, l'œuvre de Vatican II, on perçoit rapidement que le Concile ne parvient pas à articuler deux tendances, présentes parmi les pères conciliaires et dans les sociétés qu'ils représentent, à savoir d'un côté l'expérience de sécularisation, déterminante dans la défense de l'exégèse critique par *Dei verbum* et dans le débat de *Gaudium et spes* avec l'humanisme athée, et de l'autre une conscience croissante de la pluralité des cultures, sociétés, forces spirituelles et religieuses, impossibles à « encadrer » par la thèse occidentale d'une sécularisation croissante. L'enjeu d'aujourd'hui est de sortir de cette opposition et d'entendre ce qui est vrai dans ces deux tendances dont l'articulation nous permettra de pratiquer et de penser *un rapport non fondamentaliste à la Parole de Dieu*. C'est ce que j'ai tenté de faire dans les deux premières parties : en comprenant la Parole de Dieu dans la tradition néotestamentaire comme « parole silencieuse » ou comme « silence qui parle », nous sortons d'une conception « objectivante » ou « chosifiante » de la Parole et découvrons *en même temps* un espace pluriel de l'écoute, structuré par la pluralité des « voix » qui résonnent dans nos Écritures inspirées, dans la pluralité des langues et cultures avec tout leur potentiel religieux ou spirituel d'interprétation et dans la multitude quasi infinie de nos intériorités.

L'articulation de nos paroles humaines et de la Parole de Dieu, à savoir le passage continuel des unes à l'autre et inversement, peut se ressaisir dès lors dans la formulation suivante qui soustend l'ensemble de notre cheminement : *parce que* la tradition biblique et chrétienne a uni « Dieu » et « parole » en croyant en un « Dieu qui parle » (Jn 1, 1), elle a introduit dans l'histoire de l'humanité la possibilité et l'exigence d'accéder à une parole véritablement humaine – ce qui ne va nullement de soi – ; et *parce que* l'homme, quand il lui arrive de parler humainement, découvre que ceci nécessite une *singulière écoute*, voire une *autorisation qui lui vient de plus loin*, il *peut* accéder à l'« écoute » d'une Parole silencieuse qu'il reconnaît dans la foi comme étant divine. Commentons brièvement cette double formule en commençant par *l'expérience* de la parole humaine.

Accéder à une parole humaine

Nous ne cessons d'échanger, au jour le jour, une multitude d'informations, oralement, par mail, parfois encore par courrier postal… Mais parlons-nous aussi, les uns aux autres, les uns avec les autres ? Ceci n'est pas sûr ; disons au moins que ce n'est pas garanti d'emblée. Car adresser la parole à autrui, cela suppose de le reconnaître, pour lui-même, pour ce qu'il est, de le percevoir, lui, au-delà de ce qu'il pourrait m'apporter. Cette reconnaissance se manifeste donc dans une manière de s'adresser à autrui, de parler avec lui. Lui demander quelque chose, par exemple, c'est le prendre au sérieux dans sa liberté inaliénable. Aussi, la parole de remerciement ne devrait pas s'adresser à lui uniquement quand il a acquiescé à la demande, mais lui revenir encore quand, l'ayant réellement entendue, il la décline. Fréquemment, la parole adressée devient ainsi parole échangée, sur des intérêts, peut-être sur des expériences ou des soucis communs ; elle peut se muer en discussion d'idées, voire en délibération sur des orientations à prendre, nécessitant un accord ou une parole d'autorité qui tranche et décide ; elle peut aussi devenir confidence, parole qui partage à l'autre l'intime, en attente d'une oreille ouverte et d'une réponse qui suscite, console et fortifie…

Tant de types de paroles d'hommes et de femmes émergent de nous et entre nous, selon les multiples situations de nos vies quotidiennes, privées ou publiques ! Plus ou moins fortes, elles s'avèrent en même temps d'une fragilité inouïe ; car rien n'est plus menacé que la parole : par le manque d'ajustement à la situation ou l'indélicatesse, par le malentendu, voire la violence ou le mensonge sous toutes ses formes ou, simplement, par la banalité, la superficialité ou les convenances. La langue que nous parlons et les paroles que nous nous adressons révèlent ainsi une profondeur insoupçonnée en chacun de nous : ce que la Bible appelle le « cœur », avec ses oreilles et son intelligence propres, si l'on peut dire, capables d'être à la hauteur des événements qui se présentent, le silence même pouvant être encore parole d'un humain ou simple démission et retrait... Sur ce terrain, rien n'est jamais décidé d'avance. Engendré et marqué jusque dans l'intime par la langue ou les langues de sa culture, le sujet émerge à cet endroit où une intériorité devient *possible*, trouvant ici son espace d'expression, de manifestation et de communication ; à chaque instant, il est confronté à la question d'une concordance avec soi-même et d'un ajustement à la situation et à autrui auquel il s'adresse, dans ce mystérieux échange, plus ou moins rapide, entre sa capacité de percevoir et d'entendre, de ruminer ou de réfléchir et... de parler.

Laisser Dieu parler

Aussi difficile qu'il semble déjà d'approcher ce que nous reconnaissons pourtant comme « parole d'un humain », il est plus ardu encore, pour beaucoup de nos contemporains, de comprendre qu'on puisse attribuer une telle parole à Dieu, le considérer en quelque sorte comme son « sujet ». À moins de donner d'emblée à cette attribution une signification fondamentaliste, nous sommes invités par les traditions juive et chrétienne à reconnaître cette « Parole *de* Dieu » *au sein de nos paroles d'humains* ; parcours de reconnaissance que le peuple juif et les rédacteurs de ses Écritures ont effectué par rapport aux prophètes et, sur leurs traces, l'Église naissante par rapport à Jésus de Nazareth, crucifié et reconnu vivant ; je l'ai évoqué dès l'introduction.

Quitter donc une conception fondamentaliste de la parole de Dieu, c'est scruter l'*acte* « spirituel » – porté par l'Esprit Saint – qui, *en telle* parole d'un humain, reconnaît la parole même *de* Dieu, qui entend celle-ci réellement *en toute* l'existence du Christ Jésus et, *mutatis mutandis*, dans celle de ses envoyés, voire en toute existence humaine, qui l'entend même résonner dans la simple existence de l'univers que nous habitons.

Qu'est-ce qui permet que cette reconnaissance et cette écoute, appelée plus haut « stéréophonique », s'enclenchent ? Sans doute est-ce *à la fois* notre expérience multiforme de ce que « parler » veut dire *et* notre écoute *simultanée* de l'annonce de l'Évangile, médiatisée par nos Écritures. À plusieurs reprises, nous avons en effet touché à cette zone en nous *et* entre nous où se découvre tout un « travail » intérieur et extérieur, caché dans notre « parler » quotidien : l'ajustement continuel à autrui et à la situation ainsi que la concordance avec nous-mêmes que ce « parler » ne cesse de provoquer et de manifester. En prenant conscience de ce travail, nous réalisons qu'il bénéficie déjà *silencieusement* d'une mystérieuse autorisation, à réentendre désormais plus distinctement, et de la communication *gratuite* d'une « force » ou d'une « énergie » *(dynamis)*, à recevoir dorénavant avec davantage de gratitude. C'est alors que peut se produire une reconnaissance, voire une concordance entre ce qui est déjà en travail *en nous et entre nous* et ce qui est entendu dans la prédication évangélique, la bonté inouïe et toujours neuve de la Parole divine.

C'est dans la liturgie, déjà évoquée plus haut, que s'opère prioritairement cette écoute ou cette reconnaissance. Retenons simplement, pour conclure, sa posture non fondamentaliste. Si, après la lecture d'un extrait évangélique, l'assemblée est invitée à « acclamer la Parole de Dieu » – le livre lui étant montré et même offert –, elle ne l'acclame pas pour autant mais adresse sa louange au Seigneur Jésus. C'est en effet dans la relation mystérieuse avec lui ou ses envoyés que chacun et tous peuvent entendre, dans une écoute stéréophonique de la pluralité des voix humaines, la « voix » même de Dieu – dans l'attente de leur unification messianique qui passe par le don eucharistique du Christ crucifié et vivant.

Il me semble donc, pour revenir à mon point de départ, que le souci principal de la « pastorale biblique » devrait être désormais « l'animation biblique *de toute la pastorale* » ; ce que j'ai tenté de montrer en explicitant les liens souterrains entre les grandes Constitutions du Concile (sans avoir fait intervenir celle sur l'Église) et en proposant l'expérience d'une écoute de la voix silencieuse de Dieu, grâce à une « écoute stéréophonique » de la pluralité de nos voix humaines, résonnant dans nos Écritures et ailleurs.

III

LES POTENTIALITÉS D'AVENIR DE LA CONSTITUTION PASTORALE *GAUDIUM ET SPES* POUR UNE FOI QUI SAIT INTERPRÉTER CE QUI ADVIENT

Aspects épistémologiques et constellations actuelles

Parler de « potentialités d'avenir » de *Gaudium et spes* nécessite qu'on prenne d'emblée conscience de la distance historique qui nous sépare de ce texte, rédigé il y a plus d'un demi-siècle. C'est la Constitution pastorale elle-même qui, dans un acte qu'on peut maintenant qualifier de prophétique, nous avertit de son propre enracinement contingent [1] et, de ce fait, nous invite à faire aujourd'hui le *même travail de discernement* qu'elle a accompli en « son temps [2] » *(in mundo huius temporis)*. Apparaît alors une distinction qu'on ne devrait pas trop rapidement enregistrer comme allant de soi, car elle représente la toute première et sans doute la plus neuve et prometteuse des potentialités d'avenir du texte : la différence entre le discernement des signes des temps

1. Voir la première note du texte de la « Constitution pastorale », rattachée à son titre – paradoxal.

2. Ce qui était déjà la position du cardinal KÖNIG lors du débat *in aula*, le 22 septembre 1965 : « Il faut montrer a) qu'il incombe à l'Église la tâche *[munus]* de diagnostiquer les signes des temps et de faire de temps à autre un nécessaire effort nouveau pour cela ; b) par quelle voie nous parvenons à une juste compréhension du monde actuel ; c) et quelles sont les questions ultimes qui se manifestent dans des formes et nécessités toujours nouvelles, questions que toutes les générations de l'histoire doivent résoudre » (*AS* IV/2, p. 26 s.).

comme *méthode* ou manière de procéder et son *résultat* qui, aujourd'hui, ne peut plus être le même qu'en 1965.

Pourrait-on alors supposer au moins que la *méthode* du discernement – que j'appelle « grammaire générative des rapports entre Évangile, société et Église [1] » – reste aujourd'hui la même ? Âprement discutée en 1965, en particulier entre évêques français et allemands, son explicitation dans *Gaudium et spes*, 4 et 11, est restée inachevée – il faut bien l'avouer – et fut récupérée après le Concile par des disciplines théologiques différentes – en particulier la théologie morale et la théologie fondamentale –, sans aboutir à une véritable unification [2]. Certes, le n° 44 de *Gaudium et spes* qui précise ce qu'il appelle « loi de toute évangélisation » et le chapitre II de la deuxième partie, portant sur la culture, font de ce *modus procedendi* l'objet d'une *métaréflexion*, capable de développer une conscience herméneutique en harmonie avec la situation contemporaine de l'homme et de l'Église. Mais le texte n'établit aucun lien explicite entre cette nouvelle conscience d'ordre « procédural » et le *diagnostic* même de la modernité, proposé dans l'exposé préliminaire, ni avec l'anthropologie théologique de la première partie. S'ajoute à cela la difficulté, qui concerne l'ensemble des travaux conciliaires, à se laisser « informer » par une véritable herméneutique biblique ; la suppression, dès le texte d'Ariccia (1964), des références aux « signes des temps » dans les évangiles synoptiques (Mt 16, 1-4 et Lc 12, 54-57) en est un symptôme significatif.

Quant au *résultat* de ce discernement, il consiste en 1965 à *articuler*, d'un côté, les dimensions de l'humain – allant du mariage jusqu'à la paix au sein de la communauté des nations (IIe partie de *GS*) – *et*, de l'autre, la doctrine chrétienne de la « vocation humaine » (Ière partie de *GS*), tout en laissant paraître, à l'arrière-plan de cette articulation et en lien avec le chap. II de *Lumen gentium*, une *vision messianique* de l'histoire de l'humanité et de l'Église en son sein (*GS*, 3). Cette vision qui représente une deuxième potentialité d'avenir du texte doit s'inscrire

1. *As grandes intuições de futuro de Concílio Vaticano II : a favor de uma "gramática gerativa" das relações entre Evangelho, sociedade et Igreja*, Cadernos Teologia Pública, ano X/77, Universidade do Vale do Rio dos Sinos, 2013. Voir Chr. THEOBALD, *Le concile Vatican II. Quel avenir ?*, p. 159-180.

2. Voir. *ibid.*, p. 228-247 (avec bibliographie).

aujourd'hui dans une « constellation » culturelle et spirituelle passablement différente des années soixante du siècle dernier. S'il est aisé de repérer des silences de *Gaudium et spes* (par exemple par rapport au défi écologique) ou des déplacements (quant à « l'activité humaine dans l'univers », I, chap. III), il est plus difficile de penser cette mutation d'un point de vue doctrinal et théologique, précisément en raison du caractère organique, voire « systémique » du texte de la Constitution pastorale.

C'est pourtant ce qu'il faut oser faire aujourd'hui ; tâche que le pape François a entreprise dans son Exhortation apostolique *Evangelii gaudium* (2013). Car il ne suffit plus – c'est ici mon hypothèse principale – d'inscrire tel ou tel phénomène plus ou moins nouveau dans le cadre épistémologique et doctrinal dessiné par *Gaudium et spes* (ce que par exemple les grandes Conférences générales de l'épiscopat latino-américain ont accompli pour leurs espaces culturels) ; c'est ce *cadre* lui-même qu'il faut *re*dessiner aujourd'hui en fonction des conditions nouvelles que notre situation actuelle impose à la « foi » et en particulier à la foi chrétienne. Je commence donc par esquisser cette tâche en revenant seulement dans un deuxième temps au *modus procedendi* du Concile, *modus* de discernement qu'il faut effectivement expliciter et unifier, non seulement dans les traces de nos Écritures mais aussi en lien avec une théologie, voire une *doctrine de la vocation humaine (Ière partie de GS) et – en son centre – de la foi ; doctrine de la foi qui d'emblée implique la capacité d'interpréter collectivement ce qui advient.* Quant à la vision messianique de l'histoire de l'humanité et de la mission de l'Église dans le monde d'aujourd'hui, j'y reviendrai dans un troisième temps, pensant que cet aspect décisif, resté encore relativement marginal pendant le Concile, doit orienter aujourd'hui l'ensemble de la réception-réécriture de *Gaudium et spes.*

D'une constellation historico-théologique à une autre

Pour comprendre les différences majeures entre le contexte des années 1960 et la situation actuelle du monde, l'entrée par la fin du premier chapitre de *Gaudium et spes*, traitant de l'athéisme (n° 19 à 22)[1], a l'avantage de nous confronter d'emblée avec un diagnostic *central* – l'insistance de l'époque sur la « dignité humaine » comme possible terrain commun entre les sociétés modernes et l'Église – et *simultanément* avec la question de la foi, voire avec son absence. Nous touchons à cet endroit aussi au point de jonction décisif entre la Constitution pastorale et la Constitution dogmatique sur l'Église, qui dans son deuxième chapitre sur le « Peuple de Dieu » traite également de l'athéisme dans le concert de toutes les grandes options religieuses ou non de l'humanité (*LG*, 16). Entrant par ce biais dans la comparaison entre hier et aujourd'hui, je suis conscient que le choix de ce fil majeur de la « dignité » risque d'occulter celui, pourtant déjà présent pendant le Concile, de l'intérêt primordial de l'Église pour les pauvres[2] ; mais j'y reviendrai quand il sera question de la constellation actuelle.

Le drame de l'humanisme athée

La prise de conscience du Concile que l'athéisme contemporain se comprend essentiellement comme *humanisme* qui nécessite de la part des chrétiens une réaction ajustée – et non pas une simple condamnation – émerge avec force en octobre 1964. Le discours très significatif du cardinal chilien Silva Henríquez en est la toute première trace. Le cardinal de Santiago invite le Concile à scruter les *particula veri* de l'humanisme athée et à répondre au défi qu'il représente par

> l'homme nouveau dans la personnalité de qui se conjuguent, de manière harmonieuse, les dimensions eschatologique et terrestre de sa vocation, de répondre donc à l'humanisme athée par une vraie anthropologie chrétienne. [...] La révélation divine ne manifeste pas seulement ce

1. Cette fin s'annonce déjà dans le n° 10 § 1 qui se situe au « passage » d'une description phénoménologique de la condition humaine dans le monde d'aujourd'hui vers son interprétation doctrinale à partir du concept de la « vocation humaine ».

2. Le cardinal Lercaro, avec Dom Hélder Câmara et le patriarche Maximos IV, un des fondateurs du groupe conciliaire appelé « l'Église des pauvres », aurait même voulu en faire l'axe même du Concile, comme il ressort de son grand discours du 6 décembre 1962 (*AS* I/4, p. 327-330).

qu'est Dieu mais aussi ce que l'homme est pleinement. Le mystère du Christ n'est pas seulement l'épiphanie de Dieu mais aussi l'épiphanie de la plénitude de l'homme. Le Christ est le second Adam, l'homme nouveau, le vrai roi du monde[1].

Avec cette intervention, la structure doctrinale de la première partie de la Constitution pastorale est esquissée ; « en réponse » au phénomène culturel *central* depuis la fin de la Deuxième Guerre mondiale qu'est l'humanisme athée[2], honorant précisément par cette mise en valeur de la *relationalité de toute la doctrine chrétienne* le principe pastoral du Concile. Certes le débat reste controversé jusqu'à la fin, car un groupe non négligeable de pères conciliaires souhaite la condamnation du communisme athée ; mais malgré certaines nuances introduites dans les dernières versions du texte et surtout une typologie précise des différents genres d'athéisme, la ligne générale de la réponse conciliaire dessinée par le cardinal Silva Henríquez reste déterminante. Elle conduit finalement à une affirmation paradoxale : d'un côté et en raison de la *plénitude* de l'humanité qui réside dans le Christ, le Concile maintient que « l'absence du support divin et de l'espérance de la vie éternelle » provoque une « grave *lésion* de la dignité humaine » (*GS*, 21 § 3) ; mais de l'autre côté et en raison de l'action invisible de la grâce dans le cœur des hommes de bonne volonté, il atteste aussi que « l'Esprit Saint offre à *tous*, *d'une façon que Dieu connaît*, la possibilité d'être associé au mystère pascal » (*GS*, 22 § 5).

Ce paradoxe d'une critique nuancée de l'athéisme et d'une prise en compte des sujets, restant tous, dans leur conscience morale (*GS*, 16), exposés à la même grâce du Christ, ouvre la possibilité de distinguer, dans la rencontre d'un tel ou d'une telle, sa confession explicite d'athéisme ou de christianisme, d'un côté, *et* l'orientation fondamentale de son existence éthique vers un absolu, de l'autre ; les mots et les représentations de Dieu paraissent ici dans leur fragilité, pouvant induire en erreur, sans affecter nécessairement l'ouverture d'une existence à la transcendance (*GS*, 19 § 3). De manière différente, un Karl Rahner et un Joseph Ratzinger insistent tous les deux en 1967 et 1968 sur ce

1. *AS* III/5, p. 236 s.

2. Voir H. DE LUBAC, *Le drame de l'athéisme athée*, Paris, Éd. du Cerf, 1944.

rapport « dialectique » entre le « croyant » et l'« incroyant », ni l'un ni l'autre ne pouvant fuir le « dilemme de la condition humaine[1] ». Pour le dire autrement, ce n'est pas parce que quelqu'un confesse « Dieu » que celui-ci est effectivement présent ; ce qui veut dire aussi que le silence par rapport à « Dieu », voire sa négation, ne signifie pas *ipso facto* son absence. Les années postconciliaires restent très fortement marquées par cette distinction, au sein d'une même « vocation humaine », entre un christianisme explicite et un christianisme implicite ou anonyme, faisant finalement de la conscience morale et de l'absolu qui se cache en elle le discriminant décisif.

Une nouvelle constellation

Si le communisme athée implose en 1989, il faut ajouter que, du côté occidental du mur (si je puis m'exprimer ainsi), la tentative de traduire le christianisme dans les termes d'un humanisme plein et intégral a montré bien auparavant ses limites, ladite « seconde révolution » des années soixante et les poussées successives de la sécularisation ayant laissé le référent théologal de la foi chrétienne de plus en plus dans l'incertain. Ce n'est pas pour autant l'athéisme qui a triomphé. Progressivement, le socle humaniste qui portait nos sociétés occidentales s'est lui-même effrité. Certes, *Gaudium et spes* y avait déjà introduit le processus moderne de différenciation : dans la première partie de la Constitution, en soulignant la différence entre autonomie légitime et illégitime (*GS*, 36) et, dans la deuxième partie, en traitant, de manière différenciée, de chacune des structures fondamentales de l'être humain. Mais par rapport à sa vision encore relativement homogène, nous avons aujourd'hui une conscience beaucoup plus vive de la *pluralité* de nos réalités continentales et de nos visions du monde, conscience vécue comme une relativisation de toutes nos convictions ; le probabilisme les indexe et nous conduit vers un certain pragmatisme, sceptique par rapport aux grandes utopies et théorisations humanistes.

---

1. Voir K. RAHNER, « La doctrine de Vatican II sur l'athéisme », dans *Concilium* 3 (1967/3), p. 13-28 et J. RATZINGER, *Foi chrétienne hier et aujourd'hui*, Paris, Mame, 1969, p. 11 s.

Parallèlement à cette *pluralisation* qui se solde aujourd'hui par l'absence d'une « vision » commune et par une *fragmentation* grandissante de nos représentations du monde, des « mythes » anciens sont retraités et des nouveaux créés, le « monisme » et le paradigme darwinien, fondé sur la loi du plus fort, s'imposant comme arrière-fond, plus ou moins conscient, de la civilisation mondiale, dominée par la finance internationale. Deux types d'hommes semblent naître ainsi : celui qu'on a appelé l'« homme augmenté » dont on ne sait plus jusqu'où il pourra aller dans le développement de ses capacités techniques de manipulation génétique ; et l'autre qui, dans une perspective évolutive du monde, a été progressivement « exproprié » de ses caractéristiques spirituelles. De tous les côtés cependant, des résistances se manifestent, suscitées en particulier par le défi écologique et la nécessité d'affronter une situation en passe de devenir irréversible, créée par les mutations démographique, énergétique et climatique, que nous connaissons sur notre globe.

Quant aux religions, elles participent, pour une part et à leur manière, à ces forces de résistance, mais sont *en même temps* de plus en plus exposées à des instrumentalisations politiques – qu'on pense à l'islamisme de Daech ou de Boko Haram – ou à des « retraitements » pseudo-philosophiques en Occident qui tentent d'en extraire des « arts de vivre » ajustés à nos sociétés de consommation. Face à la violence « religieuse » et à l'amalgame que toutes les religions seraient par définition productrices de violence, nos sociétés laïques sont plutôt démunies ; car, dans beaucoup de cas, elles n'ont plus aucun sens de ce qu'est l'expérience religieuse, ayant interprété, plus ou moins consciemment, la laïcité comme annonciatrice d'une humanité sans religion.

Revisiter la théologie de la foi

Une nouvelle constellation émerge ici qui n'est plus du tout celle de l'affrontement entre l'humanisme athée et l'humanisme chrétien, affrontement résolu à l'époque, du côté chrétien, par le postulat d'un christianisme implicite ou anonyme en tout être humain. L'humanité vient de passer un seuil « spirituel », tout à fait décisif. Comme jamais avant, elle est livrée à elle-même en tant qu'« humanité » : si l'histoire occidentale n'avait aucun doute sur l'exception humaine dans l'univers qu'un Emmanuel Kant et le concile Vatican II établissaient à partir de la loi morale « en nous », nous autres postmodernes, nous nous sommes mis à *douter* de la frontière même entre l'homme et le règne animal et à *douter* de nos possibilités d'assurer à nos sœurs et frères humains un avenir viable sur un globe habitable. Cette situation expose la foi chrétienne à un nouveau défi : *comment peut-elle s'interpréter aujourd'hui dans un contexte où l'humanité éprouve douloureusement que, malgré ses potentialités exponentielles sur le plan scientifique et technique, rien ne peut la dispenser de se vouloir librement et collectivement elle-même comme « humaine » ?* Face aux distinctions du Concile, cette question, voire ce doute, déplace les frontières et nous conduit à concevoir la « foi » sous une forme très élémentaire, non pas comme un acte qui s'ajouterait, en quelque sorte de l'extérieur, au fait humain en sa spécificité morale ou éthique déjà constituée mais comme étant *constitutive* de la différence humaine elle-même, dans la mesure où cette « foi » s'avère être le ressort le plus intime d'une humanité qui ne continuera à exister qu'à condition de se vouloir humaine et de s'éprouver autorisée à vouloir l'être.

Si cette hypothèse reçoit, dans le contexte actuel, une plausibilité nouvelle au point de faire corps avec l'humain, elle ne signifie nullement que cette « foi » serait déjà implicitement chrétienne. C'est ici précisément que se manifeste notre distance par rapport à la théologie de la foi de *Gaudium et spes* : il importe au plus haut point que la foi chrétienne tienne compte de cette *altérité*, voire de la *pluralité* des approches « spirituelles » de l'humain, précisément pour montrer concrètement que, dans son propre « code génétique », elle ne véhicule pas la moindre violence. Au contraire, plus d'un demi-siècle après le Concile et sans doute grâce à sa réception, l'horizon messianique de la foi, discrètement défendu à Vatican II par le groupe « Église des pauvres », est davantage entré dans la conscience ecclésiale ; en témoigne l'Exhortation apostolique *Evangelii gaudium* du pape François qui montre clairement que l'Évangile s'adresse en priorité à la « foi » et au désir de vivre des derniers dans nos sociétés, que la conception que l'Église se fait aujourd'hui du pluralisme et de la conception d'une humanité se voulant humaine n'est donc pas abstraite ou formelle mais implique un décentrement toujours concret de sa part, la foi *chrétienne* se concevant comme étant au service du vouloir vivre et de l'espérance de tous et d'un chacun, en particulier des plus démunis et sans voix [1].

Une nouvelle théologie de la foi se dessine ici dont il faut brièvement expliciter et articuler les trois dimensions essentielles :

1. Comme dans le Nouveau Testament pour qui la « foi » est le signe messianique par excellence, il faut d'abord enregistrer la *pluralité de ses figures* ; la plus élémentaire – on peut aussi parler d'une « foi » anthropologique – ne pouvant être identifiée avec la foi en Dieu ou la foi explicite en Christ, mais devant être comprise à la manière des récits de guérison : comme une « foi » qui certes « surgit », *hic et nunc*, au contact du Nazaréen mais est déjà à l'œuvre en son interlocuteur : « Ma fille, *ta foi* t'a sauvée », dit Jésus à la femme hémorroïsse (Mt 9, 22 ; Mc 5, 34). À la suite de Benveniste et de son analyse du vocabulaire indo-européen [2], on peut interpréter ce « crédit » fait à la vie comme acte *nécessaire pour vivre, sans qu'il ne soit jamais immédiatement donné* comme l'est l'instinct de survie que nous partageons avec les mammifères supérieurs. L'admiration de Jésus devant cet acte (Mt 8, 10 ; Lc 7, 9) le révèle comme étant à chaque fois *miraculeux* : personne ne peut le poser à la place d'un autre mais seule la rencontre avec autrui au sein d'un tissu social donné peut le rendre possible. Qu'il s'agisse là souvent d'un acte courageux de résistance contre la maladie individuelle ou un mal-être collectif, contre le mal et le malheur, cela montre que cette « foi » est déjà la manifestation d'une victoire qui résonne encore dans notre mot « con-viction ».

La Constitution pastorale connaît certes l'équivalent de cette « foi » anthropologique qu'elle définit à l'aide de notions comme la « dignité humaine » et la « vocation de l'homme *en qui un germe divin est déposé* » (*GS*, 3 § 2 ; 18 § 1 et 21 § 3). Mais outre son intérêt principal, aujourd'hui discutable, de maintenir ainsi une continuité quasi ontologique entre la vocation chrétienne et la vocation humaine, sa conception universaliste de cette dernière ne lui permet pas de rejoindre le niveau très élémentaire et

1. Voir surtout l'Exhortation apostolique *Evangelii gaudium*, chap. II : « Dans la crise de l'engagement communautaire » et chap. IV : « La dimension sociale de l'évangélisation » (surtout les n° 180 et 186-237).

2. E. BENVENISTE, *Le vocabulaire des institutions indo-européennes. 1. Économie, parenté, société*, Paris, Éd. de Minuit, 1969, p. 171-179.

toujours singulier où Jésus se situe quand il rencontre ses interlocuteurs : en deçà de la structure éthique et théologique que le Concile discerne *en toute vocation humaine*, c'est en effet l'énergie vitale *(dynamis)* et le vouloir vivre « humainement » *(pistis)* que l'annonce de l'Évangile touche et éveille.

2. L'insistance nouvelle sur ce « pluriel » des figures concrètes de la « foi » conduit à établir un lien intrinsèque entre le « croire » humain *et* la compétence d'*interprétation* de la situation à la fois individuelle et collective du sujet ; car ce n'est qu'à travers le « pluriel » de ces interprétations que nous accédons indirectement à la « foi » qui les porte. Selon la tradition chrétienne, cette articulation entre la « foi » élémentaire et son auto-interprétation s'opère à la frontière de la « conscience », laquelle, avant de s'exprimer sur le plan éthique (conscience morale), relève d'une *autorisation* spirituelle livrée à *tout* être humain, dans sa singularité absolue ; ce qui constitue l'antidote le plus fort à un quelconque « système » philosophico-théologique d'interprétation qui voudrait en quelque sorte englober l'*altérité d'autrui*[1].

Une deuxième mutation intervient ici par rapport à la Constitution pastorale : si *Gaudium et spes* aborde notre histoire et nos cultures, avec la modernité occidentale, sous l'angle de leur émancipation religieuse et de leur autonomie (*GS*, 36), nous les affrontons aujourd'hui, de manière post-positiviste et post-totalitaire, dans leur obscurité et leur ambiguïté : le « réel » est en effet par principe voilé[2] et nous n'y accédons qu'au prix d'un travail de décryptage et d'interprétation qui engage ceux qui s'adonnent à cette tâche. Les notions de « signe » et de « révélation » resteraient impensables en dehors de ce présupposé ; *Gaudium et spes*, 11, l'a partiellement enregistré, grâce à son insistance sur la foi :

> Mû par la *foi* par laquelle il *se croit* conduit par l'Esprit du Seigneur qui remplit l'univers, le peuple de Dieu s'efforce de discerner dans les *événements*, les *exigences* et les *requêtes* de notre temps, auxquels il participe avec les autres hommes, quels sont les signes véritables de la présence et du dessein de Dieu.

---

1. L'Exhortation apostolique *Evangelii gaudium* souligne cet aspect dans ses nº 119-121.

2. Voir B. ESPAGNAT, *Le réel voilé*, Paris, Fayard, 1994.

Aussi réussie que soit cette formule, elle ne parvient pas à affirmer et encore moins à penser l'alliage entre ce croire *et* sa capacité d'expression et d'interprétation ; ce qui, pour une part, explique que la Constitution sous-estime les conflits d'interprétation, suscités par la nécessité du discernement, voire les violences qui se déclarent entre options religieuses et « spirituelles » de l'humanité ou en raison de leur instrumentalisation en vue d'autres buts.

3. C'est ici qu'émerge une troisième dimension de la « foi », à savoir son versant proprement collectif, bien présent dans l'expérience conciliaire de délibération et particulièrement évoquée dans *Unitatis redintegratio*, 11 et *Dignitatis humanae*, 3, mais sans y être mis en lien avec son noyau, à savoir une « foi » qui exerce sa compétence d'interprétation *et* qui simultanément interprète sa situation dans le monde et s'interprète elle-même en fonction des « signes messianiques » repérés aujourd'hui. Une troisième mutation par rapport à la Constitution pastorale est à signaler ici : il n'y a pas *d'abord* une « foi » qui discerne et interprète et *ensuite* la mise en place d'une intelligence collective et d'une procédure de recherche commune de la vérité. Si constitutivement la « foi » implique une capacité d'expression et d'interprétation, elle ne peut pas subsister non plus au jour le jour et à l'avenir sans engendrer *en même temps* une manière de s'entendre au sein de la pluralité de ses figures ; ce qui suppose une recherche capable de dépasser les conflits d'interprétation et les violences qui s'y manifestent.

Cette articulation intrinsèque de la « foi », de son auto-interprétation et de l'entente mutuelle sur celle-ci concerne à la fois l'humanité tout entière *et* l'Église et les Églises ; elle s'explicite dans la « foi », au sens anthropologique du terme, *et* dans la foi proprement chrétienne, cette dernière étant au service de la première. Le concile Vatican II est certes conscient de la tension paradoxale entre le « sens » que chacun ou chaque entité sociale donne à son existence et « le lien universel de communion entre les hommes » (*AG*, 11 § 1) ; mais il ne prête guère attention à la menace du lien social et politique entre humains par le pluriel des interprétations du monde et les violences qui peuvent en résulter, ni ne pense la délibération comme expression d'une « foi » qui résiste au délitement du lien. Or, nous touchons ici à l'épicentre de notre diagnostic du moment présent, à savoir la *difficulté de l'hu-*

manité, évoquée plus haut, *de se vouloir dans son ensemble et en toutes ses générations comme « humaine »*, vouloir qui relève ultimement d'un acte de « foi » et d'« espérance », sans cesse à introduire dans un échange collectif *où le dernier puisse trouver sa place*. C'est en constituant un tel espace de délibération et de communion, capable d'affronter dissentiments et violences, que l'Église se met au service du « croire » de l'humanité tout entière.

Nous sommes ainsi parvenus au point où le diagnostic historico-théologique du moment présent exige l'explicitation d'une manière de procéder ; ce que je ferai dans ce qui suit.

Pour un *modus procedendi* ajusté à la situation actuelle du globe

Si j'ai salué, dès l'introduction, la distinction entre le discernement en tant que *méthode* et son *résultat*, comme étant la toute première des potentialités d'avenir de la Constitution pastorale, j'ai aussi critiqué le fait que cette méthode n'ait pas été vraiment explicitée et pensée, ni surtout ajustée réellement au diagnostic effectif proposé par le texte. Nous venons de voir, dans la première partie, que le déplacement du diagnostic par rapport à celui qu'a opéré *Gaudium et spes*, à savoir l'actuelle insistance sur la foi et sa compétence interprétative, et l'interrogation sur la manière collective d'exercer cette compétence exigent d'elles-mêmes une manière de procéder, voire une méthode et une conception « procédurale » de la tâche herméneutique de l'Église.

Un premier obstacle étant ainsi levé, il reste maintenant à expliciter ce *modus procedendi* ; ce qui fait surgir une nouvelle difficulté : le Concile a traité de cette manière de procéder à plusieurs endroits, sans réellement unifier ses différentes composantes ; marque parmi d'autres de son inachèvement[1].

Pour ce qui est alors de *Gaudium et spes*, Vatican II s'est inspiré de la pédagogie de l'Action catholique, se servant de la triade « voir-juger-agir » et situant le discernement des signes des

1. C'est une des thèses principales de Chr. THEOBALD, *La réception du concile Vatican II*. I. *Accéder à la source* ; voir aussi ID., *Le concile Vatican II. Quel avenir ?*, p. 29-31.

temps (*GS*, 4 et 11) *à la limite du voir et du juger.* Comme nous l'avons remarqué plus haut, ce dernier est d'emblée déterminé par la doctrine chrétienne de la vocation humaine, censée disposer l'Église et l'humanisme athée sur un même terrain anthropologique. L'acte de foi en tant que perception *et* jugement ou comme *interprétation* (selon ce que nous avons montré précédemment) reste dans l'ombre ; ce qui explique aussi que le texte occulte la conflictualité interne à cet acte complexe.

À l'arrière-plan de ce *modus* se profile un autre problème, traité dans *Dei verbum,* et qui porte sur le lien intrinsèque entre, d'un côté, une foi qui écoute *et* interprète et, de l'autre, la Révélation, la difficulté théologique, déjà notée en mai 1965 par Karl Rahner[1], portant sur la question de comment mettre cette autorévélation de Dieu en Jésus Christ en contact avec l'aujourd'hui de la foi, alors qu'elle est définitivement close (*DV*, 4). Cette difficulté est certes abordée dans la Constitution dogmatique grâce au concept de « Tradition » ; mais l'historicité de cette dernière et l'exigence herméneutique qu'elle véhicule sont sous-estimées, la conscience de l'Église d'être tributaire de conditions historiques qui dépassent le périmètre strict de la Révélation (voir *GS*, 44) restant encore assez floue.

Et si l'on parvient à établir ce contact entre la Révélation d'hier et la foi d'aujourd'hui, sur la base d'une conception pneumatologique de l'histoire humaine *post Christum* et d'une réévaluation de la structure « charismatique » de l'Église, on devra encore se demander *qui est le sujet* du discernement des signes des temps en lien avec une lecture plurielle des Écritures (voir *Dei verbum*, chap. VI). Nous sommes alors renvoyés au *munus propheticum* du peuple de Dieu tout entier, tel qu'il est présenté dans *Lumen gentium*, 12. Reste cependant à nouveau une question, à savoir comment ce *munus* et le *sensus fidelium* sur lequel il s'appuie peuvent trouver leur *expression*, alors qu'ils restent souvent muets (voir *Evangelii gaudium*, 119) et comme enveloppés dans le seul ministère de la Parole, au lieu d'être suscités par l'annonce

---

1. . K. RAHNER, *Œuvres* 21, p. 361-370. On trouve une grande partie de son expertise dans *AS* IV/2, p. 31-33 et dans son article « Zur theologischen Problematik einer "Pastoralkonstitution" », dans *SW* 21/2, p. 904-922 et dans *Œuvres* 21, p. 901-926 ; voir aussi Chr. THEOBALD, *Le concile Vatican II. Quel avenir ?*, p. 229-233.

de l'Évangile et de passer par l'échange, la controverse et l'entente « spirituelle » – la « conspiration » *(conspiratio)* selon *Dei verbum*, 10 – entre tous.

La liturgie est certes la condition ultime de cette écoute complexe, car elle enracine *toute* la présence de l'Église et son *modus procedendi* dans l'expérience individuelle et collective de la prière et de l'accès de l'humanité à l'intimité même de Dieu. Mais elle ne peut pas ne pas être marquée en retour par l'ensemble du processus herméneutique et l'intelligence collective de la foi, tels qu'ils viennent d'être évoqués ; ce qui d'ailleurs se dessine, dès le début du Concile, dans les nº 9 et 10 de la Constitution *Sacrosanctum concilium*.

Tous les grands textes de Vatican II sont donc concernés par la recherche d'une manière de procéder *ajustée à la situation actuelle du globe*[1], non sans poser des questions théologiques ou doctrinales de fond, à traiter dans le sillage de la théologie de la foi, esquissée plus haut. J'en aborde les deux plus importantes dans un premier temps avant d'esquisser à nouveau[2] le *modus* lui-même.

L'arrière-plan théologique du *modus*

1. Partant de l'épicentre doctrinal, la question décisive quant au *modus procedendi* porte sur le sens de la *clôture* de la Révélation et donc sur la liberté d'interprétation dont dispose la foi. Rappelons que la clôture est impliquée dans le « concept » même de l'autocommunication de Dieu ; car, pour paraphraser le commentaire du début de l'épître aux Hébreux par saint Jean de la Croix[3], Dieu, que pourrait-il encore nous dire puisqu'il nous a *tout* dit en son Fils ? Ayant tout dit, il peut désormais se taire, « l'accès en son intimité » – caractère distinctif de la tradition chrétienne – ne s'ouvrant que *dans la relation entre* son Fils unique et ses disciples ; ce qui fait que le syntagme « La parole

1. Nous avons déjà cité plus haut *UR*, 11 et *DH*, 3 ; il faudrait ajouter encore *DH*, 11 et 12.

2. Voir plus haut, p. 78, n. 1.

3. Jean de la Croix, *La montée du Carmel*, livre II, chap XXII.

de Dieu s'adresse au prophète... » (voir par exemple Jr 1, 2) peut disparaître et disparaît effectivement dans l'ensemble du Nouveau Testament.

Or, *Dei verbum* ne parvient pas à clarifier la relation entre ces deux jeux de langage de la « révélation » (au premier chapitre) et de la « parole de Dieu » (dans le deuxième), même s'il y est dit que la première est achevée (*DV*, 4), tandis que Dieu ne cesse de converser avec l'Église et à travers elle avec l'humanité (*DV*, 8, 21, 25). Et tandis que, dans le n° 2, le concept de « révélation » se réfère exclusivement au Christ dans une perspective trinitaire d'accès à Dieu et que le concept de foi, dans le n° 5, se passe de toute relation interpersonnelle, la Tradition est décrite, dans le n° 7, comme un processus relationnel entre Jésus (en tant qu'héritier de la promesse prophétique) et les apôtres, et par la suite, entre ces derniers ou leurs successeurs et les hommes et les femmes de leur temps. L'Écriture sainte est l'expression normative de cette relationalité pluri-forme dont la critique historique découvre de plus en plus à quel point le rapport de l'Église naissante au Christ ressuscité libère *sa propre créativité*, ajustée aux nouvelles conditions historiques de sa mission [1]. C'est le versant pneumatologique de la Tradition qui se fraie ici son chemin, non seulement dans la conception de l'inspiration des Écritures et de leur lecture « à la lumière du même Esprit » (*DV*, 12 § 3), mais aussi dans la conception « charismatique » de l'Église et l'insistance sur le *sensus fidelium* et le *munus propheticum* des croyants et de leurs communautés.

Quant à la « Parole de Dieu » ou à la « conversation » de Dieu avec l'Église et à travers elle avec l'humanité (selon l'expression de *Dei verbum*), elle est intégralement médiatisée par le « jeu » horizontal d'une multitude de « voix » à entendre, à interpréter et à accorder les unes aux autres : c'est dans ce processus complexe d'une écoute en quelque sorte « stéréophonique [2] » où interviennent les multiples « voix » des Écritures, mais aussi celles d'autres

1. Voir Chr. THEOBALD, « Tradition als kreativer Prozess. Eine fundamentaltheologische Herausforderung », dans W. EISELE, Chr. SCHAEFER, H.-U. WEIDEMANN, *Aneignung durch Transformation. Festschrift für Michael Theobald*, Fribourg, Herder, 2013, p. 483-508 ; en français dans Chr. THEOBALD, *Selon l'Esprit de sainteté*, p. 219-250.

2. Voir le chapitre II.

époques et celles de nos propres contemporains qu'une entente *collective* peut s'établir, reconnue alors – à l'image de la *complexio oppositorum* que représente le Nouveau Testament – comme marque indubitable de la « voix » même de Dieu.

2. Cette complexité, interne à la foi, met l'Église d'aujourd'hui devant une tâche nouvelle pour laquelle ses ressources classiques ne suffisent plus ; c'est ce qui se manifeste pour la première fois durant l'été 1965 dans le débat entre l'épiscopat allemand et l'épiscopat français. Dans son rapport sur la future Constitution pastorale[1], Karl Rahner avait demandé en effet avec insistance *par quels moyens et avec quelle compétence* interpréter concrètement la situation actuelle du monde et y proférer une parole évangélique qui lui soit ajustée *(accomodata praedicatio)*, alors que l'Église ne dispose que de la Révélation ou de normes générales et intangibles, tirées par exemple de la « loi naturelle ». Cette question déclenche alors une double réflexion sur la nouveauté du « moment présent » et sur ce que le discernement des signes des temps peut effectivement atteindre.

Quant à la nouveauté du moment présent, on connaît la thèse de Rahner qui, en 1979, distingue trois « grandes époques » *(Großepochen)* de l'histoire du christianisme : 1. la brève période du judéo-christianisme ; 2. celle de l'Église dans une culture déterminée, l'hellénisme et toute la civilisation européenne ; et 3. la phase actuelle où l'espace ecclésial est d'emblée le monde entier. Ces trois époques se caractérisent précisément par trois *situations fondamentalement différentes en ce qui concerne l'annonce de l'Évangile et la place de l'Église dans la société*. Or, les deux transformations, celle qui sépare la première et la seconde période et celle qui ouvre la situation actuelle, ne représentent pas seulement des mutations culturelles mais *des événements qui touchent à la Révélation elle-même*[2]. D'où la question décisive de Rahner :

> C'est une question ouverte – dit-il prudemment – qui est de savoir si et dans quelle mesure l'Église possède encore, à l'époque postapostolique

---

1. Voir plus haut, p. 89, n. 1.

2. K. Rahner, « Theologische Grundinterpretation des II. Vatikanischen Konzils », dans *SW*, 21/2, p. 976-979 ; *Schriften* XIV, Zürich/Einsiedeln/Cologne, Benziger, 1980, p. 296-299 et dans *Œuvres* 21, p. 1002-1006.

> aussi, les *potentialités créatrices* et les pouvoirs qu'elle avait et usait dans la période de son premier devenir, aux temps apostoliques [1].

Sans doute théorise-t-il ainsi avec justesse une évolution culturelle *et* théologique, déjà bien perceptible au moment du Concile mais aujourd'hui de plus en plus manifeste, à savoir la *sortie* de l'identité chrétienne d'un cadre interprétatif, formé d'un côté par la « loi naturelle » et de l'autre par le « droit divin positif [2] », cadre métaphysico-juridique *et* théologique qui la rendait intangible par rapport à l'histoire. Or, aujourd'hui, cette identité est livrée tout entière à ce que Rahner appelait déjà en 1964 des « décisions historiques collectives » qui ont leur propre force d'obligation pour les individus et de telles collectivités [3].

L'importance du concept d'« événement » dans le n° 11 de *Gaudium et spes*, déjà cité plus haut à propos de la foi, est un indice de *cette nouvelle insistance sur l'histoire* avec ses obscurités, même si l'ensemble de la Constitution reste plutôt au niveau d'une analyse et d'une interprétation *structurelle* de l'humain. Nous avons commenté ce passage décisif de *Gaudium et spes* dans le chapitre II de cette partie sur la Parole de Dieu et la nécessaire médiation herméneutique de son écoute [4]. Il suffit de rappeler ici la série des trois termes – « événements *[in eventibus]*, exigences *[exigentiis]*, requêtes *[optatis]* de notre temps » qui tracent le processus d'interprétation et d'écoute collective, sans oublier que même sous des formes altérées de l'orientation utopique ou messianique de l'humanité le signe de la « foi » s'exprime. Cette « foi » ne peut en effet se maintenir sans percevoir et ouvrir, dans nos situations souvent bloquées, des brèches, aussi minces soient-elles, où un avenir autre et meilleur s'annonce.

---

1. *SW* 21/2, p. 978 et *Œuvres* 21, p. 1005.

2. Voir Chr. THEOBALD, « L'apostolicité de l'Église. Pour une théologie œcuménique des origines chrétiennes », dans *RSR* 103/2 (2015), republié dans ce volume, chap. XIV.

3. Voir *AS* IV/2, p. 31 s. et *Œuvres* 21, p. 363.

4. Voir p. 70 s.

Le *modus procedendi*

Ces deux ajustements doctrinaux et théologiques majeurs – portant à la fois sur l'interprétation de la Parole de Dieu et sur la nouveauté de notre situation – nous ont conduits vers l'explicitation du *modus* lui-même qui prend alors la forme d'un « cercle » ou plutôt celle d'une « spirale ».

Si l'on part de la lecture des Écritures, en effet fortement encouragée par le chap. VI de *Dei verbum*, il faut veiller à ce que, tout en étant pratiquée de manière gratuite et pour elle-même, elle ne soit jamais séparée de l'actuel discernement des signes des temps et donc de la perception d'une analogie entre les « événements » d'hier – au moment du passage de Jésus – et ceux d'aujourd'hui. Sans pouvoir être réduit à cet exercice quotidien de lecture des Écritures et de discernement de la présence de l'Esprit Saint, l'espace liturgique reçoit alors une importance décisive, car c'est ici qu'individus et collectivités ecclésiales vivent un dessaisissement ultime, d'ordre doxologique, laissant toujours à nouveau l'Évangile, voire la « voix » de Dieu ordonner l'ensemble des « voix » humaines et prendre chair dans l'assemblée grâce aux gestes sacramentels, l'intimité même de Dieu devenant alors accessible ici et maintenant. Si l'espace liturgique est primordialement dédié à la célébration, fondée sur une convocation et une certaine unité de la communauté convoquée, il présuppose en amont *et* rend possible en aval une manière de parler et d'agir ensemble, d'interpréter collectivement l'Évangile et ce qui se passe dans l'histoire et la société et de s'entendre grâce à l'art de délibération que nous fournit la tradition synodale de l'Église.

À plusieurs reprises, nous avons pu exposer cette manière de faire en utilisant l'image du trépied[1]. La figure du « cercle » ou de la « spirale » tient davantage compte de son caractère « processuel », étant à la fois ajusté à la situation actuelle de la foi, diagnostiquée dans la première partie, et chargé de toute une théologie *en acte.* La difficulté du passage actuel à vivre par l'Église – la lente sortie de son enveloppe méditerranéenne – vient pour une part du fait que ce *modus* ou ses variantes ne sont pas devenus un patrimoine commun des fidèles, trop d'accentuations d'un des

---

1. Voir par exemple Chr. THEOBALD, *Le concile Vatican II. Quel avenir ?*, p. 168-175.

pôles (liturgie, délibération communautaire, interprétation des Écritures et des signes des temps) risquant de défaire son unité interne. C'est pourtant cette unité d'une même pratique, engendrant d'elle-même une diversité pentecostale de figures croyantes, qui offre une vision d'avenir à une humanité devant désormais se vouloir elle-même, dans sa pluralité, comme « humaine ».

VERS UNE NOUVELLE VISION MESSIANIQUE

Les trois termes qui balisent l'orientation du processus collectif d'interprétation des signes des temps culminent en effet, nous venons de le voir, dans les « souhaits » ou « requêtes de notre temps » qui dessinent comme un horizon d'attente, à la fois commun et ouvert, où peut se loger la *vision messianique* de la tradition chrétienne. Tout en étant déjà discrètement présente dans *Gaudium et spes*, cette vision qui, comme nous l'avons annoncé dans l'introduction, représente la deuxième des potentialités d'avenir de la Constitution pastorale, a pris depuis 1965 non seulement de l'ampleur mais s'est aussi profondément modifiée ; ce que, pour finir, il faut encore brièvement expliciter.

Le Christ et les temps messianiques

Rappelons d'abord qu'il a fallu du temps pour que la perspective messianique et pentecostale ait vraiment pu prendre corps dans les textes de Vatican II. La nouvelle rédaction du chap. II de *Lumen gentium* sur « le peuple de Dieu » y a joué un rôle décisif[1] : ce que le n° 9 de *Lumen gentium* dit du « peuple messianique » dont « la destinée est le royaume de Dieu qui, inauguré sur la terre par Dieu, doit se dilater encore plus loin jusqu'à la fin des siècles, lorsqu'il reçoit enfin de Dieu son achèvement » (n° 9, § 2) et ce que le n° 13 explicite en introduisant la perspective de la « paix universelle », *Gaudium et spes* le traduit en termes de « fraternité universelle », impliquée dans la vocation humaine (n° 3, § 2). Cette thématique revient à plusieurs reprises et accompagne le

1. Voir en particulier l'intervention de Mgr MARTY, dans *AS* II/3, p. 507 s.

texte du début jusqu'à la fin, surtout, dans le dernier numéro du chapitre III, quand il introduit la perspective de la terre nouvelle et des cieux nouveaux (n° 39) ; passage qui se termine par une invitation au discernement :

> [...] l'attente de la nouvelle terre, loin d'affaiblir en nous le souci de cultiver cette terre, doit plutôt le réveiller ; le corps de la nouvelle famille humaine y grandit, qui offre déjà quelque ébauche du siècle à venir. C'est pourquoi, *s'il faut soigneusement distinguer le progrès terrestre de la croissance du règne du Christ*, ce progrès a cependant beaucoup d'importance pour le royaume de Dieu, dans la mesure où il peut contribuer à une meilleure organisation de la société humaine [n° 39, § 2].

Les mêmes accents se retrouvent dans la deuxième partie du texte et, plus particulièrement, dans le dernier chapitre sur « la sauvegarde de la *paix* et la construction de la communauté des nations ».

Ce n'est que dans les n° 7 à 9 du décret sur l'activité missionnaire de l'Église *Ad gentes* que tous les éléments de cette perspective eschatologique sont résumés et réunis, non sans lien avec l'orientation doxologique et liturgique de l'existence humaine et croyante et de l'univers tout entier. Évoquant l'histoire entre le premier et le second avènement du Christ (*AG*, 9 § 1), ce texte déplace considérablement la vision christocentrée qui déterminait encore le début de la deuxième période du Concile, comme il ressort du discours d'ouverture de Paul VI[1]. Si l'apparition du Ressuscité reste à l'horizon de l'expérience de la foi, le lien constitutif entre la venue du Messie *et* l'inauguration des temps messianiques dans l'histoire de l'humanité prend progressivement de la consistance. Au croisement de ces deux versants d'un même « événement » se trouve le concept de « signe » et de « signes des temps », déjà abordé plus haut, sans que son statut paradoxal, mis en valeur par le Nouveau Testament[2], ne soit pris en compte et en quelque sorte « isolé » de l'englobant « sacramentel » qui risque toujours de l'étouffer. Ces remarques critiques nous conduisent

1. Voir *AS* II/1, p. 183-200.

2. Voir par exemple Chr. THEOBALD, *Le concile Vatican II. Quel avenir ?*, p. 249 s. et *Le christianisme comme style. Une manière de faire de la théologie en postmodernité*, p. 69-85.

donc à réenvisager la théologie des temps messianiques, sous-jacente aux textes énumérés plus haut.

L'inversion messianique

La réinterprétation moderne de la fécondité messianique de l'œuvre du Christ par Vatican II saisit surtout la *globalité* de la « condition présente de la famille humaine » (*GS*, titre de l'exposé préliminaire) et les tendances paradoxales qui la traversent – unification, différenciation et singularisation – ; elle réduit les événements historiques à des grandes mutations, comme l'avènement d'un nouveau type de démocratie, et leurs impacts sur les personnes, leur ethos et leurs interrogations. Mais le mouvement inverse est quasiment absent : elle n'est pas sensible aux *événements* qui se produisent sur le plan individuel ou relationnel ni à leur impact sur les mouvements de société, et encore moins à la mystérieuse *fécondité des actes de « foi » élémentaire* dont il était question plus haut, trop vite relégués dans le domaine de l'invisible. Or, c'est ce mouvement inverse et son point de départ dans « la plus petite semence » (Mc 4, 30-32) qui déterminent la logique des « signes des temps » dans l'ensemble du Nouveau Testament.

Dans ce registre, il me semble devoir souligner trois aspects nouveaux, déjà partiellement présents à Vatican II mais à déployer et à articuler maintenant entre eux :

1. Un premier aspect, exposé dans le deuxième chapitre du Décret *Ad gentes* dans la matrice des *Actes des apôtres*, est la perspective génétique de la foi et de l'Église [1], vision parfaitement ajustée à l'inversion messianique évoquée à l'instant : c'est dans la petitesse et l'ordinaire de l'existence individuelle et sociétale que commencent et recommencent les réalités du Règne de Dieu. Dans une situation historique où, selon la diversité des contextes, l'Évangile et l'Église sont en train de sortir de leur « enveloppe » méditerranéenne, ce rappel d'un « devenir » à partir de la « plus

1. Nous avons développé ce premier aspect dans *As grandes intuições de futuro de Concílio Vaticano II : a favor de uma "gramática gerativa" das relações entre Evangelho, sociedade et Igreja*, p. 164-168.

petite des semences » fait partie intégrante d'une vision à promouvoir aujourd'hui.

2. Le deuxième aspect, étroitement lié au premier, a été déjà évoqué à plusieurs reprises[1] : il porte sur le lien intrinsèque entre l'annonce de l'Évangile du Règne de Dieu et les récepteurs privilégiés que sont les « sans voix » de nos sociétés, lien défendu au Concile par le groupe « Église des pauvres » et enrichi et explicité ensuite par l'Église et la théologie du continent latino-américain. Les chapitres III et IV de l'Exhortation apostolique du pape François reprennent cette visée messianique de la tradition chrétienne, en en déployant non seulement l'inversion de la relation entre évangélisateurs et évangélisés, déjà posée clairement dans *Gaudium et spes*, 1, mais en faisant aussi paraître toutes les dimensions sociétales engagées dans cette vision différenciée de l'humain et de sa pacification.

3. C'est précisément ici que, pour finir, il faut introduire la perspective messianique d'une terre héritée pour la garder habitable par les générations futures. Cette vision est entièrement absente de la Constitution pastorale. L'introduire est honorer la vision biblique de l'histoire et de la création mais nécessite en même temps une révision du chap. III de *Gaudium et spes* sur « l'activité humaine dans l'univers ». Ce n'est pas le lieu ici de procéder à cette révision qui doit se faire de concert avec une relecture critique de la théologie de la création, impliquée dans l'ensemble du parcours biblique de la Genèse à l'Apocalypse. On peut cependant noter que, loin de se contenter d'un discours catastrophiste et partant d'une « foi » au moins implicite en la résurrection, il convient de mettre en valeur que le lien entre générations – les morts, les actuellement vivants et ceux qui ne sont pas encore nés – constitue la condition « spirituelle » la plus élémentaire d'une « foi » qui considère la terre non pas comme « une proie à saisir » mais comme un *héritage*, reçu gratuitement et à passer gratuitement à d'autres.

Toutes les tentatives de délibération entre humains sur ces différents aspects plus urgents d'une « humanité » se voulant « humaine » ou d'une Église cherchant à être fidèle au désir de son fondateur peuvent être considérées comme « signes » messia-

1. Voir plus haut, p. 80, n. 1 et p. 82, n. 1.

niques, dans la mesure où elles expriment ce « vouloir » et ce « désir » qui n'a d'autre ressort qu'une « foi » anthropologique, voire une foi au Christ Jésus qui a réellement inauguré des temps messianiques. On comprend alors que les tentatives des Églises, de l'Église catholique en particulier, de réamorcer, à tous les niveaux, une vie synodale, offrent à tous une image pentecostale d'espérance et d'avenir.

Trois remarques finales pour conclure notre parcours :

1. On aura remarqué que nous n'avons pas pu nous contenter d'une relecture de la Constitution pastorale pour lever les potentialités d'avenir de ce texte. Il fallait faire intervenir d'autres textes pour honorer à la fois le phénomène d'intertextualité conciliaire qui se met en place à partir de la troisième période et le caractère inachevé de ce processus d'unification qui explique très largement le caractère conflictuel du processus de réception.

2. Ce constat nécessite une deuxième remarque. L'approche historique de l'événement et du corpus conciliaires, qui reste toujours indispensable, est cependant insuffisante quand il s'agit de s'interroger sur l'actualité, voire l'avenir du Concile au sein de la constellation historique qui est la nôtre aujourd'hui. Il faut alors exercer une véritable *critique théologique* du parcours conciliaire, critique qui procède avec pondération, se rapportant donc à nouveau aux Écritures et à la Tradition, mais en ouvrant en même temps dans la toute dernière interprétation « globale » de l'identité chrétienne et catholique une « source » pour aujourd'hui et demain.

3. Deux potentialités d'avenir de la Constitution pastorale ont été alors mises en relief : une méthode ou une manière de procéder qu'il fallait à la fois dégager du texte et des autres documents conciliaires et ajuster à la situation actuelle de la tradition chrétienne sur notre globe ; une vision messianique de l'histoire et la création, discrètement présente au Concile mais maintenant à nuancer, voire à modifier en fonction des nouveaux défis qui se sont présentés depuis. Espérons que les communautés dispersées que nous formons et l'Église tout entière gardent le courage d'entreprendre à nouveaux frais la tâche que la Constitution pastorale lui a léguée.

IV

MUTATIONS DE L'HUMAIN – DÉFIS POUR LA THÉOLOGIE

De l'anthropocentrisme européen vers un nouvel humanisme

Il n'est pas aisé de saisir la pointe des mutations de « l'humain » auxquelles nous assistons et qui nous atteignent de multiples façons. Car divers sont les points d'impact de ce changement et hétérogènes les perspectives selon lesquelles on les aborde : qu'on traite des relations entre femmes et hommes *(gender studies)* et entre la succession des générations et notre planète, qu'on s'intéresse à nos constructions culturelles et religieuses, qu'on se focalise sur le système mondial des échanges financiers et économiques ou encore sur nos organisations politiques, l'ensemble de ces sphères [1] est marqué par l'évolution spectaculaire de nos sciences et de nos technologies, qui ont fini par transformer le « tout » de l'anthroposphère sur notre globe. Il faut donc opter pour *une* porte d'entrée dans notre problématique, sans en exclure d'autres, et la choisir de telle manière qu'elle puisse éclairer la mutation actuelle par rapport à l'étape antérieure de l'histoire de l'humanité – fréquemment identifiée à « l'humanisme occidental ».

Je fais donc l'hypothèse que l'utopie « transhumaniste » *et* la très grave mise en crise de l'équilibre écologique de notre planète sont les deux symptômes les plus significatifs de la mutation actuelle de l'humain. À première vue, ils n'ont rien à voir l'un avec l'autre. Tandis que le transhumanisme prolonge, de manière

1. La deuxième partie de la Constitution pastorale *Gaudium et spes* du concile Vatican II est structurée selon ces différentes sphères.

fictionnelle, nos possibilités techniques désormais presque illimitées dans le domaine de la nano- et de la biotechnologie, de la technologie génétique et du stockage numérique d'états de conscience, en visant un être « transhumain » libéré de ses limites spatiales et temporelles, le mouvement écologique nous rappelle, au contraire, les conditions limitées de notre terre sur le plan de la démographie, du climat et de l'approvisionnement énergétique. Alors que le premier peut être considéré comme un rejeton de l'alliance néolibérale entre le secteur financier et la nouvelle technologie, et défend une conception radicalement élitaire et eugénique de la population mondiale, le second, de par sa provenance de divers mouvements critiques de la mondialisation et de la finance, apporte une dimension « sociale » plutôt englobante dans le débat écologique et nécessite qu'on recoure à un nouveau modèle économique[1].

Mais à y regarder de plus près, ces deux orientations antagonistes ont trait à *l'avenir* de l'homme sur la terre ou à une façon « humaine » d'habiter le monde, notre « maison commune ». La finance et la technique y jouent un rôle déterminant et à l'arrière-plan se tiennent également des présupposés mythico-religieux et surtout un « monisme » philosophique de plus en plus puissant qui s'appuie sur des résultats scientifiques et sur la théorie de l'évolution. Ce qui, dans les deux cas, est visé par la critique de l'humanisme occidental – emblème de l'époque qui nous précède –, c'est la situation d'exception de l'humanité. Le concept encore discuté d'« anthropocène[2] », qualifiant l'âge de la terre où l'activité humaine est devenue la contrainte géologique et biologique déterminante, dit cette *paradoxale intégration* – par « en bas » – de l'être humain dans le système englobant de la bio- et de la géosphère de notre planète, où il exerce *en même temps* un pouvoir inouï d'autotransformation ou d'autodestruction.

La difficulté, pour le théologien, à comprendre cette situation et à la recevoir comme un défi adressé à la foi chrétienne vient du

1. Voir par exemple S. KEEN, *Debunking Economics. The Naked Emperor Dethroned?* Revised and expanded edition, Londres/New York, Zed Books Ltd, 2011 ; G. GIRAUD, *Illusion financière. Pourquoi les chrétiens ne peuvent pas se taire*, Paris, Éd. de l'Atelier, 2012.

2. J. ZALASIEWICZ *et al.*, *The Anthropocene as a Geological Unit*, Cambridge, CUP, 2019.

fait que, jusqu'à la constitution pastorale *Gaudium et spes*, l'anthropologie chrétienne a pu se greffer tout naturellement sur une définition objective de l'essence de l'homme que, pour une part, elle avait elle-même générée : marquée par la typologie du nouvel Adam et du premier homme, cette vision christo-anthropologique, traversée par le « péché originel », est en effet à la racine de l'humanisme occidental, fondé sur l'idée de l'exception humaine (*GS*, 12[1] et 22). Or, le changement paradigmatique désigné par le concept d'« anthropocène » nous prive de ce socle humaniste et nous oblige à revoir non pas d'abord les concepts clés de l'anthropologie chrétienne, mais surtout et avant tout notre manière de nous rapporter en théologiens à l'humain. J'aborderai ce problème épistémologique dans un premier temps qui nous conduira vers la question des appuis et des ressources « spirituelles » sur lesquels nous pouvons compter quand l'humanisme a disparu, ce qui constituera le deuxième temps. Ce n'est que dans une dernière partie que je développerai la ressource proprement chrétienne, fournie par une théologie radicalisée de l'espérance et par la pneumatologie.

Le défi de « l'anthropocène » pour la théologie

Commençons par prendre au sérieux la *critique actuelle de* la *situation d'exception* de l'être humain sur la terre et dans l'univers. Il nous faut pour cela tenir compte de son résultat ambivalent, voire contradictoire, avant que la question adressée par le transhumanisme et par la problématique environnementale à l'anthropologie chrétienne puisse être entendue sous une forme nouvelle.

1. « Croyants et incroyants sont généralement d'accord sur ce point », lisons-nous dans *Gaudium et spes*, 12 ; « tout sur terre doit être ordonné à l'homme comme à son centre et à son sommet. »

L'homme est-il toujours un « être d'exception » ?

1. À l'époque de l'humanisme occidental, la réponse à cette question était sans aucun doute positive. Cela vaut encore et sans aucune restriction pour l'époque des Lumières et dans le cadre des sciences classiques.

À ce propos, il suffit de renvoyer à Emmanuel Kant qui, tout en déclarant que l'univers soumis à notre raison scientifique est sourd par rapport à notre désir de bonheur, est resté attaché à la « conscience morale ». En fait, l'homme de l'âge classique ne peut plus établir de lien immédiat entre son expérience du « ciel étoilé au-dessus de lui » et de la « loi morale en lui » ; la concordance entre la sagesse architectonique qui ordonne le cosmos et la sagesse morale qui habite en nous ne nous est plus accessible. Ainsi lisons-nous dans la conclusion de la *Critique de la raison pratique* que « le premier spectacle, d'une multitude innombrable de mondes, anéantit pour ainsi dire mon importance, en tant que je suis une *créature animale* qui doit rendre la matière dont elle est formée à la planète [à un simple point dans l'univers], après avoir été pendant un court espace de temps [on ne sait comment] douée de force vitale » ; et nous y lisons d'autre part, que « le second spectacle, au contraire, élève infiniment ma valeur, comme celle d'une *intelligence*, par ma personnalité dans laquelle la loi morale me manifeste une vie indépendante de l'animalité et même de tout le monde sensible [1] ». Au point de contact entre ces deux visions – dans « la conscience de mon existence » (Kant) – se tient l'*espérance*. Elle est le « postulat » qui identifie le créateur du monde comme « créateur *moral* ». Seul acte « raisonnable » qui, même dans l'abîme du mal et face à l'immensité de l'univers, maintient la visée morale finale de ce dernier et le respect de la loi morale, contre la menace de l'absurdité [2].

2. Malgré cette dimension dramatique, Kant ne met aucunement en doute la situation d'exception de l'homme dans l'univers.

---

1. E. KANT, *Critique de la raison pratique* (1788), dans *Œuvres philosophiques*, 2, Paris, Gallimard, 1985, p. 802.

2. Voir aussi E. KANT, *La Religion dans les limites de la simple raison (1793)*, dans *Œuvres*, 3, Paris, Gallimard, 1986, p. 59-70 et ID., *Sur l'insuccès de toutes les tentatives philosophiques en matière de théodicée (1791)*, dans *Œuvres philosophiques*, 2, p. 1403-1408.

En revanche, aujourd'hui, la frontière entre l'homme, le règne animal et leur environnement est radicalement remise en question. Comme nous l'avons déjà évoqué dès l'introduction, ce questionnement vient de deux directions complètement opposées, des biotechnologies et des technologies humaines d'une part, et des menaces pour l'environnement de l'autre. Les premières transforment l'homme et son environnement en un champ d'expérimentation où ne peuvent plus être indiquées de frontières objectives entre le déchiffrement du génome humain et de celui d'autres êtres vivants. Notre expérience des menaces qui pèsent sur l'environnement se heurte également à la situation d'exception que s'arroge l'homme dans la création. Sa naïve affirmation de soi à l'époque moderne, l'exploitation de la nature menée à bien jusqu'à ce jour à l'aide de moyens scientifiques et techniques du plus haut niveau et la destruction systématique de l'équilibre écologique de notre terre font craindre des sanctions climatiques dont les premiers signes sont désormais de plus en plus perceptibles et qui annoncent une autodestruction de grande envergure de l'humanité, si celle-ci ne change pas d'attitude et ne prend pas collectivement en main l'avenir de notre planète.

3. Certes, ces deux questionnements adressés à notre « situation d'exception » proviennent d'horizons différents, mais convergent paradoxalement dans la remise en question de notre humanisme occidental, en s'appuyant d'une part sur une conception moniste de l'évolution qui attribue l'apparition de l'homme sur la terre, au sein d'une « histoire » de la vie de quelque 500 millions d'années, à des « événements » *liés au hasard*[1], et en renonçant, de l'autre, de manière post-métaphysique, à toute *évaluation objective de la valeur* de l'identité humaine[2].

Par ailleurs, ces deux « courants » partagent les effets « spirituels » de leur contestation d'une frontière entre notre monde humain et le monde de la vie, à savoir un *mélange de fascination et de peur* qui se manifeste à toutes nos frontières mouvantes. Nos

1. Voir par exemple P. PICQ et Y. COPPENS (éd.), t. I : *De l'apparition de la vie à l'homme moderne* ; t. II : *Le propre de l'homme*, Paris, Fayard, 2002.

2. Dans *L'Âge séculier* (Paris, Éd. du Seuil, 2011), Ch. TAYLOR parle d'un « humanisme autosuffisant » sans ultime finalité et sans loyauté vis-à-vis d'une instance transcendante, et sans qu'il soit question de la « situation d'exception » de l'être humain.

capacités techniques proprement illimitées exercent une fascination de plus en plus grande sur nous ; mais simultanément, nous sommes inquiets et éprouvons des peurs à propos des catastrophes écologiques et d'une « dégradation » généralisée de l'histoire de la vie sur terre, produite par l'homme, et qui risque de ne plus être maîtrisable. Ces « sentiments » qui déterminent depuis toujours notre vie quotidienne prennent aujourd'hui une forme nouvelle. Comme toutes les découvertes scientifiques, nos bio- et nanotechnologies et leur développement mobilisent non seulement de l'énergie, mais aussi un potentiel créatif et surtout une *puissance imaginative* qui vont jusqu'aux limites de la fiction. Le jeu et le plaisir ainsi générés ne sont pas loin ; il est vrai cependant que la frontière entre l'imagination et la fascination ou l'idolâtrie de nos moyens techniques demeure poreuse et ne peut être fixée une fois pour toutes [1]. Inversement, la crainte d'effets négatifs ou destructeurs de nos interventions scientifiques et techniques sur l'équilibre de la nature est un signal d'alarme nécessaire qui nous invite à plus de prudence. Mais comme tout signal ou indice, une telle peur est également ambivalente, puisqu'elle peut générer paralysie et abdication. Notre manière de gérer la puissance de nos technologies reproduit en effet notre relation archaïque au « sacré » *(sacrum)*, comme l'ont montré Max Horkheimer et Theodor W. Adorno dans leur *Dialectique de la raison* [2] : en partant de la mort, notre limite par excellence, de la crainte qui y est liée – *tremendum* – et du besoin de la « franchir » – *fascinosum* –, le *sacrum* se répartit sur toutes nos frontières et renforce la tendance de l'homme à s'identifier avec ses « œuvres », sans pour autant parvenir à apaiser sa peur de sanctions.

---

1. Cette critique du transhumanisme ne vise cependant pas des spécialistes de la génétique humaine qui entreprennent leurs travaux de recherche en s'efforçant par exemple de rendre guérissables, grâce à des manipulations génétiques, des maladies (héréditaires) qui se manifestent indépendamment de l'âge des personnes. Ici vaut l'adage : *abusus non tollit usum.*

2. M. Horkheimer, Th. W. Adorno, *La dialectique de la raison : fragments philosophiques* (2e éd. all.), trad. E. Kaufhotz, Paris, Gallimard, 1974.

Entendre les questions du transhumanisme et de la crise écologique en anthropologie chrétienne

1. Cette situation « spirituelle » complexe, la Constitution pastorale du concile Vatican II l'a au moins pressentie ; dès le début, elle se réfère aux sentiments ou attitudes d'angoisse *et* d'espoir qui en résultent (*GS*, 1 et 3 § 1). La transformation de l'homme en un champ d'expérimentation est également diagnostiquée, du moins en ses premières étapes (*GS*, 5 § 2). Mais le Concile n'en continue pas moins à identifier ces développements dans le cadre de l'humanisme occidental et à l'aide d'une vision de l'homme où la « situation d'exception » de l'humanité sur terre et dans l'univers est incontestée. Ses énoncés classiques sur l'anthropologie atteignent leur apogée dans l'article 16 de la Constitution pastorale, où l'on trouve les coordonnées traditionnelles de la conscience morale, qui font penser à Kant.

Mais si le « livre de la nature » qui, tout au long de l'Antiquité et du Moyen Âge, et jusqu'aux sciences classiques, formait l'arrière-plan objectif de toutes nos structures de référencement, ne fournit plus de lois éthiques globalement reconnues, et si l'autonomie de la conscience est contournée par la psychanalyse et les sciences cognitives, *où et comment trouver alors des critères à l'aide desquels nous serons en mesure de distinguer et d'identifier sur terre l'*humanitas, *notre « condition humaine » et notre « humanité » ?* Si l'homme ne rencontre plus que lui-même et ne reconnaît plus de repères objectifs externes, ne devient-il pas inévitablement le jouet du progrès scientifique et technique de plus en plus dominé par les puissances économiques internationales d'un côté, et de sanctions diverses de l'autre, sans pouvoir piloter collectivement son propre avenir ?

Face à cette situation, il est fort compréhensible que le catholicisme des années quatre-vingt du siècle dernier ait de nouveau fait valoir sa doctrine classique du « droit naturel » et souligné l'existence de normes objectives [1], même si ses plus éminents représentants avaient tout à fait conscience qu'il s'agissait là

1. Voir l'encyclique de JEAN-PAUL II, *Veritatis splendor* « sur quelques questions fondamentales de l'enseignement moral de l'Église » (1993), et CTI, *À la recherche d'une éthique universelle : nouveau regard sur la loi naturelle* (2009).

d'une « doctrine catholique plutôt particulière [1] ». Dans l'ensemble, on assiste plutôt, dans nos sociétés, à la percée d'une conception procédurale de l'élaboration des normes démocratiques, qui renonce à des présupposés métaphysiques et s'appuie exclusivement sur des règles internes au discours que les participants respectifs s'engagent à respecter [2].

2. Cette situation « spirituelle » de nos sociétés, extrêmement fragile, constitue un indice clair que notre civilisation a franchi un nouveau seuil historique. Le défi pour la théologie consiste à *s'y inscrire de l'intérieur* ; ce qui est le sens de ma *première thèse, située sur le versant philosophique ou épistémologique de la question.*

– Sans exercer une influence directe sur le développement de nos potentialités scientifiques et technologiques quasiment illimitées, la phénoménologie de Husserl à Levinas et de Merleau-Ponty à Derrida tente de rendre compréhensible le *propre* de notre condition humaine – par exemple à l'aide du concept d'intentionnalité, ou comme « pensée de l'autre et non seulement de soi-même [3] ». Elle établit donc le fait anthropologique *incontournable*, mais « négatif » et formel, que l'homme, dès lors qu'il se prend comme champ expérimental, ne se perçoit jamais soi-même comme objet. On peut parler ici d'une « anthropologie négative », certes incapable de « définir l'homme », mais en mesure de dire ce à quoi *il ne peut être réduit.* En parfait accord avec l'avènement de l'ère de l'anthropocène, elle constitue une base suffisante pour une théologie qui ne défend pas d'abord une anthropologie particulière mais s'intéresse à l'avenir de *toute* l'humanité et à l'ensemble de ses ressources. Car le statut « négatif » de cette anthropologie, lié à la disparition de l'exception humaine, correspond à l'ouverture désormais radicale de l'avenir et renvoie les

---

1. BENOÎT XVI, *Discours devant le Bundestag* (22 septembre 2011) : www.vatican.va

2. Voir le célèbre débat sur cette question entre J. Ratzinger et J. Habermas : J. HABERMAS et J. RATZINGER, « Les fondements prépolitiques de l'État démocratique (Débat dans le cadre de l'Académie catholique de Bavière, le 19 janvier 2004) – Prise de position de Joseph Ratzinger », *Esprit* (juillet 2004), p. 19-28.

3. J.-M. SCHAEFFER, *La fin de l'exception humaine*, Paris, Gallimard, 2007. Voir également les réactions de P. ENGEL, J.-L. MARION et J.-C. QUENTEL et la réponse de J.-M. SCHAEFFER dans *Le Débat* 152 (novembre-décembre 2008), p. 122-153.

humains très concrètement aux ressources « spirituelles » dont ils disposent pour l'affronter.

– Or, ces ressources, dont il sera question dans la deuxième partie de ce chapitre, trouvent dans cette anthropologie négative une critériologie permettant de les soumettre à discernement. La disparition de l'exception humaine libère en effet et nécessite en même temps un « acte de foi » élémentaire qu'on pourrait confondre avec le « postulat » kantien : *comme jamais auparavant,* l'humanitas *comme telle doit être voulue par l'humanité* ; ce qui présuppose qu'elle ne désespère pas de son avenir. L'espérance n'est dès lors plus un acte qui se lie pour ainsi dire de l'extérieur à la *réalité factuelle* de *notre humanité, déjà donnée* en sa configuration morale, comme cela fut le cas chez Kant. En revanche, c'est l'espérance face à un avenir radicalement ouvert – au sein d'une « anthropologie négative » –, jamais donnée d'avance, jamais garantie, qui *constitue* notre condition humaine en sa différence spécifique. L'espérance ne peut être assurée, car elle représente la force intérieure d'une humanité qui ne peut continuer à exister qu'à la condition qu'elle se *veuille* « humaine » et – ajoutons-le déjà – qu'elle s'éprouve « autorisée » à vouloir l'être [1].

Une telle volonté *implique* que les individus, groupes, structures et groupements nationaux et internationaux, dont est composée l'humanité, envisagent un avenir qui dépasse l'horizon des générations vivant actuellement sur notre planète. C'est précisément cette perspective qui s'est perdue lors des deux remises en question de notre situation d'exception sur terre, que nous venons d'évoquer et qu'il faut refonder dans les conditions de l'anthropocène. Nous ne pouvons plus *automatiquement* compter sur un monde susceptible d'héberger encore les générations à venir ; voilà la nouveauté de notre situation. C'est pourquoi l'humanité ne survivra que si elle affronte collectivement la question d'un avenir pour toutes les générations.

C'est sur cette base que nous envisageons maintenant les « ressources » spirituelles à notre disposition, y situant l'attitude de l'espérance, adoptée par le christianisme sans qu'il puisse l'accaparer.

---

1. Voir p. 84.

NOS « RESSOURCES » SPIRITUELLES

Il faudrait passer maintenant en revue les interprétations du monde les plus diverses et les ausculter quant à leur capacité à fournir des ressources spirituelles au sein de la constellation esquissée à l'instant. Sans entrer dans les détails – ce qui est impossible dans ce cadre –, on peut affirmer sans trop se tromper que toutes n'y répondent pas ; certaines relativisent même la situation éprouvée par d'autres comme dramatique, voire la nient ou ignorent tout simplement la question de l'avenir. Le cynisme et l'indifférence individualiste vis-à-vis des générations à venir sont largement répandus. En revanche, les spiritualités orientales, par exemple le bouddhisme, si elles ne s'intéressent guère à la singularité de l'être humain, à une situation d'exception de l'humanité sur la terre et dans l'univers, ont de prime abord un sens plus aigu pour l'équilibre écologique de notre planète. Peut-être ses adeptes s'investissent-ils pour cette raison plus aisément dans les nouvelles technologies et ressentent-ils les sanctions et les catastrophes naturelles comme moins dramatiques, celles-ci faisant partie du déroulement cyclique de la vie et ne pouvant détruire une confiance ultime en sa permanence. Le scepticisme et la vision tragique, tels qu'ils ont été mis en scène dans les tragédies grecques, prédominent plutôt parmi les spécialistes de l'anthropologie scientifique[1].

On pourrait évoquer ici, pour interpréter ce pluralisme radical, le « polythéisme des valeurs » de Max Weber, selon lequel les valeurs et visions du monde ne se laisseront jamais réduire à un dénominateur commun et sont toujours en lutte réciproque. Dans ce contexte, une vision unitaire, théiste ou monothéiste, est d'emblée soupçonnée non seulement de voiler un potentiel conflictuel effectif, mais même de le renforcer[2]. Mais il n'est pas prouvé que cette vision de l'histoire culturelle et religieuse, décrite comme *principiellement conflictuelle*, résiste aux urgences actuelles que nous subissons tous collectivement. Il semble plutôt que les mutations de l'humain en cours mettent *toutes* nos visions et interpré-

1. Voir par exemple la dernière contribution de l'encyclopédie citée plus haut p. 105, n. 1 : É. DE FONTENAY, « L'exproprié : comment l'homme s'est exclu de la nature ».

2. Voir aussi J. ASSMANN, *Le prix du monothéisme*, trad. L. Bernardi, Paris, Aubier, 2003.

tations du monde en demeure de se transformer en « ressources », sans pouvoir ni se prévaloir d'une quelconque exclusivité ni prétendre avoir une prise sur l'avenir, faute de quoi elles sortiraient de l'anthropologie négative.

Pour saisir un aspect majeur de ce travail d'ajustement et de prise sur le « réel », nous revenons au *mélange de fascination et de peur*, évoqué dans la première partie, face à nos capacités techniques proprement illimitées et aux risques incontrôlables qui s'ensuivent pour notre demeure commune sur notre planète. Comment nos ressources spirituelles « retravaillent-elles » ces sentiments ou attitudes et les transforment-elles de l'intérieur ? Quelques rapides évocations doivent suffire pour situer la ressource chrétienne sur cet arrière-plan.

L'heuristique de la peur

1. Quand on lit les manifestes des mouvements écologiques et analyse leur arrière-plan spirituel, on remarque qu'ils recourent fréquemment au genre littéraire du *discours prophétique de menace*. Dans une situation d'anesthésie collective, une telle thérapie de choc a pour fonction de réveiller l'opinion publique, les groupes et les individus. Par moments, Jésus de Nazareth a eu recours, lui aussi, à ce traitement de la maladie collective : « Comme il advint aux jours de Noé, ainsi en sera-t-il encore aux jours du Fils de l'homme. On mangeait, on buvait, on prenait femme ou mari, jusqu'au jour où Noé entra dans l'arche ; et le déluge vint, qui les fit tous périr » (Lc 17, 26-27). Par son utilisation extrême du langage fictionnel, ce développement apocalyptique du prophétisme renforce l'ambivalence « sacrale » de peur et de fascination diagnostiquée plus haut. Sur ce point, le discours transhumaniste et celui des prophètes environnementaux suivent une même logique.

On peut cependant se poser la question de savoir ce qui, après un premier traitement de choc, nous aidera à entamer une *conversion durable* de nos formes de vie et à en venir, sur le plan individuel et collectif, à une véritable autolimitation au profit des générations futures sur notre planète. Ici devient pertinente une réflexion éthico-spirituelle qui sécularise et universalise l'arrière-plan prophétique et apocalyptique que nous venons d'évoquer.

2. L'ouvrage de Hans Jonas intitulé *Le principe responsabilité*[1], paru en 1979, est aujourd'hui encore un jalon important de la recherche de ressources « spirituelles » dans une situation décrite par le philosophe comme une menace extrême : seule une « heuristique de la peur » peut dorénavant servir de boussole et protéger l'humanité d'une autodestruction imminente.

La nouveauté décisive du « discours de menace » sécularisé de Hans Jonas est d'avoir intégré l'ensemble de notre planète et son avenir à long terme dans la conscience éthique de notre responsabilité individuelle et politique. C'est précisément cette perspective qui manque dans l'éthique classique, y compris dans celle d'un Emmanuel Kant. Selon Jonas, son impératif catégorique demeure trop abstrait : il ne peut nous indiquer un argument qui nous obligerait à sacrifier ce que nous considérons comme notre bonheur actuel en faveur du bonheur des générations à venir. Il faut dès lors oser proposer une nouvelle formulation de l'impératif kantien : « Agis de façon que les effets de ton action soient compatibles avec la permanence d'une vie authentiquement humaine sur terre[2]. »

Cette nouvelle formulation de l'impératif catégorique, basée sur la prévoyance des effets de nos actes présents, est précise, certes, mais laisse ouverte la *question spirituelle* qui se pose ensuite : *Qu'est-ce qui saurait nous obliger à prendre en compte aujourd'hui la vie de générations futures et à renoncer en leur faveur à des intérêts apparemment vitaux ?* Jonas discute les solutions classiques qui, selon lui, se limitent toutes au présent et emprunte ensuite un nouveau chemin. En vue d'un avenir différent, il commence par le cas le plus élémentaire et unique d'une « responsabilité non réciproque », qui émeut chacun profondément : la responsabilité vis-à-vis d'enfants qui ont été mis au monde par quelqu'un et qui seraient perdus sans sa prévoyance qui prolonge la procréation. Cette expérience élémentaire et paradigmatique de tout agir responsable fonde une éthique de l'avenir, puisque celle-ci n'est possible que sous le signe d'une responsabilité non réciproque et d'un désintéressement radical vis-à-vis de

1. H. Jonas, *Le principe responsabilité : une éthique pour la civilisation technologique*, trad. J. Greisch, Paris, Flammarion, 2013.

2. Voir *ibid.*, p. 30 s.

nous-mêmes en faveur des générations à venir. Hans Jonas ajoute ici que chaque acte générateur de vie présuppose implicitement que nos descendants seront capables de porter le poids de leur propre humanité et d'avoir part au même impératif commun : que l'humanité soit !

Inversement, la menace qui pèse sur notre avenir montre ce qui est impliqué, *du point de vue éthique*, dans tout acte non réciproque de génération de vie. L'« heuristique de la peur » déjà mentionnée a ici son lieu spécifique : il n'y a plus aujourd'hui de vraie responsabilité sans crainte ; c'est elle qui motive notre agir. La vulnérabilité de l'enfant et celle des générations à venir nous amènent à éprouver de la crainte pour eux, c'est-à-dire une peur désintéressée pour leur avenir. Une telle peur génère le souci : selon Hans Jonas, héritier de la culture biblique juive, « crainte et tremblement » demeurent, aujourd'hui comme hier, le commencement de toute sagesse [1].

La différence néotestamentaire

1. C'est précisément sur ce plan que la tradition biblique chrétienne mobilise encore d'autres ressources que le discours prophétique de menace. Elle confirme tout d'abord le point de départ et l'archétype indispensable de tout agir responsable : l'acte non réciproque de procréation d'une vie nouvelle qui est à la base de toute autolimitation. Mais au lieu de souligner immédiatement la responsabilité générée par les cris et les appels d'un nourrisson vulnérable et de dénoncer à leur suite la menace que l'*homo consumans* laisse planer au-dessus de l'*humanitas* de cet enfant et des générations futures, la tradition néotestamentaire emprunte un autre chemin. Elle commence par inviter à contempler le don gratuit d'une nouvelle vie et à l'accueillir dans un acte élémentaire de foi et d'espérance. Toute l'activité de Jésus – ses guérisons, ses paraboles et ses énoncés éthiques – est portée et encadrée par son étonnement originel (et chez lui permanent) face à la Création et à la vie donnée gratuitement.

Un tel acte de foi et un tel étonnement plein d'espérance – comme il apparaît de manière tout à fait élémentaire dans l'atti-

1. Voir *ibid.*, p. 184 s.

tude d'un père et d'une mère face à un nouveau-né – ne peuvent jamais être confondus avec notre instinct de survie. Il s'agit là d'une ressource authentique, en fin de compte non manipulable, qui est effectivement capable d'atteindre et de transformer nos expériences et nos attitudes fondamentales de fascination et de peur. La peur de la menace est sans doute à même de générer une prise de responsabilité et de limiter une fascination dangereuse ; mais une transformation durable et à long terme n'advient que si le *tremendum* et le *fascinosum* liés à nos limites sont contournés et dépassés par le don d'une vie nouvelle.

2. C'est là la *deuxième thèse, située sur le versant théologique de la question* ; thèse qui rejoint l'axe majeur de l'encyclique *Laudato si'* du pape François. Ce texte n'adopte pas seulement le paradigme nouveau de l'anthropocène en liant la traditionnelle écoute du cri des pauvres (y compris celui des enfants pas encore nés) à celui de la création [1] ; il prend aussi le risque d'introduire la tradition chrétienne comme « ressource » dans le débat sur l'avenir de l'humain et de notre maison commune et de présenter cette ressource comme un « style prophétique *et* contemplatif » (*Lsi'*, 222) ; non seulement prophétique, voir apocalyptique comme chez Hans Jonas, mais aussi et d'abord contemplatif : c'est toute la relationalité de l'homme, ses relations vitales à soi, à autrui, aux autres créatures et à Dieu (*Lsi'*, 66), ainsi que sa capacité de « sortir » de soi (*Lsi'*, 208) qui sont convoquées dans la formation d'un regard d'espérance qui cherche à trouver le Dieu de la grâce en toute chose (*Lsi'*, 233). C'est ce qu'il nous reste à préciser dans une dernière partie.

L'HOMME – « ÊTRE » D'ESPÉRANCE RADICALE

Pour traverser l'actuelle mise en crise de « l'humain », il convient donc de proposer la tradition chrétienne comme « res-

1. Voir le n° 93 de *Laudato si'* qui corrige le n° 12 de Gaudium et spes (voir p. 103, n. 1) : « Aujourd'hui croyants et non croyants, nous sommes d'accord sur le fait que la terre est essentiellement un héritage commun, dont les fruits doivent bénéficier à tous » (*Laudato si'*, 93). Voir aussi B. LATOUR, « Sur une nette inversion du schème de la fin des temps. Repenser la Création à l'âge de l'anthropocène », *RSR* 107/4 (Octobre-Décembre 2019), p. 601-615.

source» qui, en quelque sorte, «suspend» l'être humain à une espérance radicale. Si celle-ci inclut effectivement toutes les générations futures et passées, alors elle change simultanément notre relation à la terre, dont nous pouvons et «devons» nous comprendre comme les héritiers. C'est là faire déjà un énoncé sur la «résurrection» – ressource par excellence – qui, en tant qu'implication de la foi en la Création, acquiert soudain une nouvelle plausibilité. Sa perception et son «efficience» dépendent cependant de la libération de notre capacité cognitive et de notre force d'action, la gratitude et la prière pleine d'espérance étant les antidotes les plus efficaces contre la fascination et la peur[1].

L'homme comme être d'espérance radicale

Si – selon notre première thèse – l'espérance est effectivement l'*élément constitutif de notre condition humaine en quête d'humanité*, la tradition chrétienne introduit dans cette espérance une singulière radicalisation, portée par la primauté donnée à la grâce.

1. Sur ce plan, la théologie paulinienne de l'espérance s'avère particulièrement pertinente. Dans l'épître aux Romains, l'apôtre relie cette vertu théologale à notre «père Abraham»: Abraham et Sarah font fonction de représentants universels de l'humanité qui, *avant* toute institution particulière de la circoncision, en viennent à la foi en Celui «qui donne la vie aux morts et appelle le néant à l'existence» (Rm 4, 17). Au même endroit où Paul mentionne «Dieu» – *d'abord* dans la perspective de la puissance dispensatrice de vie qui rend possible la résurrection –, il introduit aussi l'espérance: «*Espérant contre toute espérance*, Abraham crut et devint ainsi père d'une multitude de peuples, selon qu'il fut dit: telle sera ta descendance. C'est d'une foi sans défaillance qu'il considéra son corps déjà mort – il avait quelque cent ans – et le sein de Sara, mort également; devant la promesse de Dieu, l'incrédulité ne le fit pas hésiter, mais sa *foi* l'emplit de puissance et il rendit gloire à Dieu, dans la persuasion que ce qu'il a une fois

1. Pour davantage de précision sur l'ensemble de notre parcours anthropologique, voir le chap IV de notre ouvrage *L'Europe, terre de mission. Vivre et penser la foi dans un espace d'hospitalité messianique*, Paris, Éd. du Cerf, 2019, p. 223-321.

promis, Dieu est assez puissant (δύνατος ἐστιν) pour l'accomplir» (Rm 4, 18-21).

La radicalisation du concept d'espérance apparaît en toute sa clarté dans cette citation qui ne distingue pas seulement entre «nos espoirs humains» sur le plan de la succession des générations, et l'espérance en la promesse de Celui que nous appelons «Dieu», mais mobilise précisément cette dernière au moment où nos perspectives humaines «se meurent». La formule paradoxale d'une «espérance *contre toute espérance*» (que l'on peut sans doute comprendre comme espérance contre *toute* espérance déçue ou risquant de l'être) désigne cette radicalité (voir aussi Rm 5, 3-5 et 8, 24 s.). Il est certain qu'une telle espérance est et demeure intrinsèquement liée à la foi, comme le montre bien la figure universelle de la foi incarnée par Abraham; mais la foi doit «s'élargir» en espérance, *car l'homme est un être physique et temporel qui surgit de la succession des générations et y est confronté à sa propre mort.*

2. Une première implication constitutive du concept d'espérance (que Paul n'emploie que de manière verbale sans accusatif) consiste en une transformation principielle de la relation qu'entretient l'homme croyant et espérant à sa propre mort et à celle d'autrui. Le concept de «résurrection» désigne ce possible *changement* de notre manière d'habiter le monde; une *métamorphose radicale* qui est telle que rien de ce qui peut être vu ou entendu, aucun élément de ce monde ne peut en être l'origine, le point de référence ou le vis-à-vis, si ce n'est Celui que nous appelons – *pour cette raison* – «Dieu».

Face à l'utopie transhumaniste et à la crise écologique, cette métamorphose reçoit une signification très spécifique. La mort représente en effet un problème central de nos sociétés. Dans son ouvrage sur la «société post-mortelle», la sociologue Céline Lafontaine analyse le phénomène de la désymbolisation de la mort dans un monde où elle «n'est plus le fondement du lien social[1]». L'individualisme a conduit à la détacher de la succession des générations; simultanément, notre système de valeurs est passé de la «valeur sacro-sainte de la vie» à celle de la «qualité de la vie» qui détermine dorénavant nos réactions face à la mort.

1. C. Lafontaine, *La société post-mortelle*, Paris, Éd. du Seuil, 2008.

Ce sont les mêmes hommes politiques et les mêmes scientifiques qui s'engagent à la fois pour l'euthanasie et le suicide assisté, et pour l'investissement des sciences en faveur d'un prolongement de la vie et d'une médecine antivieillissement ; des deux côtés, la condition mortelle de l'homme est niée. Le projet transhumaniste, qui consiste à transformer biologiquement l'homme lui-même, s'est radicalement éloigné des présupposés des Lumières européennes qui s'étaient donné comme but d'améliorer le monde grâce au travail social, en s'appuyant sur une conception solide de la dignité humaine.

Dans ce contexte, le concept néotestamentaire d'espérance acquiert une importance toute particulière dans la mesure où il implique la victoire du Messie Jésus sur la mort (1 Co 15, 25-27) ; une victoire qui ne détruit pas la mort *comme telle*, mais son *pouvoir trompeur qui met les hommes en esclavage*, et libère ainsi de la peur et de la fascination celui qui croît et qui espère. La perspective de sa mort peut ainsi se combiner avec celle de sa naissance et devenir – *avec elle* – une ambassadrice qui renvoie celui qui l'entend au seul miracle sur cette terre : sa naissance, celle d'un être unique qui n'a qu'une seule existence, *et* la naissance d'un nombre infini d'autres êtres humains dans l'entrecroisement quasi illimité de relations horizontales et verticales ou intergénérationnelles. Les hommes et les femmes se découvrent ainsi, en leur singularité absolue, comme dépendants de la procréation de la vie humaine, *sans* lui être soumis pour autant. « Dieu » est à même de leur apparaître *simultanément* comme le *point de référence* de la métamorphose libératrice qu'implique une telle découverte, *et* comme le *lien* entre tous les vivants.

Tout comme ce chemin spirituel nous ramène d'une perspective *libérée* de la mort à la naissance de tout homme, chaque fois unique, ainsi en est-il de la « conception » de Dieu : de Celui qui « donne la vie aux morts » nous sommes conduits à la découverte de Celui, – le Même – qui « appelle le néant à l'existence » (Rm 4, 17). L'admiration devant le nourrisson, dont nous avons fait état plus haut, n'est vraiment possible comme expérience immédiate de grâce que si elle puise dans l'espérance que recèle la perspective *libérée* de la mort. Pour ce qui est de cette condition, l'épître aux Romains nous offre sans doute la référence à l'expérience la plus réaliste et simultanément la plus accomplie : les gémissements du travail d'enfantement (Rm 8, 22. 23. 26) ;

une expérience archétypique, étendue à l'ensemble de la création et à l'Esprit, dans laquelle la douleur et la joie se rejoignent le plus intimement et « de manière ineffable ».

L'expérience de grâce liée à ces gémissements et à la naissance de l'enfant est, en dessous ou par-delà tous les marquages religieux particuliers (voir Rm 4, 1-12), aujourd'hui (comme toujours) *le* tournant où devient possible la métamorphose de notre existence incarnée *dans* le monde. Le Nouveau Testament et d'abord Jésus de Nazareth universalisent cette expérience qui inclut la création dans son « ensemble » : *tout* est grâce. Ce « tout » vaut pour tous, absolument tous. Car la spécificité d'une authentique gratuité est de l'être pour tous ; même si la grâce ne peut être la même pour tous, parce que – par-delà toute égalité abstraite ou formelle, nécessaire dans nos États démocratiques – la vraie égalité se réalise dans l'unicité de chaque personne *et* dans son réseau de relations avec d'autres hommes et femmes également uniques.

3. Enfin, ce mot « tous » implique encore un autre aspect décisif de la conception néotestamentaire de l'espérance. Si ce qui est gratuit est vraiment donné en cadeau à tous, cela ne vaut pas seulement pour les êtres humains qui vivent présentement sur la terre, mais aussi pour toutes les générations à venir qui sont en droit de trouver celle-ci comme « maison commune » habitable. *« L'espérance contre toute espérance » survient lorsque la métamorphose de notre relation à la mort, dont il vient d'être question, transforme simultanément notre relation aux générations d'hôtes qui ne sont pas encore nés, et à la terre qui nous est commune.*

La terre comme héritage

1. Les deux transformations, celle de notre relation à la terre *et* celle de notre rapport aux générations futures, sont en effet très intimement liées entre elles ; nous percevons la planète qui nous porte de manière nouvelle, dès lors que nous la regardons avec les yeux de ceux qui ne sont pas encore nés.

L'Ancien et le Nouveau Testament parlent à ce propos d'« héritage ». Certes, celui-ci est régulé par le droit de succession (Ga 3, 17), mais est néanmoins l'expression d'une « gratuité » absolue ; personne n'a mérité un héritage ou a fait quoi que ce soit pour le mériter. Tandis que Paul associe l'héritage à notre filiation divine – « Enfants, et donc héritiers ; *héritiers de Dieu et cohéritiers du Christ* » (Rm 8, 17) –, le Jésus de Matthieu promet aux doux ou aux non-violents « la terre en héritage » (Mt 5, 4).

Le fait de se comprendre comme héritier de notre terre, et non comme son maître ou son exploiteur violent, et de prendre en compte, lors de l'examen éthique de toutes nos actions, la question de savoir si notre planète sera encore habitable pour les générations à venir, implique un acte d'espérance et de foi dans la résurrection. Nous agissons alors *comme si* toutes les générations, depuis le début de l'humanité jusqu'à sa fin, formaient une unité mystérieuse sur cette planète et comme si l'histoire de notre terre était « tissée » des vivants, des morts et de ceux qui ne sont pas encore nés. C'est précisément ce qu'entend exprimer le concept de « résurrection », du moins dans une première approche.

2. Un nouvel accès à ce mystère central du christianisme s'est ainsi ouvert, que, dans ce cadre-ci, nous ne pouvons que rapidement évoquer, sans entrer dans un débat avec les remarquables approches « génétiques » de l'exégèse critique du XXe siècle, marquées plutôt par les sciences historiques[1].

Au centre de notre propre approche du mystère de la Résurrection – « ajusté » (*GS*, 44) à l'âge de l'anthropocène – se tient donc l'expérience encore relativement récente d'une relation inséparable, bien que dramatiquement perturbée aujourd'hui, entre *chaque* histoire de vie singulière, *toutes* nos histoires de vie actuelles, celles des générations *futures* comme celles de *ceux à qui nous devons notre vie*, et enfin celle de notre terre *commune* dont nous avons le privilège, à toutes les époques, d'être les héritiers. Seule la perception de ces liens nous permet de croire et d'espérer aujourd'hui que la vie, une fois mise en route, tiendra ses promesses également à l'avenir et par-delà la mort.

Or, Paul, les épîtres deutéro-pauliniennes et la littérature johannique mettent le « commencement » des apparitions du Ressuscité en lien intrinsèque avec une théologie de la grâce et une pneumatologie, donnant au Messie crucifié et ressuscité et donnant à la grâce et à l'Esprit des dimensions cosmiques, approchées moyennant différents schèmes politico-cosmiques ajustés à l'*Imperium*

1. Sur ce débat, voir Chr. THEOBALD, *L'Europe, terre de mission*, p. 257-274.

romanum. Plutôt considérées avec suspicion par la théologie historique, ces approches politico-cosmiques acquièrent aujourd'hui une nouvelle crédibilité en raison de notre problématique intergénérationnelle et écologique. Certes, une théologie de la résurrection qui a recours au dessein inhérent à la création, qui « situe » la grâce et le pneuma « dès avant la création du monde » (Ep 1, 4, voir aussi *LG*, 2), court le risque de sous-estimer l'historicité de l'événement-Jésus et le « commencement » de sa résurrection qui se manifeste à travers ses apparitions aux disciples. Cela vaut également pour une vision dans laquelle toutes les générations, depuis le début de l'humanité jusqu'à son terme sur cette planète, constituent une mystérieuse unité où « se tisse » l'histoire de notre terre par les vivants, les morts et ceux qui ne sont pas encore nés. Mais ce risque ne nous dispense pas de l'obligation de laisser notre situation et celle du monde refluer sur notre compréhension de la Résurrection.

La « simultanéité » *de tous*, contenue dans le concept théologal de résurrection, est en effet d'une grande importance aujourd'hui, parce qu'elle corrige une conception unilatéralement linéaire de l'histoire et de l'eschatologie ; une conception qui finirait par faire considérer les générations passées comme « copeaux de bois » d'un avenir fictionnel et par mettre gravement en danger l'habitabilité de notre terre. Un tel correctif désormais nécessaire de nos schèmes ne relativise ni le « commencement » de notre histoire de foi lié à Jésus le Christ, ni – *mutatis mutandis* – la naissance chaque fois unique d'un nouvel être humain comme possibles indices d'une métamorphose de notre rapport à la mort et comme « prémisses » (Rm 8, 23) de résurrection. Au contraire : *Simultanéité et nouveauté singulière doivent aller de pair ; alors, le nouveau qui surgit ne met pas en danger le nouveau déjà présent, mais les deux sont « aujourd'hui », ici et maintenant, « présents », dans une sainte et joyeuse hospitalité, toujours exposée à de nouveaux « décloisonnements »* (voir 1 Co 3, 6-8 ; Jn 4, 36-38). Cela vaut pour Jésus en ses rencontres et en sa résurrection tout à fait unique ; cela vaut aussi pour quiconque et son espérance élémentaire et souvent menacée. Du nouveau qui n'engendre pas du nouveau vieillit et demeure stérile. Cette « structure de promesse » d'une vie débordante est pour ainsi dire disposée comme « matrice » dans notre terre et y est présente comme « eau souterraine », mais elle ne peut être activée et puisée que par une libre métamorphose de notre rapport à la mort et à la terre, un rapport empreint de foi et d'espérance.

La libération de nos capacités cognitives et d'action

Cette métamorphose à la fois invraisemblable et pourtant possible vient *tout entière* de Dieu et est perçue comme telle dans les « apparitions » du Ressuscité, mais elle éclôt en même temps *tout entière* de l'histoire de la vie et des générations de notre terre. Elle dépend donc d'une libération de *notre capacité de perception et d'action* ; car il ne va nullement de soi d'embrasser du regard une ou plusieurs générations quant à leur rapport à la terre ou, inversement, de déchiffrer dans les déséquilibres écologiques de notre planète les conditions de vie des générations à venir. On pourrait laisser ce travail aux sciences concernées, dont la tâche consiste effectivement à établir des corrélations fiables entre ces divers facteurs. Mais comme l'ont prouvé les débats sur la crise écologique dans le cadre des conférences sur le climat, « voir » les arguments dans leur pertinence et « croire » en eux et en tirer des conséquences n'est pas la même chose, surtout quand il s'agit d'un avenir qui ne nous concerne plus directement.

Ce sont toutes nos théories de l'action qui sont à revoir ici ; car si, dans le contexte du transhumanisme et de notre crise écologique, un agir responsable exige la capacité au renoncement et une transformation principielle de notre rapport à nos limites et à la mort, comment donner accès à cette dimension « spirituelle », voire « proprement théologale » de notre agir ?

Fondée sur l'approche pédagogique en trois étapes de l'Action catholique (voir-juger-agir), la Constitution *Gaudium et spes* s'est déjà posé cette question pastorale, se montrant consciente de la dimension « affective » de notre jugement et de son possible obscurcissement par la peur ou la fascination. L'encyclique *Laudato si'* transforme l'ensemble de la démarche pédagogique en réussissant l'intégration du « voir », « juger » et « agir » dans un style de vie à la fois contemplatif *et* prophétique ; on l'a déjà noté à la fin de notre deuxième partie.

La conversion ou la métamorphose de nos sens qu'implique ce style devrait être davantage pensée aujourd'hui à partir de la pédagogie même des Écritures qui nous initient à voir simultanément et dans une unique apparition le Crucifié et le Ressuscité, sans que l'un des deux « côtés » de la réalité de Jésus soit masqué. C'est à partir de cette expérience centrale que les textes développent des « stratégies » littéraires et spirituelles bien diverses pour nous apprendre à voir l'invisible *dans* le visible et à entendre l'inaudible *dans* l'audible, etc., expérience à activer dans la vie quotidienne et à élargir progressivement à toute l'histoire de la terre. Habitée par des générations successives, par des prédateurs ou/et des héritiers, notre terre a été foulée par Quelqu'un – le Christ Jésus – qui a vaincu la mort et libéré ainsi nos sens pour qu'ils puissent percevoir le « tout est grâce », maintenir ainsi notre planète habitable, espérant en Celui « qui donne la vie aux morts et appelle à l'existence ce qui n'existe pas ».

Conclusion – L'œuvre de l'Esprit ou la gratitude

On aura compris, je l'espère, pourquoi la foi pascale des chrétiens et en particulier « l'espérance » en sa forme radicale d'une « espérance contre toute espérance » acquiert dans notre constellation « spirituelle » actuelle non seulement une nouvelle plausibilité, mais offre également une *ressource qui se soustrait à toute instrumentalisation* dans notre confrontation au transhumanisme et notre engagement en faveur d'une terre habitable par les générations encore à venir. S'accordant à l'âge de l'anthropocène, cette tradition pascale peut renoncer à s'appuyer sur l'idée de l'exception humaine et s'introduire comme « ressource » dans les mutations en cours de l'humain. Si elle continue à défendre un « humanisme », il ne peut s'agir que d'un « *nouvel* humanisme » (selon l'expression du pape François). Consciente de l'échec de l'humanisme classique, elle devra avoir le courage de reconnaître la fragilité radicale de toutes les ressources spirituelles de l'humanité et – il en a été à peine question ici – des puissances structurelles, financières et autres, qui nous dominent. Mais s'il est impossible aujourd'hui d'ignorer les forces du mal qui traversent nos sociétés sur notre planète, il est surtout nécessaire d'activer les antidotes et de se rendre attentif aux multiples manifestations, souvent cachées, d'une mystérieuse gratitude. Étant la réaction la plus adéquate et la plus humaine à l'expérience du « tout est grâce », cette attitude ultime des êtres d'espérance que nous sommes devient centrale dans la conception chrétienne de la foi et visible dans la célébration *eucharistique* de l'Église.

V

LA « VIE CONSACRÉE » DANS L'ÉGLISE

Fondement commun dans une diversité de formes et selon un processus historique ouvert

> Reproduire en soi-même, autant que possible, « la forme de vie, que le Fils de Dieu a prise quand il est venu dans le monde » [*VC*, 16].

Le peuple catholique est connu pour son humour inépuisable, parfois critique mais toujours bienveillant, vis-à-vis de son clergé, humour qui s'est aussi porté sur son trésor qu'est la vie religieuse, voire la « vie consacrée » tout court : Dieu le Père lui-même ne saurait pas combien de congrégations religieuses, surtout féminines, existent dans le monde ! Ce clin d'œil qui suppose un non-savoir en Dieu est une manière paradoxale de s'étonner devant la richesse pentecostale inouïe de nos formes de radicalité évangélique : « Comme un arbre qui se ramifie de façons admirables et multiples dans le champ du Seigneur à partir d'un germe semé par Dieu », lisons-nous dans le chap. VI de *Lumen gentium* sur « les religieux », « se développèrent des formes variées de vie solitaire ou commune, des familles diverses dont le capital spirituel profite à la fois aux compagnes et compagnons de ces familles et au bien de tout le Corps du Christ » (*LG*, 43). Nous serions ici [1] en quelque sorte ces oiseaux si divers, parfois exotiques, qui nichent pour un bref instant sur les branches de la plus

1. À l'origine de ce chapitre fut une conférence de l'auteur dans la salle Paul VI, adressée aux consacré(e)s, lors de leur rassemblement international à Rome entre le 28 janvier et 2 février 2016. Le « nous » de ce chapitre est donc celui des « consacré(e)s ». Je l'ai gardé, car aujourd'hui ce qui est résumé par la formule

grande des plantes potagères, sortie de la plus petite de toutes les semences (Lc 13, 18 s.), avant de nous laisser emporter à nouveau par le vent de l'Esprit, pour nous envoler vers tous les continents de la terre.

Cette manifestation furtive de la richesse inépuisable de l'Esprit de Dieu est *telle* que l'autorité de l'Église et la théologie ne peuvent intervenir qu'après coup, avec le respect et la modestie qui conviennent face à cet immense mystère de vie, mais aussi avec le charisme du discernement des Esprits (*LG*, 12). Pour ce qui est de l'autorité, ce discernement s'exprime dans une parole d'admiration *et* d'authentification (*LG*, 45) et, pour ce qui est du théologien, par la tentative de comprendre les enjeux actuels de la « vie consacrée ». C'est ainsi que je vais réfléchir ici au fondement commun qui habite, voire qui est le « ressort » secret animant la diversité de nos formes de vie au sein d'un processus historique et spirituel (au sens le plus fort du terme), ouvert à l'avenir de Dieu.

Reprenant à sa manière le Décret *Perfectae caritatis* (n° 2) du concile Vatican II, le pape François a résumé, au début de sa *Lettre apostolique à tous les consacrés*, l'enjeu prophétique de notre existence par une formule brève qui rassemble ce qui nous est commun :

> Chacun de nos instituts vient d'une *riche histoire charismatique*. À ses origines est présente l'action de Dieu qui, dans son Esprit, appelle certaines personnes à la suite *rapprochée* du Christ, (I) à traduire [donc] l'Évangile dans une forme particulière de vie, (II) à lire avec les yeux de la foi les signes des temps, (III) à répondre avec créativité aux nécessités de l'Église [*Lettre apostolique aux consacrés*, I/1].

Je suivrai ces trois consignes en respectant leur ordre dont la signification paraîtra au fur et à mesure.

Suivre le Christ Jésus et lui être configuré…

Le pape François parle de *suite* « rapprochée » du Christ, comme s'il voulait suggérer immédiatement le contraste entre

---

de l'exergue et développé ici n'est nullement sans signification pour tous les chrétiens.

nos formes de « vie consacrée » et celle de *gardes* « rapprochées » dont s'entourent les grands de ce monde. La spécificité de notre rapport de « christiens » au Christ Jésus s'exprime en effet, dans les évangiles synoptiques, par l'image spatiale d'un même chemin sur lequel les disciples « suivent » le Christ (la *sequella*) tandis que l'apôtre Paul traduit la même relation en termes d'« imitation » ou de « configuration ». Je m'inspirerai d'abord de l'image, avant d'honorer aussi la théologie baptismale de l'apôtre Paul.

La toute première caractéristique de la « vie consacrée » consiste donc, selon la formule du pape François, « à traduire l'Évangile dans une forme particulière de vie ». Ce qui veut dire : « suivre » au jour le jour – les *Évangiles et l'Écriture à la main* – le Christ Jésus et donner, avec lui *et* d'autres compagnes et compagnons, « forme » ou « figure » à sa propre vie. C'est ce que Jésus lui-même a accompli : l'évangile de Luc le montre *simultanément* aux prises avec les Écritures de son peuple *et* en train de repérer, grâce à cette « boussole », le chemin qui, avec ses disciples, le conduira à Jérusalem. C'est ce que nos fondatrices et fondateurs ont vécu à leur époque et ce que nous sommes invités à vivre aujourd'hui. Je commence donc par relire les *récits évangéliques* dans cette perspective formatrice ou fondatrice, avant de montrer *comment* leur lecture peut se traduire concrètement dans nos multiples « *formes de vie* particulières » et *comment* s'y exprime finalement notre con*figuration* au Christ Jésus en personne.

Lire les récits évangéliques dans une perspective fondatrice

1. Quand on lit les récits évangéliques, on peut, entraîné par leur propre dynamique, passer trop rapidement par-dessus les « ouvertures » qui, sans se faire immédiatement remarquer, donnent accès à *l'intimité de Jésus*. Je commence par cette *autre* face de son itinéraire ; car, fréquemment, c'est la découverte de cette face cachée qui, faisant passer le chercheur de sens par telle ou telle porte du texte, le conduit vers ce que nous appelons une « vie consacrée ».

Chez Marc ces « ouvertures » sont bien discrètes ; pensons à la première journée de Jésus à Capharnaüm, quand « le matin, bien avant le jour, il se leva, *sortit* et s'en alla dans un lieu solitaire ; là, il priait» (Mc 1, 35), ajoute le texte laconiquement. Le récit lucanien, par contre, multiplie ces «ouvertures». Il nous montre qu'aux moments décisifs de son itinéraire, quand Jésus engage une nouvelle étape de son parcours, il se retire pour prier: après le baptême (Lc 3, 21), quand, pour la première fois, il fait l'expérience de la foule (Lc 5, 16), au moment où il décide de choisir les Douze (Lc 6, 12), quand il questionne ses disciples sur sa propre identité (Lc 9, 18) et en amène quelques-uns sur la montagne de la transfiguration (Lc 9, 28 s.), quand il «voit», lors du retour de mission des Soixante-douze, «Satan tomber du ciel comme un éclair» (Lc 10, 21-22), au moment crucial de l'épreuve du mont des Oliviers (Lc 22, 39-46) et sur le lieu-dit «le Crâne» (Lc 23, 46). L'itinéraire imprévisible qui est le sien et qui trouve son orientation progressive dans la matrice des Écritures est en même temps, et jusqu'au bout, *suspendu* à la voix de Dieu, voix réellement entendue dans l'expérience de la prière. Cette écoute s'est préparée – comme pour chacun de nous – tout au long d'un saisissant chemin d'initiation qui conduit le jeune Nazaréen de la distinction entre la voix parentale («ton père et moi t'avons cherché») et la voix du Père («chez mon Père»: Lc 2, 48 s.) par l'écoute effective de cette voix après le baptême (Lc 3, 22) vers son combat spirituel autour de la vraie filiation (Lc 4, 1-13) et la découverte de sa propre mission auprès des pauvres dans les Écritures de son peuple (Lc 4, 16-21).

Si le lecteur entre par une de ces portes du récit pour s'approcher de l'intimité même du Christ Jésus, il ne peut pas ne pas s'interroger sur *sa propre expérience de Dieu*; à la manière des disciples qui, ayant vu Jésus prier, ont reçu de lui non seulement les mots pour s'adresser au Père (Lc 11, 1-4) mais aussi un enseignement sur la manière de prier (Lc 11, 5-13). L'expérience de Dieu dans l'acte même de prier est certes celle du psalmiste, comme le montrent les multiples citations du Psautier et sa mention par le Ressuscité. Mais une *inversion décisive* se produit, selon Luc, dans l'expérience de Jésus après le baptême, quand il entend – pour la première fois et ensuite sans doute à tout instant de sa vie – le verset 7 du psaume 2 prononcé par «une voix venant du ciel», de la bouche même du Père, doit-on dire, qui le lui adresse de manière absolument unique: «Tu es mon fils, moi, aujourd'hui, *je t'ai* engendré» (Lc 3, 22). C'est là le cœur de notre prière quotidienne: *écouter*, dans le silence abyssal de Dieu,

Sa voix, celle qui nous autorise *gratuitement*, chacun de façon unique, à exister : « Oui, *tu peux* aller au bout de ton aventure humaine, oui, *tu peux…* »

Cette expérience inaugurale et permanente peut être comprise en termes de « vocation », à condition d'y entendre réellement le verbe *vocare* soit « appeler » (de *vox* soit « voix ») auquel correspond, ici et maintenant, ma propre écoute. En effet, la suite du texte lucanien enracine cette écoute de Jésus et – ajoutons-le – aussi la nôtre dans notre commune humanité : Luc remonte jusqu'à la figure d'Adam (Lc 3, 23-38) ; ce que *Gaudium et spes* traduit en parlant de notre « vocation humaine » (*GS*, 3 § 2). L'appel de Dieu à la filiation ne peut pas ne pas déclencher alors un *combat spirituel* en celui qui désormais désire suspendre *toute* son existence à l'écoute de cette voix divine, sa mission ou sa « sortie » de soi vers l'humanité blessée y trouvant son véritable ressort (Lc 4, 14 s.) ; c'est ce que montre l'enchaînement du récit. Mais, à vrai dire, il ne s'agit là que d'*une seule et unique expérience*, attribuée par Luc à l'Esprit Saint qui *descend* sur Jésus, le *remplit*, le *conduit* (Lc 3, 22 ; 4, 1. 14. et 18) et lui conférera le baptême dans l'Esprit *et* le feu (Lc 3, 16) dont il désire ardemment que la terre entière soit embrasée (Lc 12, 49 s.) – de ce doux feu de Dieu qui consumera les disciples (Lc 24, 32) et les fera en même temps exulter de joie (Lc 10, 21 ; 24, 41 et 52).

2. Je reviendrai ultérieurement sur cette expérience de Dieu, si décisive au cœur de notre « vie consacrée ». Elle nous permet de passer maintenant du côté de la *face visible* des récits évangéliques et de prendre acte de l'étonnante diversité des épisodes qui les composent. Seuls ceux qui y reviennent – si je puis dire – à partir de l'expérience unique de Dieu dont il vient d'être question peuvent comprendre de l'intérieur la liberté avec laquelle Jésus traverse la vie quotidienne de ses contemporains, y parlant et agissant en quelque sorte comme « sourcier » en quête du Règne de Dieu « au milieu » de tous (Lc 17, 20 s.), des tout-petits en premier.

Ceci se passe effectivement pendant des *rencontres* de toutes sortes qui nous font découvrir Jésus comme l'être hospitalier par excellence. Que ce soit dans des maisons pendant un repas ou dans une synagogue, au bord du lac ou sur la route, dans la plaine ou sur la montagne, celles et ceux qui se présentent à l'improviste devant lui, il les accueille *inconditionnellement*, au point de se faire leur « hôte ». Ainsi crée-t-il un espace « rayonnant » de liberté, tout en communiquant, par sa simple présence, une proximité bienfaisante à ceux et celles qui s'y retrouvent. Son hospitalité va jusqu'au bout quand il s'efface pour permettre à l'autre de trouver sa propre identité : « C'est *ta foi* qui t'a sauvé » (Lc 7, 50 ; 8, 48 etc.). Le secret de cette liberté est – on s'en doute – son expérience de Dieu qui, d'épisode en épisode, *s'exprime* dans sa simplicité de cœur ou sa concordance avec lui-même – il dit ce qu'il pense et fait ce qu'il dit – *ainsi que* dans son empathie pour autrui ou sa compassion et sa sympathie actives, mises à rude épreuve quand l'hôte se transforme en ennemi : « la main de celui qui me livre se sert à cette table avec moi » (Lc 22, 21). Loin de se réduire cependant à des relations interpersonnelles, cette manifestation du Règne de Dieu, grâce à ses paroles et ses actes, voire à sa simple présence, met *l'ensemble de la société galiléenne en crise* – les récits et leur aboutissement dramatique nous le montrent abondamment –, laissant subitement percevoir que notre « vivre-ensemble » se fonde sur des bases autrement plus profondes que des liens entre certains qui en excluent d'autres ; l'utopique transgression des frontières linguistiques et culturelles dans les Actes au moment de la Pentecôte (Ac 2, 1-13) ainsi que l'instauration d'un nouveau régime d'échange de biens (Ac 2, 44 s. ; 4, 32-35) signalent cette *brèche en profondeur* et nous donnent une vision d'avenir.

3. Ces quelques *éléments structuraux* que je viens de dégager des rencontres de Jésus se retrouvent dans chacune des situations si variées qu'il a affrontées. On dirait que c'est grâce à son expérience unique de Dieu qu'il s'avère si proche de la diversité quasi infinie de nos existences et sociétés humaines. Les récits évangéliques peuvent en effet être lus comme la manifestation de ce que *sa vie avec et en Dieu* rend *historiquement* possible ; ils montrent en même temps ce que ses disciples ont *appris* en vivant avec lui et la *créativité* dont ils ont fait preuve, chaque évangéliste s'étant laissé conduire par tel ou tel contexte nouveau (voir *DV*, 7 § 1). On comprend dès lors que, se situant *en même temps* des deux côtés, caché *et* visible, des récits évangéliques, s'approchant donc de l'intimité de Jésus *et* le suivant pas à pas sur sa route, nos fondatrices et fondateurs ont trouvé dans ces textes un « espace » unique pour leur propre formation spirituelle et l'inspiration fon-

datrice qu'ils ont su mettre en œuvre, chacun/chacune selon sa propre situation socioculturelle et spirituelle.

L'engendrement d'une pluralité de formes de vie particulières

1. Le chap. VI de *Lumen gentium,* cité dans l'introduction, souligne cet aspect en parlant plus particulièrement des religieux :

> Ils doivent tendre de tout leur effort à ce que, *par eux, de plus en plus parfaitement et réellement, l'Église manifeste le Christ aux fidèles comme aux infidèles* : soit dans sa contemplation sur la montagne, soit dans son annonce du Règne de Dieu aux foules, soit encore quand il guérit les malades et les infirmes et convertit les pécheurs à une vie féconde, quand il bénit les enfants et répand sur tous ses bienfaits, *accomplissant en tout cela, dans l'obéissance, la volonté du Père qui l'envoya* [*LG*, 46 § 1].

Les lecteurs avertis que nous sommes reconnaissent dans ces traits de l'itinéraire de Jésus nos ordres ou instituts religieux et d'autres formes de « vie consacrée », nos fondateurs et fondatrices s'étant *arrêtés à tel épisode particulier de la vie de Jésus* pour le mettre en œuvre en fonction des données de leur propre époque ; ce qui a donné l'arborescence dont il a été question au début : des ordres plutôt contemplatifs, des ordres et instituts de missionnaires itinérants, des congrégations hospitalières orientées vers le soin des malades, celles qui se consacrent à l'éducation des enfants et des jeunes, et que sais-je encore.

2. Deux tensions plus particulières ont sans doute joué diversement dans l'histoire de la « vie consacrée », orientant la lecture fondatrice des récits évangéliques. Avec l'Exhortation *Vita consecrata* qui propose le mystère de la Transfiguration comme image directrice (*VC*, 15-16), la première se situe entre la « *vie contemplative* reliée à la prière de Jésus "sur la montagne" » et « les dimensions "actives" de la vie consacrée », symbolisées par la « descente » dans la vie quotidienne. Il serait vain de vouloir les séparer, comme si l'on pouvait isoler l'un des deux côtés, caché et visible, du récit évangélique. Pourtant, des articulations ou dosages différents de ces deux versants ont existé et continuent à s'inventer : le rapport des uns et des

autres au cloître ou à la maison ainsi qu'au travail ou à l'itinérance n'est nullement le même ni bien évidemment leur manière de rythmer le temps ou de gérer l'agenda, pour ne nommer que ces deux paramètres essentiels de nos multiples styles de vie, appelés dans tous les cas à s'inventer au jour le jour selon les urgences de Dieu.

L'autre tension porte sur les rapports entre l'individu et la communauté, la distinction ancienne entre érémitisme et cénobitisme marquant les deux extrêmes. Mais là encore, il faut noter que la communauté n'est jamais absente, même dans l'érémitisme le plus rigoureux, et que la solitude reste une marque essentielle de la « vie consacrée » même si le choix premier porte sur une vie en communauté, si fortement mise en relief par le Nouveau Testament et beaucoup de fondateurs et fondatrices. Ils « étaient fascinés » – comme le note avec insistance le pape François dans sa lettre aux consacrés – « par l'unité des Douze autour de Jésus, par la communion qui caractérisait la première communauté de Jérusalem » (I/2) ; j'y reviendrai dans la suite.

3. Le pape ne cache pas « les difficultés que rencontre la "vie consacrée" dans ses différentes formes » (I/3). Il semble que toutes sortes de scléroses existent en effet, certaines venant précisément du fait que les « traits spécifiques » de l'itinéraire de Jésus, qui, à tel moment de notre histoire, ont touché une personne ou un groupe et suscité toute leur créativité (pensons par exemple à telle congrégation hospitalière), ne produisent plus aujourd'hui le même effet (dans une société où l'hôpital relève de compétences laïques). C'est alors que le « retour » à l'ensemble des récits évangéliques et à l'itinéraire de Jésus permet de resituer ces « traits » apparemment frappés d'insignifiance et de les intégrer ou réinterpréter dans une vision plus vaste ou bien, dans un geste prophétique, d'y renoncer carrément, l'expérience de l'intimité avec le Christ priant donnant finalement une telle liberté créatrice. Sans doute sommes-nous à une époque où les cartes des différentes catégories de « vie consacrée », si soigneusement dessinées par nos prédécesseurs, se brouillent à nouveau : *signe précurseur de ce que « l'imagination sans limite de la charité »* (I/2) *ou « l'imagination de l'Esprit »* (II/5) *invente de nouveaux modes de vie ?* Avant d'y venir, il faut oser lire les récits évangéliques jusqu'au bout et mesurer jusqu'où va la « suite » du Christ.

Le mystère de la « configuration » au Christ

1. Tôt ou tard, tel « consacré » ou le groupe ou l'institution dont il fait partie fait en effet l'expérience vive de ne pas pouvoir « suivre » jusqu'au bout, ni le Christ Jésus sur la route ardue de la « sortie », voire du « reniement de soi » (Lc 9, 23), ni leurs propres fondateurs et leurs inspirations. Salutaire expérience de nos limites, épreuve parfois nocturne de nos trahisons et péchés que notre discours public ou nos sites risquent de cacher sous le paravent de beaux et dynamiques projets apostoliques.

Or, nous touchons ici, une fois encore, à *l'intime* du Christ Jésus : le dénouement public de son existence sur la croix est précédé, à la veille de sa mort, par la libre mise en jeu de toute son existence dans le geste de la Cène : nous y devenons réellement ses disciples *quand, se faisant notre nourriture, il passe en nous et nous emmène avec lui, que nous soyons Pierre, Judas ou qui sais-je encore, livrés en lui au Dieu qui n'est que miséricorde.* L'apôtre Paul dit la même chose en d'autres termes : l'immanence du Christ en nous – « ce n'est plus moi, c'est Christ qui vit en moi » (Ga 2, 20) – trouve son correspondant dans le « vêtement » qu'il devient pour nous – « revêtez le Seigneur Jésus Christ » (Rm 13, 14 ; Ga 3, 27). Étrange formule, si l'on y réfléchit ; car elle dit le désir du baptisé de Lui ressembler en tout et de recevoir de Lui la capacité de le redonner aux autres. Cette « imitation » que Paul prône dès la première lettre aux Thessaloniciens ne relève évidemment pas d'un faux mimétisme mais reconduit chacun – précisément au point mystérieux où il rencontre ce qui est *inimitable* dans le Christ – vers sa propre singularité incomparable. L'impossible devient ainsi possible, et s'esquisse déjà la *visée de la fin des temps* : le Christ, habitant *en* chacun des siens, se multiplie en quelque sorte, formant la *communion des saints* où, tout en étant devenu *cristiforme* (Rm 8, 29), voire étant « transfiguré en son image » (2 Co 3, 18), chacun d'entre nous contemple avec bonheur la singularité mystérieuse de l'autre et de tous les autres en leur diversité infinie.

2. La formule de *Vita consecrata* qui nous sert ici de guide – « Reproduire en soi-même, autant que possible, "la forme de vie, que le Fils de Dieu a prise quand il est venu dans le monde" » (*VC*, 16) – trouve alors son sens ultime. S'éclaire en même temps l'expression « vie consacrée » (que j'ai utilisée jusqu'à maintenant

comme « mot de passe »). Les Écritures, saint Jean en particulier, se servent du *verbe* « consacrer », soit « rendre saint », pour faire de Dieu l'*unique* acteur du partage de sa propre sainteté (Jn 10, 36 et 17, 15-17). Quand nous réalisons qu'il n'a cessé et ne cesse de nous la communiquer comme un doux « feu » intérieur, nous ne pouvons que nous étonner, bouleversés et pourtant dans la joie, que, malgré de longues nuits traversées et ne sachant plus comment, nous nous retrouvons toujours encore parmi les « disciples bien-aimés » de son fils.

Faut-il s'interroger sur la spécificité de cette « consécration » que la tradition théologique a identifiée à un « état de vie », voire sur le « plus » qu'il représenterait par rapport à d'autres « états » (*VC*, 16) ? Se centrer sur les conseils évangéliques ou vœux – chasteté, pauvreté et obéissance – qui, pour « celui qui a des oreilles pour entendre » ou « peut comprendre » (Mt 19, 12), découlent de son désir ardent de suspendre – avec le Christ Jésus – *toute* son existence à l'écoute de la voix divine ? Ou faut-il plutôt reconnaître que notre « vie consacrée », avec tout ce qu'elle implique dans la diversité de ses formes, n'est qu'une manière de vivre notre existence baptismale de configuration au Christ (Rm 8, 29) ? Cette question récurrente nous renvoie à un principe fondamental, portant sur l'articulation de nos « modes de vie ». Ce que certains vivent, sous forme de « signe », renvoie les autres, chacun, à l'*essentiel* de son existence, sans qu'il y ait un « plus » ou un « moins » ; car *tous* les « disciples missionnaires » sont appelés à vivre de la « radicalité évangélique », comme le rappelle le pape François dans sa lettre aux consacrés (II/2). À Pierre qui s'inquiète de l'avenir du disciple que Jésus aimait, le Seigneur ne répond-il pas : « Que t'importe ? *Toi, suis-moi* » (Jn 21, 22). *Car le Règne de Dieu bannit toute comparaison.* Et au lieu de nous engager sur la voie d'une interrogation inquiète sur nos spécificités, nous avons intérêt à entendre la deuxième consigne du pape François dans sa lettre aux consacrés, de « lire [donc] avec les yeux de la foi », comme Jésus et ses disciples ainsi que nos prédécesseurs, « les signes des temps » (I/1). C'est de ce décentrement que nous viendra, par surcroît, une conscience plus vive de ce que nous sommes : disciples du Christ…

...AU SERVICE DE NOS « GALILÉE » *D'AUJOURD'HUI*...

Comme le Christ Jésus, les « consacrés » ont reçu la « capacité de *scruter l'histoire dans laquelle ils vivent* », non seulement en surface, mais en « connaissant – avec Dieu – les hommes et les femmes, leurs frères et sœurs » *de l'intérieur et en profondeur* (voir II/2). J'ose donc évoquer trois traits qui me semblent caractériser notre situation historique et se présenter comme une *brèche* – il en a été question à propos de la Galilée – dans laquelle notre « vie consacrée » prend déjà des formes nouvelles : (1°) le rapport problématique de l'humanité à son avenir, (2°) la menace qui pèse sur la cohésion sociale de nos sociétés et (3°) la difficile implication de tous, surtout des derniers, dans les décisions qui les concernent. En évoquant ces *traits*, je nous invite cependant à ne pas oublier que, comme dans les évangiles, ce sont des « événements » concrets – telle rencontre, telle circonstance – qui suscitent notre imagination évangélique et nous provoquent à créer tel « lieu autre » (II/2), à y tracer tel « chemin alternatif », à y proposer tel « rythme de vie différent » ou que sais-je encore. « Penser globalement, mais agir *localement* » (voir *EG*, 234-237) ; l'adage qui nous est familier nous rappelle l'importance du « ici et maintenant » et de « l'aujourd'hui » quand il s'agit d'entendre la voix de Dieu *et* de l'entendre en écoutant *en même temps* – dans une sorte d'écoute stéréophonique [1] – les voix de nos concitoyens et de la terre.

Une humanité livrée à elle-même quant à son avenir

Un premier trait du moment présent se dégage quand on envisage l'absence d'avenir, la panne de confiance et d'espérance dont souffrent beaucoup de nos contemporains.

1. Des symptômes plus anciens doivent être rappelés pour comprendre cette situation nouvelle : du côté de l'hémisphère nord, les poussées successives de la *sécularisation* et l'*effritement* progressif *du socle humaniste* qui jusqu'à une date récente avait réellement porté nos sociétés occidentales ; dans une perspective globale, une conscience plus vive de la *pluralité* de nos cultures,

1. Voir p. 67 s.

ce qui entraîne une relativisation de nos convictions et un pragmatisme de courte vue, sceptique par rapport aux grandes utopies humanistes du dernier siècle. La *fragmentation* de nos itinéraires de nomades va de pair avec le « retraitement » d'anciens et de nouveaux mythes ; le paradigme darwinien, fondé sur *la loi du plus fort*, s'impose comme arrière-fond d'une civilisation mondiale, dominée par la finance internationale. Bien entendu, des *résistances* se manifestent un peu partout, en particulier pour éviter la destruction de notre « maison commune » terre ; les religions y participent, mais elles sont exposées à de multiples instrumentalisations politiques et rencontrent, dans certaines sociétés laïques en Occident, une incompréhension grandissante.

Une nouvelle constellation spirituelle émerge ici. Il en a été largement question dans les deux chapitres précédents[1]. Comme jamais avant, l'humanité est livrée en sa totalité à elle-même en tant qu'« humanité » : si l'histoire occidentale n'avait aucun doute sur l'exception humaine dans l'univers, que le concile Vatican II a établie à partir de la conscience morale (voir *GS*, 16), nous autres postmodernes, nous nous sommes mis à *douter* de la frontière même entre l'homme et le règne animal et à *douter* de nos possibilités d'assurer à nos sœurs et frères humains de demain un avenir viable sur un globe habitable. Douloureusement, nous éprouvons que *malgré nos potentialités exponentielles sur le plan scientifique et technique, rien ne peut nous dispenser de nous vouloir librement et collectivement comme « humains »*. La « foi » sous une forme très élémentaire, voire « l'espérance en l'avenir » ne sont donc plus des actes qui, de façon plus ou moins arbitraire, s'ajouteraient de l'extérieur au fait humain en sa spécificité morale déjà constituée. En raison de la situation dramatique que nous commençons à traverser, elles sont devenues *constitutives* de notre différence humaine et s'expriment à la fois par un vouloir humain d'humanité en constante relation avec l'équilibre planétaire *et* par l'expérience, au moins implicite, d'être autorisés à nous vouloir ainsi. Car, qu'elle le reconnaisse ou non, notre existence individuelle et collective est héritière d'une vie reçue gratuitement.

---

1. Voir p. 81-84 et 107.

2. Cette situation spirituelle exige de notre côté un *décentrement*, la foi *chrétienne* devant se concevoir comme étant *au service du vouloir vivre et de l'espérance de tout un chacun, en particulier des plus démunis et sans voix.* Le macroclimat qui vient d'être diagnostiqué se répercute en effet dans les multiples situations locales et quotidiennes que nous connaissons de l'intérieur, grâce à nos « présences » si variées au sein de nos sociétés, à quelque échelle que ce soit. Habités du feu de Dieu, nous exerçons souvent le rôle de « sourciers » d'une « foi » et d'une « espérance » élémentaires qui sommeillent déjà en celles et ceux que nous *rencontrons*, notre familiarité avec les évangiles nous accoutumant à *la manière de Jésus* et aux *conditions de crédibilité* qui étaient les siennes en Galilée. De la récurrence des expériences, partagées et discernées avec d'autres, de nouveaux projets peuvent naître : avec des réfugiés qui nous entourent, des agriculteurs qui cherchent des lieux de paroles où sortir de leur isolement, des jeunes menacés par la drogue ou le suicide, etc. Parfois, tel groupe de « consacrés » devra transformer sa maison ou l'abandonner, parfois même disparaître comme corps institué pour renforcer, avec les personnes restantes, d'autres et de nouveaux équipages…

Traversant ainsi, au jour le jour, la nuit de la « foi » avec tant de personnes rencontrées, nous découvrons progressivement que notre *présence* auprès d'autrui s'est chargée, à distance et grâce à notre vie contemplative, d'une *humilité* qui sait pertinemment que la venue du Règne de Dieu au milieu de nous reste de l'ordre de la surprise et dépasse toutes nos actions ; nos différentes traditions « monastiques » et « apostoliques » se rencontrent sur cette « crête ». Et quand nous nous demandons de manière inquiète : nos toutes petites présences, « qu'est-ce que cela pour tant de gens ? » (Jn 6, 9), les récits évangéliques nous rappellent qu'aucune stratégie politique d'occupation systématique d'un territoire ne réussira à susciter et nourrir le vouloir vivre et la « foi » en l'avenir, ni sur un plan individuel ni au niveau collectif (voir Jn 6, 14 s.). L'*alternative évangélique* consiste à laisser atteindre et muter nos réalisations de « vie consacrée », aussi minuscules et dispersées qu'elles soient, par l'urgence d'une présence simple et compétente auprès de celles et de ceux qui sont en panne de confiance et d'espérance.

La cohésion sociale livrée à notre « art de vivre-ensemble »

Le désarroi et le stress fréquents qui, dans la constellation spirituelle que nous venons d'esquisser, résultent de l'abandon systématique des êtres humains à leur vouloir vivre individuel et collectif peuvent aussi conduire à *rapprocher les uns des autres*, comme cela s'est manifesté à plusieurs reprises durant les épreuves de ces derniers temps ; c'est un deuxième trait du moment présent.

1. Beaucoup de sociétés humaines ont déjà abandonné la référence publique à Dieu ou à une transcendance religieuse, se fiant quant à leur stabilité à ce qui, comme les valeurs de la liberté et de l'égalité, relève de leurs législations et appareils judiciaires. Elles ont maintenu cependant une référence centrale qui déborde toute loi d'État, la « fraternité » ou l'« agir des êtres humains les uns envers les autres dans un *esprit de fraternité* », selon l'article 1 de la Déclaration universelle des droits de l'homme (1948) ; valeur qui *transcende* de l'intérieur toute constitutionnalité et ne cesse de nous rappeler le caractère hautement problématique de la cohésion sociale, sans cesse mise à l'épreuve par la violence et livrée à notre « art de vivre-ensemble ».

C'est précisément ici, dans cette brèche – il s'agit toujours de la même – que peut naître ce que le pape François appelle une « fraternité *mystique, contemplative* » (*EG*, 92). « Vivez la mystique de la rencontre ! », nous exhorte-t-il dans sa lettre aux consacrés (I/2). Ce qui donne à la fraternité sa dimension mystique est d'abord son ampleur : elle ne concerne pas seulement les pauvres et leur intégration sociale (*EG*, 186-220) mais désormais aussi « sœur notre mère la terre, qui nous soutient et nous gouverne, et produit divers fruits avec les fleurs colorées et l'herbe » (*Lsi'*, 1 et 2) ; elle suppose donc une singulière expérience d'écoute : « *écouter tant la clameur de la terre que la clameur des pauvres* » (*Lsi'*, 49), pour pouvoir en prendre soin.

2. Dans la mesure où, depuis l'époque du Nouveau Testament, la fraternité est considérée comme une composante essentielle de la « vie consacrée », le « style alternatif » (*Lsi'*, 108) que nous aurons inventé sur ce point à l'intérieur de nos communautés, existantes ou à inventer, ne peut pas ne pas refluer sur la société environnante et, inversement, l'attente plus vive de celle-ci quant au soin fraternel de ce qui est fragile ne pas interpeller nos fraternités. Il est remar-

quable que le pape François n'emprunte pas un langage ascétique pour parler de cette réalité mais celui de la mystique dont le signe distinctif est l'incarnation et la rencontre des autres dans leur *corporéité concrète*, avec toutes les fragilités dont il vient d'être question. C'est en effet quand l'esprit de fraternité ne va plus de soi qu'apparaît plus nettement sa dimension mystique et contemplative « qui sait regarder la grandeur sacrée du prochain, découvrir Dieu en chaque être humain, qui sait supporter les désagréments du vivre-ensemble en s'accrochant à l'amour *de* Dieu, qui sait ouvrir le cœur à l'amour divin pour chercher le bonheur des autres comme le fait leur Père qui est bon » (*EG*, 92). Dans une société où la référence à Dieu a perdu de sa pertinence ou est immédiatement soumise à malentendus, faire percevoir la profondeur mystique qui se cache dans la plus petite manifestation de fraternité – qu'elle soit perçue et mise en valeur dans notre environnement ou dans nos communautés – est sans doute la meilleure façon d'ouvrir un accès à l'expérience de Dieu.

Ce deuxième trait de notre constellation spirituelle et ses effets sur la vie consacrée ne vont pas sans un troisième qui se présente dès que nous nous engageons non seulement en faveur d'un « vivre-ensemble » mais encore en vue d'une véritable « entente » entre humains.

L'implication de tous dans les décisions qui les concernent

1. Beaucoup de nos sociétés – peut-être aussi l'Église – souffrent de ce qu'on peut appeler un « schisme vertical ». Les élites qui les gouvernent vivent souvent à grande distance de leurs populations et de leurs préoccupations et poursuivent, dans beaucoup de cas, leurs propres intérêts. Par ailleurs, la complexité des processus de décision est devenue telle qu'ils ont été largement récupérés par des commissions d'experts ; ils excluent une large partie des citoyens qui, face à un monde politique de moins en moins transparent, se retirent progressivement de l'espace de participation active qui leur restait. Le dialogue social à la base, tant mis en avant par le pape François comme contribution à la paix (*EG*, 238-258), devient plus rare.

2. Or, nos ordres, congrégations, instituts et communautés ont une très longue expérience de délibération et de participation

capitulaire de tous aux décisions importantes. Sur ce point, leur patrimoine et leurs pratiques sont aussi diversifiés que leurs traditions proprement spirituelles. Qu'on pense à l'expérience de réécriture de tant et tant de constitutions et règles de vie après le concile Vatican II et le « capital » politico-spirituel de délibération collective et de prise en compte de chacune des voix que cet immense travail représente. Qu'on pense aux ajustements de nos pratiques de l'obéissance aux conditions psychologiques de notre époque, à la capacité des congrégations d'articuler le respect des charismes de leurs membres et le service du bien commun ou à leur manière de combiner l'exercice de l'autorité et le dialogue, dans la pratique de l'accompagnement individuel et celle du gouvernement de nos instituts.

Tout ce trésor, si éloigné de la plupart des mœurs politiques de nos sociétés, est peu connu du grand public, même au sein de l'Église. Et parfois, on se prend à rêver qu'une *osmose* puisse se produire : elle a largement eu lieu dans le sens de l'ethos démocratique vers nos instituts et très peu en sens inverse. Dans une posture de service, les consacrés ne pourraient-ils pas davantage impulser, dans le dialogue social, les attitudes « politico-spirituelles » qui animent leur propre manière de régler des conflits, d'aboutir à des ententes qui laissent subsister des divergences, tout en comptant sur l'apport de chacun et de tous ? S'il est vrai que la démocratie est à la fois la forme la moins imparfaite d'organiser notre vie en société *et* celle qui a le plus besoin de ressources spirituelles, la vie consacrée y trouverait une mission importante.

3. Les trois traits que je viens de repérer en « scrutant l'histoire dans laquelle nous vivons » se présentent, pour conclure ce point, comme conditions actuelles d'un ajustement ou d'une réinvention de la vie consacrée ; ce qui se fait déjà très largement, les évangiles et l'Écriture à la main et en référence à « la riche histoire charismatique » de nos instituts. Je n'oserais pas affirmer que ce travail est prophétique, même si le pape François considère la « prophétie » comme « *la note* qui caractérise la vie consacrée » (II/2). Car c'est à d'autres de nous manifester par surcroît *qui nous sommes* à leurs yeux, avant tout à ceux de nos concitoyens avec qui nous vivons, mais aussi, bien sûr, à l'Église ; ce qui me conduit vers la troisième consigne du pape François qui attend de nous que « nous répondions avec créativité aux nécessités de l'Église ».

... NOUS FIANT À L'IMMAÎTRISABLE MANIFESTATION DES « CHARISMES » DANS L'ÉGLISE

Les « nécessités » de l'Église sont innombrables et aussi diversifiées que nos provenances ; ce n'est pas la peine d'insister, sinon pour dire qu'elles font appel à notre capacité de discernement. Quant à la « créativité », elle est un « charisme » et ne se laisse jamais programmer. Il me semble donc que nous répondons à la première des nécessités de l'Église si nous devenons effectivement ce que nous sommes – des « consacrés » – et le restons en nous inscrivant dans l'ordre charismatique de l'Église (*LG*, 4 et 12). Ce n'est que dans ce cadre qu'ici et là nous pouvons exercer également des fonctions supplétives et parfois critiques ou prospectives. Je me contente, pour finir, de commenter brièvement ces trois propositions.

Servir l'Église en tant que « consacrés »...

Cette première affirmation semble aller de soi ; elle risque cependant de tomber rapidement dans l'oubli quand il s'agit de gérer des urgences ecclésiales ou tenues pour telles. Or, sous quelque forme que ce soit, la « vie consacrée » est d'abord un *« signe »* de vie évangélique, « signe » qui ne devrait jamais susciter la comparaison mais renvoyer l'entourage proche ou lointain, chacune, chacun, à l'essentiel de sa *propre* existence. C'est d'abord à ce titre que l'Église en a besoin. On doit ajouter immédiatement que cette signifiance vivante *est* déjà mission, comme je l'ai amplement montré dans la deuxième partie : quand la « vie consacrée » éveille un vouloir vivre ou une foi élémentaire, quand elle donne envie d'agir dans un esprit de fraternité et d'en percevoir les dimensions mystiques, quand elle suggère des manières de régler des conflits et de s'entendre. Dans cette même ligne, certaines tâches ecclésiales comme l'initiation à l'intériorité, à l'expérience de Dieu et à la prière individuelle et liturgique semblent s'accorder plus particulièrement avec la vie consacrée ; mais l'histoire montre aussi qu'il n'y a aucune exclusive en ce domaine.

L'Église ne peut que se réjouir de ce qui se lève ainsi en son sein ; elle a aussi le devoir de discernement et d'authentification de ces dons ; ce qui me conduit vers la deuxième affirmation : servir l'Église…

… en donnant chair à l'ordre « charismatique »…

J'ai montré ci-dessus quelques *conditions favorables* à l'éclosion d'une « vie consacrée » dans des sociétés où une partie de la population aspire à d'autres manières de vivre, non sans avoir évoqué aussi auparavant des *difficultés* qu'elle rencontre aujourd'hui. Tout se passe en effet comme si les distinctions entre « états de vie » et catégories de « consacrés », soigneusement établies pendant le deuxième millénaire latin, se brouillaient à nouveau ; « passage » difficile à interpréter, car il y a, d'un côté, des attachements à des traditions particulières qui finissent par paralyser toute écoute et donc toute créativité et, de l'autre côté, des ressourcements amples dans la tradition évangélique et dans l'histoire charismatique des instituts qui sont prometteurs d'avenir.

Rappeler, dans ce temps éprouvant de *passage*, que la « vie consacrée » appartient à l'ordre charismatique de l'Église devient alors décisif. Certes, c'est son *versant christologique* – la « suite » ou l'« imitation » du Seigneur Jésus – qui se montre d'abord par l'attirance qu'elle peut exercer sur autrui ; mais son *ressort pneumatologique*, la force de l'Esprit Saint qui singularise chaque existence consacrée en vue du bien commun et anime de l'intérieur toute l'arborescence charismatique de nos instituts (voir 1 Co 12) se révèle dès qu'on entre dans des considérations de durée. Or, le propre de l'ordre charismatique est qu'on ne peut s'y installer ni faire son nid dans *ce qui est donné aujourd'hui et peut être retiré demain* ; le « provisoire » en fait congénitalement partie (1 Co 7, 29). Cette « condition » nécessite un long apprentissage de l'*ars moriendi* : parfois elle conduit vers l'acceptation d'une disparition, souvent vers des mutations et des réformes dont notre histoire est si riche en exemples ; par ailleurs, elle fonde notre obéissance à l'Église. Car ce n'est pas tel « charisme » ou tel institut qui a reçu la promesse de la vie éternelle ; mais c'est l'Église tout entière qui a entendu les paroles de son Seigneur : « Je suis avec vous… jusqu'à la fin des temps » (Mt 28, 20).

Si cette « condition » est bien vécue, elle refluera, à notre insu, sur l'Église, lui posant sans cesse la question dérangeante de

Jésus : « Le fils de l'homme, quand il viendra, trouvera-t-il la foi sur la terre ? » (Lc 18, 8). La « vie consacrée » soutiendra ainsi l'Église dans ses efforts permanents de réforme, surtout en veillant à ce que cette dernière ne se réduise pas à des stratégies administratives et structurelles, au lieu de toucher en profondeur notre condition commune de disciples-missionnaires. Située ainsi au sein du peuple de Dieu (*LG*, 12), elle ne cesse de *signifier* – avec tous les baptisés – le « mystère » qui le constitue (*LG*, 2-4).

… et en exerçant une fonction prospective

Cette condition d'ordre « charismatique » n'empêche pas la « vie consacrée » de répondre, ici et là, à des urgences en exerçant des *fonctions supplétives* de pastorale ou autre, à condition cependant que ces activités *utiles* n'occultent pas sa *fonction prospective* qu'elle a toujours exercée dans l'histoire. Qu'on pense aux fondations de tradition bénédictine, cistercienne, etc., si accordées à une société rurale et féodale, aux ordres mendiants et aux frères prédicateurs ajustés aux villes naissantes, etc. L'heure est donc à l'imploration de l'Esprit créateur et donateur de nouveaux charismes ajustés à notre situation, telle qu'elle a été esquissée dans la deuxième partie. L'heure est aussi à la récolte des expériences heureuses de ces derniers cinquante ans postconciliaires : le courage de fonder des monastères véritablement œcuméniques, l'ouverture de certains à des échanges avec des monastères d'autres religions, l'entrée d'une véritable mixité dans certaines fondations. Sans doute une des grandes questions de l'Église catholique, portant sur le statut des femmes en son sein (*EG*, 103 s.), trouve-t-elle dans la vie consacrée déjà une amorce de solution, même si on peut ici aller bien plus loin ; ce qui confirmerait la fonction de « laboratoire » que la « vie consacrée » a fréquemment exercée dans l'histoire de l'Église.

En rédigeant ces lignes, j'ai eu l'image de l'arche de Noé devant les yeux, suggérée aussi par le souvenir de la COP 21 à Paris, des « consacrés » s'y étant engagés. Certes dramatique, cette image d'un bateau échappant à la montée des flots provoque aussi notre sourire quand on songe aux êtres bigarrés qui s'y trouvent, un « couple de chaque espèce d'oiseaux, de bestiaux, de petites bêtes du sol » (Gn 6, 18-21), et que sais-je encore. On ne peut s'empêcher de penser au zoo humain – celui aussi de la « vie consacrée » –… Quant à la colombe, avec au bec un frais rameau d'olivier, elle ne reviendra plus vers Noé (Gn 8, 8-12) ; elle nous laisse avec l'espérance que la force de l'Esprit de Dieu s'avérera toujours plus forte que la mort.

DEUXIÈME PARTIE

...LA NOUVELLE PERSPECTIVE DU PAPE FRANÇOIS

L'actuel « tournant d'époque », discerné par le pape François, peut être abordé de deux côtés : sur le versant de son enseignement et de ses gestes ; sur celui aussi de ce que ses insistances révèlent *a posteriori* des enjeux de Vatican II et de sa réception. Le lien entre ces deux versants ne signifie nullement que l'événement et le corpus du Concile se réduisent à ce que nous en percevons aujourd'hui ; la première partie de ce volume l'a montré. Il ne permet pas non plus d'identifier le « tournant » actuel à ce que l'enseignement pontifical en perçoit et dit. Si soulignée par les historiens et sociologues, « l'incertitude » quant à l'avenir du catholicisme contemporain en Europe est reconnue et envisagée par le pape lui-même (*VG*, 3).

Ces précautions étant prises, les deux premiers chapitres de cette partie (chapitres VI et VII) reviennent sur la lecture de Vatican II par le pape François et explicitent sa « nouvelle perspective » qui peut être récapitulée par la notion de « style », voire de « style de vie ». Celle-ci permet en effet de penser la nouveauté toujours nouvelle de l'Évangile et sa manifestation à la fois une et infiniment diversifiée dans « des événements et des paroles intimement liés entre eux » (*DV*, 2) et de transformer en conséquence les *genres littéraires* à la disposition du magistère romain. Elle rend plus particulièrement attentif à la « doctrine sociale » de l'Église et à ce que celle-ci ne s'émancipe pas du kérygme néotestamentaire (1er pôle) *ni* ne perde le contact avec les « pauvres » au sein de nos sociétés, leurs cris étant associés à celui de notre maison commune (3e pôle). Les chapitres VIII et IX sont consacrés à cette explicitation d'un style de vie évangélique, déjà visée par la Constitution sur l'Église dans son chapitre sur « l'appel universel à la sainteté » (*LG*, 40 § 2) ; appel que le pape actuel traduit en parlant de la recherche d'un « *nouvel* humanisme ».

Celui-ci ne consiste pas à lever les incertitudes de l'avenir mais au contraire à engager des « processus » individuels et collectifs d'apprentissage, de conversion et de réforme (*EG*, 223) à partir du cœur même de l'Évangile. L'expression heureuse de « mystique de la fraternité » désigne cette substance spirituelle dont vivent nos sociétés démocratiques sans pouvoir la garantir, substance à laquelle nos Églises, sans la posséder non plus, peuvent et doivent initier gratuitement. Prenant le relais du chapitre sur la Vie consacrée qu'on vient de lire (chapitre V), le dernier chapitre de cette deuxième partie (chapitre X) présente cette mystique, tout en réfléchissant à ses conséquences pour l'Église (2e pôle) et pour une théologie politique ; ce qui introduit d'ores et déjà la troisième partie de l'ouvrage.

VI

L'EXHORTATION APOSTOLIQUE *EVANGELII GAUDIUM*

Esquisse d'une interprétation originale du concile Vatican II

L'exhortation apostolique *Evangelii gaudium* du pape François [1] se prête, comme tout texte, à plusieurs lectures. On pourrait, par exemple, la lire en la confrontant avec les propositions du synode sur *La nouvelle évangélisation pour la transmission de la foi* (2012), propositions que l'Exhortation cite abondamment, sans porter pour autant le titre devenu classique d'« exhortation apostolique *post-synodale* », comme bon nombre de textes du même genre de Jean-Paul II et de Benoît XVI. On peut aussi la comparer à l'exhortation apostolique *Evangelii nuntiandi* (1975) de Paul VI, texte publié à la suite de la 3e Assemblée générale du Synode des Évêques (1974), consacrée, elle aussi, à l'évangélisation [2]. À une distance de presque quarante ans, ce texte, le plus cité par *Evangelii gaudium*, en représente en quelque sorte le « modèle » qui permet de mettre en relief à la fois des proximités et des différences historique et théologique significatives. Dix ans après le Concile, *Evangelii nuntiandi* représentait en fait la toute première relecture synthétique du corpus conciliaire de Vatican II « dont les objectifs se résument en définitive, selon les paroles de Paul VI, en un seul : rendre l'Église du XXe siècle encore plus apte

1. Pape François, *La joie de l'Évangile – Evangelii gaudium*, Paris, Bayard/Fleurus/Éd. du Cerf, 2013.

2. Paul VI, *L'évangélisation dans le monde moderne – Evangelii nuntiandi*, Saint Céneré, Éditions Saint-Michel, 1976.

à annoncer l'Évangile à l'humanité du XXe siècle» (*EN*, 2)[1].

Peut-on déceler dans *Evangelii gaudium* une même prétention, une même tentative de doter l'Église d'un principe d'interprétation de l'œuvre hautement complexe et diversifiée de Vatican II? Cette question se pose légitimement une bonne cinquantaine d'années après la clôture du Concile, cela d'autant plus que tous les prédécesseurs du pape François nous ont habitués à de longues et explicites considérations herméneutiques sur ce sujet. Je voudrais donc répondre à cette question précise et limitée. Disons tout de suite que les *indices*, permettant de lire ainsi le texte, ne sont pas immédiatement perceptibles; cela, nous allons le voir, fait partie de son originalité. L'unique indication nette se trouve à la fin de l'introduction: «Ici, j'ai choisi», annonce François, «de proposer quelques lignes qui puissent encourager et orienter toute l'Église dans une nouvelle étape évangélisatrice, pleine de ferveur et de dynamisme. Dans ce cadre, *et selon la doctrine de la Constitution dogmatique Lumen gentium,* j'ai décidé entre autres thèmes, de m'arrêter simplement sur les questions suivantes…» (*EG*, 17), et suit le plan de l'Exhortation.

J'ai donc préféré utiliser, dans le titre donné à ces pages, le terme «esquisse» – «*esquisse* d'une interprétation originale de Vatican II»; justement pour signaler d'emblée le rapport apparemment ténu qu'*Evangelii gaudium* entretient avec le corpus conciliaire et prioritairement avec *Lumen gentium*, d'après l'indication citée à l'instant. Je préciserai ce *rapport* dans une première partie, avant de me centrer, dans une deuxième partie, sur la décision principale de l'Exhortation (exposée dès son premier chapitre), et qui consiste à établir un lien intrinsèque entre la mission ou l'annonce de l'Évangile à toute créature – aux pauvres en particulier – *et* la réforme de l'Église. Cette insistance originale entraîne ensuite et pour finir quelques observations et réflexions de type «doctrinal»: (1°) sur les problèmes herméneutiques que posent cette annonce et le discernement des signes des temps qui lui est joint, (2°) sur la conception de l'Église qu'implique cette annonce et (3°) sur la vision du monde dans laquelle elle s'insère; observations et réflexions, telles qu'elles se dégagent du texte quand on le lit ayant en arrière-plan le concile Vatican II.

1. Voir Chr. THEOBALD, *La réception du concile Vatican II. I. Accéder à la source*, p. 557-563; ID., *Le concile Vatican II. Quel avenir?*, p. 73-77.

Le texte et son style : quelques indices

Il convient de commencer par un regard rapide sur la structure de l'Exhortation, organisée en cinq chapitres.

La structure du texte

Sans citer la célèbre formule d'*Ad gentes* qui identifie la nature de l'Église avec sa mission (*AG*, 2 § 1), le premier chapitre porte sur « la transformation missionnaire de l'Église » ou sur sa réforme ; le décret sur l'œcuménisme *Unitatis redintegratio*, 6, qui pose l'exigence d'une « réforme permanente » est la toute première citation conciliaire du texte (n° 26). Cette réforme de l'Église, le chapitre introductif de l'Exhortation l'attend de sa « sortie » missionnaire : « Fidèle au modèle du maître, il est vital qu'aujourd'hui l'Église *sorte* pour annoncer l'Évangile à tous, en tous lieux, en toutes occasions, sans hésitation, sans répulsion et sans peur. La joie de l'Évangile est pour tout le peuple, personne ne peut en être exclu » (chap. I, n° 23).

Cette réforme missionnaire de l'Église nécessite ensuite un « discernement évangélique » des signes des temps, abordé dans le deuxième chapitre d'*Evangelii gaudium*, qui refait, dans notre contexte actuel, ce que, dans son « exposé préliminaire », *Gaudium et spes* avait effectué pour l'époque conciliaire. La particularité du discernement de François est de ne plus porter son regard uniquement sur la société mais aussi et au même titre sur ce qui, des cultures humaines, affecte tous les agents pastoraux : « Comme enfants de cette époque, nous sommes tous de quelque façon sous l'influence de la culture actuelle mondialisée qui, même en nous présentant des valeurs et de nouvelles possibilités, peut aussi nous limiter, nous conditionner et jusqu'à nous rendre malades » (n° 77). Reconnaître cette symétrie dans le discernement est une condition sine qua non de la crédibilité d'une Église en « réforme permanente » selon l'expression déjà citée d'*Unitatis redintegratio*.

Ce discernement étant effectué, le centre du texte porte sur l'annonce de l'Évangile de la miséricorde (chap. III) et sur la dimension sociale de l'évangélisation (chap. IV). Le point décisif et original est ici que la dimension sociale *est intrinsèquement reliée à l'Évangile lui-même* :

> En lisant les Écritures, il apparaît clairement que la proposition de l'Évangile ne consiste pas seulement en une relation personnelle avec Dieu. [...] La proposition *est* le Royaume de Dieu (Lc 4, 43) ; il s'agit d'aimer Dieu qui règne dans le monde. Dans la mesure où il réussira à régner parmi nous, la vie sociale sera un espace de fraternité, de justice, de paix, de dignité pour tous.

L'ensemble de ce parcours aboutit finalement, dans le dernier chapitre de l'Exhortation, à une théologie, voire une spiritualité de la Pentecôte, qui, à Vatican II, a pris de plus en plus d'importance (*LG*, 4, 19, 24 et 59 et *AG*, 4) : « À la Pentecôte », lisons-nous au début du chap. V, « *l'Esprit fait sortir d'eux-mêmes* les Apôtres et les transforme en annonciateurs des grandeurs de Dieu, que chacun commence à comprendre dans sa propre langue » (n° 259). Le texte renoue ici avec le premier chapitre qui n'avait pas seulement introduit la métaphore principale du texte, celle de la « sortie » missionnaire – « l'Église en sortie » – mais aussi la figure du « disciple missionnaire », figure présente tout au long de l'Instruction et qui trouve *in fine* son enracinement pneumatologique et spirituel.

Un style évangélisateur déterminé

On l'aura compris : sous l'accumulation de thèmes très divers et une apparente familiarité de ton se devine non seulement une structure organique très ferme et rigoureuse, voire une vision globale à laquelle il nous faudra revenir, mais aussi un ensemble d'options théologiques qu'on ne soupçonnerait pas à une première lecture ; *car elles se cachent en quelque sorte sous une apparente simplicité, précisément au profit d'un langage kérygmatique, accessible au plus grand nombre.* C'est même le principal paradoxe stylistique du texte. Le dernier numéro de l'introduction (n° 18) l'explicite en indiquant sa visée qui est de « *tracer les contours d'un style évangélisateur déterminé* [...] à assumer dans l'accomplissement de toute activité ». Ce « style évangélisateur » ou cette « manière de communiquer avec autrui » – la fameuse « sortie » – est également, voire de prime abord ce qui caractérise le texte lui-même *et* son rédacteur qui s'y implique radicalement ; ultimement, ce « style » est au service de « l'exhortation » divine elle-même : « Ainsi », poursuit François, « de cette façon, *nous pouvons accueillir* – il s'implique –, dans notre travail quotidien, *l'exhortation de la Parole de Dieu* : "Réjouissez-vous sans cesse dans le Seigneur, je le dis encore, réjouissez-vous" (Ph 4, 4) ». Mine de rien – si je puis dire –, le *genre littéraire « exhortation apostolique »* est repositionné ici : sorte de texte qui vise à faire résonner l'exhortation de Dieu lui-même et met cette visée concrètement en œuvre *en* adoptant – dans les traces des Écritures – un « style évangélisateur », capable d'inviter les destinataires à assumer, eux aussi, ce même style dans l'accomplissement de toutes leurs activités, pour pouvoir y accueillir, à leur tour, la même exhortation divine à la joie.

Avant de revenir plus en détail sur l'approche stylistique du réel par le pape François, dans le chapitre suivant, quelques précisions s'imposent.

Ce « style » – terme dont on trouve vingt-deux occurrences dans le texte – se caractérise d'abord par un langage auto-implicatif qui ne craint pas non plus de s'adresser de façon très directe au destinataire – parlant donc en « je », en « tu » et « vous » et en « nous ». « Dénonciation » et « promesse et annonce » se côtoient, comme le « *non à ceci…* » et le « *oui à cela…* » ; les extrêmes sont accentués, le chaud et le froid se suivent. Mais jamais le destinateur apostolique ne s'exempte de ce qu'il dit ni n'adopte une position de surplomb ; au contraire, il fait intervenir sa propre expérience, à Buenos Aires par exemple (n° 7, 49, 76, etc.). La miséricorde dont il ne cesse d'être question dans son texte se manifeste textuellement ou charnellement, à travers ce parcours pourtant bien accidenté. On entend François lui-même parler et s'adresser à untel et à unetelle, à tel groupe ou catégorie sociale, etc.

Par rapport au style « épidictique » des textes de Vatican II [1] et même d'*Evangelii nuntiandi,* deux traits particuliers se laissent repérer. Tandis que le « style » de Vatican II se caractérise par une véritable *interpénétration* de deux types de langage, celui des Écritures et des Pères (qui s'expriment dans plusieurs genres, narratif, exhortatif, déclaratif, doxologique, etc.), d'un côté, et le langage propre au Concile, de l'autre – deux types difficiles à distinguer parce qu'étant en osmose –, l'Exhortation

---

1. Voir J. W. O'MALLEY, *L'Événement Vatican II (2008)*, p. 70-78.

du pape François crée davantage de *distance* entre ces langages et ouvre donc un espace de créativité linguistique qui conduit vers de véritables « reformulations ». Citons, parmi de multiples exemples, les deux premières phrases du texte, qui entrent immédiatement dans un acte d'interprétation et donc de re-contextualisation : « La joie de l'Évangile remplit le cœur et toute la vie de ceux qui rencontrent Jésus. Ceux qui se laissent sauver par lui sont libérés du péché » – c'est la formulation classique de la confession du nom de Jésus ; mais le texte continue – « libérés de la tristesse, du vide intérieur, de l'isolement » – ce qui est une reformulation pour aujourd'hui[1].

L'autre trait stylistique concerne la référence à d'autres textes de la Tradition, citation pratiquée avec davantage d'économie et de concentration que d'habitude. Il faut surtout remarquer qu'*Evangelii gaudium* est le premier document du magistère romain qui cite abondamment et systématiquement des textes de conférences épiscopales, continentales et nationales, mettant ainsi *déjà* en œuvre – de manière performative – ce que l'Exhortation dira au n° 32 sur le statut des conférences épiscopales, en citant le célèbre Motu proprio *Apostolos suos* (1998), tout en adoptant une position bien différente, sinon contraire de celle de Jean-Paul II :

> Il n'a pas encore été suffisamment explicité – regrette le pape – un statut des conférences épiscopales qui les conçoive comme sujet d'attributions concrètes, y compris une certaine autorité doctrinale.

Je reviendrai sur ce point décisif d'une interprétation de Vatican II.

Le lien de l'Exhortation avec le corpus textuel de Vatican II

Que retenir de ces premières observations stylistiques et théologiques ?

---

1. La comparaison de cette formulation avec la formule brève de Paul VI dans *EN*, 9, quasi identique quant au fond mais plus classique dans son expression, est instructive : « Comme noyau et centre de sa Bonne Nouvelle, le Christ annonce le salut, ce grand don de Dieu qui est libération de tout ce qui opprime l'homme mais qui est surtout libération du péché et du Malin, dans la joie de connaître Dieu et d'être connu de lui, de le voir, d'être livré à lui. »

Le lien du texte au corpus conciliaire de Vatican II est apparemment *ténu*. Si, dans *Evangelii nuntiandi*, Paul VI a fait explicitement référence à l'événement conciliaire en tant qu'« heure de Dieu » (*EN*, 4) et si Benoît XVI a mis au centre de son pontificat la controverse entre une « herméneutique de rupture » et une « herméneutique de continuité ou de réforme[1] », le premier pape post-conciliaire qui n'a pas participé au Concile et qui, de plus, vient d'un autre continent que l'Europe, semble avoir un rapport à Vatican II qu'on pourrait qualifier de plus libre. Car, il faut bien le reconnaître, un nouveau débat sur le Concile est en train de naître : s'agit-il du dernier concile d'une chrétienté euro-atlantique ou du tout premier d'une Église devenue mondiale ? Selon la réponse, nécessairement située, qu'on donne à cette question, le rapport à Vatican II change.

Il me semble que l'Exhortation *Evangelii gaudium* maintient *à la fois* un rapport vivant au Concile – seule norme catholique (enracinée dans l'Écriture, livrée par la Tradition) dont nous disposons au sein d'une Église devenue effectivement intercontinentale et interculturelle –, d'une part, *et* une réelle liberté par rapport au corpus conciliaire, d'autre part, corpus qu'elle interprète en le réécrivant, si j'ose m'exprimer ainsi. C'est sans doute le seul rapport au Concile aujourd'hui disponible – à moins de juger que la distance historique qui nous sépare désormais de Vatican II et les questions à traiter de nos jours sont devenues telles que « l'heure de Dieu » pour un nouveau concile soit venue.

En quoi consiste alors cette « réécriture » du donné conciliaire, à savoir ce que François appelle « style évangélisateur » ? Il faut le préciser maintenant.

UNE DÉCISION INITIALE : ÉTABLIR UN LIEN INTRINSÈQUE ENTRE MISSION ET RÉFORME

C'est le premier chapitre de l'Exhortation qui établit ce lien, comme l'indique son titre : « La transformation missionnaire de l'Église ».

---

1. Voir Chr. THEOBALD, *Le concile Vatican II. Quel avenir ?*, p. 129-158.

Des « ouvertures » au sein du corpus textuel de Vatican II

Ce n'est, en effet, qu'en revenant aux « ouvertures », laissées au sein du corpus conciliaire, et à *Evangelii nuntiandi* qu'on peut faire comprendre ce lien entre mission et réforme ainsi que ses enjeux ; c'est ce que je me propose de faire dans un premier temps. Car *ni* Vatican II *ni* l'Exhortation apostolique de Paul VI ne se préoccupent de ce lien. Certes, *Lumen gentium* introduit, au n° 8, un principe de « *renovatio* permanente » (fondée sur le fait que l'Église est faite de pécheurs), principe auquel le Concile donne davantage de place dans *Unitatis redintegratio*, 6, en lien avec sa préoccupation œcuménique et, dans ce Décret, sous la forme d'une exigence de « *reformatio* permanente » (*UR*, 6). Quant à la mission, il en est brièvement question à la fin du chap. I de *Lumen gentium* (au n° 8) et à la fin du chap. II (n° 17), bien que le fil kérygmatique de cette Constitution sur l'Église débute dès son célèbre n° 1 :

> Puisque le Christ est la lumière des peuples, ce saint Concile [...] souhaite vivement, *par l'annonce de l'Évangile à toute créature (Mc 16, 15)* – passage souvent oublié – faire briller sur tous les hommes la clarté du Christ qui resplendit sur le visage de l'Église.

Aucun lien donc, dans cette Constitution à laquelle François se rapporte prioritairement, entre mission *et* réforme de l'Église ! Enfermée dans la distinction post-tridentine entre « pays christianisés » et « pays en voie de christianisation » (ces derniers étant gérés par la puissante *Propaganda fidei*), la conscience missionnaire de l'Église de Vatican II prendra du temps à émerger réellement. Paul VI lui-même viendra assister, le 6 novembre 1964, au début du débat sur le futur Décret *Ad gentes* (ce qu'il n'a fait qu'une seule fois) et soutiendra une recomposition complète de ce texte qui méritera un jour l'appellation « deuxième *De ecclesia* » ; car il déplace et « recadre » les données ecclésiologiques de *Lumen gentium* sous l'angle kérygmatique et missionnaire. L'enjeu principal de ce « recadrage », largement dû au père Congar, est le passage d'une conception géographique vers une conception relationnelle et culturelle de la mission et de l'évangélisation ; passage préfiguré par le fameux « France, pays de mission ? » des Abbés Godin et Daniel et aujourd'hui achevé [1].

Il n'est donc pas étonnant que Paul VI mette l'évangélisation et la mission au cœur de ses préoccupations postconciliaires, le plus beau fruit de son engagement étant l'exhortation *Evangelii nuntiandi*. Comme il a été déjà noté, ce texte tente de proposer une clé de lecture de *l'ensemble* de l'œuvre conciliaire, précisément à partir de son fil kérygmatique et en mettant *Ad gentes* au centre du dispositif: avec douze citations, ce décret sur l'activité missionnaire de l'Église vient en tête et représente en quelque sorte la matrice du texte pontifical [2]. Mettant réellement l'Évangile et l'évangélisation au principe, il renverse l'ordre conciliaire qui, en 1963, avait fait de l'Église « l'argument principal » du Concile. Or, désormais, l'Église est abordée à partir de sa mission [3], comme l'indique le premier chapitre d'*Evangelii nuntiandi* : « Du Christ évangélisateur à une Église évangélisatrice. »

Des accents communs entre les deux exhortations de Paul VI et de François

Cette inversion et ce lien intime entre l'évangélisation ou la mission *et* l'Église représentent le premier point commun entre l'Exhortation de Paul VI et celle de François. Il faut le relier à un deuxième accent, également commun aux deux textes ; il remonte,

---

1. H. GODIN et Y. DANIEL, *La France pays de mission ?*, Lyon, Éd. de l'Abeille, 1943 ; nouvelle édition par R. DUMONT avec une préface de J.-P. GUÉREND et une postface d'É. POULAT, *La France pays de mission ?* suivi de *La religion est perdue à Paris*, Paris, Karthala, 2014 ; pour davantage de précision voir Chr. THEOBALD, *Le concile Vatican II. Quel avenir ?*, p. 205-208.

2. *EN*, 2 (*AG*, 1), 15 (5), 15 (5, 11 et 12), 23 (1 et 5), 53 (11), 59 (1) ; 59 (35), 67 (38), 68 (39), 75 (4), 77 (6), 80 (7).

3. Voir la formule centrale d'*Ad gentes*, 5 : « La mission de l'Église s'accomplit donc par l'opération au moyen de laquelle, obéissant au mandat du Christ et mue par la grâce de l'Esprit-Saint et la charité, *elle devient en acte plénier présente* à tous les hommes et à tous les peuples, pour les amener par l'exemple de sa vie, par la prédication, par les sacrements et les autres moyens de grâce, à la foi, à la liberté, à la paix du Christ, de telle sorte qu'elle leur soit ouverte comme la voie libre et sûre pour participer pleinement au mystère du Christ. »

lui aussi, à Vatican II et concerne les *destinataires privilégiés de l'évangélisation*, à savoir les « pauvres ». Le cardinal Lercaro, avec Dom Hélder Câmara et le patriarche Maximos IV, un des fondateurs du groupe conciliaire appelé « l'Église des pauvres[1] », aurait même voulu en faire l'axe principal du Concile, comme il ressort de son grand discours du 6 décembre 1962[2]. Ce ne sera pas le cas ; mais ce groupe d'une quarantaine d'évêques qui conclura, le 16 novembre 1965, le « pacte des catacombes » (lors d'une eucharistie célébrée dans les catacombes de Domitille) – pacte de pauvreté signé peu après par 500 pères conciliaires – réussira au moins à introduire cette thématique dans plusieurs textes conciliaires, en particulier dans *Lumen gentium*, 8, dans *Gaudium et spes*, 1 et dans *Ad gentes*, 3. La scène messianique de Luc 4, qui montre Jésus, l'oint, annoncer l'Évangile aux pauvres, reste la matrice principale de cette intuition qui relie, selon les mots de Lercaro, l'Évangile éternel *et* la plus grande actualité historique.

Restée cependant marginale dans le corpus conciliaire, cette attention « messianique » aux destinataires privilégiés de l'Évangile que sont les pauvres trouve son droit de cité dès le n° 6 d'*Evangelii nuntiandi*, attention qui ouvre son premier chapitre et structure ensuite l'ensemble du texte[3]. Dix ans après le Concile, le groupe de « l'Église des pauvres » a essaimé en Amérique latine

1. Voir G. COTTIER *et al.*, *Église et pauvreté. Préfaces de Sa Béatitude le patriarche Maxilos IV et de Son Éminence le cardinal Lercaro*, *US* 57, Paris, Éd. du Cerf, 1965 ; voir aussi plus récemment K. APPEL et S. PITTLE, « Das Konzil am Grab. Das Grabmal Pauls VI. und der "Pakt der Katakomben" als Verständnishilfen für den ästhetischen Perspektivenwechsel des Konzils », dans H.-H. TÜCK (Éd.), *Erinnerungen an die Zukunft. Das Zweite Vatikanische Konzil. Erweiterte und aktualisierte Auflage*, Fribourg, Herder, 2013, p. 371-384.

2. *AS* I/4, p. 327-330.

3. Citons au moins le début du premier chapitre : « Le témoignage que le Seigneur donne de lui-même et que saint Luc a recueilli dans son Évangile – "Je dois annoncer la Bonne Nouvelle du Royaume de Dieu" (Lc 4, 43) – a sans doute une grande portée, car il définit d'un mot toute la mission de Jésus : "Pour cela j'ai été envoyé" *(ibid.)*. Ces paroles prennent toute leur signification si on les rapproche des versets antérieurs où le Christ venait de s'appliquer à lui-même le mot du prophète Isaïe : "L'Esprit du Seigneur est sur moi, parce qu'il m'a consacré par l'onction. Il m'a envoyé porter la Bonne Nouvelle aux pauvres" (Lc 4, 18). Proclamer de ville en ville, surtout aux plus pauvres qui sont souvent les plus accueillants, la joyeuse annonce de l'accomplissement des

et conduira son Église, par Medellin et les conférences générales suivantes de l'épiscopat latino-américain, vers « l'option préférentielle pour les pauvres ». Il est impossible de comprendre la force de l'Exhortation *Evangelii gaudium* du pape argentin si l'on ne perçoit pas à quel point ce texte est l'héritier du développement historique souterrain qu'on vient de rappeler à grands traits : dès l'Exhortation *Evangelii nuntiandi*, il aboutit à la jonction entre l'inversion qui met l'évangélisation et la mission au principe de l'Église, d'un côté, *et* le déplacement du projecteur ecclésial sur les destinataires privilégiés de l'Évangile que sont les pauvres, de l'autre.

L'insistance spécifique d'*Evangelii gaudium*

Ce socle commun étant repéré, il ne faut pas pour autant sous-estimer les différences entre les deux textes, différences de taille qui proviennent, pour une part, du changement de contexte depuis le Concile et depuis 1975, mais aussi, d'un autre côté, d'une perception théologique passablement différente ; perception qui se repère dès le premier chapitre de l'Exhortation *Evangelii gaudium*, précisément dans sa manière de combiner le noyau central, l'évangélisation, en particulier celle des pauvres, *et* l'exigence de réforme.

Une double difficulté est en effet discernée par François, résultat de sa perception évangélique des « signes des temps », en particulier dans la deuxième partie du chap. II, qui traite des « tentations des agents pastoraux » (*EG*, 77-86).

1. Si *Ad gentes* et *Evangelii nuntiandi* ne s'interrogent guère sur le « pourquoi » de la mission – *Ad gentes* amorce cependant une réflexion sur cette question dans son n° 7 –, cette question est devenue centrale aujourd'hui [1]. Qu'on pense à une certaine conception de la « tolérance », renforcée par l'amalgame courant entre religion et violence : l'opinion publique en Occident

promesses et de l'Alliance proposée par Dieu, telle est la mission pour laquelle Jésus se déclare envoyé par le Père. »

1. Voir Chr. THEOBALD, *Urgences pastorales du moment présent, Pour une pédagogie de la réforme*, Paris, Bayard, 2017, p. 141-185 et ID., *L'Europe, terre de mission. Vivre et penser la foi dans un espace d'hospitalité messianique.*

accepte certes la pluralité des « communautés » ou religions sur un même territoire, veillant à leur traitement égal par les pouvoirs publics ; mais, dès qu'elles manifestent la moindre prétention à une validité ou une vérité ultime ou mettent en œuvre ce qu'elles considèrent comme leur « mission » au sein des sociétés, on les accuse volontiers de « prosélytisme ». L'équation entre « mission » et « prosélytisme » est tellement intégrée dans la conscience occidentale que la plupart des chrétiens eux-mêmes ne comprennent plus le lien *intrinsèque* entre l'Évangile et sa diffusion ou la mission. On doit même se demander si la manière assez subtile (ou dialectique) du Concile de distinguer entre, d'un côté, l'Église, « peuple messianique aux apparences d'un petit troupeau », et, de l'autre, « l'universalité des hommes » (*LG*, 2, 9 et 14) ou (pour parler un langage plus classique) entre la *gratia baptismatis* et la *gratia Christi* (*ibid.* ; *AG*, 7 ; *GS*, 22 § 5) est comprise par les chrétiens, menacés souvent par une subtile relativisation de leurs propres convictions ou, à l'inverse, par une conception fondamentaliste, voire militante d'une présence ecclésiale au sein de la société.

C'est à cette difficulté majeure, nouvelle par rapport aux années soixante et soixante-dix, que se confronte l'Exhortation *Evangelii gaudium* : dans le chap. II, la discernant clairement sous des expressions spirituelles et intellectuelles très diverses (*EG*, 77-86), et dans les chap. I et II en tentant de convaincre les chrétiens par un langage *expérimental*, voire *mystique*. C'est l'ultime sens de l'évocation de la « joie » et du lien, établi par François, entre la « sortie » et cette « joie » : « La joie de l'Évangile qui remplit la vie de la communauté des disciples est une joie missionnaire » (*EG*, 21). Dans le chap. II, ce sont surtout les n° 87 à 92 qui initient à une « mystique du vivre-ensemble » ou une « fraternité mystique », fondée sur Jésus, « Fils de Dieu fait chair » : expression la plus concrète du « style missionnaire » que le pape désire promouvoir. Ce langage proprement « initiatique » est certes préparé par ce que Vatican II dit, dans *Dei verbum*, de la Révélation comme autocommunication de Dieu ; mais sa mise en œuvre est originale et bien éloignée du style de Vatican II. C'est en tout cas sur ce « retour » expérimental à la source de la « sortie » et d'une Église « en sortie » que se fonde la nécessité de *relier intrinsèquement évangélisation ou mission et conversion pastorale ou « réforme ».*

2. L'autre difficulté, discernée par François, porte sur les institutions ecclésiales, menacées par « l'auto-préservation », mais pouvant aussi « favoriser un dynamisme évangélisateur ». C'est l'autre versant de la « réforme permanente » de l'Église, déjà prônée par Vatican II et reprise par *Evangelii gaudium*, donnant pour la première fois à cette réforme un critère et une finalité clairement missionnaires (*EG*, 26).

C'est ici que la distance par rapport à Paul VI est la plus grande. En 1975, la différenciation interne de l'Église catholique en Églises particulières est encore à ses débuts et l'Exhortation *Evangelii nuntiandi* reste marquée par une certaine crainte de particularisation ecclésiale, notamment en Amérique latine ; ce qui ressort de la règle proposée par Paul VI :

> L'évangélisation perd beaucoup de sa force et de son efficacité si elle ne prend pas en considération le peuple concret auquel elle s'adresse [...]. Mais d'autre part, l'évangélisation risque de perdre son âme et de s'évanouir si l'on vide ou dénature son contenu, sous prétexte de le traduire [...]. Plus une Église particulière est attachée par des liens solides de communion à l'Église universelle [...], plus cette Église sera capable de traduire le trésor de la foi dans la légitime variété des expressions [...]. Plus aussi elle sera véritablement évangélisatrice [...] [*EN*, 63 et 64][1].

En 2013, le risque discerné par le pape argentin n'est plus du tout le même. S'il craint quelque chose, c'est l'assèchement de la source de joie et le réflexe d'auto-préservation des institutions ecclésiales ; dans le premier chapitre, il les traverse toutes, y compris celle de la papauté, la soumettant aux mêmes critères de réforme : « Il me revient », écrit-il, « de rester ouvert aux suggestions orientées vers un exercice de mon ministère qui le rende plus fidèle à la signification que Jésus Christ entend lui donner, et aux nécessités actuelles de l'évangélisation » (n° 32). Face à la crainte d'une « particularisation » de telle ou telle Église continentale, François s'affronte plutôt – non sans le soutien de Vatican II – à une « excessive centralisation » qui « au lieu d'aider », dit-il, « complique la vie de l'Église et sa dynamique missionnaire » (n° 32).

---

1. Voir notre analyse dans *La réception du concile Vatican II. I. Accéder à la source*, p. 560-563.

La réforme comme condition de crédibilité de l'annonce de l'Évangile

On aura compris en quel sens la décision initiale de l'Exhortation *Evangelii gaudium,* qui consiste à relier intrinsèquement la mission de l'Église et sa conversion ou sa réforme, se greffe sur des « ouvertures » laissées par Vatican II et déjà précisées par L'Exhortation « mère » *Evangelii nuntiandi.*

On aura également perçu en quoi cette décision initiale tente de répondre à une situation doublement nouvelle, à savoir à une menace d'érosion de la ferveur missionnaire et au risque d'une sclérose de nos institutions. Ce que le pape François appelle « style missionnaire » consiste donc à introduire la conversion individuelle et la réforme institutionnelle dans la structure fondamentale de l'annonce évangélique comme en faisant intrinsèquement partie. Le terme de « sortie » désigne cette expérience de transformation qui, en engendrant la joie, répond à la question du « pourquoi » de la mission.

Enfin, on aura saisi que ce « style missionnaire » est aussi celui du *texte* lui-même, dans la mesure où il « expose » et « réalise », certes sur un plan textuel, ce qu'il invite ses destinataires à assumer dans toutes leurs actions. C'est la raison – je l'ai déjà suggéré – pour laquelle l'Exhortation adopte un style kérygmatique, restant en quelque sorte *discret* par rapport aux options théologiques, voire doctrinales qu'implique cette nouvelle posture. Elles sont pourtant décisives – on l'aura déjà perçu –; je tenterai de les expliciter dans une dernière partie, en attendant de plus amples développements au chapitre suivant. Mais retenons d'abord et surtout que cette posture correspond parfaitement au déplacement central produit par Vatican II dont la « pastoralité » n'élimine ni ne marginalise le « doctrinal » mais le repositionne et le situe à l'intérieur du processus kérygmatique comme étant sa régulation : *lex omnis evangelisationis,* selon l'expression de *Gaudium et spes*, 44.

DES IMPLICATIONS DOCTRINALES : RÉGULATION DU « STYLE ÉVANGÉLISATEUR »

Les options doctrinales dont il vient d'être question sont en effet à la fois des *implications* discrètes du « style évangélisateur » dont François trace les contours et leurs *conditions*, nécessairement soumises à débat et délibération au sein d'une Église en réforme *permanente*. J'en relève les trois les plus importantes ; car elles représentent autant de prises de position par rapport au corpus textuel de Vatican II.

La tâche d'interprétation que nous lègue l'Évangile du Règne de Dieu…

La première concerne le « cœur de l'Évangile » à annoncer et porte sur sa réinterprétation permanente au sein de la relation entre destinateur et destinataires historiquement situés. Nous avons déjà examiné les n° 34 à 45 du premier chapitre d'Evangelii gaudium qui abordent cette question, précisément pour pouvoir maintenir jusqu'au bout un style missionnaire (n° 35)[1]. Deux points majeurs se dégagent du texte : le souci, dans la communication de l'Évangile, de mettre réellement en œuvre la hiérarchie des vérités (*UR*, 11) et de rester conscient des limites des langues humaines, quand il s'agit de faire retentir la « nouveauté permanente » de l'Évangile.

Ajoutons simplement à ces deux points fondamentaux que, tout en insistant sur la « recevabilité » universelle de l'Évangile, *Evangelii gaudium* ne manque pas de souligner que « la foi conserve toujours un aspect de croix et quelque obscurité qui n'enlève pas la fermeté à son adhésion » (n° 42). Mais le texte ose aussi reconnaître que « certains usages, très enracinés dans le cours de l'histoire », certaines « normes et des préceptes » peuvent tomber en désuétude ou perdre « leur force éducative » (n° 43) ; il réaffirme la nécessaire reconnaissance d'« étapes possibles de croissance des personnes qui se construisent jour après jour » – « sans diminuer la valeur de l'idéal évangélique » – (n° 44) ; et il

1. Voir plus haut, chapitre premier, p. 55

rappelle pour finir l'attitude spirituelle d'apprentissage qui sous-tend l'annonce de l'Évangile *et* son interprétation (nº 45), le terme « style missionnaire » (nº 35) résumant au mieux l'ensemble de ces dispositions d'une herméneutique pastorale.

Plus de cinquante ans après le concile Vatican II, cette reprise du centre même de l'œuvre conciliaire fait date. La tâche herméneutique, clairement reconnue comme faisant partie de l'Évangile même, consiste donc à réinterpréter, dans les traces de l'Écriture, l'*économie historique* de la Révélation en relation « réciproque » avec tous ses destinataires [1].

... au sein d'une Église missionnaire envisagée à partir de sa base croyante...

Cette première option doctrinale entraîne automatiquement une seconde, portant sur la figure de l'Église missionnaire. Dans les conflits d'interprétation concernant le rapport entre les chap. I et II de *Lumen gentium* et concernant la métaphore, souvent contestée aujourd'hui, de « peuple de Dieu », François prend clairement position [2] et souligne sans ambiguïté que « l'évangélisation est la tâche de l'Église » tout entière. Ni dans *Lumen gentium*, 17, ni dans *Ad gentes*, 5 et 6, cette position n'est aussi claire, la tendance classique à attribuer la tâche missionnaire prioritairement, sinon uniquement aux évêques y restant encore très forte. Voici ce qu'en dit François : « Mais ce sujet de l'évangélisation (qu'est l'Église) est bien plus qu'une institution organique et hiérarchique, car avant tout c'est un *peuple* qui est en marche vers Dieu (chap. II de *Lumen gentium*). Il s'agit certainement d'un *mystère* qui plonge ses racines dans la Trinité (chap. I), mais qui a son caractère concret historique dans un peuple pèlerin *et* évangélisateur, qui transcende toujours toute expression institutionnelle, même si elle est nécessaire. Je propose », ajoute le pape, « de m'arrêter un peu sur cette façon de comprendre l'Église qui a

---

1. *Ibid.*

2. Pour ce qui est de l'arrière-plan historique de sa « théologie du peuple », voir J. C. SCANNONE, *Le pape du peuple. Bergoglio raconté par son confrère théologien, jésuite et argentin*, Paris, Éd. du Cerf, 2015, p. 45-106.

son fondement ultime dans la libre et gratuite initiative de Dieu » (nº 111).

Cette vision clairement repérable d'une Église enracinée dans l'histoire et *envisagée à partir de sa base croyante*, parcourt en réalité l'ensemble du texte et marque la notion de « disciple-missionnaire », introduite dès le premier chapitre (nº 24) et reprise dans le troisième (nº 119-121) qui, se référant *à Lumen gentium*, 12, réinterprète la notion centrale de *sensus fidei* :

> Dans tous les baptisés, du premier au dernier, agit la force sanctificatrice de l'Esprit *qui incite à évangéliser.* Le peuple de Dieu est saint à cause de cette onction qui le rend « infaillible » *in credendo.* Cela signifie que quand il croit il ne se trompe pas, *même s'il ne trouve pas les paroles pour exprimer sa foi* [nº 119][1].

Deux instances nouvelles se repèrent dans cet extrait, outre le fait de donner pour la première fois une importance si décisive à ce *sensus fidelium* et, comme il ressort aussi de la citation précédente, à la *structure charismatique ou pneumatologique* de l'Église : ce *sensus* fait la jonction entre l'écoute de l'Évangile – l'unique point souligné par la tradition et par *Lumen gentium*, 12 – *et* l'incitation par l'Esprit à communiquer avec autrui sur ce qui a été entendu. Se manifeste alors un décalage, peu remarqué habituellement, entre la foi qui vient de l'écoute et la capacité de trouver des mots ajustés pour l'exprimer ; constat pastoral de toute première importance.

L'ultime conséquence de cette accentuation du *sensus fidei* et du constat d'un décalage entre le sens de la foi et son expression est d'« accepter que les autres nous évangélisent » (nº 121) ; ce qui prend une figure éminemment concrète quand il s'agit d'écouter le cri des pauvres, de les intégrer pleinement dans la société et de leur accorder une place privilégiée dans le peuple de Dieu (nº 186-237).

---

1. Nous y reviendrons plus loin dans le chapitre XIII.

... dans un monde nécessitant de penser une « unité plurielle »

Cette insistance sur la *concrétude* de l'évangélisation implique une vision plurielle du peuple de Dieu, de la société et des sociétés, le refus d'un « modèle culturel unique » et la promotion de « diverses expressions de la vie chrétienne » étant fondés sur les notions clé de culture et de style de vie : « Il s'agit du style de vie d'une société précise, de la manière propre qu'ont ses membres de tisser des relations entre eux, avec les autres créatures et avec Dieu » (n° 115-118). C'est la troisième option doctrinale du texte, une fois encore intimement liée aux deux précédentes. Elle se trouve en germe dans le corpus de Vatican II, certes ; mais elle n'y est pas explorée et ne le pouvait sans doute pas, en raison de la vision plutôt positive qu'on avait de la mondialisation (voir déjà *Lumen gentium,* 1). Les seuls indices en faveur d'un modèle pluriel, sur le plan ecclésial, se trouvent dans les Décrets sur l'œcuménisme et sur les Églises catholiques orientales ainsi que dans le n° 23 de *Lumen gentium*, d'ailleurs cité par François dans son Exhortation (au n° 32), textes qui, grâce à l'apport oriental et œcuménique, tentent de tempérer l'universalisme latin.

C'est surtout dans les deuxième et quatrième chapitres de l'Exhortation qu'émerge cette nouvelle vision, essentiellement plurielle, du monde. Si le deuxième introduit un long passage, très différencié et donc proche du réel, sur les cultures, en particulier les cultures urbaines (n° 61-75), c'est le quatrième qui, à partir de la notion de « règne de Dieu », fonde la dimension sociale et culturelle comme faisant partie intégrante de l'évangélisation même. François se concentre ici sur « deux questions qui lui semblent fondamentales en ce moment de l'histoire » : l'intégration sociale des pauvres (n° 186-237) – il en a été déjà question – et le dialogue social comme contribution à la paix (n° 238-258). Je note un seul point qui peut surprendre : les thèmes classiques du concile Vatican II que sont le dialogue œcuménique, les relations avec le judaïsme, le dialogue interreligieux et le contexte de la liberté religieuse, sont abordés dans le cadre du dialogue social comme contribution à la paix. Il ne semble pas que le texte sous-estime la spécificité de ces relations, mais il les intègre dans la visée messianique de l'ensemble des dialogues sociaux, faisant comprendre aussi que la perspective mondiale est plus large que leur approche plus euro-atlantique par Vatican II.

Une métaphore, utilisée par l'Exhortation à la jonction de ses deux parties du chap. 4, permet déjà d'y voir plus clair et de mieux comprendre la vision du monde qui se dégage du texte, en contraste précisément par rapport à celle que nous propose *Gaudium et spes*, texte cité plutôt rarement. Le pape François y oppose la figure du « polyèdre » à celle de la « sphère » (*EG*, 235-237). Tandis que le « théâtre où (selon Vatican II) se joue l'histoire du monde » est le « globe » (*universus orbis* ; *GS*, 3 § 2 et 4 § 2) qui peut être représenté par la sphère, le monde différencié des cultures se laisse plus aisément visualiser par la figure du polyèdre. Dans le chapitre suivant, nous reviendrons sur la signification et sur l'enjeu de ces deux modèles. Ici, il suffit de noter que le déplacement de l'un vers l'autre et l'émergence du paradigme stylistique lié au second ne signifient pas la disparition de la régulation doctrinale mais la rendent plus discrète au profit d'une multitude d'expériences individuelles et collectives que le langage kérygmatique du pape François tente de rejoindre de l'intérieur. C'est là, me semble-t-il, la clé de son herméneutique évangélique et aussi de sa conception de l'Église comme peuple de Dieu.

Evangelii gaudium, esquisse d'une interprétation originale du concile Vatican II ? J'espère l'avoir montré. Une « esquisse » *seulement*, diraient certains ; car beaucoup d'éléments du corpus immense et complexe sont simplement absents. Une « esquisse » *surtout* pour deux raisons de fond. D'abord une raison proprement historique ; car à distance culturelle du Concile et sans perspective d'un nouveau concile, il faut trouver un type de « réécriture » qui soit suffisamment ancrée dans la dernière expression normative du catholicisme mondial *et en même temps* suffisamment libre par rapport à elle pour répondre de l'aujourd'hui de Dieu avec une créativité suffisante. Ensuite une raison proprement théologique, car la « pastoralité » de Vatican II exige d'elle-même une reprise stylistique, certes largement préparée par Paul VI, mais restée en état de latence durant toute une période postconciliaire trop préoccupée par l'ossature « doctrinale » du corpus textuel du Concile. Or, un style a des « contours », comme dit François, des contours qu'on peut « tracer » et « esquisser » en tenant compte de la fragilité et de l'historicité de l'existence humaine, se souvenant peut-être que le Christ Jésus, lui, n'a rien écrit, sinon sur du sable… Il en sera davantage question dans le chapitre suivant.

VII

LE CHRISTIANISME COMME STYLE

Mise en perspective de la « théologie » du pape François

Interviewé le 29 mars 2015 par le journal français *La Croix*, le Préfet de la congrégation pour la doctrine de la foi – c'était à l'époque le cardinal Gerhard Ludwig Müller – a déclaré :

> L'arrivée à la chaire de Pierre d'un théologien comme Benoît XVI est probablement une exception. Même Jean XXIII n'était pas un théologien professionnel. François est également plus pastoral et la Congrégation pour la Doctrine de la Foi a pour mission d'être une structure théologique d'un pontificat.

Cette affirmation assez surprenante a l'avantage d'exprimer publiquement ce qui est sans doute l'avis de tous ceux qui se plaignent plus ou moins discrètement du manque de clarté doctrinale des prises de position pastorales du pape François.

Nous touchons ici à un malentendu fondamental au sujet de la place que la « doctrine » doit occuper dans la vie de l'Église d'aujourd'hui ; malentendu qui, depuis le début de Vatican II et le célèbre discours d'ouverture du pape Jean XXIII sur la « pastoralité » de ce que le Concile aura à proposer[1], n'a jamais pu être levé. Est-il possible de maintenir une distinction stricte entre « doctrine » ou « structure théologique », d'un côté, et discours pastoral, de l'autre, comme l'avait souhaité, au Concile, le préfet du Saint-Office d'alors, le Cardinal Ottaviani ? Ne faut-il pas plutôt tenir que la « pastoralité » est *constitutive* de la doctrine,

---

1. Édition critique du discours d'ouverture du Concile *Gaudet mater Ecclesia* (11 octobre 1962) dans A. Melloni, *Papa Giovanni. Un cristiano et il suo concilio*, p. 299-336. Voir ci-dessus p. 40 s.

car elle indique le rapport que nous entretenons avec elle, aujourd'hui comme au commencement et à chaque nouvelle époque historique du christianisme ?

Ce conflit d'interprétation, plus ou moins latent depuis Vatican II, entre avec le pape François dans une nouvelle phase. Son grand texte programme, l'Exhortation apostolique *Evangelii gaudium* (24 novembre 2013), s'inspire de manière originale de la « pastoralité » de Jean XXIII et de Vatican II. Mais *en même temps* François a déjà fait entrer l'Église dans un nouvel âge ; les querelles sur une herméneutique de continuité ou une herméneutique de discontinuité du Concile, qui ont largement marqué les deux pontificats précédents, s'éloignent de nous et sont désormais dépassées par la question missionnaire : que pouvons-nous offrir comme « ressource » à l'humanité et à la terre entière qui se trouvent dans une mutation sans précédent ? L'Encyclique *Laudato si'* (24 mai 2015) sur le soin à apporter à notre maison commune est la première expression de ce dépassement ; et il est significatif que ce long texte de deux cent quarante-six numéros ne cite plus le dernier concile que trois fois (*GS*, 26, 36 et 63) !

Ces deux premières observations auxquelles d'autres s'ajouteront dessinent indéniablement les contours d'un style nouveau. Centrale dans les deux documents pontificaux qui viennent d'être mentionnés, la notion même de « style » permet en effet de comprendre non seulement la manière du pape François de repositionner le « doctrinal » dans le sens de la « pastoralité » de Vatican II, mais aussi sa façon nouvelle de situer la foi chrétienne et catholique au sein de la mutation historique que, cinquante ans après le Concile, nous sommes en train de vivre. C'est l'hypothèse que je voudrais développer dans ces pages en m'intéressant d'abord au concept même de « style »[1] et à son utilisation différenciée dans les textes, en réfléchissant ensuite à la fonction précise qu'il peut occuper dans la tradition chrétienne et en revenant, pour finir, sur le tournant d'époque qu'il semble permettre de penser.

1. Voir p. 151 s. Je me permets de renvoyer ici à mon ouvrage *Le christianisme comme style. Une manière de faire de la théologie en postmodernité.*

La notion de « style » et son utilisation dans l'Exhortation *Evangelii gaudium* et dans l'Encyclique *Laudato si'*

Un constat s'impose dès le départ : tandis que l'Encyclique *Lumen fidei* (29 juin 2013), premier document doctrinal du pape François mais écrit « à quatre mains » avec son prédécesseur, ne connaît pas encore le vocabulaire stylistique, un repérage précis peut en distinguer dans *Evangelii gaudium* vingt-deux occurrences et dans *Laudato si'* dix-huit. Visiblement, François affectionne ce vocabulaire. Dans le dernier numéro de l'introduction du premier de ces deux textes (*EG*, 18), il lui sert à déterminer sa visée qui est de « *tracer les contours d'un style évangélisateur déterminé* [...] à assumer dans l'accomplissement de toute activité » ; et s'il resserre dans l'Encyclique, comme nous le verrons, la signification du terme, celui-ci s'y trouve encore au lieu stratégique de l'introduction qui détermine les thématiques ou axes que le pape se propose d'aborder (*Lsi'*, 16). Commençons donc par un bref repérage de ces occurrences.

Le vocabulaire stylistique de l'Exhortation apostolique *Evangelii gaudium*

Dans *Evangelii gaudium*, ce vocabulaire se distribue selon plusieurs champs de signification dont le plus fréquent et le plus important est celui des « styles de vie », approchés grâce à la notion de « culture » que le texte définit ainsi : « Il s'agit du *style de vie* d'une société précise, de la manière propre qu'ont ses membres de tisser *des relations entre eux, avec les autres créatures et avec Dieu* » (*EG*, 115)[1]. Notons déjà la fonction structurelle donnée ici à un triple jeu relationnel entre les humains, les autres créatures et Dieu, qui ne trouvera toute sa signification que dans l'Encyclique *Laudato si'* (*Lsi'*, 66).

Dans la pluralité culturelle – le texte distingue par exemple entre « styles citadins » et « ruraux » (*EG*, 72) – s'introduit très rapidement une différence discriminatoire entre, d'un côté, un

1. Nous soulignons.

« style de vie qui exclut les autres » (*EG*, 54), « qui affaiblit le développement et la stabilité des liens entre les personnes et dénature les liens familiaux » (*EG*, 67), bref « un style individualiste » propre aux païens (*EG*, 195), et de l'autre, « un style de vie et de pensée *plus* humain, *plus* noble, *plus* fécond, qui confère dignité au passage des hommes sur cette terre » (*EG*, 208)[1]. Notons en passant que ce « plus », qui indique une *orientation* mais laisse ouverte la « mesure » qu'on lui donne, rappelle le *magis* des Exercices spirituels de saint Ignace[2], livré – comme la « mesure évangélique » (Lc 6, 38) – au discernement de chacun. Le critère de discernement est bel et bien fourni par ce qu'*Evangelii gaudium* appelle « style de vie de l'*Évangile* » (*EG*, 168)[3] dont le cœur est la gratuité ou « le principe du primat de la grâce » (*EG*, 112) et donc la joie[4]. Ce style trouve sa forme ultime dans l'itinéraire de Jésus, évoqué à plusieurs reprises, « son don sur la croix n'étant autre que le sommet de ce style qui a marqué *toute sa vie* » (*EG*, 269)[5].

Au chapitre précédent, nous avons évoqué l'héritage du groupe conciliaire, appelé « l'Église des pauvres » et l'importance décisive de la vision messianique de Lc 4. C'est encore cette vision qu'*Evangelii gaudium* reprend en établissant, au centre du texte (chap. IV), un *lien intrinsèque* entre l'Évangile et sa dimension sociale :

> En lisant les Écritures, il apparaît clairement que la proposition de l'Évangile ne consiste pas seulement en une relation personnelle avec Dieu. […] La proposition *est* le Royaume de Dieu (Lc 4, 43) ; il s'agit d'aimer Dieu qui règne dans le monde. Dans la mesure où il réussira à régner parmi nous, la vie sociale sera un espace de fraternité, de justice, de paix, de dignité pour tous [*EG*, 180][6].

---

1. Nous soulignons.

2. Voir saint IGNACE, *Exercices spirituels*, n° 97.

3. Nous soulignons.

4. Le texte propose ici une transformation significative de l'adage thomiste *gratia suponit naturam* (la grâce suppose la nature) en « la grâce suppose la *culture* » (*EG*, 115) ; j'y reviendrai dans la troisième partie.

5. Nous soulignons.

6. Nous soulignons.

L'appel à « entendre le cri des pauvres » qui retentit en quelque sorte dans l'abîme de ce chapitre central (*EG*, 187-196) est fondé ici sur l'Ancien Testament, sur l'itinéraire de Jésus et sur la mission paulinienne :

> Quand Saint Paul se rendit auprès des Apôtres à Jérusalem, de peur de courir ou d'avoir couru en vain (voir Ga 2, 2), le critère clé de l'authenticité qu'ils lui indiquèrent est celui de ne pas oublier les pauvres (voir Ga 2, 10). Ce grand critère, pour que les communautés pauliniennes ne se laissent pas dévorer par le style de vie individualiste des païens, est d'une grande actualité dans le contexte présent, où tend à se développer un nouveau paganisme individualiste [*EG*, 195].

Le « style évangélisateur déterminé » dont l'Exhortation dessine les contours est donc d'abord le fruit de tout un développement historique souterrain qui, dès *Evangelii nuntiandi* (1975) de Paul VI, aboutit à une jonction entre, d'un côté, la « mission », mise par *Ad gentes* au principe de l'Église (*AG*, 5), *et* de l'autre, le déplacement du projecteur sur les destinataires et sujets privilégiés de l'évangélisation que sont les pauvres. Rien ne distingue mieux ce style spécifique que la mise en valeur d'une proximité réelle et cordiale avec eux :

> Le pauvre, quand il est aimé, « est estimé d'un grand prix » (*S. Th.* I-II, q. 26, a. 3), et ceci différencie l'authentique option pour les pauvres d'une quelconque idéologie [...]. C'est seulement à partir d'une *proximité réelle et cordiale* que nous pouvons les accompagner comme il convient sur leur chemin de libération. C'est seulement cela qui rendra possible que dans toutes les communautés chrétiennes, les pauvres se sentent « chez eux ». Ce *style* ne serait-il pas la présentation la plus grande et la plus efficace de la Bonne Nouvelle du Royaume ? [*EG*, 199].

Cette manière de rendre l'Évangile présent exige cependant une *réforme* sérieuse de l'Église, une « transformation missionnaire », selon le titre du premier chapitre de l'Exhortation [1]. Ainsi s'explicite pour la première fois ce qui, au Concile et dans l'Exhortation de Paul VI, est resté implicite, à savoir la nécessité d'un retour critique de l'Église sur elle-même et sur sa propre manière

---

1. *Unitatis redintegratio*, 6, qui pose l'exigence d'une « réforme permanente » est le premier texte conciliaire cité par l'Exhortation.

d'être, précisément à partir de l'évangélisation des pauvres et par les pauvres, érigée en principe même de toute vie ecclésiale. La critique prophétique ne peut pas en effet viser seulement la société mais doit, si elle veut rester crédible, s'appliquer au même titre à ce qui, des cultures humaines, affecte l'Église, voire la « dévore » (*EG*, 195) ou risque de la rendre malade (*EG*, 77) : un style uniforme et rigide d'évangélisation (*EG*, 75), un certain style catholique propre au passé (*EG*, 94) ou encore, plus subtilement, la contradiction entre « de solides convictions doctrinales et spirituelles » et « un style de vie qui porte à s'attacher à des sécurités économiques, ou à des espaces de pouvoir et de gloire humaine » (*EG*, 80). « J'imagine un choix missionnaire », avance le pape François en soulignant la visée positive de la critique, « un choix capable de transformer toute chose, afin que les habitudes, les styles, les horaires, le langage et toute structure ecclésiale deviennent un canal adéquat pour l'évangélisation du monde actuel, plus que pour l'auto-préservation » (*EG*, 27).

Le vocabulaire stylistique dans l'encyclique *Laudato si'*

L'utilisation du vocabulaire stylistique dans *Laudato si'* est à la fois plus spécifique et plus précise. Car, tout en connaissant une même distinction entre, d'un côté, nos « styles de vie », constitutifs de nos cultures, et, de l'autre, leur spécification chrétienne – « le style de vie *de l'Évangile* », voire un « style *évangélisateur* » –, l'Encyclique se situe surtout au premier de ces deux plans et précise, selon sa visée écologique, la *différence discriminatoire* entre un « style consumériste » (*Lsi'*, 204) avec son « mode de production et de consommation » (*Lsi'*, 23 et 59) et un « nouveau style de vie » (*Lsi'*, 16) qui, par rapport au paradigme dominant de la technologie, prend nécessairement des allures contre-culturelles (*Lsi'*, 108).

L'analyse s'affine ici considérablement, en particulier dans le chap. III qui examine « la racine humaine de la crise écologique ». S'inspirant largement de Romano Guardini dans *La fin des temps modernes*[1] et sans doute (sans les nommer) d'un Ivan

1. R. GUARDINI, *La fin des temps modernes* (1950), Paris, Éd. du Cerf, 1952, avec sept citations !

Illich et de l'école de Francfort, le pape démonte « la manière dont l'humanité a, de fait, assumé la technologie et son développement *avec un paradigme homogène et unidimensionnel* » (*Lsi'*, 106). Le réductionnisme qu'il dénonce s'enracine dans le rapport que nous entretenons avec nos objets : « Il faut reconnaître que les objets produits par la technique ne sont pas neutres, parce qu'ils créent un cadre qui finit par conditionner les styles de vie, et orientent les possibilités sociales dans la ligne des intérêts de groupes de pouvoir déterminés » (*Lsi'*, 107). Il en résulte « l'imposition (par toute une culture) d'un style de vie hégémonique lié à un mode de production » (*Lsi'*, 145), la domination technocratique globale, y compris sur l'économie et la politique, par quelques-uns (*Lsi'*, 109) faisant que « c'est devenu une contre-culture de choisir un style de vie avec des objectifs qui peuvent être, au moins en partie, indépendants de la technique, de ses coûts, comme de son pouvoir de globalisation et de massification » (*Lsi'*, 108).

Pour se libérer de cette emprise par le paradigme *homogène et unidimensionnel* de la technocratie, il ne suffit pas de remédier à des symptômes et de réduire la culture écologique à une série de réponses urgentes et partielles à tel ou tel problème immédiat ; il faut adopter résolument un « regard *différent* » *et différencié sur le réel* : « une pensée, une politique, un programme éducatif, un style de vie et une spiritualité qui constitueraient une résistance face à l'avancée du paradigme technocratique » (*Lsi'*, 111). Ce nouveau style de vie est donc le noyau de ce que l'Encyclique appelle une « écologie *intégrale* ». Il demande toute une éducation qui, comme le précise le chap. VI, passe par l'apprentissage de « petites actions quotidiennes » et nécessite – comme la traditionnelle acquisition de « vertus » solides ou de bonnes habitudes par l'exercice et la répétition – des « motivations appropriées » (*Lsi'*, 211).

C'est dans ce cadre que le pape François aborde la spécificité chrétienne du style de vie alternatif :

> La spiritualité chrétienne propose une autre manière de comprendre la qualité de vie et encourage un *style de vie prophétique et contemplatif*, capable d'aider à apprécier profondément les choses sans être obsédé par la consommation [*Lsi'*, 222][1].

1. Nous soulignons.

L'expression « style de vie *prophétique et contemplatif* », à laquelle je reviendrai plus longuement dans la dernière partie de ces réflexions, sera à mettre en parallèle avec celle du « style *évangélisateur* », utilisée par *Evangelii gaudium*. Et si ce premier texte se réfère, dans son chap. IV, à « l'Évangile du Royaume de Dieu », le second introduit dès le chap. II « l'Évangile de la création ». Naturellement c'est plus particulièrement le « regard contemplatif » de Jésus (*Lsi'*, 96-100 et 221) qui est érigé ici en référence ultime (alors qu'*Evangelii gaudium* se rapporte à *toute* la vie de Jésus) ainsi que, en proximité étroite avec le Nazaréen, la figure de saint François et sa relation cordiale avec toutes les créatures (*Lsi'*, 10-12, 66, 87, 91 et 221).

Quel concept de « style » ?

Ce premier repérage du vocabulaire stylistique dans les deux textes majeurs du pontificat actuel a montré son utilisation cohérente, même si l'on peut regretter l'absence d'une définition précise du terme, qui semble être simplement présupposée.

Or, la référence de *Laudato si'* à la métaphore de la « maison commune » et plus largement à l'« habitat » et l'horizon à la fois local et global de l'Encyclique nous mettent peut-être sur une piste : il ne me semble pas contraire à l'intention du texte de comprendre la notion de « style » sur la base de la phénoménologie d'un Merleau-Ponty, un des rares philosophes à l'avoir pensée[1]. Partant de l'art, par ailleurs considéré comme décisif dans les deux textes pontificaux[2], le *style* est désigné par Merleau-Ponty comme « emblème d'*une manière d'habiter le monde*, de le traiter, de l'interpréter par le visage comme par le vêtement, par l'agilité du geste comme par l'inertie du corps, bref d'un certain rapport à l'être[3] ». Citant Malraux en l'approuvant, Mer-

1. Voir Chr. THEOBALD, *Le christianisme comme style*, p. 18-21.

2. Voir par exemple *EG*, 113 sur la « *via pulchritudinis* » et *Lsi'*, 63, 215, 235, etc.

3. M. MERLEAU-PONTY, *Signes*, Paris, Gallimard, 1960 et en particulier, les chapitres I : *Le langage indirect et les voix du silence* et II : *Sur la phénoménologie du langage*. Les développements sur le style se trouvent aux p. 65-95. Citation, *ibid.*, p. 68 (nous soulignons).

leau-Ponty précise : « “Tout style est la mise en forme des éléments du monde qui permettent d’orienter celui-ci vers une de ses parts essentielles.” Il y a signification lorsque les données du monde sont par nous soumises à une “déformation cohérente” »[1]. Rappelant la responsabilité du christianisme dans le renoncement à une transcendance purement verticale, le philosophe suppose ici une connaturalité entre l’art et notre existence *incarnée* : « Nous avons dans l’exercice de notre corps et de nos sens, en tant qu’ils nous insèrent dans le monde, de quoi comprendre notre gesticulation culturelle en tant qu’elle nous insère dans l’histoire[2]. »

Qu’il s’agisse donc de notre usage créateur du langage quotidien, de la peinture ou de la culture, l’opération stylistique qui oriente les éléments du monde vers un essentiel consiste à concevoir finalement un *autre* monde, à envisager la *métamorphose de celui-ci*. Même si l’on peut déjà qualifier cette conception de « messianique », la tradition juive et chrétienne, en particulier sa visée eschatologique, introduit ici un élément critique, voire une différence discriminatoire, prise très au sérieux dans les deux textes du pape François, entre un rapport « consumériste » au monde, fondé sur l’instinct de pouvoir et de propriété, et un autre type de rapport, enraciné dans la « capacité de sortir de soi vers l’autre » (*Lsi’*, 208 et *EG*, 20-23, etc.) et de se laisser atteindre par les délaissés et par la fragilité de notre « sœur terre ». La phénoménologie doit être traversée ici par une théorie critique qui, comme nous l’avons vu, démonte les mécanismes d’homogénéisation et de réduction du monde à l’unidimensionnalité[3] et ouvre le regard, l’écoute, les autres sens et l’intelligence à la multidimensionnalité du réel, sa diversité interne et, finalement, à sa beauté.

De multiples passages dans les deux textes laissent paraître cette articulation très précise entre une attention phénoménologique, inédite dans un document pontifical, aux multiples facettes du « monde de la vie », d’un côté, et la mise en œuvre simultanée d’un discours critique, sensible aux ressorts et mécanismes

1. *Ibid.*, p. 152.

2. *Ibid.*, p. 87 s.

3. Voir Chr. THEOBALD, *Le christianisme comme style*, p. 22, 185 s. et surtout p. 299-353.

d'aliénation, de l'autre. Parmi les nombreux exemples, je cite ici un extrait des paragraphes sur « l'écologie de la vie quotidienne [1] », consacré aux « lieux publics » ; car ce passage illustre à merveille l'association qui caractérise l'approche stylistique du réel, nécessitant à la fois un « sens » de l'élémentaire de la vie et une conscience aiguë de sa complexité :

> Étant donné la corrélation entre l'espace et la conduite humaine, ceux qui conçoivent des édifices, des quartiers, des espaces publics et des villes, ont besoin de l'apport de diverses disciplines qui permettent de comprendre les processus, le symbolisme et les comportements des personnes. [...] Il faut prendre soin des lieux publics, du cadre visuel et des signalisations urbaines qui accroissent notre sentiment d'« être à la maison », dans la ville qui nous héberge et nous unit. Il est important que les différentes parties d'une ville soient bien intégrées et que les habitants puissent avoir une vision d'ensemble, au lieu de s'enfermer dans un quartier en se privant de vivre la ville tout entière comme un espace vraiment partagé avec les autres. Toute intervention dans le paysage urbain ou rural devrait considérer que les différents éléments d'un lieu forment un tout perçu par les habitants cohérent avec sa richesse de sens. Ainsi les autres cessent d'être des étrangers et peuvent se sentir comme faisant partie d'un « nous » que nous construisons ensemble [*Lsi'*, 150 s.] [2].

Le style des documents

Notre tentative de cerner davantage le *concept* même de style et son soubassement phénoménologique et critique, sous-entendus par les deux textes du pape François, ne se vérifie pas seulement à partir de son *utilisation* (examinée au début) et par l'*approche* de tel secteur du réel, comme des cultures urbaines et rurales (selon l'observation précédente) ; elle peut aussi s'appuyer sur la *forme même des deux documents* : le style évangélisateur et le style prophétique et contemplatif dont il est question *dans* l'Exhortation et *dans* l'Encyclique sont également, voire d'entrée, ce qui caractérise ces *textes et leur rédacteur* et constitue leur *performativité*.

---

1. Voir M. DE CERTEAU, *L'invention du quotidien. 1. Arts de faire* (1980), Paris, Gallimard, 1990.

2. Voir aussi *Lsi'*, 44 s. (dégradation des villes) ; voir aussi *EG*, 71-75.

Nous avons déjà montré au chapitre précédent comment François repositionne le genre littéraire « Exhortation apostolique », le mettant au service de l'exhortation divine elle-même. Dans *Laudato si'*, la performativité du style d'écriture s'exprime avec une même force ; ce qui ressort dès son incipit grâce à la citation du cantique de François d'Assise s'adresse avec plus de simplicité encore à l'affectivité du lecteur :

> « Loué sois-tu, mon Seigneur, pour sœur notre mère la terre, qui nous soutient et nous gouverne, et produit divers fruits avec les fleurs colorées et l'herbe ». Cette sœur crie en raison des dégâts que nous lui causons par l'utilisation irresponsable et par l'abus des biens que Dieu a disposés en elle [*Lsi'*, 1 et 2].

Puisque *Laudato si'* s'adresse à tous les humains et à « chaque personne qui habite cette planète » (*Lsi'*, 3), l'évangélisation passe au second plan ou s'exprime plutôt dans un « style prophétique et contemplatif », permettant aux lecteurs de *percevoir concrètement* que « le monde est plus qu'un problème à résoudre, (qu') il est un mystère joyeux que nous *contemplons* dans la joie et la louange » (*Lsi'*, 12) et d'entendre que « le *défi urgent* de sauvegarder notre maison commune inclut la préoccupation d'unir toute la famille humaine dans la recherche d'un développement durable et intégral » (*Lsi'*, 13). Le genre « encyclique » n'est certes pas redéfini, mais il est clair que le texte enseigne (*Lsi'*, 15) d'une manière nouvelle, ouvrant la voie à une expérience « indirecte » de Dieu, perçu dans le combat de la « sagesse » au sein même de la création et dans les sociétés (*Lsi'*, 47, 63, 69, 86 et 200).

Si ces documents pontificaux « exposent » donc *et* « réalisent » en même temps – sur un plan textuel – ce qu'ils invitent leurs destinataires à assumer concrètement, à savoir un « style évangélisateur », voire « prophétique et contemplatif », on doit se demander quel « statut » leur revient et quel « statut » ils accordent à ce « style » ou à cette approche stylistique du réel au sein d'une Tradition, dominée tout au long du deuxième millénaire et jusqu'au concile Vatican II par le paradigme doctrinal et dogmatique. C'est cette question que nous allons aborder maintenant.

Quel statut accorder à l'approche stylistique de la foi dans l'économie chrétienne ?

Comme en 1962, nous nous trouvons donc aujourd'hui, avec cette interrogation, devant un même malentendu, évoqué tout au début de ce parcours ; il porte sur les rapports entre doctrine et pastorale. Quand Jean XXIII évoque le « caractère pastoral » du magistère conciliaire et pontifical, confie-t-il à celui-ci la tâche d'*appliquer* une doctrine devant rester – en sa substance *et* sa forme – *intouchable* ? Ou donne-il ainsi un nouveau statut à la doctrine elle-même, la relationalité pastorale en étant l'axe constitutif ? Avec lui, le Concile a clairement opté en faveur de la seconde position [1]. Et François, quand il introduit le vocabulaire stylistique et parle du « style de vie de l'Évangile » et d'un « style évangélisateur » se sert-il d'une terminologie secondaire, en quelque sorte conventionnelle et conforme à une mentalité post-moderne, mais qui n'ajoute rien de neuf quant à l'enseignement des textes, déjà proposé – sans insister sur la réforme de l'Église – par l'Exhortation *Evangelii nuntiandi* de Paul VI ? Ou bien ce vocabulaire véhicule-t-il une spécificité théologique, voire doctrinale qui ne peut être exprimée autrement, une spécificité dont les textes eux-mêmes seraient conscients ? C'est à cette question qu'il nous faut répondre maintenant.

On peut la reformuler en se rendant attentif au nombre de « spirituels » ou « mystiques » auxquels le pape François donne la parole. Ce filon, particulièrement cher au religieux qu'il est [2], et, plus globalement, les traditions spirituelles de l'Église sont-ils de simples manifestations d'une vie chrétienne, régie par la doctrine de toujours, ou occupent-ils, comme les derniers chapitres des deux textes pontificaux, une place déterminante dans le style évangélique et évangélisateur de l'Église, *constitutif* de la tradition chrétienne ?

Plusieurs raisons militent en faveur de la deuxième hypothèse. Je les exposerai en renvoyant, pour ce qui est des répercussions de l'approche stylistique de la foi sur la « doctrine » elle-même, au

---

1. Voir Chr. Theobald, *La réception du concile Vatican II. I.*, p. 290- 363 et id., *Le concile Vatican II. Quel avenir ?*, p. 57-86.

2. Voir l'interview du pape François aux revues culturelles jésuites, réalisée par le père A. Spadaro, sj.

chapitre précédent, qui avait précisément pour objectif de mettre en relief l'interprétation originale de Vatican II par le pape François.

Des raisons en faveur d'une approche stylistique de la tradition chrétienne

Ces raisons se situent toutes sur la ligne d'une *complexification* de la situation culturelle de l'annonce de l'Évangile en postmodernité. Cette complexification qui nécessite un « sens » renouvelé de ce qui est « élémentaire » ou « central » a été moins perçue en 1975 *(Evangelii nuntiandi)* qu'en 2015, ou perçue à l'époque avec une certaine inquiétude ; dans une Église devenue intercontinentale et interculturelle, elle s'avère incontournable et exige désormais toute notre intelligence de la foi.

1. Une première raison en faveur d'une utilisation forte du vocabulaire stylistique, au moins par le premier des deux textes, vient du fait qu'il ne sépare plus (comme encore *Evangelii nuntiandi*[1]) le contenu de l'évangélisation *et* ses acteurs et destinataires, mais tente précisément de faire comprendre leur *lien* et ce qu'il implique, à savoir une réforme permanente de ceux et de celles qui s'attellent à cette tâche. Le profil de l'existence évangélique et ecclésiale reçoit ainsi une mobilité et une plasticité à la fois anciennes et nouvelles, à mettre en relief dans une situation où nous sommes menacés par l'érosion de la ferveur missionnaire et par une sclérose de nos institutions. Ce qu'*Evangelii gaudium* appelle « style missionnaire » ne se réduit donc pas seulement à l'annonce de l'Évangile, par l'Église et par des disciples missionnaires, à toute créature, en particulier aux pauvres. Mais ce style implique aussi une conversion, voire une transformation des acteurs de la transmission ; conversion qui se manifeste dans leur « sortie » effective, à savoir leur retour à une « mystique » joyeuse du vivre-ensemble et dans leur capacité de réformer leurs institutions en conséquence (voir *EG*, 70 et 87-92). Cette réforme permanente, à la fois intérieure *et* extérieure, n'est pas seconde, voire secondaire par rapport à l'annonce même de

---

1. Le chap. III d'*Evangelii nuntiandi* traite du « contenu de l'Évangélisation », tandis que le chap. VI parle des « ouvriers de l'évangélisation ».

l'Évangile ou de son contenu doctrinal mais en fait *intrinsèquement* partie comme sa condition de crédibilité ; comme les actes de Jésus sont *intrinsèquement* liés à ses paroles et inversement, selon la belle formule de *Dei verbum*, 2.

L'Exhortation *Evangelii gaudium* confirme cette raison en adoptant elle-même ce « style missionnaire », comme il a été montré plus haut. C'est la raison pour laquelle elle reste en quelque sorte *discrète* par rapport aux options théologiques, voire doctrinales qu'implique cette nouvelle posture. C'est en ce sens que les numéros consacrés à l'homélie invitent à ce que la différence des genres littéraires de l'Écriture et leurs effets sur le lecteur et l'auditeur soient respectés et que l'orateur ne confonde pas l'annonce de l'Évangile et des « idées théologiques » ou « des paroles propres à la théologie ou à la catéchèse, dont la signification n'est pas compréhensible pour la majorité des chrétiens » (voir *EG*, 147-158).

Ces « idées » ou « paroles » sont pourtant décisives ; l'Exhortation le fait comprendre dans l'attente qu'elle exprime vis-à-vis des théologiens, leur « charisme » étant situé, lui aussi, par rapport à « la finalité évangélisatrice de l'Église et de la théologie » (*EG*, 133).

2. C'est au moment où le texte fait appel à eux qu'apparaît la raison décisive en faveur de l'hypothèse d'une utilisation consciente et voulue du vocabulaire stylistique par *Evangelii gaudium*. L'Exhortation fait intervenir la théologie précisément aux deux numéros où, s'opposant au « rêve d'une doctrine monolithique, défendue par tous sans nuances », elle affirme avec force que la « *variété* » – celle des « diverses lignes de pensées philosophique, théologique et pastorale » – « aide à manifester et à mieux développer les divers aspects de la richesse inépuisable de l'Évangile » (*EG*, 40) et où elle se demande « comment faire parvenir la proposition de l'Évangile à la *diversité des contextes culturels et des destinataires* » (*EG*, 133). Ce sont en effet ces deux versants intrinsèquement liés d'une complexification à la fois interne *et* externe de la foi catholique que seule une conception stylistique peut adéquatement décrire et penser.

Il faut donc bannir tout extrinsécisme entre la doctrine, d'un côté, et sa traduction pastorale, de l'autre, mais apprendre l'art apostolique de circuler entre la simplicité du cœur de l'Évangile et les autres « vérités » de la foi (*EG*, 34-45), en tenant compte de l'organicité interne du mystère chrétien (*EG*, 39) et de ses « proportions convenables » (*EG*, 38) ainsi que de la diversité culturelle et personnelle quasi infinie de ses destinataires. Cet art est celui de la « pondération » à la fois pastorale *et* théologique, ultimement assurée par l'Esprit Saint qui fait que la théologie devient l'expression d'un charisme.

3. Que cette conception « stylistique » de la tradition chrétienne et de l'évangélisation n'y introduise aucun arbitraire, redouté par les « gardiens » de la doctrine, ressort avec force d'un passage de l'Exhortation qui, à la jonction des deux parties de son chap. IV sur la dimension sociale de l'évangélisation, propose une série de quatre principes (*EG*, 221-237), repris dans *Laudato si'* (*Lsi'*, 178, 198, 110 et 201, 141) ; principes qui, tout en étant référés à la Doctrine sociale de l'Église dont il sera question au chapitre suivant, orientent aussi et même au premier chef la vie du peuple de Dieu. Je me contente de citer ici le quatrième : « Le tout est supérieur aux parties » (*EG*, 234-237) ; il est en effet accompagné d'une comparaison entre deux métaphores, comparaison qui récapitule et renforce les raisons en faveur de l'hypothèse d'un choix conscient et pensé par le pape du vocabulaire stylistique. Il s'agit des métaphores de la *sphère* et du *polyèdre*, qu'*Evangelii gaudium* considère comme deux manières de figurer les rapports entre un « tout » et ses « parties » ; à ce titre, elles permettent de faire comprendre à la fois la mutation du « doctrinal » dans une conception stylistique de la foi et, nous allons le voir dans la suite, l'interprétation originale de la pastoralité de Vatican II qui en résulte :

> Le tout est plus que la partie, et plus aussi que la simple somme de celles-ci. Par conséquent, [...] il est nécessaire d'enfoncer ses racines dans la terre fertile et dans l'histoire de son propre lieu, qui est un don de Dieu. On travaille sur ce qui est petit, avec ce qui est proche, mais dans une perspective plus large. [...] Ce n'est ni la *sphère globale* qui annihile, ni la partialité isolée qui rend stérile.
>
> Le modèle n'est pas la *sphère*, qui n'est pas supérieure aux parties, où chaque point est équidistant du centre et où il n'y a pas de différence entre un point ou un autre. Le modèle est le *polyèdre* qui reflète la confluence de tous les éléments partiels qui, en lui, conservent leur originalité. Tant l'action pastorale que l'action politique cherchent à recueillir dans ce polyèdre le meilleur de chacun. [...].
>
> À nous chrétiens, ce principe, nous parle aussi de la totalité ou de l'intégrité de l'Évangile que l'Église nous transmet et nous envoie prê-

> cher. [...] L'Évangile est le levain qui fait fermenter toute la masse, la ville qui brille en haut de la montagne éclairant tous les peuples. L'Évangile possède un critère de totalité qui lui est inhérent : il ne cesse pas d'être Bonne Nouvelle tant qu'il n'est pas annoncé à tous, tant qu'il ne féconde pas et ne guérit pas toutes les dimensions de l'homme, tant qu'il ne réunit pas tous les hommes à la table du Royaume [*EG*, 235-237].

On pourrait, pour illustrer ce propos, comparer le corpus de Vatican II [1], voire sa Constitution pastorale sur l'Église dans le monde de ce temps, avec l'Exhortation. Les différents chapitres de la deuxième partie de *Gaudium et spes* représenteraient des dimensions de l'humain qui forme un tout ; ils sont pour ainsi dire projetés sur une sphère – « l'anthroposphère » ou « l'anthropo*scène* » (voir *Gaudium et spes*, 2 § 2) où ils se trouvent côte à côte, allant du mariage jusqu'à la paix sur l'ensemble du globe, l'Église étant au milieu de ces réalités et donc à la surface, *mais aussi* au centre de la sphère, à *équidistance* de chaque niveau du réel, projetant de l'intérieur « la lumière et l'énergie » de l'Évangile (*Gaudium et spes*, 10 § 2) sur chaque réalité et proposant une régulation doctrinale de leur orientation globale, fondée dans la première partie du texte. Le *singulier*, *tel* individu, *telle* culture ou langue, *tel* peuple n'y a pas de place ou, disons plutôt, n'y est pas considéré ou objet d'intérêt. Nous sommes plutôt dans un univers *homogène* et *unidimensionnel*, selon le vocabulaire de *Laudato si'*, univers non pas dominé par le paradigme technocratique mais par le paradigme doctrinal, encore que les deux puissent cohabiter et se renforcer mutuellement.

Par contre, la vision du monde de l'Exhortation *Evangelii gaudium* se comprend selon le modèle du polyèdre. Le discours doctrinal qui insiste sur les principes n'y perd pas sa nécessaire fonction régulatrice ; mais il ne parviendra jamais à rejoindre les destinateurs et les destinataires de l'évangélisation selon leur singularité en relation, intégrée dans des ensembles sociaux et environnementaux toujours plus larges, mais maintenant leur « originalité », selon l'expression du texte. Seule une *approche stylistique* le permet, car elle est sensible à la confluence de *tous* les éléments partiels dans une donnée singulière où ces éléments

---

1. Voir Chr. THEOBALD, *Le concile Vatican II. Quel avenir ?*, p. 21-56.

conservent leur originalité tout en étant habités par le tout qu'est la « plénitude de la richesse de l'Évangile ».

On peut comprendre que ce type d'approche déconcerte ceux qui sont habitués à habiter sur et à l'intérieur d'une sphère doctrinale bien construite. Mais l'approche stylistique a sa propre rigueur, simultanément pastorale *et* doctrinale. La « stylistique pastorale » représente un premier niveau d'ordre kérygmatique, mobile et plastique – ou polyédrique –, précisément en raison de l'infinie variété des destinateurs et destinataires et de la richesse inépuisable de l'Évangile lui-même. Le « doctrinal » en revanche se situe à un méta-niveau par rapport au « style évangélisateur » et pourrait être compris comme une sorte de « grammaire générative », celle précisément qui permet d'engendrer et de réguler le jeu de relations complexes impliquées dans l'Évangile et son annonce. Cette grammaire doctrinale évolue bien évidemment au gré de la différenciation des participants à la grande « interlocution » évangélique, même si la structure fondamentale des relations constitutives demeure[1].

Les options doctrinales qui interviennent au cours de cette évolution ont été concentrées au chapitre précédent dans « la tâche d'interprétation que nous lègue l'Évangile du Règne de Dieu au sein d'une Église missionnaire, envisagée à partir de sa base croyante dans un monde nécessitant de penser une unité plurielle[2] ». Retenons donc que, formée d'options doctrinales, cette grammaire doit être comprise comme étant *impliquée* dans la stylistique pastorale et missionnaire effective, *la conditionnant* en même temps. Et puisqu'elle reste soumise à une conversion et une réforme permanente – comme il a été montré –, la grammaire doit, elle aussi, redevenir, à tel moment crucial, objet de délibération synodale.

Le début d'un âge nouveau

Préparés par le passage de la métaphore de la *sphère* à celle du *polyèdre*, l'approche stylistique du réel, le repositionnement du « doctrinal » et la grammaire précise qui les sous-tend montrent

1. Voir ce qui a été dit dans l'introduction de la structure tripolaire de la tradition chrétienne, p. 22 de l'introduction.

2. Voir p. 163 s.

à l'évidence que le pontificat de François inaugure un nouvel âge qui ne peut plus être compris seulement dans la perspective de la réception du concile Vatican II. Une mutation culturelle est intervenue depuis les années soixante du siècle dernier et des questions nouvelles et graves ont surgi, inconnues à l'époque du Concile, comme celle de la transition écologique (avec ses enjeux démographique, énergétique, économico-politiques), nous confrontant à de nouvelles urgences. Le concept d'« anthropocène », déjà précisé [1], désigne l'âge nouveau à dimension géologique dans lequel nous sommes entrés. Le corpus de Vatican II reste certes à l'arrière-plan de la tâche missionnaire de l'Église, mais reçoit désormais une fonction nouvelle, davantage *inspiratrice ou génératrice* à partir de son axe central, la relationalité pastorale comprise dans une perspective missionnaire. Le « doctrinal » se déplace en conséquence (et aussi la *Congregatio* qui le porte ?), devant se mettre au service de la « finalité évangélisatrice de l'Église et de la théologie » (et d'un organe *De promovenda predicatione Evangelii omni creaturae* ?).

L'encyclique *Laudato si'* est la toute première manifestation de ce changement d'époque et de la mutation de la perspective globale qu'elle entraîne. Omniprésente dans les deux textes pontificaux qui nous ont accompagnés jusqu'ici, l'approche stylistique de la tradition permet de penser la *transition* ; car cette approche s'enracine dans la matrice de Vatican II (comme nous l'avons montré dans le chapitre précédent) et véhicule en même temps une nouvelle vision du monde : celle qui se donne à imaginer grâce à la métaphore du polyèdre et qui nous reste, pour finir, à penser.

UN « STYLE DE VIE PROPHÉTIQUE ET CONTEMPLATIF »

En choisissant le vocabulaire stylistique, l'Exhortation et l'Encyclique n'optent pas seulement pour une entrée culturelle qui, comme le montre le nº 115 d'*Evangelii gaudium* cité au début de notre investigation [2], peut se référer sans peine au chap. II de la deuxième partie de *Gaudium et spes* (*GS*, 53) ; aussi et surtout,

1. Voir p. 101 s.

2. Voir p. 171.

comme il a déjà été noté, elles déplacent le projecteur sur la concrétude phénoménale des « manières de vivre » qui, en deçà ou au-delà des « discours » toujours soupçonnables, manifestent leurs propres cohérences ou incohérences. Ceci a pour conséquence que la tradition chrétienne elle-même et l'évangélisation ne sont pas présentées et pensées d'abord à partir des paroles et discours évangéliques ou à partir des gestes sacramentels, mais comme *unité* des deux, voire plus fondamentalement comme « manière de vivre » la relationalité vitale « entre les humains, les autres créatures et Dieu ». Celle-ci est toujours vécue au sein de telle culture particulière : « de sorte que [...] », comme le rappelle le numéro suivant d'*Evangelii gaudium*, « le christianisme n'a pas un modèle culturel unique, mais tout en restant pleinement lui-même, dans l'absolue fidélité à l'annonce évangélique et à la tradition ecclésiale, il revêtira aussi le visage des innombrables cultures et des innombrables peuples où il est accueilli et enraciné ».

L'articulation de ces deux plans est évidemment complexe et le texte rappelle ici l'adage thomiste « *gratia suponit naturam* », le transformant en « la grâce suppose la *culture* » (*EG*, 115)[1]. La formule « style de vie de l'Évangile » contient ce rapport ; les expressions « style *évangélisateur* déterminé » (*EG*, 18) et « style de vie *prophétique et contemplatif* » (*Lsi'*, 222) l'explicitent, la seconde pouvant être comprise comme une *détermination* de la première. C'est ici que réside la nouveauté que nous voudrions mettre en relief.

Des « ressources spirituelles » nécessaires

S'adressant à « chaque personne qui habite cette planète », *Laudato si'* introduit en effet la foi chrétienne d'une manière étonnamment neuve. L'Encyclique ne l'aborde pas sous l'angle de la vérité (perspective apologétique qui n'est pas niée) ; mais elle la fait advenir *parmi les « ressources »* dont dispose l'humanité pour traverser la crise écologique à laquelle elle est confrontée. Cette posture humble et exigeante au sein de « notre maison commune » Terre implique, comme l'affirme François à

1. Voir p. 172, n. 4.

deux reprises, que « sur beaucoup de questions *concrètes*, en principe, l'Église n'a pas de raison de proposer une parole définitive et (qu')elle comprend qu'elle doit *écouter* puis *promouvoir le débat…* » (*Lsi',* 46 et 188)[1]. Plusieurs indices de ce nouveau positionnement, particulièrement lisibles dans les deux premiers chapitres, doivent être relevés.

Si le premier chapitre qui porte son regard sur la détérioration de notre « maison commune » propose une information scientifiquement fondée qui révèle progressivement la *complexité* de la crise écologique et l'implication de niveaux très divers du réel (et du coup de différentes disciplines scientifiques), il fait en même temps sentir et comprendre que la crise écologique ne pose pas seulement des problèmes techniques ou politiques ; elle fait aussi appel à notre implication personnelle. Le pape François ne propose pas une froide observation de l'extérieur mais invite à « prendre une douloureuse conscience, (à) oser transformer en souffrance personnelle ce qui se passe dans le monde et ainsi (à) reconnaître la contribution que chacun peut apporter » (*Lsi'*, 19).

À la jointure de ce premier chapitre et du deuxième qui introduit le point de vue proprement judéo-chrétien, l'Encyclique fait donc état de la faiblesse des réactions collectives par rapport à la crise et relate en même temps la diversité légitime des opinions et options. C'est dans ce cadre qu'elle situe son développement biblico-théologique sur « l'Évangile de la création ». Dans les trois numéros qui ouvrent ce chapitre, le pape reconnaît parfaitement que « certains rejettent l'idée d'un Créateur » ou « relèguent dans le domaine de l'irrationnel la richesse que les religions peuvent offrir pour une écologie intégrale » (*Lsi'*, 62) ; mais il montre également que la complexité de la crise écologique et de ses multiples causes exige une pluralité d'interprétations et d'apports :

> Il est nécessaire d'avoir aussi recours aux diverses richesses culturelles des peuples, à l'art et à la poésie, à la vie intérieure et à la spiritualité. Si nous cherchons vraiment à construire une écologie qui nous permette de restaurer tout ce que nous avons détruit, alors aucune branche des sciences et aucune forme de sagesse ne peut être laissée de côté, la sagesse religieuse non plus, avec son langage propre [*Lsi'*, 63].

---

1. C'est une allusion à *Gaudium et spes*, 33 § 2.

Il ajoute alors que, pour ce qui est des chrétiens et des autres croyants, « les convictions de la foi » leur offrent de « grandes motivations pour la protection de la nature et des sœurs et frères les plus fragiles » (*Lsi'*, 64) ; il y revient, une fois encore, à la fin du chap. V, cette fois-ci dans la perspective exigeante d'une « cohérence », celle des croyants appelés à ne pas contredire leur propre foi par leur action.

Sur cette base, le texte développe une double argumentation qui fait toute l'originalité de la *manière* de situer la tradition chrétienne. La première, d'ordre épistémologique, consiste à articuler les différents niveaux du réel et à faire dialoguer les différentes disciplines : les sciences et la technique, l'économie et la politique, toujours traités – sur le fond – de manière positive, avant de critiquer ce qui risque de fausser leur apport : l'instinct de puissance et de domination et, surtout, leur spécialisation, apparemment innocente (n° 110), qui occulte cependant de plus en plus les grandes questions et, en particulier, *l'horizon éthique de l'agir humain avec les principes fondamentaux du « bien commun » et de la « justice entre générations »* (traités à la fin du chap. IV). Nous retrouvons ici le combat de François contre le paradigme *homogène et unidimensionnel* de la technocratie et pour une approche différenciée du réel [1]. Ainsi est ménagée une ouverture où peuvent et doivent intervenir des « ressources » d'énergie *autres*, nécessaires pour affronter les mutations des mentalités et les conversions collectives qui nous attendent : « ressources » d'énergie *intérieure*, proprement *spirituelle*, qui ne relèvent ni de la science et des techniques, ni de la diplomatie et de la gestion économique de nos biens, mais de la culture et de la sagesse religieuse.

L'autre argument prend ici le relais ; il relève de la théologie de la création (explicitée dans le chap. II de *Laudato si'*). Le lien avec le premier se fait précisément par la sagesse. Peu fréquent dans l'Encyclique mais suffisamment précis et significatif, le vocabulaire de la « sagesse » s'inscrit, d'un côté, dans celui de la « culture » prise dans toute sa complexité ; il comprend, de l'autre côté, *l'ensemble* des traditions religieuses, tout en spécifiant le récit biblique (selon le titre qui introduit les n° 65 à 75).

---

1. Voir p. 175.

Dès le premier chapitre, le texte insiste sur les conditions d'accès à la « vraie sagesse », « fruit de la réflexion, du dialogue et de la rencontre généreuse entre les personnes » (*Lsi'*, 47 ; voir aussi 63), honorant ainsi les exigences d'une approche différenciée et non homogène du réel. La sagesse désigne donc une « manière de vivre » ou un « style » spécifique qui forme un « héritage » ou un « trésor », mais sans cesse à redécouvrir au sein de nos cultures, conditionnées par leurs limites et leurs préjugés (*Lsi'*, 200). Dans le chap. II, cette manière de vivre est rapportée à Dieu et à sa propre sagesse, *au travail* au sein même de la création et de l'histoire (*Lsi'*, 69) où elle fonde les traits caractéristiques du style biblique et évangélique, déjà évoqués au début de ce parcours [1], en particulier le rapport intrinsèque entre nos relations fraternelles avec les autres et avec la nature (*Lsi'*, 70). Je reviendrai sur ce travail mystérieux dans la suite.

Cette approche spécifique donne tout son poids théologique à la reconnaissance du « mouvement écologique » et du fait qu'il a déjà une longue histoire, qu'il rencontre beaucoup d'oppositions parmi les puissants et encore davantage d'indifférence, aussi parmi les chrétiens (*Lsi'*, 13, 14, 166). Et si François intervient, en particulier dans le chap. V, en faveur d'une « citoyenneté écologique » (*Lsi'*, 211), c'est que le « spirituel » qu'il décrit ici en rapportant toute une série de gestes quotidiens n'est nullement réservé aux chrétiens mais s'avère déjà être le fruit du travail de la sagesse. Celle-ci s'exprime aussi à travers les textes cités par l'Encyclique, non seulement ceux de différentes conférences épiscopales nationales et continentales, mais aussi et surtout la Déclaration de Rio sur l'environnement et le développement, déclaré « prophétique » par *Laudato si'* (*Lsi'*, 167 et 186), et la Charte de la terre de La Haye (*Lsi'*, 207).

Ce n'est qu'en prenant conscience de ce cadre à la fois universel et différencié – ayant donc la forme d'un polyèdre – qu'on peut mesurer la nouveauté d'une approche de la tradition chrétienne comme « ressource » dont la spécificité consiste en un « style prophétique et contemplatif » (*Lsi'*, 222). Ces deux traits, mis en avant par *Laudato si'*, sont intimement liés, comme les

1. Voir p. 180.

deux versants d'une même réalité vitale[1]. Je les aborde ici l'un après l'autre.

Une dénonciation prophétique…

Nous n'avons pas besoin d'insister sur ce premier trait, plutôt critique ; car il en a été déjà amplement question dès notre premier repérage du vocabulaire stylistique[2]. Ce versant s'enracine dans la tradition prophétique, hautement sensible aux temps de crise spirituelle, comme il ressort plus particulièrement du chap. II de *Laudato si'* (*Lsi'*, 73 et 74) mais aussi de plusieurs numéros d'*Evangelii gaudium* (*EG*, 97, 193, 215 et 218).

Comme à toutes les époques, cette dénonciation prend aujourd'hui une signification particulière qui résulte de l'opposition nécessaire par rapport à un « anthropocentrisme despotique » ou « dévié » (*Lsi'*, 68, 69, 118, 119 et 122) qui se manifeste en particulier dans l'omniprésence du paradigme « technocratique » et du « mythe du progrès » (*Lsi'*, 60 et 78), comme il a été déjà montré plus haut[3]. C'est en particulier le troisième chapitre de *Laudato si'* sur « la racine humaine de la crise écologique » qui est concerné ici, mais en lien étroit avec quelques numéros clés du chap. II sur « l'Évangile de la création » (*Lsi'*, 68, 69 et 78). Cet ensemble qui peut être lu comme un nouvel « Exposé préliminaire » (*Gaudium et spes*, 4-10) marque, de la manière la plus rigoureuse, la distance prise vis-à-vis de la Constitution pastorale *Gaudium et spes* qui entretenait un rapport plutôt positif avec l'anthropocentrisme moderne[4].

1. J'ai abordé ces traits dans *Le christianisme comme style*, p. 841-861 où j'ai distingué les trois fonctions de *dynamis*, de *krisis* et de transfiguration ou de *métamorphôsis* de l'Esprit Saint.

2. Voir p. 171 s.

3. Voir p. 175.

4. Voir *Gaudium et spes*, 12 § 1 : « Croyants et incroyants sont généralement d'accord sur ce point : tout sur la terre doit être ordonné à l'homme comme à son centre et à son sommet. » Voir aussi J. B. METZ, *Christliche Anthropozentrik*, Munich, Kaiser, 1962 et ID., *Zur Theologie der Welt*, Mainz/Munich, Grünewald/Kaiser, 1968. Citons en contraste la formule analogue de *Laudato si'*, 93 : « Aujourd'hui croyants ou non croyants, *nous* sommes d'accord sur le fait que

Laudato si' se situe en effet *entre* deux positions, qualifiées d'extrêmes, le mythe du progrès et celui qui consiste à vouloir empêcher toute espèce d'intervention de l'être humain dans l'écosystème (*Lsi'*, 60), *entre* un anthropocentrisme dévié et son contraire, le bio-centrisme (*Lsi'*, 118) : « Entre ces deux extrêmes, la réflexion devrait identifier de possibles scénarios futurs [...] » (*Lsi'*, 60). Fruit de l'anthropocentrisme moderne et de ses conséquences scientifiques et techniques, la prise de conscience de « l'autonomie légitime » des réalités terrestres (*GS*, 36 et *Lsi'*, 80 et 99) n'est pas niée mais repositionnée dans un nouveau cadre, fourni par une théologie de la création plus équilibrée. Celle-ci corrige en effet les malentendus, nés d'une compréhension erronée du mandat donné à l'homme de « dominer la terre » (Gn 1, 28), comme si ce passage « favorisait l'exploitation sauvage de la terre » alors qu'il s'agit dans la Bible de « cultiver et de garder le jardin du monde » (Gn 2, 15 ; *Lsi'*, 67)[1]. L'encyclique ne nie pas que « la pensée judéo-chrétienne a démystifié la nature » ; mais elle n'en tire pas la conséquence (qu'on pourrait attribuer à la Constitution pastorale, aux prises avec tous les contentieux entre science moderne et foi) d'un anthropocentrisme unilatéral. Elle tente plutôt d'articuler le respect de la fragilité de la terre avec « la responsabilité de l'être humain *qui fait partie du monde avec le devoir de cultiver* ses propres capacités pour le protéger et en développer les potentialités » (*Lsi'*, 78) et – ce qui est nouveau – de réinvestir « la présence » et « l'opération » de l'Esprit de Dieu (*Lsi'*, 80) et du « mystère du Christ [...] dans l'ensemble de la réalité naturelle, sans pour autant en affecter l'autonomie » (*Lsi'*, 99)[2].

---

la terre est essentiellement un héritage commun dont les fruits doivent bénéficier à tous. »

1. Cette interprétation unilatérale pourrait se réclamer aussi de *Gaudium et spes*, 12 § 3 : « La Bible enseigne que l'homme a été créé "à l'image de Dieu", capable de connaître et d'aimer son Créateur, qu'il a été constitué par lui pour ainsi dire *[tamquam]* seigneur de toutes les créatures terrestres, pour les gouverner et pour s'en servir *[eisque uteretur]*, en glorifiant Dieu » ; voir aussi 34 § 1 : « L'homme, créé à l'image de Dieu, a en effet reçu la mission de soumettre *[subiciens]* la terre et tout ce qu'elle contient, de gouverner le cosmos en sainteté et justice. »

2. Voir ce qui a été dit plus haut de la « vraie sagesse ».

En raison de ce rapport nouveau au réel, la *krisis* prophétique, telle que *Laudato si'* la met en œuvre, ne revêt aucun accent catastrophiste ou « apocalyptique ». Certes, l'insoutenable n'est jamais nié ou édulcoré ; mais la dénonciation est d'emblée mise au service d'une espérance inaliénable qui repose sur la création comme « don » (*Lsi'*, 76) : « [...] capables de se dégrader à l'extrême, les êtres humains peuvent aussi se surmonter, opter de nouveau pour le bien et se régénérer, au-delà de tous les conditionnements mentaux et sociaux qu'on leur impose » (*Lsi'*, 205 et 61). Cet acte d'espérance annonce l'autre versant du style chrétien.

... mais avant tout un regard contemplatif

Comme il a été noté dès le départ, l'approche stylistique comprend la tradition chrétienne non seulement comme une « manière évangélique » de vivre, d'unifier ses gestes et ses paroles et de se situer ainsi au sein des cultures humaines ; elle véhicule aussi une *vision du monde*, assez éloignée de celle que nous propose la Constitution pastorale de *Gaudium et spes*. Pour des raisons déjà expliquées, cette vision n'est accessible que grâce à un sens stylistique qui ne se réduit jamais à la dénonciation prophétique mais se réalise d'abord et *in fine* par un regard contemplatif, « capable d'apprécier profondément les choses sans être obsédé par la consommation » (*Lsi'*, 222).

Ce regard contemplatif est en réalité présent dès le début de l'Encyclique et l'anime de l'intérieur, par exemple dans l'invitation, au premier chapitre, de ne pas se contenter du regard froid de l'observateur de ce qui se passe dans la maison commune. Mais c'est surtout au deuxième et au sixième chapitre que ce regard en profondeur est déployé. François suit ici plus particulièrement la théologie de Bonaventure (*Lsi'*, 66 et 233) auquel il rend l'adage spirituel fréquemment utilisé pour caractériser la spiritualité ignacienne :

> L'idéal n'est pas seulement de passer de l'extérieur à l'intérieur pour découvrir l'action de Dieu dans l'âme, mais aussi d'arriver à *le trouver en toute chose*, comme l'enseignait saint Bonaventure : « La contemplation est d'autant plus éminente que l'homme sent en lui-même l'effet de

la grâce divine et qu'il sait trouver Dieu dans les créatures extérieures» [*Lsi'*, 233].

C'est donc toute la relationalité de l'homme, ses relations vitales à soi, à autrui, aux autres créatures et à Dieu (*Lsi'*, 66), ainsi que sa capacité de «sortir» de soi (*Lsi'*, 208) qui sont convoquées dans la formation de ce regard animé par le cœur (*Lsi'*, 92). Ce n'est que quand se met à parler l'espace géographique où l'amitié de chacun avec Dieu se déroule et que les créatures font entendre leur voix silencieuse (*Lsi'*, 85), laissant le contemplatif entrevoir une possible harmonie entre toutes les relations, qu'il découvre le lien mystérieux entre la fraternité avec les plus fragiles et désavantagés du monde et une relation cordiale avec la terre et les autres créatures (*Lsi'*, 84-92 et 221-232).

Cet apprentissage contemplatif est l'apport spécifique de la tradition chrétienne, permettant d'accéder à ce que l'encyclique désigne par «écologie intégrale». Le terme «intégral» reste peut-être ambivalent parce qu'il rappelle le catholicisme «intransigeant, intégral et utopique» de la fin du XIXe et de la première moitié du XXe siècle[1]. Mais ce qui précède et, en particulier, l'approche stylistique, a montré que «l'intégralité» a reçu ici une nouvelle configuration: elle désigne le «tout» du réel *conçu de façon polyédrique*, «l'intransigeance» prophétique étant non pas diluée mais à la fois partagée et exercée avec modestie et humilité autocritique, tout en étant portée par une «utopie» eschatologique qui reçoit sa force «du primat de la grâce» (*EG*, 112) donnée à lire par le Créateur dans toute sa création.

Le pape François est parfaitement conscient de la mutation culturelle qui vient d'être amorcée, rappelant, au moment même où il l'indique au milieu du chap. III de *Laudato si'*, le principe herméneutique de la tradition chrétienne, tel qu'il l'avait énoncé à la suite de Jean XXIII dans *Evangelii gaudium* (*EG*, 41):

1. Voir É. POULAT, *Modernistica. Horizons, physionomies, débats*, Paris, Nouvelles éditions latines, 1982, surtout p. 78-101. Voir aussi Chr. THEOBALD, «La différence chrétienne. À propos du geste théologique de Vatican II», dans *Études* 4121 (janvier 2010), p. 65-76.

> Le développement d'une nouvelle synthèse qui dépasse les fausses dialectiques des derniers siècles reste en suspens. Le christianisme lui-même, en se maintenant fidèle à son identité et au trésor de vérité qu'il a reçu de Jésus-Christ, se repense toujours et se réexprime dans le dialogue avec les nouvelles situations historiques, laissant apparaître ainsi son éternelle nouveauté [*Lsi'*, 121][1].

Le parcours que nous venons d'effectuer dans les deux textes majeurs du pape François a pu, je l'espère, confirmer l'hypothèse qui nous a guidés : le concept de « style » reçoit dans *Evangelii gaudium* et dans *Laudato si'* non seulement une signification proprement théologique, voire doctrinale, mais aussi et surtout la fonction de maintenir un lien entre l'axe pastoral du concile Vatican II et l'âge nouveau – postmoderne – qui a déjà commencé.

En effet, l'approche stylistique n'est pas importée de l'extérieur dans les documents et leur théologie ; *elle s'impose de l'intérieur* même de la tradition chrétienne dès qu'on prend conscience de la complexité de la situation culturelle de l'annonce de l'Évangile et de la richesse inépuisable de celui-ci, mis en relief par la variété de ses réceptions. Mais ce n'est que quand cette complexité culturelle est pensée *pour elle-même* et élargie à l'ensemble de « la maison commune » que nous habitons et quand la tradition chrétienne est proposée comme une « ressource » permettant de guérir la détérioration de la création que le style évangélique peut montrer ses traits les plus spécifiques, l'humble fraternité cordiale avec ce qui est le plus fragile, les pauvres et notre terre, et déployer de manière crédible toutes ses potentialités prophétiques et contemplatives.

La cohérence humaine et théologale de la proposition du pape François et l'ampleur du « recadrage » au sein même de la Tradition, qu'elle a inauguré, ont pu être mises en relief. Cette reconsidération n'est pas encore achevée et « la nouvelle synthèse reste en suspens », comme il l'affirme lui-même ; d'autres aspects (comme la question du mal ou l'affrontement de la violence par « le style de vie de l'Évangile ») devraient être considérés pour

---

1. Cette fois-ci, François se réfère à un passage peu cité du *Commonitorium primum*, chap. XXIII, de VINCENT DE LÉRINS : « *Ut annis scilicet consolidetur, dilatetur tempore, sublimetur aetate.* »

justifier pleinement et préciser davantage l'approche stylistique de la tradition chrétienne. Mais le « suspens » reste un élément essentiel de sa pensée théologique ; ce qui ressort aussi de sa fameuse interview donnée aux revues culturelles de la Compagnie, dont l'allusion à peine voilée au style de Jésus et à sa transfiguration, fonde une « incomplétude » indépassable :

> Le style de la Compagnie n'est pas la discussion mais le discernement, qui, évidemment, dans sa mise en œuvre, suppose la discussion. L'aura mystique ne définit jamais ses bords, ne clôt jamais la pensée. Le jésuite doit être une personne à la pensée incomplète, à la pensée ouverte [1].

1. Version complète de l'« Interview du pape François aux revues culturelles jésuites, réalisée par le père Antonio Spadaro, sj », Rome, 2013, p. 8.

VIII

L'ENSEIGNEMENT SOCIAL DE L'ÉGLISE SELON LE PAPE FRANÇOIS

De l'holocène vers l'anthropocène

L'enseignement social de l'Église tient une place décisive dans les deux grands textes du pape François dont nous venons d'analyser l'enjeu ; il occupe tout un chapitre de l'Exhortation apostolique *Evangelii gaudium* (2013) – le chapitre IV qui s'intitule « La dimension sociale de l'évangélisation » –, et se trouve au centre de l'Encyclique sur la sauvegarde de la maison commune *Laudato si'* qui, dans son n° 15, affirme explicitement que « cette Lettre encyclique s'ajoute au Magistère social de l'Église ». Ces deux textes se complètent mutuellement, le second renvoyant à plusieurs reprises au premier [1].

Je fais l'hypothèse que, sous la plume de François, *l'expression classique « enseignement social de l'Église » ou « Magistère social de l'Église » change de signification*. S'adressant dans *Evangelii gaudium* à « *chaque chrétien*, en quelque lieu ou situation où il se trouve » (*EG*, 3), et dans *Laudato si'* « à *chaque personne* qui habite cette planète » (*Lsi'*, 3), le pape adopte un *style* inédit : il prête attention à l'expérience concrète des croyants et des humains que nous sommes ; il ne fait pas seulement appel à notre intelligence, mais aussi à notre affectivité, à nos sens et à notre cœur, rendant ainsi possibles de véritables décisions et actions individuelles et collectives. Bref, grâce au style de ses

1. Pour ce qui est de « l'Exhortation apostolique post-synodale » *Amoris laetitia* (2016), voir notre commentaire dans *L'édition présentée et annotée sous la direction du Service national Famille et Société – Conférence des évêques de France et de la Faculté de théologie du Centre Sèvres. Avec un guide de lecture et des témoignages,* Namur/Paris, Fidélité/Lessius, 2016, p. 321-336.

textes, si proche de sa manière de s'adresser oralement à ses interlocuteurs, il fait faire aux lecteurs un véritable parcours « spirituel », un parcours de conversion.

Cette mutation stylistique ne relève pas du simple décor, si je puis dire ; elle n'est pas non plus une simple concession à notre esprit postmoderne ; nous l'avons montré dans les deux chapitres précédents. Mais elle est réfléchie par les textes eux-mêmes ; l'utilisation fréquente du vocabulaire stylistique le signale : avec François, cette notion entre dans l'enseignement social lui-même et, en en devenant une *composante essentielle*, lui donne une nouvelle *forme*.

Dans ce qui suit, je me propose donc d'expliciter et de fonder cette thèse. Nous verrons d'abord que la forme ou le style des textes – leur manière de nous impliquer dans un parcours de conversion, – exige une *unification*, voire une *concentration théologique* de l'enseignement social de l'Église ; c'est le premier aspect que j'aborderai. J'en viendrai ensuite à l'enseignement proprement dit dont la *recevabilité universelle* nécessite aujourd'hui un intérêt nouveau pour ce qui, dans notre existence sociale, est infiniment *concret* et donc *divers* et *pluriel* ; c'est sur ces points précisément que l'Exhortation et l'Encyclique prennent leurs distances par rapport à la Constitution *Gaudium et spes* de Vatican II qui, jusqu'à maintenant, a déterminé l'ensemble de l'enseignement social de l'Église. Il me restera, dans un dernier temps, à montrer quel sens le pape donne finalement à l'expression « enseignement » ou « magistère social » de l'Église, compte tenu des évolutions que j'aurai explicitées.

L'Évangile du Règne de Dieu

Le tout premier geste du Pape consiste à unifier l'enseignement de l'Église, éprouvé par beaucoup de nos contemporains comme trop complexe, et à le concentrer *dans* l'unique annonce de l'Évangile du Règne de Dieu. Même si *Evangelii gaudium* en traite dans deux chapitres successifs – les chapitres III et IV de l'Exhortation –, le point décisif et original est que la dimension sociale ne s'ajoute pas à l'Évangile mais lui *est reliée de l'intérieur et en fait intrinsèquement partie.*

Cela ressort avec clarté des n° 177 et 180. Le premier – il s'agit du deuxième numéro du chap. IV – établit ce lien de manière principielle et en partant du *kérygme* néotestamentaire : « Le *kérygme* possède un contenu inévitablement social : au cœur même de l'Évangile, il y a la vie communautaire et l'engagement avec les autres » (n° 177). Le n° 180 fonde cette implication plus largement sur la matrice biblique :

> En lisant les Écritures, il apparaît clairement que la proposition de l'Évangile ne consiste pas seulement en une relation personnelle avec Dieu. […] La proposition *est* le Royaume de Dieu (Lc 4, 43) ; il s'agit d'aimer Dieu qui règne dans le monde. Dans la mesure où il réussira à régner parmi nous, la vie sociale sera un *espace de fraternité, de justice, de paix, de dignité pour tous* [1].

L'essentiel de ladite doctrine sociale de l'Église est récapitulé dans cette formule brève et rapporté au cœur même de l'Évangile du Règne de Dieu.

Il faut alors se demander *comment* cet Évangile du Règne peut s'introduire effectivement dans notre réalité sociale, économique et politique. C'est précisément à cet endroit qu'intervient le vocabulaire stylistique. Nous avons vu, au chapitre précédent, que dès l'Exhortation apostolique *Evangelii gaudium* François aborde les sociétés et cultures à partir de la notion de « style de vie », définie comme « manière propre qu'ont les membres d'une société de tisser *des relations entre eux, avec les autres créatures et avec Dieu* » (*EG*, 115). Sur cette base tri-relationnelle, il distingue deux plans différents : des « styles de vie » constitutifs d'une culture et leur *spécification chrétienne*. L'encyclique *Laudato si'* reprend cette distinction, tout en la radicalisant. Nos sociétés et nos cultures sont traversées par des combats entre un « style consumériste » (*Lsi'*, 204) avec son « mode de production et de consommation » (*Lsi'*, 23 et 59) et un « nouveau style de vie » (*Lsi'*, 16) contre-culturel (*Lsi'*, 108).

À cet égard, le chapitre III de *Laudato si'* qui examine « la racine humaine de la crise écologique » est particulièrement significatif, car il réécrit les données anthropologiques de l'exposé

1. Déjà cité ci-dessus, p. 152 et 172.

préliminaire de la Constitution *Gaudium et spes* (n° 4-10) dans le cadre d'une philosophie et d'une théologie politiques [1].

Prendre soin de la fragilité

C'est dans ce cadre conflictuel que, revenant maintenant à l'Évangile du Règne de Dieu, le pape précise la *spécificité chrétienne* du style de vie alternatif qu'il implique. On peut résumer son propos par l'appel à « prendre soin de la fragilité » (*EG*, 209-216), car il concerne la double fragilité sur laquelle François met le projecteur, celle des pauvres *et* celle de la terre ; et déjà dans *Evangelii gaudium*, c'est la figure de saint François qui oriente tout son propos, dès ses réflexions bibliques et historiques sur l'enseignement social de l'Église, au début du chapitre IV (*EG*, 183) et à la fin du parcours sur l'intégration sociale des pauvres (*EG*, 216). Tout est contenu dans cette trentaine de numéros, y compris le soin de la maison commune dont il sera plus amplement question dans *Laudato si'* :

> Nous tous, les chrétiens, petits mais forts dans l'amour de Dieu, comme saint François d'Assise, nous sommes appelés – le pape résumant ainsi son parcours – à *prendre soin de la fragilité* du peuple *et* du monde dans lequel nous vivons [*EG*, 216].

Pour ce qui est du soin du peuple, le pape François s'inscrit dans une prise de conscience qui remonte déjà au début du concile Vatican II où elle fut défendue par le groupe « Église des pauvres », ceux-ci devant être considérés comme les *destinataires et sujets privilégiés de l'évangélisation* [2]. Faute d'être devenue l'axe du Concile comme l'aurait souhaité ce groupe, elle se retrouve dans quelques textes majeurs, en particulier dans *Lumen gentium,* 8, dans *Gaudium et spes*, 1 et dans *Ad gentes*, 3. Elle sera explicitement reprise en 1975 par l'Exhortation de Paul VI, *Evangelii nuntiandi* (n° 6 s.) qu'on peut considérer comme texte « matriciel » de l'Exhortation *Evangelii gaudium.* C'est encore cette vision qu'*Evangelii gaudium* reprend dans son chapitre IV.

1. Pour davantage de précisions, voir p. 191.

2. Voir p. 158, n. 1.

Il faut noter cependant que l'Exhortation inverse l'orientation de l'évangélisation en invitant les chrétiens dès le chapitre précédent à se laisser évangéliser par les pauvres, voire à « entendre leur cri » (n° 187-196).

En débutant par le cantique de François d'Assise, *Laudato si'* désire susciter une même expérience d'écoute :

> « Loué sois-tu, mon Seigneur, pour sœur notre mère la terre, qui nous soutient et nous gouverne, et produit divers fruits avec les fleurs colorées et l'herbe. » *Cette sœur crie* en raison des dégâts que nous lui causons par l'utilisation irresponsable et par l'abus des biens que Dieu a disposés en elle [*Lsi'*, 1 et 2] [1].

Le *lien* entre ces deux expériences, l'écoute du cri des pauvres et du cri de la terre, fait sans aucun doute la spécificité de l'Encyclique, préparée par les numéros déjà cités d'*Evangelii gaudium* :

> Aujourd'hui nous ne pouvons pas nous empêcher qu'*une vraie approche écologique se transforme toujours en une approche sociale,* qui doit intégrer la justice dans la discussion sur l'environnement, pour écouter *tant la clameur de la terre que la clameur des pauvres* [*Lsi'*, 49].

De l'Évangile du Règne de Dieu à l'Évangile de la Création

Notons que c'est à nouveau et d'abord l'Écriture qui permet d'établir ce lien. Si *Evangelii gaudium* part de « l'Évangile du Règne de Dieu », *Laudato si'* consacre tout son deuxième chapitre à « l'Évangile de la création ». Le premier – l'Évangile du Règne de Dieu – ne peut en effet exister sans le second – celui de la création – qui le précède discrètement ; car Dieu règne *dans* le monde, sur une terre qu'il a déjà lui-même créée, en attendant que l'accueil effectif de la part des hommes transforme la vie sociale en « *espace de fraternité, de justice, de paix, de dignité pour tous* » (*EG,* 180).

C'est déjà dans la Genèse qu'on trouve en effet préfiguré le lien intrinsèque entre nos relations avec la nature, la fraternité et la justice. François l'illustre en rapportant les récits de Caïn et d'Abel ainsi que celui de Noé :

---

1. Déjà cité p. 179.

> La négligence dans la charge de cultiver et de garder une relation adéquate avec le voisin, envers lequel j'ai le devoir d'attention et de protection, détruit ma relation intérieure avec moi-même, avec les autres, avec Dieu et avec la terre. Quand toutes ces relations sont négligées, quand la justice n'habite plus la terre, la Bible nous dit que toute la vie est en danger [*Lsi'*, 70].

On retrouve, dans ce numéro décisif, la structure relationnelle de l'être humain dans sa *pluri-dimensionnalité*, déjà évoquée au début, en lien avec la compréhension de la culture. Qu'il s'agisse de trois (*EG*, 115 et *Lsi'*, 66) ou de quatre types de relation, comme dans le commentaire des récits de Caïn, d'Abel et de Noé où s'ajoute la relation à soi, l'essentiel est que la « rupture de ces relations » ou leur détérioration, appelée « péché », attend une guérison et une restauration dont François expose le chemin dans ses deux textes.

Je conclus ce premier temps de ce chapitre : le tout premier geste du pape François consiste donc à procéder à une unification théologique de l'enseignement social de l'Église, grâce à son inscription dans le récit biblique entre la création et le Règne de Dieu établi au sein de ce monde créé. La dimension sociale y est impliquée dès le départ : elle consiste dans la triple ou quadruple relation de l'homme, celle avec la terre ayant été trop fréquemment oubliée par les chrétiens eux-mêmes. La perversion de cette relationalité vitale par l'homme s'inscrit dans des « styles de vie » unidimensionnels, devenus aujourd'hui hégémoniques. L'Écriture nous appelle à les dénoncer, à inscrire le « style de vie de l'Évangile » comme alternative vitale dans nos cultures et de le faire dans une perspective de guérison de la vie. Ce qui nous oblige à faire maintenant un deuxième pas.

Donner droit de cité à ce qui est « concret » et « divers » : de la dimension sociale de l'Évangile à l'enseignement social de l'Église

Il ne suffit pas en effet de rester sur le plan de l'Écriture ; encore faut-il en tirer un *enseignement qui puisse être entendu et reçu par toutes les femmes et tous les hommes « de bonne volonté »*, comme le disait déjà un Jean XXIII dans son Encyclique *Pacem in terris* de 1963 (citée par François dès le début de *Laudato si'*, 3). Pour ce faire, le pape propose, toujours au même quatrième chapitre d'*Evangelii gaudium* et à la jonction de ses deux parties, *quatre principes* qui « orientent spécifiquement le développement de la cohabitation sociale et la construction d'un peuple où les différences s'harmonisent dans un projet commun. Je le fais avec la conviction », continue-t-il, « que leur application peut être un authentique *chemin* vers la paix dans chaque nation et dans le monde entier » (*EG*, 221). Ces quatre principes qui sont tous repris à divers endroits dans *Laudato si'* permettent de comprendre la *distance qui nous sépare désormais* de la Constitution pastorale *Gaudium et spes* de Vatican II et *de son anthropocentrisme sous-jacent* ; ils donnent en même temps une base au « dialogue social comme contribution à la paix », thématique dont il est question dans la deuxième partie du même chapitre IV. Je reprends brièvement ces trois points.

Quatre principes

Ces quatre principes se greffent en effet sur ce qui vient d'être dit de la triple ou quadruple *relationalité* de l'être humain, traversée inévitablement par des « tensions bipolaires » (*EG*, 212 s.) et des conflits. Voici ces quatre principes : 1. Le temps est supérieur à l'espace ; 2. L'unité prévaut sur le conflit ; 3. La réalité est plus importante que l'idée ; 4. Le tout est supérieur à la partie. Ces formulations quelque peu abstraites reçoivent, dans les deux textes pontificaux, des illustrations très concrètes qui mériteraient un long commentaire que je ne peux pas donner ici. Je ne reviendrai pas sur le *deuxième* ni le *troisième* principe, faciles à comprendre, car ils disent *à la fois* la visée messianique de notre création – le Règne de la paix de Dieu qui consiste à dépasser nos conflits – et le risque de confondre nos idéologies ou utopies avec le réel de notre quotidien où se joue concrètement notre avenir. Je garderai pour la dernière partie le commentaire du *premier* principe qui porte sur le temps et l'espace.

Le quatrième principe – « le tout est supérieur à la partie » (*EG*, 234-237) – et le passage du modèle de la sphère à celui du polyèdre ont été largement commentés au chapitre précédent, précisément en lien avec l'approche stylistique du réel. Nous y avons déjà insisté sur la distance qui se creuse alors entre, d'un côté, l'univers *homogène* et *unidimensionnel* de la Constitution pastorale, univers dominé non pas par le paradigme technocratique mais par une « doctrine » (encore que les deux puissent cohabiter et se renforcer mutuellement), et, de l'autre, le monde différencié de l'Exhortation *Evangelii gaudium* qui tente de s'ajuster à « *chaque chrétien*, en quelque lieu ou situation où il se trouve » (*EG*, 3), voire à « *chaque personne* qui habite cette planète » (*Lsi'*, 3) et qui, s'intégrant dans des rapports sociaux et environnementaux toujours plus larges, y trouve et maintient son « originalité ».

Il y a cependant encore une autre raison, donnée avec le passage de la sphère au polyèdre, qui conduit le pape à envisager la réalité autrement que la Constitution *Gaudium et spes* : l'opposition, aujourd'hui nécessaire, par rapport à un « anthropocentrisme despotique » ou « dévié » (*Lsi'*, 68, 69, 118, 119 et 122) qui se manifeste en particulier dans l'omniprésence du paradigme « technocratique » et du « mythe du progrès » (*Lsi'*, 60 et 78). Cette distance se laisse résumer par les deux formules suivantes : « Croyants et incroyants sont généralement d'accord sur ce point, tout sur la terre doit être ordonné à l'homme comme à son centre et à son sommet » dans *Gaudium et spes*, 12 § 1, alors que *Laudato si'*, 93, apporte la correction suivante : « Aujourd'hui croyants ou non croyants, *nous* sommes d'accord sur le fait que la terre est essentiellement un héritage commun dont les fruits doivent bénéficier à tous. » L'encyclique ne connaît pas encore la terminologie géologique de l'« anthropocène », utilisée à plusieurs reprises dans ce parcours. Mais tout son enseignement la présuppose, en tirant les conséquences pour les sociétés et la tradition chrétienne.

Pluralisme et dialogue social

L'insistance sur la *pluralité* des cultures et styles de vie ainsi que sur ce qui est infiniment *concret* et *divers*, sans jamais renoncer au « tout », compris de manière polyédrique (si je puis dire), nous conduit directement vers la deuxième partie du chapitre IV d'*Evangelii gaudium* qui traite tout naturellement du « *dialogue social* comme contribution à la paix ». Nous y retrouvons bien évidemment les trois ou quatre types de relations vitales qui nous constituent et, surtout, les deux plans – nos « styles de vie », constitutifs de nos cultures, et leur *spécification* chrétienne (« le style de vie *de l'Évangile* ») –, déjà abordés dans la première partie de ce chapitre. Car parler de dialogue social exige que nous nous demandions comment *entrer*, avec ce que nous sommes, en dialogue avec les autres composantes religieuses ou non de la société. La question, posée dès le départ de ce chapitre – *comment* l'Évangile du Règne de Dieu peut-il s'introduire effectivement dans notre réalité sociale, économique et politique ? – revient donc ici sous une modalité plus spécifique.

François l'aborde d'une manière neuve ; nous l'avons déjà vu au chapitre précédent[1]. Certes, il ne nie pas l'importance de la question de vérité. Mais ce n'est pas par ce biais qu'il entre dans le dialogue avec les autres composantes de la société, mais en proposant le « style de vie évangélique » *parmi les « ressources »* dont dispose l'humanité pour traverser la crise sociale et écologique à laquelle elle est confrontée (*Lsi'*, 62-64). L'argument qu'il a pour lui est la *complexité* de la crise et une *vision multidimensionnelle de l'homme au sein de la création* qui exige une pluralité d'interprétations et donc une multitude d'apports concrets, *tous* les acteurs concernés, *toutes* les disciplines intellectuelles et *toutes* les sagesses – et pas seulement les sciences et les techniques – devant avoir voix au chapitre dans le dialogue social. C'est en comptant sur le travail de la sagesse[2], à l'œuvre dans les cultures et dans l'ensemble des traditions religieuses, y compris dans le récit biblique, que la vérité, toujours comprise sous sa figure incarnée et concrète, pourra advenir. Car la question centrale dans les mutations à délibérer en société est la « *motivation* pour la protection de la nature et des sœurs et frères les plus fragiles » et l'énergie intérieure qui l'entretient.

On aura compris, je l'espère, quelle posture à la fois humble et exigeante l'Église se donne ici dans le dialogue social : « ni le Pape, ni l'Église ne possèdent le monopole de l'interprétation de la réalité sociale ou de la proposition de solutions aux problèmes

1. Voir p. 186 s.

2. On retrouve ici la conviction exprimée par Jean XXIII dans son discours d'ouverture au Concile.

contemporains », lisons-nous au chapitre IV d'*Evangelii gaudium*, à la fin de sa longue introduction (*EG*, 184) ; et dans *Laudato si'*, François ajoute à deux reprises que l'Église « comprend qu'elle doit *écouter* puis *promouvoir le débat…* » (*Lsi'*, 46 et 188)[1].

En conclusion de cette partie, on peut donc retenir ceci : les deux textes du pape François ne se contentent nullement d'une argumentation biblique mais développent un vrai enseignement social qui est particulièrement attentif à sa *recevabilité universelle*. L'Exhortation et l'Encyclique réussissent ce pari grâce à un nouvel intérêt pour le récit de la création et une philosophie sociale, exposés tous les deux à distance de l'approche anthropocentrique et homogène de la Constitution *Gaudium et spes*. La différence porte sur la manière de donner droit de cité à l'altérité et à ce qui est divers et pluriel – signifiée par la métaphore du polyèdre – et donc au dialogue social qui, s'il est mené en vérité, ne peut qu'introduire la foi chrétienne comme « ressource » vitale ou comme style de vie, fondé sur le principe de « gratuité ». Ce qui me conduit vers une brève dernière partie.

La mutation de l'enseignement social de l'Église

Compte tenu des évolutions que je viens d'expliciter, quel sens le pape François donne-il finalement à l'expression « enseignement » ou « magistère social » de l'Église ? Tout ce qui précède montre que l'expression classique « enseignement social de l'Église » ou « Magistère social de l'Église » a changé de signification. Même si François utilise à plusieurs reprises le terme de « Doctrine sociale de l'Église », il ne lui donne jamais la signification d'un « corpus doctrinal » certes évolutif mais « objectif », au sens où il existerait en dehors de son interprétation, de sa réception ou de son application concrète, en quelque sorte « en surplomb » par rapport à l'aventure toujours concrète de l'humanité.

Il me semble que le premier des quatre principes évoqués plus haut – « Le temps est supérieur à l'espace » – lui donne son « statut » nouveau :

1. C'est une allusion à *Gaudium et spes*, 33 § 2.

> Ce principe permet de travailler à long terme, sans être obsédé par les résultats immédiats. Il aide à supporter avec patience les situations difficiles et adverses, ou les changements des plans qu'impose le dynamisme de la réalité. Il est une invitation à assumer la tension entre plénitude et limite, en accordant la priorité au temps. Un des péchés qui parfois se rencontre dans l'activité sociopolitique consiste à privilégier les espaces de pouvoir plutôt que les temps des processus. Donner la priorité à l'espace conduit à devenir fou pour tout résoudre dans le moment présent, pour tenter de prendre possession de tous les espaces de pouvoir et d'auto-affirmation. C'est cristalliser les processus et prétendre les détenir. Donner la priorité au temps c'est s'occuper d'*initier des processus plutôt que de posséder des espaces.* [...] Il s'agit de privilégier les actions qui génèrent les dynamismes nouveaux dans la société et impliquent d'autres personnes et groupes qui les développeront, jusqu'à ce qu'ils fructifient en événements historiques importants. Sans inquiétude, mais avec des convictions claires et de la ténacité [*EG*, 223].

« Initier des processus plutôt que de posséder des espaces. » Outre le gouvernement pontifical de François, cette formule désigne aussi le statut de son enseignement social qui ne se présente pas sous la *forme* d'un enseignement à écouter et à appliquer, mais comme une *voie* ou *initiation* d'un processus ouvert qui réussit s'il implique d'autres capables de se laisser interpeller par les événements du moment ou de plus grande envergure. C'est donc la forme ou le style de cet enseignement qui me semblent décisifs. Trois traits de ce style me paraissent particulièrement caractéristiques :

1. Les deux textes du pape François proposent un chemin *de conversion* dont l'enjeu fondamental est l'attitude spirituelle déterminante de la « sortie de soi ». C'est ainsi que commence le parcours biblique du premier chapitre de l'Exhortation *Evangelii gaudium*, qui porte sur « la transformation missionnaire de l'Église » (Une Église « en sortie », n° 20-23) et que débute également le dernier chapitre de *Laudato si'* sur « Éducation et spiritualité écologique » : « Il est toujours possible de développer à nouveau la capacité de sortir de soi vers l'autre [...] », rassure le pape tous ses interlocuteurs – et non seulement les chrétiens.

> L'attitude fondamentale de se transcender, en rompant avec l'isolement de la conscience et l'autoréférentialité, est la racine qui permet toute attention aux autres et à l'environnement, et qui fait naître la réaction morale de prendre en compte l'impact que chaque action et

chaque décision personnelle provoquent hors de soi-même. Quand nous sommes capables de dépasser l'individualisme, un *autre style de vie* peut réellement se développer et un changement important devient possible dans la société [*Lsi'*, 208].

Pour rendre possible cette conversion « spirituelle », il ne suffit pas de rester sur un plan intellectuel ou de brandir la loi ; il faut parler un langage expérimental et tenter de rejoindre le cœur et la sensibilité affective et déjà spirituelle des interlocuteurs ; ce que le pape réussit grâce au type de langage direct qu'il adopte et aux gestes qu'il pose, s'y impliquant très personnellement. Bref, c'est la « cohérence » et l'exigence éthique et spirituelle de cette « cohérence » qui est le moteur des analyses présentées et des solutions proposées. Et si François s'adresse, à partir de ce centre spirituel, à l'intelligence et à la capacité d'analyse de tout un chacun et des spécialistes de telle ou telle discipline, c'est toujours dans la conscience qu'ils sont divers, situés dans une diversité de cultures et de situations concrètes. Il lui faut donc adopter une forme ou un style polyédrique pour s'adresser à eux.

2. Ce style, François le caractérise aussi et surtout dans les termes « prophétique et contemplatif », jamais l'un sans l'autre ; et d'abord comme « prophétique », à condition cependant de ne pas annexer ce qualificatif que le pape applique par exemple à la Déclaration de Rio sur l'environnement et le développement. Je n'ai pas besoin d'insister sur ce trait, plutôt critique ; car il en a été déjà amplement question.

Le fait de considérer l'Évangile comme une « ressource » vitale dans la crise actuelle n'empêche pas de prendre en considération son potentiel critique et alternatif. Au contraire, c'est en exerçant cette critique d'un anthropocentrisme dévié qu'on découvre que l'Évangile est d'abord une « ressource » de bonté radicale déjà à l'œuvre dans les sagesses humaines. C'est pour cela que le prophétisme mis en œuvre par *Laudato si'* se situe à distance du catastrophisme et de la collapsologie « apocalyptique », insistant plutôt sur les forces de « résilience » qui sommeillent dans l'humanité et dans la création (*Lsi'*, 205 et 61).

3. Cet acte d'espérance annonce le troisième trait du style chrétien que les textes résument en invitant à un regard contemplatif sur le réel, « capable d'apprécier profondément les choses sans être obsédé par la consommation » (*Lsi'*, 222).

L'unité ultime de l'enseignement social réside dans cette capacité de percevoir la profondeur des relations vitales qui nous constituent comme êtres créés et, éventuellement, à l'écoute de l'Évangile du Règne de Dieu, notre relation cordiale avec ce qui est le plus fragile, les pauvres de toutes sortes et la terre, constituant le terrain privilégié de la contemplation chrétienne. Dans les deux textes, François traverse toutes les strates de profondeur du réel, tout en concentrant toujours son regard sur ce qui est le plus concret. On pourrait donner ici de nombreux exemples de ses analyses de type phénoménologique[1], aujourd'hui à compléter par ce qu'il dit des cultures amazoniennes[2].

Je termine en espérant avoir pu montrer que les deux textes du pape François ont fait muter de l'intérieur le *concept même d'enseignement social de l'Église* : 1. par son unification théologique, opérée grâce à son inscription dans la globalité de nos Écritures ; 2. par une manière de lui assurer une recevabilité universelle ; et enfin 3. par sa capacité déjà avérée d'initier des « processus » de conversion sociale, au lieu de proposer une synthèse achevée (voir *Lsi'*, 121). Il reste donc aux lecteurs à s'interroger : comment, à leur tour, peuvent-ils rendre ces processus possibles, dans les lieux qui sont les leurs ?

---

1. Voir *Lsi'*, 44 s. (dégradation des villes), 150 s. (aménagement des espaces et lieux publics) ; voir aussi *EG*, 71-75.

2. Voir l'Exhortation apostolique postsynodale *Querida Amazonia*, Paris, Éd. du Cerf/Mame, Fleurus, 2019.

IX

POUR UN NOUVEL HUMANISME OU L'APPEL UNIVERSEL À LA SAINTETÉ

Une reprise originale du chap. V de la Constitution *Lumen gentium*

La Toscane, Florence en particulier, peut être considérée comme berceau de l'humanisme européen. Il suffit de mentionner l'héritage de ces grandes figures que sont Dante Alighieri, né dans cette ville au génie particulier, et Giovanni Pic della Mirandola qui y a terminé sa vie. Or, dans sa rencontre avec les participants au Vᵉ Congrès de l'Église italienne, en 2015, dans la Cathédrale Santa Maria del Fiore [1], le pape François a évoqué un *nouvel humanisme*, déjà appelé de ses vœux devant le Conseil de l'Europe, l'année précédente. Sans doute le premier humanisme qui a engendré l'anthropocentrisme occidental a-t-il besoin d'être revisité. Tout en nous remémorant sans cesse les valeurs qu'il a générées et leurs institutionnalisations politiques – droits de l'homme, liberté, égalité et fraternité, ainsi que nos constitutions démocratiques –, nous devons aussi nous interroger sur les terribles perversions qui se sont produites dans sa zone d'influence et l'incapacité grandissante de nos sociétés européennes à y porter remède.

À l'arrière-plan de ces paralysies se situe un véritable « changement d'époque » – « pas une époque de changements mais un changement d'époque », lisons-nous dans le discours pontifical –, changement qui ne s'est pas arrêté devant les portes de l'Église et se manifeste aujourd'hui dans une crise systémique de celle-ci : la pédocriminalité occupe certes le devant de la scène ; mais les

1. Voir le texte sur le site du Vatican : www.vatican.va

changements de mode d'appartenance à l'Église, voire des prises de distance par rapport à elle sont bien plus anciens, sans parler des difficultés de la communauté chrétienne à faire retentir l'Évangile, de sorte qu'il puisse rejoindre le cœur des gens. D'où l'appel constant du Saint-Père à une *réforme* de l'Église à partir du « centre de la foi », le kérygme ou l'Évangile, comme il dit dans ce même discours ; une réforme qui corresponde au « changement d'époque » auquel nous assistons et conduise à inventer un *nouveau* style de vie chrétienne dans le monde contemporain et une *nouvelle* manière d'y être présent ; style ou manière dont le socle et l'effet pourront être reçus par nos contemporains comme un *nouvel humanisme.*

Retenons la structure triangulaire qui se dégage des différents pôles qui viennent d'être évoqués et qui, en raison de leur articulation plus ou moins ajustée, donnent à la *tradition chrétienne* sa mobilité intérieure et l'ouvrent à la créativité humaine : l'Évangile de Dieu, tel qu'il s'incarne dans l'itinéraire du Christ Jésus, l'*Ecce homo* ; ses destinataires, à savoir le contexte où il faut l'annoncer ou nos « Galilée » d'aujourd'hui ; et l'Église qui l'annonce, peuple de Dieu doublement « décentré » et donc à l'écoute de l'Évangile, d'un côté, et à l'affût des aspirations et inquiétudes qui s'expriment dans nos sociétés, de l'autre. Il faut commencer par ces dernières et y lire des « signes des temps », pour pouvoir ensuite s'interroger sur l'Évangile de Dieu et la manière ecclésiale de le rendre « présent », de le rendre présent au sein de nos cultures contemporaines, précisément sous la forme d'un nouvel humanisme.

Pour un diagnostic du moment présent

Le discours florentin du pape François, situé dans les traces de son Exhortation apostolique *Evangelii gaudium*, a connu d'importants développements ultérieurs. En particulier sa formule, déjà citée, que « nous ne vivons pas une époque de changements, mais un changement d'époque » a été explicitée dans le préambule de la Constitution apostolique *Veritatis gaudium* (2017). Celle-ci parle d'un « changement d'époque, marqué par une “crise anthropologique” et “socio-environnementale” globale dans laquelle nous rencontrons chaque jour davantage "des symptômes d'un point de rupture à cause de la rapidité des changements et de la dégradation qui se manifestent tant dans les catastrophes naturelles régionales que dans les crises sociales ou même financières". Il s'agit en définitive de "convertir le modèle de développement global" et de "redéfinir le progrès"», continue-t-il : « Le problème est que nous n'avons pas encore la culture nécessaire pour faire face à cette crise, et il faut des *leaderships* qui tracent des chemins » (*VG*, 3).

Nous reviendrons sur ce diagnostic d'une grande lucidité. Mais notons déjà le lien intime que le pape établit entre la crise anthropologique et la crise socio-environnementale. Nous pouvons adopter ici le terme encore controversé d'« anthropocène » qui désigne une nouvelle époque géologique de la terre : après l'âge de l'« holocène » (les douze mille dernières années), la terre subit – *en tant que système* – les effets de la démographie, de la technologie, etc., autant d'actions humaines devenant la force géologique dominante. Cet impact, l'épître aux Romains le désigne en faisant entendre le « gémissement de la création tout entière » (Rm 8, 22) ; tandis que saint François et l'encyclique *Laudato si'*, parue peu avant le Ve Congrès de l'Église italienne, parleront de la clameur de la terre. Reliant cette clameur aux cris des pauvres, dans toute la tradition chrétienne destinataires privilégiés de l'Évangile, l'encyclique montre qu'on ne peut jouer, l'une contre l'autre, l'écologie et l'économie ; c'est là son intuition révolutionnaire.

Au point où nous en sommes, il faut d'abord enregistrer la différence de ce diagnostic par rapport à l'humanisme anthropocentré de la Constitution pastorale *Gaudium et spes* du concile Vatican II. Celle-ci ne connaît pas encore la crise de l'humanisme occidental et n'est pas non plus touchée par les problèmes écologiques et ceux, très nouveaux, que posent les évolutions récentes des technosciences. Un *nouvel humanisme* doit prioritairement prendre en considération l'unicité de *nos fragiles itinéraires individuels* qui se déroulent dans la pénombre de nos sociétés, perspective totalement absente de *Gaudium et spes* (1.). Ces fragilités sont à l'image de celles de nos sociétés européennes, confrontées non seulement aux *problèmes du « vivre-ensemble »*, mais aussi à la *fascination pour les techno- et biosciences et aux craintes écologiques* (2.), ces deux derniers défis mettant à rude épreuve notre sens éthique lorsqu'il s'agit de savoir ce qu'il convient de faire ici et maintenant *et* pour la vie des générations futures sur notre planète. Reprenons rapidement ces deux facettes de notre situation actuelle en laissant la foi y discerner « les signes véritables de la présence et du dessein de Dieu » (*GS*, 11 § 1)[1].

1. Commençons notre diagnostic en mettant notre projecteur sur *nos fragiles itinéraires individuels* et partons du fait élémentaire que nous n'avons qu'*une seule vie*. Ce fait est parmi les plus évidents de tout ce qui s'impose à nous, mais sans doute le moins accessible à notre conscience, car c'est en oubliant quotidiennement cette limite que nous avançons sur la route de nos combats pour la vie. Nous risquons cependant de ne plus percevoir, dans le « train-train » de tous les jours, ce que représente l'unicité d'une vie humaine, *unique car s'étendant entre la naissance et la mort.* Ordinairement, la naissance d'un enfant est un grand moment de grâce, l'apparition unique d'une vie nouvelle étant reçue par les parents, la famille et l'environnement social comme un *don* inouï, porteur d'une promesse dont l'accomplissement est imprévisible et indicible.

Il faudra donc qu'une « foi élémentaire » se joigne à cette vie nouvelle pour porter l'inaccompli de cette promesse dont, par ailleurs, les contours ne peuvent être déterminés à l'avance. L'humanisme biblique et chrétien consiste précisément à avoir relié intimement le caractère bon et prometteur de chaque vie et l'interdiction de s'en faire une image : « L'homme est créé à l'image et à la ressemblance de Celui dont il n'a pas le droit de se former une image » (Gn 1, 26-27 et Dt 4, 15-18). C'est à l'homme lui-même de donner forme à son existence, processus difficile et complexe, car les conditions de départ dans lesquelles il se trouve sont inévitablement limitées, et imprévisibles les aléas relationnels et les événements qui, tout au long de sa vie, vont se produire. Il est donc décisif, pour la poursuite de la route, que la « foi élémentaire », attachée à la bonté foncière de la vie, naisse *en* lui ; émergence mystérieuse, car à la fois suscitée par la bonté de la voix parentale *et* devant venir de l'intérieur même du petit d'homme, quand il apprend à marcher et à parler et est « éduqué »

---

1. Pour davantage de précisions, voir Chr. THEOBALD, *Urgences pastorales*, p. 231-290 ; ID., *Europe, terre de mission. Vivre et penser la foi dans un espace d'hospitalité messianique.*

(c'est-à-dire « conduit à la sortie ») pour devenir capable de tenir debout dans la société ; car personne ne pourra vivre l'aventure de sa vie à sa place.

On pourrait confondre l'instinct de survie et cette « foi » ou « confiance » élémentaire. L'être humain connaît en effet de grandes étapes de calme où son existence se déroule quasi-automatiquement et sans questionnement particulier. Mais les *moments de crise* sont incontournables, au sens biomédical de ce terme qui signifie un déséquilibre entre deux états de maturité ou d'équilibre toujours relatif. Nous passons de la petite enfance à l'enfance et de l'enfance et à l'adolescence ; le seuil qui nous sépare de l'âge adulte est difficile à traverser, car trouver aujourd'hui un travail qui permette au sujet de se réaliser et de subvenir à son existence, rencontrer un(e) partenaire, fonder une famille ou trouver une autre « voie », tout cela est devenu un véritable parcours du combattant connaissant des reculs et des avancées. Après la phase générative (dans tous les sens du terme) vient celle d'un premier retrait, l'âge souvent très actif de la retraite qui ouvre de nouvelles possibilités, mais consiste aussi dans l'apprentissage des limites, avant qu'arrive la nouvelle étape que l'allongement de la vie nous offre, celle du quatrième âge et son aboutissement certain, mais toujours imprévisible. À ces crises de « passage » ou de « maturation » s'ajoutent celles, plus ou moins importantes, qui résultent des succès et des échecs de nos projets. Et il y a, finalement, les innombrables événements qui se produisent à l'improviste et qui, tantôt de manière heureuse, tantôt de façon néfaste, infléchissent l'orientation de notre route que nous croyions si bien déterminée.

C'est dans ces diverses situations de « crise » – terme auquel il faut enlever sa connotation immédiatement négative – qu'apparaît plus nettement la distinction entre un simple instinct de survie et la « foi » ou la « confiance » élémentaire. Car c'est dans ces moments, appelés parfois « situations d'ouverture » *(disclosure situations)*, que s'ouvre comme une fenêtre sur la totalité unique de l'existence, à la fois donnée *et* absente dans ces contours ultimes : le sujet est « appelé » à redonner sens à sa vie, à réactiver la « confiance » et à se positionner face à la bonté originaire de la vie et à la promesse qu'elle inclut. Dans ces émergences de « foi » et de « confiance » élémentaires, le discernement chrétien peut repérer des « signes » discrets de la présence de l'Esprit.

2. Ce qui vient d'être dit de la confiance élémentaire vaut *a fortiori* pour nos sociétés contemporaines. Privées de leur « enveloppe religieuse » et exposées à un « vide » – le « vide » de leur avenir –, elles doivent tirer profit de la diversité interne des orientations spirituelles de tous leurs membres. Or, simultanément et en lien avec ces grandes mutations spirituelles, des « puissances » inédites ont émergé. Elles s'appuient sur un *nouveau rapport de l'homme à l'« ici-bas »*, désormais dominé par les sciences et les techniques et, dans leur sillage, par le marché des biens et le monde de la finance qui, étant devenu anonyme, échappe pour une large part à tout contrôle politique. Dans cette situation inédite, deux indicateurs majeurs caractérisent notre traversée collective : la profonde crise de *confiance* qui ébranle notre vivre-ensemble et la menace qui pèse sur notre avenir commun en raison de l'extrême gravité de la *crise écologique* et de la fascination « anesthésiante » qu'exercent, sur une bonne partie de l'humanité, les évolutions exponentielles de nos *techno- et biosciences*.

La confiance d'une société est un phénomène complexe qui traverse et mobilise tous les niveaux du vivre-ensemble : elle entre en jeu dès que nous nous fréquentons anonymement dans la rue, au travail, dans les lieux publics ou les moyens de transport ; elle est à l'œuvre quand nous nous fions à nos institutions *et* à celles et ceux qui les portent, nous apportant le sentiment d'un minimum de stabilité et nous impliquant dans l'« invention » d'un avenir commun ; elle est entretenue ou minée par l'ensemble des discours publics, nos mass media et nos réseaux sociaux (pensons aux *fake-news*). Parfois il suffit de peu pour faire chavirer la confiance… Toute nouveauté, tout imprévu met sa solidité silencieuse à l'épreuve : l'étranger, le réfugié, l'immigré, etc., mais aussi le pauvre, le malade ou le handicapé sont porteurs de cet inattendu et, à ce titre, des révélateurs vivants de l'« état de confiance » d'une société donnée.

Se forme ainsi, se décompose et se recompose sans cesse tout un « climat » commun, décrit par les termes météorologiques ou médicaux de haute et de basse pression, de dépression, de mélancolie ou d'euphorie, etc., avec ses nuances et ses mesures diverses ; climat qui nous donne l'impression que la confiance ou les attaques qu'elle subit, voire sa perte, sont des « actes » ou des « épreuves » qui affectent le « corps social » tout entier. C'est lui, tout entier avec ses « représentants » divers, qui est le quasi-sujet de ce climat de confiance ou de peur. Nos sociétés ne fonctionnent et ne vivent pas seulement ni même d'abord grâce à tel ou tel projet ou programme de réforme socio-économique et culturel maniable et manipulable à volonté, mais déploient le meilleur de leurs « énergies » quand elles peuvent s'appuyer sur un haut degré de confiance des concitoyens les uns vis-à-vis des autres et de tous vis-à-vis de chacun, etc.

On a pu croire pendant de longs siècles que les nations européennes seraient pérennes, tandis que les individus n'auraient qu'une seule vie. Or, l'humanisme européen, qui a fourni à notre culture un socle spirituel incontesté, se dérobe sous nos pieds ; les bouleversements du XXe et du début du XXIe siècle nous font progressivement comprendre que nos sociétés ne sont pas immortelles et que la civilisation européenne tout entière peut sombrer dans la décadence, la violence et la mort. S'ajoutent à cela les deux phénomènes contradictoires, déjà évoqués, la crise écologique et le dispositif des techno- et biosciences, qui semblent sonner le glas de « l'exception humaine » au sein du monde animal. Comment ne pas être fasciné par ces possibles quasi illimités que ces dernières nous offrent et ne pas éprouver *en même temps* un sentiment d'appréhension et de crainte devant des effets pervers, des sanctions écologiques irréversibles et déjà bien perceptibles, devant des disparitions de territoires entiers, de vies humaines en masse, de beaucoup d'espèces vivantes… et un emballement simultané du monde de la vie sur notre globe que l'on ne maîtrise plus !

Comme pour l'individu, la question qui se pose à nos sociétés est donc celle d'une « confiance » ou d'une « foi » élémentaire, voire d'une « espérance » : source spirituelle qui a irrigué les fondateurs de l'Europe ou tel mouvement ou personnalité mais qui reste aujourd'hui inaccessible *si elle n'émerge pas de l'intérieur et du plus profond de nos collectivités nationales et régionales*. Pour utiliser une analogie : comme la traversée individuelle de nos existences aboutit à une certaine *maturité* quand la « foi élémentaire », attachée à la bonté foncière de la vie, naît *en* quelqu'un et devient *en lui* source de vie, ainsi le corps social accède-t-il à un certain épanouissement quand son vivre-ensemble n'est plus seulement fondé sur une loi extérieure mais sur une véritable confiance partagée et une confiance partagée en l'avenir. Dans ces émergences, le discernement chrétien peut à nouveau repérer des « signes » discrets de la présence de l'Esprit. S'engageant ainsi dans un diagnostic sans fard de la situation actuelle de nos sociétés, l'Église peut recommencer à s'interroger sur l'impact possible de l'Évangile qu'elle est appelée à annoncer, « à temps et à contretemps » (2 Tm 4, 2).

Rendre l'Évangile « présent »...

Le moment est alors venu d'attirer l'attention sur une spécificité de la tradition chrétienne dont nous avons déjà perçu la « structure triangulaire ». En raison de son insistance sur l'Incarnation, elle ne peut pas séparer l'Évangile de Dieu *et* ceux et celles qui l'annoncent. L'Évangile – cette nouvelle toujours nouvelle d'une bonté inconditionnelle qui, dans un monde traversé par le mal, ne peut avoir pour garant que Celui que nous appelons « Dieu » – n'existerait pas dans notre histoire s'il n'était pas rendu effectivement « présent » : d'abord par le Christ Jésus lui-même, ensuite – et en son nom – par les siens, à savoir par son Église.

La tradition chrétienne n'est pas une religion du « livre », fût-ce la religion de la Bible, uniquement disponible à ceux qui savent la lire, ni celle d'une « doctrine complexe » – comme dit le pape François –, d'une doctrine qui perd sa nouveauté au moment même où on en a pris connaissance. Non, l'Évangile est une « présence » *(parousia)* de personnes en relation habitées par lui, une « présence » *ecclésiale* toujours nouvelle parce qu'en situation, ici et maintenant. Seule une telle « présence » concrète au milieu des hommes et des femmes et au sein de nos sociétés en manque de confiance pourra être à la hauteur du diagnostic qu'on vient de proposer et rétablir la crédibilité de l'Église, largement perdue dans la crise que nous traversons.

C'est précisément à l'endroit où la « lettre » de nos Écritures et de nos doctrines renvoie à un *ici et maintenant*, à savoir à une *mise en forme effective et concrète de nos existences, toujours uniques et en présence d'autrui,* qu'intervient la notion de « style » : *le christianisme comme style* [1]. La sensibilité stylistique

---

1. Voir Chr. Theobald, « Il cristianesimo come stile. Uno sguardo sulla "teologia" di papa Francesco », dans *Misericordiae vultus. I Giubileo di papa Francesco*, Rome, Istituto della Enciclopedia Italiana fondata da Giovanni Treccani, 2016, p. 15-34 ; voir aussi id., *Le christianisme comme style* ; id., *Spiritu di Santità. Genesi di una teologia sistematica*, Bologna, EDB, 2017.

émerge donc dans les « absences » ou « points aveugles » du concile Vatican II, pointés à l'instant par notre diagnostic du moment présent. Pour le montrer, il me faudra apporter quelques précisions concernant la notion de « style », héritée de l'art et de l'esthétique, et surtout montrer en quoi elle permet de mettre en valeur les traits qui caractérisent le Christ Jésus en son « unicité » et nos existences croyantes chaque fois uniques (1.), avant de revenir sur le *nouvel* humanisme prôné par le pape François (2.).

1. Le premier à avoir introduit le concept de « style » au centre de la théologie catholique est Hans Urs von Balthasar. Il le situe précisément *au point de contact* entre l'Évangile et celui ou celle qui y croit et le rend de ce fait « présent ». Le « style » dit donc la « concordance » d'une existence croyante avec elle-même, ultimement la concordance entre la mission du Christ Jésus et son existence, entièrement obéissante à son Père ; il dit *aussi et en même temps* la capacité de la foi de percevoir cette « concordance » du vis-à-vis avec lui-même. Balthasar parle ici de la « perception de l'art divin ou de la sainteté façonnée par Dieu ».

À regarder de plus près, le concept « esthétique » de « style » s'impose dès qu'on est face à la *singularité* de telle œuvre, de tel auteur ou, plus simplement de telle personne unique, face à son « allure », pourrait-on dire, qui ne relève plus d'une comparaison classificatrice, mais de la manifestation d'une *unicité* incomparable et d'une véritable *innovation.* C'est précisément *ce* qui est à percevoir dans la manifestation de la figure du Christ : son *unicité incomparable* de Fils unique du Père et la *nouveauté toujours nouvelle* de son Évangile. L'unicité et la nouveauté de telle œuvre ou de telle personne ne peuvent cependant déployer leur impact propre que dans un *événement de rencontre* où le spectateur, l'auditeur ou simplement l'autre rencontré se laissent *impliquer* dans le processus même de la création de l'œuvre ou de la mise en forme de l'existence, tel qu'il est proposé dans la rencontre. C'est encore le cas dans la relation entre Jésus et ceux et celles qu'il rencontre sur sa route : entre lui et « quiconque », et entre lui et ceux qu'il appelle à devenir ses disciples en vue d'une œuvre commune qui consiste à laisser advenir, ici et maintenant, le Règne de Dieu. Et enfin, cet impact d'une œuvre chaque fois unique sur le récepteur ou d'une personne sur une autre – dont elle libère les forces créatrices – se produit *dans le monde.* Le style de quelqu'un peut se résumer dans une « manière d'habiter le monde » et d'orienter celui-ci vers une de ses parts essentielles ; « opération » de *métamorphose* – de transfiguration – qui crée un monde *autre*, le monde tel que l'artiste l'habite. Or, c'est exactement ce qui se passe dans la rencontre entre Jésus et les siens : « les aveugles voient, les sourds entendent… » (Lc 7, 22) ; une nouvelle manière d'habiter le monde y émerge : « Le monde ancien s'en est allé, un nouveau monde est déjà né » (2 Co 5, 17).

L'analogie entre l'œuvre d'art, l'artiste et le style de Jésus repose évidemment sur l'idée de « concordance ». C'est la concordance entre la *forme* et le *fond* qui fait la valeur stylistique d'une œuvre d'art comme l'accord entre l'allure de quelqu'un et sa grandeur d'âme fait ce qu'on appelle son authenticité. Ceux qui ont rencontré Jésus lors de son activité de prédicateur et de thaumaturge itinérant ne se sont pas trompés à son sujet : « Jamais homme n'a parlé comme cet homme », disaient les gardes du Temple, incapables de se saisir de lui (Jn 7, 46). Cette *concordance de Jésus avec lui-même*, on doit l'appeler – avec Balthasar – *sa* « sainteté » ; on pourrait la traduire aussi comme « absence de mensonge » (Ap 14, 5) ou unité de pensées, de paroles et d'actes, voire plus simplement comme son « authenticité ».

Mais comme on vient de le voir, le style de Jésus, sa concordance avec lui-même qui manifeste son unicité, ne peut se déployer en sa nouveauté inépuisable que dans des *événements de rencontre* avec « quiconque » ainsi qu'avec ses disciples. On peut décrire ce deuxième trait stylistique de sa sainteté en termes d'*hospitalité*, particulièrement mise en œuvre dans l'évangile et les Actes de Luc. Tous les éléments constitutifs de ce phénomène s'y vérifient : l'*asymétrie* du départ ou la non-réciprocité entre celui qui demande l'hospitalité et celui qui l'offre ; le *risque* que prend l'accueillant, car il ne sait pas d'avance *qui* il accueille, *qui* est cet « hôte » qui se présente « chez lui » à l'improviste (risque enregistré par nos langues indo-européennes pour qui *hospes* [hôte] et *hostis* [ennemi] ont une même racine linguistique).

Au point de départ, l'hospitalité demande donc qu'on pose un acte de *confiance*, on pourrait même dire un acte de « *foi élémentaire* », acte qui prend de la profondeur au fur et à mesure que celui qui accueille prend conscience de la vulnérabilité de l'accueilli et se voit ainsi renvoyé à sa propre vulnérabilité. Consentant à livrer quelque chose de lui-même, peut-être à *se* livrer (à ouvrir son « chez soi »), il *peut* susciter la confiance d'autrui, l'aider à laisser tomber son armure (si je puis m'exprimer ainsi) et *se* livrer à son tour. *La confiance engendre la confiance...* C'est alors que *peut* advenir une symétrie, voire une véritable « réciprocité » entre les deux parties. *L'inversion* peut intervenir et rendre possible un type d'échange où celui qui accueille est accueilli par l'autre, comme c'est le cas de la pécheresse en Lc 7, 36-49, antifigure de Simon le pharisien. Mais cette inversion ne saurait être le produit pur et simple d'une stratégie qui la rendrait possible. *Il s'agit là d'un « événement » imprévisible qui relève du régime de la « gratuité », de cette gratuité qui est le cœur même de toute hospitalité.*

La gratuité manifeste ce qu'on peut appeler le *paradoxe de l'hospitalité*. Il y a, caché dans nos expériences d'hospitalité, un relent ou ressort de gratuité absolue – les anciens parlaient de *la loi inconditionnelle de l'hospitalité illimitée* – ; et on en trouve encore quelque chose dans « l'obligation légale de l'assistance à personne en danger ». Mais il faut respecter en même temps *les lois* de l'hospitalité, des droits et des devoirs, des coutumes et des mœurs toujours conditionnés par une culture donnée et donc conditionnels. Or, l'hospitalité de Jésus de Nazareth s'oriente nettement vers l'inconditionnalité quand, acceptant jusqu'au bout le risque de la vulnérabilité et la possible mutation de l'ami en ennemi – « il a plongé la main avec moi dans le plat, celui qui va me livrer » Mt 26, 23//) –, il met en jeu « toute » son existence. *C'est à ce point de basculement que son hospitalité se révèle comme étant sainte et sa sainteté comme hospitalière.* Étant donné la diversité historique des interprétations de l'attribut central du Dieu *saint* et de son peuple *saint* dans le judaïsme de l'époque de Jésus (Lv 19, 2) – qu'on pense aux sadducéens, à la communauté de Qumran, aux zélotes, aux pharisiens et aux chrétiens –, ce lien intrinsèque entre la sainteté et l'hospitalité vaut une désignation « stylistique », concentrée dans le premier titre messianique donné à Jésus, celui de « Saint de Dieu » (Jn 6, 69).

Un troisième trait stylistique de sa sainteté commence à s'éclairer ici. Maintenir, face à la violence de l'ennemi, l'authenticité et l'hospitalité, voire l'empathie comme capacité de se mettre à la place d'autrui sans quitter jamais sa propre place, cela implique un nouveau rapport à la mort et à la vie, tel que la Cène le ritualise et le Jésus johannique le proclame : « Personne ne m'enlève la vie mais je m'en dessaisis de moi-même »

(Jn 10, 18) ; mise en jeu de son existence ou don de soi qui est au fondement de la relation d'obéissance de Jésus à Celui qu'il appelle « Abba – Père ». Cet ultime acte eucharistique d'hospitalité se vit « dans le monde » (Jn 13, 1-5) et résume le style de Jésus, sa « manière d'habiter le monde » qui le *métamorphose* en même temps, l'« Église » pouvant alors devenir et redevenir sans cesse cet espace d'une hospitalité radicalement ouverte, « nouveau monde déjà né ».

Ce sont ces trois traits – authenticité ou concordance avec soi-même, hospitalité ou empathie avec autrui et liberté par rapport à la mort ou don de soi – qui caractérisent la « sainteté » du Christ Jésus, son « style » unique. Ceux qui entrent dans cet espace d'hospitalité du Nazaréen et se réfèrent librement à lui en tant que « Saint de Dieu » sont appelés à adopter son mode de « stylisation ». Ils ne manqueront pas d'avouer leur incapacité à suivre son élan de l'inconditionnalité jusqu'au bout, à reconnaître donc *en même temps* l'unique sainteté de Dieu et de son Unique. Mais leur sens stylistique leur révèle aussi que la « démesure » qui se cache dans l'existence du Christ Jésus est – effet de sa grâce – « à la mesure » de tant et tant de mesures, celle de chacun de nous devenant de ce fait « incomparable ».

2. On aura compris, je l'espère, l'enracinement profond de ce style dans notre humanité, confrontée inévitablement à la distinction entre un « chez soi » ou un « chez nous » – l'espace d'intimité dont nous avons tous besoin pour vivre – et un « ailleurs » qui est autre – l'espace d'autrui, son « chez soi » ou leur « chez eux » – ; ce qui suppose des *frontières* et des *barrières* de toutes sortes, pose la question : *comment* les traverser ? et suggère *l'issue de l'hospitalité*. Parler de sainteté *hospitalière* ou d'*hospitalité* sainte laisse donc paraître le *versant humaniste* de l'Évangile de Dieu, ces « lieux » au sein de nos sociétés et sur notre planète où, dans nos éthiques humaines et dans nos conditions souvent difficiles, *peut* émerger ce qui relève d'une gratuité inconditionnelle et d'une liberté à proprement parler théologale.

Nous retrouvons ici les trois « sentiments », évoqués par le pape François au début de son discours de Florence pour présenter certains traits de ce nouvel humanisme chrétien : l'humilité, le désintéressement et la béatitude. Les deux premiers se réfèrent à l'exhortation qui, chez l'apôtre Paul, précède l'hymne christologique de la lettre aux Philippiens ; l'hymne du périple du Christ

Jésus que le pape introduit au départ pour orienter le comportement des chrétiens, les invitant à contempler son visage : « Le visage d'un Dieu "vidé" qui a revêtu la condition de serviteur, humilié et obéissant jusqu'à la mort (Ph 2, 7). » Il s'agit d'« attitudes » *relationnelles* ou *hospitalières* : « Ne faites rien par rivalité, rien par gloriole » – nous connaissons bien ces ressorts profonds – « mais, avec humilité, considérez les autres comme supérieurs à vous » – ce qui est à la base du geste hospitalier. « Que chacun ne regarde pas à soi seulement, mais aussi aux autres » – c'en est la condition élémentaire – (Ph 2, 3-5). *Humilité et sortie du narcissisme autoréférentiel*, ces deux caractéristiques de la sainteté *hospitalière* sont enfin couronnées par un troisième sentiment, la béatitude ; à savoir une joie et un bonheur, acquis sur un chemin balisé par les « béatitudes », mais récompensé par la joie, comme celle – ai-je envie d'ajouter – qui surgit au moment où Zachée accueille Jésus dans sa maison. Le pape François a explicité ces quelques traits de l'humanisme chrétien dans son Exhortation apostolique *Gaudete et exultate* (2018 ; Mt 5, 12) où l'on retrouve non seulement les deux grandes tentations qui guettent le style chrétien, celle du pélagianisme et celle du gnosticisme, mais aussi un long commentaire des Béatitudes. Déjà dans son discours florentin, il parle de « la partie la plus humble de notre peuple » où « il y a beaucoup de cette béatitude : c'est celle de ceux qui connaissent la richesse de la solidarité, du partage même du peu que l'on possède, etc. » ; nous pourrions ajouter la béatitude qui émerge dans nos expériences d'hospitalité, particulièrement fréquentes dans les milieux populaires. L'Exhortation *Gaudete et exultate* prolonge cet intérêt pour ce qui se passe dans la pénombre de toute vie quotidienne, parlant des « saints de la porte à côté ».

On pourrait penser que ces trois « attitudes » ne concernent que la communauté chrétienne ; ce qui semble être le cas dans la lettre aux Philippiens. Mais dans son discours de Florence, le pape François dit explicitement : « Une Église qui présente ces trois traits – humilité, désintéressement, béatitude – est une Église qui sait reconnaître l'action du Seigneur dans le monde, dans la culture, dans la vie quotidienne des gens. » Nous touchons ici à un aspect fondamental de l'enseignement pontifical qui ne milite pas seulement en faveur d'un « humanisme *chrétien* » mais voit déjà naître, au sein de nos sociétés, un « *nouvel* humanisme », ou, pour le dire autrement, ne se contente pas d'une *Église qui offre l'hospitalité* à tous mais l'invite aussi à rendre l'Évangile de Dieu « présent » au sein de la culture, s'y rendant elle-même « présente » et y quémandant l'hospitalité. De cette inversion, il sera maintenant question dans la dernière partie de ce chapitre. Rendre l'Évangile « présent »...

... AU SEIN DE LA CULTURE ET DANS LA VIE QUOTIDIENNE DES GENS

Fort de ce qui vient d'être dit du « christianisme comme style », nous pouvons maintenant revenir aux deux versants du diagnostic : à ce qui a été dit de nos fragiles itinéraires individuels et de nos sociétés en manque de confiance. On ne peut pas nier que la culture contemporaine, formée de multiples microcultures, a pris des distances importantes par rapport au christianisme et à l'Église. Constatant son « exculturation », les sociologues distinguent aujourd'hui plusieurs types de rapport à la tradition chrétienne, parlant par exemple d'un christianisme patrimonial ou d'un christianisme de folklore à côté d'un christianisme éthique de valeurs, types d'appartenance qui marginalisent de plus en plus le christianisme ecclésial, voire théologal. Il convient du coup de distinguer plus nettement la foi au Christ Jésus des « christiens » que nous sommes de ce que j'ai appelé, dans mon diagnostic, « foi élémentaire » ou « confiance élémentaire » sans lesquelles ni un individu ni une société ne peuvent subsister. La foi chrétienne s'inscrit en quelque sorte *dans* la « foi élémentaire » ; devant être « autorisée » de l'extérieur *et* de l'intérieur, elle relève d'une même structure humaine que la « foi élémentaire ». Mais elle se situe à la suite du Christ Jésus, le « Saint de Dieu », et ne peut maintenir sa spécificité christique en dehors d'une « présence » ecclésiale au service de quiconque et de la société, en faveur de leur confiance et de leur foi élémentaire en la vie ; « présence » *hospitalière* dont il vient d'être question.

Il faut rappeler ici prioritairement ce qui a été dit plus haut du *régime de « gratuité » inconditionnelle* qui est le cœur même de toute hospitalité. Un nouvel humanisme comme ressort intime de notre culture ne se crée pas de toutes pièces et de manière volontariste. L'Évangile ne peut jamais être rendu présent à la manière d'un « implant » ; cela serait ajouter de la violence à la violence qui traverse nos cultures et y produit des îlots idéologiques de crispation face à la crise de confiance que vivent les individus et la société tout entière. La manière du Christ Jésus en Galilée est plutôt l'offre gratuite d'une hospitalité quotidienne et, davantage encore, la *demande humble et désintéressée d'hospitalité*, confiante en ce que la confiance engendre de la confiance et libère les forces créatrices du vis-à-vis ; ce qui a été déjà repéré plus haut comme signe discret de la présence de l'Esprit.

Plusieurs champs de notre vie quotidienne et de la culture contemporaine peuvent ainsi être irrigués par la « présence » de l'Évangile. J'en distinguerai deux types, m'inspirant de la distinction du pape François entre une « crise anthropologique » et une crise « socio-environnementale » : le premier terrain, ce sont nos espaces de socialisation humaine et le second, l'inextricable lien entre notre inhospitalité par rapport aux exclus et le refus de l'hospitalité que notre terre continue silencieusement à nous offrir.

1. Une « présence » gratuite des chrétiens auprès de leurs concitoyens peut avoir un impact important sur le climat global de la société et *rétablir la confiance*. Il faut cependant avoir à l'esprit que la confiance prend naissance dans des groupes relativement réduits, qu'elle est appelée à mûrir dans la rencontre de l'autre et grâce à la possibilité d'exercer sa raison critique dans les échanges, dans les débats aussi rudes soient-ils, et dans la délibération commune.

Le tout premier lieu de formation de la confiance est la *famille*. On peut certes réfléchir à la crise qu'elle traverse et, antérieurement, à celle du mariage. On peut alors évoquer la « culture du provisoire » et le manque de confiance en l'avenir qui entraînent la difficulté de s'engager, etc. On peut au contraire s'en tenir à la position pragmatiste du droit actuel qui consiste à constater simplement les séparations et à protéger la partie la plus faible, surtout l'enfant. Mais au lieu de s'aligner uniquement sur des raisonnements de type statistique qui ne cessent d'observer l'augmentation du nombre des divorces et le recul de la natalité en beaucoup de pays européens, ne convient-il pas de mettre collectivement davantage en valeur ce qui continue de se jouer en profondeur : la joie éprouvée lorsqu'une nouvelle génération advient et qu'elle est « engendrée » à la confiance en l'avenir ?

Ou encore de provoquer nos sociétés à reconnaître avec davantage de modestie qu'elles sont les héritières des générations précédentes et invitées à livrer aux générations nouvelles – avec créativité – ce qu'elles ont reçu ? C'est toute cette responsabilité historique, *liée à la suite des générations*, qui fait défaut aujourd'hui, laissant la place à un « présentisme » très nocif à la formation d'une confiance collective.

C'est l'*école* et plus globalement l'ensemble des processus de première formation, primaire, secondaire et universitaire, qui, pour une large part, prennent le relais de la famille. Nos sociétés investissent beaucoup d'énergie dans l'instruction de leurs jeunes membres pour les amener à devenir adultes et responsables de leur existence ; mais sont-elles suffisamment attentives à la formation de la confiance en l'avenir comme ciment spirituel du vivre-ensemble et de la vie bonne tout simplement ? Certes, l'échec scolaire et universitaire suscite beaucoup de réflexions et d'aménagements concrets, l'orientation des plus jeunes, ainsi que l'entrée dans la vie professionnelle, étant devenues des préoccupations constantes. Mais il n'est pas sûr que nos sociétés soient bien conscientes que leur système d'évaluation et de sélection des plus forts et de la valorisation de l'hyperactivité (souvent téléguidé par le libéralisme économique) a un impact profond sur la formation de tous les enfants et les jeunes, en prenant le risque de les priver du dynamisme spirituel d'une véritable confiance en l'avenir. C'est un château de cartes qui se construirait ainsi, si cette tendance prenait le dessus en laissant une partie de la jeunesse à la porte, sans souci de tisser un climat de confiance qui, seul, permet de se tenir ensemble, capables d'affronter toutes les épreuves.

Et l'apprentissage d'une *culture démocratique et laïque* ? Comment former non seulement le sens de l'égalité de tous et de la justice, mais aussi l'art du débat, de la délibération et de la décision collective ? On peut se demander si, dans la situation de crise du vivre-ensemble quasi permanente que traversent actuellement nos pays européens et leurs institutions, une attention aux « microclimats » n'est pas la toute première voie possible. Car c'est au niveau le plus élémentaire, surtout des communes, que la non-transparence et le schisme entre la population et ses dirigeants peuvent être plus aisément réduits, des osmoses entre associations et monde politique être favorisées, et l'intérêt pour le bien commun et la chose publique plus facilement suscité. À condition cependant que les acteurs locaux, politiques et sociaux soient plus proches de la vie quotidienne des citoyens, crédibles dans leur vie personnelle, détachés de leur propre carrière et capables d'intéresser tous leurs concitoyens au débat sur les questions qui les concernent tous, bref, qu'ils soient des femmes et des hommes qui parlent et agissent avec « autorité ».

Redisons qu'aucune parole ecclésiale, prononcée à partir d'une position surplombante, ne peut susciter cette confiance. Comme sur le plan individuel, la confiance advient à la fois de l'extérieur *et* de l'intérieur de nos corps sociaux et de leurs institutions. D'où la nécessité d'une *présence hospitalière* des « disciples-missionnaires » *dans* leurs propres familles, *dans* les écoles et institutions de formation, *dans* la vie associative et politique, etc. Ils y sont à la même enseigne que tous les parents, éducateurs, acteurs sociaux et politiques : c'est leur *crédibilité* qui emportera la conviction, et sans doute leur joie, non pas d'avoir été couronnés un jour de succès, mais de voir nos sociétés et institutions retrouver *confiance en elles-mêmes et en leur capacité d'affronter collectivement un avenir incertain.*

2. L'autre terrain de notre présence hospitalière, à savoir notre crise socio-environnementale, ne doit pas être occulté par le premier. Le risque est en effet énorme que nos préoccupations individuelles et le souci pour nos institutions élémentaires nous rendent sourds par rapport aux cris des pauvres que le pape François relie aux clameurs de la terre, établissant un lien intime entre la crise sociale et notre système mondial économique et financier, d'un côté, et la crise écologique, de l'autre, appelant de ses vœux ce qu'il appelle une « écologie intégrale ». La *crise écologique* et les évolutions exponentielles de nos *techno- et biosciences* nous interrogent en effet sur la destinée de la vie humaine *au sein même* de la biosphère de notre globe et sur les conditions d'avenir d'une vie véritablement *humaine* sur la planète Terre. Les contradictions sont devenues criantes aujourd'hui : tandis que des milliards sont investis dans un imaginaire transhumaniste, la transition écologique se heurte à un « présentisme » irresponsable et à des puissances économiques et politiques cyniques qui le soutiennent.

C'est ici qu'il faut réentendre le constat du pape François cité au début : « Le problème est que nous n'avons pas encore la culture nécessaire pour faire face à cette crise, et il faut des *leaderships* qui tracent des chemins » (*VG*, 3). Le *nouvel* humanisme qu'il réclame pourra être précisément le ressort intérieur d'une culture capable de traverser notre crise actuelle. Peut-être sa source se trouve-t-elle dans la *découverte* que nous ne sommes que les hôtes d'une terre qui ne cesse de nous offrir silencieusement son hospitalité et de nous faire en quelque sorte confiance, en attendant que la confiance naisse en nous – « en attendant avec impatience la révélation des fils et des filles de Dieu » (Rm 8, 19) –, dans le langage de Paul. Si les chrétiens peuvent avoir un quelconque *leadership* dans la nouvelle culture naissante, c'est dans le domaine de cette découverte éminemment spirituelle : en offrant l'hospitalité à tous et à chacun, en la quémandant au sein de la société, au lieu de s'y comporter comme sur une terre conquise, et surtout en donnant accès à *l'expérience d'une hospitalité qui nous précède et à laquelle nous devons la vie*, à savoir celle de la terre. Réaliser que celle-ci est *donnée* aux générations qui l'habitent actuellement, à celles qui nous ont précédées comme à celles qui ne sont pas encore nées, c'est acquiescer à une véritable *métamorphose* et déjà une manière de s'approcher du mystère de la Résurrection, voire de « Dieu » comme Résurrection. La confiance prend alors la figure de l'espérance, de « l'espérance contre toute espérance » (Rm 4, 17-18) qui se manifeste dans la capacité ou la force de donner gratuitement ce dont nous avons hérité gratuitement.

Pour conclure, redisons que le changement d'époque qui se produit devant nos yeux nous oblige à nous réinterroger sur *l'identité de notre foi*. L'exprimer en *termes de style* est une manière de prendre au sérieux ce que Vatican II a pu dire de la « présence » pastorale et missionnaire des chrétiens au sein de la société. Si, au moment du Concile, on parlait encore de l'humanisme chrétien, l'enjeu d'aujourd'hui est de rendre plus largement accessible un *nouvel* humanisme, humanisme non seulement attentif à l'unicité des itinéraires humains mais aussi au vivre-ensemble au sein de nos sociétés et à l'avenir de la vie humaine sur notre planète, l'offre et la demande d'hospitalité étant ce qui relie ces trois domaines : « N'oubliez pas l'hospitalité, car, grâce à elle, certains, sans le savoir, ont reçu des anges » (He 13, 2).

Il me semble que, dans l'exercice de ce ministère, l'Église a une ressource remarquable qu'il faut, pour finir, remettre au milieu de nos assemblées sans oublier ce qui a été dit sur le christianisme comme style : la Bible, *à la fois classique* de la culture européenne permettant de décoder notre patrimoine *et Écritures saintes* hébergeant la Parole de Dieu pour celui qui a des oreilles pour entendre. À ce double titre elle peut réunir les chrétiens, ceux qui le sont à leur manière et bien d'autres, permettant à tous d'entrer dans une école d'humanité d'où pourra naître, j'en suis convaincu, un nouvel humanisme européen.

X

« MYSTIQUE DE LA FRATERNITÉ »

L'Église et la théologie : un style nouveau

En sillonnant la France, on découvre, en s'en étonnant peut-être, sur tous les frontons des mairies, jusque dans les villages les plus reculés, la devise extraite de la Déclaration des Droits de l'Homme et du Citoyen de 1789, ciselée sur la pierre comme la Loi de Moïse : « Liberté – Égalité – Fraternité ». Quant à cette triade dérivant de la Révolution française, il s'agit sans aucun doute d'une sécularisation de valeurs chrétiennes centrales, bien qu'elles n'aient pas toujours été honorées ni défendues par l'Église, loin de là ; il suffit de penser au fait que la *liberté* religieuse n'a été reconnue qu'en 1965 par le Concile Vatican II. Le respect de *l'égalité* pose également problème : les récents débats au sein du catholicisme français sur « le mariage pour tous », y compris pour les homosexuels et les lesbiennes, le prouvent bien.

Le choix des trois valeurs fondamentales ne va nullement de soi, lui non plus, comme on pourrait le penser ; en effet, elles ne se situent pas sur le même plan. Lorsque la *liberté* et *l'égalité* des citoyens ne sont pas respectées, on peut porter plainte auprès des tribunaux ; elles font partie de la sphère du droit qui, au cours de l'histoire, en fixe légalement les effets et les modalités concrètes. En revanche, la *fraternité* (ou, comme le formule l'article 1 de la Déclaration universelle des droits de l'homme de 1948 : « Tous les êtres humains […] doivent agir les uns envers les autres dans un *esprit de fraternité* ») est comprise tout au plus comme un *devoir moral*. Aucune loi étatique ne peut l'imposer par la force. Nommée en troisième place dans le préambule de la Constitution de la Cinquième République française (1958), elle *transcende* toute constitutionnalité ; elle rappelle en effet la cohésion de la société, sans cesse mise à l'épreuve, et surtout l'art du vivre-ensemble quotidien que des sociologues tels Émile Durkheim ou Marcel Mauss ont considéré comme une sorte de mystique sécularisée [1].

Le pape François n'utilise qu'avec précaution le concept de mystique. Dans son Exhortation apostolique *Evangelii gaudium*, il y a recours à trois reprises, mais chaque fois en relation à l'art du vivre-ensemble : « Il y a là la vraie guérison, du moment que notre façon d'être en relation avec les autres, en nous guérissant réellement au lieu de nous rendre malade, est une fraternité *mystique*, contemplative », y lit-on de manière programmatique, au n° 92 [2].

Il vaut la peine, me semble-t-il, de regarder de plus près ce programme, y compris dans le contexte de la philosophie politique ou de la « théologie séculière » tout juste esquissé à l'instant, et d'en dégager l'importance pour l'Église et la théologie. La fraternité et la sororité semblent aller de soi pour une Église qui vit selon le double commandement d'amour. Mais tel n'est pas le cas, loin de là, et cela pose une question très principielle, une question de « style » comme le souligne le pape dans *Evangelii gaudium* et dans *Laudato si'*. Je vais d'abord me référer aux passages décisifs de l'Exhortation apostolique pour réfléchir ensuite, en me basant sur eux et en m'inscrivant dans les traces du tournant provoqué et souhaité par le pape François, sur l'Église et sur la théologie.

---

1. Voir sur cette thématique É. POULAT, « Nouveaux christianismes et religion de l'humanité », dans ID., *Critique et mystique. Autour de Loisy ou la conscience catholique*, Paris, Le Centurion, 1984, p. 217-253.

2. Le rapport entre la « mystique » et le « vivre-ensemble » se trouve dans *EG*, 87, 92 et 272 ; dans *EG*, 124 et 237, elle est mise en relation avec la « religion populaire » latino-américaine. *EG*, 70 parle de manière globale de « notre difficulté à recréer l'adhésion mystique de la foi dans un scénario religieux pluriel de la foi ». L'Encyclique *Fratelli tutti* sur la Fraternité et l'amitié sociale (3 octobre 2020) évoque une seule fois la « mystique de la fraternité », en insistant sur le versant institutionnel et politique de la fraternité : « Il est nécessaire de promouvoir non seulement une mystique de la fraternité mais aussi une organisation mondiale plus efficace pour aider à résoudre les problèmes pressants des personnes abandonnées qui souffrent et meurent dans les pays pauvres » (n° 165).

En quoi consiste la mystique de la sororité et de la fraternité ?

La fraternité dans *Evangelii gaudium*

1. La description des «relations nouvelles engendrées par Jésus-Christ» au deuxième chapitre de *Evangelii gaudium* compte parmi *les* passages centraux de l'Exhortation apostolique, où se concentre soudainement le *tout* de l'Évangile. Le n° 87 en donne le ton :

> De nos jours, alors que les réseaux et les instruments de la communication humaine ont atteint un niveau de développement inédit, nous ressentons la nécessité de *découvrir* et de *transmettre* la «mystique» de vivre-ensemble, de se mélanger, de se rencontrer, de se prendre dans les bras, de se soutenir, de participer à cette marée un peu chaotique qui peut se *transformer en une véritable expérience de fraternité*, en une caravane solidaire, en un saint pèlerinage.

Il s'agit là déjà d'une provocation, puisque François introduit le concept de «mystique» en un sens inattendu et il en est bien conscient, car il ne présuppose pas simplement la «mystique» ainsi comprise, mais invite à la «découvrir» et à transmettre ce que l'on a découvert. À l'arrière-plan se profile la branche argentine de la théologie de la libération, la «théologie du peuple [1]». Le *point d'attache* est notre vivre-ensemble plus ou moins banal, y compris notre plongée quotidienne dans la masse «un peu chaotique» de nos métropoles. C'est précisément ici que peut advenir un *changement*, lequel est présenté dès le numéro introductif 87 de manière très tangible : se mélanger aux autres, se rencontrer, se prendre dans les bras, se soutenir… Bref : la transition vers la fraternité a lieu très concrètement et anticipe, *dans* chaque nouveau geste, une utopie universelle visée par les deux

---

1. Voir J. C. Scannone, *Le pape du peuple. Bergoglio raconté par son confrère théologien, jésuite et argentin*, p. 45-106 ; P. Sudar, «La religiosidad popular como lugar teológico en la exhortación apostólica Evangelii Gaudium de Su Santidad Francisco», dans *Pontifica Universidad Católica Argentina, 100 años de la Facultad de Teología. Memoria, presente, futuro*, Buenos Aires, Agape Libros, 2015, p. 453-463.

images de la caravane solidaire et du saint pèlerinage, à la fois de manière profane et spirituelle.

Ce serait donc cela la mystique ? nous demandons-nous à juste titre. Les cinq numéros suivants ont pour fonction de nous en persuader. Tout d'abord, cette conception de la mystique est liée à un *contexte* bien précis : pas seulement au développement de nouveaux moyens de communication, mentionnés dès le numéro introductif que nous venons de citer, mais à l'abus dont ils sont victimes et qui fait que nos relations humaines ne passent plus que par des écrans et des systèmes « qu'on peut mettre en marche et arrêter sur commande », comme le décrit le n° 88 suivant. Un tel « individualisme maladif » peut fort bien se donner des airs spirituels – tel est le contenu du troisième numéro de notre paragraphe – et dégénérer en « esprit de consommation spirituelle ». « Le retour du sacré et la recherche spirituelle qui caractérisent notre époque, sont des phénomènes ambigus » (*EG*, 89) [1], tel est le constat lapidaire, en contraste avec le synode de 1985 qui, après la poussée de sécularisation des années soixante, considérait ce retour comme un point de repère pour la proclamation de l'Évangile [2].

Le *critère de discernement* d'une spiritualité authentique n'est donc pas sa sacralité, mais sa « corporéité » dont il est question pas moins de cinq fois et de façon très concrète dans les six numéros concernés. Le « corps », c'est le « visage » de l'autre, ses bras et « sa présence physique qui interpelle, avec sa souffrance et ses demandes, avec sa joie contagieuse dans un constant corps à corps ». Le corps n'est sain et source d'espérance que s'il devient le « lieu » de la rencontre, au centre de laquelle se tient la capacité spirituelle « de sortir de soi vers l'autre » : un « gestuel » pour ainsi dire à la fois corporel et spirituel que l'on peut désigner comme le pivot interne aussi bien de *Evangelii gaudium* que de *Laudato si'* ; dans ce dernier texte, il est même compris comme attitude civile fondamentale de tous les changements sociaux (*Lsi'*, 208).

Comme le souligne le premier numéro (*EG*, 88) de notre passage, la foi en l'Incarnation constitue l'arrière-plan théologique

1. Voir aussi *EG*, 262 où le terme de « mystique » est utilisé dans un sens négatif.

2. Voir *Synode extraordinaire. Célébration de Vatican II (24 novembre – 8 décembre 1985)*, Paris, Éd. du Cerf, 1986, II. A. 1. « Sécularisme et retour du sacré ».

d'une telle « mystique corporelle » : « La foi authentique dans le Fils de Dieu fait chair est inséparable du don de soi, de l'appartenance à la communauté, du service, de la *réconciliation avec la chair des autres. Dans son incarnation, le Fils de Dieu nous a invités à la révolution de la tendresse.* » Telle est la formulation osée du pape François. À partir de là, on comprend pourquoi les spiritualités qui viennent d'être critiquées – avec leurs mouvements de fuite et leur manque d'intérêt pour des « liens profonds et stables » (*EG*, 91) – représentent des réponses « aliénantes » (*EG*, 89) à la soif de nombreux hommes et femmes, et « rendent malade » (*EG*, 91). Elles mènent à « un Christ purement spirituel, *sans* chair *ni* croix » (*EG*, 88), à « un Jésus Christ sans chair et sans un engagement avec l'autre » (*EG*, 89), tandis que la « religiosité populaire » n'établit précisément pas de relations individualistes avec des « énergies qui harmonisent », mais conduit les hommes vers Dieu, vers Jésus Christ, vers Marie ou un saint, et contient donc une spiritualité qui fait place au corps et au visage.

Dans le cadre de la triade « Liberté – Égalité – Fraternité » présentée ci-dessus, il est tout à fait décisif que la *transformation* de notre vivre-ensemble quotidien en « fraternité et sororité » n'est pas une simple donnée préexistante, mais est soumise à un processus de libre élection (au sens des Exercices ignatiens) et d'apprentissage ; cela apparaît clairement dans les deux derniers numéros de notre passage :

> Il s'agit d'apprendre à découvrir Jésus dans le visage des autres, dans leur voix, dans leurs demandes. C'est aussi apprendre à souffrir en embrassant Jésus crucifié quand nous subissons des agressions injustes ou des ingratitudes, sans jamais nous lasser de choisir la fraternité [*EG*, 91].

Précisément, au point où la « fraternité » n'est plus perçue comme allant de soi, sa dimension pour ainsi dire mystique et contemplative se fait jour. La fraternité mystique ou contemplative consiste à « savoir regarder la grandeur sacrée du prochain », « à découvrir Dieu en chaque être humain », « à supporter les désagréments du vivre-ensemble en s'accrochant à l'amour de Dieu », « à savoir ouvrir le cœur à l'amour divin pour chercher le bonheur des autres *comme le fait leur Père qui est bon* » (*EG*, 92). Tous les mots comptent dans ce mouvement inductif, spirituel, qui ne débouche qu'à la toute fin, avec une référence explicite à l'Écriture et à Mt 5, sur le mouvement inverse de l'amour *de Dieu* qui consiste justement à chercher le bonheur de l'*autre*.

2. La référence explicite à *L'imitation de Jésus-Christ* de Thomas a Kempis et aux *Manuscrits autobiographiques* de Thérèse de l'Enfant-Jésus atteste qu'il s'agit vraiment ici de mystique : il n'y a jamais d'expérience de Dieu en dehors d'une attitude d'humanité (*EG*, 87), et une « fraternité » authentique *est* déjà une expérience de Dieu. Derrière ces points de référence historiques se profile le tournant accompli surtout par la petite Thérèse vers une mystique *du quotidien*. Dans l'entretien qu'il a accordé aux revues culturelles de la Compagnie de Jésus, le pape François fait part de son estime pour les travaux de Michel de Certeau qui a justement réfléchi à ce tournant, notamment dans son ouvrage majeur *La fable mystique* (1982) [1] et dans *L'invention du quotidien* (1980) [2]. Il y va du point commun entre les mystiques franciscaine et ignatienne, qui peut être résumé par la formule remontant à Bonaventure et citée dans *Laudato si'* : « trouver Dieu *en toute chose* » (*Lsi'*, 233). Au sens où l'entend Michel de Certeau, cette formule présuppose une *capacité de perception de l'individu*, pensée dans la phénoménologie de Merleau-Ponty, ainsi que la sensibilité pour le *langage ordinaire*, développée par Ludwig Wittgenstein. Capacité de perception et utilisation du langage ordinaire : voilà précisément les traits stylistiques qui caractérisent le texte de *Evangelii gaudium* et en font une *expression* discrète d'une mystique de la fraternité, surtout par son invitation au lecteur à rendre possible, par choix et apprentissage, une *transformation* spirituelle ou une *conversion* de son gestuel corporel *au sein du* vivre-ensemble quotidien.

Il nous faut aborder deux aspects de cette transformation, avant de pouvoir réfléchir à l'importance d'une telle mystique pour l'Église et la théologie.

---

1. M. de Certeau, *La fable mystique. XVIe-XVIIe siècle. I*, Paris, Gallimard, 1982 ; *La fable mystique. XVIe-XVIIe siècle. II*, Paris, Gallimard, 2013.

2. Id., *L'invention du quotidien, 1. Arts de faire*, Paris, Gallimard, 1980.

Fraternité pluridimensionnelle

Le passage que nous venons de commenter évoque déjà la dimension sociale de l'Évangile (*EG*, 88), plus amplement déployée ensuite dans le quatrième chapitre de *Evangelii gaudium* et dans l'encyclique *Laudato si'*. Sans ce déploiement décisif, la pluridimensionnalité du réel [1], et donc de la mystique de la fraternité, se perdrait. Les deux textes insistent sur la pluralité des relations qui nous structurent : les relations à nous-mêmes et à l'autre, à la terre et à Dieu ; celle surtout à la terre comme création a été honteusement négligée à cause d'un anthropocentrisme unilatéral et dangereux sur le plan écologique, qui a prévalu aux Temps modernes. Quand le pape François cite, au début de *Laudato si'*, le Cantique de frère Soleil de saint François d'Assise et loue Dieu « pour sœur notre mère la terre », il ne s'agit pas là d'un romantisme sentimental, mais d'une manière de prendre totalement au sérieux le lien causal entre la fraternité blessée *et* la destruction de l'environnement. La « révolution de la tendresse » dont il était question plus haut, commence bien entendu au sein de nos relations quotidiennes, mais s'adresse en particulier à l'autre, c'est-à-dire à ce qui est « fragile » et « faible » (*EG*, 209-216), aux exclus *et* à la terre (*EG*, 186-216). La fraternité se traduit ici très concrètement – telle est l'affirmation de la première partie du quatrième chapitre de *Evangelii gaudium* – dans un engagement pour « l'intégration sociale des pauvres » et pour une « écologie intégrale » ; c'est pourquoi, dans *Laudato si'*, le pape François parle de « fraternité universelle » (*Lsi'*, 228).

Si l'on veut répondre à l'ampleur de ces problèmes, une telle transposition implique de nombreuses compétences et exige le dialogue social dont il est question dans la deuxième partie du quatrième chapitre de *Evangelii gaudium*. Cependant, au sein de cette complexité multidimensionnelle, il est toujours question de mystique, et en premier lieu d'un contact physique et corps à corps :

1. Dans sa critique de l'unidimensionnalité, le pape se réfère surtout à R. Guardini, *Das Ende der Neuzeit. Ein Versuch zur Orientierung*, Würzburg, Werkbundverlag, 1950.

> Beaucoup de professionnels, de leaders d'opinion, de moyens de communication et de centres de pouvoir sont situés – lit-on dans *Laudato si'* 49 – dans des zones urbaines isolées, sans contact direct avec les problèmes des exclus. Ceux-là vivent et réfléchissent à partir de la commodité d'un niveau de développement et à partir d'une qualité de vie qui ne sont pas à la portée de la majorité de la population mondiale. Ce manque *de contact physique et de rencontre* [...] contribue à tranquilliser la conscience et à occulter une partie de la réalité par des analyses biaisées. Ceci cohabite parfois avec un discours « vert ». Mais aujourd'hui, nous ne pouvons pas ne pas reconnaître qu'une vraie approche écologique se transforme toujours en une approche sociale, qui doit intégrer la justice dans les discussions sur l'environnement, pour écouter *tant la clameur de la terre que la clameur des pauvres.*

Cette *capacité d'écoute* constitue le noyau d'une mystique de la fraternité, qui, pour cette raison, ne peut pas renoncer à la proximité physique. Car sans une telle *écoute* et sans un *regard* contemplatif, qui ne se contentent pas d'analyses de la situation, mais qui, sans cesse, « osent les transformer en souffrance personnelle » (*Lsi'*, 19), aucun agir éthique n'est possible à la longue. Même le geste éthique le plus infime et apparemment insignifiant naît d'une telle écoute et d'un tel regard, qui se nourrit en dernière instance d'une expérience mystique de Dieu : « Il ne sera pas possible, en effet », lit-on dans *Laudato si'*, « de s'engager dans de grandes choses seulement avec des doctrines, sans une mystique qui nous anime, sans "les mobiles intérieurs qui poussent, motivent, encouragent et donnent sens à l'action personnelle et communautaire" » (*Lsi'*, 216 ; avec une citation extraite de *EG*, 261).

Une question de style

Cette critique discrète d'une « doctrine » qui se veut monolithique, comme le formule *Evangelii gaudium*, 40, reflète encore un dernier aspect de la mystique de la fraternité : il s'agit de la première tentative de rendre justice non seulement à la multidimensionnalité complexe de cette expérience de la réalité, mais aussi à la multiplicité de ses façonnements culturels, qui correspond aussi bien à la richesse interne de l'Évangile qu'à la corporéité concrète de ses destinataires. *Tels sont en effet les deux côtés inséparables d'une « complexification » intérieure et extérieure de la mystique chrétienne, qui ne peut être décrite et pensée de manière adéquate qu'à l'aide du concept de style*. Comme nous l'avons déjà montré [1], la substitution de la métaphore du polyèdre à celle de la sphère symbolise parfaitement ce passage à une conception stylistique de la tradition chrétienne.

Une formulation «dogmatique» ou «légale» de ce qui est chrétien court en effet toujours le risque de réduire la foi à la *distance identique et uniforme*, pour tous les fidèles, entre un centre et un point de sa périphérie ou de la sphère qui l'englobe ; en revanche, une conception spirituelle et mystique, telle que la suggère la métaphore du polyèdre, rend visible le *tout* de l'Évangile en sa profondeur inépuisable, précisément grâce à l*a multiplicité de ses formes d'expression*. La « fraternité » est en jeu dès lors que la multiplicité complexe, suscitée par l'Esprit de la Pentecôte, peut se transformer en unité et intégralité ; mais cela ne peut réussir que si une telle fraternité est enracinée *simultanément* dans l'espace de nos relations quotidiennes *et* dans l'amour de Dieu qui recherche le bonheur de *l'autre*. Contrairement à une approche unidimensionnelle, seul un fin sens stylistique et une pensée stylistique peuvent déceler, prendre en compte, méditer et transmettre la mystique cachée dans la « fraternité ». Cela nous conduit maintenant vers l'exploration du sous-titre de ce chapitre.

L'Église dans un style nouveau

La réforme de l'Église ardemment souhaitée par le pape François repose sur ces quelques données éparses et en fin de compte simples, de l'Église *naissante*. Comme le montre le premier chapitre de *Evangelii gaudium* sur « la transformation missionnaire de l'Église », la « sortie de soi vers le frère », qui constitue la fraternité, *est* le mouvement de fond spirituel, porté par l'Esprit qui, « en réponse au don absolument gratuit de Dieu » (*EG*, 179), non seulement détermine *de manière essentielle* l'Église et les « disci-

---

1. Voir le chap. VI p. 167 et surtout le chap. VII, p. 183 s. ; voir aussi Chr. Theobald, *Le christianisme comme style. Une manière de faire de la théologie en postmodernité* ; ID., *Selon l'Esprit de sainteté. Genèse d'une théologie systématique*, Paris, Éd. du Cerf, 2015.

ples missionnaires», mais forme aussi *le noyau de tout comportement humain digne de ce nom.* Ce n'est que si l'on essaie de vivre cette prise de conscience de manière crédible à l'intérieur de l'Église, qu'elle peut être *découverte* comme déjà existante et *stimulée* au sein de la société, et être reçue comme questionnement prophétique émanant *du* christianisme, et toujours aussi adressé *au* christianisme. Les deux facettes de ce «transit» critique et contemplatif demandent maintenant à être brièvement explicitées.

Tous ont le droit d'être écoutés

Si la mystique de la fraternité commence par la perception et l'écoute de l'*autre*, de celui qui est fragile et exclu, alors elle se manifeste dans l'Église dès lors que *tous* peuvent prendre part à l'échange de et sur la foi. *Evangelii gaudium* y rend attentif de manière très pointue dans le paragraphe sur le *sensus fidei*, ce qui, à mon avis, a des conséquences d'une portée encore difficile à prévoir sur le plan de la réforme de l'Église. Les paragraphes décisifs (*EG*, 119-121) suivent les considérations originales du pape sur la figure historique concrète du Peuple de Dieu (*EG*, 111), le primat de la grâce (*EG*, 112-114) et la variété stylistique et culturelle de l'Église (*EG*, 115-118):

> Dans tous les baptisés, du premier au dernier, agit la force sanctificatrice de l'Esprit qui incite à évangéliser. Le Peuple de Dieu est saint à cause de cette onction qui le rend *infaillible « in credendo »*. Cela signifie que quand il croit il ne se trompe pas, *même s'il ne trouve pas les paroles pour exprimer sa foi.* L'Esprit le guide dans la vérité et le conduit au salut (*Lumen gentium*, 12). Comme faisant partie de son mystère d'amour pour l'humanité, Dieu dote la totalité des fidèles d'un instinct de la foi – le *sensus fidei* – qui les aide à *discerner ce qui vient réellement de Dieu.* La présence de l'Esprit donne aux chrétiens une certaine connaturalité avec les réalités divines et une sagesse qui leur permet de les comprendre, *même s'ils ne disposent pas des moyens appropriés pour les exprimer avec précision* [*EG*, 119].

À l'arrière-plan de ce passage se tient bien entendu *Lumen gentium*, 12, et l'idée qui remonte à la première épître aux Thessaloniciens selon laquelle le Peuple de Dieu, *dans l'écoute* des apôtres et de leurs successeurs, suscitée par l'Esprit de vérité, n'accueille *(accipit)* plus simplement la parole d'hommes, mais la Parole même de Dieu ; un argument déterminant en faveur de la nécessité du ministère dans l'Église. Dans *Evangelii gaudium*, cet aspect kérygmatique *est déployé en sa dimension horizontale – au sens d'une mystique de la fraternité* – ; dimension horizontale qui se trouve déjà en germe dans le concept du « *consensus universalis* », lequel s'étend « des évêques jusqu'aux derniers des fidèles laïcs ». L'Esprit qui initie l'instinct de la foi incite (1°) *tous* les fidèles à évangéliser – j'y reviendrai – ; il « aide (2°) à discerner ce qui vient réellement de Dieu » – telle est, *dans* l'expérience de la fraternité, la dimension « mystique » de l'amour inconditionnel de l'*autre*, initiée par Dieu lui-même – ; il conduit finalement (3°) à l'expression et à la parole : « l'amour parle » (surtout dans la Bible, comme l'a si bien montré Paul Ricœur dans son petit écrit « Amour et justice[1] »).

C'est là le point décisif de la vie ecclésiale d'un nouveau style : le pape François souligne que compte aussi *l'instinct de la foi de ceux qui, certes, ne trouvent pas les paroles et ne disposent pas des moyens appropriés pour exprimer avec précision leur expérience de la foi*, mais qui comprennent intuitivement les « réalités divines » à cause d'une « certaine connaturalité » avec elles. Or telle est précisément la définition classique de la mystique. Une telle mystique muette parmi les fidèles pose une grave question à *la manière de parler* de l'Église et de ses prédicateurs et prédicatrices. Parlent-ils sans prendre en compte le *sensus fidei* souvent muet du Peuple de Dieu ? Le font-ils même taire par un discours et un niveau langagier qui ne laissent pas la parole à d'autres formes d'expression ? La fraternité mystique et contemplative au sein de l'espace ecclésial exige tout d'abord de la part des prédicateurs et du ministère une écoute intense des multiples formes d'expression du sens de la foi. Cela présuppose le sens stylistique dont il était question plus haut, c'est-à-dire la capacité de percevoir le tout de l'Évangile *dans* le particulier, le singulier, et de se laisser surprendre par la multiplicité des formes de foi ; autrement dit, une intelligence spirituelle et sapientiale qui renonce à vouloir intégrer de force ces figures dans un système doctrinal rigide – la

1. P. RICŒUR, *Liebe und Gerechtigkeit – Amour et justice*. Mit einer deutschen Parallelübersetzung von Matthias Raden, O. BAYER (éd.), Tübingen, Mohr (Paul Siebeck), 1990.

sphère –, mais sait, avec discernement, les faire remonter à leur profil très spécifique, au sein du polyèdre divino-humain. Vis-à-vis du sens de la foi du Peuple de Dieu, le langage kérygmatique reçoit la fonction maïeutique de le faire accéder à la parole. Un langage fraternel, y compris celui du kérygme, rend l'autre capable de parler.

Les processus synodaux, inaugurés par le pape François, sont l'expression concrète de cette reconfiguration stylistique de l'Église. Ce sont des processus qui demandent du temps parce que tous doivent apprendre à écouter le sens de la foi du Peuple de Dieu, pas seulement en ses fréquentes contradictions bipolaires, qui semblent dominer en surface, mais en sa complexité et sa multiplicité polyédrique, y compris les expériences d'échec et les drames humains. La « pastoralité » de la doctrine proclamée par le concile Vatican II – dont celle par exemple sur l'indissolubilité du mariage – ne consiste précisément pas en son application monolithique, mais stipule que *cette doctrine est elle-même pastorale*, puisqu'elle n'existe *principiellement* – et cela dès le Nouveau Testament – que *dans* la rencontre concrète entre le kérygme et ses formes d'expression suscitées par l'Esprit Saint[1]. En ce point névralgique, où les uns redoutent le chaos et où les autres ne reculent pas devant des particularismes culturels, seule une fraternité mystique et contemplative peut rendre possible un *changement* et une *reconfiguration missionnaire* ; c'est finalement l'enjeu d'une délibération qui se déroule selon des règles strictes dans le processus synodal. Ce n'est que si l'on ne cesse de tenter un tel dialogue comme contribution à la paix au sein des Églises, qu'il peut aussi être revendiqué de manière crédible dans l'espace de nos sociétés, comme le fait le pape François au quatrième chapitre de *Evangelii gaudium*. Telle est l'autre face de la reconfiguration missionnaire du Peuple de Dieu, rendue possible par l'Esprit.

1. Pour davantage de précisions voir *Synode sur la vocation et la mission de la famille dans l'Église et dans le monde contemporain. 26 théologiens répondent*, Paris, Bayard, 2015, p. 283-295.

Nouvelle responsabilité sociale

En effet, la « *sortie de soi vers l'autre* » ne caractérise pas seulement une dynamique chrétienne initiée par l'Écriture sainte, mais constitue le noyau de tout comportement humain digne de ce nom. C'est pourquoi j'ai évoqué également, à propos d'une mystique de la fraternité, un « transit critique et contemplatif » ; un processus où l'Église est questionnée à propos de son esprit d'humanité et où elle ne peut elle-même, *dans* la société et *jamais sans d'autres* acteurs, revendiquer de manière prophétique une attitude d'humanité que si elle entend et accueille vraiment ces questionnements qui lui sont adressés.

Dans les textes du pape François, on prend ainsi pour la première fois congé du face-à-face classique entre Église et société, au profit d'une fraternité jamais garantie, toujours menacée de violence, et qui doit sans cesse être remise en chantier. Même si elle n'est jamais exclue, ce n'est pas la question de la vérité qui est à l'avant-plan. Mais au lieu d'une autodéfense apologétique, l'Église propose des *ressources* spirituelles tout à fait *spécifiques* à l'aide desquelles nos sociétés, plus particulièrement en Europe, peuvent traverser les secousses qui les ébranlent. L'Église est comprise ici pour ainsi dire comme une « sourcière » missionnaire qui, munie d'une fine sensibilité spirituelle, décèle la présence en l'autre de ce dont il est question dans l'Évangile.

Mais ainsi ont été prises des décisions essentielles dans le domaine de la théologie politique [1]. Malgré toute la sécularisation et tout le laïcisme (surtout en France, mais également dans d'autres structures étatiques en Europe), la question centrale concernant la cohésion de nos sociétés et leur manière d'aborder l'autre, le réfugié, le demandeur d'asile, le musulman, etc., mais aussi la terre qui nous héberge, demeure posée. Il est assez fascinant d'observer que nos Constitutions et nos dispositions législatives sont certes à même de réguler notre vivre-ensemble quotidien, mais doivent toujours *réserver* un domaine non réglable de transcendance immanente ; tout comme la loi mosaïque est « aujourd'hui » en attente de son accomplissement prophétique qui – comme nous l'illustrent l'école deutéronomiste

---

1. À propos de la théologie politique aujourd'hui, voir Chr. THEOBALD, *Selon l'Esprit de sainteté. Genèse d'une théologie systématique*, p. 367-412.

et puis Jésus de Nazareth dans nombre de ses paraboles – est impossible sans « cœur » ni « compassion ». Une mystique séculière du lien social en a tout à fait conscience, même s'il y a toujours à nouveau besoin du processus langagier, prophétique et kérygmatico-ecclésial, pour ne pas laisser sombrer la dimension de profondeur théologale en toute réalité humaine, et surtout l'amour de l'*autre* enraciné en Dieu seul, dans nos cloisonnements et dans nos potentiels de violence plus ou moins conscients.

Et la théologie ?

Malgré ou peut-être précisément à cause de leur importance pour la réforme de l'Église, nos réflexions sur le « transit critique et contemplatif » entre l'Église et la société dans l'espace de la fraternité mystique et contemplative, sur le *sensus fidei* et sur la « transcendance immanente » du lien social de la fraternité font déjà partie du domaine de la théologie. Ni le système des écoles-cathédrales à nouveau propagé au cours des dernières décennies, avec son accent fréquemment contre-culturel, ni l'intégration universitaire du savoir de la foi dans le monde académique moderne (modèle auquel je me sens personnellement attaché), ne garantissent une théologie d'un style nouveau, tel que la revendique le pape François dans *Evangelii gaudium* (*EG*, 40, 104, 133 et 134, 158, 242). J'aimerais donc ajouter, dans le prolongement de ce qui vient d'être dit sur la mystique et l'Église, deux autres réflexions sur les *conditions* d'une théologie vivante [1].

Comment faisons-nous de la théologie ?

Commençons par évoquer la question posée par *Evangelii gaudium* sur le style de notre théologie, également censé déterminer son contenu :

> Engagée dans l'évangélisation, l'Église apprécie et encourage le charisme des théologiens (et théologiennes) et leur effort dans la recherche

1. Voir le chapitre et les ouvrages cités p. 239, n. 1.

théologique qui promeut le dialogue avec le monde de la culture et de la science. Je fais appel aux théologiens (et aux théologiennes) afin qu'ils accomplissent ce service comme faisant partie de la mission salvifique de l'Église. *Mais il est nécessaire, qu'à cette fin, ils aient à cœur la finalité évangélisatrice de l'Église et de la théologie elle-même, et qu'ils ne se contentent pas d'une théologie de bureau.* Les Universités sont un lieu privilégié pour penser et développer cet engagement d'évangélisation de manière interdisciplinaire et intégrée [*EG*, 133, 134].

Ce passage a bien entendu un caractère paradigmatique ; il fait tout naturellement sien le modèle universitaire et reconnaît la *complexité pluridimensionnelle* de la réalité, déjà mentionnée dans ma première partie, et donc la fraternité et la sororité. Il faut certes aussi prendre en compte la mise en garde contre une « théologie de bureau ». Le pape François n'insiste pas sur l'ecclésialité de la théologie (ce qui était couramment le cas surtout dans les années 1990) ; elle est présupposée. Il a en revanche le souci prioritaire de « la *tâche missionnaire* de l'Église *et* de la théologie ».

Cela signifie (1°) très concrètement que nous devons à nouveau prêter attention à ce qui est dit dans *Laudato si'* (et que nous avons déjà cité) sur les professionnels, les leaders d'opinion, les moyens de communication et les centres de pouvoir : nombre d'entre eux vivent « dans des zones urbaines isolées, sans contact direct avec les problèmes des exclus. [...] Ce manque *de contact physique et de rencontre* [...] contribue à tranquilliser la conscience et à occulter une partie de la réalité par des analyses biaisées » (*Lsi'*, 49). Notre si nécessaire culture d'expertise universitaire perd sa pertinence dès lors que lui manque le contact physique avec la misère quotidienne sociale et ecclésiale et « l'odeur des brebis » (*EG*, 24) (comme le formule le pape François de manière très mordante).

Quand ce contact physique est donné, quel que soit le domaine social, (2°) les *champs de configuration et de tension* au sein de la théologie se transforment et perdent leur coloration idéologique, s'il s'en trouve à l'arrière-plan. Les controverses se déplacent et il apparaît plus clairement aux professeurs et aux étudiants dans quel domaine de l'expérience s'enracinent nos positions théologiques. Ici également, il est question de fraternité dans la manière d'aborder la position de l'autre et surtout le règlement de conflits théologiques.

Et enfin, il me semble (3°) qu'on peut déduire une troisième condition d'une théologie vivante des considérations de *Evangelii gaudium* et de *Laudato si'*. Le premier des quatre principes qui orientent la dimension sociale de l'évangélisation – « Le temps est supérieur à l'espace » (*EG*, 223) analysé plus haut[1] –, ne vise pas seulement un *mode* précis de gouvernance ecclésiale et politique (il explique sans aucun doute la façon de procéder du pape) ; il peut également être lu comme principe d'une théologie d'un nouveau style : historique, biblique, pratique et systématique qui, sur le plan pédagogique et intellectuel, entend uniquement « initier des processus » – processus de croire, de parler et de penser – avec nos étudiants – fraternellement et sororalement – et bien au-delà, dans les domaines de la société et de la terre, avec qui nous sommes en contact physique. Ces conditions d'une théologie vivante peuvent également être résumées dans la formule suivante :

Activer le potentiel critique et contemplatif de la théologie

Dans l'encyclique *Laudato si'*, le pape François décrit la spiritualité chrétienne comme « un style de vie prophétique et contemplatif[2] » (*Lsi'*, 222) qui, à mon avis, détermine déjà ou pourrait déterminer notre théologie : critique *et* contemplative ! *Critique* : parce que la *crisis comme acte spirituel et pneumatologique,* enracinée dans la tradition prophétique et dans l'événement de la croix, nous rend capables, non seulement de dépasser nos conceptions toujours particulières de la foi, vers le tout inépuisable et l'abîme divin, comme l'a fait la mystique depuis toujours, mais surtout d'écouter fraternellement l'*autre* qui vient de Dieu et de laisser ainsi interrompre notre pensée souvent limitée et limitative. *Contemplative* : parce que la *crisis* ne peut jamais avoir le dernier mot, mais est toujours déjà portée par un regard positif empreint d'espérance sur la vie en sa totalité et sur les relations qui la structurent – relations à nous-mêmes et à l'autre, à la terre et à Dieu – et anticipe de façon messianique une « fraternité universelle » à chaque fois de nouveau possible (*Lsi'*, 228).

1. Voir p. 203 et 207.

2. Voir p. 186 s.

À l'intérieur de ce *style* critique et contemplatif, il est donc tout à fait question de contenus doctrinaux kérygmatiques, c'est-à-dire des mystères de la foi en leur enracinement et en leur multiplicité historique et terrienne, ainsi qu'en leur totalité et en leur unité théologale interne ; cela apparaît clairement dans les deux documents du pape que nous avons cités, dans lesquels la question de Dieu demeure peut-être un peu sous-exposée, ce qui est sans doute lié à une certaine discrétion ; la peur qu'on dise trop de choses de Dieu, et d'une façon qui enlèverait sa crédibilité à notre manière de parler de et avec Lui. C'est précisément en ce point critique que la transcendance immanente, cachée dans la valeur de la « fraternité », de nos sociétés qui reposent sur la liberté et l'égalité, mettent à notre disposition un critère utile pour vérifier concrètement, c'est-à-dire « charnellement », la « dimension mystique » de notre travail théologique.

Traduit de l'allemand par Robert Kremer.

Post-scriptum après la parution, le 3 octobre 2020, de l'encyclique *Fratelli tutti* du pape François sur la *fraternité et l'amitié sociale*

Dans le cadre de ces réflexions sur la « mystique de la fraternité », la récente encyclique *Fratrelli tutti* aurait mérité un long développement. Notons au moins que ce texte, qui recueille beaucoup d'interventions antérieures du pape et les situe dans un contexte plus large (*FT*, 5), confirme l'observation faite plus haut que François utilise le concept de « mystique » avec précaution. On ne le trouve que trois fois dans cette encyclique, une fois pour critiquer une « fausse mystique communautaire » (*FT*, 28), une autre fois pour réagir par rapport à un malentendu, répandu dans le soi-disant « populisme », et qui consiste à transformer la notion de « peuple » de la « théologie du peuple » en catégorie « mystique » (*FT*, 158) et une dernière fois en lien direct avec la « fraternité », mais en indiquant, là encore, une limite :

> Même le bon Samaritain a eu besoin de l'existence d'une auberge qui lui a permis de résoudre ce que, tout seul, en ce moment-là, il n'était pas en mesure d'assurer. L'amour du prochain est réaliste et ne dilapide rien qui soit nécessaire pour changer le cours de l'histoire en faveur des pauvres. [...] Cela révèle qu'il est nécessaire de promouvoir non seulement une mystique de la fraternité mais aussi une organisation mondiale plus efficace pour aider à résoudre les problèmes pressants des personnes abandonnées qui souffrent et meurent dans les pays pauvres. Vice-versa, cela implique qu'il n'y a pas qu'une seule sortie possible, une méthodologie acceptable unique, une recette économique qui peut être appliquée uniformément pour tous, et cela suppose que même la science la plus rigoureuse peut proposer des voies différentes. [*FT*, 165]

Comme dans *Evangelii gaudium* et dans *Laudato si'*, le respect de la pluridimensionalité du réel et de la transdisciplinarité qui lui correspond fait donc partie intégrante d'une « mystique de la fraternité ».

Entre l'encyclique « sur la sauvegarde de la maison commune » et celle « sur la fraternité et l'amitié sociale » – toutes les deux inspirées par François d'Assise, « le saint de l'amour fraternel » (*FT*, 2) – le parallélisme est patent. Ces textes supposent, chacun, une *rencontre*, le premier entre le pape et « son frère Bartholomée, le patriarche orthodoxe », et le second entre François et le Grand Imam Al-Tayyeb (*FT*, 5). La référence de la seconde encyclique à cette rencontre à Abou Dhabi est particulièrement symbolique ; car, dans un tout autre contexte, elle reproduit celle de Saint François d'Assise avec le Sultan Malik-el-Kamil en Égypte. C'est dans des gestes de ce type que se manifeste la véritable « mystique de la fraternité » ; on n'a donc pas tort si l'on considère cette rencontre de l'autre *en son altérité*, avec tous les risques qu'elle comporte, comme la clé herméneutique de *Fratelli tutti* : « Là – écrit le pape – François a reçu la vraie paix intérieure, s'est libéré de tout désir de suprématie sur les autres, s'est fait l'un des derniers et a cherché à vivre en harmonie avec tout le monde » (*FT*, 3 et 4).

Or, le parallélisme entre les deux encycliques va encore plus loin. Chacune déploie dans son chapitre II une lecture des Écritures, *Laudato si'* se référant à l'« Évangile de la création » et *Fratelli tutti* à la parabole du Bon Samaritain (Lc 10,25-37). Notons que, dans les deux cas, François prend les mêmes précautions, faisant remarquer dans *Fratelli tutti* qu'en « s'adressant à toutes les personnes de bonne volonté, quelles que soient leurs convictions religieuses », il ne renonce pas à faire parler la parabole de Jésus, qui « se présente de telle manière que chacun peut se laisser interpeller par elle » (*FT*, 56). De ce commentaire au dernier chapitre de l'encyclique sur « les religions au service de la fraternité dans le monde », il n'y a qu'un petit pas. Car si la rencontre avec le Grand Imam induit une réflexion approfondie sur le rôle des religions et la « force de motivation » offerte par « les textes religieux classiques » (*FT*, 275), le même chapitre fait résonner aussi « la musique de l'Évangile » : « Si (celle-ci) cesse de vibrer dans nos entrailles, nous aurons perdu la joie qui jaillit de la compassion, la tendresse (!) qui naît de la confiance, la capacité de la réconciliation qui trouve sa source dans le fait de se savoir toujours pardonnés et envoyés » (*FT*, 277). Même si les autres chapitres parlent des ombres d'un monde fermé, de la société civile, du travail, de l'économie, de la politique et du dialogue social avec beaucoup de rigueur et de technicité, l'ensemble de l'encyclique ne perd à aucun moment son style direct, quasi oral (certains commentateurs peuvent en être gênés), style qui, à de tout autres époques, a été celui de Jésus de Nazareth et de Saint François.

Certes le pape annonce dès le début une « encyclique sociale » (*FT*, 6) ; et à plusieurs reprises il prend position par rapport à des questions débattues comme celle de la « propriété privée » ou du « bien commun ». Mais comme *Laudato si'* ou l'Exhortation *Evangelii gaudium*, *Fratelli tutti* ne se laisse guère inscrire dans un développement homogène de « la doctrine sociale » de l'Église, car elle ne se présente pas sous la forme d'un enseignement à suivre et à appliquer mais comme un processus de changement et une voie de conversion en vue de « changer effectivement le cours de l'histoire en faveur des pauvres ».

TROISIÈME PARTIE

L'INVITATION À REVISITER LES FONDAMENTAUX...

Avec cette troisième partie, nous passons sur l'autre rive de notre parcours où il s'agit d'envisager effectivement et de penser l'avenir de la tradition chrétienne. Pour engager cette démarche pour le moins périlleuse, il nous faudra d'abord revenir sur les questions épistémologiques, déjà posées dans l'introduction de cet ouvrage : Comment concevoir les rapports entre la théologie et l'histoire sociale du catholicisme et comment la situer dans des communautés chrétiennes qui sont en train de passer vers une configuration « diasporique » ? C'est respectivement le premier (chapitre XI) et le dernier chapitre (chapitre XVII) de cette partie qui aborderont cette double problématique. L'articulation entre les deux « perspectives », « externe » et « interne », sur la tradition chrétienne est en effet la condition *sine qua non* pour que des communautés « en situation de minorité » puissent éviter leur ghettoïsation et devenir des Églises « en diaspora », capables d'une présence signifiante au sein de nos sociétés. Il faut un certain type de théologie pour accompagner ce processus.

Les cinq autres études relèvent de la théologie fondamentale et de l'ecclésiologie et tentent de revisiter les fondamentaux, tels qu'ils apparaissent quand se retirent les « eaux » de l'ecclésiologie latine, grégorienne et post-tridentine[1]. Cette qualification globalisante court évidemment le risque de la caricature et d'être oublieuse de nombreux antécédents. Je ne retiens ici qu'un seul point structurel, à savoir son organisation autour des notions centrales d'« autorité » *(auctoritas)* et de « pouvoir sacré » *(potestas sacra)*, permettant certes de relier l'ordre sacramentaire et le droit ecclésial mais donnant à l'Église latine sa figure asymétrique et hiérarchique et à la foi la forme d'une « soumission » *(obsequium)*

1. Voir les synthèses d'Y. CONGAR, par exemple dans *L'Église, de saint Augustin à l'époque moderne*, Paris, Éd. du Cerf, 1970, p. 99-102 et 380-385.

à Dieu et à l'Église. Le concile Vatican I a consacré cette figure d'une Église-société organisée à l'image d'un État « autoritaire » en l'enracinant dans la Révélation divine, celle-ci jouant le rôle « idéologique » de légitimation divine de son autoréférentialité [1] et du pouvoir juridictionnel et magistériel en son sein, même si certaines interventions du « traditionalisme modéré » ont su introduire des aspects plus personnalistes et plus historiques, ultérieurement repris par la théologie et le concile Vatican II [2]. Celui-ci n'a pas su quitter ce cadre grégorien et post-tridentin de l'ecclésiologie latine, même si la triple désignation de « peuple de Dieu », « corps du Seigneur » et « temple de l'Esprit » (*LG*, 17) ainsi que l'insistance sur la collégialité (*LG*, 23 § 4) nous orientent déjà vers d'autres rives. Mais la tension entre les deux premiers chapitres de *Lumen gentium* et le troisième sur la constitution hiérarchique de l'Église, fondée selon la *Nota praevia* sur la distinction entre « fonctions » *(munera)* et « pouvoir » *(postestas)*, montre à l'évidence que le cadre de l'ecclésiologie latine est resté intact ; ce qui s'est vérifié, davantage encore, au début de la période de « reconstruction », dans les années quatre-vingt-dix du siècle dernier quand, à travers toute une série d'interventions, le magistère romain revient aux moyens éprouvés de l'ecclésiologie juridico-dogmatique des années 1870/1950 [3].

Il faut donc libérer d'abord le concept évangélique de Révélation de Dieu de sa fonction légitimatrice et penser son statut historique et critique ; ce que je tente de faire dans le chapitre XII. Les quatre études qui suivent en tirent les conséquences et déploient l'égalité baptismale de tous les chrétiens, suivant une logique ecclésio-génétique, esquissée pour la première fois par les deux premiers chapitres du Décret *Ad gentes* et à comprendre désormais en référence analogique à l'« Église naissante ». Le parcours

1. Voir *DzH* 2013 : « L'Église, à cause de son admirable propagation, de son éminente sainteté et de son inépuisable fécondité en tout bien, à cause aussi de son unité catholique et de son invincible fermeté, est par elle-même (*per se ipsa*) un grand et perpétuel motif de crédibilité et un témoignage irréfutable de sa mission divine. »

2. Voir notre commentaire des deux constitutions du concile Vatican I, dans B. SESBOÜÉ et Chr. THEOBALD, *La Parole du salut.* Histoire des Dogmes, tome IV, Paris, Desclée, 1996, p. 227-344.

3. Voir *ibid.*, p. 601-620.

débute avec la structure charismatique de l'Église et le *sensus fidei fidelium* dont il faut penser la capacité de perception active (chap. XIII). Il se poursuit avec une réflexion œcuménique sur « l'apostolicité » de l'Église (chap. XIV) et sur sa « conciliarité » (chap. XV), avant de revenir (à l'aide de la philosophie politique) sur la notion d'« autorité », à situer aujourd'hui dans un contexte communicationnel et dialogique (chap. XVI).

Beaucoup de questions débattues restent aujourd'hui sans réponse, celle par exemple de l'« ajustement » (*accomodatio*, *GS*, 44) de la structure ministérielle de l'Église à la situation actuelle de la Tradition ou encore celle d'un droit moins « sphérique » et plus « polyédrique » (*EG*, 236-237), accordé aux situations locales. Nous ne les abordons pas ici, pensant nécessaire d'insister sur leur traitement « systémique » à partir de la variation interne du « trépied » de la tradition chrétienne, induite par les mutations historiques en cours.

XI

DES FRONTIÈRES À FRANCHIR, UNE LIMITE À PENSER

Ce qu'un théologien peut apprendre de l'historicité sociale de sa discipline

Le titre de ces quelques réflexions pourrait annoncer une contribution au débat actuel sur l'arrivée d'une foule de réfugiés sur notre vieux continent européen et aux États-Unis ; mais il vise d'autres « frontières », celles entre disciplines scientifiques, en l'occurrence entre l'histoire sociale et culturelle de la théologie, située au sein de l'histoire religieuse contemporaine, et la théologie des théologiens chrétiens, confrontée à sa propre historicité. Visibles *et* invisibles, institutionnelles *et* spirituelles, ces « frontières » sont-elles moins imperméables que celles de nos territoires ? Aux historiens d'en juger. En tout état de cause elles sont franchies, dans un sens comme dans l'autre, et non par des « transfuges », voire des « réfugiés », mais par des « explorateurs », désirant élargir l'objet de leur recherche, tout en maintenant la différence de leurs perspectives. On pourrait imaginer que la paix règne *ipso facto* dans ce monde d'intellectuels. Emmanuel Kant, auquel nous devons la distinction rigoureuse entre « frontières » *(Schranken)* et « limites » *(Grenzen)*, a laissé plutôt entendre, dans son dernier écrit sur *Le conflit des facultés* (1798), que ce n'est nullement le cas alors qu'il observait – en quasi-sociologue – les tensions qui, à son époque, traversaient le champ du savoir.

À lire l'un des derniers ouvrages de Claude Langlois [1], auquel ces quelques réflexions sont dédiées, on perçoit cette « limite »

---

1. Cl. Langlois, *Le continent théologique. Préface de Guillaume Cuchet et Denis Pelletier*, Rennes, PUR, 2016.

invisible sans cesse affleurer et devenir même objet du discours historique ; « frontière » entre disciplines, oui, mais peut-être plus encore « limite » établie par ce qu'il appelle lui-même « une inconsciente laïcisation de notre regard sur l'objet de nos études, due en partie [...] à la nécessité de partager avec les autres spécialistes l'histoire que nous faisons [1] ». D'un côté comme de l'autre, du côté de la théologie comme au sein de l'histoire, cette limite peut devenir la proie du « dogmatisme » ; cela, Kant l'a également vu. D'où la nécessité de la penser ; ce qu'aujourd'hui le théologien que je suis ne peut faire de la même manière que l'historien.

Encouragé par l'Introduction, la première et la dernière partie des *Explorations historiques* de Claude Langlois sur *Le continent théologique,* je me permets d'introduire ici une brève considération sur mon propre parcours intellectuel. Venu d'Allemagne en France pour achever ma thèse de théologie sur *Maurice Blondel et le problème de la modernité* [2], thèse déposée à l'Université de Bonn, je me suis engagé dès 1972 dans un travail de recherche, désirant comprendre cette sorte de « carte idéologique » très diversifiée de penseurs auxquels le P. de Grandmaison avait donné en 1898 le nom de « théologiens critiques », les distinguant des « théologiens scolastiques [3] ». Maurice Blondel et Alfred Loisy sur lesquels se portait mon principal intérêt peuvent être classés parmi ces « critiques » et dans le « réseau » (surtout épistolaire) qu'ils forment. Fort contrasté, cet ensemble, constitué d'amis de Loisy (par exemple Mgr Mignot et Henri Bremond), d'adversaires (par exemple Albert Houtin, Mgr Batiffol ou le père Lagrange mais aussi, à partir d'un certain moment, Maurice Blondel), et de bien d'autres encore (comme Friedrich von Hügel, Ernst Troeltsch ou Édouard Le Roy), ne se laisse point ranger sous l'étiquette d'un *parti* moderniste ; les évolutions intellectuelles des uns et des autres, leurs prises de position par rapport aux interventions romaines et par rapport à Loisy les situent dans

1. M. LAGRÉE, *Religion et modernité. France, XIXe-XXe siècles*, Rennes, PUR, 2002.

2. Chr. THEOBALD, *Maurice Blondel und das Problem der Modernität. Beitrag zu einer epistemologischen Standortbestimmung zeitgenössischer Fundamentaltheologie*, Francfort, Knecht, 1988.

3. *Études* 74 (1898), p. 28

une constellation où ce dernier occupe une place fort originale, souvent occultée par la suite ; déjà à l'époque, je discernais dans son positionnement les principaux paramètres d'un « paradigme herméneutique [1] ».

Il est clair qu'en arrivant en France, les travaux d'un Émile Poulat [2] m'avaient orienté sur ce parcours de recherche, me confrontant alors à une double surprise. Venant d'un contexte germanophone où l'histoire de l'Église est enseignée au sein des Facultés de théologie – l'Université de Bonn était connue pour les recherches d'un Hubert Jedin et d'un Karl Baus –, il me fallait comprendre cette sorte d'attirance mutuelle entre les pionniers français d'une histoire religieuse laïque, d'un côté, et, de l'autre, leur intérêt pour la crise moderniste [3], cette dernière étant sans doute le champ de recherche où, en particulier à travers la carrière institutionnelle de Loisy, s'observe au mieux la laïcisation progressive de l'histoire. Ayant fini par adopter moi-même ce regard « laïc » – non sans le surveiller du coin de l'œil, si je puis m'exprimer ainsi –, l'autre surprise consistait à constater qu'il n'avait pas éclipsé mon intérêt existentiel pour la théologie, voire pour « cela » même dont elle traite, même si cet intérêt s'était transformé en raison de la « cure moderniste » qui m'a mis à distance de certaines évolutions postconciliaires de la théologie germanophone, trop peu perméables aux mutations culturelles de nos sociétés européennes. Le milieu intellectuel de la Compagnie de Jésus des années quatre-vingt et quatre-vingt-dix en France (avec des figures comme Michel de Certeau, Georges Morel, Édouard Pousset, François Marty et

1. Je ne cite ici que mes tout premiers travaux : « L'entrée de l'histoire dans l'univers religieux et théologique au moment de la "crise moderniste" », dans J. Greisch, K. H. Neufeld, Chr. Theobald, *La crise contemporaine. Du modernisme à la crise des herméneutiques*, Paris, Beauchesne, 1973, p. 7-85 ; « L'exégèse catholique au moment de la crise moderniste », dans *Bible de tous les temps*, vol. VIII, Paris, Beauchesne, 1985, p. 387-439 ; voir également une première étude épistémologique : « Les "changements de paradigmes" dans l'histoire de l'exégèse et le statut de la vérité en théologie », *Revue de l'Institut catholique de Paris* 24 (octobre/décembre 1987), p. 79-111. Pour ce qui est de mon dernier travail en date portant sur Loisy avant la crise moderniste, voir Cl. Langlois, *Le continent théologique*, p. 295-325.

2. É. Poulat, *Histoire, dogme et critique dans la crise moderniste*, Paris/Tournai, Casterman, 1962.

3. Cl. Langlois, *Le continent théologique*, p. 25 s.

Joseph Moingt, etc.) m'a alors permis de transformer ces surprises en potentialités d'avenir.

L'enjeu principal de cette transformation consistait et consiste toujours, me semble-t-il, à *maintenir* une attitude d'apprentissage au cœur même de l'acte théologique : non seulement au sens classique du terme d'une écoute obéissante à l'égard du référent ultime que la tradition chrétienne désigne par le syntagme « Parole de Dieu », mais aussi au sens d'une vulnérabilité *permanente* par rapport à ce qui se cache en quelque sorte dans le dos du travail du théologien, à savoir l'enracinement historico-social de sa discipline que l'historien peut lui révéler. Et si celui-ci ne cesse de « lester » le discours du premier, rappelant sa précarité grandissante – Auguste Comte, aura-t-il finalement gain de cause [1] ? – et le simple fait que, comme toute tradition, ce discours a le statut d'une production historique, le théologien qui veut maintenir le propre de sa discipline est appelé, lui, à « se retourner », toujours à nouveau, du sein même de son enracinement jamais maîtrisé, vers son référent ultime, à reconnaître qu'il le fait sans garantie préalable et qu'il doit laisser son universalisme inconscient être travaillé par la pluralité des positions spirituelles existant au sein de nos sociétés contemporaines. L'objectif des réflexions suivantes est de détailler quelque peu cet apprentissage difficile de la théologie, surtout durant les années qui nous séparent du dernier concile, et de le faire sous différents aspects.

À PROPOS DE LA FÉCONDITÉ D'UN « REGARD LAÏC » SUR LE « RELIGIEUX »

1. Commençons par rappeler que, sans quitter totalement le catholicisme intransigeant, le concile Vatican II a dessiné explicitement en 1965 un espace où cet apprentissage devrait prendre corps ; on le trouve en particulier dans des textes parmi les plus controversés à l'époque : la Constitution pastorale sur l'Église dans le monde de ce temps *(Gaudium et spes)* et les deux déclarations, sur les relations de l'Église avec les religions non chrétiennes *(Nostra aetate)* et sur la liberté religieuse *(Dignitatis humanae)*.

---

1. Voir *ibid.*, p. 28.

Un premier apprentissage porte sur la liberté religieuse[1], fondée à la fois sur la dignité humaine *et* sur une réaffirmation de la liberté de l'acte de foi (*DH*, 9 et 10). Certes, le manque de foi en Dieu et l'absence d'espérance en la vie éternelle continuent à être considérés comme blessures de la dignité intégrale de l'homme (*GS*, 21 § 3) – et c'est le modèle intransigeant qui se rappelle ici à notre souvenir –; mais ils sont en même temps englobés par l'économie universelle de la grâce du Christ (*LG*, 2 et 16 et *GS*, 22 § 5). Or, ce qui, dans cette économie, compte ultimement, c'est l'orientation éthique de la *personne* et son ouverture à l'Absolu, *connues de Dieu seul*. Face à ce critère, toutes les formes langagières ou autres représentations de Dieu apparaissent subitement en leur relativité, voire leur fragilité ; elles peuvent même induire en erreur – comme c'est le cas pour l'athéisme –, sans détériorer nécessairement l'ouverture transcendantale de la personne en question[2], portée par la grâce. Dans cette argumentation paradoxale, relayée par maints auteurs sous des angles très divers[3], c'est précisément la « limite » qui intervient et est pensée : « limite » entre ce qui, d'un côté, relève de nos perceptions et ce qui, de l'autre côté, appartient à Dieu seul – s'il est reconnu –, l'Infini divin en son rapport à chaque être singulier et nos représentations finies de « Lui » – adoptées ou refusées – ne faisant jamais nombre.

---

1. Dans le chap. IV « Contextualiser et lire le Syllabus (1864) du *Continent théologique* » (p. 63-81), Cl. Langlois prend indirectement position par rapport à la nouveauté de *Dignitatis humanae* quand il perçoit dans le *Syllabus* non seulement « l'aveu de l'échec d'une politique systématique (concordats) » mais aussi « le refus dans le même temps d'entrevoir l'existence d'une autre alternative pratique » : « Reste ce que le *Syllabus* se refuse à envisager : une catholicité capable d'exister avec une centralité qui ne s'identifierait pas à une entité étatique et des espaces catholiques qui ne se confondraient pas avec des États catholiques » (*ibid.*, p. 80 s. ; voir aussi p. 63, n. 1). C'est ce que les trois textes cités plus haut et le Décret sur l'activité missionnaire de l'Église *Ad gentes* commencent à envisager.

2. Voir *Gaudium et spes*, 3 § 2 : « Voilà pourquoi, en proclamant la très noble vocation de l'homme et en affirmant qu'un germe divin est déposé en lui… »

3. Nommons, parmi bien d'autres, E. Schillebeeckx, K. Rahner, J. B. Metz (voir en particulier *L'homme – Anthropocentrique chrétienne. Pour une interprétation ouverte de la philosophie de saint Thomas* [1962], Paris, Mame, 1968).

Or, c'est grâce à un regard laïc sur *tous* les phénomènes religieux ou non – qu'il s'agisse de l'athéisme de l'époque conciliaire (*GS*, 19-20) ou des Écritures et de la tradition chrétienne, auscultées par l'exégèse critique et l'histoire (*DV*, 12) –, que l'acte de foi en Dieu paraît comme ce qu'il est en vérité, à savoir un acte de libre conviction (exempte de toute contrainte), ne se prêtant à aucune confusion avec un savoir quelconque. Mais inversement, parce que l'acte de foi s'affirme ainsi dans son originalité, il peut accepter et faire sien le regard laïc, en quelque sorte externe, sur les phénomènes et représentations, pratiques et rites, et les reconnaître dans leur historicité humaine, accessible à la perception de tous (voir *GS*, 36). On perçoit dans cette argumentation, bien repérable au croisement des textes conciliaires, le processus qui jadis fut décrit par François-André Isambert en termes de « sécularisation interne » : « Une sécularisation acceptée comme légitime par le groupe religieux lui-même, tel est le premier sens dans lequel on peut entendre la "sécularisation interne"[1]. »

L'autre apprentissage, intimement lié au premier, porte précisément sur l'historicité de ces représentations et plus globalement sur celles de la tradition chrétienne en toute sa complexité. C'est surtout la « Constitution pastorale sur l'Église dans le monde de ce temps » qui reconnaît cette historicité dès la note agrafée à son titre, exigeant que l'interprétation du texte « tienne bien compte, surtout dans la seconde partie, des *circonstances mouvantes qui, par nature, sont inséparables des thèmes développés* ». Il faut attendre la fin de la première partie pour que le problème herméneutique soit exposé en toute son ampleur (*GS*, 44 ; voir aussi *AG*, 22), exposé qui fait paraître le rapport circulaire entre l'interprétation des « multiples langues de notre époque » et l'interprétation de la « vérité révélée ». Cette mobilité s'avère alors cruciale dans le « Décret sur la liberté religieuse », quand la doctrine de ce dernier semble contredire celle défendue par le Syllabus de Pie IX. Les quatre remarques herméneutiques du texte (*DH*, 1 § 1, 1 § 3, 9 et 12 § 2) tentent de pallier cette difficulté en introduisant une double règle, celle de « continuité » et celle de « progrès[2] ». On touche ici à l'épicentre des grands débats

1. Fr.-A. Isambert, « La sécularisation interne du christianisme », *R. franç. Sociol.*, 1976, p. 577.

2. Voir Chr. Theobald, *La réception du concile Vatican II. I. Accéder à la source*, p. 811-819. Le commentaire du rapporteur dans l'Aula, Mgr De

postconciliaires, avec l'ancienne minorité de Vatican II et la mouvance de Mgr Lefebvre, sur « l'herméneutique de continuité et l'herméneutique de discontinuité, voire de réforme [1] » ; débat protéiforme qui se prolonge aujourd'hui avec les opposants à l'Exhortation *Amoris laetitia* (2016) du pape François.

2. Or, depuis le concile Vatican II, l'apprentissage de la théologie chrétienne s'est considérablement complexifié, non seulement en raison d'une mutation culturelle, abordée fréquemment en termes d'« hyper- » ou de « post-modernité [2] », mais aussi par l'augmentation de la proportion islamique de la population sur notre continent [3] ; symptôme d'une nouvelle constellation religieuse qui, du côté de la théologie, fait percevoir et regretter l'absence d'articulation entre le décret conciliaire sur les rapports de l'Église avec les religions *(Nostra aetate)* et celui sur la liberté religieuse *(Dignitatis humanae).* Si en effet, pendant toute une époque, la France a connu quelque chose comme un « armistice » théologico-politique qui impose le régime de la « séparation » et, d'un point de vue culturel et universitaire, la distinction des « regards », le simple fait que les religions ou communautés présentes dans le pays défendent des manières différentes de tracer la frontière entre l'espace public et l'espace de conviction met cet « accommodement raisonnable » en difficulté. La distinction entre « limite » et « frontière » risque alors de s'effacer et de se réduire à un curseur mobile sur une même échelle d'acceptabilité du religieux au sein de la société ; de tous les côtés, la capacité à combiner un regard interne sur *sa* propre communauté et un regard

---

Smedt, prend très au sérieux la différence historique des situations (voir *AS* II/5, p. 490-495) ; il respecte – avant la lettre – l'avertissement de Cl. Langlois : « L'historien se doit seulement de mettre en garde contre une historiographie qui voudrait faire croire que des minorités notables – comme les catholiques libéraux – ont, à l'encontre de ce catholicisme déformé, maintenu une tradition qui aboutit aujourd'hui » (*Le continent théologique*, p. 61 ; texte datant de 1973).

1. Voir Benoît XVI, *Discours à la curie romaine (22 décembre 2015), DC* 103 (2006), p. 56-63 ; voir aussi G. Routhier, « L'herméneutique de la réforme comme tâche pour la théologie », p. 129-158.

2. Voir par exemple plus récemment O. Bobineau, « La troisième modernité, ou "l'individualisme confinitaire" », *SociologieS*, Théories et recherches, mis en ligne le 6 juillet 2011 sur www.journals.openedition.org/sociologies/3536

3. Voir Cl. Langlois, « Catholicisme, féminité et sacralité », dans *Le continent théologique*, p. 268 et 275, texte auquel je reviendrai.

externe et « laïc » *sur la sienne et toutes les autres* diminue et, avec elle, la disponibilité à apprendre de l'autre.

Quant à la théologie chrétienne, Claude Langlois avait déjà signalé en 1992 qu'« en se renouvelant, dans les décennies qui ont suivi le Concile, (elle) avait rompu, semble-t-il, ses rapports un moment prioritaires avec l'histoire [1] ». Ce symptôme s'est plutôt accentué depuis, l'exégèse biblique elle-même, classiquement avocate de l'historicité du christianisme, étant davantage intéressée par des approches synchroniques et la théologie dite « dogmatique » de plus en plus séduite par un partenariat avec une phénoménologie « théologique », située à plus ou moins grande distance de la positivité du fait chrétien [2]. Cette situation est-elle le résultat inévitable d'une diminution des forces sur une « surface » ecclésiale plus réduite, rendant l'acceptation du « regard laïc » externe sur le phénomène chrétien et théologique plus difficile ? On ne peut pas nier non plus que le regard externe est, lui aussi, mis en crise, précisément en raison des nouveaux débats sur la laïcité [3], provoqués par la présence de nouveaux partenaires religieux sur notre territoire. On y trouve le même type de clivages entre, d'un côté, un positionnement pouvant aller d'une « neutralité réservée » par rapport à toute manifestation religieuse dans l'espace public jusqu'à une franche hostilité, espérant la disparition prochaine du christianisme, et, de l'autre, des tentatives plus positives d'interroger les « religions » et le christianisme sur leur apport au vivre-ensemble de tous.

À l'arrière-plan de cette « carte idéologique », à peine esquissée ici, on rencontre un problème bien spécifique, tributaire de la « différenciation » moderne des champs du savoir et des rationalités [4], et qui est celui de l'« idéologisation » du religieux

---

1. Cl. LANGLOIS, *Le continent théologique*, p. 28.

2. Voir cependant *Recherches de Science Religieuse. 1910-2010 – Théologies et Vérité au défi de l'histoire. Introduction par Pierre Gibert et Christoph Theobald*, Louvain/Paris/Walpole, MA, Peeters, 2010.

3. Voir dernièrement : J. BAUBÉROT et M. MILOT, *Parlons laïcité en 30 questions*, Paris, La Documentation française, 2017.

4. On connaît le célèbre texte d'É. DURKHEIM : « S'il est une vérité que l'histoire a mise hors de doute, c'est que la religion embrasse une portion de plus en plus petite de la vie sociale. À l'origine, elle s'étend à tout ; tout ce qui est social est religieux ; les deux mots sont synonymes. Puis, peu à peu, les fonctions

et du théologique. Claude Langlois l'a mis en relief dans un article trop oublié sur l'infaillibilité pontificale (1973), qui discute le célèbre ouvrage de Hans Küng, *Infaillible? Une interpellation* (1970)[1]. Analysant la pensée contre-révolutionnaire comme creuset de cette « idée neuve », l'historien distingue l'*idéologie* de la *théologie* : quand Joseph de Maistre emploie l'infaillibilité dans l'ordre spirituel et la souveraineté dans l'ordre temporel comme parfaitement synonymes, il politise en effet le concept théologique et fait disparaître la « limite » entre l'ordre naturel et l'ordre surnaturel[2]. L'idéologisation politique du théologique va de pair avec son instrumentalisation qui d'ailleurs peut aller dans un sens ou dans l'autre ; processus qui – *mutatis mutandis* – continue à se dérouler aujourd'hui, par exemple dans le « retraitement » du versant éthique de la tradition chrétienne comme « ressource » au profit d'une « religion » de laïcité ou dans une utilisation politique du religieux, comme dans la résurgence d'un catholicisme politique.

Il est significatif pour notre propos que, s'intéressant à la théologie, certains historiens considèrent *l'ensemble* du discours théologique comme une production idéologique. Claude Langlois y résiste, affirmant que ce « traitement [...] ne permet de rendre compte que de la production la plus publique, voire la plus polémique, de la théologie[3] ». Peut-être un point aveugle se signale-t-il ici : à savoir le présupposé plus ou moins tacite d'une histoire religieuse laïque, qui est de considérer comme leurs ressorts *les stratégies de survie* mises en œuvre par toutes les sociétés, y compris par les religions et les Églises qui acceptent une « sécularisation interne ». La question de la vérité est alors explicitement mise entre parenthèses ou simplement éliminée (comme relevant d'une ultime ruse idéologique) et, avec

politiques, économiques, scientifiques s'affranchissent de la fonction religieuse, se constituent à part et prennent un caractère temporel de plus en plus accusé. Dieu, si l'on peut s'exprimer ainsi, qui était d'abord présent à toutes les relations humaines, s'en retire progressivement ; il abandonne le monde aux hommes et à leurs disputes. Du moins, s'il continue à les dominer, c'est de haut et de loin [...] », *De la division du travail social*, Paris, Alcan, 1922[4], p. 143 s.

1. « L'infaillibilité, une idée neuve au XIXe siècle », dans Cl. LANGLOIS, *Le continent théologique*, p. 51-62.

2. *Ibid.*, p. 53 s.

3. Voir *ibid.*, p. 33.

elle, des valeurs comme la gratuité qui résiste à toute instrumentalisation économico-politique [1].

3. Reconnaissant et pensant cette « limite » infiniment mobile entre survie et vérité ou entre l'instrumentalisation du religieux et le respect de la gratuité qu'il peut véhiculer, le théologien est alors, dans la situation actuelle, conduit vers un autre modèle d'articulation critique que celui dont il a hérité du concile Vatican II. S'appuyant sur le comparatisme interreligieux, il mise sur un triple apprentissage qui semble traverser la société civile en France et une bonne partie des sociétés européennes et qui se vit à un triple niveau : dans une interrogation conflictuelle de l'opinion publique sur le lien social, le vivre-ensemble et sur les « types » de laïcité à la disposition de telle culture politique donnée ; dans un questionnement mutuel, également difficile, des traditions religieuses sur leur capacité d'accueil d'altérités ; et enfin, dans un retour réflexif, ô combien éprouvant, de chaque tradition sur elle-même, combinant donc le regard externe, laïc, et le regard interne et cherchant au fond de son « patrimoine » une manière spécifique de contribuer à la paix et de gérer les situations de violence. Ainsi compris, le comparatisme renvoie chaque tradition au niveau le plus profond de sa propre identité en constante réinterprétation, à la « foi » qu'elle véhicule et à son exercice (parfois autocritique) de retour sur soi.

Pour ce qui est de la tradition chrétienne, elle tente aujourd'hui (ou devrait tenter) de penser sa présence « confessante » au sein de la société civile et laïque, en articulant certes la liberté spécifique de l'acte de foi *et* le regard externe porté sur celle-ci (cf. plus haut, point 1), mais aussi ce « binôme » déjà classique *et* la présence d'autres traditions spirituelles et religieuses à ses côtés, mettant en valeur le rapport entre vérité et présence gratuite qui – en principe – la caractérise, résistant donc à toute tentative de la *réduire* (!) à des stratégies ou modèles étrangers à cette visée propre. Quant à l'historien, il « lestera » sans doute cette prétention anti-idéologique et anti-réductionniste de tel discours théolo-

1. Je me permets de renvoyer à Chr. THEOBALD, « La "sécularisation interne" du christianisme : quel apprentissage pour la théologie ? », *RSR* 101/2 (2013), p. 201-210.

gique, la qualifiant d'« utopique » au milieu d'autres discours [1], et mettra en valeur la diversité effective des positionnements, pouvant aller jusqu'à la négation ou la simple absence d'un, voire de deux des trois paramètres mis en jeu à l'instant, ainsi que de leurs relations conflictuelles, tributaires d'un contexte sociétal bien spécifique [2].

L'enjeu ultime de cet apprentissage plurilatéral est donc, *du côté de la théologie chrétienne*, le rapport à sa propre tradition, soumis, comme nous allons le voir, à des « règles du jeu », voire à une autorité, qui s'impose à elle, alors que l'historien peut analyser ces dernières et les expliquer, sans bien évidemment leur être astreint, son « regard laïc » ne l'obligeant que par rapport à la tradition de sa propre discipline. C'est ce deuxième aspect de la « limite » entre l'approche historico-laïque de la théologie et celle-ci en sa mise en œuvre actuelle qu'il faudra maintenant tenter de penser.

La tradition chrétienne comme « laboratoire théologique »

1. Quand on se déplace des documents de Vatican II qui abordent les relations de l'Église avec la société et d'autres forces religieuses et spirituelles vers ceux qui traitent de l'identité même du christianisme – les constitutions sur la Révélation et sa transmission *(Dei verbum)*, sur l'Église *(Lumen gentium)* et sur la liturgie *(Sacrosanctum concilium)* –, on touche à l'épicentre des conflits théologiques et doctrinaux qui viennent d'être repérés sur

1. Voir Cl. Langlois, *Le continent théologique*, p. 52 : « Il ne s'agit aucunement de nier la spécificité de la démarche théologique, mais d'attirer l'attention sur la sélection qu'elle opère plus ou moins consciemment dans le matériau historique qu'elle utilise. »

2. Pour ce qui est de la théologie française, on peut par exemple mettre en vis-à-vis l'œuvre de C. Geffré (1926-2017) et de J. Moingt (1915-2020), le premier ayant pensé prioritairement la présence pluri-religieuse au sein de nos sociétés (voir C. Geffré, *De Babel à Pentecôte. Essais de théologie interreligieuse*, Paris, Éd. du Cerf, 2006), le second davantage la disparition du christianisme comme religion en raison de l'historicisation moderne de la tradition chrétienne (J. Moingt, *Croire au Dieu qui vient. I. De la croyance à la foi critique*, Paris, Gallimard, 2014), les deux se retrouvant dans la défense d'un nouvel humanisme évangélique.

le plan relationnel : la compréhension post-tridentine du concept de « Tradition » y est partout en jeu et mis en difficulté, qu'il s'agisse de la liberté religieuse, des rapports de l'Église aux religions non chrétiennes ou de sa manière de se positionner au sein de la société. On avait situé la Tradition au même rang que les Écritures, lui donnant le statut de « source », en quelque sorte immobilisée, voire gelée ou pétrifiée en son noyau dogmatique. Le résultat des débats conciliaires, qui introduit un véritable changement paradigmatique, reste cependant un compromis qui, à côté d'une franche reconnaissance de l'historicité de la Tradition, laisse subsister bon nombre d'éléments d'une conception « dogmatique » ou « doctrinale » de la Révélation et de sa transmission [1]. Il serait donc erroné de penser que le modèle d'instruction [2], sous-jacent au dogmatisme post-tridentin, disparaisse tout simplement après Vatican II, ou inversement qu'avant le Concile il n'ait pas laissé advenir du nouveau. Déjà, Ernst Troeltsch avait résisté en 1909, dans un texte sur le modernisme et sur l'anti-modernisme catholique, à ce type de simplification historique, parlant alors de l'heureuse incohérence de ce dernier : « La fermeture (des groupes religieux par rapport à la vie moderne) n'est jamais que relative, et ils restent surtout liés à la vie quotidienne par des multiples canaux [3]. » Et Claude Langlois a montré sur plusieurs dossiers, par exemple « la sexualité conjugale entre Révolution et Vatican II [4] », que la conception intransigeante de la tradition catholique n'a nullement rendu impossibles des mutations internes de premier plan qui furent non seulement contestées par la suite par un discours pontifical néo-rigoriste mais même oubliées à l'époque du concile Vatican II.

---

1. Voir Chr. THEOBALD, *Le concile Vatican II. Quel avenir ?*, p. 193-198.

2. Voir *ibid.*, p. 134-137.

3. E. TROELTSCH, « Der Modernismus » (1909), dans *Gesammelte Schriften*, 2, Scientiaverlag, Aalen, 1982, p. 65. Voir aussi Chr. THEOBALD, *Christianisme comme style* (Première partie, chap. I : « Le modernisme catholique. Ses enjeux dans le débat contemporain sur la modernité en théologie », p. 207-236 ; et Troisième partie, chap. III : « Ernst Troeltsch et la méthode historico-critique », p. 557-587).

4. Cl. LANGLOIS, *Le continent théologique*, p. 227-240. Voir aussi l'ensemble de la quatrième partie de l'ouvrage « Le nouveau laboratoire théologique au lendemain de la Révolution » (reprise dans le titre de cette partie du chapitre).

Ce jeu complexe de mutations et de reprises – *nova et vetera* (Mt 13, 52) –, mis en valeur par l'historien, rencontre des lieux ou points de résistance où les marges de changement restent limitées. Il s'agit du statut « sacré » de la Tradition et plus précisément de ses principaux porteurs ou garants, excluant totalement, au moins jusqu'à une époque très récente, les femmes de ce cercle « *hiér*-archique [1] ». C'est ici que le regard laïc de l'historien est décisif pour le théologien ; car il lui révèle un aspect du fonctionnement complexe de sa tradition qu'il risque de contourner, voire d'occulter, aspect qui suscite donc sa capacité d'apprentissage.

2. Rappelons d'abord que, voulant clarifier la notion de « Tradition » pendant le débat conciliaire sur « les deux sources » *(De fontibus)*, Yves Congar en a distingué d'emblée deux versants : ce qui est transmis *(traditum)* ou la tradition objective, appelée aussi parfois « passive », et ceux qui transmettent *(tradentes)*, désignés depuis Franzelin par l'expression « tradition active », entendant par-là l'acte de transmission dans sa forme même [2]. Dans ses travaux historiques, le théologien dominicain a retracé le « passage d'une primauté du contenu de la vérité, que toute l'Église avait grâce et mission de garder, à la primauté d'une autorité. En théologie de la Tradition », ajoute-t-il, « on dirait, passage de la *traditio passiva* à la *traditio activa,* ou encore du *traditum* au *tradens,* ce dernier étant en effet identifié à ce qu'on a appelé, à partir du XVIIe siècle, "l'Église enseignante" [3] ». C'est au seuil du deuxième millénaire que Congar situe ce déplacement de l'autorité du vrai vers celle des ministres « hiérarchiques ». Vatican II l'a sérieusement corrigé – au prix d'un surinvestissement de l'ecclésiologie –, donnant, dans l'interprétation du *traditum*, une place nouvelle à l'anthropologie et à la théologie de la création, portées par la grâce du Christ [4], au détriment de l'accentuation « classique » d'une conception doloriste de la rédemption [5].

1. Voir Cl. LANGLOIS, « Catholicisme, féminité et sacralité », p. 265-278.

2. Y. CONGAR, *La Tradition et les traditions*, II, *Essai théologique*, Paris, Arthème/Fayard, 1963, p. 65-74.

3. Y. CONGAR, « La "réception" comme réalité ecclésiologique » (1972), dans ID., *Église et papauté. Regards historiques*, Paris, Éd. du Cerf, 1994, p. 254.

4. Voir plus haut, la première partie de ce chapitre.

5. Voir Cl. LANGLOIS, « Catholicisme, douleur et dolorisme (XIXe-XXe siècle) : la modernité de Pie XII », dans *Le continent théologique*, p. 83-94.

Mais, vu la réception plutôt ecclésio-centrée du Concile, il n'est pas étonnant que les résistances et conflits postconciliaires se soient déclarés principalement à l'endroit des *acteurs* et *tradentes*[1]. C'est précisément là où les médiations sont en jeu que le rapport ambigu de la tradition latine au sacré s'est manifesté[2].

Pour la première fois, la Constitution *Dei verbum* (1965) applique le vocabulaire du « sacré » à la « *Sacra Traditio* » (*DV*, 7 § 2, etc.) alors que le concile de Trente l'avait réservé à la *Sacra Scriptura* (*sessio* IV, 8 avril 1546). Mais elle laisse le « magistère de l'Église », troisième élément de ce dispositif, pourtant intimement lié aux deux premiers, sans le qualificatif de « sacré » (*DV*, 10 § 3) ; par ailleurs, la description à très grands traits de la genèse historique de ce triple dispositif précède sa désignation « sacralisante » (voir surtout *DV*, 7 § 1 et 10 § 1). Quant à ce qu'on peut considérer aujourd'hui comme une confusion inconsciente entre le « sacré » et le « saint » – depuis Trente on combine même le « *sacrum* » et le « *sanctum* » en parlant du « sacro-saint synode » (*sessio* III et IV)[3] –, elle devient aujourd'hui plus manifeste, non seulement en raison de la « laïcisation » de toutes les fonctions sociales et politiques et de l'égalité entre les femmes et les hommes[4], mais aussi grâce à une plus nette prise de conscience quant à la distinction, introduite par la tradition biblique, juive et chrétienne, entre le « sacré » et le « saint »[5].

---

1. Dans l'article sur « la sexualité conjugale » déjà cité, Cl. Langlois introduit ici une distinction intéressante entre *trois mémoires, appelées respectivement théologique, institutionnelle et pontificale* (voir *ibid.*, p. 232-239). Distinguant deux régimes d'historicité (entre 1816 et 1854 et entre 1930 et 1968), il affine l'analyse du « déplacement de l'autorité du vrai vers celle des ministres hiérarchiques » : « le premier (régime) repose sur la trilogie confesseur/théologien/ Sacrée Pénitencerie [...]. Le second moment est constitué par la mise en place d'un discours pontifical néo-rigoriste » (*ibid.*, p. 240).

2. Voir l'analyse du vocabulaire (*sacramentum/sacerdos/consecratio – sanctus/ perfectus*) dans *ibid.*, p. 266-268.

3. Vatican II parle du « sacro-saint concile » (par exemple dans la formule d'ouverture de la Constitution sur la « sainte » [*sacra*] liturgie).

4. C'est ce que note Cl. LANGLOIS dans *Le continent théologique*, p. 267.

5. Voir surtout E. LEVINAS, *Du sacré au saint. Cinq nouvelles lectures talmudiques*, Paris, Éd. de Minuit, 1977 ; voir aussi Chr. THEOBALD, *Selon l'Esprit de sainteté. Genèse d'une théologie systématique*, p. 355-357.

Cette prise de conscience permet de repérer au moins deux anticipations de cette distinction, dans l'œuvre conciliaire et dans la théologie postconciliaire. La première trace est le chapitre V de *Lumen gentium,* qui « démocratise » l'appel universel à la sainteté *(sanctitas)*, sans qu'aucune hiérarchie ne soit établie entre les « formes très variées de son exercice » (*LG*, 41). Elle concerne en effet des « styles de vie » chrétienne qui, au moins en principe, sont ici déconnectés du « sacré ». L'autre dossier porte sur l'anthropologie et la théologie de la création, à savoir le mariage et la vie humaine, cette dernière étant déclarée « sacrée », parce que « comportant, dès son origine, l'action créatrice de Dieu et demeure pour toujours dans une relation spéciale avec le Créateur » (Instruction *Donum vitae*, 5 [1987]). C'est en effet depuis *Casti connubii* de Pie XI (1930) que le langage du « sacré » est utilisé pour la vie *et* pour le « lien matrimonial » (*Casti connubii,* introduction et 64) et, à ce titre, repris par la Constitution pastorale (*Gaudium et spes*, 47 § 3 et 48 § 1). Plus neuf est sans doute l'élargissement que, dans la suite, Jean-Paul II fait subir au concept de « sanctuaire » *(sacrarium)*, appliquée par *Gaudium et spes* à la seule conscience (*GS*, 16)[1] et élargi par le pape polonais à la « famille-sanctuaire de la vie » (*Centesimus annus*, 39 [1991] et *Evangelium vitae*, 6, 11, 59 et 92 [1995]).

S'agit-il d'une réintroduction du « sacré », après une relative discrétion de Vatican II, ou plutôt d'un déplacement du « sacré » vers des réalités anthropologiques[2] ? Sans doute faut-il en décider en fonction du contexte historique. Ainsi le synode romain extraordinaire de 1985 croit-il pouvoir discerner « des signes d'un retour au sacré » et invite-t-il à « les favoriser et à enrayer conjointement le sécularisme » (distingué d'une « sécularisation bien comprise[3] ») alors que, dans son Exhortation apostolique *Evangelii gaudium* (2013), le pape François déclare sans détour : « le retour au sacré et la recherche spirituelle qui caractérisent notre époque sont des

1. … et dans *Lumen gentium*, 53, à Marie *« sacrarium Spiritui Sancti ».*

2. Cl. Langlois avance deux hypothèses : la visée de rendre plus audible le message pontifical hors de l'Église catholique ou de masquer un changement du discours sur les origines et le péché originel, y compris dans le cas d'un nouveau-né, présenté maintenant comme innocent (voir *Le continent théologique*, p. 276).

3. « Rapport final du Synode extraordinaire pour célébrer le Concile, le vérifier, le promouvoir », II/A, 1 : *Sécularisme et signes d'un retour du sacré.*

phénomènes ambigus[1] » (*EG*, 89). Il semble alors que les deux traces ou anticipations évoquées à l'instant commencent à se distinguer et à se préciser plus nettement : d'un côté, la « démocratisation » de l'appel universel à la « sainteté », engagée par Vatican II et précisée sous l'actuel pontificat par la mise en valeur du *sensus fidei fidelium* et de la figure du disciple missionnaire (*EG*, 119 s.), et, de l'autre côté, par une focalisation du qualificatif « sacré » sur la « sacralité de la personne » et la « valeur sacrée et inviolable de l'autre » (*Amoris laetitia*, 127 et 151).

3. Est-ce que ce déplacement linguistique et théologique du « sacré » et du « saint » conduit à ouvrir le cercle des *tradentes* aux femmes ? Certains sociologues et historiens montrent les changements effectifs intervenus sur ce plan (services des femmes à l'autel, féminisation des fonctions d'aumônier des hôpitaux et des prisons, l'enseignement de la théologie par des femmes dans les facultés de théologie, etc.). « À terme », conclut Claude Langlois sa propre analyse, « ce changement pourrait saper l'un des trois fondements du sacerdoce masculin, le monopole du savoir légitime, et donc éventuellement menacer la légitimité des deux autres, l'exclusivité de la gestion des rites et la direction de l'*Ecclesia*[2] ». L'historien estime cependant que l'anthropologie commune aux différents dossiers évoqués – il se réfère à Jean-Paul II – ne laisse qu'« une faible marge pour le changement[3] ».

L'apprentissage du théologien peut alors le conduire à prolonger le diagnostic de l'historien en direction de l'avenir, à déplacer en quelque sorte le projecteur et à situer les points de résistance – ici le statut masculin de certains *tradentes* – dans une mutation plus globale (qui ne s'arrête pas à l'anthropologie de Jean-Paul II) et à reconnaître finalement à la Tradition une véritable créativité interne[4] : se laissera-t-il enfermer dans un débat

1. Voir aussi l'ensemble du développement, allant des n° 87 aux n° 97, qui propose tout un discernement qui distingue la « mystique de la fraternité » (et ce qui est le propre de la religiosité populaire, basé sur des relations « incarnées ») et l'ambiguïté d'un retour du sacré et d'une mondanité spirituelle.

2. Voir l'analyse de Cl. LANGLOIS, dans *Le continent théologique*, p. 276-278.

3. Voir *ibid.*, p. 276-278.

4. Je me permets de renvoyer ici au chap. IX : « La tradition comme processus créatif. Un défi pour la théologie fondamentale » de mon ouvrage *Selon l'Esprit de sainteté. Genèse d'une théologie systématique*, p. 219-250.

sur les « frontières » sacrées du ministère ecclésial ou réussira-t-il à le repenser au sein d'une conception « désacralisée » de la tradition, plutôt attentive à la « limite », présupposée dans tout acte de « symbolisation [1] », quitte à critiquer les incohérences ou ambiguïtés pratiques que celle-ci laisse apparaître ?

Sans doute le dialogue œcuménique (en particulier l'accord luthéro-catholique sur la justification de 1999) y est-il pour quelque chose si la théologie et le discours ecclésial connaissent en effet depuis Benoît XVI une certaine « concentration » qui se manifeste à la fois par la tentative de remettre l'Évangile et le « primat de la grâce » au centre de la tradition chrétienne (*EG*, 112 et l'ensemble des chap. I et III) *et* par la prise de conscience de l'ambiguïté de sa réception (*EG*, chap. II), ambiguïté déclinée sous ses différentes formes (rapport au sacré, au pouvoir clérical, à la mondanité spirituelle, etc.). Sur le plan théologique, on peut noter l'intérêt pour la pensée d'un Paul Tillich (1886-1965), « pratiquement le seul au XXe siècle [...] à ne pas avoir fait une opposition radicale entre la foi et la religion, en raison de sa "théologie de la culture" et au nom de son affirmation concernant l'ambiguïté fondamentale de l'être humain [2] ».

La foi dont il a été déjà question plus formellement dans le cadre de nos sociétés laïques où cohabitent plusieurs traditions religieuses et spirituelles [3] reçoit ici une nouvelle qualification : elle devient impensable sans s'adjoindre de l'intérieur d'elle-même un acte de jugement et de discernement toujours contextuel, s'appuyant sur la conviction à la fois intime et ecclésiale – le langage chrétien fait ici intervenir l'Esprit Saint – que ce jugement *puisse* sortir de l'ambiguïté, quelle qu'elle soit. Avant de revenir à cette conviction ultime dans la dernière étape de ces réflexions, notons encore que l'insistance sur le discernement suppose aussi une nouvelle articulation entre le ministère kérygmatique, litur-

---

1. L.-M. CHAUVET, *Symbole et sacrement : une relecture sacramentelle de l'existence chrétienne*, Paris, Éd. du Cerf, 1987.

2. P. RUBENS, « La foi aux prises avec l'ambiguïté postmoderne : Penser avec Paul Tillich la méthode théologique », dans *International Yearbook*, vol. 11, Yearbook 2016 for Tillich Research (dir. Chr. DANZ, M. DUMAS, W. SCHÜSSLER, M. A. STENGER, E. STURM), *Faith in Post-modernity*, Berlin/Boston, De Gruyter, 2016, p. 2.

3. Voir ci-dessus dans la première partie de ce chapitre XI.

gique et pastoral au sein de l'Église, d'un côté, et, de l'autre, la « communauté scientifique » que forment actuellement les théologiennes et théologiens[1]. Leur expertise quant aux résistances qui s'opposent à une conception vivante et créative de la Tradition (formée simultanément du *traditum* et de *tradentes* ecclésiaux) pourrait bien permettre de reprendre le fil argumentatif du débat sur l'ordination de femmes, abandonné autoritairement en 1976[2]. Ajoutons cependant que cette expertise n'évitera pas d'interroger aussi les précompréhensions de nos sociétés européennes et en particulier les transferts d'anciens « sacrés » sur d'autres réalités sociales, politiques et économiques, dont l'historien de l'histoire religieuse pourrait être dupe comme peut l'être le théologien[3].

THÉOLOGIE MORALE, MYSTIQUE ET « CONVERSION »

1. Le corpus et l'événement de Vatican II qui nous ont guidés durant ce parcours trouvent leur unité dans la fameuse « pastoralité de la doctrine[4] », tant discutée pendant et après le Concile et

1. Voir P. HÜNERMANN, *Sprache des Glaubens – Sprache des Lehramts – Sprache der Theologie.*

2. CONGRÉGATION POUR LA DOCTRINE DE LA FOI, « Déclaration sur la question de l'admission des femmes au sacerdoce ministériel *Inter insigniores* » (15 octobre 1976), dans *DC* 74 (1977), p. 158-164.

3. Voir Cl. LANGLOIS, *Le continent théologique*, p. 265 et 276 (où sont évoqués d'autres contextes que celui de la « sécularité occidentale »). Voir aussi E. LEVINAS, *Du sacré au saint*, p. 89 : « Je me suis toujours demandé si la sainteté, c'est-à-dire la séparation ou la pureté, l'essence sans mélange que l'on peut appeler Esprit et qui anime le judaïsme – ou à laquelle le judaïsme aspire – peut séjourner dans un monde qui ne serait pas désacralisé. Je me suis demandé – et c'est là le vrai problème – si le monde est assez désacralisé pour accueillir une telle pureté. »

4. JEAN XXIII, *Discours d'ouverture du Concile* (11 octobre 1962). Voir l'édition critique de *Gaudet mater ecclesia* par A. MELLONI, dans G. ALBERIGO, A. MELLONI, G. BATELLI et S. TRINCHESE, *Fede, tradizione, profezia. Studia sul Giovanni XXIII e sul Vaticano II*, p. 269 : « Il faut que cette doctrine authentique soit étudiée et exposée suivant les méthodes de recherche et la présentation dont use la pensée moderne. Car autre est la substance du dépôt de la foi, autre la formulation dont on la revêt ; et il faut tenir compte de cette distinction – avec patience au besoin –, en mesurant tout selon les formes et les proportions d'un magistère à caractère surtout pastoral. » Nous traduisons et soulignons.

restée controversée jusqu'à nos jours [1]. Vouloir attribuer au seul pape Jean XXIII la paternité de ce principe est erroné [2] ; il suffit de parcourir *Le continent théologique* pour s'en rendre compte. Les champs particuliers de la théologie morale et de la mystique féminine y sont omniprésents et portés par une réflexion épistémologique :

> Faire de l'histoire de la théologie, consiste […] à s'interroger sur les *liens* que de tels discours normatifs ont avec les croyances qu'ils sont censés expliciter et sur leur *articulation*, par la prédication, le catéchisme, la confession, les livres de piété, les écrits mystiques, avec les pratiques des fidèles, orthodoxes ou déviantes [3].

Ce sont précisément ces « liens » et cette « articulation » que le terme de « pastoralité » vise.

Cette structure très complexe a beaucoup bougé au cours des XIXe et XXe siècles et ne se laisse aucunement réduire à la distinction classique entre « théologie positive » et « théologie scolastique », distinction bouleversée non seulement par l'entrée de la « critique » dans cet univers [4] mais aussi par des prises de conscience périodiques quant à la « crise de la foi », inhérente à la modernité, si l'on croit par exemple les analyses d'un Alfred Loisy dans son manuscrit « pré-moderniste » *La crise de la foi dans le temps présent* [5]. À Vatican II, l'assemblée prend collectivement conscience du lien et de l'articulation entre ces différents paramètres, la résistance venant essentiellement de ceux qui voulaient maintenir la doctrine dans une sphère anhistorique et atemporelle (avec toutes les ambiguïtés attachées à cette position, déjà signalées). C'est au lendemain du Concile que naît alors une nouvelle discipline, la théologie « pastorale » ou « pratique »

1. Je me permets de renvoyer à Chr. THEOBALD, *La réception du concile Vatican II. I.*, et ID., *Le concile Vatican II. Quel avenir ?*

2. Voir G. ROUTHIER, « À l'origine de la pastoralité à Vatican II », dans ID., *Cinquante ans après Vatican II. Que reste-t-il à mettre en œuvre ?*, p. 107-128.

3. Cl. LANGLOIS, *Le continent théologique*, p. 34 (je souligne).

4. Voir p. 256, n. 3.

5. Voir la dernière partie du *Continent théologique* où Claude Langlois rend compte de la publication de ce document, à laquelle j'ai pu participer.

(selon les contextes[1]) qui couvre l'ensemble des domaines « pratiques », restés jusqu'alors plus ou moins séparés.

Bien avant la laïcisation de l'histoire religieuse contemporaine, la théologie s'est donc laissé historiciser, grâce à la génération de théologiens, surtout mais pas exclusivement, franco- et germanophones, qui ont préparé et accompagné le Concile[2]. On pourrait souhaiter que cet apprentissage continue et ne soit pas interrompu par des pertes de mémoire, propres à nos sociétés postmodernes. Pour ce qui est de la théologie contemporaine, il faut en effet rester attentif aux tensions entre disciplines (bibliques, historiques, systématiques, pratiques, morales et liturgiques) ainsi qu'aux incohérences et ambiguïtés, diagnostiquées par les contemporanéistes (théologies féministes…) et davantage repérables grâce au principe d'unification pastorale, proposé par le Concile. En même temps paraît aussi plus nettement un troisième partenaire de la communauté académique, les communautés et champs sociaux (médecine…) où les théologiennes et théologiens sont engagés, ne se contentant plus du face-à-face conciliaire et postconciliaire avec le magistère.

2. L'histoire de la mystique représente un champ particulier mais en même temps hautement significatif de l'ensemble de ces mutations en cours et des processus d'apprentissage de la théologie contemporaine, le « spirituel » étant, lui aussi, tributaire de l'histoire[3]. Claude Langlois le montre par le cas de Thérèse de Lisieux en situant la carmélite – grâce à toute une analyse de sa postérité – dans un courant de nouvelle mystique féminine au début du XXe siècle, d'ailleurs entouré très rapidement par une recherche de type académique, non sans lien avec la crise moder-

1. On trouve une première trace très explicite dans une conférence donnée par K. Rahner le 29 mars 1966 : « La théologie et sa mise en demeure par Vatican II », dans K. RAHNER, *Le deuxième concile du Vatican. Contributions au Concile et à son interprétation. Œuvres* 21, p. 845 s. Notons cependant que, dans les pays germanophones, cette théologie pouvait déjà s'appuyer sur les structurations « encyclopédiques » proposées au début du XIXe siècle par Schleiermacher (Berlin) et J.-B. Drey (Tübingen).

2. Dans le même sens, Cl. Langlois nomme quelques théologiens conciliaires français (*Le continent théologique*, p. 28).

3. *Ibid.*, p. 43.

niste[1]. Thérèse serait-elle le « prototype » d'un « nouveau statut de la mystique dans le monde actuel », la « mystique de référence » étant en train de changer dans un paysage où dominent la spiritualité victimale et réparatrice et des révélations et apparitions ? Claude Langlois rapporte le jugement que la jeune carmélite est censée avoir porté sur elle-même : « Cette sainteté-là (non accompagnée de révélations, de miracles, etc.) me paraît la plus vraie, la plus sainte ; c'est elle que je désire ; car il ne s'y rencontre aucune illusion[2]. » Il montre la centralité de la révélation de la miséricorde (9 juin 1895) « qui a conduit Thérèse à ne pas arrêter son récit à son entrée au carmel, mais à inclure toute sa vie de carmélite pour mener son *histoire* jusqu'à son terme actuel[3] ».

Une fois encore le regard « laïc » de l'historien incite ici le théologien à se situer lui-même. Davantage rompu à la recherche historique dans le domaine biblique, en particulier à la « quête » pluriséculaire du Jésus historique, il ne peut qu'être frappé par l'analogie entre les évolutions de celle ci et la « déconstruction » historico-narrative du récit autobiographique de Thérèse, considérée alors comme « écrivain[4] ». Déclencheur et résultat de cet exercice d'historicisation de la composition du récit est une définition plus précise, fondée sur une typologie, du concept de « conversion », utilisée par la future Docteure de l'Église (1997) pour désigner – après coup – son expérience de Noël 1886 : c'est dans l'écriture même du récit autobiographique (1895) et dans une lettre à son « frère » missionnaire (Toussaint 1896) que se crée le lien entre cette expérience de Noël 1886 (qui l'a conduite au Carmel), la révélation de la miséricorde (1895) comme son aboutissement, l'interprétation de la conversion du criminel Pranzini pour laquelle elle avait prié et l'accomplissement paradoxal de son

1. *Ibid.*, p. 279-292 (pour ce qui est de l'ensemble des recherches thérésiennes de l'auteur, voir *ibid.*, p. 40-45).

2. *Ibid.*, p. 289 s. et 292. Voir aussi l'expérience de la nuit et le « je veux croire » de Thérèse qui, dans le contexte d'une intense communion avec l'expérience des athées, prend une couleur inédite (voir *ibid.*, p. 203 s. ; voir aussi M. BELLET, *Thérèse et l'illusion*, Paris, DDB, 1998).

3. *Ibid.*, p. 203 et 213.

4. Voir *ibid.*, p. 44 et 203-205.

désir de sacerdoce[1]. C'est en effet la « coïncidence, fortement assumée, entre écriture de soi et révélation de Dieu » que le regard laïc met en relief. Comme dans le cas du Jésus historique ou du Paul historique (également écrivain et, dans tel texte [voir Ga et 2 Co], « autobiographe »), il reste alors l'écart difficile à enjamber entre l'écriture autobiographique (totalement absente chez Jésus !) et épistolaire, d'un côté, et, de l'autre, ce qui intéresse l'historien – et « qui fait sa raison d'être » – à savoir, dans le cas de Thérèse, « ce qui s'est réellement passé durant cette décisive année 1887 ». Les documents de l'époque font en effet entrevoir *une jeune fille sans éclat*, bien éloignée de celle décrite par le récit de 1895[2].

Pour sa part, le théologien ne tire pas seulement profit de l'analogie qui vient d'être signalée entre, d'un côté, l'expérience multiforme, à la fois singulière et collective, qui se trouve à l'origine du christianisme, et, de l'autre, sa « reprise » ou « émergence » mystique et critique au passage du XIXe au XXe siècle, au sein d'une tradition bien constituée. Il se laisse aussi volontiers reconduire vers un courant, sinon une école, qui conçoit l'acte théologique comme acte d'écriture, porté ultimement par la « biographie mystique » de son auteur et visant l'*Itinerarium* de tout croyant[3], comme un Johann Baptist Metz l'a montré à propos de Karl Rahner[4]. Il est alors et surtout intrigué par le concept de « conversion » qui, chez Thérèse, désigne l'accès à sa pleine maturité humaine au moment où elle découvre sa vocation apostolique et se laisse toucher par la révélation de la miséricorde de Dieu. Il ne peut pas ne pas faire intervenir ce concept dans les débats sur la foi et la révélation qui débutent à la même époque chez des auteurs comme Blondel, Loisy, Le Roy, Bremond et autres et trouvent un certain aboutissement à Vatican II. Il doit même se demander si son propre travail de discernement critique, toujours contextuel, qui suppose que l'ambiguïté dont il a été question plus haut puisse effectivement être vaincue, ne dépend pas ultimement

1. Voir *ibid.*, p. 43 et 212-217.

2. Voir *ibid.*, p. 218.

3. On peut penser à Augustin, Bonaventure, Newman, etc.

4. Voir J. B. METZ, *Glaube in Geschichte und Gegenwart*, Mainz, Grünewald, 1977, p. 195-203.

d'une *expérience* analogue à celle de Thérèse et de tant de femmes et d'hommes pour qui Dieu devient, à tel moment de leur itinéraire, « Celui » qui oriente toute leur existence individuelle et collective. Cette manière de « se retourner », de façon « expérimentale », du sein même de nos contingences historiques vers leur référent ultime et de se laisser « affecter » par la « limite » qui l'annonce, serait alors aujourd'hui la condition de possibilité d'une théologie comme théologie. Peut-être est-ce cette condition qui est visée par le doctorat de Thérèse de Lisieux [1].

3. Or, le concile Vatican II ne connaît paradoxalement pas le vocabulaire de la « mystique » au sens moderne du terme [2] ; il se contente de parler du « spirituel [3] ». Ce n'est que plus récemment et de façon assez inattendue qu'il a trouvé droit de cité dans le discours ecclésial, se reliant alors intrinsèquement au principe de « pastoralité ».

En effet, d'autres « frontières » devaient être traversées, celles précisément du « continent théologique » de l'Europe ; en prenant conscience qu'une manière de sortir de l'époque coloniale de la mission chrétienne était de *recevoir d'outre-atlantique* une inspiration authentiquement biblique qui avait largement sombré en occident. Ce qui s'est déjà passé pendant le Concile quand le groupe de « l'Église des pauvres », formé surtout d'évêques latino-américains et de quelques évêques européens [4], réussissait à introduire « les pauvres » (Lc 4, 16-21) comme premiers destinataires et sujets de l'évangélisation. Cette visée dont on connaît l'effet en Amérique latine vient de revenir sur le continent européen, sous la forme de l'Exhortation *Evangelii gaudium* du pape argentin François. En introduisant un nouveau type d'universalisme, elle permet sans doute de sortir du modèle intransigeant.

Il est remarquable que ce texte qui consacre plusieurs numéros à la « mystique du vivre-ensemble » et à la « fraternité mystique, contemplative » (*EG*, 87-92), se réfère à Thomas a Kempis et… à

1. Je n'ignore pas les ambiguïtés d'une éventuelle répartition des tâches, notée par Cl. Langlois (*Le continent théologique*, p. 277 s.).

2. Il l'utilise uniquement en lien avec la notion de « corps mystique » (voir par exemple *Lumen gentium*, 7)

3. Par exemple dans *Perfectae caritatis*, 6 (vie spirituelle des religieux) et *Apostolicam actuositatem*, 4 (laïcs).

4. Voir p. 157 s.

Thérèse de Lisieux pour mettre en relief « l'impact décisif d'une expérience intérieure ». La formule récapitulative qui suit immédiatement la référence à Thérèse et reprend et réinterprète la perspective messianique de la « guérison », y mettant côte à côte le vocabulaire de la « mystique » et du « sacré », mériterait un long commentaire :

> Il y a là la vraie guérison, du moment que notre façon d'être en relation avec les autres, en nous guérissant réellement au lieu de nous rendre malade, est une fraternité *mystique*, contemplative, qui sait regarder la grandeur sacrée du prochain, découvrir Dieu en chaque être humain, qui sait supporter les désagréments du vivre-ensemble en s'accrochant à l'amour de Dieu, qui sait ouvrir le cœur à l'amour divin pour chercher le bonheur des autres comme le fait leur Père qui est bon [*EG*, 92].

Peut-être n'est-il pas inutile de rappeler au moins que la « fraternité » – qualificatif le plus ancien des communautés chrétiennes – se trouve parmi les valeurs fondamentales de nos sociétés laïques (article 1 de la Déclaration universelle des droits de l'homme, 1948), qu'elle a la spécificité de transcender de l'intérieur toute constitutionnalité et de nous rappeler le caractère hautement problématique de la cohésion sociale. Approcher le propre de la tradition chrétienne à partir de l'inscription inductive d'une « fraternité *mystique* » dans cette brèche d'une « transcendance immanente » (Habermas) est indubitablement le résultat d'un long processus d'apprentissage. Celui-ci a conduit la théologie elle-même à ne pas se laisser réduire à un discours mais à consentir à être affectée, jusque dans son versant spéculatif, par la relationalité « pastorale » dont le noyau expérimental relève effectivement d'une « mystique » au sens le plus radical du terme. C'est peut-être le vocabulaire stylistique qui permet au mieux de décrire et penser cette « affectation ».

Des frontières à franchir, des limites à penser… on aura compris que théologiens et historiens se rejoignent dans l'exercice même de la pensée qui, certes, s'inscrit dans des disciplines spécifiques mais dépasse en même temps leur cadre, tout en demandant de la discipline critique. L'engagement personnel, voire éthique, constitue le ressort de ce dépassement qui est vécu différemment par l'historien « laïc » et le théologien chrétien ou encore par le philosophe. Et si des « frontières » existantes entre disciplines sont à traverser dans un incessant processus d'apprentissage, c'est en tout cas la « limite » qui fait penser : celle qui est inhérente à notre condition humaine et qui a conduit Kant à donner à la pensée son statut « mondial » *(conceptus cosmicus*[1]*)* ; limite qui pour le théologien et la théologienne, inspirés par l'Évangile de Dieu, se présente comme une bénédiction.

---

1. *Critique de la raison pure,* A 839/B 867.

XII

LA TRADITION CHRÉTIENNE COMME RÉVÉLATION

À propos de la nécessité formelle et de la crédibilité culturelle du concept d'« auto-révélation » divine

La forme verbale du concept d'« auto-révélation » – « Dieu s'est révélé lui-même » *(Deo placuit se ipsum revelare)* – est entrée dans le langage ecclésial à Vatican I et a été ensuite reprise par le concile Vatican II qui, dans sa constitution dogmatique *Dei verbum*, en a fait le principe même de la tradition chrétienne. De son origine dans l'idéalisme allemand et dans l'école de Tübingen, ce concept a gardé un aspect « responsorial », voire apologétique ; car face à une contestation généralisée de la revendication, interne au mystère chrétien, d'être proprement divin, il récapitule la tentative, postérieure à l'*Aufklärung*, d'établir l'origine absolument gratuite du christianisme dans le « bon plaisir » même de Dieu [1].

En 1977, douze ans après la promulgation de *Dei verbum*, paraissent simultanément le grand bilan de Peter Eicher, titré de manière significative « Révélation. Principe de théologie moderne [2] », et le célèbre article de Paul Ricœur : « Herméneutique

1. Pour davantage de précisions historiques, en particulier l'impact du « traditionalisme modéré sur la rédaction des constitutions du Concile », voir Chr. THEOBALD, « De Vatican I aux années 1950 : Révélation, foi et raison, inspiration, dogme et magistère » (avec bibliographie), dans B. SESBOÜÉ et Chr. THEOBALD, *La Parole du salut*, p. 227-470.

2. P. EICHER, *Offenbarung. Prinzip neuzeitlicher Theologie*, Munich, Kösel, 1977.

de Révélation[1] ». Même si le premier perçoit le caractère problématique de la terminologie de la « révélation », il maintient que « ce concept universel a aujourd'hui une *fonction centrale* au regard de l'unité de la pensée chrétienne en général, de la structure interne du discours théologique en particulier, ainsi que dans la perspective de la *fondation* d'une communauté ecclésiale de foi[2] ». Le second garde, certes, le caractère « tout au plus analogique » du concept de révélation[3], mais s'oppose à un « concept autoritaire et opaque », exacte réplique d'une « raison prétendument maîtresse d'elle-même et transparente pour soi[4] », et, pour dépasser cette posture intellectuelle, met en œuvre une *herméneutique* des différents types de discours bibliques et une herméneutique du témoignage.

Se dessine ici une « constellation » théologico-philosophique complexe, héritière de l'époque moderne et du « linguistic-turn », constellation qui est loin d'être dépassée, comme l'a encore montré le récent colloque de l'AETC à Louvain (en septembre 2015). D'un côté, on trouve les tenants d'un paradigme « *fondationnel* », défendu en particulier dans la théologie fondamentale allemande[5], et de l'autre, ceux et celles qui le contestent et proposent de comprendre le concept de « révélation » comme « catégorie d'*interprétation* », située *au sein* de nos diverses pratiques religieuses de donation de sens, à l'œuvre aussi dans les textes bibliques ou autres que cette poïétique a générés et génère encore ; catégorie herméneutique donc qui relèverait de la raison pratique et représenterait une réponse à la question kantienne « que m'est-il permis d'espérer[6] ? »

---

1. P. Ricœur, « Herméneutique de l'idée de Révélation », dans D. Coppieters de Gibson, *La Révélation*, Bruxelles, Publications des Facultés universitaires Saint-Louis, 1977, p. 15-54.

2. P. Eicher, *Offenbarung*, p. 584 (je souligne).

3. P. Ricœur, « Herméneutique de l'idée de Révélation », p. 17 et 31-33.

4. *Ibid.*, p. 15.

5. Voir par exemple H. Verweyen, *Gottes letztes Wort. Grundriss der Fundamentaltheologie*, Regensburg, Pustet, 2002^4, p. 63-67 ; voir aussi M. Seckler, « Der Begriff der Offenbarung », dans *Handbuch der Fundamentaltheologie*, vol. 2, Fribourg, Herder, 1985, p. 60-83.

6. S. Wendel, « In Antinomien verstrickt. Zum Problem einer begründungslogischen Rezeption der heiligen Schrift », dans *ET. International congress "The*

Cette critique du paradigme « fondationnel » peut aller jusqu'à l'abandon du concept de « révélation », abandon tacite ou problématisé, comme l'a développé François Nault en 2006 : relisant le texte matriciel de Ricœur, il voit dans le passage d'un « concept monolithique de la Révélation » à « un concept pluriel, polysémique, et *tout au plus analogique* », « la mise en scène de l'éclatement du "concept" et la possibilité non seulement de nouvelles réponses aux vieilles questions, mais l'imagination d'un autre type d'interrogation », voire le passage d'un « paradigme *révélationniste* à un paradigme *textuel*[1] ». Ce passage implique la critique de l'utilisation autolégitimatrice du concept de révélation au sein des Églises : elle prend chez Ricœur la forme d'une déconstruction de l'amalgame entre l'imposition magistérielle de quelques catégories maîtresses et la prédication et la pensée vivante de telle communauté de foi ; chez d'autres, comme Saskia Wendel, la critique atteint même ce niveau élémentaire du discours communautaire et biblique, aucune forme de discours n'étant exempte de mécanismes de pouvoir, comme elle le rappelle en référence à Michel Foucault[2].

Face à cette contestation, le théologien doit se demander s'il y a des *raisons internes à la tradition chrétienne* qui militent en faveur du maintien du concept de révélation, surtout sous sa forme radicalisée, simultanément réflexive et théocentrique, d'« *auto*-révélation » de Dieu *(Selbstoffenbarung und Selbstmitteilung Gottes)*. Cette argumentation et les *sed contra* qui l'accompagnent l'obligent évidemment à s'engager sur le terrain des *caractéristiques formelles* de ce concept ; ce que je ferai dans un premier temps qui décidera aussi de son rapport à la « raison commune ». Dans la suite de mon propos, je voudrais tenter de préciser ce rapport, me situant alors au-delà de l'opposition entre un paradigme « fondationnel » et un paradigme « herméneutique ».

Soul of Theology. On the Role of Scripture in Theology", Louvain, 17-20 September 2015, KU Louvain, p. 33-46.

1. F. NAULT, « Révélation sans théologie, théologie sans révélation », dans Ph. BORDEYNE et L. VILLEMIN (dir.), *Vatican II et la théologie. Perspectives pour le XXIe siècle*, Paris, Éd. du Cerf, 2006, p. 147.

2. S. WENDEL, « In Antinomien verstrickt », p. 42 s.

La révélation : statut et caractéristiques formelles d'une méta-catégorie

Dans ce premier temps de mon argumentation *en faveur* du concept de « révélation », tel qu'il a été accrédité par *Dei verbum*, il faudra préciser son statut en nuançant d'abord – première étape – l'affirmation de Peter Eicher, de Karl Rahner et d'autres qui tiennent la « révélation » pour « le concept le plus fondamental du christianisme [1] ». Au vu du *donné biblique* dont le théologien – s'il se considère redevable de la *positivité* du christianisme –, ne peut s'exempter, il faut en effet distinguer deux niveaux ou acceptions du concept de « révélation » : un *premier* niveau, caractérisé par la particularité d'une série d'« expériences » individuelles *et* collectives bien spécifiques, classables – *a posteriori* – sous la catégorie de « révélations » (au pluriel), et un *second* niveau qui situe ces expériences dans un cadre *englobant*, ayant prétention de rejoindre le *tout* du réel. C'est ce *méta-niveau* qui est concerné par la contestation du paradigme « fondationnel ». Pour établir la *nécessité interne* de ce niveau, il faut préciser auparavant ses *caractéristiques formelles*, déterminées par les « expériences » du premier niveau ; ce qui est l'objectif de la deuxième étape de mon développement. Mais commençons par nous interroger sur le statut du concept.

Le concept de « révélation » est-il le plus fondamental du christianisme ?

1. Face à la concentration rahnérienne du mystère chrétien, on doit noter que le Nouveau Testament et la tradition subséquente connaissent différents termes pour désigner l'essentiel : la terminologie la plus ancienne de la « voie », le triangle central des catégories « évangile – mystère – révélation » (Rm 16, 25-27), le concept de « Parole de Dieu » et celui d'« enseignement » (*didaskô/didascalia*, 1 Co 4, 17, etc.), terme qui se perpétuera en Occident sous la

1. K. Rahner, « Quelques remarques sur le *Traité fondamental de la foi* » (1980), dans *Traité fondamental de la foi. Études sur le concept du christianisme*, *Œuvres* 26, Paris, Éd. du Cerf, 2012, p. 516.

forme de la *doctrina christiana* ou de la *sacra doctrina*[1]. La signification de ces catégories et leur articulation systémique ont considérablement varié au cours de l'histoire : il suffit de rappeler que Trente ne connaît pas la terminologie de la « révélation », tandis que Vatican I ignore celle de l'Évangile et recentre la foi catholique sur la catégorie de la « révélation surnaturelle » ; ce n'est qu'à Vatican II qu'on retrouve le « triangle central » avec la radicalisation théocentrique du concept d'« *auto*-révélation », encore que *Dei verbum* ne parvienne pas à articuler « révélation » et « mystère », d'un côté, *et* « Évangile » et « Parole de Dieu », de l'autre, la distinction entre ces deux niveaux, global et historique, étant « esquissée » sans être vraiment pensée[2].

2. Si l'on remonte maintenant en amont de la littérature néotestamentaire, on croise des analyses comme celles de Paul Ricœur dans l'article déjà cité. À la suite des travaux d'un Paul Beauchamp et d'autres exégètes[3], le philosophe herméneute se focalise sur les « *modalités* les plus élémentaires de langage d'une communauté de foi » et sur les genres littéraires, relevant d'une *poïétique générative.* C'est grâce à ce type d'entrée qu'on parvient à donner sa place à la littérature apocalyptique qui a livré son langage de « révélation » au Nouveau Testament : mettant en vis-à-vis les « secrets » ou « mystères » cachés depuis la fondation du monde *et* leur manifestation en vue des « temps derniers », la catégorie de la « révélation » intègre ici logiquement celle du « dessein de Dieu » *(prothesis tou theou).* Ricœur insiste sur le caractère analogique du concept de « révélation » ; ce qui se comprend en raison de sa polémique contre le syntagme « *la* révélation[4] » et de son projet d'honorer *toute la variété littéraire* de l'Ancien Testament. Mais de ce fait, il laisse dans l'ombre l'articulation entre, d'un côté, les genres prophétique, narratif, législatif et sapientiel *et*, de l'autre, l'apo-

1. Voir Chr. THEOBALD, *La Révélation... tout simplement*, Paris, Éd. de Atelier, 2001[1], 2006[2], p. 30-36.

2. Voir *ibid.*, p. 36-47 ; ID., *La réception du concile Vatican II. I. Accéder à la source*, p. 701-769 ; ID., *Le concile Vatican II*, p. 183-203.

3. Le premier volume de *L'un et l'autre Testament. Essai de lecture* (Paris, Éd. du Seuil) date de 1976.

4. P. RICŒUR, « Herméneutique de l'idée de Révélation », p. 31 s.

calyptique comme «*somme* des genres», exerçant une fonction de *globalisation* et de *clôture*[1].

Or, c'est au titre de cette fonction que, dès les lettres protopauliniennes, l'apocalyptique intervient dans l'émergence d'un concept *unifié* et *global* de «révélation», en lien intrinsèque avec celui de «mystère» – désormais utilisé presque exclusivement au singulier – *et* avec celui d'«Évangile» (hérité du second Isaïe), comme il ressort du début de l'épître aux Romains (Rm 1, 1-17) et de sa doxologie finale (16, 25-27, peut-être ajoutée ultérieurement). D'emblée Paul distingue en effet *deux «plans»,* d'abord celui de la *relation* kérygmatique entre l'apôtre qui, ici et maintenant, transmet l'Évangile qu'il a reçu lui-même et ceux qui le reçoivent pour le livrer à d'autres *et*, ensuite, l'inscription de cette rencontre dans une vision globale. Cette distinction s'amorce dans la première lettre aux Thessaloniciens (1 Th 1-3) et se précise dans la première épître aux Corinthiens avec ses fameuses formules de «tradition» ou de «livraison» *(paradosis/ paradidômi)* à propos du repas du Seigneur (1 Co 11, 23-25) et de sa Résurrection (1 Co 15, 12).

L'imbrication mutuelle de ces deux niveaux est particulièrement nette au début de cette épître, quand Paul explicite d'abord la *modalité* de sa venue à Corinthe – «Moi-même, quand je suis venu chez vous, frères, ce n'est pas avec le prestige de la parole ou de la sagesse que je suis venu vous annoncer le *mystère de Dieu*» (1 Co 2, 1-5) –, et implique ensuite la communauté et lui-même dans un «nous» qu'il rapporte en sa globalité à la révélation même de Dieu:

> Pourtant, c'est bien une sagesse que *nous* enseignons *[laloun]* [...]. *Nous* enseignons la sagesse de Dieu, mystérieuse et demeurée cachée, que Dieu, avant les siècles, avait d'avance destinée à *notre* gloire. Aucun des princes de ce monde ne l'a connue, car s'ils l'avaient connue, ils n'auraient pas crucifié le Seigneur de gloire. *Mais*, comme il est écrit, *c'est ce que l'œil n'a pas vu, ce que l'oreille n'a pas entendu et ce qui n'est pas monté au cœur de l'homme, tout ce que Dieu a préparé pour ceux qui l'aiment* [Is 64, 3; 52, 3; Si 1, 10]. En effet c'est à *nous* que *Dieu l'a révélé* par l'Esprit. Car l'Esprit sonde *tout*, même les profondeurs de Dieu [*bathè tou theou*; 1 Co 2, 7-10].

1. P. BEAUCHAMP, *L'un et l'autre Testament. Essai de lecture.* I, p. 201 s.

La forme de ce concept global de révélation est *verbale* : elle désigne donc un *processus* « révélateur », appelé depuis Irénée *oikonomia* ; processus *global* qui suppose, à l'arrière-plan, la face cachée, mystérieuse ou abyssale de Dieu, et qui *simultanément*, sur la scène de l'histoire, se particularise et se concrétise dans un « nous » *particulier*, celui de l'apôtre et de ses communautés. C'est leur relation kérygmatique qui est le « lieu » où le processus « révélateur » *global* s'accomplit. Notons qu'en ce « lieu » élémentaire et sans prestige, le vocabulaire varie beaucoup ; on y retrouve, parmi d'autres, la catégorie de la « révélation », quand Paul rend compte de l'expérience inaugurale qui a déclenché sa mission apostolique d'annonce : « Lorsque celui qui m'a mis à part depuis le sein de ma mère (on perçoit l'ombre du prophète Jérémie) et m'a appelé par sa grâce a jugé bon de *révéler en moi son Fils*, *afin que je l'annonce* parmi les païens, aussitôt, loin de recourir à aucun conseil humain, [...] je suis parti... » (Ga 1, 15-17). En rappelant certaines critiques du concept de « révélation », on peut déjà noter – et je me réserve d'y revenir – que, sur ce plan kérygmatique, la référence à une « révélation » semble effectivement exercer une fonction légitimatrice, comme d'ailleurs dans le passage parallèle sur l'apparition du Ressuscité – « en tout dernier lieu » – à Paul (1 Co 15, 8-11).

3. Enregistrons donc un premier résultat : la distinction entre deux plans, l'*essentiel chrétien* se situant au croisement du déploiement kérygmatique de la *Tradition*, précédé par les prophètes et allant du Christ Jésus jusqu'à nous, *et* de l'inscription de cette relationalité dans l'ensemble du « processus révélateur », censé avoir son « origine » en Dieu. L'immanence mutuelle de ces deux plans traverse toute l'histoire du christianisme et se retrouve encore dans la structure organique *(structura organica)* de *Dei verbum*. Le développement sur la *Tradition* en acte qui débute au chapitre II, se poursuit dans les chapitres suivants sur les Écritures comme phénomène de tradition et aboutit aux récepteurs de celle-ci dans la vie de l'Église d'aujourd'hui, est en quelque sorte englobé par ce que le début du premier chapitre dit du processus révélateur :

> Il a plu à *Dieu [placuit Deo]* dans sa sagesse et sa bonté de Se révéler Lui-même *[Seipsum]* et de faire connaître le mystère *[sacramentum]* de sa volonté, grâce auquel les *hommes*, par le Christ, le

> Verbe fait chair, accèdent dans l'Esprit Saint, auprès du Père et sont rendus coparticipants *[consortes]* de la nature divine.

Ce *processus* global, parfaitement superposable à 1 Co 2, 7-10[1], ne devient intelligible qu'*à partir* du *jeu relationnel* entre transmetteurs et récepteurs de l'Évangile, situé dans l'histoire et donc sur l'avant-plan. Il faut en expliciter les *caractéristiques formelles* si l'on veut davantage préciser le concept de révélation lui-même et, surtout, comprendre sa nécessité interne.

Un jeu relationnel spécifique

1. En élargissant, avec cette nouvelle question, le donné biblique, au-delà de la littérature épistolaire, aux récits évangéliques, le théologien est confronté aux multiples *relations* entre la figure unique de Jésus et tous ceux et toutes celles qui, dans telle rencontre avec lui, accèdent à la foi : ce sont certes les figures apostoliques qui prennent ensuite son « relais » à travers l'histoire, mais dans des constellations relationnelles *analogues*[2], comme celle entre Paul et les communautés fondées par lui ; c'est encore et de manière bien plus variée la figure de « quiconque » *(Jedermann)* qui, sans le suivre, s'entend dire par Jésus : « Mon fils, ma fille, c'est *ta* foi qui t'a sauvé », jeu relationnel également revécu tout au long de l'histoire. Si, au départ, il est asymétrique, car c'est Jésus ou, à sa suite, telle figure apostolique qui en a l'initiative, il devient symétrique quand Jésus, *à l'instant même* où il suscite la foi, se laisse déjà surprendre par elle ; foi qui, née de la liberté et des profondeurs d'autrui, vient alors à sa rencontre (voir par exemple Mc 5, 34). Une structure analogue se dessine dans la première lettre aux Thessaloniciens, quand l'apôtre rend grâce parce que sa propre parole humaine a été *reçue* comme ce qu'elle est – Parole de Dieu –, « étant *déjà* au travail *en ceux* qui la reçoivent » en croyants (1 Th 2, 13).

---

1. Même si d'autres jeux de langage, johannique (Jn 1, 14) et pétrinien (2 P 1, 4), interviennent dans la formule brève de *Dei verbum.*

2. Voir Chr. THEOBALD, *Selon l'Esprit de sainteté. Genèse d'une théologie systématique*, p. 441-485.

2. Il est impossible de détacher la figure unique du Christ Jésus de ce jeu *relationnel*, infiniment reproductible et toujours plus diversifié au sein de l'histoire. Ce « jeu » naît et renaît sans cesse d'une « évidence » élémentaire donnée avec la perception de sa cohérence christique, de sa mystérieuse sainteté (à laquelle je reviendrai) – et c'est ici que je croise pour ma part les recherches philosophiques sur la phénoménalité –; mais cette intuition suscite *en même temps* et *de ce fait même* la libre reconnaissance de son unicité de la part du croyant et donc sa capacité poïétique d'interprétation – c'est l'indépassable insistance des approches herméneutiques de nos Écritures.

Perception *et* interprétation étant intrinsèquement liées entre elles, l'ellipse ou la spirale relationnelle entre le Christ Jésus *et* tous ceux qui, jusqu'à la fin des temps, peuvent être considérés comme les « siens », l'implique, lui, *intégralement*, sa manière à lui de faire et de laisser advenir d'autres que lui faisant partie de sa propre figure de sainteté messianique. Sans cette ellipse ou spirale relationnelle, la pluralité interne du Nouveau Testament deviendrait une façade artificielle à rendre transparente à l'apparition de son unique figure de révélation, alors que les genres néotestamentaires, qu'ils soient épistolaire, narratif, etc. supposent, eux aussi et déjà, une *relation* entre l'épistolier et le narrateur apostoliques, etc. et leurs lecteurs d'hier et d'aujourd'hui : à chaque fois, ce sont des interprétations diversifiées de la figure du Christ Jésus *et* son « apparition » qui s'offrent – *inséparablement* au récepteur, selon le site missionnaire, catéchétique, liturgique, etc. auquel émarge tel texte *et* sur l'itinéraire propre du destinataire.

S'il est donc impossible de dégager « derrière » les textes et en dehors de leur présence effective dans la *Tradition* une figure du Christ s'offrant immédiatement à notre intuition et la débordant, un même lien entre son apparition *et* la liberté d'interprétation de ses interlocuteurs se manifeste déjà dans le conflit à son sujet, toujours persistant, entre juifs et chrétiens, tous les deux étant lecteurs des « Écritures » : l'accès à la foi christique après la mort ignominieuse du Nazaréen ne relève donc pas seulement d'une « rencontre révélatrice » unique avec lui, le Ressuscité, mais aussi et *en même temps* d'un acte libre d'interprétation, précisément en référence aux Écritures. Sans quoi l'expérience révélatrice se muerait en « folie » collective (le *mainesthai*, dans

1 Co 14, 23) que Paul distingue soigneusement de la « folie de la croix », désignée par le vocable de *môria* (1 Co 1, 21-24) ; il deviendrait impossible – risque plus terrible encore – d'honorer *l'altérité* de ceux qui comme les juifs et bien d'autres ne perçoivent pas dans l'humilité de la figure de Jésus le saint Messie.

3. Progressivement, nous nous sommes ainsi approchés de l'endroit précis où notre question initiale quant à la nécessité interne du concept de « révélation » peut être posée à nouveau ; en débat avec ceux précisément qui, en raison du risque de son *utilisation autolégitimatrice* dans l'histoire de l'Église, soit l'abandonnent soit le transforment en « catégorie d'interprétation », permettant d'enraciner les effets vivifiants de la tradition chrétienne dans un « Inconditionné » auquel s'adresseraient reconnaissance et gratitude[1]. Reconnaissons que la plupart des Européens – parmi eux d'ailleurs bon nombre de chrétiens – sont devenus agnostiques[2] *en ce sens*, se considérant comme héritiers de la tradition chrétienne sans inquiétude particulière par rapport à son origine et sa finalité proprement divine. Quelles sont alors, dans cette situation, les raisons *internes à la tradition chrétienne* en faveur du maintien d'un concept *fort* de « révélation », d'un « méta-concept » simultanément *critique*, capable de débusquer et d'éviter le piège de l'autolégitimation, de laisser donc refluer les caractéristiques formelles de la *tradition*, dégagées à l'instant, sur sa propre compréhension ? C'est la question complexe à laquelle je dois répondre maintenant.

Pourquoi maintenir le concept de révélation ?

1. Cette question se confond d'abord avec l'étonnement devant la tournure théocentrique et réflexive du concept d'« *auto*-révélation de Dieu », adoptée pour la première fois par Vatican I et explicitée à Vatican II. Pourquoi cette radicalisation ? Elle pointe et conjugue en fait deux versants intrinsèquement liés du processus « révélateur », qui n'ont pas été, voire n'ont pas pu être perçus auparavant comme tels : la foi christique ne consiste

1. S. Wendel, « In Antinomien verstrickt », p. 40 s.

2. Voir Chr. Theobald, *La Révélation... tout simplement*, p. 57 s.

pas en la découverte d'un « Inconditionné » mais prétend avoir *reçu* accès à l'*abyssale intimité même de Dieu* ; c'est cet accès qui introduit *en même temps* une césure, voire un « ultime » dans l'histoire de l'humanité et de la création, « l'eschaton » qui indexe *de l'intérieur l'ensemble* de la tradition chrétienne. La formule de « révélation » de la première lettre aux Corinthiens, citée plus haut, implique cette ouverture d'une *intimité abyssale* en Dieu que l'Esprit « sonde » et donne à l'homme spirituel de « sonder » (1 Co 2, 10 et 14-16) ; *Dei verbum* introduit ici très finement le vocabulaire des *intima Dei* que Jésus – le Verbe – a racontés aux hommes *(enarraret)*, sans que cette précieuse indication soit cependant reliée à ce que le même n° 4 de ce texte dit du *caractère nouveau et définitif* de l'économie chrétienne.

Ce n'est que l'explicitation trinitaire du processus global de révélation, au début de *Dei verbum* (*DV*, 2), implicitement présente dans l'extrait de la lettre aux Corinthiens, qui permet de comprendre en quel sens le « *réflexif* théocentré » introduit un « ultime » eschatologique, laissant en même temps l'histoire humaine et la création à leur liberté contingente. *Si* Dieu *S'*est vraiment dit *Lui-même* dans Sa mystérieuse profondeur abyssale, rien d'autre ne peut plus venir à la place de cette *auto*-révélation et de cette *auto*-communication (*DV*, 6). Une fin est arrivée : *tout* est dit une fois pour toutes (He 9, 26-28 ; etc.) et *rien* ne pourra plus entrer en concurrence avec ce *tout* qui, étant *dit*, rentre dans un silence et une invisibilité insondables, mais désormais dégagés de toute ambivalence, qualifiés et habités par le plaisir *(placuit)* du Dieu radicalement bienveillant et sage.

Cette « auto-diction » divine donne sens à ce qu'on appelle parfois « sécularisation », non sans y introduire ainsi un aiguillon, critique de toute absolutisation ou sacralisation ; les médiations ecclésiales sont également entraînées dans cette désacralisation, « relativisées » en quelque sorte – mises en relation avec leur fin –, en particulier la *sacra doctrina* toujours tentée de s'identifier (et encore à Vatican I) avec le processus trinitaire « incréé » de la révélation elle-même. En impliquant dans l'auto-révélation de Dieu le « sacrement *[sacramentum]* de sa volonté grâce auquel les hommes accèdent auprès du Père », la formule inaugurale de *Dei verbum* désigne l'histoire de la *Tradition*, certes comme processus « eucharistique » et ecclésial, mais processus imprévisible de livraison *et* de réception qui, précisément parce qu'il est aujourd'hui éprouvé comme étant sans garantie et comme inachevé, peut s'ouvrir *de l'intérieur* à l'intimité abyssale de Dieu.

La nécessité formelle, *interne* à la Tradition, d'un concept *fort* de révélation est ainsi établie en lien intrinsèque avec un contexte spécifique ; à moins qu'en raison de ce même contexte on décide de renoncer à une conception eschatologique de la tradition chrétienne, ce qui serait le prix à payer par ceux qui conçoivent la révélation comme « catégorie d'interprétation ».

2. Qu'en est-il alors de la *fonction légitimatrice* de ce concept ? Après avoir critiqué sa forme autoritaire, due à sa réduction doctrinale – critique couverte par l'orientation majeure de *Dei verbum* – n'en est-on pas venu à justifier naïvement le contexte séculier qui est le nôtre, l'imposant à la conception de la révélation ? Ce n'est qu'en revenant aux caractéristiques formelles du processus kérygmatique de *tradition/livraison* – premier niveau dont il a été question ci-dessus –, qu'on peut tirer profit de ce soupçon : la manière de se référer à des expériences, dites de « révélation », dans le processus de transmission de l'Évangile, est-elle nécessairement légitimatrice ? J'ai rapporté en effet plus haut certaines formules de Paul qui pourraient être comprises en ce sens, son cas étant paradigmatique pour toute l'histoire de la Tradition à laquelle il a donné sa structure relationnelle.

Notons qu'à ce niveau expérimental les approches varient. On aurait tort de les réduire à la « révélation du Fils *en lui* » (Ga 1, 16), l'apôtre-avorton ; Paul parle aussi en termes de « connaissance *intérieure* de Jésus Christ » (Ph 3, 7-11) – sous la *double modalité* d'avoir été « saisi » par lui et de « s'élancer pour le saisir » (Ph 3, 12) – et, surtout, en faisant intervenir le *visage* du Christ, « Dieu » étant (dans la matrice du premier jour de la création) « Celui qui a brillé dans le cœur (des croyants) pour y faire resplendir la connaissance de sa gloire qui rayonne sur le visage du Christ » (2 Co 4, 6). Or, l'espace « lumineux » qui se crée ainsi entre la perception intérieure – celle du cœur – *et* le rayonnement du visage du Christ s'étend toujours davantage, dans la mesure où la gloire « transitive » sur le visage de Jésus est perçue sur les visages de ceux dont l'apôtre se découvre serviteur et dont il dit qu'ils sont « sa gloire et sa joie » (1 Th 2, 19) : horizon historique de « tradition » ou de « livraison » qui, incluant tous les humains, juifs et grecs (1 Co 1 et Rm 9 à 11), échappe toujours davantage.

Ces diverses approches d'un même type d'expérience de « sortie » ou d'« excès » permettent de comprendre comment, tout en frôlant des stratégies de légitimation, l'apôtre parvient à les subvertir. S'il y a légitimation du ministère apostolique, elle n'est jamais *auto*-légitimatrice mais vient de l'insaisissable horizon historique des récepteurs de l'Évangile et revient sans refluer vers celui qui l'annonce : « ce n'est pas nous-mêmes mais le Christ Jésus que nous proclamons ; quant à nous-mêmes, nous nous proclamons vos serviteurs, à cause de Jésus » (2 Co 4, 5). Le concept de « révélation » et ses équivalents interviennent exactement à l'endroit où, étant « configuré à l'agonie de Jésus » « sans être terrassé » (2 Co 4, 8-10), l'apôtre en route et « portant ce trésor dans des vases d'argile » (2 Co 4, 7), renonce à toute auto-légitimation et toute autojustification, « pour que », comme il le répète inlassablement, « l'incomparable puissance *[dynamis]* », manifestée au sein du processus de transmission et de « livraison », « soit *de Dieu et non de nous* » (2 Co 4, 7 ; voir aussi 1 Co 2, 4-5).

En passant de Paul à Jésus, on découvre alors comment les synoptiques et le quatrième évangile subvertissent, eux aussi, tout soupçon d'autolégitimation envers l'évangéliste thaumaturge qu'il fût. En suivant son ministère, ils n'omettent pas de le montrer en prière aux moments cruciaux de son itinéraire ; prière de louange récapitulée dans le célèbre logion sur la « révélation aux tout-petits » (Mt 11, 25-27//) et dit chez Luc en forme d'exultation (Lc 10, 11). S'il « raconte à ceux parmi lesquels il demeure les *intima Dei* », selon l'heureuse formule de *Dei verbum* (*DV*, 4), c'est que sa présence dans l'intimité à la fois abyssale et infiniment proche de Dieu, l'a déjà libéré de toute nécessité d'auto-justification, dans ses relations avec ses adversaires et avec les siens ; ce qui, bien avant son agonie au mont des Oliviers (Mt 26, 36-46//), se manifeste dans ses rencontres hospitalières avec « quiconque » quand il se laisse surprendre par leur « foi ».

3. Ces données, qui sont de l'ordre de l'expérience ou de l'épreuve, refluent inévitablement sur le *concept global de révélation*, concept de « deuxième niveau », hérité de l'apocalyptique et radicalisé à l'époque moderne. Il fait corps avec l'identité eschatologique de la tradition chrétienne et exerce simultanément ou doit exercer, comme nous venons de le montrer, une fonction critique par rapport à son utilisation auto-légitimatrice. La percep-

tion de cette fonction critique est sans doute le résultat d'une prise de conscience historiquement située, l'effet de la sécularisation moderne étant de mettre à nu la propension de tout pouvoir, du pouvoir religieux en premier, à se sacraliser. La transformation du concept de révélation en catégorie herméneutique est donc une réaction parfaitement plausible (au prix évidemment de la perte de la dimension eschatologique de l'histoire et de la création).

Face à cette tentative de « retraitement », le maintien d'un concept *fort* de révélation et la prétention de la foi d'avoir *reçu* accès à l'*abyssale intimité même de Dieu* s'avèrent bien fragiles. Seule l'entrée *effective* et sans garantie dans le jeu relationnel, constitutif de la « transmission/livraison » eucharistique de ce qui a été reçu, permet de vivre ce qu'on peut appeler *in fine* l'« expérience d'*inversion* », désignée par la forme verbale et réflexive d'« *auto*-révélation de Dieu ». Car chaque fois qu'il s'agit de renoncer à tout retour auto-légitimateur sur soi pour laisser advenir *l'autre* en son inaliénable unicité, les croyants se trouvent devant un même abîme où l'intimité – sans retour sur soi – du Dieu du « bon plaisir » s'ouvre et se présente à eux. L'ouïe et la vue sont engagées dans cette expérience, car il s'agit de passer des multiples visages rencontrés à celui du Christ Jésus *et* inversement ; mais pour voir sur ces visages « ce que l'œil n'a jamais vu » et entendre de leurs bouches « ce que l'oreille n'a pas entendu », il faut se fier au « cœur » : il est à la fois le site, simultanément obscur et lumineux, où, à partir de ce qui n'est jamais monté en lui, l'homme se reconnaît à la fois « saisi » *et* « livré » à son libre jugement (1 Co 2, 11-16) ; jugement qui s'épanouit alors – à nouveau – dans sa capacité poïétique d'interprétation.

Tout en reconnaissant la fragilité de cette position qui ne veut pas compter sur ce qui, dans toute prise de parole relève du prestige et de la sagesse (1 Co 2, 1), il faut pouvoir la rendre « plausible » ou « recevable », précisément en raison de la liberté du jugement humain, impliquée dans l'*auto*-révélation sans *auto*-défense de Dieu, et pour mettre en œuvre la fonction critique du concept de révélation, opposée à la transformation de la tradition chrétienne en « délire collectif » (le *mainesthai* de l'épître aux Corinthiens). Ce que je tenterai dans la dernière partie de ce chapitre.

RÉVÉLATION ET « RAISON COMMUNE »

Ce troisième et dernier temps de mon argumentation voudrait donc tirer quelques conséquences du maintien d'un concept *fort* de révélation quant à sa « recevabilité » dans notre espace culturel, durablement marqué par la sécularité moderne (il en a été déjà question) et par un pluralisme radical, mettant à rude épreuve notre vivre-ensemble. Je procéderai en deux étapes et me saisirai d'abord de la pointe la plus difficile du concept qu'est l'*inversion de perspective* dont il vient d'être question : l'accès à l'intimité de Dieu suppose en effet que *Lui* « se soit ouvert » en premier à l'homme, le terme moderne de l'« intimité », terme analogique[1], posant *de lui-même* le problème de l'accès et donc celui de la césure d'un « ultime » toujours nouveau. J'élargirai ensuite ce questionnement à l'espace social et environnemental où se vit *l'entrée éventuelle* dans l'économie chrétienne, telle qu'elle est en jeu dans les « lieux » les plus élémentaires de la transmission, « lieux » où se produit le croisement avec ce que, faute de mieux, on peut appeler « raison commune ».

L'unicité de l'existence humaine ou l'expérience du « définitif »

1. J'ai fait allusion, tout au début de ce chapitre, au lien entre le paradigme herméneutique qui conçoit le concept de révélation comme « catégorie d'interprétation » au sein des multiples pratiques de donation de sens de l'humanité et la question de Kant « que m'est-il permis d'espérer ? » ; question qui, grâce à son idée de « postulation », a trouvé une réponse philosophique, à mes yeux toujours convaincante[2]. Étant l'acte humain par excellence qui sauvegarde l'accord entre la sagesse artistique de l'univers et la sagesse morale, l'espérance maintient, jusque dans l'abîme du mal et dans l'épreuve de l'immensité de l'univers, la fin morale de celui-ci et protège le respect d'autrui et la fraternité contre leur

1. Voir p. 285, n. 4.

2. Voir notre analyse sur la Sagesse de Salomon au concile Vatican I, dans Chr. THEOBALD, *Le christianisme comme style. Une manière de faire de la théologie en postmodernité*, p. 376-382.

menace par l'absurde. Peu importe l'utilisation ou non du mot « Dieu », il est, *à ce niveau*, l'indicateur de la « limite » du monde et de la rationalité humaine – et on peut aujourd'hui interpréter ainsi le début du chap. II de *Dei filius* de Vatican I –, « transcendance de l'intérieur ou dans l'ici-bas », selon l'expression de Jürgen Habermas [1], « transcendance » que nous devons vouloir comme trace ultime de notre humanité et rempart de notre vivre-ensemble.

2. Or, si ce cadrage – ou un autre analogue – reste nécessaire, précisément pour les raisons indiquées, il laisse cependant la question de « Dieu » dans l'incertain, sans aucun rapport avec ce que la foi chrétienne prétend quand elle se transmet *à partir* de l'intimité de Dieu. Comment rendre plausible ou crédible une telle inversion de perspective qui, comme nous l'avons vu, implique la reconnaissance d'une « précédence » ou d'une « prévenance » et introduit un « eschaton » irréversible et indépassable dans l'histoire de l'humanité et de l'univers ?

Une expérience *commune*, pouvant être appelée « révélatrice » au titre du premier niveau où se déroulent les rencontres entre Jésus et « quiconque », permet de rendre compréhensible la présence d'une telle césure dans l'histoire humaine et accessible l'inversion de perspective qu'elle suppose. Il s'agit tout simplement de la découverte, plus ou moins subite, plus ou moins itérée que tout un chacun n'a qu'une seule et unique vie. Je l'ai évoqué dans le chapitre IX [2], certaines situations – crises éprouvantes ou heureuses, passages, événements inattendus de toutes sortes – se présentent comme « disclosure situations » qui, au cœur du provisoire, ouvrent comme des fenêtres sur le « tout » d'une existence entre sa naissance et sa mort, « tout » à la fois livré *et* radicalement indisponible. C'est dans ces situations, appelées à l'instant « révélatrices » que – grâce à la présence de l'autre (et j'y reviendrai) – l'autorisation à vivre *et* à donner soi-même forme à sa vie est susceptible d'être perçue et entendue.

On peut, pour préciser cette expérience « révélatrice » d'autorisation, faire appel au vocabulaire de la « conscience », à condition cependant de ne pas l'investir tout de suite d'une connotation

1. J. HABERMAS, *Textes et contextes* (1991), Paris, Éd. du Cerf, 1991, p. 85-110.

2. Voir p. 214.

morale, mais d'y faire valoir la métaphore de la « voix ». Sans devenir pour autant heideggerien, je me permets de me référer ici au passage central du § 56 sur la « conscience » de *Sein und Zeit* :

> Que crie donc la conscience à celui qu'elle appelle ? En toute rigueur – rien ! L'appel n'énonce rien, il ne donne aucune information sur des événements du monde, il n'a rien à raconter. Encore moins aspire-t-il à ouvrir dans le Soi-même appelé un « colloque avec soi-même ». Au Soi-même appelé, rien n'est crié, mais il est convoqué à lui-même, c'est-à-dire à son *pouvoir-être* le plus propre.

3. Convocation *et* pouvoir-être se conjuguent donc ici et maintenant, dans telle situation d'ouverture heureuse ou éprouvante, en renvoyant celui qui s'y trouve et se retrouve à l'indisponible « tout » de son existence unique – au « depuis le sein de ma mère » de Jérémie et de Paul et à la constatation de l'épître aux Hébreux que « le sort des hommes est de mourir une seule fois » (*hapax apothanein* ; He 9, 27) –, au « tout » unique donc, à la fois reçu *et* livré à une donation de sens. Il s'agit là certes d'une expérience de « césure » mais d'une « césure » qui précisément fait découvrir le « une fois pour toutes » d'une « vie » *déjà* née *et* livrée à l'acquiescement de celui qui l'a reçue. Si fin et commencement, tous les deux absents, se joignent dans cette expérience « révélatrice », un « ultime » ou un « eschaton » s'y offre discrètement et rend *possible* l'inversion de perspective : convoqué à son pouvoir-être le plus propre, le « soi » peut se contenter d'un sentiment de gratitude, mais il peut aussi s'intéresser, d'un intérêt pur et désintéressé, à « Cela » ou « Celui » dont il tient l'indisponible « tout » de sa vie – son « intériorité », pourrait-on dire – cette nouveauté unique qu'elle représente parmi tant d'autres nouveautés, et qui le laisse en étonnement et admiration devant une telle profusion de vie sans nom. Ceux qu'on appelle « mystiques » – théologiens et philosophes « mystiques », mais aussi les Écritures juives et chrétiennes – signalent que cette inversion n'arrive jamais au bout d'une donation de sens mais « advient » à l'improviste.

L'intimité de Dieu révélée dans l'humble et saint Messie Jésus

1. Celui qui à cet « endroit » sort de l'indécision du « Ce*la* ou Ce*lui* » comme « destinataire » divin de son intérêt pur et désintéressé, pour se laisser emmener dans ce que la tradition chrétienne appelle « l'intimité même de Dieu », quitte-t-il l'espace de la raison commune ? Rappelons, pour répondre à cette ultime question, que le passage qu'il opère ainsi – appelé communément « conversion » – *n'est possible que s'il entre en même temps, avec le Christ Jésus,* dans un jeu relationnel spécifique avec autrui où « l'intimité » unique de quiconque – le « tout » de l'existence de *cet autre* dans son indisponibilité même – devient non seulement destinataire de son intérêt désintéressé mais aussi (et d'abord) vrai vis-à-vis dont le « pouvoir-être le plus propre » ou la « foi » suscite son émerveillement. Ce jeu relationnel et sa surprenante inversion dont il a déjà été question plus haut relèvent de ce que les Écritures appellent « sainteté » messianique. Or, celle-ci et sa communication se laissent percevoir *et* choisir, en raison précisément d'un « sens éthique commun » qui, poussé dans la rencontre avec le Christ Jésus « jusqu'au bout » de lui-même *(eis télos)* pour devenir ce que j'appelle « sensus *Regni* », est subitement rendu capable de percevoir et de laisser advenir un espace de fraternité hospitalière, sorte de brèche ouverte au sein de nos sociétés séculières et pluralistes, constituée sur la liberté et l'égalité.

Si l'on se situe *du côté du Christ Jésus*, ce sens éthique *se laisse surprendre et saisir, quand il perçoit sa figure*, par sa cohérence avec lui-même ou l'absence de mensonge, par son empathie active avec quiconque croisé sur sa route et, surtout, par sa liberté inouïe face à sa propre vie et à sa mort, au moment où l'autre et – pire – l'« intime » (l'*intimus*), l'un des Douze, se mue en ennemi mortel. Si l'on se situe *du côté de celui qui se laisse saisir* par cette sainteté messianique de Jésus, son « sens éthique » découvre en même temps la « démesure » de cette posture du Saint de Dieu et l'ajustement de celle-ci à tant de « mesures humaines » en leur fragilité extrême, tout un chacun se découvrant ainsi unique devant lui et autorisé à donner sa propre « mesure » à son existence, appelée ici et maintenant à une même cohérence, une même empathie avec autrui et une même liberté par rapport à soi-même : « c'est la mesure dont vous vous servez qui servira aussi de mesure pour vous » (Lc 6, 38//).

C'est en étant ainsi confronté à la mystérieuse intimité du Christ et à celle d'autrui et se laissant saisir par l'empathie attendue de leur part, que, sans quitter l'espace éthique de l'hospitalité fraternelle, le croyant peut abandonner son indécision quant à Celui qu'il appelle « Dieu » et se laisser accueillir dans *Son* intimité, voire « identifier » cette dernière à celle d'autrui et du Christ Jésus.

2. Certes, on pourrait se méfier d'un tel passage à la limite, le soupçonnant de nous exempter de la violence et de la souffrance historiques ; soupçon qui s'adresse en priorité au paradigme « fondationnel ». Or, l'intimité de Dieu n'est pas un espace au sein duquel la non-transparence de l'histoire se transformerait en transparence absolue. Tandis que la première lettre aux Corinthiens attribue à l'Esprit de « sonder *tout*, même les profondeurs de Dieu » et de « connaître ce qui est *en* Lui » (1 Co 2, 10 s.), l'épître aux Romains se réfère à une même matrice scripturaire (Is 40, 13) pour rappeler l'« insondable » en Dieu (Rm 11, 33). Comme si Son intimité enveloppait les innombrables intimités de ses créatures, devenant chacune unique dans un « jeu » divin où souffrance et violence seraient sans cesse traversées par l'espérance – contre toute espérance – d'une communication empathique et fraternelle entre tous. Et si « l'Esprit sonde tout », il le sonderait comme étant « insondable », étant porté lui-même depuis toujours et attiré, dans son gémissement ineffable (Rm 8, 26), par Celui qui fait *tout* concourir au bien (Rm 8, 27) ? Peut-être le « bon plaisir de Dieu », situé par *Dei verbum* à l'arrière-plan de ce « tout », n'est-il rien d'autre que son émerveillement devant l'infinie diversité des êtres qui naissent à leur propre intimité, plaisir tempéré seulement par son incommensurable patience.

XIII

SENSUS FIDEI FIDELIUM

Enjeux d'avenir d'une notion classique

Pourquoi, à notre époque, le *sensus fidei*, non seulement de tel croyant mais de l'ensemble des fidèles – le *sensus fidei fidelium* –, prend-il tant d'importance dans le discours ecclésial et suscite-t-il autant d'intérêt parmi les théologiens ?

Des travaux historiques ont certes montré son enracinement dans les Écritures et son développement dans la Tradition, l'époque tridentine et le XIXe siècle ayant apporté une première systématisation. Mais avec *Lumen gentium*, 12 § 1, et d'autres textes du concile Vatican II (surtout *Dei verbum*), un point de vue nouveau apparaît qui, à l'époque postconciliaire, provoquera des discussions souvent conflictuelles entre magistère et théologie[1], jusqu'à ce que, partant d'une situation culturelle différente, les interventions récentes du pape François aient fait valoir vigoureusement la perspective conciliaire, l'ouvrant en même temps en direction de l'avenir[2].

On pourrait répondre à notre question initiale du pourquoi que le déplacement du projecteur sur ce *sensus* – genre de « sixième sens » ou « flair[3] » spirituel censé être universellement répandu parmi les croyants – correspond bel et bien à la situation actuelle

1. Voir J. FAMERÉE, « *Sensus fidei, sensus fidelium*. Histoire d'une notion théologique discutée », *RSR* 104/2 (2016), p. 179-184.

2. Voir Exhortation apostolique du PAPE FRANÇOIS *Evangelii gaudium*, n° 119 et 120 et « Commémoration du 50e anniversaire de l'Institution du synode des évêques, *Discours du pape François*, salle Paul VI, samedi 17 octobre 2015 », texte sur le site du Vatican. Voir J.-Fr. CHIRON, « *Sensus fidei* et vision de l'Église chez le pape François ».

3. CTI, *Le « sensus fidei » dans la vie de l'Église*, Paris, Éd. du Cerf, 2014, n° 52 et 54.

de l'Église : devant tenir compte d'une mentalité démocratique, elle se fierait enfin aux fidèles, leur donnant voix au chapitre, chaque fois qu'un problème d'orientation les concerne plus particulièrement [1]. Même si l'on enlève toute connotation politique à la désignation « peuple de Dieu » – peuple qui, selon Vatican II, est le sujet prophétique de ce « sens » (*LG*, 12) –, l'émergence, voire le retour actuel de cette notion dans le discours ecclésial (*Evangelii gaudium*, 111) ne peut masquer l'ethos politique moderne auquel elle répond. Le *sensus fidei* serait donc en quelque sorte pour l'Église ce que la liberté de *conscience* des citoyens représente dans l'édification collective de la société.

Or, à l'arrière-plan de cette première réponse – un peu rapide, reconnaissons-le – s'en dessine une autre. Sans doute nous trouvons-nous, dans l'histoire du christianisme et de la foi chrétienne, à un moment où la pluralité des visions du monde et, à l'arrière-plan, une prise de conscience plus aiguë de l'historicité des religions, nous conduisent à nous interroger sur la « boussole » intérieure qui permet à la tradition vivante du christianisme de rester *vivante* ; surtout quand, comme c'est le cas aujourd'hui, plus aucune tradition ne peut se perpétuer ou se transmettre automatiquement ou par simple volonté institutionnelle.

Cette conscience nouvelle d'une *non-évidence* de la proposition chrétienne – fragilisation plus fortement éprouvée en contexte européen – peut s'exprimer d'ailleurs sous des constellations conceptuelles diverses. Qu'on pense par exemple à la notion de « réception », problématisée à la suite du Concile et après la parution de l'encyclique *Humanae vitae* (1968) dont l'accueil par l'ensemble des fidèles reste pour le moins douteux. En distinguant la qualité juridique d'une proposition ecclésiale et son contenu, Yves Congar avait noté que « la réception [...] ne porte non sur l'aspect formel de l'acte mais sur le contenu. Elle ne confère pas la validité, elle constate, reconnaît et atteste que cela répond au bien de l'Église. Par contre [...], la non-réception ne signifie pas que la décision portée soit fausse : elle signifie que cette décision

---

1. Voir l'adage *Quod omnes tangit ab omnibus tractari et approbari debet*, cité sans le *approbari debet* par le PAPE FRANÇOIS dans son discours du 17 octobre 2015 (voir aussi Y. CONGAR, « *Quod omnes tangit ab omnibus tractari et approbari debet* », *Revue historique de droit français et étranger* 36 [1958], p. 210-259).

n'éveille aucune force de vie, et donc ne contribue pas à l'édification[1] ». À ma connaissance, Yves Congar n'a jamais analysé les tenants et aboutissants théologiques de ce deuxième cas de figure, hautement significatif, de non-réception d'une proposition magistérielle (par exemple d'*Humanae vitae*) ; il a juste effleuré le problème. En revanche, déjà avant le Concile, il a su donner droit de cité à la réception dans une *pensée de la Tradition* qui met en *relation* le « *contenu* de la vérité et de bien » – ce qui est à transmettre *(tradendum)* –, d'un côté, et « l'activité de discernement et de réception » de l'*Ecclesia* tout entière et des fidèles – sujet de la tradition *(tradens)* –, de l'autre[2]. La question institutionnelle du pouvoir juridique du magistère est ainsi resituée au sein de ce processus fondamental de tradition[3] ; Congar explicite ce dernier surtout du point de vue ecclésiologique[4]. En 1972, il n'hésite pas à avouer que l'autorité du contenu et le pouvoir qui le fait valoir devraient se recouvrir : c'est « l'idéal », dit-il, sans donner de contre-exemples historiques [5].

Quant à la question du *sensus fidelium*, elle apparaît à l'intérieur de cette « architecture » relationnelle de la tradition chrétienne, précisément du côté de la réception et, chez Congar, d'emblée sous l'angle ecclésiologique[6]. On peut se demander cependant si ce *sensus*, comme le montre le théologien dominicain en relation avec les définitions mariologiques des XIXe et XXe siècles, opère seulement « *plus ou moins obscurément dans*

---

1. Y. CONGAR, « La "réception" comme réalité ecclésiologique » (1972), p. 361.

2. Voir *ibid.*, p. 255 et ses deux volumes *La Tradition et les traditions, I. Essai historique*, Paris, Fayard, 1960 ; *II. Essai théologique* ; voir surtout II, p. 75-109.

3. Dès son ouvrage sur le laïcat paraît la distinction entre le « contenu de vérité que toute l'Église a grâce et mission de garder » et « l'autorité » (« La "réception" comme réalité ecclésiologique », p. 254) : « Ordre de l'Église comme institution ou moyen de grâce, ordre de l'Église comme vie et communion : la méconnaissance de cette distinction est à l'origine de bien des erreurs » (Y. CONGAR, *Jalons pour une théologie du laïcat*, Paris, Éd. du Cerf, 1953, p. 378-386).

4. Le chapitre de l'ouvrage de 1953 sur les laïcs et la fonction prophétique de l'Église (*Jalons pour une théologie du laïcat*, p. 367-407) préfigure déjà le n° 12 de *Lumen gentium* qui, sous ce vocable prophétique, rassemble *le sensus fidei* et les charismes.

5. « La "réception" comme réalité ecclésiologique » (1972), p. 262 s.

6. Voir *Jalons pour une théologie du laïcat*, p. 394-400, et *La Tradition et les traditions*, II, p. 88-91.

l'Église avant d'être amené au grand jour d'une définition dogmatique[1] ». Ne s'exprime-t-il pas aujourd'hui, en vertu de sa propre force suscitée par l'Esprit Saint, sous des figures si variées, y compris culturellement et géographiquement marquées, qu'il est impossible de les réduire – et donc de réduire le *sensus fidelium* – à l'alternative trop rapide entre assentiment ou dissentiment à un contenu ; constat qui oblige à regarder alors de plus près les cas de non-réception. Plus fondamentalement, c'est la créativité du *sensus fidei fidelium* qui est ici en jeu[2] : celle qui, non sans relation constitutive au ministère apostolique (j'y reviendrai), peut maintenir la Tradition de l'*Ecclesia* tout entière *vivante* parce qu'elle opère à l'endroit – spirituel (au sens pneumatologique du terme) – où se touchent de près sa plus grande fragilité ou non évidence – « le Fils de l'homme, quand il reviendra, trouvera-t-il encore la foi sur terre ? » (Lc 18, 8) – et sa plus vigoureuse espérance – « Et moi, je serai avec vous tous les jours, jusqu'à la fin des temps », selon la promesse qui clôt le récit matthéen (Mt 28, 20).

Formulé ainsi, notre questionnement nous oblige à commencer par situer le *sensus fidei fidelium* dans l'« architecture[3] » interne de la tradition chrétienne et de tenter ensuite de comprendre les mutations historiques qui se sont opérées le concernant et leurs répercussions sur l'ensemble de la structure, en particulier à l'époque moderne et contemporaine. Il nous restera alors à sonder les potentialités d'avenir de cette notion classique, au moment historique qui est le nôtre aujourd'hui.

---

1. *Jalons pour une théologie du laïcat*, p. 398 (je souligne) ; voir aussi, *La Tradition et les traditions*, II, p. 91.

2. Ce point s'annonce en marge de la pensée de Congar, mais tout en restant dans le cadre du paradigme du développement doctrinal et dogmatique : « La plante semée a ses racines propres, en un terrain nouveau, original, elle produit des fruits qui sont les siens. Nous accueillerions en ce sens l'idée défendue par Newman et à laquelle Scheeben n'est pas demeuré étranger, selon laquelle le *sensus fidelium* ne se réduit pas à l'acte du magistère mais lui ajoute sa valeur propre de témoignage, et, éventuellement de développement » (*La Tradition et les traditions*, II, p. 91).

3. Voir J.-Fr. CHIRON, « *Sensus fidei* et vision de l'Église chez le pape François », p. 190.

LE *SENSUS FIDEI FIDELIUM* AU SEIN DE L'ARCHITECTURE DE LA TRADITION CHRÉTIENNE

La tentative de situer le *sensus fidei fidelium* dans l'architecture de la tradition chrétienne se heurte d'emblée au fait qu'il est abordé à divers endroits du corpus textuel de Vatican II [1], sans que le Concile parvienne lui-même à établir une vision unifiée. Certes, après coup, on peut constater des phénomènes d'intertextualité et des réseaux conceptuels transversaux, permettant de dégager effectivement une structure. Mais la distinction et le traitement séparé par le Concile de l'identité missionnaire de l'Église (*Lumen gentium* et *Ad gentes* ainsi que *Gaudium et spes*), d'un côté, et de la Révélation et de sa transmission *(Dei verbum)*, de l'autre [2], rendent cette approche complexe et nécessitent une pondération ecclésiale et théologique, encore soumise à débat.

Un donné textuel ouvert

Se trouvant dans *Lumen gentium*, 12, l'extrait textuel le plus complet situe le « sens de la foi » dans un cadre ecclésial et le rapporte au *munus propheticum* du Christ lui-même, donné en partage à l'ensemble du peuple de Dieu [3]. À l'arrière-plan de ce numéro, on perçoit le travail ecclésiologique d'Yves Congar dont il a été déjà question plus haut. Notons cependant – c'est un premier « saut » [4] – que la dernière phrase de ce paragraphe introduit ce *sensus* dans la relation de réception qui lie le peuple de Dieu à la Parole de Dieu :

---

1. Voir l'analyse des textes par J. FAMERÉE, « *Sensus fidei, sensus fidelium*. Histoire d'une notion théologique discutée », p. 174-178 ; voir aussi D. VITALI, « *Universitas fidelium in credendo falli nequit* (*LG*, 12). Il *sensus fidelium* al concilio Vaticano II », dans *Gregorianum* 86 (2005), p. 607-638.

2. Voir Chr. THEOBALD, *Le concile Vatican II. Quel avenir ?*, p. 21-56.

3. Voir J. FAMERÉE, « *Sensus fidei, sensus fidelium*. Histoire d'une notion théologique discutée », p. 175.

4. L'argumentation du n° 12 § 1 de *Lumen gentim* va en effet du versant ecclésial du *sensus fidei* vers son fondement, récapitulé dans la dernière phrase (qui débute avec un *enim*) alors que le discours de *Dei verbum* s'oriente inversement à partir du fondement (*DV*, 8) vers l'Église (*DV*, 10).

> Grâce en effet *[enim]* à ce sens de la foi qui est éveillé et soutenu par l'Esprit de vérité, le peuple de Dieu *reçoit*, sous la conduite du magistère sacré et s'il lui obéit fidèlement, non plus une parole humaine mais véritablement la parole de Dieu (voir 1 Th 2, 13), adhère indéfectiblement à « la foi une fois pour toutes transmise aux saints » (Jude 3), y pénètre plus profondément par un jugement droit et la met plus pleinement en pratique dans sa vie.

Je reviendrai sur cette formule d'une grande complexité. Remarquons déjà qu'elle met le *sensus fidei* en rapport avec la Parole de Dieu et non pas avec la Révélation *elle-même* ; ce qui nous conduit directement vers le chapitre II de *Dei verbum* qui précisément traite de la *Revelatio tradita* [1] ou de la « transmission de la Révélation divine » et aborde dans le § 2 du n° 8 la *poursuite*, sous l'assistance du saint Esprit [2], de la Tradition qui vient des apôtres. Les commentateurs sont unanimes pour dire que ce numéro qui n'utilise pas l'expression *sensus fidei* décrit cependant son fonctionnement [3] :

> Cette Tradition qui vient des apôtres se poursuit dans l'Église sous l'assistance du Saint Esprit : en effet, la perception des choses aussi bien que des paroles transmises s'accroît, soit par la contemplation et l'étude des croyants *[credentes]* qui les méditent en leur cœur (Lc 2,19 et 51), soit par l'intelligence intérieure des choses spirituelles dont ils font l'expérience, soit par la prédication de ceux qui, avec la succession

1. Voir *AS* III/1, p. 199 *(relatio du textus emendatus) : Subcommissio statuit substantialiter servandum esse textum priorem, quia agit de obiectiva analysi sensus fidei : est scilicet quasi facultas* totius *Ecclesiae, qua ipsa in fide perspicit Revelationem traditam, discernens inter verum et falsum in rebus fidei, ac simul penitius in eam intrat eamque lenius in vita applicat. Inde est textus emendatus, cum citatione 1 Th 2,13.*

2. On retrouve dans ce § 2 du n° 8 la distinction de l'école romaine, reprise par les deux constitutions du concile Vatican I, entre « l'inspiration », réservée aux Écritures, et « l'assistance » de l'Esprit Saint qui, dans l'acte même de la réception maintient l'Église *tout entière* dans la vérité, une assistance « particulière » étant assurée à ceux qui « reçurent un charisme certain de vérité » (*DV*, 8 § 2) et qui sont à nouveau mentionnés avec les mêmes termes au § 2 du n° 10 (voir Chr. THEOBALD, « De Vatican I aux années 1950 : Révélation, foi et raison, inspiration, dogme et magistère infaillible », p. 285, 310 s. et 326 s.).

3. Voir CTI, *Le « sensus fidei » dans la vie de l'Église*, n° 46 et, J. FAMERÉE, « *Sensus fidei, sensus fidelium*. Histoire d'une notion théologique discutée », p. 174 et 177 s.

épiscopale, reçurent un charisme certain de vérité. Ainsi l'Église, tandis que les siècles s'écoulent, tend constamment vers la plénitude de la divine vérité, jusqu'à ce que soient accomplies en elle les paroles de Dieu.

Dans *Dei verbum,* 8, le *sensus fidei fidelium (credentium)*, ou plutôt son fonctionnement, est donc positionné clairement au sein du processus de tradition ou de « livraison », tel qu'il est décrit dans le numéro précédent (*DV*, 7). Une nouvelle difficulté paraît cependant ici : elle résulte d'une certaine *indétermination* du rapport entre l'ensemble de ce chapitre et le premier chapitre de la Constitution, voire entre deux jeux de langage différents, celui de la Révélation, utilisé dans le premier, et celui de la Parole de Dieu, dominant dans le second (comme précédemment dans *LG*, 12). Que le texte dise que la première est achevée (*DV*, 4) et tienne en même temps que Dieu ne cesse de converser *(sine intermissione colloquitur)* avec l'Église et à travers elle avec l'humanité (*DV*, 8, 21, 25), cela ne change rien au fait que le rapport entre ces deux affirmations reste ouvert. Cette indétermination reflue sur l'identification du « sens de la foi », la « foi » étant déjà reliée, dans le premier chapitre (*DV*, 5), « au Dieu qui révèle » (et non pas au Dieu qui parle) alors que la description du processus de tradition, dans le deuxième chapitre, se fait sans qu'intervienne la théologie de la foi[1] ni que le fonctionnement du « *sensus* » soit explicitement compris comme celui d'un « sensus *fidei* ».

Une troisième difficulté surgit quand on perçoit que, dans les constitutions dogmatiques sur la Révélation et sur l'Église, ce *sensus fidei fidelium* a pour visée ultime « que les paroles de Dieu soient accomplies *dans l'Église* » (*DV*, 8 § 2)[2] ou que « le peuple de Dieu [...] mette "la foi, une fois pour toutes transmise aux saints" (Jude 3), plus pleinement en pratique *dans sa vie* » (*LG*, 12). Ce qui paraît encore plus clairement dans le chap. IV de *Lumen gentium* sur les laïcs (ainsi que dans *GS*, 52 § 3), qui,

1. La citation de Jude 3 – « la foi transmise aux saints une fois pour toutes » –, commune à *Lumen gentium*, 12 § 1, et à *Dei verbum*, 8 § 1, ne désigne pas la réponse humaine à la Révélation ou à la Parole de Dieu, mais l'ensemble de ce qui est livré une fois pour toutes.

2. Les § 2 et 3 se terminent par une même immanence : « [...] et l'Esprit Saint [...] fait que la parole du Christ réside dans les croyants avec toute sa richesse. »

reprenant le partage du *munus propheticum* à l'ensemble de l'Église et donc également aux laïcs, expose cette même finalité [1], à savoir que « brille dans la vie quotidienne, familiale et sociale, la force de l'Évangile » (*LG*, 35 § 1). On doit alors se demander si le *sensus fidei* ne guide que cette « mise en pratique » d'une Parole déjà donnée ou s'il n'opère pas aussi dans le sens inverse, faisant refluer l'expérience quotidienne des fidèles sur l'interprétation des Écritures et de la Parole même de Dieu. C'est la perspective qui s'ouvre en toute fin de Concile dans le n° 44 de *Gaudium et spes* (§ 2) et le n° 22 d'*Ad gentes* (§ 1 et 2). Ces deux textes insistent sur la réversibilité de ce mouvement, le premier invoquant – une fois de plus – « l'aide de l'Esprit Saint ». C'est encore le problème du rapport entre la clôture de la Révélation et la poursuite d'une Tradition voulant rester vivante qui se profile ici à l'arrière-plan.

On aura compris que la dispersion des textes sur le « sens de la foi » au sein du corpus conciliaire ne favorise pas une vision unifiée ; mais elle ne l'empêche pas non plus, certains phénomènes intertextuels restant bien repérables malgré des tensions persistantes entre les différents jeux de langages utilisés. Le dégagement d'une « architecture » relève donc d'un acte d'interprétation. Celui-ci devra surtout tenir compte du fait que le *sensus fidei fidelium* concerne *à la fois* le discernement de ce qui est à transmettre (le *traditum* ou le *tradendum*) *et* ceux qui, de concert, exercent cette fonction, le peuple Dieu ou l'Église en sa différenciation interne (les *tradentes*). Cette interprétation se situe donc *à l'intersection* de l'herméneutique et de l'ecclésiologie, sans oublier son *enracinement* dans la société et son voisinage avec la conscience (*GS*, 52 § 3), repères apparus à la fin du Concile dans certains de ses textes. En distinguant ces trois champs ou vecteurs, on admet aussi que le *sensus* peut être abordé en fonction d'entrées différentes, à condition de maintenir l'unité de l'architecture ; car le point de convergence de ces trois axes ou

1. Une fois de plus, le *sensus fidei* est associé dans ce passage à la parole : « Le Christ, grand Prophète, qui par le *témoignage* de sa *vie* et la *puissance de sa parole* a proclamé le Règne du Père, accomplit sa fonction prophétique [...] aussi par les laïcs dont il fait pour cela également des témoins en les pourvoyant *du sens de la foi et de la grâce de la parole*, afin que brille dans la *vie* quotidienne, familiale et sociale, la *force de l'Évangile* » (*LG*, 35 § 1 ; je souligne).

champs est le prophétisme néotestamentaire, celui du « grand Prophète Jésus » et celui de l'Église. C'est ce qu'il faut préciser maintenant.

La relationalité « pastorale » de la Tradition et de la Révélation

1. Si l'on entre dans l'architecture interne de la tradition chrétienne par le chapitre II de *Dei verbum* – ce qui est une option –, on est immédiatement confronté à sa structure *relationnelle*, telle qu'elle paraît déjà dans le Préambule et dans l'incipit *Dei verbum audiens* et *proclamans* (*DV*, 1) :

> [L'injonction du Christ Seigneur] fut fidèlement exécutée, *soit* par les apôtres qui, par la prédication orale, par leurs exemples et des institutions, transmirent *[tradiderunt]* ce qu'ils avaient reçu *[acceperant]* de la bouche du Christ en vivant avec lui et en le voyant agir, ou ce qu'ils apprirent *[didicerant]* des suggestions du Saint-Esprit *[Spiritu Sancto suggerente]*, *soit* par ces apôtres et par des hommes de leur entourage, qui, sous l'inspiration *[sub inspiratione]* du même Esprit Saint, consignèrent par écrit le message du salut [*DV*, 7 § 1].

Selon l'apôtre Paul (1 Co 11, 23 et 15, 1-3), la Tradition est un acte de « livraison » qui suppose toujours déjà une « réception » ou une « audition » préalables. Selon Irénée (*Adv. Haereses* III, 1), cette passation du « relais » ne concerne pas seulement le contenu, l'Évangile *(tradendum)*, mais implique aussi ceux qui l'annoncent *(tradentes)* : « Pour que l'Évangile fût gardé à la fois *[iugiter]* intact *[integrum]* et vivant *[vivum]* dans l'Église », continue le n° 7, « les apôtres laissèrent comme successeurs les évêques auxquels ils "remirent *[tradentes]* leur propre fonction d'enseignement" » (*DV*, 7 § 2). Se profile ici la question de la cohérence ou de la concordance, entre l'Évangile annoncé *et* l'existence de ceux qui l'annoncent ; caractéristique principale de la prophétie néotestamentaire.

Comme il ressort de la citation, la réception et la livraison impliquent aussi un « apprentissage » lié au moment historique du destinataire. Loin d'être uniquement passif, cet apprentissage mobilise toutes les capacités créatrices du récepteur, sa « possibilité d'exprimer *[facultas exprimendi]* le message chrétien selon le mode qui lui convient», d'après la formule de *GS*, 44. Nous sommes alors dans une constellation relationnelle paradoxale : entre le Christ Jésus et les siens comme entre ceux-ci et leurs successeurs, c'est certes une relation d'obéissance à une mission *(mandatum)* reçue qui s'établit, mais loin de produire une stérile répétition – « la lettre tue » (2 Co 3, 6) –, cette relation, fondée sur l'oralité, la conversation et les actions du Christ *(ex ore, conversatione et operiubus Christi)*, se réinvente au jour le jour en faisant droit à ce qui, dans une nouvelle situation, cherche à s'exprimer comme Évangile de Dieu. Faite de maintien d'une intégrité *et* de vie, d'obéissance *et* de créativité, cette relationalité peut être qualifiée de «pastorale». C'est elle qui fonde en effet la fameuse «pastoralité» de Vatican II [1].

Quant à la pneumatologie sous-jacente à ce processus de tradition, elle opère précisément *au sein de cette relationalité* : l'Esprit Saint est confessé comme acteur principal de la passation du «relais» qui s'origine dans le Christ Jésus. Il exerce sa fonction de manière différenciée : (1°) sous forme de « suggestion » *(Spiritu Sancto suggerente)* dans le processus d'apprentissage de l'Église apostolique, (2°) sous forme d'« inspiration » *(sub inspiratione iusdem Spiritus Sancti)* dans la consignation par écrit de cette expérience apostolique et (3°) sous forme d'« assistance » *(sub assistentia Spiritus Sancti* [2]*)*, quand il s'agit de la réception de la tradition apostolique par le *sensus fidei fidelium* tout au long de l'histoire de l'Église. Ces distinctions subtiles reproduisent en fait la césure, historiquement controversée, entre l'Église et la tradition apostoliques, d'un côté, et l'Église et la tradition postapostoliques qui se réfèrent à une apostolicité devenue norme, de l'autre [3]. Notons cependant que *Lumen gentium*, 12 ignore ces

1. Voir aussi la formule de *Gaudium et spes*, 44 : « Dès le début de son histoire, elle [l'Église] a appris à exprimer *[exprimere didicit]* le message du Christ en se servant des concepts et des langues des divers peuples et, de plus, elle s'est efforcée de le mettre en valeur par la sagesse des philosophes : ceci afin d'adapter l'Évangile, dans les limites convenables, et à la compréhension de tous, et aux exigences des sages. À vrai dire, cette manière appropriée de proclamer *[accomodata praedicatio]* la parole révélée doit demeurer la loi de toute évangélisation. »

2. Voir p. 306, n. 2.

3. Voir Chr. THEOBALD, « L'apostolicité de l'Église. Pour une théologie œcuménique des origines chrétiennes », dans *RSR* 103/2 (2015), p. 235-242, republié dans ce volume, chapitre XIV.

distinctions en accordant à tous les fidèles et à l'ensemble du peuple de Dieu, quel que soit leur positionnement dans l'histoire de l'Église, l'unique « onction qui vient du Saint » (1 Jn 2, 20 et 27) et l'Esprit de vérité. Cet extrait ainsi que *Dei verbum*, 8 (§ 2) traitent en effet de l'*actualité* du peuple de Dieu et de l'activation de son sens de la foi *ici et maintenant* alors que le reste du chapitre II de la Constitution sur la Révélation adopte une démarche « généalogique ».

2. Si l'on suit cette démarche en remontant alors au début de *Dei verbum*, on est conduit à s'interroger sur le *rapport* que le processus historique de tradition et de réception – avec, en son sein, l'actuel *sensus fidei* suscité et porté par l'Esprit – entretient avec son origine divine. Le début et la fin du n° 7 le rapportent à une « disposition bienveillante *[benignissime]* de Dieu [1] » ; ce qui est une manière de relier le second au premier chapitre. Mais le lien entre la Tradition et la théologie de la Révélation et de la foi du premier chapitre reste indéterminé. On est par ailleurs frappé par une certaine abstraction : le *concept de révélation*, dans le n° 2 de la Constitution *Dei Verbum*, se réfère exclusivement au Christ, même si, dans une formulation trinitaire, il y est clairement affirmé qu'en se révélant en personne et en faisant connaître le mystère de sa volonté, Dieu a fait en sorte que « les hommes, par le Christ, le Verbe fait chair, accèdent *dans l'Esprit Saint*, auprès du Père » ; de la même manière, le *concept de foi*, dans le n° 5, qui doit être intégré dans cet « accès des hommes auprès du Père » (n° 2), se passe de toute relation interpersonnelle. De plus, le rapport entre les deux jeux de langage de la « révélation de Dieu » et de la « parole de Dieu » n'est pas précisé ; j'ai déjà signalé ce point parmi les difficultés.

L'interprète doit donc transférer la structure relationnelle du second au premier chapitre. Le processus d'auto-révélation (*DV*, 2) et d'auto-communication de Dieu (*DV*, 6) est en quelque sorte le mouvement « englobant » (perçu comme tel, au sein même

---

1. Si le début du n° 7 se situe du côté de *Dieu* – « Ce que Dieu avait révélé pour le salut de toutes les nations, il a pris avec la même bienveillance la disposition pour qu'il demeurât toujours en son intégrité et fût transmis à toutes les générations » –, la fin adopte la perspective de *l'Église* – « Cette sainte Tradition et la Sainte Écriture de l'un et de l'autre Testament sont comme un miroir où l'Église en son cheminement terrestre *contemple Dieu*, dont elle reçoit *[accipit]* tout... »

de la tradition, par la foi, l'étude et la contemplation [1]) ; mouvement qui englobe le processus de tradition et sa relationalité, donnée originairement *entre* le Christ Jésus *et* les siens. Nous reviendrons dans la deuxième partie sur le réflexif du « Soi-même » dans les formes verbales « se révéler » et « se communiquer soi-même ». Mais notons d'ores et déjà que l'apprentissage, voire la créativité, initiée au sein même de la relation originaire entre Jésus et les siens, se situe au cœur même de l'auto-communication de Dieu ou permet à la foi ainsi qu'au sens de la foi d'identifier cette auto-communication divine comme telle. S'il y a donc « clôture » de la Révélation (*DV*, 4) parce que *tout* est donné une fois pour toutes (voir Jude 3) *dans le Christ Jésus en rapport avec « les siens »*, cette clôture est en même temps une « ouverture », dans la mesure précisément où cette relation ne produit pas des « répétiteurs » mais des personnes en pleine possession de leurs facultés d'expression et de créativité ; ce qui est opéré et signifié dès le n° 4 par « l'envoi de l'Esprit de vérité » à ceux qui paradoxalement avait abandonné leur maître. La foi dont il est traité « globalement » au n° 5 du premier chapitre doit donc être, elle aussi, « concrétisée » en la mettant en relation avec le Christ Jésus (ce qui manque étrangement dans ce numéro). Il faut la comprendre, dans la trame du chapitre II de *Dei verbum*, comme acte de « réception », doté d'un « sens » particulier qui implique en même temps un apprentissage créatif, toujours historiquement situé ; acte qui va jusqu'à identifier « en retour » ce qui se passe avec le Christ Jésus et en relation avec lui comme étant l'auto-révélation et l'auto-communication de Dieu.

Ajoutons que cette première explicitation permet d'apporter également un début de clarification quant au rapport entre les deux jeux de langage de la Révélation et de la Parole de Dieu. Avec la citation de He 1, 1 au début du n° 4, s'engage dès le premier chapitre le passage de la Parole *de Dieu* (annoncée par les prophètes [2]) à la relation entre « l'homme envoyé aux hommes » et de la clôture de la Révélation, avec et dans la relation entre lui – le Verbe fait chair [3] – et les « siens », à l'ouverture du processus de

1. Voir précisément *DV*, 5 et 8 § 2.

2. Voir aussi *DV*, 7 § 1.

3. *DV*, 4, reprend également le prologue de Jean (déjà cité au début du n° 2), tout en ajoutant la formule de Jn 3, 34 : « Celui que Dieu a envoyé dit *les paroles de Dieu,* qui lui donne l'Esprit sans mesure. »

tradition, porté par des *hommes envoyés aux hommes*. La clôture change-t-elle le statut de la Parole de Celui *qui désormais a tout dit*? Le deuxième chapitre semble l'induire en insistant plutôt sur le retentissement historique de « la *voix* vivante » de l'Évangile. Mais, comme il a été déjà dit, il maintient en même temps une continuité, rappelant que « Dieu parla *jadis* » (*DV*, 4 et 7 § 3), y ajoutant maintenant qu'il « *ne cesse* de converser avec l'Épouse de son Fils bien-aimé » (*DV*, 8 § 3). De quel ordre est cette conversation, *dès lors que tout est déjà dit*? Restant sur un plan métaphorique, le texte ne répond pas à cette question. Quoi qu'il en soit (et j'y reviendrai), le *sensus fidei* dont il faut préciser maintenant la place dans l'architecture relationnelle qui vient d'être dégagée se situe, quant à lui, au *croisement* du processus historique de tradition *et* de cette mystérieuse « conversation » ininterrompue de Dieu avec son peuple.

De la foi au « sens de la foi »

Pour éclairer le lien intrinsèque entre la « foi » (dont il s'agit au premier chapitre de *Dei verbum*) et le « sens de la foi » (décrite dans le deuxième), la formule de *Lumen gentium*, 12, citée plus haut[1], peut jouer un rôle éclairant de médiation. Elle se réfère en effet à 1 Th 2, 13, texte qui dispose la Parole dans la *relation* entre l'apôtre Paul et la communauté qu'il a fondée :

> Quand vous avez reçu la parole de Dieu que nous vous faisions entendre, vous l'avez accueillie, non comme une parole d'homme, mais comme ce qu'elle est réellement, la parole de Dieu, qui est aussi *à l'œuvre en vous,* les croyants.

C'est précisément « ce qui est en œuvre *dans* les croyants » – le *sensus fidei* – qui leur permet de reconnaître dans la parole humaine de l'apôtre la parole divine. Là est le cœur même de l'acte de foi qui en entendant l'Évangile de la bouche d'un humain y adhère *(adhaeret)* comme venant *de Dieu. Lumen gentium*, 12 superpose à la relation apostolique de Paul avec sa communauté celle entre le « magistère sacré » et le peuple de

---

1. Voir p. 305.

Dieu tandis que *Dei verbum*, 8 § 2, parlera (de manière plus proche du texte paulinien) de « la *prédication* de ceux qui, avec la succession épiscopale, reçurent un charisme certain de vérité ». Mais soulignons surtout que cette relation, qualifiée dans la Constitution sur l'Église en termes de « conduite » *(sub ductu)* et d'« obéissance » *(cui fideliter obsequens)*, n'est juste que si elle reste « traversée » et « finalisée », du côté du récepteur, par un acte de foi qui, s'explicitant comme *adhésion à ce* qui est transmis, comme *pénétration plus profonde dans* ce qui a été ainsi reçu et comme *mise en œuvre plus parfaite* dans la vie, s'avère être porté par ce qu'on appelle « sens » de la foi.

Dans un langage plus scolastique, *Dei verbum*, 5, dessine un même mouvement d'« approfondissement » de la foi, toujours sous l'action de l'Esprit Saint mais sans référence, ni au contexte relationnel ni au *sensus fidei*, à moins qu'on identifie ce dernier dans « les secours du Saint-Esprit qui touche le cœur et le tourne vers Dieu, ouvre les yeux de l'Esprit et donne “à tous la douceur de consentir et de croire à la vérité”[1] ». Dans son deuxième chapitre, la Constitution sur la Révélation traite évidemment des nécessaires *médiations* de l'acte de foi en tant qu'acte de réception de ce qui est transmis : l'Écriture inspirée comme véhicule de la *locutio Dei* et la prédication effective *(praeconium)*[2] par ceux qui ont reçu un charisme certain de vérité. Mais elle les relativise *en même temps*, les mettant au service de l'unique Parole de Dieu (surtout dans *DV*, 10 § 2), jamais à identifier avec ces « médiations » ; identification que, sans toucher évidemment au statut inspiré de l'Écriture sainte, *Dei verbum* évite aussi à son endroit[3].

C'est précisément dans cette « distance » que se loge le *sensus fidei* ; car, comme le montre surtout *Dei verbum*, 8 § 2, il ne s'arrête pas aux médiations mais rejoint les « choses spirituelles » *(res)* elles-mêmes, le « mystère » de Dieu (*DV*, 2), voire son « inti-

1. Il s'agit d'une citation du canon 7 du deuxième concile d'Orange (*DzH* 377).

2. Voir *DV*, 1, 8 § 2, 9.

3. C'est pourquoi la formule de *Dei verbum*, 9, maintient la tension entre le « parler de Dieu » *(locutio Dei)* et la forme qu'il a prise *(quatenus)* en étant consigné par écrit sous l'inspiration de l'Esprit Saint. La formule de *Dei verbum*, 21, est encore plus nette, disant que les Écritures « communiquent *[impertiant]* immuablement la parole de Dieu lui-même ». On ne quitte pas la structure matricielle de 1 Th 2, 13.

mité» (*intima*; *DV*, 2 et 4), ouverte par son auto-révélation. On comprend dès lors que non seulement la prédication a, elle-même, besoin de ce *sensus* (*DV*, 9 et 10 § 2), sachant alors le susciter (*DV*, 8), mais que celui-ci se forme *dans* les fidèles, «soit par la contemplation et l'étude des croyants qui méditent (les choses et les paroles transmises) en leur cœur (voir Lc 2, 19 et 51), soit par l'intelligence intérieure *[intima intelligentia]* des choses spirituelles dont ils font l'expérience». Le «sens de la foi» établit donc la jonction entre la parole humaine de la prédication et de l'Écriture inspirée, d'un côté, et, de l'autre, l'effet de cette «extériorité» *dans* l'expérience intérieure du récepteur qui, pour sa part, rejoint *ainsi* l'origine divine elle-même de la Parole *en* Dieu. La terminologie du «sens» *(sensus)* s'avère ici particulièrement adaptée, car elle fait résonner aussi son versant affectif ou pathétique, voire «mystique» (j'y reviendrai), déjà suggéré dans le n° 5 sur l'acte de foi.

La mention de la contemplation, celle des fidèles (*DV*, 8 § 2) et celle de l'Église (*DV*, 7 § 2), nous permet d'éclairer encore quelque peu le statut de la «conversation» *(colloquium)* ininterrompue entre Dieu et l'Église de son Fils bien-aimé que *Dei verbum* semble maintenir bien que tout soit désormais dit. Ce *colloquium* est celui de la prière individuelle et liturgique, comme il ressort du dernier chapitre de *Dei verbum*: «parler à Dieu et l'écouter» (*DV*, 25) sont en effet les expressions ultimes du «sens de la foi». Ces actes à la fois intimes et collectifs nous conduisent maintenant vers son versant proprement ecclésial.

Du «sens de la foi» des fidèles à leur «consentement universel»

Toujours présente en effet dans l'architecture de la tradition chrétienne, la dimension ecclésiale du *sensus fidei* se montre dès qu'on met le projecteur sur la «tension», interne à sa relationalité, entre fidélité ou intégrité *et* vie ou apprentissage créatif. C'est alors que la question de la vérité entre en jeu, sous une forme herméneutique et selon un dispositif institutionnel.

1. Étant donné le type de relation engagé par le processus de tradition et de réception (voir 1 Th 2, 13), il va de soi que l'*autorité apostolique* y joue un rôle constitutif et que cette struc-

ture matricielle, asymétrique *au point de départ*, se répercute tout au long de l'histoire de l'Église (voir *DV*, 7 § 2), y prenant d'ailleurs des formes diverses. Remontant à la relation entre Jésus et les siens, elle justifie que, dans les textes cités sur le *sensus fidei*, le magistère ou son « charisme certain de vérité » (*DV*, 8 § 2) soit toujours présent. Vatican II commence cependant à réagir par rapport à une coupure unilatérale entre l'action kérygmatique et doctrinale d'une *Ecclesia docens*, d'un côté, et une prétendue passivité réceptive de l'*Ecclesia discens*, de l'autre [1], sans pour autant dépasser cette séparation. C'est le point que le pape François a repris dans la Commémoration du 50e anniversaire de l'Institution du synode des évêques (j'y reviendrai à la fin). Il y affirme que « le *sensus fidei* empêche une séparation rigide entre *Ecclesia docens* et *Ecclesia discens*, puisque le Troupeau possède aussi son propre "flair" pour discerner les nouvelles routes que le Seigneur ouvre à l'Église [2] ». Tout en étant confié au magistère vivant (*DV*, 10), le charisme de vérité réside donc simultanément dans l'ensemble du peuple prophétique.

Une double condition intervient cependant dans cette articulation qui, outre les sujets apostoliques, fait intervenir *l'ensemble* des fidèles comme *tradentes* porteurs du charisme de vérité : c'est leur *universalité*, la foi du dernier comptant autant que celui du premier, et leur *union*. Cela ressort avec grande netteté de *Lumen gentium*, 12 qui utilise le vocabulaire du « *consensus universalis* », confirmé d'ailleurs par *Dei verbum*, 10 qui, parlant de « *singularis conspiratio* », signifie plus nettement l'action de l'Esprit et souligne peut-être le caractère « miraculeux » ou pentecostal [3] – en ce sens « singulier » –, d'une telle unité d'esprit. Voici la formule de la Constitution sur l'Église :

> L'*universalité [universitas]* des fidèles, ayant l'onction qui vient du Saint (voir 1 Jn 2, 20 et 27), ne peut se tromper dans la foi *[falli nequit in credendo]* ; ce don particulier qu'elle possède, elle le manifeste par le

---

1. Voir CTI, *Le « sensus fidei » dans la vie de l'Église*, n° 33.

2. « Commémoration du 50e anniversaire de l'Institution du synode des évêques, *Discours du pape François*, salle Paul VI, samedi 17 octobre 2015 », texte sur le site du Vatican. Voir J.-Fr. Chiron, « *Sensus fidei* et vision de l'Église chez le pape François », p. 188 s.

3. Voir aussi la référence, dans *DV*, 10 à Ac 2,42.

moyen du sens surnaturel qui est celui du peuple tout entier, lorsque, « des évêques jusqu'aux derniers des fidèles laïcs » (voir saint Augustin), elle apporte aux vérités concernant la foi et les mœurs un consentement universel *[universalem consensum]*.

Si, comme nous l'avons montré plus haut, la « distance » entre les médiations humaines de la Tradition – l'Écriture sainte, les propositions du magistère (y compris les formulations dogmatiques), etc. – et les « choses spirituelles » qu'elles visent est l'« espace » propre du *sensus fidei*, celui-ci révèle ici ses dimensions quasiment infinies. C'est le *sensus fidei* de *tous les fidèles*, dispersé sur l'*ensemble du globe* et, ajoutons-le, couvrant *tous les temps* (selon le fameux développement de Vincent de Lérins[1]), qui est appelé à la rescousse quand il s'agit de chercher la vérité de la foi ou de maintenir son intégrité, dans la fidélité au Christ Jésus *et* au sein d'une tradition devant rester vivante. On comprend qu'un Yves Congar perçoive son opération comme étant « obscure », la comparant à la lumineuse clarté d'une définition dogmatique[2]. Je préfère parler de son action « anonyme ». La formulation *négative* de la règle du « consentement unanime » aux conciles de Trente (*DzH* 1507), de Vatican I (3007) et de Vatican II (règlement du Concile, art. 40[3]) – « Ne rien accepter qui soit *contraire* à ce qui a été toujours le sens de l'Église et de ses traditions[4] » – respecte parfaitement l'impossibilité de le circonscrire ou de le fixer sans enquête préalable qui, dans chaque cas précis, s'avère comme bien complexe[5], étant donné la « dis-

1. *Commonitorium*, 2 : « Il faut veiller grandement à tenir ce qui a été cru partout, toujours, par tous *[quod ubique, quod semper, quod ab omnibus creditum est]*. » Voir notre analyse détaillée (avec références bibliographiques) dans Chr. THEOBALD, *La réception du concile Vatican II. I. Accéder à la source*, p. 162-174.

2. Voir p 304, n. 1.

3. Il est regrettable que cette règle n'ait pas été inscrite dans *Lumen gentium* ou *Dei verbum*.

4. Voir Chr. THEOBALD, « Le développement de la notion des "vérités historiquement et logiquement connexes avec la Révélation" de Vatican I à Vatican II », dans *cristianesimo nella storia* XXI (février 2000), p. 37-70.

5. Voir aussi B. SESBOÜÉ, « Magistère "ordinaire" et magistère "authentique". Note théologique », dans *RSR* 84/2 (1996), p. 267-275 (avec référence à M. CAUDRON, « Magistère ordinaire et infaillibilité pontificale » d'après la Constitution *Dei Filius*, dans *ETHL* 36 [1960], p. 393-431).

persion» quasiment infinie des témoignages et la nécessité de laisser ouverte la possibilité que l'avenir nous confronte à des questions encore inédites. C'est donc d'une théologie, voire d'une ecclésiologie négative que relève cette règle, visant surtout à sauvegarder le caractère mystérieux de l'«espace» où opère le *consensus fidei fidelium*[1].

L'affirmation sous-jacente à ce *consensus* que «l'*universalité* des fidèles [...] ne peut se tromper dans la foi *[falli nequit in credendo]*» véhicule, elle aussi, un élément de théologie négative; car, au sein de l'histoire, marquée normalement par la faillibilité humaine – et on retrouve ici la question de Jésus au sujet de l'état de la foi... quand reviendra le Fils de l'homme (Lc 18, 8) –, l'*acte* de foi *(in credendo)* de l'ensemble des croyants représente un démenti *(falli nequit)* et, à ce titre, un «don particulier» *(proprietas pecularis)* qui vérifie, au jour le jour, la présence de Jésus, promise par lui jusqu'à la fin des temps (Mt 28, 20). La disparition de ce «croire» qui porte le sens de la foi du peuple prophétique tout entier annulerait l'*auto*-révélation de Dieu; mais inversement, comme il a été dit plus haut, ce «croire» permet à ce sens, quand il se manifeste *ici et maintenant*, de reconnaître *in*-failliblement que Dieu s'est communiqué une fois pour toutes.

C'est au sein d'une crise institutionnelle sans précédent, à la fin du XIVe et pendant la première partie du XVe siècle (Grand Schisme, conciles de Constance et de Bâle/Florence) qu'un Jean de Ségovie (1393-1458) propose la formulation la plus achevée de cette conviction, fondée sur la distinction entre un magistère faillible sous l'Ancienne Alliance – l'institution du Sanhédrin de Dt 17,8-18, sans cesse corrigée par l'Esprit des prophètes – et un «magistère» devenu lui-même prophétique sous la Nouvelle Alliance – expression pneumatomorphe du caractère ultime de la Révélation en Christ reçue in-failliblement par l'acte de foi, d'espérance et de charité de l'*universalis ecclesia*[2].

---

1. Cet «espace» mystérieux est celui qui s'ouvre dès le premier chapitre de *Lumen gentium* sur «le mystère de l'Église» (voir surtout le nº 4 sur l'Esprit Saint dans l'Église).

2. JEAN DE SÉGOVIE, *Historia generalis synodi Basiliensis* (1449-1453), dans *MCG* III, p. 823-835; voir aussi Chr. THEOBALD, *La réception du concile Vatican II.* I., p. 182 s.

2. Dès lors, comment maintenir ce consentement universel *discernable* ? Cette question nous conduit vers son versant institutionnel. Depuis l'Antiquité, le charisme de vérité s'exprime en effet plus particulièrement par un discernement synodal et conciliaire. Vatican II renoue avec cette tradition, sans pour autant établir un lien entre le *sensus fidei fidelium*, d'un côté, et le magistère conciliaire et pontifical (*LG*, 25), de l'autre ; à moins que l'obligation, faite aux porteurs du « charisme certain de vérité » de recourir, dans la détermination de la foi, aux « moyens convenables » *(ibid.)* implique la consultation de tous les fidèles. Mais les allusions du Concile à la voie synodale sont plutôt rares, le texte le plus connu, car suivi d'effet, étant celui de *Christus Dominus*, 5 sur l'institution du Synode romain (voir aussi *AG*, 29). D'autres ouvertures se trouvent dans le Décret sur les Églises orientales qui, à plusieurs reprises, se réfère à leur pratique synodale et, pour finir, dans le Décret sur la charge pastorale des évêques, qui, dans son n° 36, « souhaite vivement que la vénérable institution des synodes et conciles connaisse une nouvelle vigueur ». Ce n'est que dans la Commémoration de l'institution du Synode romain par le pape François, le 17 octobre 2015, qu'un *lien intrinsèque* est établi entre le « consentement universel de la collectivité des fidèles » (*LG*, 12) et la synodalité, celle-ci étant reconnue ici, pour la première fois, « comme dimension constitutive de l'Église » (j'y reviendrai plus loin).

En définitive, cette situation complexe du *sensus fidei fidelium* au sein de l'architecture de la tradition chrétienne nous laisse, au moins, avec une double tension : celle entre l'époque apostolique qui a vu naître les Écritures chrétiennes *et* l'époque postapostolique ; celle entre le charisme de vérité de l'universalité des fidèles *et* le charisme particulier des porteurs du magistère. Cette double tension nous permet de dégager un sens strict et un sens élargi de ce « sens » : au sens strict et classique du terme, il appartient à l'époque postapostolique et se situe plutôt du côté des récepteurs de la foi transmise, une fois pour toutes, par les successeurs des apôtres (*DV*, 10) ; au sens élargi, il se manifeste dès les débuts des temps apostoliques et habite tous les croyants (y compris celui que *LG*, 35 appelle le « Grand Prophète » ?) ; signification qui semble se laisser dégager des citations apportées par *LG*, 12 (surtout 1 Th 2, 13 et 1 Jn 2, 20 et 27). La validation de cet élargissement dépend d'une pondération théologique qui, loin d'être terminée, doit tenir compte de l'historicité de la structure qui vient d'être dégagée et, nous le verrons, du troisième axe du *sensus fidei fidelium*, à savoir de son *enracinement* dans l'histoire et la société, évoqué tout au début de cette partie.

Des mutations historiques et leur signification

Comme il ressort des derniers développements sur la nécessité de *discerner* l'identité chrétienne ainsi que son orientation au sein de l'histoire, ce sont surtout les divisions entre chrétiens (hérésies et schismes) qui ont conduit l'Église à préciser progressivement des moyens et des critères, permettant de maintenir la Tradition à la fois intacte et vivante. Différentes phases ont été parcourues [1] ; elles restent toujours présentes dans la conscience ecclésiale : une première qui consiste en la formation de plusieurs instances de régulation ; une deuxième qui, à partir du XIVe siècle, assiste à leur contestation et à la mise en place d'un nouveau principe herméneutique ; une troisième enfin pendant laquelle s'introduit une conscience historico-culturelle au cœur même du processus de transmission.

La mise en place et l'unification progressive d'un dispositif de régulation

Sans pouvoir tenir compte de tous les développements historiques, l'appui sur le *Commonitorium* de Vincent de Lérins († avant 450), sans doute rédigé entre les conciles d'Éphèse et de Chalcédoine, et la longue introduction de la *Sentence* de Constantinople II (553), proche de l'*Adversus haereses* III de saint Irénée, permet de dégager une conscience commune, atteinte au VIe siècle, et même une structure déterminante pour la suite.

1. L'affirmation du *Commonitorium* selon laquelle est reçu comme vrai ce qui correspond au « consentement adopté *univer-*

1. Je m'appuie ici sur un premier développement dans *La réception du concile Vatican II*. I., p. 161-206 (avec des indications bibliographiques).

sellement et *depuis l'Antiquité* par l'Église catholique» *(Ecclesiae catholicae universitatis et antiquitatis consensio* [1]*)* se trouve dès le IVe siècle sous d'autres formes chez les Pères et déterminera ensuite la pratique conciliaire: ainsi, lors du dernier concile de la série antique, Nicée II (787), constatera-t-on d'abord le «consensus horizontal» *(universitas)*, avant d'établir le «consensus vertical» *(antiquitas)*. Aussi peu maniable que soit cette formule qui, échappant à toute quantification, supporte mieux une indexation négative (comme nous avons vu plus haut), elle représente le premier principe sur lequel se fonde la vérité de la foi.

2. Le concile Constantinople II y introduit ensuite trois instances régulatrices[2]: la sainte Écriture, l'enseignement des saints Pères et les définitions portés à propos de la foi par les saints conciles[3]. Notons que chacune de ces trois instances résulte de l'union des deux «niveaux» du processus de tradition, mise en relief plus haut, le *tradendum* et les *tradentes*: l'Écriture des apôtres et de leurs *saintes* Églises, l'enseignement des saints Pères (et docteurs), les définitions des *saints* conciles. Ces instances sont ici plutôt juxtaposées. Vatican II qui adoptera la classification moderne de cette triade – l'Écriture, la Tradition et le magistère – réussira, au moins partiellement, à situer ces instances médiatrices, l'une par rapport à l'autre, à les unifier et à les rapporter à l'unique «disposition divine» (*DV*, 7 et 10).

3. Au sein même du *tradendum*, enfin, se maintient une distinction entre les deux versants kérygmatique (l'*Évangile* ou la parole de Dieu) et doctrinal. La *Sentence* de Constantinople enregistre cependant, dans une sorte de rétrospective «généalogique», un déplacement progressif vers le deuxième de ces pôles: s'il s'agit au début du texte de *faire confession de garder la foi* que Notre Seigneur Jésus-Christ a transmise à ses apôtres, le Concile *confesse* ensuite de *garder*, conserver et prêcher la *confession de*

1. *Commonitorium*, 24.

2. Il le fait après avoir énoncé, en référence à Ac 15, la «règle certaine» qui explicite le principe du *consensus universalis*, stipulant que «lorsque les questions qui doivent être tranchées par les deux parties sont posées lors de *discussions communes*, la vérité chasse les ténèbres du mensonge. Car dans les *discussions communes* sur la foi, la vérité ne peut se manifester autrement, puisque chacun a besoin de l'aide de son prochain […]» [*COD* (108), 10-16].

3. *COD* (122), 19-25.

foi des Pères réunis à Nicée ; passé ce seuil vers la formule ou le symbole, on expose *plus largement* et *on développe* cette confession, jusqu'à ce que se présente à Chalcédoine un nouveau seuil : la *définition* juridique qui accentue – en opposition à l'hérésie – l'aspect régulateur de l'enseignement de l'Église. Simultanément, avec ce déplacement (qui se situe donc entre Nicée et Chalcédoine) et sans qu'il y ait une relation explicite de cause à effet, paraît, dans le *Commonitorium*, non seulement la profondeur insondable du *consentement universel et antique*[1] mais aussi son ouverture à un autre critère, à savoir le *fruit de sainteté* qui, dépassant l'ordre des sentences ou textes, devient le critère fondamental de la sélection des Pères à consulter[2].

Sous-jacente à cette première mise en œuvre d'un dispositif de régulation se discerne évidemment une série de débats doctrinaux, ceux que les conciles de l'Antiquité tentent d'arbitrer, mais plus fondamentalement un conflit herméneutique qui porte sur le poids qu'on est en droit de donner à des formulations doctrinales et sur la légitimité de certains développements. Force est de constater que le système de régulation, mis en place par l'Église impériale, n'a pas évité des divisions importantes, devenues difficiles, voire impossibles à gérer dans le seul cadre du dispositif en place.

Un nouveau principe herméneutique : la réforme

Entre la séparation de l'orient et de l'Occident chrétiens (la date symbolique étant 1054), en amont, et la division de l'Église latine entre romains et luthériens (1517), en aval, s'ouvre en effet « l'abîme » du Grand Schisme (1378-1417), déjà mentionné plus haut, suivi du concile de Constance (1414-1418) et d'autres assemblées conciliaires. Ainsi débute une deuxième phase de la conscience herméneutique de l'Église. La référence à Constance et à Luther devra suffire pour en saisir les éléments essentiels.

1. VINCENT DE LÉRINS note cette « profondeur » *(altitudo)* d'abord au sujet de l'Écriture sainte qui, pour cette raison, a besoin d'être interprétée (*Commonitorium*, 2), nécessitant alors la mise en œuvre des critères d'universalité et d'antiquité (*Commonitorium*, 3), sans pour autant arriver au bout de sa consultation, celle-ci devant passer sur un autre plan.

2. *Commonitorium*, 28.

1. Pendant cette période, l'occident assiste à une mise en question de toutes les « représentations » de la foi éprouvées comme fragiles, qu'il s'agisse des images de la majesté divine, remplacées progressivement par celles du Crucifié, ou des figures prestigieuses du pouvoir spirituel, discréditées par le Grand Schisme et les divisions antérieures ou encore par les contradictions inévitables de tout pouvoir. La chrétienté latine fait donc l'expérience d'un « écart » entre le destin plus ou moins sinueux des Églises et la vocation « spirituelle » du *corps* ecclésial : étant infigurable ou figurée sous son contraire, la référence ultime – le Christ crucifié – est depuis toujours *(antiquitas)* présente dans l'immense *congregatio fidelium (universitas)* qui lui est immédiatement liée dans l'Esprit.

Quoi qu'il en soit de l'interprétation controversée du Décret *Haec sancta* (6 avril 1415) du concile de Constance [1], il s'appuie sur l'idée de « représentation [2] ». L'ecclésiologie de la fin du XIVe siècle l'emprunte à la conception aristotélicienne du pouvoir qui tient sa légitimité du peuple souverain, et l'applique à l'Église conçue comme corporation ou *congregatio fidelium* qui « délègue » son pouvoir à ceux qui la représentent. Le *sensus fidei fidelium* reçoit donc à Constance une « souveraineté » quasi politique – *Haec sancta* parle de « l'Église catholique militante » – « souveraineté » qu'il ne peut cependant exercer *qu'à travers* une « représentation » : dans ce cas précis, celle du Concile qui, lui, exerce son pouvoir comme étant « directement *reçu* du Christ ».

2. Liée à l'état d'urgence que provoque la fuite du pape Jean XXIII de Constance, cette insistance sur la souveraineté de la *congregatio fidelium* n'est pas pour autant sans critère. Le décret *Haec sancta* introduit en effet comme but, outre « l'extirpation de l'actuel schisme et l'union », « la *réforme générale* de ladite Église de Dieu dans sa tête et dans ses membres » [3]. Comme il ressort des débats durant le Concile mais aussi des « récriminations » *(gravamina)* formulées tout au long du XIVe siècle, il

1. Voir notre reprise de ces controverses dans *La réception du concile Vatican II*. I., p. 82-86.

2. « Tout d'abord ce même synode, légitimement assemblé dans l'Esprit Saint, existant comme concile général et *représentant* l'Église catholique militante, tient son pouvoir immédiatement du Christ » [*COD* (409), 15-27].

3. Voir *ibid.*

devient impensable d'engager des négociations avec d'autres Églises, Grecques et Hussites, sans passer par une interrogation de l'Église latine à son propre sujet, élargissant la figure de la conversion évangélique sur le plan collectif. Il semble donc que le principe de réforme ou de conversion et sa manifestation toujours actuelle *(Ecclesia semper reformanda)* soient considérés comme véritable « absolu », pouvant constituer l'au-delà des conflits herméneutiques qui divisent la chrétienté. D'où l'importance décisive donnée désormais à la *cohérence* entre ce qui est professé et la manière d'accéder au « consentement » ; avancée de la conscience chrétienne qui explicite ici le critère des *fruits de sainteté*, déjà présent dans le *Commonitorium*. Le concile de Bâle (1431-1437/1449) pousse son « éthique de la communication » jusqu'au point où les *conditions formelles* du *consensus* se transforment en *critères matériels* de vérité ; Bâle va même jusqu'à donner à ses résultats une *validité infaillible* [1].

3. Nous touchons ici à un dernier aspect de la deuxième phase de la conscience herméneutique de l'Église, à savoir le débat sur les « médiations » ou les « représentations » du sens de la foi. L'insistance sur le principe fondamental de la réforme, la conversion ou la sainteté, ne permet pas de résoudre le problème des instances régulatrices de la foi et de leur articulation. Dès lors la chrétienté semble condamnée à réexplorer, sous d'autres formes, les solutions anciennes, sans aboutir à l'unité ecclésiale. Ce n'est pas le lieu ici de les énumérer : leur variation entre un *scepticisme radical* à leur endroit, la référence *à l'Écriture comme unique instance infaillible* de discernement ou l'affirmation d'un *magistère infaillible*, conciliaire ou/et pontifical et participant en tant qu'autorité d'interprétation à l'infaillibilité prophétique des Écritures, inclut la position luthérienne qui, de ce point de vue, ne sort pas du cadre qui vient d'être tracé. Qu'on insiste, avec le Réformateur, sur l'*extra nos* théologal de la Voix vivante de l'Évangile, reçue par la conscience de chacun [2], ou avec le concile de Trente sur la réception *ecclésiale* de l'Évangile [3], on ne sort pas de la

1. Voir J. WOHLMUTH, *Verständigung in der Kirche. Untersucht an der Sprache des Konzils von Basel*, Mayence, Grünewald, 1983.

2. M. LUTHER, *Homélie du 10 août 1522*, dans *WA* 10, p. 260.

3. *DzH* 1501.

circularité de l'interprétation entre ce qui est proposé et ce qui est reçu ; circularité qui, dans la troisième phase de la conscience herméneutique s'avérera indépassable.

L'historicité de la tradition chrétienne et l'auto-communication de Dieu

Sur un point au moins, la position de Luther anticipe cette troisième phase. La mise à part d'un principe évangélique – le jugement de la conscience, rendu possible par l'écoute de la *viva vox Evangelii* – permet un travail critique sur les représentations de la foi et le rend même nécessaire, ce qui aboutit à une véritable réinterprétation de l'histoire. L'analyse du concile de Jérusalem (Ac 15) et des quatre grands conciles, dans le traité *Von den Konziliis und Kirchen* [1], en est un exemple puissant : au nom du principe évangélique énoncé par Pierre (dans Ac 15), Luther sépare dans les conciles ce qui est de l'ordre de la *vraie foi* et ce qui relève des contingences du contexte (le décret disciplinaire du concile de Jérusalem ou les canons disciplinaires de Nicée, etc.) ; ne liant en aucun cas la conscience du fidèle, ces décrets peuvent et doivent tomber en désuétude quand la situation n'est plus la même.

1. Ainsi certaines conditions théologiques d'une historicisation radicale de la tradition chrétienne sont posées. Cette historicisation interviendra progressivement, déjà avant l'âge des Lumières, et se radicalisera tout au long des XIXe et XXe siècles. La recherche s'attelle à ausculter toutes les représentations et médiations de la foi (Écriture, histoire des dogmes, etc.) en exerçant sa puissance critique, au point même d'annuler dans ses travaux les plus extrêmes le problème du jugement de vérité. Il faudra attendre la fin du XIXe siècle pour qu'elle s'attaque aussi aux évidences du « critique » lui-même. Son travail n'est-il pas constamment menacé par des jugements péremptoires sur d'autres époques ou par leur sacralisation indue, ou encore par des systématisations intéressées du déroulement historique qui font violence à la complexité des choses ? La prise de conscience de ces risques et la reconnaissance du perspectivisme inhérent au cercle herméneu-

1. *Von den Konziliis und Kirchen*, dans *WA* 50, p. 509-653.

tique précipitent finalement toutes les valeurs et normes supra-historiques dans un relativisme sans limite. La crise de la conscience moderne qui en résulte repose à nouveaux frais la question de la normativité et de la vérité au sein même d'une histoire de l'Europe, peuplée de sociétés qui se voient de moins en moins en mesure de recourir à un « passé exemplaire » ou à une tradition pour prendre en charge leur propre avenir.

2. Tout au long des temps modernes, cette relativisation suscite, tant du côté catholique que dans le protestantisme, de fortes réactions polémiques qui conduisent la plupart des protagonistes vers une compréhension extrinséciste ou supranaturaliste de la Révélation divine. Et si le luthéranisme est enclin à absolutiser l'individu et sa conscience, le catholicisme cultivera toujours plus le sentiment que seule la souveraineté pontificale peut sauver la vérité du naufrage dans le relativisme historique.

La distinction nette entre une *Ecclesia discens*, d'un côté, et une *Ecclesia docens*, de l'autre, et la réduction du *sensus fidei fidelium* à une adhésion passive à ce qui est proposé par le magistère catholique s'inscrit dans ce contexte et s'explique par le climat « relativiste » qui vient d'être suggéré [1]. Ce n'est qu'à partir du moment où l'entrée de l'histoire dans la conscience herméneutique n'est plus considérée comme menace mais transformée en tâche herméneutique, portée par une véritable créativité, que le sens de la foi et le *consensus fidelium* trouveront non seulement droit de cité mais pourront être considérés, par exemple chez Newman et Scheeben [2], comme source du développement historique de l'Église.

3. L'introduction du concept d'*auto*-révélation et, à Vatican II, d'*auto*-communication représente le vecteur le plus significatif de cette lente mutation ; car en disant que Dieu n'a qu'une seule « chose » à nous révéler en son Fils Jésus, *Lui-même* et Lui-même comme *notre destinée*, l'Église ne confesse pas seulement que *tout* est effectivement dit et livré entre nos mains, comme il a été montré plus haut [3], mais aussi que Dieu peut désormais se taire, son « silence » étant l'arrière-plan de ladite sécularisation

1. Voir le très significatif prologue de la Constitution sur la foi catholique *Dei filius* du concile Vatican I (*COD* 1635).

2. Voir p. 304, n. 1.

3. Voir p. 311 s.

moderne. Personne ne peut en effet plus dire ce qu'est la Révélation *en elle-même, « objectivement » et en dehors* de sa réception historique ; le *sensus fidei fidelium,* la *paradosis* effectivement vécue, le corps des croyants *(corpus christianorum)* – celui qu'ils forment, qu'ils ne cessent donc de recevoir *et* de se donner – est la seule *trace* de son origine divine : trace désormais plurielle et même traversée par des divisions apparemment indépassables, rendant en tout cas infiniment plus complexes des « finalités » apparues lors de la deuxième phase de la conscience herméneutique, comme l'union et la paix et ce qu'ils supposent, l'interrogation réformatrice des Églises à leur propre sujet.

La notion d'« assistance » de l'Esprit, codifiée par Vatican I[1], est déjà une manière de tenir compte de la livraison complète de l'auto-révélation de Dieu à l'histoire des humains, obligeant l'Église, en particulier le magistère, à utiliser tous les « moyens humains », l'étude des Écritures et de la Tradition ainsi que toutes sortes de consultations, pour interpréter le dépôt de la foi[2]. Mais ce n'est qu'à Vatican II, avec la Constitution *Gaudium et spes* et la découverte d'un nécessaire discernement des signes des temps (*GS*, 4 et 11), qu'apparaît la fonction décisive du troisième axe du *sensus fidei fidelium*, à savoir de son *enracinement* dans l'histoire des sociétés et l'effet en retour de celle-ci sur lui.

Désormais, l'écoute de la « voix » de Dieu, *dans son silence*, devient complexe ; car elle se transforme nécessairement en ce qu'on peut appeler une écoute « stéréophonique ». Si, se référant seulement à *Dei verbum*, 8 (§ 2), on pourrait parler d'une *double* écoute par le sens de la foi, celle du kérygme déjà interprété par ceux qui ont un charisme certain de vérité et celle par le cœur, l'intelligence intérieure ou par la conscience (*GS*, 16[3]), la prise en compte d'une pluralité culturelle en dehors et au sein de l'Église multiplie à l'infini les types d'auditeurs fait découvrir le caractère charnel de toute écoute véritable et invite chaque fidèle et l'ensemble des croyants *(universitas fidelium)* à un apprentissage dif-

---

1. Voir p. 306, n. 2.

2. *DzH* 3069 ; voir aussi p. 304, n. 1.

3. Dans une grande proximité avec l'intuition luthérienne, *Gaudium et Spes*, 16, affirme avec précision que « la voix de Dieu se fait entendre dans la conscience » qui « est le centre le plus secret de l'homme, le sanctuaire où il est seul avec Dieu ».

ficile de l'écoute *simultanée* de ces trois « voix » – celle du kérygme, celle de la conscience et celle des autres humains – ; écoute stéréophonique qui leur fait entendre Dieu lui-même leur « parler », ici et maintenant[1]. La condition absolue d'une telle écoute est cependant qu'ils réussissent à s'y accorder mutuellement *(universalis consensus)*, « chacun entendant les *autres* dans sa *propre* langue [...] annoncer les merveilles de Dieu » (voir Ac 2, 8-11). Le chemin de la violence à l'écoute réciproque et à la paix, de la non-écoute de la voix de Dieu à une écoute et une compréhension commune qui accorde à la multiplicité et à la différence sa juste place au service du tout, c'est cela le processus de conversion ou d'auto-réforme à parcourir par la *foi*, dans chaque nouvelle situation, pour s'y manifester à nouveau comme *sensus fidei fidelium.*

À traverser (même rapidement) ces différentes phases de la conscience herméneutique de l'Église, la permanence d'une architecture interne à la Tradition se trouve confirmée. Mais paraissent aussi des changements historiques considérables qui n'ont cessé de refluer sur cette structure même. Pour ce qui est du sens de la foi des fidèles et de sa fonction d'attestation de la vérité, nous retenons essentiellement deux mutations ou tendances qui se situent, chacune, sur un des deux versants, herméneutique et institutionnel, du processus de transmission de la Révélation.

Étant maintenu le caractère insondable du *consensus universalis*, relevant d'une théologie négative, des précisions quant à sa complexité interne se sont pourtant imposées : (1°) la difficile articulation, dès l'époque de la Réforme, entre la conscience individuelle comme siège du *sensus* et son aspect nécessairement collectif ou ecclésial en tant que *con-sensus*, *Dei verbum*, 10 parlant même d'une « singulière *con-spiratio* » ; (2°) sa différenciation historique et culturelle, perçue par l'universalisme pentecostal (*universalis*) de Luc, mais éprouvée à l'époque moderne et contemporaine d'abord comme une relativisation radicale de l'ensemble de nos représentations de la foi, avant de susciter, au sein

1. Ce que nous appelons « écoute stéréophonique » nous semble être finalement une manière d'articuler les deux jeux de langage de la Révélation et de la Parole de Dieu dont le rapport est resté, dans *Dei verbum*, indéterminé, comme il a été montré plus haut.

même du processus de tradition, l'intelligence herméneutique de chacun et de tous ; et, enfin, (3°) le critère de la conversion ou de la réforme ecclésiale, aimantée par la *concordance* entre ce qui est à transmettre *(tradendum) et* la manière de tous les acteurs *(tradentes)* d'accéder à un consentement à son sujet ; concordance ou sainteté qui dès le XIVe siècle est référée au Christ et à l'Esprit Saint comme étant l'ultime trace de Dieu dans les abîmes de notre histoire. Cette complexification du *sensus fidei fidelium* révèle certes la présence d'étapes différentes (j'en ai distingué trois) et de seuils atteints par la conscience ecclésiale ; mais elle montre aussi rétrospectivement qu'il est impossible d'exempter les origines apostoliques de l'Église de leur enracinement historique ; ce qui conduit à relativiser la distinction trop commode à laquelle nous nous étions arrêtés, entre un sens strict du *sensus* et un sens élargi qui englobe la totalité ouverte de l'« économie » chrétienne.

Quant à son versant institutionnel, le parcours historique du deuxième millénaire peut donner l'impression d'un affrontement entre plusieurs « souverainetés », celle du sens de la foi de l'Église militante et celle du pape, celle du consensus conciliaire et celle de la conscience individuelle. Or, en même temps, une tendance vers une articulation plus apaisée et plus respectueuse des différences d'« ordre » entre ces instances semble se dégager. Les « consultations », déjà présentes à Vatican I parmi les « moyens humains » pour discerner l'orientation du sens de la foi [1], s'élargiront autour de Vatican II (voir *LG*, 25), suscitant une importante réflexion sur la synodalité : est-elle, oui ou non, constitutive de l'Église ? C'est la question qui tout au long de Vatican II et à l'époque postconciliaire restera ouverte.

À PROPOS DE LA STRUCTURE « POLYÉDRIQUE » DU *SENSUS FIDEI FIDELIUM*

Ces orientations historiques et les tensions qu'elles font surgir ou préciser dans l'architecture de la Tradition [2] nous permettent, pour finir, de dégager les potentialités d'avenir contenues dans le

1. Voir p. 327, n. 2.

2. Voir la conclusion de notre premier point, p. 319.

sensus fidei fidelium. Il semble que, sur deux de ces tensions, le concile Vatican II soit resté finalement indécis : la place à donner à un pluralisme interne au consensus universel et le rôle que doit jouer en conséquence la synodalité ecclésiale. Ce point étant clarifié, il faudra encore faire état de l'orientation « pastorale » du sens de la foi qui, dans la ligne de *Gaudium et spes*, s'éveille aujourd'hui davantage au contact de la vie quotidienne.

Pluralisme et synodalité

1. Si le catholicisme préconciliaire était porté par l'idée du développement homogène de la doctrine et donc d'un *sensus fidei fidelium* à conduire vers la clarté d'une définition dogmatique, cette ligne semble être interrompue à Vatican II. Introduisant la « pastoralité » de la doctrine, le Concile met son projecteur *prioritairement* sur « ce qui est en œuvre *dans* les croyants », pour reprendre la deuxième partie de la formule de 1 Th 2, 13. Le combat autour du schéma *De Beata Maria Virgine* en 1962/1963, avant qu'il soit intégré dans la Constitution sur l'Église, porte précisément sur cette visée de poursuivre simplement le développement homogène du catholicisme romain ou de s'interroger sur la recevabilité de sa doctrine et sa nécessaire réinterprétation en rapport au contexte d'aujourd'hui.

C'est dans le cadre de cette inversion du projecteur qu'apparaît, dès la fin du n° 9 et surtout dans le n° 13 de *Lumen gentium* et, bien sûr, dans le chap. II de la deuxième partie de *Gaudium et spes*, le pluralisme culturel de l'humanité. Mais, reconnaissons-le, la dynamique globale qui traverse ces textes – « assumer, purifier et élever les richesses des peuples » (*LG*, 13 § 2) – est plutôt unitaire et le restera très largement à l'époque postconciliaire[1]. La force de la lecture de Vatican II par le pape François, aux alentours du cinquantenaire du Concile, consiste dans la proposition d'une *métaphore heuristique*, celle du polyèdre, qui permet de changer effectivement de vision sur ce point décisif :

> Le tout est plus que la partie, et plus aussi que la simple somme de celles-ci. Par conséquent, […] il est nécessaire d'enfoncer ses racines

1. Voir Chr. THEOBALD, *La réception du concile Vatican II*. I., p. 547-654.

dans la terre fertile et dans l'histoire de son propre lieu, qui est un don de Dieu. On travaille sur ce qui est petit, avec ce qui est proche, mais dans une perspective plus large. [...] Ce n'est ni la *sphère globale* qui annihile, ni la partialité isolée qui rend stérile.

Le modèle n'est pas la *sphère*, qui n'est pas supérieure aux parties, où chaque point est équidistant du centre et où il n'y a pas de différence entre un point ou un autre. Le modèle est le *polyèdre* qui reflète la confluence de tous les éléments partiels qui, en lui, conservent leur originalité. Tant l'action pastorale que l'action politique cherchent à recueillir dans ce polyèdre le meilleur de chacun [*EG*, 235 s.][1].

Parler de la « structure polyédrique » du *sensus fidei fidelium* ouvre la possibilité d'insister (dans la ligne de l'histoire) sur son enracinement local et pluriel, de confirmer l'impossibilité de le maintenir dans une « équidistance » imaginaire par rapport à un « centre » doctrinal de la tradition chrétienne et, enfin, d'honorer sa richesse *in*sondable, portée par le Christ Jésus, et l'orientation pentecostale de l'histoire de l'humanité.

2. Y a-t-il un lien *intrinsèque* entre cette structure polyédrique du *sensus* et la synodalité fondamentale de l'Église ? On peut rappeler, à ce sujet, le débat qui, à la veille du Concile, a eu lieu entre Hans Küng et Joseph Ratzinger[2]. Tandis que le premier se sert du concept de « représentation » du XIVe siècle pour établir un rapport intrinsèque entre « *l'Église* comme concile œcuménique convoqué par Dieu » et « *le concile œcuménique* convoqué par les hommes comme représentation du concile œcuménique convoqué par Dieu[3] », le second et futur pape Benoît XVI conteste cette équivalence : « Le Concile ne s'appelle pas *ekklésia*, il s'appelle *synédrion* ; il ne représente pas l'Église, il *n'est pas* l'Église comme l'est au contraire toute célébration eucharistique ; il n'est dans l'Église qu'un service déterminé[4]. » Se situant toutes les

1. Cet extrait a déjà été mentionné, p. 183.

2. Je m'appuie, dans ce développement, sur *La réception du concile Vatican II*. I., p. 259-273 (avec des indications bibliographiques).

3. H. KÜNG, « Das theologische Verständnis des ökumenischen Konzils », dans *ThQ* 141 (1961), p. 56 et 60.

4. J. RATZINGER, « Zur Theologie des Konzils », dans *Catholica* 15 (1961), p. 292-304, texte développé après le Concile dans ID., *Le Nouveau Peuple de Dieu* (1969), Paris, Aubier, 1971, p. 73-100 (citation, p. 88 ; cette formulation ne se trouve pas encore dans l'article de 1961 mais l'idée y est présente).

deux sur un plan ecclésiologique, ces approches élargissent ou limitent la conciliarité de l'Église, sans établir d'ailleurs un quelconque rapport avec le *sensus fidelium*[1].

Le Concile lui-même touche à plusieurs reprises au versant ecclésial de la conciliarité de l'Église, en particulier en traitant de la « collégialité épiscopale » (*LG*, 22, 23, 25), mais sans jamais se référer au *sensus fidelium* ; la frontière entre des « consultations » comme « moyens *[auxila, media]* de scruter consciemment et d'énoncer correctement la Révélation », d'un côté, et les « délibérations » et « décisions » conciliaires, de l'autre, reste encore bien nette[2]. Il faut ajouter cependant que *la pratique* de Vatican II véhicule une lente prise de conscience au sujet du lien entre sa tâche herméneutique et sa manière de procéder, l'institution du Synode romain, le 15 septembre 1965[3], consacrant la volonté de proposer régulièrement « l'image du Concile œcuménique et en refléter l'esprit ainsi que la méthode[4] ». C'est au moment de la commémoration de cette institution par le pape François que s'établit un *lien explicite* entre le *sensus fidei fidelium* (*LG*, 12) et la *synodalité* de l'Église.

Il implique alors une double conversion : d'un côté, comme il ressort de l'Exhortation *Evangelii gaudium*, 115-126, la mise en valeur de la structure polyédrique de ce *sensus* (*EG*, 235 s.), à savoir qu'il œuvre dans la pluralité des cultures et styles de vie des peuples et qu'il est celui de sujets individuels *et* collectifs, sujets *actifs* d'évangélisation (*EG*, 120 et 122[5]) ; et de l'autre côté, la franche reconnaissance qu'il est souvent sans paroles et relève

1. Voir aussi la position de K. Rahner (« À propos de la théologie du Concile » [1962], dans ID., *Le deuxième concile du Vatican. Contributions au Concile et à son interprétation*, p. 45-70) qui (à ma connaissance) est le seul à honorer le versant herméneutique du futur concile.

2. *DzH* 3069 et *LG,* 25 § 4. Sur la distinction entre « consultation » et « délibération » voir A. BORRAS, *Communion ecclésiale et synodalité*, Paris, Éditions CLD, 2018.

3. PAUL VI, Motu proprio *Apostolica sollicitudo*, 15 septembre 1965 et *Christus Dominus*, 5 ; voir aussi *CD*, 36, cité plus haut.

4. PAUL VI, *Discours pour le début des travaux de L'Assemblée Générale Ordinaire du Synode des Évêques*, le 30 septembre 1967 dans *DC* 64 (15 octobre 1967), p. 1737.

5. Voir J.-Fr. CHIRON, « *Sensus fidei* et vision de l'Église chez le pape François », p. 195 s.

plutôt de l'intuition, « ne disposant pas des moyens appropriés pour exprimer (les réalités divines) avec précision » (*EG*, 119) ; ce qui exige que les pasteurs et le magistère renoncent à parler à sa place et apprennent à l'écouter. Cet autre versant est, en un sens, la pointe du discours du 17 octobre 2015 qui reprend la distinction entre « l'art d'écouter » et le simple fait d'« entendre », proposée dans *Evangelii gaudium*, 171 à ceux qui accompagnent des processus de croissance, et l'applique à l'Église : la synodalité est précisément l'espace d'une « écoute réciproque dans laquelle chacun a quelque chose à apprendre [1] ». C'est pour cette raison qu'elle n'est pas facultative et laissée à la libre discrétion des autorités mais représente une « *dimension constitutive* » de l'Église, comme l'affirme le pape François, se référant sur ce point à saint Jean Chrysostome [2].

Il n'y a pas à craindre, avec Joseph Ratzinger, que l'Église se transforme ainsi en *synédrion*. Sans doute faut-il même dépasser, au nom même du *sensus fidei fidelium*, une opposition stérile entre la célébration eucharistique qui serait *ekklésia* et un synode qui serait *synédrion*. Ce qui, dans la pratique synodale depuis les Actes, emporte en effet la conviction, c'est la qualité évangélique des *tradentes* et les *récits* émanant de leurs Églises, leur partage narratif conduisant tout naturellement vers l'Eucharistie. En établissant toute une échelle de fonctionnements synodaux, allant de la base jusqu'au sommet, le pape François évite aussi l'identification entre l'Église et le Concile, telle qu'elle a été pensée par Hans Küng. Au lieu de focaliser notre attention sur telle institution synodale précise, nous proposons donc de parler de *synodalité* ou de *conciliarité* comme dimension constitutive du *sensus fidei fidelium*, pensant honorer ainsi le souci d'une prise en compte du sens de la foi de tous, y compris du dernier (Jr 31, 34).

Un aspect cependant de notre rétrospective historique reste, dans cette clarification prometteuse par le pape François, quelque peu dans l'ombre ; et c'est le rapport *intrinsèque* entre le *sensus fidelium* et la *synodalité*, d'un côté, et *l'auto-révélation* et la

1. *Discours du pape François*, salle Paul VI, samedi 17 octobre 2015. Sans doute est-il significatif que cette insistance sur l'écoute et l'apprentissage mutuels n'a plus besoin du concept de « représentation ».

2. JEAN CHRYSOSTOME, *Explicatio in Ps. 149*, dans *PG* 55, 493 : « Église et Synode sont synonymes ».

Parole de Dieu, de l'autre. Sans doute la mise en lumière de cet aspect est-elle davantage liée à l'ethos européen, à savoir à l'expérience d'une fragilisation inédite de la tradition chrétienne, difficile à « couvrir » par ce qui « reste » de piété populaire. S'il est vrai en effet, que, dans l'auto-révélation de Dieu, *tout* nous est livré, le silence divin étant désormais chargé de sa Bonté radicale, son unique trace dans notre histoire est l'expérience effective d'écoute, voire l'« écoute réciproque » (appelée plus haut « stéréophonique ») et l'« apprentissage mutuel » de *tous* les porteurs du *sensus fidelium*, y compris du magistère, comme victoire sur la dissémination, la violence et la surdité. N'étant jamais acquise une fois pour toutes et pourtant sans cesse donnée (voir *LG*, 12), seule cette expérience pentecostale peut crédibiliser aujourd'hui l'origine divine de la Tradition.

Un *sensus Regni* qui ne peut être instrumentalisé

Cette inversion du projecteur sur la variété des cultures et expériences de foi, nécessitant une conception synodale de l'Église, fait paraître, pour finir, un trait du *sensus fidei fidelium* parmi les plus prometteurs d'avenir : son rapport à la vie quotidienne. Il se repère sur l'axe de son *enracinement* dans l'histoire et la société, troisième vecteur qui nous a déjà guidés tout au long de notre parcours historique.

1. Par rapport à la Constitution pastorale qui, sur ce point, est restée dans une certaine abstraction, plusieurs facteurs ont joué, ces dernières années, en faveur d'une approche plus concrète. L'épreuve du vivre-ensemble dans nos sociétés européennes (et bien sûr ailleurs) est un de ces phénomènes, car il dépasse le simple constat que nos liens sociaux et politiques sont devenus énigmatiques en raison du retrait de Dieu, appelé sécularisation. Simultanément, les récits évangéliques ont commencé à inspirer davantage les paroles et actes ecclésiaux [1], alors que le parcours anthropologique de *Gaudium et spes* reste marqué principalement par la théologie paulinienne. Or, ces récits orientent le regard de

1. C'est très net dans les chap. II et III de l'Exhortation *Evangelii gaudium* du PAPE FRANÇOIS mais déjà présent dans les textes pontificaux de JEAN-PAUL II et de BENOÎT XVI.

leurs lecteurs vers le vivre-ensemble dans les « Galilée » de nos sociétés. Les signes messianiques de Jésus, surtout ses guérisons, et ses paroles ont certes un effet de réintégration de tel sujet marginalisé ; mais ils mettent en même temps la société entière en crise, car ils font percevoir que le vivre-ensemble se fonde sur des bases autrement plus profondes et larges, voire utopiques, que des liens qui excluent certains et, surtout, les générations à venir sur notre globe.

À tous les niveaux de la société, la question essentielle est en effet celle de la confiance ou d'une « foi » instauratrice de relations et de liens entre une pluralité de sujets ; et comme dans les récits évangéliques, ce sont des « croyants » – au sens le plus élémentaire du terme – qui, souvent par surprise, incarnent cette confiance et s'avèrent capables de transporter des montagnes dans des situations les plus diverses. Utilisant un autre jeu de langage, *Evangelii gaudium* introduit à cet endroit « la nécessité de découvrir et de transmettre la "mystique" du vivre-ensemble » (*EG*, 87) ou ce que le texte appelle « fraternité mystique » : « Il y a là la vraie guérison, du moment que notre façon d'être en relation avec les autres [...] est une fraternité *mystique*, contemplative, qui sait regarder la grandeur sacrée du prochain... » (*EG*, 92). Le numéro déjà cité sur le *sensus fidei* parle d'« une certaine connaturalité avec les réalités divines et une sagesse qui permet de les comprendre intuitivement » (*EG*, 119), données par l'Esprit aux chrétiens. C'est exactement la définition classique de la « mystique » qui est appliquée ici à l'expérience plus large de la fraternité.

2. On peut alors appeler *sensus Regni* [1] la capacité à percevoir cette fraternité à l'œuvre dans des personnes, entre elles et dans la société, au sein des épisodes les plus quotidiens de la vie et à l'occasion d'événements plus importants. Cette faculté est une faculté de la « foi », car elle consiste à contempler ce qui est caché dans les manifestations visibles de toute fraternité, manifestations toujours ambiguës et traversées par d'innombrables comportements stratégiques. Elle sait surtout voir et entendre, dans ces « personnes qui font lien », leur propre « foi » et leur propre sens du Règne de Dieu, sans que cette référence à Dieu soit présente.

---

1. Je me permets de renvoyer à Chr. THEOBALD, « Le difficile vivre-ensemble, le lien social et la perspective du Règne de Dieu », dans *RSR* 100/3 (2012), p. 365-380 et dans *Selon l'Esprit de sainteté*, p. 393-412.

S'il faut bien distinguer le *sensus fidei fidelium* de ce *sensus Regni,* anonymement à l'œuvre dans nos sociétés, fondées sur l'« agir des êtres humains les uns envers les autres dans un *esprit de fraternité* » (article 1 de la Déclaration universelles des droits de l'homme de 1948), il est clair que le *sens chrétien des fidèles* (*GS*, 52 § 3) ne peut exister sans le second ; il l'explicite, en un sens, et en « découvre » la racine théologale ; mais il se laisse aussi surprendre par lui quand il se présente de manière inattendue.

3. C'est un dernier aspect de ce *sensus* à la fois un et multiple qui se manifeste ici : l'impossibilité de l'instrumentaliser. Nos institutions, qu'elles soient ecclésiales ou non, risquent en effet de domestiquer ce *sensus Regni* et le *sensus fidelium*, alors qu'elles en vivent, tout en ayant la charge de les écouter, de les aider à s'exprimer et, pour ce qui est de l'Église, de l'orienter par la prédication évangélique. C'est cet acte de confiance, si peu naturel aux institutions, qui donne à celles-ci non seulement de reconnaître le prophétisme à l'œuvre en dehors de leurs propres périmètres d'influence [1] mais encore de devenir, grâce aussi à cette reconnaissance et avec ceux qu'elles écoutent, l'expression du *munus prophéticum,* donné par le Christ Jésus en partage à l'ensemble du peuple de Dieu.

Certes peu apparente dans les textes du concile Vatican II, « l'architecture » interne à la tradition chrétienne donne une place de choix au *sensus fidei fidelium.* Nous l'avons montré en développant les trois axes herméneutique, ecclésiologique et sociohistorique de ce sens, tout en faisant apparaître des tensions importantes qui, laissant des options ouvertes, expliquent pour une part les conflits postconciliaires au sujet de ce sens et l'intérêt que lui portent aujourd'hui le magistère et la théologie. Il nous a semblé alors que seul un parcours historique qui met en relief les différentes étapes de la conscience herméneutique de l'Église pourra dessiner des lignes d'orientation, rendant possibles et souhaitables des décisions en conséquence. C'est plutôt le sens large du *sensus fidei fidelium* qui s'est imposé à nous à la suite de cette

1. Voir par exemple la reconnaissance du caractère prophétique de la déclaration de Rio sur l'environnement et le développement dans *Laudato si'*, 167 et 186.

traversée de l'histoire, *sensus* référé dans la dernière partie de nos réflexions à ce que nous avons appelé *sensus Regni.*

Ce *sensus* au sens large du terme implique aujourd'hui : (1°) la capacité (« stylistique ») à percevoir *plutôt* le « tout » de la foi dans la variété quasi-infinie de ses expressions culturelles, au lieu de réduire celle-ci en unité doctrinale dont la fonction régulatrice restera cependant toujours nécessaire ; (2°) une conception *plutôt* synodale de l'Église, intrinsèquement ajustée à l'écoute de cette variété, sans minimiser pour autant le « charisme de vérité » de certains, en particulier celui du *testis fidei* qu'est l'évêque de Rome ; et, enfin, (3°) une expérience *plutôt* fragile de « connaturalité » avec l'autocommunication de Dieu, perçue comme étant livrée aux aléas de l'histoire humaine et à la « boussole » intérieure des *tradentes* en leur collectivité, tout en restant l'ultime raison de leur espérance.

Le prophétisme néotestamentaire, celui du « grand Prophète Jésus » et celui de l'Église (Jl 3, 1-5 et Ac 2, 16-21), va-t-il continuer à s'exprimer dans nos sociétés mondialisées ? C'est aux Églises et à l'Église de répondre à cette question en se fiant au *sensus fidei* de *tous* les fidèles et à la « conspiration » à l'œuvre en elles… et en elle.

XIV

L'APOSTOLICITÉ DE L'ÉGLISE

Pour une théologie œcuménique des origines chrétiennes

Face à la recherche historique et aux récits plus ou moins fragmentaires, plus ou moins probables des origines chrétiennes composés par les historiens, les théologiens catholiques risquent de se retrouver rapidement dans une position défensive, surtout dans des pays de culture laïque, voire laïciste, tentés d'utiliser à leur tour l'histoire comme arme destinée à dissoudre l'identité chrétienne de l'intérieur. D'un côté et de l'autre, des stratégies argumentatives symétriques sont alors développées et, pour ce qui est de la théologie, transformées en « apologétique » qui tente par exemple de mettre les résultats historiques en contradiction entre eux ou de décrypter dans leur exposé des « précompréhensions » confessionnelles, voire idéologiques, comme si, pour sa part, la théologie pouvait occuper un point de vue exempt de tout point de vue…

Une *sanatio in radice* épistémologique s'impose ici ; elle consiste à reconnaître que la théologie est *intrinsèquement* liée à l'histoire, sans pour autant attendre de celle-ci qu'elle arbitre ses propres conflits ou lui dicte ses résultats. À moins de s'aliéner dans un « historicisme » paresseux, la question spécifique avec laquelle la théologie aborde les origines chrétiennes est celle de la permanence d'une « essence ». La théologie libérale ne l'avait nullement abandonnée, ni un Harnack [1], ni non plus un Troeltsch

1. Voir M.-Y. PERRIN, « À propos de l'émergence de la "Grande Église" : quelques notations introductives », dans *RSR* 101/4 (2013), p. 491-493, et R. BURNET, « La notion d'apostolicité dans les premiers siècles », dans *RSR* 103/2 (2015), p. 185 s.

qui l'a posée de manière plus circonspecte [1]. La théologie catholique la traite traditionnellement selon une perspective simultanément « dogmatique » *et* « canonique », se servant des termes de « dogme » et de *ius divinum* qui, tout en remontant au XIIe siècle, n'ont trouvé leur acception actuelle qu'à la fin du XVIIIe siècle [2]. Ajoutons que ces approches ne sont nullement étrangères aux préoccupations des exégètes ni des historiens-sociologues eux-mêmes, dans la mesure où ceux-ci posent la question de la « construction identitaire du christianisme [3] », laissant cependant aux théologiens ce qui ne les concerne pas directement eux-mêmes, à savoir la tâche de penser, de *manière prospective*, la normativité interne de la figure actuelle du christianisme, en sa « catholicité » œcuménique et ses développements éventuels.

Cette dernière formulation esquisse déjà ce qu'on peut attendre d'une « *théologie* œcuménique des origines chrétiennes » : elle doit faire valoir, dans les controverses actuelles sur la figure de l'Église ou des Églises, l'apport proprement *normatif* de ces « sources », et cela en constant débat avec exégètes et historiens, tout en se situant au sein du cercle herméneutique qui régule nos rapports au passé ; ce qui oblige la théologie fondamentale – car c'est d'elle dont il s'agit – à tenir compte de la *pluralité* des points de vue confessionnels, y compris des positionnements divers par rapport à la normativité même des origines chrétiennes [4]. Définir ainsi la tâche de cette théologie, c'est reconnaître en même temps sa complexité. Notre contribution ne peut donc que rester très modeste ; elle voudrait tirer profit des recherches historiques, certes pour *critiquer* le schème apologétique de la néo-scolastique, toujours tacitement supposé en théologie catholique, mais aussi et surtout pour le *repenser*.

Or, dans la néoscolastique, mais aussi au concile Vatican II et après, les débats de la théologie fondamentale avec les recherches

---

1. E. TROELTSCH, « Que signifie "Essence du Christianisme" ? » (1900), dans ID., *Histoire des religions et destin de la théologie*, *Œuvres* III, Paris, Éd. du Cerf, 1996, p. 181-241.

2. Voir W. KASPER, *Dogme et évangile*, Paris, Éd. du Cerf, 2010², p. 35 et 39 s.

3. Voir *RSR* 101/4 (2013), p. 549.

4. C'est le problème des rapports entre Écriture et Tradition qui est concerné ici ainsi que celui du positionnement du magistère dans cet ensemble (voir *Dei verbum*, 7-10).

historiques sur les origines chrétiennes se sont cristallisés autour du concept de l'*apostolicité de l'Église*[1], en qui se joignent le versant dogmatique *et* le versant canonique de la normativité chrétienne. C'est ce concept qui doit être redéfini aujourd'hui non seulement en raison des recherches historiques[2] et des dialogues œcuméniques[3], mais aussi à cause d'un soupçon généralisé de nos sociétés postmodernes par rapport à tout *discours légitimateur*, surtout s'il est fondé sur un « passé exemplaire[4] ».

Dans un premier temps, je reviendrai donc sur la notion de *ius divinum*, ses risques et ses limites, en montrant comment ce « droit » intervient et rencontre l'histoire dans la détermination de la structure apostolique de l'Église, celle d'hier et celle d'aujourd'hui. C'est ensuite cette « apostolicité » même qu'il faut envisager en fonction des données historiques renouvelées dont nous disposons, données en tout cas plus diversifiées que celles que laisse paraître l'ecclésiologie d'avant Vatican II et même la hiérarchologie du chap. III de la Constitution *Lumen gentium*. Qu'est-ce qui est effectivement de « droit divin » (si l'on veut maintenir au moins provisoirement cette terminologie) dans la genèse des Églises, durant les premiers siècles de notre ère, et comment le reconnaître ou le recevoir aujourd'hui ? Plus fondamentalement, cette question engage le problème de la Révélation divine elle même, située par la foi à l'arrière-plan de la diversité et la plasticité effectives des figures d'Église que nous connaissons. Je l'aborderai dans un troisième temps.

1. Voir sur ce point, l'article de M. LAMBERIGTS et K. SCHELKENS, « La notion de l'apostolicité selon Vatican II », dans *RSR* 103/2 (2015), p. 169-183.

2. Voir R. BURNET, « La notion d'apostolicité dans les premiers siècles ».

3. Voir J.-Fr. CHIRON, « Message et communauté. Une articulation délicate », dans *RSR* 103/2 (2015), p. 203-221.

4. Voir J. HABERMAS, *Le discours philosophique de la modernité*, Paris, Gallimard, 1988, p. 23 s. et notre reprise dans *Le christianisme comme style. Une manière de faire de la théologie en postmodernité*, p. 185 s. et p. 299-353.

LE *IUS DIVINUM* OU LE RISQUE D'AUTOLÉGITIMATION DE L'INSTITUTION ECCLÉSIALE

C'est le vocabulaire et la définition du concept de « droit divin » qu'il faut d'abord rappeler avant de pouvoir prendre acte de sa mise en crise par l'histoire et discuter sa pertinence pour nous aujourd'hui.

Vocabulaire et définition

Pour déterminer l'autorité spécifique dont relève la structure apostolique de l'Église, les textes magistériels de l'époque moderne se servent en effet (depuis le concile de Trente) d'un vocabulaire différencié. Vatican I utilise la terminologie du « droit divin » et celle de « l'institution par le Christ Seigneur » *(ex ipsius Christi Domini institutione)*, termes qu'il considère cependant comme équivalents pour qualifier, dans le cas précis, le fait « que le bienheureux Pierre a des successeurs dans sa primauté sur l'Église universelle ou que le Pontife romain est son successeur en cette primauté » (*DzH* 3058 [1]). De son côté, Vatican II n'utilise plus la notion de « droit divin » mais garde celle de « l'institution divine » des « Douze » et de leurs successeurs (*ex divina institutione* ; *LG*, 20), rapportée à la volonté et à l'envoi du Christ, voire à un acte d'« institution » ou de « constitution » de sa part (*LG*, 18, 19 et 28)[2].

Quant à la définition du classique *ius divinum*, Yves Congar reconnaît en effet, après le Concile (1978), qu'« il est malaisé de dire tant ce qui est "de droit divin" que ce qu'est exactement le droit divin », tout en rappelant alors brièvement les distinctions

1. Notons qu'il s'agit du canon du chapitre II de *Pastor aeternus*, formulé évidemment de façon négative et en opposition (historique) par rapport au protestantisme. Le *Codex iuris canonici* de 1917 utilise le même vocabulaire « *iure divino* » (voir can.109 et 219).

2. Voir M. LAMBERIGTS et K. SCHELKENS, « La notion de l'apostolicité selon Vatican II », p. 172-176. Notons déjà ici, en anticipant nos développements ultérieurs, que le Décret sur l'œcuménisme *Unitatis redintegratio* distingue carrément (sans séparer) « la *volonté du Christ* par rapport à l'Église » (*voluntas Christi circa Ecclesiam* ; *UR*, 4 § 2 ; voir aussi 2 § 3 et 3 § 2) et « l'Église catholique du Christ », telle qu'elle existe aujourd'hui (*UR*, 3 § 5 et 4 § 3).

classiques, en valeur depuis saint Augustin, Gratien et saint Thomas et progressivement nuancées par ces auteurs et d'autres, entre, d'un côté, le « droit naturel » et, de l'autre, le « droit divin *positif* » qui relève de la révélation divine, telle qu'on la repère dans les Écritures[1]. Dans une célèbre contribution à des mélanges offerts au juriste de l'« Église confessante » de l'Allemagne, Erik Wolf, sur *le concept du « ius divinum » dans la conception catholique*, Karl Rahner avait déjà proposé à la veille du Concile une définition Il écrit en 1962 :

> En bien des points, le droit constitutionnel et le droit sacramentaire de l'Église catholique déclarent qu'une certaine norme est de droit divin positif et la considèrent comme immuable sans qu'elle résulte du droit naturel ni d'une simple décision positive de l'Église elle-même : ainsi la papauté, la constitution épiscopale et monarchique de l'Église, le nombre de sept sacrements, l'obligation de soumettre les péchés graves du baptisé au pouvoir des clés de l'Église. Ces dispositions juridiques et ces devoirs, et d'autres semblables, très variés, qu'on trouve dans l'Église, sont déclarés de droit divin et ramenés à une institution positive du fondateur de l'Église. Et, parce qu'ils proviennent de Lui, ils sont déclarés *eo ipso* toujours scellés dans l'Église, sans que même la plus haute instance de l'Église puisse les abolir[2].

Rahner et Congar se confrontent tous les deux aux obstacles à la fois historiques et œcuméniques qui s'opposent à un tel droit. Avant de discuter leurs solutions, il faut prendre acte de ces difficultés mêmes.

Difficultés historiques et œcuméniques

Pour plusieurs raisons, il est en effet devenu impossible aujourd'hui d'évoquer, de manière directe, non seulement l'idée d'« institution divine » mais encore celle d'une « volonté du Christ par rapport à l'Église » (*UR*, 4 § 2).

---

1. Y. Congar, « Jus divinum » (1978), republié dans id., *Église et papauté. Regards historiques*, p. 65-70.

2. K. Rahner, « Sur le concept du *ius divinum* dans la conception catholique », dans *Écrits théologiques*, VI, Paris, DDB, 1966, p. 9 ; republié dans id., *Œuvres* 10 : *L'Église face aux défis de notre temps. Études sur l'ecclésiologie et l'existence chrétienne*, p. 849.

1. Les recherches sur le « Jésus historique » ont contribué *simultanément* à transformer l'image du christianisme primitif et à mettre à son crédit une singulière créativité ; des articles [1] font état des méandres d'une critique dont les débuts remontent au dernier tiers du XIXe siècle. La référence à une volonté du Fondateur lui-même fait dès lors figure de simplisme, car l'histoire nous oblige à distinguer ce qui, dans la structure apostolique de l'Église, revient effectivement à lui et ce qu'il faut mettre sur le compte des communautés naissantes [2].

Or, un des principaux arguments historiques en faveur de « la création des Douze par Jésus pendant son ministère public [3] », est précisément la disparition de « la plupart des Douze et [des] Douze en tant que groupe [...] très rapidement après Pâques », « bien que quelques membres [...], notamment Pierre et les fils de Zébédée, aient été des chefs importants dans l'Église primitive de Jérusalem [4] ». Ce que d'un côté, on attribue donc avec une très haute probabilité à Jésus lui-même, à savoir son institution eschatologique des « Douze », qui comme d'autres de ses gestes donne déjà corps à la promesse postexilique d'une recréation du peuple d'Israël dans son vrai statut, il faut de l'autre l'enlever à l'Église naissante qui, outre l'apôtre Paul, connaît une multitude d'autres figures « apostoliques » dont la diversité dépasse non seulement le

1. Voir Fr.-X. ROMANACCE, « Église et Églises ; réflexions sur les questions d'autorité dans les communautés chrétiennes au IIe siècle », dans *RSR* 101/4 (2013), p. 517-527 ; M.-Fr. BASLEZ « La diffusion du christianisme aux Ier-IIIe siècles. L'Église des réseaux », dans *RSR* 101/4 (2013), p. 549-576 et R. BURNET, « La notion d'apostolicité dans les premiers siècles ».

2. Voir aussi les deux premières parties du *Study document : The apostolicity of the church (2007)* de la COMMISSION CATHOLIQUE-LUTHÉRIENNE, Rome, Conseil pontifical pour la promotion de l'unité des chrétiens, no 128 (2008) ; ces deux parties (part 1 : The apostolicity of the church – New Testament fondations ; part 2 : The apostolic gospel and the apostolicity of the church) reprennent les données exégétiques et historiques qui actuellement font consensus.

3. J. P. MEIER, *Jésus, un certain Juif*, vol. 3, Paris, Paris, Éd. du Cerf, 2005, p. 187 ; voir aussi R. BURNET, « La notion d'apostolicité dans les premiers siècles ».

4. J. P. MEIER, *Jésus, un certain Juif*, p. 187. Meier continue : « Prétendre que leur caractère de groupe dominant et leur importance dans l'Église primitive auraient provoqué leur rétroprojection massive dans les traditions de Marc, de Q, de L et de Jean est en contradiction avec le flux et le reflux de leur présence dans les textes du Nouveau Testament. »

cercle restreint de ceux que le Tarsiote appelle les « Colonnes » (Ga 2, 9), mais aussi celui des Douze qui disparaissent rapidement de l'écran de l'histoire. Au-delà de l'époque néotestamentaire, cette diversité ne s'efface pas tout de suite ; au contraire [1], les Églises de la deuxième moitié du premier siècle reposent sur des structures variées où les rôles ne sont pas strictement répartis et où domine une direction collégiale. Ce n'est que vers le milieu du IIe siècle que le mono-épiscopat commence à s'imposer progressivement [2].

Les historiens insistent sur le fait que cette mutation de la structure ecclésiale, parallèle à la fixation du Canon des Écritures, s'explique comme une réaction *interne à la tradition chrétienne*, à la fois par rapport au danger des faux prophètes au sein des communautés et par rapport au risque d'une dilution de l'autorité ultime de la Tradition par la multiplication de nouveaux textes ou par l'élimination d'autres, en particulier de la Bible juive (Marcion [3]). Ils donnent ainsi raison à Karl Rahner qui reconnaissait déjà en 1962 que

> l'historien des dogmes et du droit, « non tenu confessionnellement » […], découvre, dans les temps anciens et les plus primitifs de l'Église, les amorces des développements les plus différents (un régime d'espèce plus collégiale, plus monarchique, plus charismatique, plus institutionnel, plus local, plus suprarégional, etc.) ; il peut aussi considérer comme un résultat du hasard historique que ce soit l'une des nombreuses possibilités originellement présentes qui se soit en fait réalisée ; mais en tout cas, une telle sélection de l'histoire ne peut se présenter avec la prétention d'être obligatoire pour tous les temps, et cela de par la volonté du Fondateur de l'Église [4].

C'est en effet la « rétroprojection » d'*une* des « possibilités » – en occurrence celle du mono-épiscopat – dans les débuts qui est rendue hautement problématique par la recherche historique,

---

1. M.-Y. PERRIN parle d'un « buissonnement impétueux », dans « À propos de l'émergence de la "Grande Église" », *RSR* 101/4 (2013), p. 489.

2. Voir Fr.-X. ROMANACCE, « Église et Églises ; réflexions sur les questions d'autorité dans les communautés chrétiennes au IIe siècle », p. 520-523.

3. Voir *ibid.*, p. 520 s. et 523 s.

4. K. RAHNER, « Sur le concept du *ius divinum* dans la conception catholique », p. 11 ; *Œuvres* 10, p. 851.

conduisant alors à interroger la revendication d'« irréversibilité », ultérieurement rattachée – au nom même du Christ – à *cette* « sélection » contingente de l'histoire. Au minimum, on doit donc préciser ici le concept d'« institution » et la référence légitimatrice à la « volonté du Fondateur ». Dans son débat avec Adolph von Harnack, Alfred Loisy avait introduit, en son temps, une première distinction, « relativisant » une fondation immédiate de l'Église « *par* Jésus » au profit de la revendication de la tradition apostolique d'être fondée « *sur* le Jésus ressuscité [1] ». Une deuxième précision devra intervenir ultérieurement quant à la sélection historique d'*un* des « régimes » possibles et donner ainsi un sens plus précis et historiquement intelligible à la notion théologique d'« apostolicité ».

2. Le constat d'une certaine discontinuité entre le Jésus de l'histoire et les communautés primitives – discontinuité *relative*, car les « Douze » ne disparaissent pas tous immédiatement et leur figure collégiale est repositionnée vers la fin du premier siècle par l'œuvre de Luc – et le repérage d'une réelle pluralité de régimes « apostoliques » jusqu'au milieu du deuxième siècle ne peuvent pas ne pas avoir des répercussions sur l'actuel débat œcuménique où cette reconnaissance du terrain historique rencontre des présupposés confessionnels [2]. Même si ce dialogue a considérablement évolué depuis les années soixante-dix [3], il reste que les traditions orthodoxe et catholique et la tradition luthérienne et plus largement protestante se donnent des points historiques de référence divergents : les premières reçoivent comme canonique la figure du mono-épiscopat, telle qu'elle s'est formée au IIe siècle,

1. A. LOISY, *Autour d'un petit livre*, Paris, Picard, 1903, p. 161 s. : « On ne semble pas s'apercevoir que l'*institution divine* de l'Église est un objet de foi, non un fait historiquement démontrable, et que la tradition apostolique, bien entendu, suppose l'Église fondée *sur* Jésus (Ep 2, 20) plutôt que *par* lui, ou bien si elle lui en attribue l'institution, la rapporte au Christ ressuscité, non au Sauveur prêchant l'Évangile du royaume. »

2. Voir J.-Fr. CHIRON, « Message et communauté. Une articulation délicate », p. 208-210.

3. Il suffit de comparer l'étude de la COMMISSION THÉOLOGIQUE INTERNATIONALE sur « L'apostolicité de l'Église et la succession apostolique » (1973 ; voir dans CTI, *Textes et documents [1969-1985]*, Paris, Éd. du Cerf, 1988, p. 64-84) et le *Study document : The apostolicity of the church (2007)* de la Commission catholique-luthérienne (voir p. 344, n. 2).

avec une insistance particulière sur sa dimension sacerdotale, tandis que les autres valorisent plutôt la figure « presbytérale » sous sa forme plurielle et collégiale et sans référence sacerdotale, figure plus ancienne et apparemment majoritaire à l'*époque néo-testamentaire*[1].

Les répercussions de cette appréciation historique différente sur la notion d'« apostolicité » sont flagrantes : l'ecclésiologie haute du catholicisme continue, avec l'orthodoxie, à associer l'apostolicité *et* la succession apostolique, immédiatement rattachée dans *Lumen gentium*, 20 et 28, aux apôtres et par eux au Christ[2], alors que les traditions de la Réforme et leurs structures ministérielles s'enracinent d'abord dans l'apostolicité de l'Église, comprise par Luther comme étant radicalement dépendante de l'apostolicité même de l'Évangile. Autant le Réformateur et la confession d'Augsbourg insistent sur une présence continue de l'Église dans l'histoire[3], autant ils ne peuvent la fixer dans la continuité de la succession apostolique ; ce qui révèle une vision spécifique de l'histoire, l'apostolicité étant toujours liée à la distance indépassable entre l'Évangile apostolique et la figure concrète et critiquable de l'Église, alors que le catholicisme insiste sur la continuité et le développement de la tradition apostolique, garantie par la succession.

Quant au *principe* même d'une fixation juridique de ces déterminations respectives, le débat a cependant largement dépassé l'opposition devenue caricaturale entre, d'un côté, une référence catholique au *ius divinum* et, de l'autre, une figure charismatique de l'Église apostolique, telle qu'elle a été défendue par la théologie libérale. Même si Yves Congar a su réhabiliter certaines vues de Rudolf Sohm[4], sur ce point précis les recherches des années

1. Voir J.-Fr. CHIRON, « Message et communauté. Une articulation délicate », p. 208-210.

2. Voir aussi le texte de la CTI, « L'apostolicité de l'Église et la succession apostolique », Prooemium : « N'a-t-on pas la tendance », se demandent les auteurs, « à réduire la succession apostolique à l'apostolicité commune à toute l'Église ou, au contraire, à réduire l'apostolicité de l'Église à la succession apostolique ? »

3. Voir Confession d'Augsburg, VIII.

4. Y. CONGAR, « R. Sohm nous interroge encore », dans *RSPhTh* 57 (1973), p. 263-294 (suivi d'une bibliographie très développée).

soixante-dix et quatre-vingt ont reconnu, des deux côtés de la frontière confessionnelle, « qu'un "Kirchenrecht" est appelé par l'être même de l'Église », droit de l'Église dont il faut établir les « fondements proprement théologiques, bibliques et chrétiens [1] ».

3. Cette confrontation œcuménique de plus en plus instruite par la recherche historique et exégétique a conduit, pendant ces années postconciliaires, vers une conscience plus nette de la pluralité des « herméneutiques » confessionnelles du christianisme primitif, de moins en moins fermées les unes par rapport aux autres [2]. C'est le phénomène de la « rétroprojection *légitimatrice* » qui apparaît alors comme problème majeur. Il s'inscrit d'ailleurs, plus globalement, dans la difficulté à laquelle sont confrontées toutes les traditions religieuses et spirituelles au sein de la postmodernité euro-atlantique. Celle-ci soupçonne très largement (peut-être en radicalisant le positionnement luthéro-réformé) toute référence à des « périodes exemplaires » comme étant archaïque et productrice de violence, obligeant alors les traditions et d'abord le christianisme lui-même à reconnaître que ce qu'il considère comme un acte de simple « réception » est en même temps une « recréation [3] ».

---

1. *Ibid.*, p. 279-281 ; voir aussi Y. Congar, « Ius divinum » (1978), p. 70-73 et 76 s. Un des textes principaux, toujours cité dans ce contexte (par exemple dans « R. Sohm nous interroge », p. 272, n. 19) est l'article de E. Käsemann, « Sätze heiligen Rechtes im neuen Testament » (1954) ; trad. dans E. Käsemann, *Essais exégétiques*, Neuchâtel, Delachaux et Niestlé, 1972, p. 227-241, texte auquel nous reviendrons.

2. L'article de Fr. Mildenberger, « Apostel/Apostolat/Apostolizität III. Systematisch-theologisch », dans *TRE 3*, Berlin/New York, de Gruyter, 1978, p. 466-477, en est un remarquable exemple ; avec une seule réserve, liée à l'époque de rédaction, par rapport à l'affirmation de l'auteur, disant que, « parce que, d'un côté [dans les Églises réformées], la mise à distance *[Abhebung]* de l'origine par rapport à la continuité historique de l'Église est renforcée, en comparaison avec le catholicisme romain, et, de l'autre côté, l'actualisation présente du témoignage apostolique originaire n'est pas confiée à un magistère comme institution d'autorité, l'herméneutique reçoit ici une urgence particulière ». Dans le catholicisme, telle qu'il s'interprète lui-même depuis Vatican II, l'herméneutique garde une même urgence : elle est celle du peuple entier (*sensus fidelium* dans *LG*, 12 § 1), des théologiens et, en position particulière, celle du magistère (voir 1 Th 2, 13, cité dans *LG*, 12 § 1, et Lc 10, 16, cité dans *LG*, 20 § 3).

3. Voir p. 341, n. 4.

Il va de soi, en effet, que les Églises et leurs théologiens prétendent recevoir leur « identité essentielle » *ex divina institutione* (*LG*, 20 § 3) ou en examinant leur *fidelitas voluntati Christi circa Ecclesiam* (*UR*, 4 § 2). Mais le cercle herméneutique intervient ici avec nécessité, accompagné de son cortège de précompréhensions respectives quant à cette institution par le Christ ; pluriel à gérer désormais dans un débat, non seulement entre historiens et théologiens mais surtout entre historiens et théologiens (ou philosophes) *différemment* situés. Dans ce nouveau contexte communicationnel, davantage sensible à la richesse de ces positions différentes, la référence à un *ius divinum* perd sa légitimité si elle déclare ce débat d'emblée illégitime ; par contre, elle garde une fonction heuristique si, dans un dialogue œcuménique, elle se laisse interroger sur sa signification et sa détermination éventuelles.

Le débat contemporain sur le « ius divinum »

1. J'ai déjà rappelé plus haut qu'Yves Congar, avec Karl Rahner – un des rares théologiens catholiques de sa génération à s'être confronté au caractère problématique du droit divin positif –, avoue d'entrée de jeu la difficulté à préciser ce qu'est ce droit et quel est son périmètre précis [1]. Dans la suite, il laisse entendre que la distinction entre *ius divinum* et *ius humanum* est finalement peu adéquate et « qu'il existe un sens, une façon de voir qui permettent de passer de l'un à l'autre [2] ». Adoptant ici la position du protestant Edmund Schlink [3], il reconnaît bien l'existence d'« un *ius divinum* en une forme d'actualisation historique » et ajoute que « l'important n'est pas de préciser *ce qui est divin* et *ce qui est humain*, mais d'avoir un droit d'Église fidèle à la mission divine qu'elle a reçue [4] ». C'est également la position du chap. III de

1. Voir p. 343, n. 1.

2. Y. Congar, « Jus divinum » (1978), p. 73.

3. E. Schlink, « Zur Unterscheidung von ius divinum und ius humanum », dans M. Seckler (éd.), *Begegnung : Beiträge zu einer Hermeneutik des Gesprächs. Heinrich Fries gewidnet von Freunden, Schülern und Kollegen*, Graz, Styria, 1972, p. 246-248 ; voir aussi H. Dombois, *Hierarchie. Grund und Grenze einer umstrittenen Struktur*, Fribourg, Herder, 1971.

4. Y. Congar, « Jus divinum » (1978), p. 77.

Lumen gentium qui, en renonçant au concept de « droit divin », s'est plutôt focalisé sur l'*acte* d'institution par le Christ *et* le Saint Esprit[1] – appelé par le dominicain « le *co-instituant* de l'Église[2] » –, pour tenir ainsi compte du fait que la référence au mandat historique du Christ n'existe que dans une actualisation historico-ecclésiale. Se rapportant *in fine* à l'article de Rahner[3], Congar note cependant que cette actualisation historique a un « caractère d'irréversibilité ». Selon lui, « ce dernier trait est indiscutable s'il s'agit du vouloir divin investi et traduit dans la détermination ecclésiastique. Mais », ajoute-t-il, « la forme de cette détermination est humaine et historique[4] ».

2. Cette distinction est certes respectueuse de l'histoire mais ne résout en aucun cas la difficulté œcuménique signalée plus haut, car celle-ci ne résulte pas du simple fait d'une imbrication du droit divin et du droit humain, mais de « l'irréversibilité » attachée à *une* « détermination » structurelle parmi d'autres possibles, à celle précisément que le catholicisme considère comme « de droit divin ». Tout l'effort de Rahner en 1962 consiste à affronter *cette* difficulté spécifique. Il élabore donc, de manière *a priori*, une compréhension théologique du droit divin, compatible avec l'histoire, et qui permettrait en même temps de rendre compte de la *fonction* qu'il exerce au sein du catholicisme romain[5]. Cette approche suppose d'abord qu'« on ne comprendra le phénomène de l'Église et de sa vie historique que si l'on est capable de penser simultanément l'identité d'essence à travers la multiplicité historique de sa figure et la différence de figure en dépit de l'identité d'essence (de droit divin)[6] ». À la jonction de ces deux versants inséparables – historique et essentiel – du phénomène chrétien, Rahner introduit alors une double précision.

---

1. Voir *Lumen gentium*, 19 et 20, qui se réfèrent à la Pentecôte en Ac 2, 1-26 (en parlant de la « confirmation » des Douze dans la mission) et à Ac 20, 28 (où l'Esprit saint est dit « instituant » *[posuit]* les « coopérateurs immédiats des apôtres » « pour paître l'Eglise de Dieu »).

2. Y. CONGAR, « Jus divinum » (1978), p. 76 et 79.

3. Voir p. 343, n. 2.

4. Y. CONGAR, « Jus divinum » (1978), p. 78.

5. K. RAHNER, « Sur le concept du *ius divinum* dans la conception catholique », p. 17 s. ; *Œuvres* 10, p. 357 s.

6. *Ibid.*, p. 13 ; *Œuvres* 10, p. 853 (je traduis « Gestalt » par « figure »).

Dans un premier temps, il établit l'existence de « créations juridiques qui, bien que nées dans le temps, ont une valeur permanente et restent un élément qu'on ne peut plus exclure dans une réalité historique[1] ». Or, pour expliquer le *pourquoi* de cette « irréversibilité » historique, il suffit que cette création ou cette décision soit reconnue comme « conforme à l'essence (du christianisme), quoique non nécessaire par essence[2] ». Ce qui suppose donc qu'on distingue entre « processus *nécessaires* par essence » et « processus *conformes* à l'essence[3] » ; distinction qui sauvegarde le fait que cette création ou décision juridique *irréversible* est de l'ordre de la « sélection/élection » *contingente* parmi plusieurs possibilités :

> Si donc on devait avoir, comme historien, l'impression que les différentes « constitutions » des confessions chrétiennes ultérieures ont été, de quelque manière et à un certain degré toutes déjà préformées dans l'Église primitive, cela n'est pas un argument, du moins en soi pas un argument décisif, en faveur de la thèse d'après laquelle la pluripotentialité du système de l'Église primitive doit toujours demeurer plus tard comme une possibilité légitime. L'Église peut très bien, par une décision irréversible (une telle décision étant fondamentalement possible), s'être décidée pour une possibilité déterminée, et cette décision demeurer ensuite obligatoire pour tous les temps ultérieurs[4].

C'est ici qu'intervient l'autre précision qui consiste à montrer que les décisions ou créations irréversibles de droit dont il vient d'être question ne peuvent être *reconnues comme telles* que si elles relèvent de la révélation divine ; ce qui suppose qu'elles se produisent dans un temps « où, pour l'intelligence catholique de la foi, le temps et l'histoire de la révélation néotestamentaire courent encore », temps où se prennent donc des décisions libres « dans et à travers lesquelles s'accomplit justement la volonté divine de révélation[5] ». Rahner modifie ici explicitement la thèse classique

---

1. *Ibid.*, p. 20 (point 1) ; *Œuvres* 10, p. 859.
2. *Ibid.*, p. 22 (point 3) ; *Œuvres*, 10, p. 861.
3. *Ibid.*, p. 20 s. (point 2) ; *Œuvres* 10, p. 860.
4. *Ibid.*, p. 29 s. (point 4) ; *Œuvres* 10, p. 869.
5. *Ibid.*, p. 23 et 28 (point 4) ; *Œuvres* 10, p. 863 et 868.

de la clôture de la Révélation avec les apôtres[1], substituant au concept de « l'âge des apôtres » celui, historiquement plus acceptable, de « l'Église primitive » *(Urkirche*[2]*)* ; ce qui lui permet d'étendre cette période fondatrice et normative jusqu'à la constitution du mono-épiscopat[3].

3. On doit à nouveau se demander si cette conception géniale qui consiste à relier la notion de révélation à des processus de « décision » et d'« élection » et de déplacer le cercle des récepteurs/décideurs vers l'ensemble de l'Église primitive en voie de constitution est une réponse convaincante au défi historique et œcuménique. Rahner lui-même reste sur ce point très modeste[4] et considère d'emblée « la distinction matérielle entre essence et figure concrète de la réalisation de l'essence » comme une « tâche qui doit être constamment reprise et mise en œuvre[5] ». Mais sa conception suppose comme une évidence tacite et non interrogée un concept de « développement » ou d'« évolution » historique[6]

---

1. *DzH* 3421 (Décret *Lamentabili* de 1907).

2. K. Rahner, « Sur le concept du *ius divinum* dans la conception catholique », p. 23-26 (point 4) ; *Œuvres* 10, p. 863-866.

3. *Ibid.*, p. 29 ; *Œuvres* 10, p. 868. Tout au long de sa démonstration, Rahner évoque plusieurs exemples de décisions irréversibles, *conformes* à l'essence du christianisme et reconnues comme telles – à savoir comme étant « de droit divin » a posteriori, la plus importante étant la décision de renoncer à la circoncision (voir *ibid.*, p. 31-35 ; *Œuvres* 10, p. 871-874). Notons que, sans le citer, le nº 281 du *Study document : The apostolicity of the church (2007)* de la Commission catholique-luthérienne présente la doctrine catholique de l'institution divine de la hiérarchie composée d'évêques, de prêtres et de diacres, en résumant l'argumentation de Rahner concernant l'irréversibilité de cette structure.

4. *Ibid.*, p. 10 s. et surtout 34 s ; Œuvres 10, p. 850 s. et 873 s.

5. *Ibid.*, p. 14 (nous soulignons) ; Œuvres 10, p. 853 s.

6. *Ibid.*, p. 34 ; Œuvres 10, p. 873 : « La vie même du droit et par là du droit divino-humain est une histoire à sens unique dans laquelle (comme dans la phylogenèse et l'ontogenèse du vivant) la figure concrète du droit naît, à partir d'un système nécessairement pluri-potentiel, par une détermination progressive de ce qui est à réaliser au sein d'une richesse plus grande de possibilités. Tant que ce processus se déroule à l'intérieur de l'Église primitive dans le sens strictement théologique du mot, il peut absolument (ce qui ne signifie pas : il doit absolument en chaque particularité du développement) appartenir dans ses éléments particuliers à la constitution révélée de l'Église, à la constitution de son essence elle-même, certes à partir du principe foncier donné avec le Christ et avec sa rédemption. La liberté et la contingence caractérisent ces phases du

qui, précisément, fait problème dans le débat œcuménique esquissé plus haut. C'est sans doute la prise de conscience de cette difficulté plus fondamentale, qui a conduit à relancer les discussions et à inaugurer une nouvelle phase aboutissant, en 2007, à la publication du *Study document : The apostolicity of the church* de la Commission catholique-luthérienne.

En acceptant donc la tâche, définie par Rahner, et en se situant, quant au discernement de ce qui doit rester « irréversible », dans la brèche qu'il a ouverte entre ce qui est « *nécessaire* par essence » et ce qui est « *conforme* à l'essence », on peut en effet relire le développement scripturaire et patristique à rebours, non seulement pour « voir » la « pluripotentialité » initiale que celui-ci risque d'occulter[1] mais en s'interrogeant surtout entre théologiens et historiens de différentes confessions sur ce qu'elle peut et doit porter et apporter aujourd'hui. C'est à cet endroit que s'ouvre la porte qui permet de quitter des rétroprojections auto-légitimatrices et les immunisations qui risquent d'accompagner un appel prématuré au droit divin.

Deux anticorps décisifs contre ces stratégies ont été en effet activés par le concile Vatican II et, davantage encore, par la « Déclaration conjointe » luthéro-catholique sur la justification (Augsbourg, 31 octobre 1999[2]) : 1. La priorité donnée à l'Évangile de la justification des pécheurs par la foi, priorité qui disqualifie, *à la racine même*, toute tentative d'autolégitimation. À juste titre, le *Study document* attire l'attention sur la préséance, souvent méconnue, que le Concile a voulu donner à la Constitution *Dei verbum*[3], et ce document cite non seulement *DV*, 7 § 2 et

développement, qui, en tant que libres (physiquement et moralement), supposent la pluralité d'autres possibilités, et par conséquent, non seulement permettent de voir une telle pluralité, mais commandent presque de la deviner. Mais cette liberté et cette contingence ne constituent pas un argument contre son caractère voulu de Dieu, contre le *jus divinum* dans le résultat de ce développement. »

1. Voir *ibid.*

2. Église catholique-Fédération luthérienne mondiale, *La doctrine de la justification. Déclaration commune*, « Documents d'Église », Paris/Genève, Éd. du Cerf/Bayard/Fleurus-Mame/Labor et Fides, 1999.

3. *Study document : The apostolicity of the church*, p. 107 : « The gospel of salvation is thus articulated in Vatican II's Constitution on Divine Revelation (*Dei verbum*), which is prior to all else that the Council taught on the church and

LG, 20 § 1 qui fondent la succession apostolique sur la nécessité de « garder l'Évangile toujours intact et vivant dans l'Église »[1] mais aussi *LG*, 25 § 1 qui fait des évêques en priorité des « évangélistes »[2]. 2. L'acceptation du débat œcuménique comme étant à la fois orienté vers une réconciliation, déjà implicitement donnée avec la reconnaissance commune de l'Évangile de la justification, *et* fondée sur un jugement spirituel à propos des limites de toute figure ecclésiale. Discernant « parmi les éléments ou les biens par l'ensemble desquels l'Église se construit et est vivifiée, plusieurs et même beaucoup et de grande valeur, en dehors des limites visibles de l'Église catholique » (*UR*, 3 § 2), ce jugement reconnaît en même temps que « l'action de l'Esprit Saint est plus grande que la figure spécifique dans laquelle une Église donnée réalise son service de l'Évangile apostolique[3] ».

Le résultat de ce renoncement commun, non pas chacun à sa propre tradition – bien évidemment –, mais à toute argumentation auto-légitimatrice, est la notion du « consensus différencié[4] » qui, établi progressivement et en commun accord, consiste à statuer ensemble sur ce qui, au sein de ce consensus, peut être considéré comme « irréversible » et relevant donc, selon le vocabulaire catholique du « droit divin positif ». Avant de qualifier, dans une dernière partie, le *niveau* où se situe cet « irréversible » par rapport aux figures existantes des Églises, il faut concrétiser la « référence apostolique » en fonction des données historiques et œcuméniques qui viennent d'être esquissées.

---

its life [la n. 19 renvoie à *AS* IV/1, p. 341 ; première référence à ce texte par Chr. THEOBALD, « L'Église sous la Parole de Dieu », dans G. ALBERIGO (dir.), *Histoire du concile Vatican II. 1959-1965, V: Concile de transition. La quatrième session et la conclusion du Concile* (2001), p. 422 s.]. This recovery of the soteriological focus of revelation was one factor in opening the way for Catholics to join Lutherans in *The Joint Declaration on the Doctrine of Justification* (esp. n° 14-18). »

1. Voir *Study document : The apostolicity of the church*, p. 140 et 239.

2. Voir *ibid.*, p. 110.

3. Voir *ibid.*, p. 107.

4. Voir *ibid.*, p. 292.

La norme de l'apostolicité en délibération

Nous commençons donc par rassembler ces éléments déjà repérés en y discernant ce qui relève d'une structure, voire d'une normativité interne à l'Église des origines en voie de constitution, avant de nous interroger ensuite sur le statut de cette normativité même.

Une apostolicité en genèse

1. Deux seuils d'ordre différent interviennent dans cette genèse : le seuil unique que représentent, après la mort de Jésus crucifié, ses « apparitions » de Ressuscité à un cercle restreint de témoins (voir 1 Co 15) *et* le seuil – classiquement identifié à « la mort du dernier apôtre [1] » – d'une prise de conscience que les temps sont révolus et que l'Église doit désormais poursuivre sa route en se référant à un temps ou un âge qualifié globalement d'« apostolique [2] ». Comme nous l'avons montré plus haut, c'est plutôt ce deuxième seuil, sa délimitation, qui fait débat d'un point de vue historique et œcuménique. Remarquons cependant que la prise de conscience à son sujet émerge déjà *à l'intérieur même* du Canon des Écritures et se poursuit dans des textes patristiques, situés *en dehors* du paramètre canonique.

En ce qui concerne la prise de conscience *interne* au Canon, repérée seulement plus récemment par l'exégèse néotestamentaire, toute une série de symptômes significatifs peuvent être rassemblés. L'épître aux Éphésiens par exemple distingue, en 2, 20, entre la « fondation » et la « pierre angulaire », les apôtres et prophètes appartenant désormais à la « fondation » de la construction ecclésiale [3] ; ce qui n'est apparemment plus le cas des « évangélistes, pasteurs et catéchètes », pourtant considérés, à l'instar des premiers, comme « dons » de « celui qui est monté plus haut que

1. Voir p. 352, n. 1.

2. Voir R. Burnet, « La notion d'apostolicité dans les premiers siècles ».

3. Voir 1 Co 3, 10 s. où l'apôtre Paul est celui qui « pose le fondement », « celui qui est en place : Jésus Christ ».

tous les cieux pour remplir l'univers» (Ep 4, 10 s.)[1]. Quant au quatrième évangile – autre exemple –, il n'introduit pas seulement la catégorie de la «mémoire», l'associant à «l'autre Paraclet» (Jn 14, 25 s. et 14, 16), mais attribue à ce «double» de Jésus l'inspiration de quelque chose de «véritablement nouveau et distinct de la parole de Jésus», tout en articulant substantiellement la même chose et donnant à comprendre ce que Jésus a voulu dire[2]. Si par cette «doublure» toute la tradition «apostolique» est légitimée comme processus herméneutique et donc créatif (jusqu'à la production prophétique de dits de Jésus, leur intégration dans des monologues et des dialogues et leur rassemblement en une *vita Jesu*), cet accroissement en résonance avec l'expérience du présent n'est pas pour autant un processus indéfini mais conduit progressivement vers une interprétation ultime qui tente de pallier le risque inhérent à une telle «démultiplication de la mémoire». C'est précisément le cas de la dernière rédaction de l'évangile selon saint Jean qui, en sa forme définitive, revendique d'être *Écriture faisant autorité* (Jn 20, 30 s. et 21, 24) et se comprend, dès son prologue, comme étant supérieure à la Torah, capable de la desceller[3].

Cette interruption du processus de reprise rédactionnelle continue est déjà la trace «intra-canonique» d'une clôture, voire d'un seuil qui ne se matérialisera qu'au siècle suivant dans la constitution du Canon, seuil historico-théologique pourtant décisif, car il laisse paraître en même temps la bipolarité structurelle de la foi chrétienne, fondée sur le Christ Jésus *et* sur l'Esprit-Paraclet. En ce sens, la détermination post-apostolique du Canon est déjà «préformée» *dans* l'histoire de la rédaction des textes du futur Nouveau Testament; ce qui peut aussi s'affirmer *globalement* des ministères post-apostoliques, leur stabilisation dans le mono-épiscopat bénéficiant, comme la formation du Canon, d'un singulier processus de sélection et d'unification.

Quoi qu'il en soit de ce parallélisme, encore sujet à controverse, la *clôture* comme telle, délimitant un «âge apostolique», ne

1. Voir aussi J.-N. ALETTI, *Essai sur l'ecclésiologie des lettres de Saint-Paul*, Amiens, Gabalda, 2009, p. 129-187.

2. Voir M. THEOBALD, *Herrenworte im Johannesevangelium*, Fribourg, Herder, 2002, p. 608-610 et 612 s.

3. Voir *ibid.*, p. 614 s.

peut être contestée, à moins de mettre en péril l'identité christo-pneumatologique de la foi chrétienne elle-même. La deuxième partie du *Study document* l'enregistre donc comme « consensus » fondamental : « En confessant que l'Église de tous les âges est “apostolique”, nous tenons que le témoignage apostolique en représente à la fois l'origine normative et le fondement permanent[1]. » À ce titre, il reconnaît pour la première fois « la présence de l'apostolicité dans les traditions concernées[2] », allant dans la partie suivante jusqu'à conclure, sur la base de la simple existence de la *Déclaration conjointe*, « que, dans les deux Églises, le ministère ordonné a accompli par la force de l'Esprit Saint le service de les maintenir dans la fidélité par rapport à l'Évangile apostolique, étant donné la centralité des questions mises en avant dans la Déclaration[3] ».

2. Cette clôture fondamentale étant reconnue de commun accord, *sur quoi* porte alors l'*épiscopè* de fidélité et comment peut-elle s'exercer ? Nous sommes ici reconduits vers le tout premier seuil, le seuil pascal, dont nous avons affirmé plus haut l'unicité absolue. Sur sa signification, « déployée » de manière pluri-forme à l'âge apostolique, les précompréhensions confessionnelles peuvent aussi s'accorder, au moins partiellement, sans sous-estimer les divergences qui subsistent. Quatre marqueurs, la précisant pas à pas, doivent être ici énumérés et articulés :

(1) Le tout premier est l'Évangile de Dieu (Rm 1, 1 et Mc 1, 14) : Évangile du Règne de Dieu, annoncé par Jésus à un moment favorable de l'histoire et en un lieu restreint (Mc 1, 14 s.) ; Évangile qu'Il « devient » *lui-même* après sa mort pour les Églises qui naissent de ses « apparitions » à certains. L'annonce à *tous*, au-delà de toutes les frontières ethniques, religieuses et sociales, etc. est *impliquée* dans cet Évangile même qui n'existe qu'en étant ainsi annoncé, non sans susciter rapidement des résistances internes dans les communautés primitives, dont nous avons les traces dans le Nouveau Testament (voir Ac 15, 1-2). C'est un Évangile qui se dit nécessairement en paroles *et* en actes parce qu'il est destiné à atteindre et à transformer de l'intérieur tous

1. *Study document : The apostolicity of the church*, p. 148.
2. *Ibid.*, p. 160.
3. *Ibid.*, p. 288.

ceux qui l'entendent, le baptême et le repas du Seigneur étant les manifestations principales de cette conversion, à la fois initiale et permanente, rendant possible l'amour fraternel et la paix entre le plus grand nombre.

(2) Il faut ajouter immédiatement, avec le *Study document*, qu'« il n'y a pas de témoignage sans témoin, pas de sermon sans prédicateur, pas d'administration de sacrements sans ministre, pas de témoignage ni sermon sans peuple qui écoute, pas de célébration de sacrements sans peuple qui les reçoit [1] ». Ce rapport structurel entre l'Évangile et ceux qui l'annoncent et, par leur intermédiaire, entre l'Évangile et les Églises, devenant ainsi à leur tour missionnaires (1 Th 1, 5-10), doit cependant être qualifié davantage : ne pouvant être que *de* Dieu (Rm 1, 1 ; Mc 1, 14) – vu l'état du monde –, une telle Nouvelle exorbitante – Nouvelle de bonté radicale et toujours nouvelle *(Eu-aggelion)* – ne peut être annoncée par personne *en son propre nom*. Cette proposition vaut même pour Jésus de Nazareth qui, faisant pourtant corps avec l'Évangile de Dieu – comme cela devient manifeste lors de ses apparitions –, ne cesse de situer l'origine de son « envoi » et de celui de ses disciples en celui qu'il appelle « Père » (Jn 17, 18 et 20, 21). Avant qu'on s'intéresse aux figures diversifiées de l'« apostolat », il convient donc d'enregistrer que le concept d'« apôtre-envoyé » est déjà donné avec l'existence même de l'Évangile.

Si les apôtres-envoyés renvoient alors à celui qui les a mandatés, annonçant l'Évangile « en son nom », Paul est le seul « apôtre » qui se réfère en même temps à la *présence* de Celui qui l'a envoyé *en* lui, l'envoyé (voir Ga 1, 16 et 2, 20). Cette « immanence » esquisse déjà le fait, structurel lui aussi, que l'envoi doit venir *simultanément* de l'extérieur – de celui qui envoie – *et* du plus intérieur de l'envoyé. La théorie paulinienne des charismes déploie cette réalité en maintenant ensemble la multiplication des « dons » ou « manifestations de l'Esprit », toujours absolument singulières et « en vue du bien de tous » – les membres les plus faibles et manquant d'honneur étant les plus nécessaires – *et* le charisme spécifique des apôtres, prophètes et enseignants, relevant, comme l'inversion « kénotique » du code

1. *Ibid.*, p. 288.

d'honneur, d'une disposition divine (1 Co 12, 24 et 28) et, dans le cas du ministère apostolique, d'une reconnaissance externe et mutuelle (voir surtout Ga 2, 7-10)[1].

Impliqué dans le premier, ce deuxième marqueur en entraîne immédiatement un troisième qui porte sur le « lien » à la fois *synchronique* et *diachronique* des Églises, entre elles et avec le Christ Jésus.

(3) Si, en tant que groupe, les Douze disparaissent en effet très rapidement de l'écran de l'histoire, on y perçoit cependant très nettement la volonté de l'apôtre Paul d'établir et de maintenir un lien avec les « colonnes » de Jérusalem, certains comme Pierre étant issus du groupe des Douze que Paul connaît encore (voir 1 Co 15, 5)[2]. La dispersion missionnaire et la fondation de communautés locales nécessitent en effet l'établissement de *liens d'unité* supralocaux ou suprarégionaux[3], mais aussi un *lien particulier avec l'origine même* (voir Ga 2, 2). Cette articulation structurelle est enregistrée et recadrée par la tradition synoptique et johannique, en particulier par l'œuvre lucanienne. Le lien diachronique ou vertical est désormais assuré par la référence à l'itinéraire de Jésus et à l'appel et l'envoi des Douze (Lc 6, 12-16 ; 9, 1-6 ; Ac 1, 12-26), impliquant déjà, avec l'envoi des Soixante-douze (Lc 10, 1-24), un principe de prolifération qui sera développé dans les Actes (voir la figure des Sept, de Paul et de Barnabé, etc.). Luc combine donc une première définition plus restreinte (et sans doute historiquement justifiée) de ce qu'est un « apôtre » (Lc 6, 13) – les Douze avec Pierre à leur tête – *et* la fécondité apostolique, suscitée par la force de l'Esprit saint et obéissant à la

1. Rappelons ici que les numéros pneumatologiques, *Lumen gentium*, 4, et *Ad gentes*, 4, introduisent « la diversité de dons hiérarchiques et charismatiques », avant qu'il ne soit question de « Pierre et des autres apôtres » (*LG*, 8 § 2), voire des « Douze » (en *LG*, 12 et *AG*, 5). Notons aussi la tentative des deux textes de maintenir d'emblée l'équilibre œcuménique entre la manifestation originaire de l'Église à la Pentecôte et de sa structure apostolique. C'est en ce sens que le *Study document : The apostolicity of the church*, p. 239, interprète *Ad gentes*, 5.

2. Voir R. Burnet, « La notion d'apostolicité dans les premiers siècles », p. 192-193, où l'auteur expose le lien, établi par Paul, entre sa conception « charismatique » de l'apostolat et celle, « routinière », de Jérusalem.

3. Le *Study document : The apostolicity of the church*, p. 168 et 279 s. considère cette distinction comme structurelle et à la base de la tripartition de l'ordre en épiscopat, presbytérat et diaconat (voir *ibid.*, p. 49).

structure d'une « synkrisis[1] » ; fécondité dans laquelle s'inscrit aussi et même principalement le ministère de Paul et de Barnabé, appelés également « apôtres » (Ac 14, 4.5.14).

Ajoutons cependant, dans une perspective œcuménique, que ces « figures littéraires de faiblesse[2] » que sont les Douze manifestent en même temps le cœur de l'Évangile du Règne de Dieu (marqueur *1*), à savoir le pardon absolument gratuit de leurs péchés. S'ils continuent donc, au moins selon Luc, à « représenter » l'utopie eschatologique de Jésus d'une recréation du peuple d'Israël dans son vrai statut (voir Ac 1, 6 s.)[3], ils montrent aussi – quelle audace ! – que l'accomplissement de celle-ci passe par leur propre trahison, leur reniement et leur fuite, voire ultérieurement, pour ce qui est de Paul, par la persécution (voir 1 Co 9-11), et qu'elle se réalisera de *manière tout à fait inattendue* en transgressant des frontières de toute sorte, jusqu'alors fermement établies dans les consciences.

(4) Le quatrième et dernier marqueur se greffe sur cet ultime constat, les conflits les plus lourds étant précisément des conflits de conscience. Ils ne peuvent être résolus positivement que par la *conjonction* d'une libre délibération entre tous ceux qui sont concernés et du travail intérieur du maître des consciences qu'est l'Esprit saint (voir Ac 15, 1-35). C'est en ce dernier marqueur que s'unifient les trois autres. Car, si l'Évangile de Dieu est vraiment destiné à *tous* (marqueur *1*) et s'il vise ultimement à établir un lien de paix entre le plus singulier ou le local *et* le plus universel ou le global (marqueur *3*), lien toujours médiatisé par l'unique envoyé en qui cet Évangile prend corps et par celles et ceux qu'à son tour, il a envoyés ou qui se lèvent à sa suite – l'Église – (marqueur *2*), on ne voit pas comment ce long processus historique de mutation peut se réaliser autrement que par la

---

1. Voir surtout J.-N. ALETTI, *Quand Luc raconte. Le récit comme théologie*, Paris, Éd. du Cerf, 1998 ; omniprésente dans le diptyque lucanien, cette figure ne met pas seulement en rapport de ressemblance *et* de différence les grandes figures de l'Église primitive comme Pierre et Paul mais aussi et surtout les disciples et Jésus lui-même, ainsi que Jésus et certaines figures prophétiques de la tradition d'Israël comme par exemple Moïse et Élie.

2. La formule est de R. BURNET, dans « La notion d'apostolicité dans les premiers siècles », p. 189.

3. Voir p. 343-346.

force de l'Esprit et une « synodalité » bâtie sur un accord intérieur et extérieur entre consciences, tous désireux de lui obéir. C'est un nouveau type d'« institution » qui naît ainsi, à la fois fragile et de grande plasticité historique et comportant déjà des éléments de droit (Ac 15, 22-33), tout en restant fondé sur un genre de confiance qui s'appelle « foi ».

Une apostolicité devenue normative

Avec ces quatre grands marqueurs, l'apostolicité comme mise en présence de l'unique seuil pascal nous paraît être déterminée (tout en rendant ainsi possible d'autres délibérations à son sujet). Sur cette base, nous devons alors revenir une seconde fois à l'autre seuil, celui qui – presque insensiblement – inaugure « l'âge post-apostolique ». C'est en effet ce passage qui fait naître les déterminations, ultérieurement formulées en termes de « dogme » et de « droit divin », qui, comme le canon des Écritures et le mono-épiscopat fondé sur une « succession ininterrompue », resteront normatifs pour toute la suite de l'histoire.

1. La recherche historique et la délibération œcuménique ont révélé le caractère quasi mythique de l'image des origines chrétiennes qui s'est ainsi mise en place, transformant progressivement ces dernières en « période exemplaire » qui, grâce à un processus de « rétroprojection légitimatrice » resté largement inconscient, contiendrait déjà *toute* l'évolution ultérieure.

Or, une analyse détaillée de la structure du Canon des Écritures[1] et même de la structure apostolique permet d'y repérer une trajectoire *pneumatologique* qui, tout en maintenant et en symbolisant une distance radicale entre le Christ Jésus et l'Église, conduit les récepteurs à la perception de son « immanence » ou plutôt « son imminente immanence » en et parmi eux, réservant toujours sa venue à l'improviste, *hic et nunc*. Une même trajectoire se discerne à propos du ministère apostolique qui, quelle que soit par ailleurs sa forme précise, est au

1. P. GIBERT et Chr. THEOBALD (dir.), *La réception des Écritures inspirées. Exégèse, histoire et théologie,* Paris, Bayard/RSR, 2007 ; voir notre contribution, *ibid.*, p. 269-298, en particulier p. 290-292.

service[1] de l'écoute de l'Évangile et de la constitution d'une communauté, rassemblant une multitude de charismes. Ces médiations scripturaires *et* ministérielles ne renvoient donc pas à un *in illo tempore* mythique mais ont pour fonction de rendre possible une véritable *contemporanéité avec* les premiers témoins apostoliques. C'est alors que la créativité missionnaire de l'Église naissante, telle que l'exégèse critique et l'histoire nous la révèlent, peut devenir un véritable ressort, capable de susciter, aujourd'hui comme d'ailleurs à toute époque, une créativité *analogue* en relation intrinsèque avec le contexte culturel du lieu et du moment, comme à Antioche, à Éphèse, à Rome[2]... Cette créativité relève certes de l'ordre « charismatique », obéissant donc aux critères pauliniens[3], mais doit s'inscrire en même temps – avec lui – dans le double « lien » apostolique qui relie les Églises entre elles *et* avec les origines, non sans rester traversée par l'expérience de faillibilité, faite par les apôtres *et* la manifestation promise et toujours surprenante de la souveraine miséricorde du Christ. Autant dire qu'elle nécessite une *épiscopè* paradoxale qui certes est en charge du « lien » de fidélité et d'unité, mais doit en même temps rester vigilante par rapport à la tentation d'éteindre l'Esprit (voir 1 Th 5, 12 et 19-21).

2. Une normativité « ouverte » se dessine ainsi, grâce à l'articulation de ces quatre marqueurs ; normativité « ouverte » dans un double sens, car elle est à la fois au service de réalisations historiques diversifiées, suscitées par l'Esprit, *et* livrée au dialogue œcuménique ultérieur sur des déterminations qui n'ont pas encore obtenu une reconnaissance mutuelle. Telle qu'elle paraît ici, cette « norme apostolique » a donc pour principe (marqueur *1*) l'Évangile de Dieu, *mais* comme devant être interprété et annoncé selon

---

1. Il semble que *Lumen gentium*, 18 et 25 font entrer cet aspect décisif dans la *définition* même du « ministère ».

2. C'est précisément ce que montrent les travaux de Fr.-X. ROMANACCE, de M. FÉDOU et de M.-Fr. BASLEZ dans *RSR* 101/4 (2013), p. 517-576, qu'il s'agisse des rapports entre les Églises, les structures d'autorité et l'idéal civique, des styles de vie des chrétiens ou encore de l'inscription singulière du réseau chrétien dans une structure associative, « disponible » dans l'Empire romain. Vatican II a codifié ce « principe herméneutique » en parlant, dans *Gaudium et spes*, 44, de la *praedicatio accommodata verbi revelati* comme d'une *lex omnis evangelisationis*.

3. Voir p. 358-359, l'examen du marqueur *2*.

les circonstances ; elle implique (marqueur *2*) ceux et celles qui sont appelés et envoyés l'annoncer selon les formes *(rite et recte)* et de convoquer ainsi l'Église, *mais* devant le faire en discernant sans cesse les personnes – *charismatici*[1] – que l'Esprit leur donne en vue de cette annonce et de l'édification ecclésiale ; elle affirme la nécessité (marqueur *3*) du double lien synchronique et diachronique entre Églises et avec les origines, *mais* en exigeant qu'il soit rétabli, là où il est rompu, et reconnu à nouveau ; elle est livrée, enfin (marqueur *4*), quant à sa mise en œuvre et aux controverses qu'elle suscite, à une délibération, dans l'espérance que « lorsque des questions qui doivent être tranchées par les deux parties sont posées lors de discussions communes *[in communibus disceptationibus]*, la lumière de la vérité chasse les ténèbres du mensonge[2] ».

Par rapport à une conception quasi mythique de l'Église naissante, mise effectivement à l'épreuve par la recherche historique et le débat œcuménique, cette insistance nouvelle sur une structure de normativité ouverte risque cependant de sous-estimer la force mobilisatrice des images qui se dégagent d'une lecture des textes du Nouveau Testament. Dans toutes les grandes initiatives et fondations de type monastique ou missionnaire, la *vita apostolica*, diversement interprétée au long de l'histoire, a joué en effet un rôle d'inspiration de premier plan[3]. Les travaux plus récents, par exemple sur les communautés « de maisonnées » et sur la construction de réseaux chrétiens comme réseaux associatifs, pourraient produire des effets analogues, sans oublier qu'une des fonctions de la liturgie chrétienne est de proposer, dans ses lectures, les communautés apostoliques comme une image inspirante et dynamisante pour l'actuelle existence ecclésiale et missionnaire.

Il n'est donc pas question d'éliminer cet aspect d'une exemplarité néotestamentaire qui, une fois encore, se communique aux fidèles grâce à des images et à une vision mobilisatrice. Mais

1. Voir *Lumen gentium*, 7 § 3 et 12 § 2.

2. La « règle certaine » du 5e concile œcuménique Constantinople II (553), en référence à Actes 15, dans *Les conciles œcuméniques* (dir. G. ALBERIGO), t. II/1 : *Les Décrets. Nicée I à Latran IV*, Paris, Éd. du Cerf, 1994, p. 242 s.

3. Un bon résumé historique et théologique dans l'article de Fr. MILDENBERGER, « Apostel/Apostolat/Apostolizität III. Systematisch-theologisch », p. 473-475.

préparée par les débats de l'époque moderne sur l'apostolicité, menés souvent dans un esprit apologétique d'autolégitimation, l'idée de structure normative de l'identité chrétienne et catholique s'est progressivement précisée, en dogmatique comme en droit canonique. En considérant l'espèce de normativité *ouverte*, formée par les quatre grands marqueurs exposés plus haut, et leur rapport à l'histoire et à l'Esprit, on est en droit de parler à leur sujet d'une sorte de grammaire, voire d'une « grammaire générative » (Noam Chomsky). L'idée principale, à savoir qu'une grammaire *engendre* tous les énoncés d'une langue et qu'une telle grammaire représente le savoir intuitif que les sujets parlants possèdent concernant la formation de leurs énoncés, me paraît susceptible d'être appliquée analogiquement au *mode d'engendrement* des communautés chrétiennes à travers les âges : aussi diversifiées que nos langues, certaines, voire la plupart, se réclament pourtant d'un même dispositif apostolique, intuitivement possédé par tous, car donné avec le *sensus fidei*[1], mais devenant progressivement conscient, grâce à une délibération qui a pour objectif d'établir un « consensus différencié » entre tous.

On peut alors se demander si ce dispositif apostolique avec ses quatre composantes, ayant *effectivement* fonctionné jusqu'à aujourd'hui comme grammaire *générative*, peut être considéré comme étant « de droit divin » au sens le plus classique du terme. À l'arrière-plan de la formation des communautés primitives et de leur rapport spécifique à l'avenir, cette interrogation porte sur la Révélation divine dont la signification est en effet engagée dans le traitement œcuménique de l'identité chrétienne et catholique, ici proposé. Elle peut se résumer, après ce qui précède, sous forme de trois questions dont il reste à esquisser, dans une dernière étape, la réponse.

L'irréversible autocommunication de Dieu

Qu'est-ce qui a été finalement gagné, sur le plan historique et œcuménique, par l'introduction du paradigme grammatical ? Dans cette « grammaire apostolique », qu'est-ce qui permet à la foi d'y

1. Voir *Lumen gentium*, 12 § 1.

discerner la présence de Dieu ? À quel niveau, enfin, se situe « l'irréversibilité » classiquement attribuée à la Révélation et au droit divin ?

1. Le paradigme grammatical représente d'abord l'intérêt d'introduire un « invariant structurel », situé à un méta-niveau fondamental (certains diraient « transcendantal »). Celui-ci n'est pas manipulable comme tel par les sujets parlants ; caractéristique décisive qu'analogiquement il partage avec le « droit divin positif ».

Par rapport à ce dernier, le périmètre de la « grammaire apostolique » est cependant plus large, plus ouvert et, comme nous le verrons, plus articulé ou intégré. Plus large d'abord parce qu'il englobe des déterminations précises comme celle de la « succession ininterrompue » ou du gouvernement « collégial », etc., les considérant comme *expressions particulières* du double lien, synchronique et diachronique, entre Églises et avec les origines[1] ; plus ouvert ensuite, parce qu'il livre certaines déterminations, comme le positionnement du ministère pétrinien qui occupe une place décisive dans l'identité catholique, à des délibérations ultérieures[2]. Ce type de reprise a été appelé par Aloys Grillmeier dès 1970 « re-réception » *(Neu-Rezeption)*. Pratiquée fréquemment dans l'histoire du christianisme, elle se réalise dans une démarche conciliaire qui apporte des compléments et éventuellement des corrections à ce qui a été déjà déterminé, l'intégrant dans des ensembles plus larges[3].

L'avantage principal du paradigme grammatical est donc de tenir compte de l'historicité de *l'ensemble* de la tradition chrétienne et de faire jouer au dispositif apostolique non seulement un *rôle limitatif* (comme dans sa traduction en termes de « droit divin ») mais aussi une *fonction générative*, sans exclure bien évidemment des explicitations juridiques, comme cela a été reconnu dans le débat œcuménique[4]. La distinction rahné-

1. Voir p. 359-360 le marqueur *3*.

2. Voir *Ut unum sint*, (1995) 95.

3. Voir A. GRILLMEIER, « Konzil und Rezeption. Methodische Bemerkungen zu einem Thema der ökumenischen Diskussion der Gegenwart », dans *ThPh* 45 (1970/3), p. 349-351.

4. Voir p. 346 s.

rienne entre une « *conformité* à l'essence » du catholicisme et une « *nécessité* par essence » reste ici pertinente. Elle permet en effet de respecter et de comprendre les décisions historiques qui ont conduit à la mise en place progressive, toujours contingente, du dispositif apostolique – « *en conformité* à l'essence de la foi » –, non sans poser ultérieurement et *a posteriori* à la théologie et à la science canonique la question des liens qui relient les différents marqueurs de l'apostolicité et celle du type de cohérence interne – « grammaticale » – qui caractérise ce dispositif. Dans cet esprit, nous l'avons présenté plus haut en partant du principe évangélique et en exposant, pas à pas, ses implications.

2. C'est précisément l'étonnante *simplicité* de ce dispositif apostolique qui permet à la foi d'y discerner la présence de Dieu. Il n'ajoute aucun élément extrinsèque à la foi en l'Évangile de Dieu (marqueur *1*), mais se montre comme la condition de possibilité de son écoute et de son annonce après Pâques. En cet « événement », la concordance absolue entre l'Évangile annoncé *et* celui qui l'annonce (marqueur *2*) se révèle en effet comme l'identité « messianique » de celui qui est désormais l'Évangile *de* Dieu en personne et en même temps fait paraître la non-concordance ou l'incohérence de ses « apôtres » et de l'Église naissante, pourtant habilités par le don de l'Esprit à être *ses* témoins et à poursuivre *sa* mission. Appelée à la sainteté et donnée gratuitement aux croyants par le baptême et le repas du Seigneur, comme restant toujours à acquérir, cette concordance représente l'horizon ultime de l'Évangile *apostolique* ; la capacité à s'entendre les uns avec les autres, aussi sur son interprétation *(unité)*, en est une composante essentielle (marqueur *4*). Et si le geste symbolique de Jésus d'instituer les Douze fut démenti par leur trahison et par sa crucifixion, il subsiste cependant – avec la *sainteté* – comme promesse de *catholicité*, sa réalisation, voire la chute du mur de séparation entre le peuple juif et les autres peuples passant par des chemins historiques encore inexplorés et par des « apôtres » et des Églises qui ne font plus partie du cercle initial des Douze (marqueur *3*). Même si la « succession ininterrompue » entre les Douze et le collège épiscopal s'avère donc comme « rétroprojection » et la forme du gouvernement épiscopal, collégial et primatial, comme une possibilité néotestamentaire parmi d'autres, les évêques *et* leurs Églises restent, eux, porteurs de *cette* symbolique eschato-

logique qui, à ce titre et à travers les vicissitudes et surprises de l'histoire, peut toujours se référer légitimement au geste d'« institution » de Jésus.

L'ensemble de ce dispositif peut ainsi être ramené à la simplicité de l'unique parole évangélique *de Dieu*. Mais parce qu'il reçoit et reprend de l'histoire d'Israël et de l'humanité tout entière une exigence de concordance *divine* ou de sainteté, sa réalisation de manière inouïe par Jésus de Nazareth inaugure un temps nouveau de transmission ou de tradition, à la fois rendu possible par l'Évangile de Dieu qu'il *est* désormais en personne *et* restant sans cesse à « réinventer » dans l'Esprit. La simplicité du dispositif implique ainsi sa « trinitarisation », explicitée *et* « repensée » dans l'Esprit par la tradition ultérieure, dite post-apostolique. Nous sommes par là conduits vers la caractéristique de « l'irréversibilité » – le « une fois pour toutes » (Rm 6, 10) qui est classiquement attribué à la Révélation et au droit divin.

3. Il ne suffit pas cependant de se référer ici à l'*irréversible parole évangélique* du Règne de Dieu que Jésus a annoncée et que, dans sa résurrection, il est devenu lui-même pour tous ceux qui croient comme lui *et* en lui. Encore faut-il se rendre attentif au fait que cet *accueil lui-même* de sa parole et de ses gestes *et* de lui comme parole de Dieu par l'Église naissante est *irréversible*, au sens précis où cette réception est *en même temps crue* comme étant l'œuvre inattendue de l'Esprit de Dieu qui, manifestant ainsi sa fidélité envers lui-même, rend possible, au sein de l'histoire, l'avenir de la mission ecclésiale d'annoncer l'Évangile.

C'est là l'ultime sens théologique du dispositif apostolique : dans la mesure où il conditionne, « pour toute la durée du temps » (*LG*, 20), à la fois l'écoute ajustée et l'annonce correcte de l'Évangile, il est considéré par la Tradition comme étant « de droit divin ». On comprend dès lors la nécessité d'un second seuil qui n'est pas du même ordre que le seuil pascal : sans la prise de conscience d'une clôture qui reconnaît l'existence du dispositif apostolique *comme* générateur d'avenir, la réception elle-même de l'Évangile par l'Église du Nouveau Testament resterait incertaine et finirait par mettre en doute la Parole de Dieu comme étant donnée une fois pour toutes.

Associé à « l'annonce de l'Évangile par la prédication paulinienne de Jésus Christ », le terme de « révélation du mystère » – « mystère gardé dans le silence durant des temps éternels mais *maintenant* manifesté et porté à la connaissance de tous les peuples » (Rm 16, 25 s.) – signe cette prise de conscience apostolique et testamentaire, au sens le plus fort du terme [1]. Quand ce concept attire, à l'époque moderne, le réflexif *Selbst (Selbstoffenbarung)* reçu à Vatican II sous une forme verbale, « Dieu se révélant lui-même » *(Seipsum)* et se communiquant lui-même (*DV*, 2 et 6), l'irréversibilité de l'Évangile de Dieu devient intelligible pour la foi : car, qu'est-ce que Dieu pourrait-il donner encore d'autre après s'être *livré Lui-même* entre les mains des hommes ? On comprend en même temps que cette irréversible auto-communication de Dieu est donation irréversible et condition de liberté et de créativité humaines. Ce don concerne en premier lieu la foi elle-même et sa « capacité d'expression » (*facultas exprimendi*, dans *GS*, 44) sans cesse réajustée et à réajuster aux conditions culturelles de la réception [2].

C'est en effet cette créativité que l'exégèse critique et l'histoire du Nouveau Testament ont mis en évidence quant aux communautés primitives des premiers siècles, obligeant la théologie à repenser son concept d'« apostolicité » et de le faire dans un débat œcuménique. Comprendre cette « note » de l'Église comme *dispositif « ouvert »* et traduire sa validité permanente, non pas en termes de « droit divin » mais à l'aide du *paradigme « grammatical »* permet de la maintenir comme irréversible invariant au sein des évolutions historiques que nous connaissons. On sait que, depuis le XIXe siècle, la recherche historique n'a cessé de bousculer la théologie fondamentale, devenue progressivement œcuménique, et de la pousser à repenser ses concepts centraux

1. Dans sa forme même, l'épître aux Romains a déjà elle-même une fonction testamentaire ; voir M. THEOBALD, « Exegese als theologische Basiswissenschaft. Erwägung zum interdisziplinären Selbstverständnis neutestamentlicher Exegese », dans *Wie biblisch ist die Theologie*, JBTH 25, Neunkirchen, 2010, p. 125.

2. Pour davantage de précisions, voir Chr. THEOBALD, « Tradition als kreativer Prozess. Eine fundamentaltheologische Herausforderung », dans W. EISELE, Chr. SCHAEFER, H.-U. WEIDEMANN, *Aneignung durch Transformation. Festschrift für Michael Theobald*, Fribourg, Herder, 2013, p. 483-508 ; republié en français dans Chr. THEOBALD, *Selon l'Esprit de sainteté. Genèse d'une théologie systématique*, p. 219-250.

et en particulier celui de Révélation et de foi [1]. On espère donc avoir contribué à préciser et à mieux faire comprendre *ce* qui permet d'établir un rapport critique entre l'histoire des origines chrétiennes, d'un côté, et l'actuelle théologie de la foi et de la Révélation divine, de l'autre : précisément *l'apostolicité*, à la fois fondée sur le geste inouï de Jésus ainsi que sur l'œuvre de l'Esprit *et en même temps* génératrice d'un avenir pluriel du christianisme, pourtant fidèle à son unique « institution ».

1. Pour les étapes essentielles de ce combat intellectuel, voir P. EICHER, *Offenbarung. Prinzip neuzeitlicher Theologie*, Munich, Kösel, 1977.

XV

POUR UNE THÉOLOGIE DE L'INSTITUTION CONCILIAIRE

L'enjeu d'une concordance entre le contenu et la forme

À première vue, le concile œcuménique semble être une institution secondaire ou subordonnée de la tradition chrétienne. De longues périodes se sont déroulées sans connaître ce type d'assises ; trois siècles entre le concile de Trente et le premier concile du Vatican. Leur célébration paraît plutôt liée à des moments de crise, comme la diffusion de l'arianisme à l'origine du concile de Nicée (325) ou le Grand Schisme surmonté par les pères conciliaires de Constance (1414-1418). En tant que manifestation « extraordinaire » ou « solennelle » du magistère ecclésial [1], le concile dépend de la convocation par la papauté, prérogative défendue par celle-ci au deuxième millénaire et stipulée par les *Codices* de 1917 et de 1983. En temps « ordinaire », l'Église devrait donc pouvoir vivre sans cette institution, au point qu'on a pu dire que la déclaration du primat de juridiction et de l'infaillibilité pontificale au concile Vatican I la rendrait désormais inutile.

Mais d'autres voix se sont levées pour rappeler que le concile fait partie de la structure même de l'Église, que celle-ci est par essence conciliaire. Se serait-on libéré de « l'exécrable trinité » – l'obédience simultanée de trois papes au début du XVe siècle – sans la détermination du concile de Constance ? Par ailleurs, l'Église connaît dès la fin du IIe siècle une intense vie synodale dont le rassemblement à l'échelle œcuménique n'est que l'ultime

1. Voir *DzH* 3011.

manifestation. La réception de l'idée politique de « représentation » au Moyen Âge et de la théorie aristotélicienne de la « souveraineté populaire » à la fin du XIIIe siècle conduit à situer la source du pouvoir spirituel dans « l'*universitas* de ceux qui croient et qui invoquent le nom du Christ [1] ». Cette mutation prépare l'ethos démocratique de nos sociétés occidentales, qui à son tour devrait refluer, disent certains, sur la constitution même de l'Église.

Pour prendre position dans ce débat et répondre à la question : *quelle place et quelle importance accorder au phénomène conciliaire* ? il faut le rattacher à l'économie même de la Révélation et tenter de comprendre sa signification théologique au sein de la Tradition apostolique. Cette tâche se heurte cependant à de grandes difficultés qu'une approche trop peu sensible aux évolutions historiques risque de minimiser. L'institution conciliaire a en effet une histoire qui se confond largement avec celle de la normativité chrétienne. Étant marquée, *dans chaque cas particulier*, par des circonstances historiques et des « causes » (foi, discipline, réforme, union, paix, etc.), des modèles politiques de fonctionnement et le désir de maintenir une spécificité chrétienne aux procédures de délibération, la *pratique conciliaire* véhicule une véritable conscience théologique qui se manifeste dans des textes de toutes sortes (règlements, décrets, allocutions, etc.) et souvent dans leurs formules d'introduction. Si l'on y repère bel et bien la *conscience d'une identité normative*, tant de *ce* qui est à transmettre *(traditum)* par voie conciliaire que du jeu relationnel entre *ceux* qui le transmettent légitimement *(tradentes)*, cette conscience s'exprime cependant sous des figures historiques extrêmement variées.

Est-il possible de dégager de cette diversité de pratiques une théologie de l'institution conciliaire qui permettrait de penser *simultanément* son enracinement dans la *paradosis* et son lien à un *kairos* historique livré, dans chaque cas, au discernement des Églises ? Une théologie qui aiderait même à faire comprendre pourquoi cette question de principe ressort à tel ou tel moment de l'histoire, alors qu'elle est restée enfouie pendant de très lon-

1. Voir Marsile de Padoue (+1342) qui est le premier à avoir pensé jusqu'au bout l'idée de représentation (voir H. J. SIEBEN, *Die Konzilsidee des lateinischen Mittelalters*, Paderborn, F. Schöningh, 1984 [*K.* II], p. 393-398).

gues phases dans l'instinct spirituel de l'Église et a été résolue pragmatiquement par le recours à une institution qui a fait ses preuves ? *Aujourd'hui* où l'avenir incertain d'un christianisme œcuménique et mondialisé nous renvoie à son unique source qu'est l'Évangile de Dieu, la question même du principe théologal de l'institution conciliaire est à l'ordre du jour et constitue sans doute notre propre *kairos*.

Pour argumenter en faveur de cette thèse, il faut donc partir d'une histoire des conciles et en proposer une périodisation *théologique*. C'est de cette relecture que pourra se dégager le principe d'une théologie du concile, qui, comme on le verra, réside dans le processus même de la *paradosis* évangélique ; mais il faudra en spécifier la *figure actuelle* en relation avec la conscience herméneutique des siècles passés, avant de pouvoir penser le lien intrinsèque entre « conciliarité » et Révélation.

L'HISTOIRE DES CONCILES : L'ENJEU THÉOLOGIQUE D'UNE PÉRIODISATION

Les historiens de l'institution conciliaire distinguent habituellement plusieurs types de conciles et en proposent une périodisation, tout en notant le caractère controversé du critère de « l'œcuménicité » qui, à partir de la liste de Robert Bellarmin (1586), a conduit progressivement vers l'actuel comptage romain de vingt-et-un conciles. Un Hubert Jedin par exemple, grand historien du concile de Trente, distingue, en 1959, cinq types de conciles « œcuméniques » : les conciles de l'Antiquité, portés par l'Orient et l'Occident (1), les conciles généraux du Moyen Âge, convoqués par les papes sans participation des Orientaux (2), les conciles de réforme du XVe siècle qui font suite au grand schisme occidental (3), le concile de Trente (4) et le concile Vatican I (5), auxquels il ajoute en 1966 le concile Vatican II (6), assemblées célébrées sous la seule autorité de l'Église romaine [1].

---

1. H. JEDIN, *Kleine Konziliengeschichte. 7., durchgesehene Auflage und um einen Bericht über das Zweite Vatikanische Konzil vermehrte Auflage*, Fribourg/Basel/Wien, Herder, 1966 ; voir aussi plus récemment G. ALBERIGO (Éd.), *Les conciles œcuméniques, t. 1 : L'histoire*, Paris, Éd. du Cerf, 1994 et

La thèse de Karl Rahner

Ces typologies qui résultent d'une description minutieuse de la pluridimensionalité du phénomène conciliaire font certes état des différentes variables qui interviennent dans une théologie de cette institution. Mais à ma connaissance, seul Karl Rahner tente en 1979 d'en proposer une lecture théologique globale. Dans deux articles peu remarqués, l'un sur « une interprétation théologique fondamentale du concile Vatican II » et l'autre sur « la signification permanente du concile Vatican II [1] », il propose un principe théologique de périodisation, le conduisant à distinguer trois « grandes époques » *(Grossepochen)* de l'histoire du christianisme : 1. la brève période du judéo-christianisme ; 2. celle de l'Église dans une culture déterminée, l'hellénisme et la civilisation européenne ; et 3. la phase actuelle où l'espace ecclésial est d'emblée le monde entier. Ces trois époques se caractérisent précisément par trois *situations fondamentalement différentes en ce qui concerne l'annonce de l'Évangile et la place de l'Église dans la société* ; époques qui peuvent évidemment être marquées par d'autres césures profondes, comme c'est le cas de la deuxième période qui englobe le passage de l'Antiquité au Moyen Âge et le seuil du colonialisme et des Lumières européennes. Mais la tripartition s'impose, selon Rahner, si l'on tient compte du fait que jusqu'à maintenant le passage d'une situation historique et théologique à une autre, substantiellement neuve, ne s'est produit qu'*une seule fois* et qu'actuellement il est en train de s'effectuer une seconde fois grâce à la naissance d'un christianisme mondial[2].

Or, ces deux transformations ne représentent pas seulement des mutations culturelles mais *des événements qui touchent à la Révélation elle-même.* Cela va de soi dans le cas de l'œuvre paulinienne et (ajoutons-le) du discernement de l'assemblée de Jérusalem (Ac 15, 1-29). La thèse de Rahner consiste à donner

---

K. Schatz, *Allgemeine Konzilien – Brennpunkte der Kirchengeschichte*, Paderborn, F. Schöningh, 1997.

1. Textes republiés dans K. Rahner, *Schriften* XIV, Zürich/Einsiedeln/Köln, Benziger, 1980, p. 287-302 et 303-318 ; publication en français dans id., *Œuvres* 21 : Le deuxième concile du Vatican. Contributions au Concile et à son interprétation, dirigé et préfacé par Chr. Theobald, p. 993-1009 et 977-992.

2. Voir *ibid.*, p. 293-295 ; *Œuvres* 21, p. 1000-1002.

au concile Vatican II un statut analogue et de le comprendre comme *premier concile* d'une Église en voie de mondialisation ; même s'il reconnaît que la césure paulinienne a des caractéristiques théologiques qui ne se répéteront plus jamais et souligne aussi que le premier comme le second passage se produisent d'abord de manière non réflexe et sous la conduite d'un instinct spirituel. Sans entrer dans l'interprétation rahnérienne du dernier concile, retenons l'alternative qui découle de sa périodisation théologique : l'Église acceptera-t-elle de devenir mondiale et de reconnaître l'altérité des autres cultures, en en tirant les conséquences avec un courage paulinien, ou restera-t-elle occidentale, trahissant finalement Vatican II[1] ?

On doit pourtant s'étonner aujourd'hui que Rahner ne conduise pas sa périodisation globale de l'histoire du christianisme jusqu'à s'interroger sur l'institution conciliaire elle-même dans l'économie de la Révélation. La raison en est simple : en 1979 – l'année de l'élection de Jean-Paul II – cette question n'est plus (ou pas encore) à l'ordre du jour ; elle est supplantée par celle, plus urgente, de la réception conciliaire, instruite à partir de 1970 sur la base de deux apports majeurs, ceux des futurs cardinaux A. Grillmeier et Y. Congar[2]. Rahner lui-même et d'autres théologiens comme H. Küng et J. Ratzinger avaient proposé une théologie du concile dans la phase préparatoire de Vatican II. Leurs questions recevront une certaine réponse dans les textes mêmes du Concile mais disparaîtront ensuite jusqu'à ce que le nouveau Code de droit canonique de 1983 relativise considérablement la position de cette institution. Depuis, le diagnostic et la périodisation de Rahner ont plutôt gagné en plausibilité ; les synodes continentaux de la fin du XXe siècle ont confirmé l'alternative posée par le théologien. À l'approche du synode romain sur la synodalité (2022), il est donc urgent de reprendre le débat préconciliaire et conciliaire sur la théologie du concile et de le pousser plus loin en fonction de la situation actuelle du christianisme, telle que le théologien allemand l'avait perçue à l'époque.

---

1. Voir *ibid.*, p. 295-298 ; *Œuvres* 21, p. 1002-1005.

2. Voir A. GRILLMEIER, « Konzil und Reception. Methodische Bemerkungen zu einem Thema der ökumenischen Diskussion », dans *ThPh* 45 (1970), p. 321-352 et Y. CONGAR, « La “réception” comme réalité ecclésiologique », p. 369-403.

À propos de la théologie du Concile

Celui qui relit les multiples prises de position sur l'identité théologale du phénomène conciliaire, entre l'annonce de Vatican II en 1959 et l'ouverture en 1962, est surtout frappé par l'omniprésence du *versant ecclésiologique*. Les travaux de H. Küng sont ici tout à fait représentatifs. « Si l'on ne veut pas en rester à une analyse juridique ou historique des conciles œcuméniques ni renoncer à une véritable théologie du concile œcuménique », écrit-il en 1961, « il faudra trouver un point de départ authentiquement théologique pour pouvoir développer une théologie du concile. Ce point de départ qui décide de beaucoup de choses, c'est l'ecclésiologie qui doit nous le fournir [1] ». La réplique de J. Ratzinger se situe au même niveau [2]. Si Küng se sert du concept de « représentation » pour établir un rapport intrinsèque entre « l'*Église* comme concile œcuménique convoqué par Dieu » et « *le concile œcuménique* convoqué par les hommes comme représentation du concile œcuménique convoqué par Dieu [3] », J. Ratzinger conteste cette équivalence : « Le Concile [...] ne représente pas l'Église, il *n'est pas* l'Église [...] : il n'est dans l'Église qu'un service déterminé [4]. »

Si je vois bien, seul K. Rahner a abordé, avant l'ouverture du Concile, sa *perspective proprement herméneutique* [5]. Cet aspect a pu passer inaperçu [6] parce qu'il se trouve comme enchâssé dans

1. H. Küng, « Das theologische Verständnis des ökumenischen Konzils », p. 55 et *Structures de l'Église* (1962), Paris, DDB, 1963, p. 25 s. ; voir aussi ID., « Veröffentlichungen zum Konzil. Ein Überblick », dans *ThQ* 143 (1963), p. 56-82.

2. J. Ratzinger, « Zur Theologie des Konzils », p. 292-304 ; texte développé après le concile dans *Le Nouveau Peuple de Dieu* (1969), Paris, Aubier, 1971, p. 73-100. Voir notre présentation p. 376.

3. H. Küng, « Das theologische Verständnis des ökumenischen Konzils », p. 56 et 60 et *Structures de l'Église*, p. 27 et 35.

4. J. Ratzinger, *Le nouveau peuple de Dieu*, p. 88 (cette formulation ne se trouve pas encore dans l'article de 1961 mais l'idée y est présente).

5. K. Rahner, *Zur Theologie des Konzils*, dans *StZ* 169 (1962/2), p. 321-339 (réédité dans *Schriften V*, Einsiedeln, Benziger, 1962, p. 278-302 et *Écrits théologiques* [*ET*] 6, Paris, DDB, 1966, p. 41-66, désormais accessible dans *Œuvres* 21, p. 45-70).

6. Voir par exemple H. J. Sieben, *Katholische Konzilsidee im 19. und 20. Jahrhundert*, Paderborn, F. Schöningh, 1993 (K. IV), p. 266 : « Man versteht seine

un développement très complexe en deux parties sur « la structure de l'Église » et « le concile comme *expression* de cette structure » ; structure fondamentale qui ne se réduit pas à l'institution hiérarchique (la collégialité épiscopale) mais inclut aussi ce qui est proprement charismatique et non institutionnel [1]. Reprenant, sur le *plan institutionnel* ou ministériel *(Amt)* de l'Église, la distinction classique entre magistère ordinaire et magistère extraordinaire, Rahner souligne que « *le sujet est le même* dans les deux cas », à savoir « le sujet collégial le plus haut du pouvoir souverain qui existe *toujours* dans l'Église » [2] :

> Quand on a bien vu cela, on comprend pourquoi la réunion d'un concile est une pure question d'appréciation, pourquoi il n'est pas nécessaire qu'un concile soit tenu régulièrement, pourquoi il y eut et probablement il y aura de longues périodes dans l'histoire de l'Église au cours desquelles aucun concile ne fut ou ne sera tenu, mais aussi pourquoi, *quand* il se réunit, il détient le pouvoir suprême dans l'Église [3].

Mais l'essence de l'Église ne se réduit pas à sa structure ministérielle; elle contient aussi l'élément charismatique [4] :

> Dieu n'a pas abdiqué dans son Église en faveur de la hiérarchie. L'Esprit de Dieu ne souffle pas seulement dans l'Église en faisant passer son action par les autorités suprêmes de l'Église. Les effets charismatiques de l'Esprit existent sous la forme de nouvelles découvertes, de nouvelles formes de vie chrétienne. Ils suscitent de nouvelles décisions dont dépend le destin du royaume de Dieu, et ces effets de l'Esprit se manifestent dans l'Église là où l'Esprit lui-même le veut. Il peut donner même aux pauvres et aux petits, aux femmes et aux enfants, à ceux qui

---

Antwort am besten als Beitrag zu der in den Handbüchern *De ecclesia* geführten Diskussion über die Anzahl des Subjekte oder Träger der höchsten kirchlichen Gewalt. »

1. *ET* 6, p. 43 ; *Œuvres* 21, p. 47.

2. *Ibid.*, p. 53 ; *Œuvres* 21, p. 57 (je souligne).

3. *Ibid.* ; pour ce qui est du différend ecclésiologique entre Küng et Ratzinger (le concile comme *ekklésia* ou comme *synédrion*, conception « conciliariste » ou « finalement secondaire du concile »), Rahner se trouve plutôt du côté du second. Il partage avec lui l'idée du lien structurel entre collégialité et concile (pour Ratzinger voir *Cath* 15 [1961], p. 297 s.) ; avec lui, il avait d'ailleurs publié l'année précédente *Episkopat und Primat, QD* 11, Fribourg, Herder, 1961.

4. Sur ce point, Rahner se trouve plutôt dans le voisinage de Küng.

> ne sont pas chargés de fonction […], une mission grande ou petite dans le royaume de Dieu, pour l'Église et envers elle [1].

C'est précisément sur ce terrain du charismatique dans l'Église – et la théologie en fait partie [2] – qu'apparaît l'aspect herméneutique du concile. Ce point tout à fait essentiel est difficile à interpréter. Le théologien conclut de sa définition ministérielle ou épiscopale du concile « qu'il ne faut pas réclamer de lui, ni en attendre qu'il soit d'une certaine manière le sujet agissant et le représentant de tout ce qui est charismatique dans l'Église [3] » ; en un sens, il réagit donc tout au long de la dernière partie de son article contre des attentes injustes par rapport au concile, compte tenu de son identité, telle que le concile Vatican I et le droit de 1917 la définissaient. Or, l'attente principale est selon Rahner *d'ordre herméneutique* :

> En présence de la situation actuelle du monde et de l'histoire, des problèmes qui ont surgi et doivent encore surgir, en présence d'une mentalité qui se transforme avec une rapidité incroyable et saisit le monde entier, la mentalité de l'homme positiviste, scientifique, industriel, on peut tout de même *concevoir et désirer que l'Évangile soit prêché de manière nouvelle*, que la vérité soit dite d'une manière telle que la vérité ancienne, éternellement valable, de la Révélation chrétienne soit repensée et formulée en fonction de cette mentalité de l'homme d'aujourd'hui. On peut désirer que les points d'insertion possibles dans l'esprit de cet homme et ses difficultés de compréhension soient d'emblée et comme tout naturellement pris en considération et qu'ainsi l'éternelle vérité du Christ soit proposée aux hommes sans plus de difficultés et d'obstacles qu'il n'est inévitable, quand la haute vérité de Dieu cherche à s'introduire dans l'homme étroit, encombré de préjugés, et pécheur.
>
> Or, il faut reconnaître sagement ici qu'on ne peut pas beaucoup attendre d'un concile à ce point de vue *dans la situation présente*. Le ministère, même quand il s'agit du magistère, doit, *d'après son essence*, s'en tenir à ce qui est enseigné universellement, à ce qui est éprouvé et déjà partout admis. Le magistère comme tel ne peut formuler la doctrine que d'une manière qui est devenue habituelle et dont la légitimité a été

---

1. *ET* 6, p. 50 ; *Œuvres* 21, p. 54.

2. *Ibid.*, p. 59 et 61 ; *Œuvres* 21, p. 62 s. et 65 : « Le magistère ne peut pas remplacer le charisme de la théologie. Et il n'en est pas chargé. »

3. *Ibid.*, p. 56 ; *Œuvres* 21, p. 60.

démontrée par la tradition éprouvée des dernières décennies ou des derniers siècles [1].

Nous reviendrons sur la formulation rahnérienne du problème herméneutique. Pour ce qui est de la tâche du concile, il ne faut pas négliger la référence restrictive à « la situation présente » (1962). Le théologien évoque même, du côté de la structure charismatique et toujours en lien avec le moment présent, la possibilité d'un « échec partiel » : le fait que « nous – prédicateurs et théologiens – n'avons pas encore appris à proclamer l'Évangile de Dieu sans qu'il soit en quelque sorte obscurci dans sa clarté rayonnante par notre manière de prêcher [2] » et, du côté ministériel de l'Église, l'éventualité d'une « extinction partielle de l'Esprit, par la méfiance, par une trop grande appréhension, par un trop grand attachement à la tradition moyenne dans la vie et la doctrine, par des développements défectueux et coupables [3] ». En réalité, l'attente par rapport à la tâche herméneutique du concile est donc énorme. Est-elle à limiter seulement à cause de la conjoncture historico-spirituelle de l'Église à la veille de l'ouverture du grand synode œcuménique ou aussi en fonction de la théologie classique du concile ? Rahner évoque les deux paramètres ; il me semble cependant que ce qui se dégage de sa *lecture théologique de l'histoire des conciles*, simplement esquissée en 1979, nous invite à rediscuter la doctrine conciliaire de Vatican I qui est encore la sienne. Mais avant d'y venir il faut brièvement rappeler comment les approches ecclésiologique et herméneutique de l'institution conciliaire évoluent pendant la phase préparatoire et pendant le Concile.

La séparation des perspectives ecclésiologique et herméneutique de l'institution conciliaire

Seul en effet le discours d'ouverture de Jean XXIII *Gaudet Mater Ecclesia* (11 octobre 1962) articule ces deux perspectives :

---

1. *Ibid.*, p. 59 s. ; *Œuvres* 21, p. 63 s. (nous soulignons).
2. *Ibid.*, p. 61 ; *Œuvres* 21, p. 65.
3. *Ibid.*, p. 57 ; *Œuvres* 21, p. 61.

sans un *nouveau principe herméneutique* – la perception du lien intrinsèque entre l'annonce de l'Évangile et l'interprétation de la condition actuelle de l'humanité – il est impossible de concevoir un véritable renouveau *ecclésial*, tel qu'il est suggéré dans la première partie du discours, et d'envisager la mission pastorale de l'Église esquissée dans sa dernière partie[1]. Certes, le pape conçoit le Concile comme « témoignage du magistère *extraordinaire* de l'Église[2] » – en renonçant d'ailleurs pour la première fois à toute condamnation, en raison de sa confiance en la capacité d'apprentissage des hommes – ; mais il situe cette plus haute instance de délibération ecclésiale *entre* l'Évangile et la mission de l'Église, dans une posture pastorale à la fois herméneutique et pratique. Son intervention reste pourtant une exception ; pendant la préparation et tout au long du Concile, c'est plutôt la séparation des deux problématiques herméneutique et ecclésiale qui prévaut.

La phase préparatoire du Concile se déroule en effet selon deux logiques opposées[3]. Voulant surtout compléter l'enseignement du concile Vatican I, la Commission théologique préparatoire adopte une *perspective ecclésio-centrée* dans laquelle elle insère le traitement de la question herméneutique. Dans son esprit, la Tradition est nécessaire pour suppléer à l'insuffisance matérielle de l'Écriture – incomplète par rapport à ce que les principaux acteurs perçoivent de la Révélation elle-même. Ils supposent en effet l'identité entre la Révélation et l'« édifice doctrinal » de l'Église sous la forme intellectualiste d'une pluralité de vérités ou de dogmes catholiques, gérée par le magistère dont la forme conciliaire est désormais réduite au plus strict minimum. Si on la pousse au bout, cette identification rend évidemment impossible toute réforme doctrinale qui se réclamerait de l'Évangile comme principe d'une Tradition sans cesse à ajuster à son unique source et qui, pour cela, verrait dans le concile l'institution par excellence, habilitée à réfléchir aux expressions de la foi et à leur *aggiornamento* contextuel et pastoral (selon l'expression de *Gaudet Mater Ecclesia*).

1. Jean XXIII/Paul VI, *Discours au Concile*, Paris, Centurion, 1966, p. 55-70.

2. . *Ibid.*, p. 56 s.

3. Voir surtout J. A. Komonchak, « Le combat pour le concile durant la préparation », dans G. Alberigo (dir.), *Histoire du concile Vatican II*, t. I, p. 185-397.

De plusieurs côtés, on essaie d'infléchir cette logique, surtout au sein du Secrétariat pour l'unité. Mais le caractère encore relativement dispersé de ces tentatives montre que, pour l'heure, les acteurs ne disposent d'aucune vision systématique assurée, comparable à celle de la Commission théologique, et qu'ils ont du mal à accéder à une position de principe commune, concernant le rôle de l'institution conciliaire au sein de la tradition de l'Évangile[1]. Dans les deux sous-commissions qui préparent, l'une un schéma pastoral *De Verbo Dei* et l'autre une série de *vota* sur les rapports entre Écriture et Tradition, on pousse la réflexion jusqu'à poser la question herméneutique du principe évangélique d'une réforme de l'Église et de la réintérprétation de l'Évangile dans le monde moderne. Dans la sous-commission *De structura hierarchica Ecclesiae*, on tente de compléter et de recadrer la vision de l'Église du concile Vatican I, abordant alors un des aspects décisifs du dispositif herméneutique, le statut et le rôle du magistère, dans le cadre de l'ecclésiologie. *Désormais, le traitement séparé de ces deux versants d'une même question est quasiment programmé* ; il n'est, en tout cas, nullement contesté par le Secrétariat et la Commission théologique, pourtant opposés sur le fond.

Vatican II traitera donc de l'institution conciliaire dans la Constitution dogmatique sur l'Église *Lumen gentium* : il l'évoquera dans le n° 22 comme argument historique en faveur de la collégialité des évêques et dans le n° 25 comme expression de leur fonction de « docteurs et de juges pour l'ensemble de l'Église en matière de foi et de mœurs ». Le versant herméneutique, par contre, est abordé dans le chapitre II de la Constitution dogmatique *Dei Verbum* sur la transmission de la Révélation divine, sans que le concile y soit explicitement nommé ; mis très tôt en débat, ce texte ne voit le jour qu'à la fin du Concile, en tout cas après les grands débats sur l'Église. Dans le *Code* de 1983, enfin, l'institution conciliaire est uniquement abordée sous l'angle ecclésiologique, mais, de manière extrêmement réduite, comme une modalité parmi d'autres de l'exercice de la collégialité épiscopale[2].

---

1. Cet aspect essentiel n'est pas assez présent dans la contribution de J. A. KOMONCHAK.

2. *CIC*, Can. 337-341.

Vers une nouvelle problématique

Or, pour revenir maintenant au diagnostic de Rahner, la mondialisation de l'Église, sa différentiation interne, en raison du pluralisme culturel, et l'avancée du débat œcuménique nécessitent que le versant ecclésiologique de l'institution conciliaire soit libéré de son enfermement canonique actuel et décentré vers l'Évangile et que, simultanément, le versant herméneutique du cercle entre l'Écriture et sa tradition interprétative soit ouvert en direction de la pluralité des interprètes « autorisés ». La question de l'identité théologale du concile se situe au croisement de ces deux perspectives et y acquiert une « radicalité » sans précédent.

Comme jamais avant, l'ensemble du *traditum* est en effet livré aux multiples contextes historiques et culturels du monde et aux interprétations qu'ils nécessitent : l'identité *et* la vérité, voire le statut eschatologique du christianisme y sont en jeu et la Révélation elle-même touchée par cet « événement » de diffusion et de dissémination. La *manière* de réassumer l'unité plurielle de la Tradition et sa position ultime dans l'histoire de l'humanité et de l'univers devient ici absolument essentielle, le *traditum* ne pouvant jamais être séparé des *tradentes* et de leur façon de se rapporter les uns aux autres et à leur foi. L'institution conciliaire se situe précisément à cet endroit ; là où la *forme* de la recherche de la vérité reflue sur le *fond* et inversement. Si le magistère pontifical du concile Vatican I se comprenait comme ultime rempart contre la perte d'identité de la Révélation dans un relativisme historico-culturel de plus en plus généralisé, l'insistance sur la forme conciliaire du ministère kérygmatique s'impose dès que le contexte mondialisé et pluriel fait appel à la créativité herméneutique de toutes les Églises ; le passage d'un paradigme à l'autre signifie sans doute qu'on perçoit autrement le sens même de la Révélation.

L'enjeu théologique d'une périodisation de l'histoire des conciles est donc de mettre en relief cette radicalisation de *l'identité théologale* de l'institution conciliaire : c'est parce que dans une Église à la fois mondialisée et plurielle l'identité et la vérité mêmes de la Révélation sont en question que la *manière* de la recevoir et de la transmettre aujourd'hui et donc la *forme* synodale et conciliaire de la *paradosis* posent problème. Cette relation intime entre le fond et la forme devra être maintenant pensée dans sa figure actuelle par rapport à certains moments de l'histoire du christianisme où la question de la théologie de l'institution conciliaire s'est déjà posée, avant que, dans la dernière partie, on revienne plus explicitement à ce qu'elle nous donne à comprendre de la Révélation.

Le fond et la forme : les trois phases de la conscience herméneutique de l'Église

À partir du rapport entre *ce* qui est à transmettre et la *manière* de le faire, il faut donc affiner quelque peu la périodisation de Karl Rahner qui regroupe tous les conciles « œcuméniques » de la chrétienté, à l'exception de Vatican II, dans une même grande époque, celle de l'Église implantée dans *une* culture déterminée, l'hellénisme et la civilisation européenne. Or, à regarder de plus près cet ensemble, la conscience herméneutique de l'Église s'est développée en trois phases.

La règle certaine de la vérité

Le rapport entre vérité et manière d'y accéder est pour la première fois explicitement abordé en 553 par le cinquième concile œcuménique, dit Constantinople II ; à un moment donc où l'institution conciliaire a déjà acquis une certaine solidité et où des crises répétées[1] obligent à clarifier progressivement ses *critères de légitimité*[2]. À la fin du dernier canon et en inclusion par rapport au début, on trouve la toute première mise en situation de l'institution conciliaire dans un dispositif « magistériel » à trois instances qui joue à l'intérieur d'une confession de foi comprise comme « réception » de la tradition (voir 1 Co 11, 23 et 15, 3) : « Nous avons donc ainsi confessé », conclut le concile, « tous ces points que nous avons reçus de la sainte Écriture, de l'enseigne-

1. Il s'agit du schisme dit « acacien » entre Rome et Constantinople (484-519) et de la crise dite des « trois chapitres ».

2. Voir H. J. SIEBEN, *Die Konzilsidee der alten Kirche*, Paderborn, F. Schöningh, 1979 (*K.* I), p. 270-305.

ment des saints Pères et des définitions portées à propos de la foi une et identique par les quatre saints conciles susdits[1] ».

Pour comprendre cette formule conclusive, il faut revenir au début de la *Sentence* où le Concile rappelle sa manière de procéder et explicite les différentes strates du développement doctrinal qui sous-tendent sa propre confession de foi. Sur la base du schéma irénéen (*Adv.Haer.* III, 1-5), il y distingue deux temps dont la différence est d'ailleurs à peine marquée : la transmission de la foi par « notre Seigneur Jésus-Christ à ses apôtres et par eux aux saintes Églises », et la transmission de la même foi par « ceux qui furent *après eux*, les saints Pères et les docteurs de l'Église, aux peuples qui leur étaient confiés[2] ». Le lien intime entre *tradentes* et *traditum* est donc mis en valeur, le *traditum* étant à Constantinople II simultanément foi *et* enseignement.

La série des quatre conciles se greffe – sans solution de continuité – sur le deuxième temps, grâce au déplacement de la foi vers la confession de foi de l'Église. Le glissement progressif du vocabulaire dans l'ensemble du parcours – au sein même d'une équivalence maintenue (« l'unique et même foi ») – est très significatif : s'il s'agit d'abord de *faire confession de garder la foi* que notre Seigneur Jésus-Christ a transmise à ses apôtres ; le concile *confesse* ensuite *garder*, conserver et prêcher la *confession de foi* des Pères réunis à Nicée ; passé ce seuil vers la formule ou le Symbole, on l'expose *plus largement* et *on le développe*, jusqu'à ce que se présente à Chalcédoine un nouveau seuil : la *définition* juridique qui accentue – en opposition à l'hérésie – l'aspect régulateur de l'enseignement de l'Église. Tout en restant dans la ligne des deux aspects – kérygmatique *et* doctrinal – de la tradition apostolique, formalisés par Irénée, Constantinople II enregistre un déplacement vers le deuxième pôle, « *les points* de la confession de foi », comme dit la phrase conclusive citée plus haut. On comprend donc que le concile puisse mettre quasiment sur un même plan les trois instances régulatrices qui balisent et régulent sa propre confession de foi comme acte théologal de réception. Chacune de ces instances résulte de l'union des deux niveaux du *traditum* (l'enseignement) et des *tradentes* : la sainte Écriture (des

1. *COD* (122), 19-25.
2. *COD* (108), 31-43.

apôtres et de leurs *saintes* Églises), l'enseignement des saints pères (et docteurs), les définitions portées à propos de la foi une et identique par les quatre *saints* conciles.

Cette articulation des trois instances, d'ailleurs problématique (et nous le verrons), peut rester cependant purement formelle et juridique. Certes, il est clair (au moins depuis le *Commonitorium* de Vincent de Lérins) que la *catholica* tout entière « décide » en dernière instance de ce qui est « reçu » comme vrai ; toujours identique à elle-même, cette foi doit le rester à travers l'espace *et* le temps : *ecclesiae catholicae universitatis et antiquitatis consensio* [1]. Mais comment éviter que cette « décision » se dégrade en pur constat ritualisé d'un « accord horizontal » *(universitas)* et « vertical » *(antiquitas)* entre témoins, voire que la vérité soit réduite au consensus ? C'est à cet endroit névralgique que Constantinople II introduit, en référence au « concile de Jérusalem » (Ac 15) – qui, à l'époque, commence à jouer la fonction de modèle [2] –, l'idée de *débat* ou de *discussion commune* (avec une critique discrète du comportement hésitant du pape Vigile) :

> Ce sont aussi les saints Pères qui au long des temps se sont réunis dans les quatre saints conciles, suivant les exemples anciens, et ont statué *en commun* sur les hérésies et les questions soulevées, tenant comme *règle certaine* que, lorsque les questions qui doivent être tranchées par les deux parties sont posées lors de *discussions communes*, la lumière de la vérité chasse les ténèbres du mensonge. Car, dans les *discussions communes* sur la foi, la vérité ne peut se manifester autrement, puisque chacun a besoin de l'aide de son prochain [...] [3].

Certes, ces discussions communes doivent être *régulées* – et on trouve ici une pluralité de modèles [4] et les *Ordines de celebrando concilio* qui émergeront à partir du VIIe siècle – ; mais, tout en relevant d'une rationalité stratégique (qui organise une série de moyens en vue d'atteindre une fin), ces règlements ont une visée théologale : la manifestation de la vérité qui met en jeu la « conversion » absolument libre des individus et une manière de

1. Voir VINCENT DE LÉRINS, *Commonitorium*, 24.

2. Voir *K.* I, p. 423.

3. *COD* (108), 10-16.

4. Voir *K.* I, p. 466-510.

se rapporter les uns aux autres, « chacun ayant besoin de l'aide de son prochain ». Le rapport entre ses deux versants, stratégique et communicationnel ou théologal, du *modus procedendi* varie considérablement durant toute l'histoire des conciles et accède lors du Grand Schisme à une conscience particulièrement aiguë [1] ; mais dès Constantinople II il est clair qu'un certain type de relation entre *tradentes* est la condition de l'accès au *traditum*.

Notons cependant que toute cette première phase de la conscience herméneutique de l'Église est traversée par des conflits d'ordre herméneutique qui concernent en dernière instance le *rapport intrinsèque* entre l'*acte* de croire – est-il, dans l'économie néotestamentaire, toujours identique à lui-même ? – et les *formules écrites*, définitions ou représentations, soumises éventuellement, et c'est de nouveau objet de débat, à des développements. La justification de l'autorité *formelle* des conciles prévaut pendant ces années. Probablement rend-elle difficile l'accès au problème de l'interprétation, devenu d'ailleurs plus aigu à cause du déplacement progressif de la *paradosis* de l'Évangile vers le pôle de l'enseignement et des « articles » ou « points » de la confession de foi. Il se manifeste donc violemment dans la persistance de divergences de fond entre l'Orient et l'Occident sur le développement du « dépôt de la foi », qui – déjà à l'époque – ne se laissent plus traiter dans le cadre doctrinal de l'antique distinction entre orthodoxie et hérésie ; divergences qui prennent de plus en plus de consistance dans la mesure où les différences doctrinales (christologie/pneumatologie) se conjuguent avec des enjeux politiques (Église/État) et religieux (vie quotidienne des moines et des chrétiens).

Le principe de réforme et la nécessité eschatologique d'une instance de jugement

Les secousses qui ébranlent la chrétienté à partir du XIVe siècle produisent cependant une *nouvelle conscience* herméneutique : on ne se contente plus d'explorer jusqu'au bout les possibles offerts par les instances classiques de régulation mais on cherche aussi un

1. Voir J. WOHLMUTH, *Verständigung in der Kirche. Untersucht an der Sprache des Konzils von Basel.*

nouveau principe permettant de comprendre et de dépasser éventuellement des divisions qui, comme on l'a vu, relèvent de la structure fondamentale de la *foi* chrétienne. Ce nouveau principe, qui émerge en fait durant ces années, est *l'exigence évangélique de réforme.* Venant en ligne directe de la « réforme grégorienne », elle se précise en intégrant progressivement une visée qu'on peut déjà appeler « œcuménique » à cause de la sensibilité croissante des assemblées au jeu des relations à l'intérieur de l'Église (la cause de l'union) et avec « ceux du dehors » (la cause de la paix). Il devient impensable, au moins pour une partie non négligeable de la chrétienté, d'envisager des négociations d'union avec les Grecs ou les Hussites, et plus tard avec les protestants, sans passer par une profonde interrogation de l'Église latine sur elle-même. Qu'il s'agisse là effectivement de *la figure évangélique de conversion*, les questions répétées sur la cohérence des « manières de procéder » *in conciliis* ou sur la concordance entre le *contenu* traditionnel de la foi et la *forme* qu'il a prise ou devrait prendre *hic et nunc* le prouvent.

Mais cette impulsion est déjà la réponse positive à une prise de conscience aiguë, caractéristique de toute cette époque : les « représentations » de la foi sont toutes éprouvées comme fragiles, qu'il s'agisse des images de la majesté divine, remplacées progressivement par celles du Crucifié, ou des figures prestigieuses du pouvoir spirituel, discréditées par le Grand Schisme et les divisions antérieures, ou encore par les contradictions inévitables de tout pouvoir. La chrétienté latine fait donc l'expérience d'un *écart* entre le destin plus ou moins sinueux des Églises et la vocation « spirituelle » du *corps* ecclésial : étant infigurable ou figurée sous son contraire, la référence ultime – le Christ – est depuis toujours *(antiquitas)* présente dans l'immense *congregatio fidelium (universitas)* qui lui est immédiatement liée dans l'Esprit. L'institution conciliaire est située dans la brèche entre cette Église *spirituelle* (cachée, dira Luther) et les Églises – tous ceux qui (bien que divisés) sont désignés sous le nom de chrétiens –, ayant la lourde charge de les *représenter* sur la scène de l'histoire. Tout le poids repose donc sur *une* des trois instances du système de régulation : est-ce l'endroit où l'absolu peut s'inscrire dans une institution humaine ? C'est la question qui hante désormais les consciences. Et d'abord, faut-il une telle inscription collective en forme d'instance ?

Il n'est pas aisé de sérier les arguments de ce débat de fond autour du concept d'« infaillibilité » qui a duré plusieurs siècles [1] et s'est déroulé sur différents niveaux. D'un côté, l'argumentation s'oriente en direction de *l'acte de foi*, site ultime de l'infaillible vérité : seule l'*ecclesia universalis* est infaillible parce qu'en raison de son lien spirituel au Christ, elle possède aussi, avec la charité ou la sainteté, la connaissance de ce qui est vrai ; argument traditionnel qui reçoit ici une nouvelle signification. C'est à Jean de Ségovie (1393-1458) que nous devons la formulation la plus achevée de cette conviction fondamentale, basée finalement sur la distinction entre un magistère faillible sous l'ancienne Alliance – l'institution du sanhédrin de Dt 17, 8-18, sans cesse corrigée par l'Esprit des prophètes – et un *magistère devenu lui-même prophétique* dans la nouvelle Alliance – expression pneumatomorphe du caractère ultime de la Révélation en Christ reçue infailliblement par l'acte de foi, d'espérance et de charité [2]. De l'autre côté, l'argumentation doit donc s'orienter en direction des « représentations » de cet acte théologal : celui-ci exige *de lui-même*, pour rester discernable dans notre histoire, une *instance de jugement* qui le garde en son élément eschatologique ; deuxième argument de fond appuyé, depuis les débuts du débat [3], sur un raisonnement *a contrario*, à savoir l'inconvénient qui résulterait de la négation d'une telle instance de jugement en travail dans l'établissement du canon des Écritures et dans les sentences doctrinales et conciliaires de l'ancienne Église.

---

1. H. J. SIEBEN (*K.* II, p. 358-365, avec une importante réflexion méthodologique) situe les débuts du débat sur *l'infaillibilité des conciles* après le concile de Vienne (1311-1312) ; il analyse ensuite (*ibid.*, p. 401-406 et 427-452) le débat entre Marsile de Padoue et Guillaume d'Occam et interroge (dans *Traktate und Theorien zum Konzil. Vom Beginn des grossen Schismas bis zum Vorabend der Reformation (1378-1521)*, Francfort, J. Knecht, 1983 [*Traktate*], p. 149-207) les traités ecclésiologiques qui accompagnent les événements du Grand Schisme et des conciles de Constance, de Bâle et de Florence (jusqu'aux travaux de deux espagnols, Jean de Ségovie du côté « conciliariste » et Jean de Turrecremata du côté papal). À cet ensemble il faut encore ajouter son analyse de la position de Luther (dans *Die katholische Konzilsidee von der Reformation bis zur Aufklärung*, Paderborn, F. Schöningh, 1988 [*K.* III], p. 13-51).

2. JEAN DE SÉGOVIE, *Historia generalis synodi Basiliensis* (1449-1453), p. 823-835 ; voir le résumé de ces pages essentielles dans *Traktate*, p. 193-195.

3. voir K. *II*, p. 364 s.

Mais une fois le principe théologal de réforme ou de conversion et la nécessité eschatologique d'une instance de jugement acquis, les divergences caractéristiques de la deuxième phase de la conscience herméneutique portent sur la *forme, voire la cohérence de cette instance*. Le devant de la scène est occupé par le débat, au sein même de l'instance magistérielle de l'Église (la troisième instance selon Constantinople II), sur la supériorité de l'autorité conciliaire ou de l'autorité pontificale. Mais à l'arrière-plan se déroule une discussion plus radicale avec les partisans de John Wyclif († 1384) et de Jan Huss (1370-1415) aux conciles de Constance et de Bâle. Là encore, deux séries d'arguments se conjuguent.

Le caractère infaillible du jugement prophétique est-il *conditionné par la sainteté* de celui qui le prononce ? Si oui, l'état pécheur des pères conciliaires ou du pape empêcherait toute manifestation définitive de la vérité. Les théologiens de Bâle tentent donc de corriger cette argumentation « donatiste » des Hussites sans abandonner pour autant leur propre insistance sur l'absolu de la conversion. Rappelons seulement la position de Nicolas de Cues (1401-1464) qui rapporte l'infaillibilité conciliaire – au-delà de tout raisonnement juridique – au *consensus réel* entre tous les acteurs (y compris le pape)[1].

L'autre série d'arguments, intimement liée à la précédente, porte sur les liens entre l'instance magistérielle (le concile ou/et le pape) et les Écritures. S'appuyant sur le raisonnement de fond, déjà rapporté plus haut – à savoir qu'une Révélation *non reçue infailliblement* par les fidèles ne serait pas une Révélation –, certains, comme Marsile de Padoue († vers 1342), arguent ici en faveur d'un magistère conciliaire qui participe, comme instance d'interprétation, à l'infaillibilité même des Écritures[2] ; d'autres, comme les Hussites, contestent cette *présomption* d'infaillibilité conciliaire, non seulement parce que rien ne garantit la sainteté des pères conciliaires (Jan Huss fut brûlé vif par Constance !) mais encore parce que l'Écriture seule permettrait de discerner ceux des

1. Voir *Traktate*, p. 173-177 et 180-183.

2. MARSILE DE PADOUE, *Defensor pacis Dictio II*, chap. XX, R. SCHOLZ (éd.), Hanover, Hahnsche Buchhandlung, 1933, p. 392-402 (voir *K. II*, p. 378-380).

conciles qui sont effectivement fondés dans l'Écriture[1], argument repris au XVIe siècle par Luther[2].

La radicalisation historico-culturelle de la question herméneutique dans la modernité

Si la deuxième phase pose en effet la *question de principe* de la fiabilité des institutions humaines et établit la nécessité eschatologique d'une instance de jugement – et Luther ne quitte pas ce cadre –, la *troisième phase* (en un sens introduite par Luther lui-même dans *Von den Konziliis und Kirchen*) consiste à chercher un critère de vérité qui serait irréductible au consensus ecclésial, érigé progressivement en absolu durant le XVe siècle : « L'Écriture *par elle-même* (*per sese*) absolument certaine et interprète d'elle-même[3] » (Luther) et « les définitions du pontife romain, irréformables *par elles-mêmes [ex sese]* et non en vertu du consentement de l'Église[4] » (Vatican I), voilà les deux bornes confessionnelles qui balisent la nouvelle phase de la conscience herméneutique.

Mais peu importe que cette recherche de certitude *(certitudo)* s'effectue sous le signe de la foi luthérienne, du *cogito* cartésien ou encore dans le sillage de la souveraineté pontificale ; poussée jusqu'au bout, elle ne fait que manifester, sous la figure d'une conscience certaine d'elle-même, la présence incontournable du cercle herméneutique et tout ce qu'il exclut de son périmètre. En effet, plus le besoin de certitude se fait pressant, plus il met en évidence le milieu dont il émerge, l'extraordinaire relativisation historico-culturelle *des* figures du christianisme au sein de l'histoire de l'humanité. En dépit de toutes les tentatives, personne ne peut plus dire ce qu'est la Révélation *en elle-même, « objectivement » et en dehors* de sa réception historique ; la *paradosis*

---

1. Voir *Traktate*, p. 176 s.

2. Voir p. 388, n. 1.

3. La clarté de l'Écriture est en effet le *primum principium* de la théologie luthérienne (voir M. LUTHER, *Du serf arbitre*, dans *Œuvres* V, Genève, Labor et Fides, 1958, p. 70, et aussi p. 26-29).

4. . *DzH* 3074 ; voir Chr. THEOBALD, « La Constitution dogmatique *Pastor aeternus* de Vatican I », dans B. SESBOÜÉ et Chr. THEOBALD, *La parole du salut*, p. 339.

effectivement vécue, le corps de la foi – celui qu'elle est, qu'elle reçoit et qu'elle se donne – est la seule *trace* de son origine divine : trace désormais plurielle et même traversée par des divisions apparemment indépassables, rendant en tout cas infiniment plus complexe des « causes », apparues lors de la deuxième phase de la conscience herméneutique, comme l'union et la paix et ce qu'elles supposent, l'interrogation des Églises à leur propre sujet.

Désormais, la conscience herméneutique se déploie donc sur un double versant. La question du *jugement de vérité* qui tranche entre foi et non-foi reste décisive, la détermination du sujet du jugement (la conscience ou/et l'Église) étant, dans chaque cas, marquée par la conception de l'objet de la foi : la distinction biblique et patristique entre deux facettes d'une même tradition apostolique – son aspect kérygmatique et son aspect doctrinal ou régulateur – sera maintenant soumise à une véritable dialyse. Les positions oscillent entre deux extrêmes : de M. Luther *via* A. von Harnack jusqu'à R. Bultmann, on situe la vérité de la foi entre l'événement kérygmatique *et* la conscience (ou l'existence), tandis qu'on relativise les représentations doctrinales ou autres qui sont tributaires de visions du monde radicalement contingentes ; du côté catholique, on identifie le kérygme à l'aspect doctrinal et régulateur de la Tradition (le *depositum fidei*), soulignant plutôt le caractère irréformable de certaines représentations. C'est donc *la place* de ces dernières, la place du corps historique de la foi, qui est en jeu chaque fois qu'il s'agit de prononcer un jugement de vérité.

Sur l'autre versant de la même conscience herméneutique, on s'interroge sur *le contenu de ces représentations*. La recherche historique s'y attelle en exerçant sa critique, au point même d'annuler, dans ses travaux les plus extrêmes, le problème du jugement de vérité. L'aventure des différentes quêtes du Jésus historique en est une illustration puissante. Elle suscite, tant du côté catholique que dans le protestantisme, de fortes réactions polémiques qui conduisent à une compréhension extrinséciste ou supra-naturaliste de la Révélation divine[1].

Dans un premier temps, l'attitude analytique domine en effet et produit un climat de relativisation qui suscite des réactions de

1. Voir p. 326.

défense et paralyse une bonne part de la créativité positive des Églises. Dénoncée au début du XXe siècle sous le nom d'« historicisme », cette perspective fait progressivement place à des tentatives de réinterprétation globale du mystère chrétien. On comprend aujourd'hui que, dans le contexte de la critique historique naissante, la fonction herméneutique des conciles est peu honorée. Leur relativisation « kérygmatique » par Luther est peu à peu relayée, du côté catholique, par le sentiment que seule la souveraineté pontificale peut sauver la vérité du naufrage dans le relativisme historique. Ce n'est qu'à partir du moment où l'aspect créateur de la tâche herméneutique surgit dans toute sa complexité – grâce à une valorisation positive de la pluralité historico-culturelle des manières de vivre –, que la notion de *consensus ecclésial* et la fonction des conciles dans la recherche commune de la vérité sortent à nouveau de l'ombre. Nous sommes alors aux alentours du concile Vatican II.

La traversée, à grandes enjambées, de l'histoire des conciles œcuméniques nous aura fait comprendre pourquoi la question de l'identité théologale de l'institution conciliaire émerge à des moments précis dans la conscience herméneutique de l'Église et acquiert *aujourd'hui* non seulement une figure nouvelle mais *se radicalise singulièrement*. Certes, il ne s'agit pas de sortir du cadre des trois instances, intégrées par Constantinople II, ni même de contester la nécessité eschatologique d'une instance de jugement, devenue plausible grâce aux débats conciliaires du XVe siècle, ni enfin d'abandonner l'ultime recours du « charisme de vérité et de foi » de Pierre, codifié par Vatican I. Mais sans doute sommes-nous désormais livrés à une véritable créativité herméneutique pour rendre l'Évangile recevable dans la diversité culturelle du monde ; *kairos* historique qui, *en même temps et comme jamais avant*, fait appel à notre sens et notre jugement du vrai. Karl Rahner avait évoqué en 1979 le problème de la créativité :

> [...] c'est une question ouverte si et jusqu'à quel point l'Église de l'époque post-apostolique a encore les potentialités créatrices et les pouvoirs qu'elle possédait et avait mis en œuvre à l'époque de son premier devenir, au temps apostolique [...]. La question se pose donc si, au moment de passages comme le second (vers un christianisme mondial), l'Église peut légitimement exercer des possibilités qu'elle n'a jamais

actualisées pendant sa deuxième « grande époque », parce que cela aurait été absurde et donc illégitime [1].

Mais, précisons-le, la question de la légitime créativité soulève celle de la *vérité* qui, dès Actes 15, fait intervenir la *forme de la délibération* entre *tradentes* et la *manière* de conduire celle-ci jusqu'à la manifestation non programmable de celle-là [2]. C'est donc la créativité herméneutique qui nous conduit désormais vers le principe théologal de l'institution conciliaire.

Le principe : *Paradosis* et conciliarité

D'après tout ce qui précède, ce *principe* ne réside donc pas dans l'ecclésiologie mais dans le processus même de la *Paradosis* évangélique, composée indissolublement de *tradentes et* d'un *traditum*, d'une forme du vrai et de la vérité. Dès l'Antiquité, chez saint Irénée et à Constantinople II, le concept paulinien de « tradition » (1 Th 1-3 ; 1 Co 11, 23 et 15, 1-3) acquiert ce statut principiel. En son centre, il implique un acte théologal de « réception » : pas de transmission de la foi sans réception, mais pas non plus de réception véritable sans nouvelle annonce ; échange ouvert dont il faut bien dire qu'il a une structure pascale ou eucharistique. Paul est prêt à donner non seulement l'Évangile de Dieu mais encore sa propre vie (1 Th 2, 8) et la communauté « reçoit » sa parole non comme parole d'homme ou simple discours (1 Th 1, 5) mais comme parole de Dieu qui est à l'œuvre *dans* les croyants (1 Th 2, 13). Les critères de cohérence évangélique sont bien explicités dans la lettre aux Thessaloniciens (1 Th 2, 3-10) dont le style narratif reste encore très proche de l'expérience de la Tradition comme « livraison ». Avec une rare précision, l'apôtre Paul met le doigt sur la différence *et* le lien intime entre le contenu transmis – discours ou lettre [3] – et l'événement de

1. K. Rahner, « Theologische Grundinterpretation des II. Vatikanischen Konzils », *Schriften* XIV, p. 299 ; trad. « Interprétation théologique fondamentale du Deuxième Concile du Vatican », dans *Œuvres*, 21, p. 1005 s.

2. C'est précisément ce dernier point qui reste en suspens dans l'approche de Rahner.

3. Voir aussi 2 Co 2, 17 - 3, 18.

vie ou de « livraison » qui peut se produire à cette occasion, sous l'action paradoxale de l'Esprit Saint (« la démonstration de puissance et d'Esprit ») qui rend possible la transmission de l'intransmissible [1].

Or, la prise de conscience, à l'époque moderne et contemporaine, d'une véritable créativité au sein de ce processus, pose inévitablement le problème de la « réception », voire de la « Révélation », en termes nouveaux. Cette dernière n'existe pas *en dehors* de sa *réception historique*. L'interprétation fait donc partie de la Révélation elle-même au sens où celle-ci est *radicalement livrée* à celle-là. Il faut d'abord enregistrer cette mutation inouïe. C'est elle qui nous oblige à préciser ensuite ce qu'elle signifie pour l'articulation des trois instances régulatrices au sein de la *Paradosis* et en particulier pour le rôle *constitutif* qui échoie désormais à l'institution conciliaire.

« Paradosis » et créativité

Si on conçoit la modernité occidentale comme détachement progressif par rapport à toute tradition qui voudrait donner au passé ou à une période privilégiée du passé un *statut exemplaire* ou *intouchable*, il devient nécessaire de sortir le concept paulinien de « tradition » de sa possible confusion avec la sacralisation d'une époque révolue. La distinction du concile Vatican I entre Révélation et Tradition ou entre « inspiration des Écritures » et « assistance de l'Esprit Saint » (accordée aux Pères et au magistère), et qui est fondée sur une coupure apparemment claire entre les époques apostolique et post-apostolique (intervenue avec « la mort du dernier apôtre »), a voulu sauvegarder la transcendance de l'initiative divine. Mais elle risque d'entretenir la confusion entre *Paradosis* et période exemplaire ; elle n'aide pas, en tout cas, à penser l'aventure de l'exégèse et de la patristique contemporaines qui donnent à percevoir la créativité propre de l'Église naissante et invitent à un discernement, toujours à renouveler, de ce qui relève, *ici et maintenant*, d'une réception créatrice *et* fidèle de la *Paradosis* apostolique, menacée par la déformation et le mensonge.

---

1. La formule est de L. BEIRNAERT, dans *Aux frontières de l'acte analytique. La Bible, saint Ignace, Freud et Lacan*, Paris, Éd. du Seuil, 1987, p. 234-238.

Sans pouvoir entrer dans toutes les nuances requises de cette articulation complexe [1], on est sans doute en droit d'affirmer que l'exégèse critique fait ressortir le véritable sens eschatologique de la *Paradosis* qui s'appuie, dans le Nouveau Testament, sur une grande intuition prophétique : « Ils ne s'instruiront plus entre compagnons, entre frères, répétant "apprenez à connaître le Seigneur" », prophétise Jérémie (31, 34), « car ils me connaîtront tous, petits et grands ». Le prophète chrétien et l'apôtre ne sont plus prisonniers d'un passé au statut exemplaire mais entrent, avec leur propre expérience de foi, dans un rapport synchronique de correspondance aux compagnons de la première heure. Cela signifie aussi que la relation d'immédiateté qu'ils entretiennent avec l'actualité de la Révélation les autorise à déployer une *créativité interprétative* à la hauteur même de celle dont témoignent les premiers chrétiens. Le retrait de l'exemplarité sacrée du passé, qui retenait captive l'extraordinaire nouveauté eschatologique de la foi, libère progressivement toute la variété culturelle des interprétations de l'Évangile, allant jusqu'à « suspendre » son effectivité historique à la capacité plurielle des êtres de chair que nous sommes à le recevoir en le réinterprétant *continuellement* dans tel ou tel contexte donné.

Or, ce *principe* nous oblige à dépasser *et* la réduction kérygmatique *et* l'aplatissement doctrinal de la *Paradosis*, en intégrant les acquis des deuxième et troisième phases de la conscience herméneutique de la Catholica. L'unité intrinsèque entre *traditum* et *tradentes* est le seul absolu dans l'histoire : « manière évangélique », pourrait-on dire, qui depuis le XIVe siècle s'exprime sous forme d'un désir de *réforme continuelle*, concernant à la fois la sainteté des sujets *et* la concorde entre tous. Loin de s'opposer à un travail sur les *représentations* de la foi ou de se contenter du simple constat de leur fragilité, cet appel évangélique à la conversion exige leur *réinterprétation continuelle*, précisément pour pouvoir être entendu dans tel ou tel contexte. C'est précisément là l'apport positif de la recherche historico-culturelle qui hante la conscience herméneutique de l'Église depuis le XVIIIe siècle. Certes, elle a exercé et elle exerce toujours une puissance de relativisation apparemment opposée à l'absolu d'une Révélation.

1. P. GIBERT et Chr. THEOBALD (dir.), *La réception des Écritures inspirées. Exégèse, histoire et théologie*.

Mais elle suscite aussi la créativité herméneutique, la mettant au service de l'expérience eschatologique de la sainteté multiforme des sujets et des communautés, en rapport de concordance ou de *con-spiration* les uns avec les autres.

Ni une illusoire spiritualisation kérygmatique de la *Paradosis* ni une fixation doctrinale de la règle de foi ne peuvent donc exorciser le vertige *théologal* produit par une modernité qui *livre* la vérité à l'histoire, et en conséquence à nos multiples « manières de faire », comptant en même temps sur la régulation *interne* à l'expérience eschatologique de sainteté. Comment ne pas voir que cette prodigieuse poussée de la conscience chrétienne, provoquée apparemment comme de l'extérieur mais s'avérant comme résultat d'une interaction mystérieuse entre l'Église et les sociétés modernes, est finalement le fruit même de l'Évangile !

C'est donc en considérant l'histoire globale de la chrétienté latine et de l'Europe depuis le XIVe siècle qu'on perçoit l'inadaptation des catégories herméneutiques et ecclésiologiques qui se trouvent à la base de la doctrine conciliaire de Vatican I et du droit de 1917, supposée encore par K. Rahner. Au niveau du *traditum*, ni la distinction entre *doctrina* et *mores* ni celle entre dogme et hérésie ne sont à la hauteur d'une *manière de faire* qui, située en biais par rapport à ces classifications, se conçoit comme *unité* d'un croire et d'un faire et comme réinterprétation contextualisée du mystère *dans sa globalité* (et non comme choix de tel point de doctrine à l'exclusion de tel autre). Faisant déjà difficulté dans l'Antiquité, ces couples de concepts produisent en notre siècle une sorte de distorsion structurelle entre la théologie du concile et les attentes herméneutiques d'un christianisme devenu mondial.

Le même constat s'impose quand on se tourne vers les *tradentes*, difficiles à répartir selon la distinction classique entre l'élément charismatique et la structure ministérielle de l'Église et, sur ce dernier plan, entre un magistère ordinaire ou quotidien et extraordinaire ou conciliaire, voire pontifical. La radicalité eschatologique (Jr 31, 34) de la réception multiforme de l'Évangile exige que tous, jusqu'au dernier, y soient impliqués, chacun à sa mesure, et que la conciliarité ne soit pas réduite à un recours ultime contre l'erreur ou l'hérésie. C'est la révolution discrètement annoncée par Jean XXIII dans son discours d'ouverture au concile Vatican II. Formuler cette exigence nouvelle ne signifie d'ailleurs nullement qu'on nie la spécificité du ministère apostolique, notamment dans sa tâche de discernement, ni qu'on soumette l'*appréciation* historique des temps conciliaires de réception (« l'extraordinaire ») à une sorte d'automaticité, peu sensible à la finesse des « suggestions » de l'Esprit [1]. Mais considérer, avec sérénité, l'historicité de la foi et la variété possible de ses formes culturelles, invite l'Église à se fier, dans les conflits d'interprétation qui en résultent inévitablement (3e phase de la conscience herméneutique), au seul critère de vérité, à savoir la « réforme » *effective* des sujets et des communautés (2e phase), fruit de sainteté rendu possible par une annonce contextualisée, et de reconsidérer sur cette base l'articulation controversée des trois instances de l'Écriture, des sentences des Pères et des décrets et acteurs conciliaires (1re phase).

Révélation et conciliarité

Le principe qu'on vient d'expliciter – *manière évangélique de recevoir l'Évangile dans un esprit de créativité herméneutique qui rend possibles conversion et concordance* – exige donc qu'on revienne maintenant aux instances régulatrices. Le rapport aux Écritures et aux Pères ne pourra pas être abordé ici. Je reviens plutôt à la question initiale, à savoir si l'institution conciliaire (quelle que soit d'ailleurs sa forme historique) fait réellement partie de l'économie de la Révélation évangélique. On se souvient que Küng avait répondu positivement à cette question, se référant surtout à la tradition ecclésiologique de Constance, et que Ratzinger s'était opposé à cette thèse sur un même plan, ne considérant le concile que comme « un service déterminé *dans l'Église* ». Or, l'histoire de l'herméneutique chrétienne nous a conduits au point où nous prenons conscience du *lien intrinsèque entre Révélation et conciliarité*. Les raisons ecclésiologiques ne me paraissent pas pour autant déterminantes ni premières. Il me semble qu'il faut plutôt argumenter à partir du principe exposé à l'instant, à savoir en fonction des exigences internes à la *Paradosis* évangélique dans la modernité.

---

1. C'est là la limite du décret *Frequens* du concile de Constance.

Au XIVe siècle, on avait bien perçu que le caractère eschatologique de la foi exigeait *de lui-même*, pour rester discernable dans l'histoire, une instance de jugement qui le garde en son élément. On ne pouvait pas encore deviner que la recherche historique moderne et le pluralisme des contextes culturels impliquent l'expérience eschatologique d'une Révélation évangélique *livrée* à ses interprètes. S'il n'y a pas de Révélation divine en dehors de sa réception interprétative et si celle-ci est *d'emblée* plurielle, l'institution conciliaire s'impose comme lieu proprement *pneumatomorphe* de réception créatrice où l'Évangile du Christ se manifeste *comme Évangile* adressé à tous et à chacun, *parce qu'*en ce lieu, et en ce lieu seulement, le pluriel peut être ultimement converti, passant de la dissémination à la concorde. Dans cette perspective, annoncée d'ailleurs par le *in Spiritu Sancto legitime congregata* [1], il n'y a donc pas de Révélation sans conciliarité ; thèse qui demande encore une double précision.

D'un point de vue herméneutique, le positionnement de la conciliarité au sein même de la Révélation trinitaire exige qu'on dépasse l'opposition stérile entre la célébration eucharistique qui *est ekklésia* et le concile qui ne serait que *synédrion* ; comme si on craignait de livrer le corps du Christ au débat. Or, ce qui emporte en fin de compte la conviction dans la discussion conciliaire – et cela depuis le livre des Actes – c'est la qualité évangélique des *tradentes* et les *récits* de leurs expériences apostoliques ou de celles de leurs Églises. Ce partage narratif, re-création plurielle de la narrativité évangélique, est la condition même de l'Eucharistie, et l'inscription traditionnelle de la conciliarité dans la célébration en est un signe éclatant. Cette expérience fondamentale n'exclut nullement mais, au contraire, inclut nécessairement la *délibération herméneutique*, comme je l'ai déjà montré ; délibération à la fois *structurée par* la *regula fidei* à la jonction entre les récits bibliques et les nôtres, mais refluant et agissant en même temps *sur celle-ci*. C'est ainsi que la conciliarité devient le lieu, dans l'économie même de la Révélation, où celle-ci *existe historiquement en son actualité* : victoire mystérieuse, jamais acquise définitivement, sur une dissémination toujours possible qui la ferait sortir de son élément eschatologique.

---

1. Formule utilisée pour la première fois à Constance et reprise par le concile de Trente.

D'un point de vue ecclésiologique, la thèse suppose que, au nom même de ce qu'est la *Paradosis*, personne ne soit exclu d'une réception *créatrice* de l'Évangile. Ce sens de la foi de l'*universitas* des croyants, qui a été remis en valeur par Vatican II [1], ne peut s'exprimer que selon une « échelle variable » de synodes qui donnent *à la fois* la parole aux derniers et réunissent, par moments, toute l'*oekuménè* des fidèles, selon l'idée de représentation qui hante la chrétienté depuis le XIVᵉ siècle. Pour honorer cet aspect ecclésiologique, lié au principe même de la *Paradosis* évangélique, nous préférons parler ici de *synodalité* ou de *conciliarité*, au lieu de focaliser notre attention immédiatement sur l'institution certes majeure mais limitée du concile œcuménique [2].

Il y aurait en effet un risque de confondre cette conciliarité interne à la Révélation avec la collégialité épiscopale et de réduire ainsi, au moins implicitement, *l'identité théologale* des conciles œcuméniques à celle, controversée dans le dialogue œcuménique, du ministère apostolique ou pastoral [3] et, finalement, à une question de droit de participation. Or, le vocabulaire classique, distinguant entre élément charismatique et structure ministérielle de l'Église et, sur ce dernier plan, entre magistère ordinaire ou quotidien et extraordinaire ou conciliaire, voire pontifical, introduit des coupures trop rigides dans l'échelle infiniment variable de la conciliarité évangélique. La troisième phase de la conscience herméneutique de l'Église a en effet révélé la complexité du processus de réception dans une civilisation mondialisée et culturellement pluralisée. Cette complexité brouille les frontières entre *tradentes* « non-autorisés », incarnant effectivement la crédi-

1. Voir *LG*, 12.

2. *L'instruction sur les synodes diocésains* du 9 juillet 1997 (*DC* 94 [oct. 1997], p. 826-832) montre à quel point le principe de « synodalité » pose aujourd'hui problème : « Étant donné les liens qui unissent l'Église particulière et son pasteur à l'Église universelle et au Pontife Romain, l'évêque a le devoir d'*exclure de la discussion synodale* les thèses ou positions – peut-être proposées avec la prétention de transmettre au Saint-Siège des "votes" à ce sujet – qui ne concordent pas avec la doctrine perpétuelle de l'Église ou du Magistère pontifical, ou qui concernent des matières disciplinaires réservées à l'autorité ecclésiastique suprême ou à une autre » (IV, 4, *ibid.*, p. 830).

3. C'est ici que nous nous séparons de Rahner au nom même de ce qu'il dit de « l'attente herméneutique » par rapport au futur concile.

bilité de l'Évangile, et ceux que leur ministère habilite à transmettre la foi ; elle met aussi en évidence la contextualité culturelle de leurs manières de vivre ou de réinterpréter l'Évangile et la temporalité propre de leurs communautés : différences qui ne peuvent plus être unifiées dans l'*espace-temps homogène* de l'ancienne Europe, encore présupposé par la distinction juridique entre la vie ordinaire de l'Église et les moments extraordinaires ou solennels de jugement conciliaire ou pontifical.

Certes, la conversion évangélique implique d'essence le passage de la dissémination à la concorde ; et le ministère apostolique et pastoral se situe en ce lieu de conciliarité. Mais l'identité théologale de l'institution conciliaire vient de plus loin, à savoir de la *Paradosis* même. Certains théologiens du XIVe siècle et Jean XXIII introduisent à cet endroit les notes de l'Église. L'aveu d'une unité ecclésiale défaillante ou devenue plus complexe en raison de la pluralité culturelle fait aujourd'hui paraître la difficulté de *représenter* convenablement, au concile, la catholicité *et* l'apostolicité de l'Église, également touchées par l'interrogation sur son unité. Seule la qualité évangélique de ses principaux acteurs, leur sainteté, disions-nous, et leur capacité réelle à délibérer pourra emporter la conviction et entraîner finalement l'ensemble du corps ecclésial dans une conversion à l'Esprit qui fonde son identité eschatologique. L'histoire de l'herméneutique chrétienne, retracée plus haut, confirme cette prépondérance de la note de sainteté comme ultime critère – « charismatique » – de vérité. Nul doute que la complexification de la conciliarité à notre époque exigera des refontes considérables dont il ne peut pas être question ici. Elle touchera aussi à la *forme* du ministère apostolique, mais selon l'ordre indiqué dans la règle du Symbole qui situe l'apostolicité à la fin de la série des notes, en tout cas après la sainteté et la catholicité.

J'interromps ici ces réflexions sur l'identité théologale du phénomène conciliaire, au moment où elles risquent de basculer dans la « fiction conciliaire ». Les quelques orientations qui viennent d'être données devraient suffire pour faire comprendre les *distorsions* entre l'attente immense par rapport à la tâche herméneutique d'un futur concile et le cadre *doctrinal* du droit qu'impose le Droit de 1917 et de 1983. Rahner, on s'en souvient, s'en est rendu compte dès 1962 et a tenté de modérer les espoirs ; ce qui était parfaitement justifié dans les circonstances. J'ai voulu montrer que l'histoire de l'herméneutique, telle que nous pouvons la lire *aujourd'hui*, et la mondialisation de l'Église nous obligent à remettre en chantier la *théologie même* de l'institution conciliaire.

XVI

S'ENTENDRE DANS L'ÉGLISE ET DANS LA SOCIÉTÉ

Pour une articulation entre autorité et dialogue

Les grandes vagues qui, ces temps-ci, agitent bien fortement la barque de l'Église nécessitent que l'ensemble de l'équipage et surtout ceux qui tiennent son gouvernail s'interrogent sur leur manière non seulement de la maintenir à flot mais aussi dans le vent, pour ne pas perdre l'unique cap qui est l'annonce de l'Évangile à toute la création (Mc 16, 25 s. et *Lumen gentium*, 1).

Or, en août 2018, le pape François a envoyé une lettre au peuple de Dieu dans laquelle il parle de la souffrance vécue par les innombrables victimes des abus sexuels et fustige le cléricalisme comme une des causes de cette maladie qui a atteint l'Église. Le cléricalisme est une « manière déviante de concevoir l'autorité dans l'Église » ; une « attitude », comme écrit le pape,

> qui annule non seulement la personnalité des chrétiens, mais tend également à diminuer et à sous-évaluer la grâce baptismale que l'Esprit Saint a placée dans le cœur de notre peuple. Le cléricalisme, favorisé par les prêtres ou par les laïcs, engendre dans le corps ecclésial une scission qui encourage et aide à perpétuer beaucoup de maux que nous dénonçons aujourd'hui [1].

Puisque le pape interpelle l'ensemble du peuple de Dieu, il me semble important que la théologie, les théologiennes et les théologiens l'entendent, eux aussi, et s'en préoccupent. Je voudrais donc, dans ce chapitre, m'interroger – *de manière positive* – sur

---

1. Lettre du pape François au peuple de Dieu, 20 août 2018 : www.vatican.va

un exercice non clérical de l'autorité en élargissant notre terrain de réflexion au-delà de l'Église et en situant l'autorité au sein des multiples entretiens qui forment notre vie quotidienne. Il me semble que prendre ainsi un peu de distance peut soutenir les efforts concrets pour mettre la barque de l'Église et sa voilure à nouveau dans le vent de l'Esprit Saint.

La question de fond que je voudrais traiter peut se formuler ainsi : *comment s'articulent concrètement les multiples délibérations, négociations et dialogues qui constituent notre vie quotidienne* et *le rôle de l'autorité ou des autorités qu'au jour le jour, nous rencontrons sur ce même terrain complexe de notre vivre-ensemble ?* Je fais l'hypothèse qu'une réflexion sur la *finalité* de nos dialogues interpersonnels, familiaux, sociaux et ecclésiaux nous permettra de comprendre *à la fois* leurs enjeux et ce qu'aujourd'hui, dans cette perspective, nous devons pouvoir attendre légitimement de toute autorité.

Cette finalité, on peut la désigner par le beau terme d'« entente ». Qu'il s'agisse de dialogues entre personnes, de délibérations au sein d'un groupe aux dimensions plus ou moins importantes ou de négociations entre groupements adverses, entre adversaires, voire entre ennemis, le but est toujours le même : parvenir à *s'entendre*. Le substantif « entente » et le verbe « s'entendre » sont des termes très significatifs qui, quand on prend conscience de leur étymologie, nous orientent vers le registre de l'ouïe : l'entente mutuelle suppose ma capacité à entendre l'autre et celle de l'autre de m'entendre et donc l'aptitude ou au moins la disposition à *nous* entendre mutuellement ; ce qui précisément est le ressort intérieur de tout dialogue en tant que chemin permettant d'accéder à l'entente, aussi provisoire qu'elle soit.

Rappeler dès le départ ces conditions élémentaires, c'est prendre conscience de ce que le dialogue est non seulement menacé par toutes sortes de surdités, de malentendus et de dispositions ou d'intérêts plus ou moins avoués, mais représente aussi une entreprise risquée ; car qu'est-ce qui garantit que chacun des partenaires soit prêt à jouer jusqu'au bout le jeu de l'entretien ! Ne connaissons-nous pas de nombreux dialogues interrompus ?

Toute la gamme de nos intérêts personnels et sociaux, de nos problèmes à résoudre et de nos causes à défendre, etc., peut entrer dans nos dialogues : s'entendre sur un salaire minimum n'est pas la même chose que de trouver une entente quant à la cohabitation entre religions sur un même territoire ou au sujet de l'unification de plusieurs Églises jusqu'alors séparées. Rarement le dialogue, l'entretien ou la conversation sont eux-mêmes le but, l'entente étant déjà présupposée ; c'est surtout le cas quand des amis, conjoints ou compagnes ou compagnons d'une communauté se rencontrent ; le contenu du dialogue ne disparaît pas mais peut passer au second plan au profit de la joie d'une présence mutuelle.

C'est évidemment une situation limite, car nous sommes inévitablement mus par des *intérêts* à l'endroit des autres ; nous risquons d'instrumentaliser nos interlocuteurs en utilisant des stratagèmes plus ou moins importants qui dès lors faussent nos dialogues ; la violence s'y mêle subtilement, se cachant souvent mais éclatant parfois au grand jour. À un autre niveau de profondeur, certaines de nos *convictions* personnelles se révèlent dans le dialogue comme invincibles, mettant elles aussi l'entente à l'épreuve. Certes, ces convictions peuvent bouger et entrer dans une concorde profonde avec celles des autres ; mais il arrive aussi – et c'est sans doute le cas le plus fréquent – qu'elles se révèlent irrémédiablement différentes, donnant alors à l'entente, toujours possible, une qualité particulière qu'il faudra préciser dans la suite. Entre ces deux registres anthropologiques – nos intérêts divergents et nos convictions intimes – se situe toute la gamme de nos différences culturelles, sociales, etc. qui rendent nos dialogues parfois si onéreux, voire désespérément difficiles même si nos intérêts peuvent converger ou nos convictions concorder.

Il convient, me semble-t-il, de noter d'entrée de jeu cette fragilité, pour ne pas idéaliser naïvement le dialogue et ses différentes formes. Une option fondamentale consiste à maintenir cependant jusqu'au bout la visée, pour une part « utopique », de l'entente pour disposer de critères permettant de débusquer des pseudo-dialogues, voire pour éviter de tomber dans une vision cynique du vivre-ensemble où tout est réduit au combat entre intérêts concurrentiels, laissant les plus forts imposer les leurs aux autres.

Ces quelques réflexions introductives dessinent déjà un chemin de réflexion. Je commencerai par préciser ce qui vient d'être suggéré au sujet du dialogue comme *moyen* à la fois nécessaire *et* fragile, permettant d'aboutir à une *entente* au sein de nos sociétés et Églises ; quelques rappels historiques vont nous aider à avancer. Dans un deuxième temps, je m'interrogerai sur la mutation que subit l'exercice de l'autorité, précisément quand la cohésion sociale et ecclésiale est toujours davantage livrée au dialogue. Il me restera alors à aborder une difficulté fondamentale de nos sociétés séculières, à savoir leur obligation de respecter les innombrables voix de tous leurs membres sans pouvoir se référer à une autorité externe et à réfléchir sur le rôle spécifique que, dans ce contexte difficile, l'Église pourra jouer. Mais commençons notre chemin du côté d'un des deux termes en débat, le dialogue, pour rejoindre seulement en un deuxième et un troisième temps le problème de l'autorité ; option qui s'éclairera par la suite.

Le dialogue et ses limites

La thématique du dialogue n'est neuve ni dans nos sociétés ni dans l'Église. En témoigne par exemple le fait que le « dialogue social » est l'un des principes fondateurs de l'Organisation internationale du travail depuis qu'elle a été créée au lendemain de la première guerre mondiale, en 1919. Dans l'Église catholique, le dialogue ne reçoit ses titres de noblesse qu'au concile Vatican II, en particulier grâce à la troisième partie de l'encyclique *Ecclesiam suam* de Paul VI (1964). Il nous faut nous y arrêter.

Le dialogue comme axe central du concile Vatican II

Cette thématique représente en effet l'axe central du Concile qui, partant du dialogue amical entre Dieu et les hommes, dans la Constitution sur la Révélation divine (*Dei verbum*, 2), l'introduit dans la structure constitutive de l'Église qui « se fait conversation », selon la belle expression de Paul VI[1]. Ce dialogue se différencie évidemment selon les interlocuteurs et se centre à l'époque sur l'humanité tout entière, l'athéisme moderne, les reli-

1. *Documents pontificaux de Paul VI. 1964*, Saint Maurice, Saint-Augustin, 1965, p. 678.

gions non chrétiennes et les chrétiens non catholiques[1] ; ce qui ressort d'ailleurs des différents textes conciliaires. Dans son encyclique, Paul VI rappelle d'autres types de rapports entre l'Église et la société – l'attitude qui consiste à se retrancher du commerce avec le monde, l'anathème et la croisade ou encore la tentative d'un régime théocratique –, pour affirmer « que le rapport de l'Église avec le monde [...] peut mieux s'exprimer sous la forme d'un dialogue, et d'un dialogue non pas toujours le même mais adapté au caractère de l'interlocuteur et aux circonstances de fait[2] ».

D'innombrables dialogues ont donné chair à cette mutation concrètement vécue par le Concile, que ce soit au sein du mouvement synodal postconciliaire mis en œuvre à tous les niveaux de l'Église ou entre l'Église catholique et d'autres Églises, avec les religions non chrétiennes, en particulier le judaïsme, et avec la société civile et ses composantes. Sans doute le catholicisme s'est-il ainsi inscrit dans un climat culturel global, marqué à la fois par le traumatisme de la deuxième guerre mondiale et l'aspiration puissante à la paix et par une manière de s'opposer au totalitarisme stalinien en prônant la célèbre « Ostpolitik » et en tentant de renforcer la plausibilité du modèle de nos démocraties sociales en Occident.

Rien n'est plus significatif de ce souffle que les quatre caractéristiques du dialogue mises en relief par Paul VI : la clarté (« le dialogue suppose et exige qu'on se comprenne »), la douceur, la confiance et la prudence pédagogique (« qui tient compte des conditions psychologiques et morales des partenaires »). Quasiment rien n'est dit des résistances au dialogue, voire des violences qui, dans beaucoup de situations, le rendent impossible, voire hautement improbable. La vision spirituelle du dialogue, telle qu'elle se dégage de l'encyclique *Ecclesiam suam* et des textes conciliaires, reste certes juste et nécessaire ; mais on ne peut nier aujourd'hui qu'elle soit peu sensible aux « épreuves » inévitables du vivre-ensemble.

1. *Ibid.*, p. 685-693.

2. *Ibid.*, *p.* 681.

Désenchantement... jusqu'à ce qu'émerge une volonté « spirituelle » de dialoguer avec autrui

On peut donc comprendre que la distance culturelle par rapport à l'époque de Vatican II, devenant de plus en plus sensible durant les années quatre-vingt, surtout après la chute du mur de Berlin, conduise à soupçonner l'idéal du dialogique, au point de discréditer quelque peu le vocabulaire dialogique lui-même. Plusieurs facteurs jouent ici. Nos sociétés postindustrielles de consommation de masse semblent renforcer l'individualisme et rendre nos besoins et intérêts individuels et particuliers plus impétueux, l'ensemble de la vie sociale étant davantage fondé sur un mode contractuel qui transforme le dialogue en négociation et défense d'intérêts et l'entente en conventions provisoires. Les familles et la cohésion sociale sont devenues plus fragiles, les solidarités étant affaiblies, le sentiment patriotique plus difficile à mobiliser et les religions de plus en plus perçues comme facteurs perturbateurs de la cohabitation et soupçonnées d'augmenter, voire de susciter la violence. Les réflexes identitaires que nous connaissons sont à la fois l'effet du pluralisme convictionnel et religieux de nos sociétés et peuvent être compris aussi comme des réactions de retrait ou de protection par rapport à un monde social devenu de plus en plus complexe et non transparent. Au lieu de prôner le dialogue sous toutes ses formes, on fait donc davantage appel à des autorités fortes en attendant d'elles la prospérité et le maintien de l'ordre social, même si des courants « convivialistes » existent et œuvrent en faveur de nouvelles manières de vivre-ensemble et de s'entendre.

Le dialogue est-il pour autant condamné à disparaître ou à survivre seulement dans quelques niches de la société ? Plus que jamais, il est nécessaire – et j'y reviendrai –, mais les difficultés et résistances qu'il rencontre dans notre situation culturelle *doivent être intégrées dans sa compréhension même*. En partant de sa finalité, évoquée dans l'introduction, il faut *penser aujourd'hui – de concert* – la visée de l'entente *et* le « *mal*entendu » ou le « *mal*-entendre ». Dans la grande conversation qui constitue chacune de nos existences individuelles et collectives, l'entente ne peut être que très rarement présupposée. Notre lot quotidien, c'est l'indifférence par rapport à celui qui ne fait pas partie de notre champ de vision habituelle, c'est l'écoute avec une oreille distraite, c'est le malentendu quand la connexion est effectivement établie, etc. La violence est en effet tapie à la porte de nos conversations quotidiennes sous des formes plus ou moins subtiles ; elle peut éclater ou nécessiter l'intervention des « autorités » (comme on dit aussi) pour maintenir à la fois l'ordre social et le bien commun d'un groupe, voire de toute une société.

Dans cette situation devenue, ces dernières années, bien plus complexe, le dialogue qui se situe sur le chemin entre l'indifférence ou la simple défense de ses propres intérêts, d'un côté, et l'entente visée, de l'autre, relève désormais d'une *volonté* spécifique et d'une *capacité* peu commune à « sortir de soi » pour entendre réellement les intérêts et attentes d'autrui. Il s'agit ici d'une *attitude proprement spirituelle* qui traverse les frontières habituelles entre l'Église et la société. L'adhésion à la tradition chrétienne ne garantit nullement la volonté et la capacité à dialoguer avec autrui (le synode sur la famille et les turbulences que nous traversons actuellement en sont une vivante illustration) et, inversement, l'absence de toute référence chrétienne n'entraîne aucunement la disparition automatique de la capacité à « sortir de soi », de vaincre l'indifférence ou la propension à imposer ses propres intérêts, et d'engager un vrai dialogue avec autrui.

Ce combat spirituel – au sens le plus fort du terme – qui se déroule simultanément dans l'Église et dans la société est nécessairement confronté à nos images sociales et ecclésiales de la visée de nos dialogues, à savoir l'entente. Le rêve d'une certaine unanimité continue à nous hanter ; on le voit s'exprimer par exemple lors de certaines manifestations nationales (en France, à l'occasion de la coupe du monde de football), être à l'œuvre dans une certaine fraction catholique qui tente de l'imposer à l'Église et à la société ou encore chez tous ceux qui pensent que la cohésion sociale relève d'une simple technique de persuasion. Comme si le dur labeur du dialogue au sein de l'Église et de la société pouvait être contourné ! Or seul un tel dialogue patient permet de dégager, au sein de nos sociétés hyper-organisées et bureaucratisées, *un champ du vivre-ensemble* qui ne relève pas d'une logique de l'efficacité ou d'une rhétorique sophiste de persuasion, mais qui rend possible une rencontre au niveau de nos convictions les plus profondes. Il peut alors aboutir à une « entente » qui résulte de la perception de tous les participants, y compris des derniers, d'avoir été entendus, voire compris par les autres, *sans que ceux-ci adop-*

tent la même position. Comme fruit d'un tel dialogue, l'entente consiste alors à compter avec l'apport des « ressources spirituelles » de chacun en vue d'un meilleur vivre-ensemble de tous.

Le dialogue social dans la pensée du pape François

Si, cinquante ans après Vatican II, le pape François traite, dans ses deux grands textes, l'Exhortation apostolique *Evangelii gaudium* et l'Encyclique *Laudato si'*, de la thématique du « dialogue », tel que le Concile l'avait promu, ce n'est pas pour revenir au passé mais pour tenir compte des mutations culturelles et sociales qui viennent d'être signalées. Le quatrième chapitre d'*Evangelii gaudium*, qui aborde « la dimension sociale de l'Évangélisation », donne d'abord une place privilégiée à celles et ceux qui sont exclus du dialogue social, les sans voix dont il s'agit pourtant d'« entendre le cri », « parfois le cri de peuples entiers, les peuples les plus pauvres de la terre » (*EG*, 186-220) ; ce qui constitue une entrée particulière mais proprement évangélique dans le dialogue, posant d'emblée la question : *mais qui sont les exclus de nos entretiens* ? Le même chapitre développe ensuite ce qui concerne le « dialogue social » lui-même (*EG*, 238-257) qui se déroule sur trois champs différents où l'Église veut être présente : « le dialogue avec les États, avec la société – qui inclut le dialogue avec les cultures et avec les sciences – et le dialogue avec les autres croyants qui ne font pas partie de l'Église catholique » (*EG*, 238). L'ensemble de ce parcours ne cesse d'insister sur la proximité entre partenaires du dialogue, sur l'irremplaçable rôle de l'État dans l'animation du dialogue politique et la création de consensus (*EG*, 240) et sur la visée de nos entretiens de tous ordres, non pas exprimée en termes d'« entente » mais de « paix ».

Certes, les deux textes pontificaux font intervenir, dans le dialogue qu'ils prônent, des paramètres éthiques bien connus comme la justice, la solidarité, le bien commun et, bien sûr, le soin de la fragilité – y compris celle de la création – et le développement intégral de tous ; paramètres qui, tout compte fait, relèvent d'une plausibilité sociale relativement large. Mais ils mettent aussi le doigt sur le versant négatif de notre vivre-ensemble, ce qu'ils appellent sa « maladie » qui se déclare dans les « causes structurelles de la pauvreté » (*EG*, 202). C'est ici qu'intervient la question de l'apport spécifique des traditions religieuses, en particulier du christianisme, au dialogue social. *Laudato si'* ne les introduit pas sous l'angle de la vérité mais les aborde comme « ressources », aidant l'humanité à traverser la crise sociale et écologique. « En principe, sur beaucoup de questions *concrètes* », affirme le pape, « l'Église n'a pas de raison de proposer une parole définitive et elle comprend qu'elle doit *écouter* puis *promouvoir le débat…* » (*Lsi'*, 61 et 188). Nous touchons ici à la posture spécifique de l'autorité au sein même de nos dialogues ; j'y reviendrai dans les deuxième et troisième parties de ce chapitre.

Mais auparavant, il convient de s'arrêter pendant quelques instants sur un autre texte, l'évangile selon saint Jean, qui peut nous fournir une puissante théologie du dialogue, susceptible de nous ouvrir la voie vers un positionnement juste de l'autorité au sein même de notre vivre-ensemble humain. Selon le quatrième évangile, le « Verbe de Dieu fait chair » se présente en effet *dans la « chair » des entretiens* entre Jésus et celles et ceux qu'il croise sur la route : Nicodème et la Samaritaine, l'officier royal et le paralytique, etc. L'évangéliste y utilise la technique littéraire du malentendu ; Nicodème, par exemple, ne comprend pas ce que veut dire « naître d'en haut » : « Comment un homme pourrait-il naître s'il est vieux, entrer une seconde fois dans le sein de sa mère ? » (Jn 4, 14). Or, il ne s'agit pas ici seulement d'une technique littéraire, car – comme il a déjà été suggéré – le « malentendu » se présente tout simplement parce que nous ne sommes pas d'emblée accordés les uns aux autres ; il y a comme un voile entre nous : c'est exactement ce que l'évangile appelle « chair » ; et il n'y a pas de chair sans malentendu. Le malentendu peut dégénérer en « dureté du cœur », en refus de comprendre et, finalement, en violence. C'est le cas de la *figure du pouvoir*, de celui des juifs et de celui de Pilate : leur non-compréhension conduit vers la mort violente de Jésus qui s'expose comme Agneau innocent à la violence d'autrui, donnant sa vie pour la multitude. Une nouvelle figure d'autorité se dessine ici en sa personne ; j'y reviendrai dans la suite. L'autre possibilité est de comprendre progressivement. Le malentendu conduit alors à un « entendre » : entendre les autres et, dans la mesure où on les entend, s'entendre réellement soi-même ; c'est ce qui se passe dans les dialogues de Jésus.

On perçoit à cet endroit avec plus de netteté que le véritable dialogue implique une « conversion radicale » ; ce que j'ai déjà suggéré quand il était question de la *volonté* de « sortir de soi » pour dialoguer avec autrui et du combat spirituel que suscitent les images que nous nous formons de l'entente idéale. Le pape François fait intervenir cette conversion quand il nous interroge sur les exclus du dialogue social et fait intervenir la « ressource » de la tradition biblique et chrétienne à l'endroit même où se déclare la maladie de notre vivre-ensemble.

Cette théologie du dialogue étant esquissée, je peux maintenant m'interroger successivement sur le rôle que l'autorité doit jouer aujourd'hui au sein du dialogue et sur la mutation possible de nos entretiens quand l'autorité joue réellement son rôle qu'on peut déjà appeler « sapientiel » et « prophétique ».

La mutation du rôle de l'autorité

Le quatrième évangile que je viens d'introduire ne nie nullement la nécessité du « pouvoir » mais le relativise – avec toute l'Écriture – et met en relief sa propension idolâtrique. Sans abandonner cette vigilance évangélique (à laquelle je reviendrai à la fin de cette deuxième partie), nous nous reconnaissons aujourd'hui dans une situation particulière et peut-être inédite : d'un côté, nous sommes loin d'une contestation systématique de tout pouvoir et entendons plutôt, dans une bonne partie de la population européenne, l'appel à des autorités fortes ; mais de l'autre côté, l'individualisme de plus en plus prononcé conduit à soumettre tout et son contraire à la négociation ; et les autorités diverses savent bien qu'elles ne parviennent pas à une entente au moins minimale, dans quelque domaine que ce soit, si elles ne peuvent s'appuyer sur un certain consensus social. D'une légitimité patriarcale, d'emblée acquise dans les sociétés de l'ancienne Europe, elles sont passées de leur contestation radicale à un exercice de plus en plus difficile et complexe. C'est de cette mutation et de cet exercice, au sein du dialogue social comme *moyen* à la fois nécessaire *et* fragile, dont il sera question maintenant. Je rappellerai rapidement quelques distinctions classiques et me centrerai ensuite sur notre situation nouvelle.

La distinction entre pouvoir et autorité

La distinction entre « pouvoir » et « autorité » peut être considérée comme acquise depuis les travaux d'un Max Weber et leur reprise philosophique par le père Gaston Fessard dans son célèbre ouvrage *Autorité et bien commun*[1]. Fessard y explore le mot autorité :

> En français ce mot a pris de multiples sens qui peuvent se ramener à trois principaux : ordinairement, ce mot désigne le *pouvoir juridique* qui appartient [...] au chef dans une société constituée en droit... Ce sens, le plus usuel, s'est étendu jusqu'à désigner l'influence, la considération, le *pouvoir de fait* dont jouit celui qui sait s'imposer à autrui, en raison de qualités personnelles et en dehors de toute consécration juridique... Enfin, ce sens général s'est spécifié pour caractériser la *valeur* qui dans son propre ordre, quel qu'il soit, s'impose purement comme valeur. Ainsi, on dira d'un savant qu'il *est une autorité* dans sa science, ou encore qu'il y *fait autorité*...

Rappelons par ailleurs l'attention de Fessard à l'origine grecque et latine du mot « autorité » qui signifie « faire croître, accroître, augmenter », puis plus tard « produire, faire naître...et parfaire, accomplir », les deux termes d'une croissance, début et fin, ou en être l'auteur. L'autorité serait donc « la puissance génératrice du lien social, tendant de soi à croître jusqu'à son accomplissement[2] ». L'étymologie nous révèle donc le lien intrinsèque entre le dialogue ou l'entretien comme expression du lien social, d'un côté, et le rôle de l'autorité sous ses trois formes distinguées à l'instant, de l'autre.

Si les multiples autorités de nos sociétés ou dans l'Église combinent en principe ces trois formes d'autorité ou de pouvoir selon des proportions variées, il semble cependant qu'il y a bien une distinction fondamentale à maintenir entre les pouvoirs de fait et de droit, d'un côté, et *ce ou celui qui fait autorité*, de l'autre. Gaston Fessard fait ici une observation décisive : le critère distinctif de *l'autorité* est le « vouloir de sa propre fin[3] », car – pour

1. G. Fessard, *Autorité et bien commun*, Paris, Aubier, 1944 ; 2e éd. : Paris, Aubier-Montaigne, 1969.

2. *Ibid.*, p. 13.

3. *Ibid.*, p. 23.

prendre l'exemple du maître ou du savant – tant qu'un savoir ne s'impose pas en vertu de sa valeur propre, le maître jouit, à l'égard des apprenants ou des disciples, d'un pouvoir de fait ; mais dès que ceux-ci entrent eux-mêmes dans l'expérience de ce qu'ils ont d'abord reçu, le maître s'efface. Cette observation nous conduit au cœur même de la tradition prophétique et néotestamentaire dont il sera question à la fin de cette partie. Mais toujours est-il que, dans des sociétés où, pour des raisons déjà évoquées, le *pouvoir de droit* est fragilisé et toutes sortes de *pouvoirs de fait*, fondés sur l'ascendant personnel, risquent de s'imposer et d'être cherchés par une partie de la population, la *différence* de ce ou de celui qui fait autorité paraît plus nettement, car elle consiste à introduire et à rendre pressante la question de la crédibilité même de toutes les formes de pouvoir. Il se peut en effet que, tout en étant légal, un pouvoir perde sa crédibilité – et donc son autorité –, comme il se peut aussi que la posture crédible de quelqu'un – faisant donc autorité – ne coïncide avec aucun pouvoir de fait ou de droit.

Critères classiques de crédibilité

C'est précisément quand cette différence est perçue que la question des critères de crédibilité ou de recevabilité d'une autorité passe au premier plan. Comme il a été annoncé, je distinguerai dans la suite entre ce qu'on peut appeler des critères classiques et des critères plus nouveaux, davantage exigés et mis en avant dans la situation actuelle de l'Église et de la société.

Outre la compétence spécifique, quand il s'agit de tel ou tel domaine précis – compétence d'ailleurs souvent régulée par le pouvoir de droit –, l'autorité spécifique de quelqu'un repose habituellement sur un triple critère : la cohérence, la capacité d'empathie et la référence à autre que soi ou la disparition de toute auto-référentialité (comme on dit aussi). (1er) La cohérence, appelée parfois authenticité, peut se comprendre aisément comme concordance entre pensées, paroles et actes de quelqu'un, impliquant par ailleurs sa capacité à avouer ses incohérences. Ce premier critère, lié à la structure de la personne, sa constitution charnelle (pour parler avec le quatrième évangile) dans laquelle cette concorde n'est jamais garantie, exige un second critère qui concerne nos relations. (2e) J'appelle ce critère la faculté d'empathie. Celle-ci peut être définie comme la capacité de celui qui fait autorité à se mettre à la place d'autrui, par sympathie et compassion actives, sans jamais quitter sa propre place, sachant bien respecter jusqu'au bout l'insubstituabilité de tout être humain. (3e). Si ces deux premiers critères se situent sur un plan éthique, le troisième est d'ordre méta-éthique, car il concerne le rapport de toutes nos formes de pouvoir à la mort. Nous retrouvons ici l'observation du Père Fessard et l'élément distinctif de l'autorité qui est « le vouloir de sa propre fin ». On peut exprimer ce critère aussi en termes de liberté de l'autorité par rapport à elle-même ou en parlant d'effacement, voire de décentrement par rapport à une transcendance, quelle que soit pour le moment sa figure.

La difficulté fondamentale de l'application de ces trois critères vient du fait que le pouvoir s'impose de fait ou par la force de la loi, alors que l'autorité ne s'impose jamais ; elle fait appel à un libre jugement, voire à un *sensus* spécifique de l'humain, capable de percevoir derrière l'image que donne une autorité – parfois déformée par l'opinion publique – et dans son expression singulière sa cohérence interne, sa capacité d'empathie et sa liberté par rapport à elle-même.

Or, les abus sexuels, commis par certains membres du clergé et dissimulés par d'autres qui ont un pouvoir de fait et un pouvoir juridique, conduisent à détruire – avec ces trois critères – la crédibilité de l'institution ecclésiale (qu'on aurait voulu protéger) *et* la confiance qu'on lui fait en tant que porteuse d'une autorité libre par rapport à elle-même. L'aveu de cette situation d'une extrême gravité par le pape François et par tel ou tel épiscopat représente un premier pas, nécessaire mais pas suffisant, pour traverser cette crise qui sans doute durera. D'autres pas devront suivre quant à la gouvernance de l'Église.

Nouveaux critères de crédibilité

Les distinctions et critères classiques de crédibilité étant rappelés, on perçoit en effet mieux les nouvelles caractéristiques exigées de l'autorité en fonction de la situation actuelle, évoquée dans la première partie, et compte tenu de ce qui y a été dit du dialogue social comme moyen à la fois nécessaire *et* fragile, permettant d'aboutir à une *entente* au sein de nos sociétés et Églises. Nos sociétés européennes sont en effet menacées par ce que, dans des cercles de l'extrême droite, on appelle parfois « fatigue démocratique » ; l'exercice de délibération et de dialogue à tous les niveaux de la société ne va nullement de soi, le principe de représentation que « ce qui concerne tous doit être traité par tous » étant fréquemment bafoué. Il faut donc *croire* que seule une entente, fondée sur le dialogue entre tous ou presque tous, puisse garantir une cohésion sociale « relativement » solide ; ce qui nous conduit vers un quatrième critère de crédibilité. (4e) On doit pouvoir attendre de l'autorité qu'elle incarne concrètement cette *foi* en la vertu du dialogue et qu'elle invite tous ses participants potentiels à y croire. C'est une manière de se comprendre comme « puissance génératrice du lien social » qui est ici en jeu, le lien étant tributaire de l'entente entre tous ou presque tous. Cette foi en la délibération donne donc une figure spécifique au 3e critère, celui de la liberté de l'autorité par rapport à elle-même. Elle doit évidemment exister pour pouvoir *s'autolimiter* et risquer l'écoute de toutes les voix ; mais c'est précisément cette autolimitation au profit du dialogue qui est la manifestation de sa force spécifique. En raison de cette capacité à vouloir enrichir le vivre-ensemble de la diversité des participants ou membres d'un groupe ou d'une société, on peut aussi parler ici d'un « critère sapientiel ».

Un dernier critère est d'ordre prophétique : (5e) l'autorité se rend crédible en maintenant une vigilance par rapport aux exclus du dialogue. Ce critère ultime est sans doute le plus éloigné de ce qui caractérise et légitime le pouvoir de droit (et parfois le pouvoir de fait), à savoir le maintien des frontières d'une société et la définition de critères d'appartenance, alors que le souci des exclus de la délibération sociale ne cesse de transgresser des frontières existantes et de prendre le risque de l'hospitalité ; souci qui peut provoquer la menace de mort de l'autorité prophétique.

Comme au sujet des trois premiers critères, il faut noter aussi par rapport à ces deux derniers que leur application ne va nullement de soi. Celle-ci nécessite de la part des membres d'une société ou d'un groupement une certaine capacité à voir et à percevoir la crédibilité et la force d'un exercice de l'autorité, qui met en œuvre une autolimitation sapientielle et un souci prophétique des exclus du dialogue. On pourrait se contenter ici d'une représentation un peu manichéenne en diabolisant ceux qui ne reconnaissent pas ces derniers critères – je pense ici à la minorité du synode romain sur la famille – et qui auraient voulu maintenir « l'autorité » dans la position d'un *pouvoir de droit,* sacralisé et posé au-dessus de toute délibération. Il me semble cependant que, comme il a déjà été noté dans la première partie de ce chapitre, la difficulté ne relève pas d'une mauvaise volonté : c'est *l'image* de *l'entente* qui est ici en jeu ainsi que le rêve d'une unanimité, livrée à une doctrine immuable et à un pouvoir pontifical dont on attend qu'il en soit le garant, craignant que toute délibération mette en péril l'uniformité censée être impliquée dans la doctrine.

La nécessité de figures crédibles

Cette dernière remarque nous fait comprendre que, sur ce point décisif, un changement ne peut advenir que grâce à une *image alternative*. L'opinion répandue dans l'Église catholique jusqu'à la fin du règne de Pie XII (1958) selon laquelle le dogme du primat de juridiction et de l'infaillibilité pontificale de Vatican I rendait désormais tout concile inutile, voire nocif, n'a pu être démentie que grâce à la convocation du concile Vatican II et à sa conduite par Jean XXIII et Paul VI, l'un et l'autre *incarnant*, avec les Pères conciliaires et toutes leurs Églises, l'image d'une Église délibérante et d'une délibération ecclésiale, conduite par l'évêque de Rome non seulement selon son pouvoir de droit mais en « faisant autorité » selon les critères sapientiaux et prophétiques discernés à l'instant.

Cinquante ans après, le synode sur la famille a incarné une même *image alternative*, malgré quelques âpres conflits qui n'ont pas non plus manqué à Vatican II. Le pape François a tenu à en faire la théorie, lors du 50e anniversaire de l'institution du synode romain, le 17 octobre 2015 et il a publié le 15 septembre 2018 une Constitution apostolique sur le synode des évêques *Episcopalis communio*. Ne pouvant pas reprendre l'ensemble des enjeux ecclésiologiques de ces textes, je ne retiens que le passage sur l'autorité où le pape inscrit son ministère et tout ministère dans « une Église tout entière synodale », la « synodalité, comme dimension constitutive de l'Église, nous offrant le cadre d'interprétation le plus adapté pour comprendre le ministère hiérarchique lui-même » :

Dans cette Église, comme dans une pyramide renversée, le sommet se trouve sous la base. C'est pourquoi, ceux qui exercent l'autorité s'appellent « ministres » : parce que, selon la signification originelle du mot, ils sont les plus petits entre tous. C'est en servant le Peuple de Dieu que chaque Évêque devient, pour la portion du Troupeau qui lui est confiée, *vicarius christi*, Vicaire de ce Jésus qui, à la dernière Cène, s'est baissé pour laver les pieds des Apôtres (voir Jn 13, 1-15). Et, dans un tel horizon, le Successeur de Pierre n'est rien d'autre que le *servus servorum Dei*. Ne l'oublions jamais ! Pour les disciples de Jésus, hier, aujourd'hui et toujours, *l'unique autorité est l'autorité du service*, l'unique pouvoir est le pouvoir de la croix [1].

Au cœur de la crise actuelle, un nouveau pas s'esquisse ici. Son enjeu est une réforme réelle de la gouvernance ecclésiale. Cette révision a certes un sens spirituel ; c'est même son enjeu fondamental. Mais il doit aussi conduire vers une figure nouvelle du vivre-ensemble en Église que la formule « une Église tout entière synodale » tente de désigner.

Cette dernière réflexion du pape François nous reconduit vers le texte johannique déjà évoqué à la fin de la première partie pour esquisser une théologie du dialogue ouverte à un juste positionnement de l'autorité. C'est à cette dernière que je reviens maintenant. Si les deux premiers critères de crédibilité de l'autorité au sein du dialogue ou dans « une Église tout entière synodale » – (1er) la cohérence et (2e) et la capacité d'empathie – relèvent d'une plausibilité éthique, les trois suivants – (3e) la liberté de l'autorité par rapport à elle-même, (4e) son expression concrète dans l'autolimitation sapientielle par rapport à l'entretien entre tous et (5e) la vigilance par rapport aux exclus du dialogue – nous conduisent au centre de la tradition biblique et chrétienne.

C'est chez le prophète Jérémie qu'on trouve la toute première trace d'une relativisation radicale de toute autorité (au sens fessardien du terme) au profit du « cœur » de chaque être humain en

1. Commémoration du 50e anniversaire de l'institution du synode des évêques – Discours du pape François dans la salle Paul VI, samedi 17 octobre 2015 : www.vatican.va

relation immédiate avec Dieu : « Ils ne s'instruiront plus entre compagnons, entre frères, répétant : "Apprenez à connaître le Seigneur !", car ils me connaîtront tous, petits et grands » (Jr 31, 34). La même *autolimitation* de l'autorité se trouve dans le quatrième évangile, en particulier au chap. 6 ; il cite Jr 31, 34 en l'appliquant à Jésus qui se dessaisit de ceux qui viennent vers lui : « Dans les prophètes il est écrit : *Tous seront instruits par Dieu.* Quiconque a entendu ce qui vient du Père et reçoit son enseignement, vient à moi » (Jn 6, 45). Et si une partie des « dirigeants » juifs sont accusés « de préférer la gloire qui vient des hommes à la gloire qui vient de Dieu » (Jn 12, 42), c'est devant le pouvoir politique romain que Jésus définit sa propre autorité « royale » comme celle d'un « témoin » : « Je suis né et je suis venu dans le monde pour rendre témoignage à la vérité. *Quiconque est de la vérité, écoute ma voix* » (Jn 18, 37). On attendrait spontanément le contraire : « Quiconque écoute ma voix, est de la vérité. » Mais Jésus crédibilise son autorité, précisément en quittant toute autoréférentialité, en se décentrant donc par rapport à la vérité, accessible à *quiconque* qui, dans la mesure où il « en est » *déjà*, s'avère capable d'écouter sa voix.

Certes, le texte johannique ne connaît pas la délibération, telle qu'on la trouve dans les Actes des apôtres et ultérieurement dans la tradition synodale de l'Église ; mais il connaît le dialogue et tous ses pièges comme il a été montré dans la première partie. C'est donc au sein même de la vérité qui circule *entre tous* les hommes et, selon leur capacité d'écoute, *dans* tous leurs entretiens, que se situe l'autorité du « témoin », sa liberté par rapport à sa propre autorité et l'ouverture radicale à « quiconque », couvrant les trois critères théologiques de crédibilité évoqués plus haut. Ultimement, l'autorité du témoin Jésus repose sur sa propre capacité d'écoute de l'Esprit de vérité, Esprit « qui souffle *où il veut* » – « tu entends sa voix mais tu ne sais ni d'où il vient ni où il va » (Jn 3, 8 et 31-34 et Jn 14, 17). C'est cette expérience d'écoute qui, selon le pape François, rend possible l'unité de tous les membres de l'Église, leur dialogue et le rôle que doit y jouer l'autorité : « Nous demandons tout d'abord à l'Esprit Saint, pour les pères synodaux le don de l'écoute », a-t-il répété le 17 octobre 2015 :

> Écoute de Dieu jusqu'à entendre avec Lui le cri du peuple ; écoute du peuple jusqu'à y respirer la volonté à laquelle Dieu nous appelle.

> Enfin, le chemin synodal culmine dans l'écoute de l'évêque de Rome, appelé à se prononcer comme « pasteur et docteur de tous les chrétiens », non à partir de ses convictions personnelles, mais comme témoin suprême de la *fides totius Ecclesiae*[1].

Si l'on prend au sérieux cette caractéristique ultime de *l'autorité* – à savoir son statut de « témoin » qui écoute, au point d'entendre l'Esprit de Dieu en tous ceux qui sont *de* la vérité – on comprend qu'elle ne peut qu'entrer en conflit – parfois mortel – avec des *pouvoirs de fait et de droit.* C'est ce qui s'est passé avec Jésus de Nazareth et qui peut encore arriver aujourd'hui aux « autorités » pourtant crédibles, « dans un monde », comme dit François, « qui – même en invoquant la participation, la solidarité et la transparence dans l'administration des affaires publiques – remet souvent le destin de populations entières entre les mains avides de groupes restreints de pouvoir ». Cette dernière remarque de la fin de son discours nous conduit vers l'autre versant de notre question : après m'être interrogé sur la mutation de la figure d'autorité au sein de nos dialogues d'aujourd'hui, il me reste encore à réfléchir sur la mutation possible de nos entretiens quand l'autorité joue réellement son rôle.

L'Église dans la société

Si Paul VI et le concile Vatican II ont tenu à comprendre l'Église comme dialogue – « elle se fait conversation » en « assimilant, comme le Verbe de Dieu qui s'est fait homme [...], les formes de vie de ceux à qui on veut porter le message du Christ[2] » –, le pape François termine son allocution du 17 octobre 2015 en adoptant le mouvement inverse :

> Notre regard s'élargit aussi à l'humanité. Une Église synodale est comme un étendard levé parmi les nations (voir Is 11, 12) [...]. Comme l'Église qui « marche au milieu » des hommes participe aux tourments de l'histoire, cultivons le rêve que la redécouverte de la dignité inviolable

---

1. *Ibid.*

2. Paul VI, Encyclique *Ecclesiam suam,* dans *Documents pontificaux de Paul VI. 1964*, p. 683.

des peuples et de la fonction du service de l'autorité puisse aider aussi la société civile à se construire dans la justice et dans la fraternité, générant un monde plus beau et plus digne de l'homme pour les générations qui viendront après nous [1].

Une difficulté fondamentale se présente au sein de ce va-et-vient entre l'Église et la société séculière dont l'Église ne peut plus s'exempter en faisant montre d'une sainteté particulière. Davantage qu'hier, la société mais aussi l'Église sont confrontées, dans la crise actuelle, à un questionnement lancinant : Sur quoi fonder l'entente entre tous ? Au nom de quoi engager un dialogue social ? Qu'est-ce qui y fait autorité (ou qu'est-ce qui fait autorité dans ce monde ?) et permet de renoncer à ses intérêts ? Et si l'Église ne peut pas et ne veut pas – pour des raisons théologiques déjà développées – accaparer l'autorité (au sens fessardien du terme), quel service peut-elle rendre au dialogue social au sein de nos sociétés civiles ?

Une société en attente de fraternité

Rappelons ici, pour comprendre l'enjeu du problème, que la devise « Liberté-Égalité-Fraternité » qu'en France nous trouvons sur toutes les mairies, frappée comme la loi de Moïse sur la pierre, représente une sécularisation de valeurs chrétiennes centrales. Or, il est significatif que ces trois valeurs fondamentales ne se situent pas au même niveau : les deux premières – liberté et égalité – relèvent de la sphère du droit qui précise progressivement leurs effets et leurs exigences concrètes dans une arborescence législative ; elles sont donc susceptibles d'être réclamées devant le tribunal. La troisième valeur, par contre, la « fraternité » ou l'« agir des êtres humains les uns envers les autres dans un *esprit de fraternité* », selon l'article 1 de la Déclaration universelle des droits de l'homme (1948), est tout au plus une *obligation morale*. Aucune loi de l'État ne peut l'imposer concrètement ; elle *transcende* de l'intérieur toute constitutionnalité et ne cesse de nous rappeler le caractère hautement problématique de la cohé-

1. Commémoration du 50e anniversaire de l'institution du synode des évêques – Discours du pape François dans la salle Paul VI, samedi 17 octobre 2015.

sion sociale, sans cesse mise à l'épreuve et livrée à notre art du « vivre-ensemble ».

C'est précisément dans ce contexte que se joue le *combat* spirituel, déjà évoqué dans la première partie, aucune société ne pouvant aujourd'hui exister sans un dialogue social capable de dépasser le combat perpétuel des intérêts personnels ou de groupes et la lutte entre pouvoirs de fait et de droit, y compris parmi les faiseurs d'opinion, appelés parfois « intellectuels ». Il n'y a pas de dialogue sans y croire et sans « sortie de soi », voire sans renoncement à tel avantage acquis ; ce qui s'avère d'autant plus difficile quand interviennent des différences sociales et culturelles et des convictions différentes. Je l'ai déjà noté dans la première partie.

Seul un sentiment réel et quasi-physique de « fraternité » peut alors rendre possible un *dépassement* de la lutte sociale et ouvrir l'accès à une entente et une cohésion, toujours fragile et provisoire. L'autorité se meut ici en *autorité de la fraternité* ; mutation qui suppose une autorité *fraternelle*, capable de susciter – par contagion, si je puis dire – le sentiment de fraternité ou « l'esprit de fraternité » (selon la Déclaration universelle), précisément là où les « tourments de l'histoire » risquent de l'engloutir. On retrouve ici, transférés vers la « fraternité », les deux premiers critères éthiques de crédibilité de toute « autorité » (au sens fessardien du terme), à savoir la cohérence avec soi-même *et* la capacité d'empathie. Mais ce sentiment de « fraternité » en tant que condition de possibilité de tout dialogue est *déjà* chargé de toute une *mystique* ou d'une « connaturalité avec les réalités divines », comme le note le pape François (*EG*, 119). Il implique donc au moins l'ouverture aux autres critères proprement théologaux de l'autorité, en particulier celui de la transgression de toutes nos barrières et de l'ouverture hospitalière aux exclus de nos dialogues.

Le rôle de l'Église

C'est précisément sur ce plan que l'Église *peut* encore « faire autorité » au sein de nos sociétés séculières, à condition qu'elle tire toutes les conséquences de ce qui vient de lui arriver et s'engage dans une véritable réforme de son mode de gouvernance. Elle peut donner l'image d'une Église *fraternelle* et donc synodale et délibérante ; c'est ce que François souligne à la fin de son discours du 17 octobre 2015. Elle peut aussi jouer le rôle d'une « sourcière », capable de détecter – « en témoin » – l'Esprit de fraternité à l'œuvre au sein de nos dialogues quotidiens et chez les exclus de nos entretiens, se montrant toujours soucieuse de rendre attirante, par sa simple présence, la conversion qu'implique toute expérience élémentaire de dialogue fraternel.

C'est sans doute là l'apport spécifique du pape François à notre question, portant sur le mode de présence de l'Église au sein de nos sociétés. C'est en s'engageant dans le *concret* de nos entretiens quotidiens, quels qu'ils soient, que nous œuvrons en faveur de l'avenir de nos sociétés et de l'Église, et non pas en comptant sur tel pouvoir de droit ou de fait, pourtant nécessaire. Il faut certes prendre conscience de la fragilité de ces dialogues, toujours menacés par la violence, et veiller à la mutation de la figure de l'autorité qu'ils supposent, l'ethos contemporain étant sans doute plus sensible au renversement évangélique de la pyramide hiérarchique ; c'est ce que j'ai voulu montrer dans les deux premières parties. Mais l'insistance de François se situe plutôt du côté des conditions ultimes de l'entente humaine, orientant *à la fois* le dialogue *et* l'exercice de l'autorité, à savoir ce qu'il appelle la « mystique du vivre ensemble » (*EG*, 87) ou « la fraternité mystique, contemplative » (*EG*, 92) : « Dans son incarnation, le Fils de Dieu nous a invités à la révolution de la tendresse » (*EG*, 89).

Il est temps de conclure en revenant, une fois encore, sur l'évangile selon saint Jean. Ce texte (nous l'avons vu dans les deux premières parties) est bien sensible au côté nocturne de nos dialogues – le « malentendu » faisant partie de notre condition charnelle – et, situant Jésus au sein de ces entretiens, il le met dans la position spécifique du témoin décentré par rapport à la vérité qui, elle, circule déjà – comme Verbe – parmi « quiconque *en est* ». Ajoutons maintenant que le quatrième évangile conduit la liberté du témoin Jésus par rapport à sa propre autorité « jusqu'au bout » (Jn 13, 1). Avec le pape François, on peut se référer ici à la scène du lavement des pieds ; sans doute faut-il également citer les paroles sur le Paraclet qui achèvent l'effacement et l'accomplissement de l'autorité, ayant pour fonction d'engendrer des liens et l'entretien fraternel : « C'est votre avantage que je m'en aille ; » dit le Jésus johannique « en effet, si je ne pars pas, le Paraclet ne viendra pas à vous ; si, au contraire, je pars, je vous l'enverrai » (Jn 16, 7). C'est à la fin du quatrième évangile, après la résurrection, qu'apparaissent – comme premier don de l'Esprit – la « fraternité » (Jn 20, 17 et 21, 23) *et* la mission de communiquer à quiconque la paix de la réconciliation (Jn 20, 22 s.). Cette fraternité est la condition « spirituelle » – au sens pneumatologique du terme – de tout dialogue, aussi difficile qu'il soit. Peut-être l'évangile de Jean porte-t-il ainsi l'intuition théologale qui perçoit dans l'entretien fraternel au quotidien, radicalement ouvert à toute l'humanité, la profondeur abyssale du Dieu trois fois saint.

XVII

FAIRE DE LA THÉOLOGIE AU SERVICE D'UN CHRISTIANISME EN DIASPORA

Pour un pragmatisme éclairé

Le sentiment que le catholicisme européen et nos Églises traversent des difficultés majeures et inédites semble s'accentuer ces temps-ci. Des diagnostics sociohistoriques de cette crise existent depuis longtemps[1]. Mais aujourd'hui les responsables ecclésiaux sont eux-mêmes obligés de reconnaître son existence[2] ; et – ce qui constitue une nouveauté – une large majorité de fidèles l'évoque ouvertement, alertée par les révélations sur la pédocriminalité au sein de la hiérarchie catholique et ébranlés dans leur confiance envers celle-ci. Il n'est pas aisé d'analyser ce qui se passe sous nos yeux. Car cette crise se situe sur plusieurs plans et il n'est pas sûr que le niveau le plus visible, à savoir les « abus » et leurs causes systémiques (comme le cléricalisme et une sacralisation du ministère), soit le plus déterminant. En dessous de cette surface se présente l'état de « minorité » des communautés chrétiennes, mal assumé par les fidèles et leurs responsables. Et quand on tente d'en sonder les raisons, on tombe immanquablement sur la difficulté grandissante de la tradition chrétienne à rejoindre et à ins-

1. Voir l'analyse très détaillée, qui remonte à 2003, de D. HERVIEU-LÉGER, *Catholicisme : la fin d'un monde,* Paris, Bayard, 2003.

2. Voir plus récemment Mgr É. DE MOULINS-BEAUFORT, « Sacerdoce apostolique et liberté spirituelle. Face aux défis du temps, quelles ressources pour l'Église en France ? », dans *NRT* 141 (2019), p. 233 : « [...] nous, catholiques, voyons surtout notre système s'effondrer ou du moins s'affaisser de tous côtés, mais ceux qui voient dans l'Église un carcan pour l'esprit humain sont toujours inquiets de sa vitalité. »

pirer la vie quotidienne de nos contemporains, difficulté analysée par les sociologues en termes d'« exculturation [1] ».

Or, une chose est de constater la crise du catholicisme français et européen, une autre est d'en comprendre le sens et – éventuellement – d'activer des forces spirituelles de résistance. Un philosophe comme Bernard Feltz observe en effet que

> toute crise d'un organisme, d'une société peut faire l'objet de plusieurs diagnostics. Une crise peut être l'indice d'un échec, peut renvoyer aux impasses liées aux présuppositions mêmes du fonctionnement de l'organisme en question. Une crise peut aussi être un moment de transformation lié à un phénomène de maturation, transformation qui ne remet pas en cause les présuppositions fondamentales du fonctionnement de l'organisme [2].

Le conflit d'interprétation que la crise du catholicisme continue à susciter porte sur cette alternative et sa pertinence. Tandis que certains y voient un « effondrement » (quitte à récupérer son système de valeurs ou son patrimoine artistique pour la culture), d'autres y repèrent plutôt des forces du mal ou la capacité de refus des hommes : « Des siècles de christianisme ont suscité des anticorps plus puissants, plus actifs, plus efficaces que jamais, et en ces temps, nous les voyons agir », estime Mgr Éric de Moulins-Beaufort [3].

L'alternative qui vient d'être évoquée est exactement le lieu théologique où se situe la thèse de Karl Rahner sur « la situation de Diaspora de l'Église », faisant de son état de minorité une « nécessité inhérente à l'histoire du salut [4] ». Formulée dès 1954, cette thèse comporte un versant sociohistorique et un versant proprement théologique. La solidité de l'approche sociologique

1. Voir p. 425, n. 1.

2. B. Feltz, « Modernité critique et discours ecclésial », *RTL* 44 (2013), p. 7.

3. Mgr É. de Moulins-Beaufort, « Sacerdoce apostolique et liberté spirituelle », p. 238.

4. K. Rahner, « L'interprétation théologique de la situation du chrétien dans le monde moderne » (1954), dans *L'Église face aux défis de notre temps. Études sur l'ecclésiologie et l'existence ecclésiale*, *Œuvres* 10, Paris, Éd. du Cerf, 2016, p. 369. Quant au contexte historique de cette contribution, voir K. H. Neufeld, *Die Brüder Rahner. Eine Biographie*, Fribourg/Basel/Wien, Herder, 1994, p. 212-214.

de Rahner et le caractère anticipatoire de son esquisse d'une communalisation ecclésiale répondant à la situation *minoritaire* du catholicisme dans le monde, voire à l'actuelle « diasporisation » culturelle (surtout urbaine) des sujets, sont mis en valeur [1].

Le versant proprement théologique de la thèse de Rahner présente un intérêt tout particulier, car il montre clairement que la question qui oriente son hypothèse – « L'interprétation théologique de la situation du chrétien dans le monde moderne [2] » – ne peut pas être traitée dans le cadre de la théologie telle qu'elle a été pratiquée à l'époque de « chrétienté [3] », et qu'une fois exposée et justifiée [4], elle nécessite non seulement un nouveau cadre théologique, celui d'une théologie de l'histoire, fondée sur les Écritures [5], mais encore une autre manière de penser l'existence individuelle et ecclésiale du chrétien au sein de la société et par rapport à la communauté politique [6]. Dans son « Essai d'une esquisse de dogmatique », publié la même année, Rahner distingue donc pour la première fois une théologie de l'essence et une théologie de l'existence, cette dernière devant « rapporter ce qui s'est passé en fait – librement et imprévisiblement – et de quelle manière dans l'histoire du salut [7] », alors qu'en 1966, il adopte la dénomination de « théologie systématique » et l'articule immédiatement sur une « théologie pratique » ou « pastorale [8] ».

1. D. Hervieu-Léger, « Un catholicisme diasporique. Réflexions sociologiques sur un propos théologique », *RSR* 107/3 (2019), p. 425-440 ; H.-J. Sander, « L'histoire du salut au rythme de la diaspora. Un élément porteur de l'élan missionnaire à la suite d'Aparecida et d'*Evangelii Gaudium* », *RSR* 107/3 (2019), p. 479-496.

2. K. Rahner, « L'interprétation théologique de la situation du chrétien dans le monde moderne », p. 357 s.

3. *Ibid.*, p. 358-361.

4. *Ibid.*, p. 369-378.

5. *Ibid.*, p. 360-369.

6. *Ibid.*, p. 378-382.

7. K. Rahner, « Essai d'une esquisse de dogmatique », dans *L'auditeur de la parole. Écrits sur la philosophie de la religion et sur les fondements de la théologie*, *Œuvres* 4, Paris, Éd. du Cerf, 2013, p. 631.

8. K. Rahner, « La mise en demeure de la théologie par le concile Vatican II », dans *Le deuxième concile du Vatican. Contributions au Concile et à son interprétation*, p. 832-841 et 845 s.

Là encore, analyser l'enjeu théologique de cette mutation interne à la théologie et la genèse d'une théologie pastorale au moment où le Concile s'engage dans l'écriture d'une Constitution pastorale permet de comprendre la situation actuelle [1].

S'il est une évidence qui se manifeste dans le texte de Rahner sur l'Église en diaspora et dans sa postérité, c'est bien le lien, historiquement variable mais en principe chaque fois intrinsèque, entre la situation historico-sociale de l'Église et la désignation correcte du moment présent, d'un côté, et des manières spécifiques de faire de la théologie, de l'autre ; lien qui pose évidemment problème quand il y a désaccord sur le diagnostic et que cohabitent des théologies et des manières de procéder qui relèvent d'âges différents. Dans ce qui suit, on voudrait donc montrer d'abord que la toute première tâche de la théologie dans cette situation est encore celle que Rahner a entreprise à son époque, à savoir celle de « discerner les signes des temps » et d'aider ainsi les communautés chrétiennes à comprendre le moment de « crise » hautement inconfortable qu'elles traversent. Une deuxième tâche consiste alors à penser l'existence chrétienne et sa communalisation ecclésiale en sa source et en son déploiement minoritaire au sein de nos sociétés européennes d'aujourd'hui. Ce qui nous conduira, pour finir, à concevoir un type de « formation » élémentaire au sein de nos communautés en diaspora, qui, tout en s'appuyant sur une théologie universitaire, les rende plus conscientes du « lien » ecclésial qui les constitue et plus aptes à exercer leur responsabilité comme « sujets historiques » vis-à-vis de leur avenir.

Pour un discernement théologique du moment présent

Dès l'époque du Nouveau Testament, l'Église naissante s'interroge sur le moment présent, à discerner sous le regard de Dieu. Tout en restant conscients de l'orientation eschatologique de l'existence humaine – « le temps se fait court » (1 Co 7, 29) –, l'apôtre Paul, l'évangéliste Luc et l'auteur de l'Apocalypse situent

1. O. Riaudel, « La critique de "l'Évangile selon sainte Scolastique" », dans *RSR* 107/3 (2019), p. 441-462 ; G. Routhier, « La naissance d'une théologie pratique et pastorale dans le sillon du concile Vatican II et l'interrogation actuelle sur les "sujets" de la théologie », dans *RSR* 107/3 (2019), p. 463-478.

ce qui arrive aux chrétiens dans une théologie de l'histoire, chacun de manière bien spécifique, le dernier livre de la Bible selon une perspective de vigilance, de conversion ecclésiale et de consolation des communautés dans l'épreuve. Qu'il s'agisse d'Irénée ou d'Augustin, de Bonaventure ou de Joachim de Flore, voire de penseurs chrétiens d'autres époques, la tradition post-néotestamentaire n'a cessé d'inscrire les grands événements historiques et leurs répercussions sur l'Église dans ce que, sur le moment, on perçoit du « dessein divin [1] ».

La crise actuelle du christianisme en Europe et l'épreuve qu'elle représente pour les chrétiens nécessitent un travail analogue, conjuguant esprit critique et courage théologique. Hier comme aujourd'hui, le but de ce discernement ne peut pas être une quelconque autodéfense des communautés – les lettres aux sept Églises de l'Apocalypse les incitent plutôt à une autocritique (Ap 2, 1-3, 22) –, mais l'affermissement de leur foi dans la traversée de la crise, fondé sur une intelligence intérieure de leur situation et de celle du monde.

Pour préciser cette toute première tâche de la théologie, nous examinerons d'abord la manière dont Karl Rahner s'en est acquitté en 1954. Nous introduirons ensuite dans son discernement un paramètre herméneutique, peu perçu à l'époque, mais déterminant aujourd'hui. Il soulève en effet la double interrogation suivante : comment comprendre les résistances culturelles à la réception de l'Évangile et de l'Église et comment, dans cette situation critique, évaluer la responsabilité de nos communautés et l'influence des forces du mal ?

L'Église en diaspora – une nécessité inhérente à l'histoire du salut

Commençons donc par reconstruire le raisonnement théologique bien complexe de Rahner.

1. Voir Chr. THEOBALD, *La révélation tout simplement*, 2e éd., Paris, Éd. de l'Atelier, 2005, p. 147-177 ; ID., *Présences d'Évangile I. Lire les Évangiles et l'Apocalypse en Algérie et ailleurs*, 2e éd., Paris, Éd. de l'Atelier, 2011, p. 193-204.

1. La difficulté principale d'une lecture théologique du présent vient de la différence entre le monde de la Bible, lieu de l'achèvement de la Révélation, et le monde moderne. Abordant ce problème dès le début de son intervention, Rahner ne voit qu'un point de jonction entre ces deux univers, à savoir les quelques « prédictions » qui se trouvent dans le Nouveau Testament, venant de la bouche de Jésus[1] et « concernant la situation qui est la nôtre ». Encore faut-il renoncer à y chercher un « reportage anticipé sur notre temps » ; car « une prophétie divine est une aide pour marcher, dans un esprit authentiquement chrétien, sur la route d'un avenir que nous ignorons et qui demeurera voilé à notre connaissance[2] ».

Parmi ces prophéties relativement rares, le théologien relève l'annonce de la croix du Christ et des persécutions futures de ses disciples (Lc 24, 26 et Mt 16, 23) ou encore la prévision d'une présence permanente (« toujours ») des « pauvres parmi eux » (Mt 26, 11) et d'une « absence d'accueil de l'Évangile » (Mt 10, 14). Ce qui est commun à toutes ces prédictions, c'est qu'elles concernent des *faits contingents*, sans aucune nécessité *interne*, mais des faits – appelés « théologiques[3] » – qui, quand ils sont arrivés, reçoivent un *caractère de « nécessité »* (δεῖ – *oportet*) *dans l'ordre du salut*. Ce qui veut dire que, tout en étant en contradiction avec la loi et appartenant à l'ordre du péché, ils restent toujours englobés par le dessein de Dieu : « Celui-ci ne veut pas la faute de l'homme, mais il se sert de cette faute, non voulue de lui, comme moyen établi "d'avance" pour la réalisation de ses desseins divins[4]. » Si le caractère contingent et non nécessaire de ces faits est susceptible d'être analysé et compris par la *sociohistoire, parfaitement autonome en son domaine*, leur inscription dans l'histoire du salut, référée au « point de vue de Dieu[5] », fait appel à la *théologie*.

1. K. RAHNER, « L'interprétation théologique de la situation du chrétien dans le monde moderne », p. 360.

2. *Ibid.*

3. *Ibid.*, p. 375.

4. *Ibid.*, p. 375.

5. *Ibid.*, p. 375.

2. Sur la base de cette distinction épistémologique, Rahner peut donner à la situation de diaspora dans laquelle l'Église se trouve une signification pleinement *théologique*. Reprenons sa thèse : « Cette situation est placée sous le signe d'un "*il faut*" inhérent à l'histoire du salut ; il est légitime – et c'est même pour nous un devoir – d'en tirer des conséquences pour notre attitude chrétienne[1]. »

Le raisonnement se fait en deux temps. Le théologien rappelle d'abord ce qui est annoncé dans le Nouveau Testament. Contrairement à ce qu'on attend des institutions humaines, le Christ Jésus a fait aux siens la promesse

> que son œuvre serait un signe de contradiction et de persécution, [...] que la victoire du christianisme ne serait pas le fruit immanent de son développement et de sa diffusion dans un monde qui serait soulevé progressivement, comme une pâte, par son levain ; mais le résultat de l'action divine, de Dieu qui viendra juger et porter à son terme, au-delà de toute mesure et de toute attente, l'histoire du monde[2].

De ce principe général, il déduit, dans un deuxième temps, « *quelle forme* va revêtir, en ce qui concerne l'Église, cette contradiction publique et permanente qui n'a rien d'inopiné ni d'étonnant[3] ». Tant que l'Église existe dans une sphère culturelle limitée – en bref, dans celle de la Méditerranée – la contradiction peut venir de « l'extérieur ». Mais à partir du moment où l'Église commence à vivre sur l'ensemble de la planète,

> la contradiction qui se dresse face à [elle] ne peut absolument plus, aux yeux du théologien de l'histoire, venir du « dehors » ; elle doit surgir comme une faille et comme une dissidence en plein cœur de la chrétienté considérée comme telle. [...] *C'est au moment même où elle commence à devenir l'Église de tous les païens qu'elle commence aussi à être partout au milieu des païens*[4].

1. *Ibid.*, p. 369.
2. *Ibid.*, p. 374.
3. *Ibid.*, p. 375.
4. *Ibid.*, p. 375 s.

3. La thèse de la diaspora comme nécessité inhérente à l'histoire du salut étant ainsi démontrée, Rahner ajoute des précisions pour éviter une possible confusion entre diaspora et ghetto ou secte et pour justifier l'obligation néotestamentaire de la mission. Partant d'une comparaison entre judaïsme et christianisme, il relie le phénomène de « ghettoïsation » au sein du judaïsme orthodoxe à sa théologie de l'élection, le peuple élu étant appelé à se suffire intégralement d'un point de vue religieux, social et culturel, alors que les chrétiens ne peuvent pas considérer leur Église comme autosuffisante ni envisager les non chrétiens comme non appelés. Bien que seulement esquissée [1], cette différence semble décisive.

D'un point de vue sociohistorique, Rahner fustige ici une mentalité interne au christianisme allemand qui, à la sortie de la guerre, continue à imposer à la société un modèle de chrétienté. Mais à l'arrière-plan se profile un discernement théologique rigoureux concernant ce qui se passe dans l'« espace païen » quand l'Église renonce effectivement à se considérer en chrétienté. Il lui faut reconnaître que l'appel de Dieu y retentit *déjà* et – comme le dira Rahner plus tard – que la grâce du Christ y habite *déjà*. L'Église n'a donc pas le droit – ce serait même une hérésie – de voir dans les résistances qui s'opposent à elle un mal absolu ; car « la force du mal ne vient que du bien qu'il recèle, et ce bien dérive de Dieu [2] ». Toute résignation effrayée devant la situation de minorité de l'Église comme toute tentative volontariste de reconquête sont ainsi exclues. Seule la conscience de la nécessité théologique de la situation de diaspora permet d'accéder à une conception sereine de la mission, ajustée au fait que, quand il rencontre le païen, le chrétien se voit déjà précédé par la grâce du Christ et une bonté, aussi cachée qu'elle puisse être.

C'est le risque du jugement individuel et collectif de ce qui est « humain » au sein d'un nombre grandissant de « possibles » qui émerge ainsi avec force – comme caractéristique principale de la modernité –, l'Église en diaspora ne pouvant plus prétendre que ces choix parmi les « possibles » se prennent sous le seul signe du christianisme. Obligée de se retirer par rapport à la politique, elle doit dès lors s'interroger sur la « forme politique » qu'elle a prise

1. *Ibid.*, p. 384-386.

2. *Ibid.*, p. 367.

depuis la « réforme grégorienne » et sur sa manière d'intervenir dans la société[1]. Et Rahner de conclure en 1954 (!) ce développement sur une prolongation illégitime du modèle de « chrétienté » : « La conséquence de tout cela, c'est un complexe d'anticléricalisme qui n'a pas toujours son origine dans la perversité ou dans la haine de Dieu[2]. »

Pour un discernement plus fin : maintenir la radicalité eschatologique de l'existence chrétienne et la recevabilité de l'Évangile du Règne de Dieu

Le discernement rahnérien réussit à donner une première signification théologique au statut minoritaire de l'Église au sein de nos sociétés européennes. L'ayant abordé tout au long de l'article sous l'angle de l'inévitable épreuve, le théologien le relie pour finir à l'orientation eschatologique de l'existence chrétienne, à savoir à une foi en la vie éternelle *et* à une manière d'organiser sa vie en fonction de cette croyance, qui, dans l'environnement païen, ne peuvent être tenues que pour insensées et loin de nos mentalités contemporaines[3]. Soixante-cinq ans après le discernement de Rahner, cette étrangeté de l'orientation eschatologique de l'existence humaine n'a pas disparu, au contraire. Mais elle se situe désormais dans un ensemble social et culturel radicalement *pluralisé*, formé d'une série de « minorités[4] », de « situations de vie fragmentaires et hybrides[5] » et d'« archipels », étant entendu et désormais acquis que, dans nos sociétés contemporaines, le sens à donner à sa propre existence relève de la compétence de l'individu quel qu'il soit.

Étant donné ce point de départ inaliénable, il faut alors se demander honnêtement si l'actuelle étrangeté de la minorité catholique, voire sa folklorisation, est une conséquence inévitable de la radicalité eschatologique de la vie chrétienne ou s'il faut l'attri-

1. Voir *ibid.*, p. 361-366, 381 et 387 s.

2. *Ibid.*, p. 386.

3. *Ibid.*, p. 393 s.

4. Voir D. HERVIEU-LÉGER, « Un catholicisme diasporique », p. 439.

5. Voir H.-J. SANDER, « *L'histoire du salut au rythme de la diaspora* », p. 488.

buer à la difficulté de l'Église à rendre celle-ci plausible sur l'actuel forum des propositions de sens. Autrement dit : l'exculturation de la foi [1] est-elle constitutive de la tradition chrétienne ou faut-il la mettre sur le compte d'une tâche herméneutique non perçue, voire difficile à accomplir ? Sans doute les deux hypothèses ont-elles leur part de vérité : d'où la nécessité d'un discernement plus affiné.

1. Si, avec les Écritures et leur interprétation par le concile Vatican II (*LG*, 2 et 14 à 16, etc.), on pose en principe que l'appel de Dieu est universel et retentit aussi en dehors des communautés chrétiennes dans l'espace dit « païen », le discernement théologique de la situation diasporique de l'Église doit à la fois *repérer* cet appel sous ses formes les plus diverses *et* tenter de *le rendre « recevable »* sous la forme (ou les formes) vécue(s) par les chrétiens eux-mêmes. Le versant missionnaire du diagnostic est à ce prix. Sans aucun doute est-ce là l'acquis majeur du concile Vatican II qui, dans le n° 44 de la Constitution pastorale *Gaudium et spes* va jusqu'à formuler une loi herméneutique :

> Dès les débuts de son histoire, l'Église a appris à exprimer le message du Christ en se servant des concepts et des langues des divers peuples et, de plus, elle s'est efforcée de le mettre en valeur par la sagesse des philosophes : ceci afin d'adapter l'Évangile, dans les limites convenables, et à la compréhension de tous et aux exigences des sages. À vrai dire, cette manière appropriée de proclamer la parole révélée *[accommodata praedicatio]* doit demeurer la loi de toute évangélisation *[lex omnis evangelizationis]* [*GS*, 44 § 2].

Loin de nier les forces de résistance et du mal qui s'opposent à la foi, le Concile les nomme dans la suite, tout en reconnaissant avec une longue tradition (Justin, Tertullien) ce que l'Église peut apprendre de ses opposants :

> Bien plus, l'Église reconnaît que, de l'opposition même de ses adversaires et de ses persécuteurs, elle a tiré de grands avantages et qu'elle peut continuer à le faire [*GS*, 44 § 3].

Le Nouveau Testament lui-même insiste sur la « recevabilité » de l'existence chrétienne. Certes, le « déplacement » postpascal

1. Voir D. Hervieu-Léger, « Un catholicisme diasporique », p. 438.

vers la personne même du Christ Jésus, sa mort salvifique et sa résurrection, déterminent la forme de l'existence christienne comme « configuration » baptismale à Son obéissance à Dieu et à Sa liberté eschatologique vis-à-vis de Lui-même et au profit d'autrui. Mais cette concentration pascale – et en ce sens radicale – n'efface pas le nécessaire souci de « recevabilité », signifié – dans l'orbite des Écritures juives – par l'annonce du Règne de Dieu. C'est précisément une des fonctions des synoptiques et de leur « retour » aux « réalités avant-dernières » (Dietrich Bonhoeffer) qui est de développer une pédagogie permettant de vaincre la dureté du cœur.

Luc en particulier articule la concentration sur le Christ ressuscité, devenant dans les *Actes* « sujet » de la prédication chrétienne, *et* l'annonce plus large du Règne de Dieu par tous les prédicateurs, de Jésus lui-même jusqu'à Paul, comme il ressort encore de l'ultime proclamation de ce dernier à Rome (Ac 28, 23.31)[1]. *Avant et après la mort du Christ Jésus*, la venue du Règne de Dieu est ainsi proposée comme *recevable* « au milieu de vous » (Lc 17, 20 s.), bien entendu *moyennant la foi*. Permettant de « recadrer » la capacité de perception des auditeurs de Jésus *au sein même de leur vie quotidienne*, ses paraboles, par exemple, ont pour but de susciter cette foi, sans jamais pouvoir garantir son émergence. Elles ne sont nullement incompréhensibles mais tentent, parfois par une « thérapie de choc », de donner accès à l'attente du Règne messianique et de répondre au désir qui, attesté par les écrits prophétiques, traverse les siècles et remonte aux origines de la création (Jn 1, 11.12). Ces micro-récits se heurtent évidemment au mystère de la liberté humaine (voir Lc 8, 9 s. et Ac 28, 25-27, en référence à Is 6, 9-10), comme d'ailleurs les signes messianiques posés par Jésus (Lc 4, 16-21 et 7, 18-23). Et si Jésus renvoie les deux disciples de Jean, leur demandant de lui

1. Voir N. SIFFER, « La proclamation du Royaume de Dieu comme marqueur de continuité entre Jésus et l'Église dans l'œuvre de Luc », dans *RSR* 99/3 (2011), p. 349-369, en particulier p. 363 : « En considérant l'ensemble de l'œuvre lucanienne, on constate un fait remarquable : le motif du Royaume recouvre toutes les aires géographiques de la prédication de Jésus et de l'Église primitive (Galilée, Judée, Samarie, Asie mineure, Grèce, Rome), il est attribué aux prédicateurs les plus importants (Jésus, les Douze, les disciples, les hellénistes, Paul), il s'adresse à tous les destinataires (juifs, samaritains, païens), et finalement il embrasse toutes les époques de l'histoire du salut, jusque dans sa phase finale. »

rapporter *ce qu'ils ont vu et entendu*, il leur fait aussi et en même temps comprendre que le recevoir, *lui*, ou « ne pas tomber à cause de lui » reste un autre seuil à franchir (Lc 7, 18-23)[1].

2. Dans un discernement plus affiné de la situation diasporique de l'Église, on a donc intérêt à s'inspirer non seulement de la concentration christologique de l'apôtre Paul, mais aussi de la pédagogie initiatique des évangiles et de leur manière de faire valoir une pluralité de figures de « foi », de « peu de foi » et de « non foi » : à côté des adversaires de Jésus, on trouve une multitude de sympathisants, crédités par lui d'une « foi qui sauve », sans qu'ils se mettent à sa suite, mais aussi, dans leur étonnante diversité, ses disciples et « apôtres », d'ailleurs plus ou moins critiqués (selon les évangiles) pour leurs incompréhensions, leurs abandons et leurs trahisons. Dans une perspective théologique, cette cartographie néotestamentaire de la « foi » permet d'éclairer celles de nos sociologues[2], de distinguer par exemple à côté d'une multitude d'adversaires ou d'autrement-croyants, religieux ou non, différents types de « chrétiens », adhérents d'un christianisme de valeurs ou d'un christianisme esthétique attaché à son patrimoine, pratiquants de toutes sortes[3]...

L'interrogation théologique que soulève cette situation de plus en plus complexe doit recourir aux forces du mal et à la capacité de refus des hommes pour faire comprendre la situation diasporique. Mais si elle y recourt trop rapidement, allant jusqu'à justifier ainsi – au moins tacitement – l'exculturation du christianisme comme étant constitutive de sa théologie de la justification, il faut alors rappeler que le mal et le refus se déclarent – d'abord – parmi les disciples eux-mêmes et au sein de l'Église (voir *LG*, 8 § 3), que « l'incorporation à l'Église n'assure pas le salut pour celui qui, faute de persévérer dans la charité reste bien "de corps" dans l'Église, mais non "de cœur" (saint Augustin) » et que « la grandeur de la condition (des chrétiens) doit être rapportée [...] » non à une grâce supérieure mais « à une grâce *particulière* du Christ

1. Voir Chr. THEOBALD, *Transmettre un évangile de liberté*, Paris, Bayard, 2007, p. 87-117.

2. Y. RAISON DU CLEUZIOU, *Qui sont les cathos aujourd'hui ? Sociologie d'un monde divisé*, Paris, Desclée de Brouwer, 2014.

3. Voir V. LE CHEVALIER, *Ces fidèles qui ne pratiquent pas assez*, Namur, Lessius, 2017.

[particulari gratiae Christi] » (*LG*, 14 § 2) impliquant le devoir de mission (*LG*, 17) et la tentative de rendre l'Évangile du Règne de Dieu effectivement « recevable ». L'interprétation théologique de la situation actuelle de l'Église peut aussi débuter par un examen honnête de « l'adaptation de l'Évangile à la compréhension de tous et aux exigences des sages » et de la capacité d'apprentissage de l'Église que cet ajustement continuel nécessite (*GS*, 44 § 2), considérant l'exculturation de la foi et de l'Église comme un handicap missionnaire de premier plan. Il ne faut pas oublier que le nécessaire travail en faveur de la « recevabilité » de l'Évangile du Règne de Dieu dans tel ou tel contexte, voire de celle du Christ Jésus en personne, ne garantit nullement sa réception effective qui, comme le refus ou la tiédeur, relève du mystère du « cœur » humain, de ses résistances et de ses disponibilités, toujours socialement et culturellement marquées, à « sortir » de lui-même (voir *EG*, 1) [1].

Un discernement théologique affiné de la situation diasporique du christianisme et de l'Église au sein de nos sociétés européennes ne peut donc se contenter d'une approche trop globale ou de déclarations de principes. Ce n'est qu'en se rendant effectivement proche d'autrui, de tel groupe humain, des différentes élites d'une société, de tel courant de pensée, etc. – et cela à la manière de Jésus de Nazareth et de ses « envoyés » qui se perçoivent comme déjà précédés par ce qu'ils annoncent (voir Lc 10, 1-24) – que le diagnostic peut s'ajuster aux destinataires et *simultanément* introduire celui qui l'élabore dans un processus d'apprentissage et de conversion.

La première tâche de la théologie au service d'une Église en diaspora

Le tout premier service que la théologie doit donc rendre aujourd'hui à l'Église, c'est d'aider les chrétiens et leurs communautés à se situer dans l'épreuve qu'ils traversent, ce qui nécessite

1. Ce discernement théologique plus affiné rejoint, par un autre chemin, les interrogations d'Olivier Riaudel, en particulier la toute première sur la nécessité d'« abandonner le rêve d'une synthèse » (ID., « La critique de "l'Évangile selon sainte Scolastique" », p. 450).

un discernement théologique du moment présent appuyé sur de solides enquêtes quantitatives et qualitatives[1] et situé dans l'histoire. La tâche est controversée, nous en sommes conscients, car tout en rassurant les croyants, il faut débusquer des discours autolégitimateurs, trop rapides ou trop faciles, qui risquent de compromettre, davantage encore, la crédibilité des Églises. Une dramatisation des forces de résistance à la tradition chrétienne finit par provoquer soit la résignation des fidèles, soit des stratégies plus ou moins éclairées, voire « guerrières », de riposte missionnaire, alors qu'une reconnaissance sereine de la situation diasporique de nos Églises comme étant voulue par Dieu leur permet de guetter sa présence dans l'espace dit « païen » de nos sociétés, d'apprendre quelque chose de leurs adversaires et de s'interroger sur la recevabilité de l'Évangile.

Ce ministère prophétique de la théologie – ministère de consolation *et* de critique, si l'on veut, qui exige un discernement affiné – est aujourd'hui appelé de leurs vœux par nombre de fidèles ; car les plus lucides d'entre eux perçoivent bien que l'épreuve provoquée par la pédocriminalité risque d'occulter des niveaux plus profonds de la crise traversée par le catholicisme européen et des évolutions à plus long terme, et de masquer en particulier sa difficulté à rejoindre et à inspirer en profondeur la vie quotidienne de nos contemporains. Ce qui nous conduit vers une deuxième tâche de la théologie :

Penser l'existence chrétienne et sa communalisation ecclésiale au sein de nos sociétés d'aujourd'hui

Reconnaissons d'emblée que cette deuxième mission se heurte aujourd'hui à un décalage grandissant entre une théologie universitaire, d'un côté, et la culture effective des communautés chrétiennes en Europe de l'Ouest, de l'autre, à un éloignement croissant entre des disciplines hautement spécialisées du côté uni-

1. Voir par exemple dans l'ouvrage de P. Bréchon, F. Gonthier, S. Astor (dir.), *La France des valeurs*, Grenoble, Presses universitaires de Grenoble, 2019, la 6e partie « La religion en mouvement » par Cl. Dargent et O. Galland.

versitaire et des attentes de la base plutôt dévotionnelles et pratico-techniques sur le plan liturgique et catéchétique. Pour sortir de ce « schisme vertical » de plus en plus inconfortable, nous rassemblons d'abord les quelques indications que Rahner nous donne dès 1954, avant même que naisse, au moment du Concile [1], une *théologie pastorale* portée dès ses débuts par l'exigence d'irriguer toutes les autres disciplines (*Optatam totius*, 19-21). Dans un deuxième temps, il nous faudra donc réfléchir à cet axe pastoral de la théologie dans une situation ecclésiale de diaspora, pour pouvoir ensuite tirer profit, d'une nouvelle manière, de sa différenciation universitaire. Il ne s'agira nullement de l'abandonner – affirmons-le immédiatement –, mais d'œuvrer en faveur d'une « communalisation » chrétienne capable de s'enrichir d'une recherche à moyen et long terme.

Premiers repères pour une théologie ajustée à la situation de diaspora

« Qu'arrive-t-il, que doit-il fatalement arriver, lorsqu'un chrétien doit vivre son christianisme au milieu d'une majorité de non-chrétiens [2] ? » C'est en posant cette question qui appelle d'elle même une foule de réponses que Rahner introduit, au moins implicitement, une manière ajustée de comprendre la tâche théologique, lui donnant quelques contours grâce à l'énumération de cinq marqueurs [3].

1. Il est significatif qu'il commence par l'individu et la distinction entre un « christianisme de reproduction » *(Nachwuchschristentum)* et un « christianisme d'élection » *(Wahl-Christentum)*, ce dernier devant trouver sa forme – à chaque fois singulière – au sein d'un environnement étranger et sans pouvoir s'appuyer sur des institutions *a priori* favorables (a). Cette conscience chrétienne de l'altérité du monde doit compter avec la consistance

1. Voir G. Routhier, « La naissance d'une théologie pratique et pastorale dans le sillon du concile Vatican II et l'interrogation actuelle sur les "sujets" de la théologie », p. 464-473.

2. K. Rahner, « L'interprétation théologique de la situation du chrétien dans le monde moderne », p. 378 s.

3. *Ibid.*, p. 379-382.

propre des valeurs sociales, civiles, politiques et culturelles de la société (« sécularisée ») ; elle doit certes accepter les inévitables conflits éthiques qui en résultent, mais en renonçant à les aborder dans un esprit de ressentiment (b). Les deux marqueurs suivants portent alors sur l'Église et les rapports entre laïcs et clercs. Ayant sociologiquement parlant un caractère de « secte[1] », l'Église vit désormais du « bon vouloir de ses membres ordinaires » ; elle offrira, dans ses apparences immédiates, un « visage plus religieux que jadis » ou « s'orientera, pour ce qui relève de son agir immédiat, vers le domaine de sa vie la plus intime » (c). Quant au clergé, il perd sa place privilégiée et « finira par cesser d'être dans l'ensemble un “état” au sens sociologique du terme » (d). Ce qui conduit à affirmer comme dernier marqueur la « laïcité » (sans utiliser ce terme ici).

2. Dans la dernière partie de l'article, consacrée aux « conséquences » du statut diasporique de l'Église[2], Rahner met les cinq marqueurs que nous venons d'énumérer *en mouvement*. Il part de la différence entre « ghetto » ou « secte » (au sens limitatif du terme) et ouverture missionnaire (a)[3] – différence chrétienne déjà abordée plus haut – et en explicite, parmi d'autres applications, deux aspects particulièrement décisifs : la recherche (missionnaire) d'« un point d'insertion favorable » auprès d'autrui – « ce sera là où le sujet manifeste une compréhension authentique à l'égard d'une tendance supérieure[4] » – ; et la prise de conscience de « l'opacité spirituelle liée à l'ambiance sociale et qui atteint tout le monde » (par exemple dans le cas d'un divorcé remarié !) (b)[5]. C'est donc la disparition des

1. Voir D. Hervieu-Léger, « Un catholicisme diasporique », p. 436 s.

2. Malheureusement la brève introduction de cette partie (K. Rahner, « L'interprétation théologique de la situation du chrétien dans le monde moderne », p. 383) a échappé au traducteur : « Si nous nous interrogeons maintenant sur les conséquences de cette situation, nous dépassons la thématique qui nous a été proposée et qui porte sur la situation elle-même et non sur ses conséquences. Mais puisque les autres conférences de ces journées traitent d'autres problèmes, ce dépassement doit pouvoir être autorisé. Ainsi : … ».

3. Rahner utilise à plusieurs reprises l'adjectif « offensiv » : « offensiv bleiben », « missionarischer Offensivgeist », « offensives Apostolat ». La traduction par « esprit de conquête » ou « apostolat de conquête » risque de détourner le sens, plus adéquatement rendu par « apostolat proactif », etc.

4. *Ibid.*, p. 387.

5. *Ibid.*, p. 388.

« vieilles façades » de la chrétienté et des faux motifs de la mission qui permettront à celle-ci de retrouver sa véritable source eschatologique (c)[1].

3. D'autres textes de Rahner de cette décennie préconciliaire permettraient de montrer comment, dans le laboratoire pastoral et missionnaire de ces années de « tuilage », s'esquisse déjà une nouvelle manière de faire de la théologie, amorcée dans son discours sur la diaspora[2] ; mais ce n'est pas l'objectif de ce chapitre[3]. Notons cependant que, outre son « Essai d'une esquisse de dogmatique », déjà cité plus haut, Rahner propose, la même année, un deuxième article sur « Le théologien », texte sous-titré « De la formation des théologiens aujourd'hui[4] ». Nous le mentionnons ici parce que, militant pour une réforme des études, il fait état d'un diagnostic alarmant (en 1954 !) qui confirme notre propre constat d'un « schisme vertical[5] ». À côté de considérations sur la mutation de l'Université après la deuxième guerre mondiale et le déplacement des aptitudes chez les étudiants, il fustige la *fragmentation des disciplines*, leur manque de communication entre elles et surtout *l'absence d'un « centre » (Mitte)*[6] ; phénomènes qui, au sein de nos sociétés contemporaines, ont progressi-

1. *Ibid.*, p. 391-394. Montrer cela dans notre contexte actuel est l'objectif principal de notre ouvrage *Urgences pastorales du moment présent* (sur la question du mal, voir *ibid.*, p. 147 s, 177-180 et 268-278).

2. Karl Heinz Neufeld rapporte que le discours de Cologne sur la diaspora et d'autres interventions ont conduit le Général de la Compagnie de Jésus à demander au Père Rahner, au début de 1955, de « rester strictement à l'intérieur de sa discipline et d'abandonner des prises de paroles qui la dépassent », mesure retirée en été de la même année (voir K. H. NEUFELD, *Die Brüder Rahner*, p. 212).

3. Voir Chr. THEOBALD, « Karl Rahner – La puissance d'engendrement d'une pensée », dans *RSR* 108/3 (2020), p. 451-481.

4. K. RAHNER, *Mission et grâce*, vol. II, Paris, Mame, 1963, p. 97-129.

5. Rahner se réfère à la constitution apostolique de Pie XI *Deus scientiarum Dominus* (1931) sur les Universités et Facultés ecclésiastiques. Malgré l'avancée des deux constitutions postconciliaires *Sapientia christiana* (1979) et *Veritatis gaudium* (2017) sur le même sujet, son diagnostic critique n'a pas une ride.

6. Rahner donne deux exemples : le peu de fécondation de la dogmatique par la théologie biblique et l'absence de la philosophie moderne en dogmatique (*Mission et grâce*, II, p. 108 s.), deux carences auxquelles il a remédié dans son propre enseignement.

vement éloigné la théologie savante de la réalité effective des communautés chrétiennes et de leurs pasteurs.

Formulant quelques orientations d'avenir, Rahner défend donc une nette distinction entre la formation universitaire et la formation pastorale, milite, pour ce qui est de cette dernière, en faveur d'un allégement, d'une concentration et d'un approfondissement [1] et, surtout, donne deux indications, de fond et de forme, sur *le « centre » de la théologie.* La situation diasporique de l'Église exige que « la théologie prenne un caractère franchement pastoral, *dans le sens d'une attestation et d'une proclamation de la foi à l'adresse des hommes d'aujourd'hui tels qu'ils sont* [2] » ; ce qui nécessite, du côté des pasteurs ou prédicateurs, mais aussi des membres ordinaires de l'Église, que soit promu un rapprochement entre la théologie dogmatique *et* la théologie spirituelle, entre l'enseignement théologique *et* la formation de la personnalité, tâche qui incomberait *in fine* à la théologie pastorale [3].

Dépasser la fragmentation de la théologie : pour un déplacement de son axe spirituel

Le diagnostic de Rahner aura gain de cause au concile Vatican II qui, dans son Décret sur la formation des prêtres, impose un « cours d'introduction » (*OT*, 14) en parfaite correspondance avec ses propres *desiderata* de 1954. Certes, en 1965, ce ne sont que les futurs prêtres qui sont concernés ; mais l'évolution postconciliaire conduira à « démocratiser » et donc aussi à « féminiser » la formation théologique, sans aboutir partout à une situation apaisée. Par ailleurs, l'isolement du fameux « cours d'introduction » l'a empêché de refluer sur l'ensemble de la théologie universitaire, ne réussissant pas à sortir celle-ci de sa fragmentation ni à lui donner davantage d'impact sur la formation pastorale ; déjà critique en 1954, la situation a plutôt empiré depuis. *Sans relier toutes les disciplines théologiques à leur « centre », on ne peut en effet espérer que le « schisme vertical »*

1. Voir *ibid.*, p. 114-118.

2. *Ibid.*, p. 117.

3. *Ibid.*, p. 123.

entre théologie académique et communautés sur place soit dépassé[1]. Il nous faudra donc réfléchir brièvement à ce « centre », à cet « axe spirituel » de la théologie en montrant comment les mutations contextuelles depuis le Concile conduisent à le déplacer et, espérons-le, à le rendre plus « opérant ».

1. Commençons par rappeler le célèbre passage du décret conciliaire :

> La révision des études ecclésiastiques doit avant tout viser à ce que les disciplines philosophiques et théologiques soient mieux articulées ensemble et concourent harmonieusement à ouvrir toujours plus grand l'esprit des séminaristes au mystère du Christ *[mysterium Christi]*, lequel marque *[afficit]* toute l'histoire de l'humanité, ne cesse d'influer sur l'Église *[iugiter influit]* et agit principalement *[praecipue operatur]* par le ministère des prêtres. Pour donner cette vision aux séminaristes, dès le début de leur formation, les études ecclésiastiques devront commencer par un cours d'introduction, lequel se prolongera pendant le temps nécessaire. Dans cette initiation aux études, le mystère du salut *[mysterium salutis]* sera proposé aux étudiants de manière qu'ils voient *le sens des études ecclésiastiques, leur ordre et leur fin pastorale*, et qu'en même temps ils soient aidés à *fonder toute leur vie* sur la foi et à l'en pénétrer. Ils seront aussi affermis par-là dans leur vocation, ratifiée personnellement en faisant joyeusement don d'eux-mêmes [*OT*, 14].

Ce texte offre en effet un « axe spirituel » mais laisse dans l'ombre le contexte qui ne peut pas ne pas refluer sur la détermination du « centre de gravité » du mystère chrétien. Deux aspects jouent aujourd'hui plus particulièrement : la pluralisation ou la diasporisation culturelle, voire l'archipellisation de la culture et le désarroi de plus en plus prononcé face à la crise écologique[2]. Outre le déplacement des compétences des étudiants, déjà noté par Rahner, il faut donc ajouter leur besoin de repères précis pour conforter leur identité chrétienne soumise à rude épreuve dans une société où le christianisme paraît dorénavant comme une force parmi d'autres, autrement dit où la situation de diaspora,

---

1. Voir l'introduction de notre ouvrage *Selon l'Esprit de sainteté*, p. 9-39 et ID., *Donner un à-venir à la théologie*, Postface de P. GOUJON, Paris, Bayard, 2017.

2. L'appel à la « concentration » correspond au premier des quatre critères de renouvellement des études ecclésiastiques, formulés par le pape François en 2017 dans sa Constitution apostolique sur les Universités et Facultés ecclésiastiques *Veritatis Gaudium*, 4.

fondée théologiquement dans la première partie, n'est pas vécue avec aisance. Or honorer dans ce contexte tendu la demande légitime de repères demande en même temps – nous allons le voir – qu'ils soient proposés sous forme d'un chemin spirituel de conversion.

2. Il me semble alors que *le concept de « tradition »,* tel qu'il est utilisé par l'apôtre Paul (1 Th 1 – 3 ; 1 Co 11, 23-26 et 15, 1-3) et saint Irénée (*Adv. haer.*, III, 1) et codifié au chapitre II de la constitution *Dei verbum*, pourra, dans sa complexité unifiée, former l'axe intérieur d'une théologie au service d'un christianisme en diaspora[1]. S'appuyant sur un schéma très simple de communication qui articule ce qui est à communiquer *(tradendum)*, ceux et celles qui le transmettent *(tradentes)* et ceux et celles auxquelles ils s'adressent (les *destinataires*)[2], le *processus* de tradition permet non seulement d'intégrer les « marqueurs » repérés par Rahner pour caractériser la situation diasporique de l'Église (voir plus haut) mais aussi de situer, de manière rétroactive, le moment présent en son déploiement actuel (ce qui est la toute première tâche de la théologie).

Rappelons brièvement les *trois pôles* qui viennent d'être énumérés ainsi que leur articulation.

Tout commence par *ce qui est à transmettre* : l'Évangile du Règne de Dieu *et* Celui qui l'a annoncé en premier (selon ce qui a été montré plus haut), le Christ Jésus, qui a mis pour lui son existence entière en jeu. Dans une situation diasporique comme la nôtre où la formation d'une personnalité chrétienne ne va plus du tout de soi (cf. les marqueurs [a] et [b] de Rahner), la structuration intérieure de la rencontre du fidèle avec le Dieu du Christ Jésus – le Concile parle de « vocation » (*OT*, 14) – passe par une confrontation avec les Écritures, les grandes traditions spirituelles *et* – ajoutons-le aujourd'hui – une phénoménologie de la vie quotidienne[3].

---

1. C'est aussi la thèse de H. VERWEYEN qui, dans *Gottes letztes Wort. Grundriss der Fundamentaltheologie*, p. 50-57, met ce concept au centre de sa théologie fondamentale.

2. Voir p. 22 s.

3. Voir Olivier RIAUDEL, « La critique de "l'Évangile selon sainte Scolastique" », p. 458-460 ; vvoir aussi Chr. THEOBALD, *Urgences pastorales du moment présent*, p. 231-291.

Ce premier pôle se relie tout naturellement à un second : la communauté de *celles et* de *ceux qui reçoivent l'Évangile dans leur existence et qui l'annoncent* à d'autres, jamais en leur propre nom ; car étant donné l'état du monde traversé par le mal sous ses différentes formes, une « Nouvelle de bonté radicale toujours nouvelle » *(Eu-aggelion)* ne peut venir que de « Dieu » et nécessite donc, pour Jésus et pour l'Église, un mouvement d'envoi. L'ecclésiologie du concile Vatican II (voir déjà les marqueurs [c] et [d] de Rahner) et ses relectures plus récentes (*sensus fidei fidelium*, synodalité, etc.) ont ici leur place. Penser la « communalisation » de l'existence chrétienne n'est possible que dans une perspective d'ouverture missionnaire, impliquée dans l'Évangile même du Règne de Dieu.

Ce qui conduit au troisième pôle de la tradition chrétienne : les destinataires et les sociétés humaines, héritières et locataires de la planète. Même si nous avons dû insister plus haut sur la « diasporisation » de l'existence humaine (surtout en milieu urbain) et sur l'« archipellisation » de nos sociétés et de nos cultures, il semble que les violences et les guerres, ainsi que la menace de l'effondrement de l'équilibre écologique de notre planète, conduisent à réactiver une vision messianique de paix et de réconciliation, y compris avec la création, vision susceptible de résister à toutes sortes de variations du darwinisme contemporain.

Les métaphores du « centre » ou de l'« axe » sont évidemment à prendre avec précaution quand on s'oriente vers une telle *conception « processuelle »* de la tradition chrétienne, comme c'est le cas à Vatican II qui, dans son Décret sur l'activité missionnaire, rattache la nature de l'Église à sa mission ou à sa tradition « en acte » (*AG*, 2 et 5). Sa situation de diaspora implique donc, *si elle est acceptée* – et ici débute le versant spirituel –, un *double décentrement* [1], un décentrement d'ouverture par rapport à « l'amour dans sa source » (*AG*, 2) – l'Évangile ou la lumière des peuples qu'est le Christ Jésus *(Lumen gentium sit Christus)* – et un décentrement de mission par rapport à la création tout entière et à celles et ceux qui l'habitent (*LG*, 1). Vatican II a surtout mis en valeur ces destinataires (voir *Gaudium et spes* et le principe de « recevabilité ») qui ne peuvent jamais être considérés comme une

1. K. Rahner parle ici de la « pauvreté » de l'Église, dans « L'interprétation théologique de la situation du chrétien dans le monde moderne », p. 368.

simple caisse de résonance, car l'Évangile du Règne de Dieu est *déjà* mystérieusement à l'œuvre en eux, en creux ou en attente, malgré la présence de toutes sortes de forces de résistance.

Après avoir déroulé les trois pôles constitutifs de la tradition chrétienne dans un sens, il convient donc maintenant de les parcourir *en sens inverse*: ce qui se passe chez les destinataires (au sein de leurs cultures et de leurs manières d'habiter le monde, à repérer par les fidèles) reflue en quelque sorte sur la figure d'une Église missionnaire et sur la manière d'interpréter, ici et maintenant, au sein de la vie quotidienne, l'Évangile du Règne de Dieu. Cette « processualité » nécessite effectivement une réforme permanente (voir *EG*, 1) qui porte sur les trois niveaux de l'actuelle crise de l'Église diagnostiquée au début de ce chapitre. Ce n'est qu'en quêtant l'hospitalité auprès de nos contemporains et en affrontant la difficulté à faire retentir l'Évangile de Dieu dans leur vie que l'Église pourra accepter paisiblement son statut de minorité et, ayant pu se réjouir de l'abondance de la moisson (Lc 10, 2), admettre une transformation de ses structures; ce dont il sera question dans la dernière partie.

3. La deuxième tâche de la théologie commence à se préciser ici. Penser l'existence chrétienne et sa communalisation ecclésiale *en diaspora*, ne peut se faire qu'à partir du centre de la tradition chrétienne. Or, reconnaissons-le à nouveau, ce centre se trouve fréquemment dilué dans la pluralité des disciplines théologiques et perdu dans la déconcentration d'une pastorale ordinaire. Avant de nous tourner vers la différenciation universitaire de la théologie et de nous orienter en même temps vers les communautés chrétiennes où devra s'exercer une troisième tâche de la théologie, il convient de préciser encore quelque peu *l'esprit qui doit animer la conversion ou réforme, impliqué dans le processus de la tradition.* C'est en quelque sorte le « missing link » que la théologie doit introduire, si elle veut s'ajuster à la situation diasporique de l'Église. Trois aspects méritent d'être rapidement esquissés, car ils concernent à la fois des attitudes spirituelles ou des exigences auxquelles la formation universitaire en théologie doit pouvoir donner corps et que les communautés sont obligées de mettre en œuvre quand elles prennent conscience de leur responsabilité par rapport à l'avenir.

Il n'est pas rare que nos facultés de théologie – comme d'ailleurs plus globalement l'université – offrent à l'étudiant « un panorama morcelé et désintégré des études » (*VG*, 4 c), le confrontant à la même absence de transparence et à la même différenciation internes des domaines qu'il rencontre dans la société contemporaine. D'où le défi spirituel de le conduire d'emblée vers une perception à la fois complexe et unifiée de la tradition chrétienne ; défi qui est plus largement celui de toute notre civilisation postmoderne éprouvée par les effets pervers d'une différenciation extrême des sphères culturelles ou des champs de l'existence, menacée par la violence qui en résulte et confrontée d'autant plus fortement au désir d'unité des sujets, groupes et sociétés.

Veritatis gaudium introduit à cet endroit un *« perspectivisme » des points de vue* géré par l'inter- et la transdisciplinarité [1]. Cette dernière ne se contente pas de la simple juxtaposition de différents points de vue sur la tradition chrétienne ou d'un regard particulier sur elle à partir d'un de ses pôles constitutifs, mais tente de situer les savoirs et de les mettre en relation les uns avec les autres dans un même espace de Lumière et de Vie offert par la Sagesse qui émane de la Révélation de Dieu *(ibid.)*. Il s'agit là d'un acte ou d'une attitude hautement spirituelle que l'enseignant doit en quelque sorte incarner pour montrer à l'étudiant que, loin de représenter une menace, la pluralité est une manifestation de la « richesse multiforme du réel » (*VG*, 4 c).

Une perception juste de la pluralité des points de vue et pôles exige cependant un habitus « critique » qui, depuis le XVIIIe siècle, fait partie de la théologie comme « science ». Il représente une deuxième difficulté pour l'étudiant d'aujourd'hui qui a souvent du mal à relier foi et critique. Le défi actuel est donc de lui montrer que *l'expérience de la foi elle-même nécessite une capacité critique non négligeable* : comment lire par exemple un Saint Jean de la Croix sans entrer avec lui dans un travail décapant de critique de toutes nos représentations, de la représentation de Dieu en premier lieu, mais aussi de celles que nous nous faisons d'autrui, de l'Église et du monde, sachant que cette critique ne laisse aucune strate de notre condition charnelle, individuelle, sociale et

---

1. Il s'agit du deuxième et du troisième des quatre critères de renouvellement des études ecclésiastiques formulés par le pape François dans sa constitution apostolique sur les Universités et Facultés ecclésiastiques *Veritatis gaudium*, 4, voir p. 443, n. 2.

politique en dehors du processus spirituel de transformation qu'elle engage ? Une meilleure perception de la situation diasporique de l'Église permet d'affiner ce sens critique qui, quand il aboutit à une distinction entre une perspective interne et une perspective externe sur la foi et suscite la capacité à apprendre d'autrui, œuvre inversement en faveur d'une acceptation plus sereine du statut de minorité.

Contre le soupçon d'intellectualisme, il faut donc faire valoir les enjeux spirituels et théologaux d'une théologie qui, loin de rester sur un plan attestataire, entreprend d'argumenter : en faveur de l'image évangélique d'un Dieu qui ne vient pas par effraction mais qui suscite, chez le croyant, l'obéissance sous la forme d'un libre « *obsequium rationabile* » (Rm 12, 1) ; en faveur d'une foi qui nous libère du stress d'être soi, parce qu'en confiant l'unité eschatologique de notre existence à la bonté de Dieu, elle devient capable de peser réellement les enjeux de chacune des étapes de notre vie ordinaire, aussi provisoire soit-elle ; en faveur, enfin, d'une ouverture inconditionnelle à l'autre qui ne désespère jamais de sa capacité à entrer dans un échange « raisonnable » au sujet de la vérité, parce que le mystère de Dieu est censé l'habiter déjà, mystère qui seul est universel ou catholique au sens strict du terme.

Cet habitus critique et autocritique, capable de relativiser ou de mettre en relation dialogale le point de vue propre de chacun, ouvre *in fine* l'espace d'une troisième attitude spirituelle, difficile à susciter quand l'ethos individualiste prédomine, mais nécessaire pour quiconque œuvre en faveur d'une communalisation ecclésiale en diaspora. Il s'agit d'une *intelligence véritablement collective* qui, ayant traversé l'épreuve d'une pluralité de points de vue et accepté une autocritique constante des positions de chacun des partenaires, va jusqu'au bout d'un apprentissage qui ne peut être que commun et devenir « le commun » d'une communauté universitaire ou autre. Ce que les dispositions pédagogiques d'une formation académique devraient finalement rendre possible s'avérera, nous le verrons, comme étant vital sur le terrain.

Cultiver ces trois attitudes spirituelles qui, tout en relevant d'une formation universitaire, sont impliquées dans le processus même de tradition – centre de la foi chrétienne –, c'est exercer la deuxième tâche théologique au service d'une Église en diaspora. Mais s'y engager résolument n'est pas tourner le dos à la différenciation académique des disciplines théologiques. Au contraire, l'enjeu consiste à aborder celles-ci à nouveaux frais, précisément à partir du « centre » de la tradition chrétienne. C'est ce qu'il nous reste à montrer.

La nécessaire différenciation des disciplines dans l'espace universitaire

Il ne peut être question de reprendre ici l'ensemble de l'« architecture », d'ailleurs relativement souple, de la théologie « scientifique » telle qu'elle s'est imposée en Europe dès la première moitié du XIXe siècle [1]. Rappelons seulement qu'elle repose sur une *base historique ou positive*, à savoir sur des disciplines bibliques et historiques ainsi que sur celles, pratiques et liturgiques, qui pensent l'actuelle présence des Églises au sein de nos sociétés contemporaines, qu'elle se structure grâce à des *disciplines normatives* comme la dogmatique et la morale ainsi que le droit canonique et qu'elle trouve son ultime fondement dans une théologie *fondamentale* (appelée parfois apologétique), déployée en lien avec une théologie philosophique. En principe, cette architecture facultaire reproduit le processus de tradition avec ses trois pôles ; c'était au moins sa visée première chez Friedrich Schleiermacher et Johann Sebastian Drey. Mais l'absence d'une véritable collaboration intra- et transdisciplinaire risque toujours de cacher cet axe et de rendre l'architecture scientifique illisible (*VG*, 4 c).

Or, une fois rendue transparente à partir de son principe, cette architecture différenciée s'avère particulièrement ajustée à la situation diasporique de l'Église. Car quand celle-ci *accepte* de se « retirer » en quelque sorte parmi les fidèles, renonçant à son pouvoir sur l'ensemble de la société et non à sa mission au sein de celle-ci, elle peut laisser advenir d'*autres points de vue* sur elle-même et sur la vie humaine ; et elle en a même besoin. C'est le rôle que les sciences humaines ou d'autres disciplines non théologiques exercent au sein même de la théologie. Elles ont déjà contribué, dans un premier temps, contre beaucoup de résistances

1. Voir notre reprise dans *Le christianisme comme style. Une manière de faire de la théologie en postmodernité*, p. 192-196 ; ID., *Selon l'Esprit de sainteté. Genèse d'une théologie systématique*, p. 26-35.

(au moment de la crise moderniste), à mettre en relief l'historicité de la tradition chrétienne et, partant de sa base biblique et historique, ont progressivement investi l'ensemble de l'organigramme théologique, non sans contraindre les disciplines normatives et fondamentales à affiner leur approche de l'identité chrétienne.

Ce perspectivisme des points de vue, déjà mentionné, prend aujourd'hui deux formes différentes :

1. Il s'exprime d'abord dans les sciences de la culture et dans l'anthropologie historique qui, se donnant dans nos sociétés laïques leurs propres institutions, se substituent fréquemment à la théologie, à moins qu'elles n'aboutissent à une théologie publique[1]. Elles répondent aux besoins de nos sociétés de comprendre leur provenance historique qu'elles abordent sous tous les angles de l'existence humaine individuelle et collective ; elles le font évidemment sans privilégier le christianisme, mais en s'intéressant – par exemple dans la sphère méditerranéenne – à l'émergence et à l'interaction du judaïsme, du christianisme et de l'islam, voire d'autres orientations spirituelles. Leur principe méthodologique est le comparatisme, leur présupposé l'immanence des évolutions sociohistoriques, culturelles et politiques des sociétés humaines.

Une théologie au service d'un christianisme en diaspora a tout intérêt à se laisser interroger par ce type de regard « sécularisé » sur le phénomène chrétien[2]. Car, outre le fait qu'elle trouve ainsi des interlocuteurs nouveaux (et un public habituellement éloigné de sa propre sphère), elle est mise d'emblée devant une perception incarnée de l'identité chrétienne et reliée de manière multilatérale à d'autres phénomènes religieux ou non, et elle se voit invitée à exercer sa vigilance critique quand les présupposés de tel partenaire du débat occultent les légitimes conflits d'interprétation et à mieux percevoir que dans nos sociétés pluralistes une intercompréhension est possible, sans que l'auto-perception, par exemple celle des chrétiens, et le regard d'autrui sur eux ne coïncident.

---

1. Voir G. ROUTHIER, « La naissance d'une théologie pratique et pastorale dans le sillon du concile Vatican II et l'interrogation actuelle sur les "sujets " de la théologie », p. 478.

2. Voir par exemple les travaux de P. GISEL : *La théologie face aux sciences religieuses. Différences et interactions*, Genève, Labor et Fides, 1999 ; *La théologie*, Paris, PUF, 2007.

2. L'autre versant du perspectivisme des points de vue s'exprime dans l'intérêt théologal de la tradition chrétienne pour les sociétés humaines et leur avenir. On retrouve ici les questions classiques de la pensée sociale de l'Église, les différents versants de son éthique individuelle et collective et, depuis un certain temps, les problèmes de la transition énergétique, démographique et écologique.

Pour revenir brièvement à l'article de Karl Rahner qui a donné l'impulsion à l'examen de cette thématique, il souligne dès le départ que la condition de l'homme moderne, confrontée comme jamais auparavant à une ampleur inouïe de possibles, exige *des « choix qui ne [peuvent] plus être faits sous le signe du christianisme, sans autre considération*[1] ». La possibilité et la légitimité, dans telle situation, de plusieurs possibilités d'agir rend tout programme chrétien unique impossible ; tout en demandant à être respectés, les principes chrétiens ne peuvent pas dicter telle ou telle décision désormais soumise à discernement.

> Refuser d'admettre une telle proposition [...] ce serait aussi une hérésie ontologique : on prétendrait en effet de la sorte que le concret, dans le domaine de la réalité humaine, n'est pas autre chose qu'une réduction du général, un cas particulier qui ne signifie rien que le général, que ce qui s'exprime sous la forme de principes[2].

Comme il ressort des débats à Vatican II sur *Gaudium et spes*[3]et de leur suite jusqu'à *Veritatis splendor* (1993) et *Amoris laetitia* (2016), nous sommes toujours dans l'orbite de la mutation pensée pour la première fois par Rahner en 1954. Son argumentation permet d'établir un lien entre sa perception du pluralisme éthique, imposé par l'évolution des sociétés, et une Église se percevant paisiblement en diaspora.

L'enjeu principal de ce « retrait » est alors la *participation « désintéressée »* de l'Église, *via* sa théologie universitaire, au

1. Voir K. RAHNER, « L'interprétation théologique de la situation du chrétien dans le monde moderne », p. 362.

2. . *Ibid.*

3. Voir ID., « Remarques concernant le schéma "*De Ecclesia in mundo huius temporis*". 28 mai 1965 », dans ID., *Le deuxième concile du Vatican. Contributions au Concile et à son interprétation*, p. 361-369.

discernement de l'humain, exercé désormais par une humanité qui, au sein des « possibles » qui s'offrent à elle, doit choisir ceux qui ne menacent pas son avenir collectif sur notre planète. *Veritatis gaudium* relie cette tâche à l'Église « en sortie » qui est l'autre versant de sa situation diasporique.

> D'autant plus, ajoute le pape François, qu'aujourd'hui nous ne vivons pas seulement une époque de changements mais un véritable changement d'époque, marqué par une « crise anthropologique » et « socio-environnementale » globale [...]. Il s'agit en définitive de « convertir le modèle de développement global » et de « redéfinir le progrès ». « Le problème est que nous n'avons pas encore la culture nécessaire pour faire face à cette crise, et il faut des leaderships qui tracent des chemins. » Cette tâche considérable et qui ne peut pas être reportée demande, au niveau culturel de la formation universitaire et de la recherche scientifique, l'engagement généreux et convergent vers un changement radical de paradigme, et même – je me permets de le dire – vers une « révolution culturelle courageuse » [*VG*, 3].

Ces perspectives universitaires doivent, selon le vœu du pape François, rester reliées au peuple de Dieu et à son « terrain » polyédrique. Ce qui nous conduit vers une troisième tâche de la théologie :

Pour une théologie au service d'une « autoformation » de communautés missionnaires

La théologie partage le sort des cultures d'experts qui sapent en quelque sorte le *common sens* de la société, tout en l'enrichissant et en le réformant à partir de leurs acquis, ce qui se fait en théologie chrétienne par exemple à partir de la critique biblique ou de la psychologie religieuse. La difficulté majeure de la troisième tâche qui se dessine ici est de rejoindre effectivement le « monde de la vie » ou le « terrain » où les communautés se donnent un avenir. Les distances culturelles sont souvent grandes – le « schisme vertical » a été plusieurs fois évoqué – et les nécessaires critiques et enrichissements ou réformes freinés, voire rendus impossibles, par des archaïsmes de toutes sortes.

On ne s'étonnera pas qu'à l'arrière-plan de cette tâche se trouve à nouveau le concept et processus de tradition. Dans *Le discours philosophique de la modernité*, Jürgen Habermas caractérise la modernité comme une « époque historique qui prend conscience du problème [...] que sont l'abandon d'époques exemplaires du passé et la nécessité de puiser en soi-même tout ce qui relève des normes [1] ». C'est le rapport des traditions à elles-mêmes et à leurs porteurs *(tradentes)* qui est ainsi interrogé ; désormais, les traditions sont en effet livrées très radicalement à un acte de réception qui est en même temps de l'ordre de la recréation. La tradition chrétienne n'est pas sans connivence avec cette mutation, car son concept de « diaspora » fonctionne sans « terre sainte » – le tombeau de Jésus étant vide – et sans époque exemplaire, le *kairos* ou « l'aujourd'hui » de la réception de l'Évangile pouvant se produire en tout temps et en tout lieu.

La troisième tâche des théologiens et théologiennes experts est donc d'intervenir dans l'autocompréhension même des communautés chrétiennes et dans la « formation » du *sensus fidei fidelium* et des *consensus* ecclésiaux. Cela suppose une difficile conversion des mentalités portant sur la détermination des « sujets » de la théologie et exige une réflexion sur leurs manières de faire.

Le peuple de Dieu comme sujet de la théologie

Classiquement, c'est en effet le magistère catholique qui est le sujet de la théologie, aidé par les théologiens (comme cela avait été rappelé en 1990 par l'instruction *Donum veritatis* de la Congrégation pour la doctrine de la foi). Aujourd'hui, dans tous les pays, des hommes et des femmes exercent ce ministère tout en étant enracinés dans leurs communautés chrétiennes respectives ; mais toute une partie de la hiérarchie et du clergé continue à s'opposer à cette « démocratisation » de la théologie. Il n'est pas aisé, en effet, de faire valoir celle-ci comme un « charisme » particulier au sein de nos communautés tant que la « communalisation » catholique n'a pas retrouvé effectivement son soubassement

1. J. HABERMAS, *Le discours philosophique de la modernité. Douze conférences*, p. 23 s.

charismatique pourtant fermement posé à Vatican II (*LG*, 4, 7 et 12, etc.).

Or, plus récemment, la constitution apostolique *Veritatis gaudium* a pris position dans ce conflit. Le point de départ et le point d'arrivée du passage central du n° 4 est le peuple de Dieu, face à une nouvelle étape d'évangélisation. C'est lui le *sujet* de la tradition qui jaillit de « l'événement de Jésus Christ » :

> L'exigence prioritaire aujourd'hui à l'ordre du jour est, en effet, que tout le Peuple de Dieu se prépare à entreprendre avec esprit une nouvelle étape de l'évangélisation. Cela demande « un *processus* résolu de discernement, de purification et de réforme ». Et dans ce *processus*, un renouvellement correct du système des études ecclésiastiques est appelé à jouer un rôle stratégique. En effet, celles-ci ne sont pas seulement appelées à offrir des lieux et des parcours de formation qualifiée des prêtres, des personnes consacrées et des laïcs engagés, *mais elles constituent une sorte de laboratoire culturel providentiel où l'Église fait un exercice d'interprétation performative de la réalité qui jaillit de l'événement de Jésus Christ* et qui se nourrit des *dons de la Sagesse et de la Science dont le Saint Esprit enrichit* sous des formes variées *tout le Peuple de Dieu* : du *sensus fidei fidelium* au magistère des Pasteurs, du charisme des prophètes à celui des docteurs et théologiens.

Le point nouveau et décisif pour nous se trouve au milieu de ce paragraphe où la Constitution introduit l'idée de « laboratoire culturel » : « Le système des études ecclésiastiques comme laboratoire culturel *providentiel.* » Ce laboratoire ne se situe pas en marge de la Tradition, mais *in medio Ecclesiae* et au sein même de ses communautés, car il constitue le « lieu » où cette tradition ou le peuple qui la porte « fait un exercice d'interprétation performative de la réalité ». Face à l'inconnu de l'avenir et face à la « révolution paradigmatique » qui caractérise notre présent, cet exercice relève d'une sorte de « pragmatisme éclairé » : le peuple porteur de la Tradition avance dans le « clair-obscur » et fait l'histoire (voir le quatrième critère dans *VG*, 4 d) en interprétant celle-ci et en y agissant ; en se laissant, sur ses avancées, *simultanément* porter par ce qui jaillit de l'événement de Jésus Christ – aujourd'hui présent (voir *VG*, 5) – et par les dons de la Sagesse et de la Science, distribués par l'Esprit Saint, il fait refluer son interprétation du moment présent sur celle de la Tradition et inversement. C'est ce que le même numéro appelle une « véritable herméneutique évangélique». L'ecclésiologie charismatique de Vatican II est ici rétablie : on part du *sensus fidei fidelium* et du charisme prophétique, doctoral et théologique, et on y intègre la fonction du magistère des Pasteurs [1].

La « formation » en vue d'une « autoformation »

Si l'on ne veut pas que ces indications restent programmatiques, il faut inventer des modalités nouvelles de mise en pratique. On peut aborder la question de la « formation » par le biais des *institutions* de formation, à savoir les facultés de théologie, les centres de formation plus proches du terrain, souvent liés à des provinces ecclésiastiques, et les services de formation au sein des diocèses et communautés. Même sans enquête approfondie, on peut constater aujourd'hui un foisonnement d'initiatives ; jamais, dans l'Église en Europe, autant d'efforts n'ont été déployés au service de la formation.

Pour autant, les *parcours* sont-ils toujours bien en phase avec ce qui se passe effectivement sur le terrain, bien pensés dans leur progression, bien relayés sur les trois niveaux de compétence évoqués à l'instant et coordonnés en conséquence ? Ce n'est pas sûr. Et on peut se demander s'il y a toujours clarté quant à leur *finalité*, car un certain cloisonnement de différents types de pastorale (catéchétique, liturgique et caritative) risque d'entraîner immédiatement la formation de « spécialistes » dans tel ou tel domaine, sans que les communautés et les personnes soient aidées à comprendre leur raison d'être ou leur source, leur mission en tel lieu et la figure de leur « communalisation ». Or, avant de former des « techniciens » de telle ou telle action ecclésiale (référée à un des *tria munera*), l'enjeu du travail théologique à la base est d'aider les communautés à comprendre ce qui leur est donné et à reproduire activement – de l'intérieur même de l'intelligence de la Tradition – la genèse ecclésiale de leur foi et à en devenir ainsi « sujets » missionnaires.

Cette finalité se laisse décliner en trois éléments constitutifs qui devraient fournir un socle commun de formation pour tous les

1. Voir le chap. XIII ci-dessus et le numéro entier des *RSR* [104 (2016/2)] qui porte sur le *sensus fidei fidelium*.

chrétiens « confirmés » ou acteurs pastoraux, quels qu'ils soient. Il suffit ici, pour finir, d'en proposer une rapide esquisse[1].

1. L'intelligence élémentaire de la tradition chrétienne repose sur l'appel à entendre la parole de Dieu. Pratiquée d'abord dans la liturgie, cette écoute repose sur une sorte de « trépied » : la lecture des Écritures, le discernement des signes des temps et l'accès à l'intériorité et à la prière. Chacune de ces trois pratiques mérite évidemment d'être formée et approfondie pour elle-même ; mais seule leur articulation permet d'accéder à la parole de Dieu.

2. Or, comment entendre la parole de Dieu si ceux qui disent l'entendre ne s'entendent pas mutuellement ? C'est là le deuxième élément constitutif d'une formation de base qui porte sur les fondements de la « communalisation » ecclésiale de la foi. Le dépassement des conflits et l'entente supposent des pratiques comme celle du discernement des charismes, celle de la délibération et l'exercice d'une autorité. Ces manières de procéder doivent faire l'objet d'une initiation et d'un approfondissement garantissant une pratique régulière de synodalité à tous les niveaux de l'Église (et d'abord à la base), respectueuse de la voix de chacun et du bien de tous. Seule une telle pratique sera capable de transformer progressivement une communauté de baptisés, « objet » de soin pastoral, en « sujet missionnaire » susceptible de générer en son sein les ministères dont elle et l'Église ont besoin, œuvrant ainsi à un ajustement structurel de la communalisation catholique à sa situation diasporique d'aujourd'hui.

3. Plus qu'autrefois un troisième élément doit faire constitutivement partie d'une formation de base, à savoir l'acquisition d'une mémoire historique, non seulement locale et communautaire ou paroissiale, mais aussi plus large et en profondeur. Nous rejoignons ici la première fonction de la théologie et sa manière de situer le présent dans une histoire longue et de désigner la situation en diaspora comme une nécessité inhérente à l'histoire du salut. Il est en effet impossible pour nos communautés chrétiennes d'inventer un avenir sans prendre conscience de cette mutation et de comprendre, par le recul historique, ce qui leur arrive et le sens des controverses et des stratégies pastorales qui se développent aujourd'hui. C'est en comprenant que nous sommes devenus des

1. Pour davantage de précisions voir le chap. VIII de Chr. THEOBALD, *Urgences pastorales du moment présent. Pour une pédagogie de la réforme*, p. 375-427.

pays de mission avec tout ce que cela implique de bouleversement de perspectives que nous pourrons poser des diagnostics réalistes et lutter efficacement contre tout positionnement idéologique.

Ces trois éléments constitutifs peuvent et doivent être enseignés, mais restent ultimement des pratiques qui ne s'apprennent qu'en pratiquant. Celui ou celle, théologienne ou théologien à la base, qui y initie d'autres devra donc toujours avoir à l'esprit la prophétie de Jérémie qui, reprise dans le Nouveau Testament, lui offre une visée eschatologique, rendue plus urgente dans un christianisme diasporique, à savoir l'attente de l'effacement de la théologie comme « discipline » et de son accomplissement en ceux et celles en qui elle aura fait naître leur propre intelligence : « Ils ne s'instruiront plus entre compagnons, entre frères, répétant : "Apprenez à connaître le Seigneur", car ils me connaîtront tous, petits et grands » (Jr 31, 34 ; voir aussi Jn 6, 45 ; He 8, 11).

Quatrième partie

...DANS UN ESPRIT ŒCUMÉNIQUE

Cette dernière partie doit être lue avec celle qui précède, car elle explicite « l'esprit œcuménique » qui anime ma tentative de repenser les fondamentaux de la tradition chrétienne. Après plus de cent ans d'existence (si l'on prend pour repère la première conférence œcuménique à Édimbourg en 1910, traitant de « mission »), l'œcuménisme ne peut plus être considéré par la théologie comme un phénomène marginal, faisant nombre avec d'autres, mais constitue une véritable tradition d'apprentissage, de conversion et de réforme en train de s'infiltrer, non sans résistances, dans nos traditions ecclésiales. Tout en admirant ce processus qui traverse tout le XXe siècle – et que tous les chrétiens sont invités à comprendre comme « signe des temps » (*UR*, 4) –, j'avoue rester perplexe devant la multiplication des commissions bilatérales de dialogue, donnant à penser que l'unité adviendra au bout de ce travail doctrinal, et donc en quelque sorte d'en haut. Or, l'unité visible des chrétiens doit surgir du vivre-ensemble des chrétiens de confession différente, comme une réalité devenue quotidienne et non seulement réservée à la semaine de l'unité, une réalité sur place et donc ajustée à leurs situations si diverses. Chaque « disciple-missionnaire » – désignation chère au pape François – ne doit-il pas être en même temps « disciple-œcuméniste » ?

Après une première étude sur le renouveau œcuménique au XXe siècle (chap. XVIII), je m'attarderai à la toute première tentative d'anticipation de l'unité visible de l'Église, sous la forme de huit thèses que nous devons à deux théologiens catholiques renommés, Heinrich Fries et Karl Rahner (chap. XIX). Publiées en 1983, année de la promulgation du nouveau Code de droit canonique, elles se situent tout au début de la période comprise par les historiens comme époque de « reconstruction *inachevée*, ouverte à l'incertitude ». Gardant, me semble-t-il, une surprenante actualité, elles se trouvent à l'arrière-plan des deux dernières études de cet ouvrage (chap. XX et XXI), dont la rédaction m'a inspiré l'idée de la dynamique et de l'orientation de l'ensemble du parcours proposé ici : *le courage d'anticiper un avenir commun, fondé sur l'espérance.*

XVIII

LE RENOUVEAU ŒCUMÉNIQUE AU XXe SIÈCLE

Flux et reflux

Plutôt parcimonieux dans la désignation de tel ou tel phénomène comme « signe des temps », le concile Vatican II nomme expressément, parmi ces quelques « dispositions providentielles de Dieu sur le temps présent » (*SC*, 43), le « mouvement œcuménique » et « tant d'efforts accomplis par la prière, la parole et l'action pour arriver à la perfection de l'unité voulue par Jésus-Christ » (*UR*, 4 § 1). Le renouveau œcuménique est donc, selon la définition du « signe des temps » dans *GS*, 4 et 11, *un « événement » historique repérable et analysable*, événement que la *« foi » interprète* comme manifestation du « Maître des siècles qui poursuit son dessein de grâce avec sagesse et patience à l'égard des pécheurs que nous sommes » (*UR*, 1) ; et cette « foi » *peut* interpréter l'œcuménisme *ainsi* parce qu'elle se perçoit *en même temps invitée et poussée* par cet « événement » *à se réinterpréter elle-même* en fonction de la parole du Seigneur, appelant tous ses disciples à l'unité.

Selon cette perspective à la fois historique *et* théologique, le mouvement œcuménique auquel les catholiques se sont officiellement ralliés au moment du Concile répond donc à un « kairos ». Comment comprendre dès lors, d'un même point de vue historico-théologique, la stagnation de ce mouvement à partir des années quatre-vingt, voire la crise dans laquelle il est désormais entré ? Le « kairos » est-il passé, un peu comme une « chance qui passe », sans être saisie ? S'agit-il d'une infidélité collective de nos Églises et de leurs chefs par rapport à ce qu'on considérait à l'époque du Concile comme une grande grâce ? Ou vivons-nous maintenant à une *autre* époque où il nous faut entendre le même appel *d'une autre manière*, voire carrément un *autre* appel ? N'aurions-nous pas encore compris la parole de Jésus « Que tous soient un [...], afin que le monde croie » (Jn 17, 21) ?

Il n'est pas aisé de répondre à ces questions qui exigent une solide analyse historique *et* un jugement théologique qui ne peut pas être porté par un seul ; ce qui invite à beaucoup de modestie. Je me contente donc de brosser ici un vaste tableau, m'interrogeant sur les causes profondes du « flux et reflux » du renouveau œcuménique et laissant le travail historique plus précis à d'autres.

Dans une première partie, je tenterai d'identifier « la grâce œcuménique », telle qu'elle a été reçue à l'époque du concile Vatican II ; cette identification est d'un grand prix, car c'est par rapport à elle que se mesure le chemin parcouru depuis, les déceptions ou stagnations déjà évoquées et l'interrogation qui nous habite aujourd'hui quant aux conditions de poursuite ou d'inflexion du mouvement œcuménique. Je proposerai donc dans une deuxième partie une sorte de bilan intermédiaire, situé historiquement dans les années quatre-vingt, en insistant surtout sur les mutations politico-culturelles qui interviennent à la fin de ces années. Ce qui me conduira vers l'actualité et aux questions d'avenir qui viennent d'être posées, questions que j'aborderai sous l'angle de la plus petite des vertus théologales qu'est l'espérance.

La grâce œcuménique à l'époque du concile Vatican II

Avant d'entamer quelques réflexions sur les raisons historiques de la *cristallisation* de ce qu'on peut appeler « courant œcuménique », au sein de toutes les Églises, et de répondre à la question théologique et spirituelle de savoir en quoi cette réception institutionnelle, y compris en catholicisme, peut être considérée par la foi comme une *grâce*, il faut entendre l'avertissement de nos historiens. Ils ont raison de soupçonner que l'actuelle crise du mouvement œcuménique conduise à transformer l'époque des « pionniers » en mythe et insistent sur la nécessité de s'interroger sérieusement sur les causes du succès œcuménique de l'époque de Vatican II et les causes de l'amplification postconciliaire avec sa banalisation et sa stagnation consécutives.

Étienne Foullioux est sans doute le premier à avoir clarifié les conditions épistémologiques d'une histoire de l'œcuménisme :

> Quel que soit le degré de connivence (du chercheur) avec l'objet de la recherche, écrit-il en 1982, si celui-ci relève essentiellement du « mystère » ou du « miracle », il lui échappera. [...] Alors que faire ? Renoncer... ou changer de problématique. Couper le cordon ombilical sujet-objet, introduire entre eux la distance critique sans laquelle il n'existe pas de connaissance scientifique ; prendre le risque de ramener l'œcuménisme sur terre et l'amarrer solidement à son contexte – la diaspora chrétienne des XIXe et XXe siècles – pour le soumettre aux outils éprouvés de la discipline historique... Sans se prononcer sur ses prétentions théologales, mais sans les bannir *a priori* au nom de déterminismes réducteurs et au préjudice de l'indispensable sympathie [1].

Je tenterai de respecter sa consigne en m'interrogeant d'abord sur les causes « politico-culturelles » du mouvement œcuménique, sans m'empêcher pour autant – comme théologien – de revenir ensuite sur la question de l'interprétation théologique de « l'événement ».

La cristallisation collective d'un courant et ses raisons historiques

1. Commençons donc par rappeler quelques éléments de périodisation : les premiers éveils d'un courant en faveur de l'unité remontent au milieu du XIXe siècle ; ce courant s'affirme et s'organise progressivement à partir des années 1920 et trouve ensuite – troisième phase – la reconnaissance des différents partenaires officiels. En 1948, c'est la fondation à Amsterdam du *Conseil Œcuménique des Églises* (*COE*) qui rassemble les principales Églises chrétiennes, à l'exception du catholicisme romain ; et en 1964, la promulgation du Décret *Unitatis redintegratio* du concile Vatican II qui signe l'engagement œcuménique de l'Église catholique. Commence alors la phase actuelle, appelée par Étienne Fouilloux « amplification et banalisation [2] ». L'ensemble de ce

1. É. Fouilloux, *Les catholiques et l'unité chrétienne du XIXe au XXe siècle. Itinéraires européens d'expression française*, Paris, Le Centurion, 1982, p. 11.

2. Voir *ibid.*, p. 8-10.

parcours, en particulier la deuxième et la troisième phases, « donnent », selon Giuseppe Alberigo, « l'impression d'obéir à un rythme aussi pressant que celui des séparations du XVIe siècle, mais en étant de signe opposé [1] ».

2. Une analyse des *raisons* de cette accélération doit partir du contraste surprenant entre, d'un côté, l'opposition irréductible et la concurrence acharnée des confessions chrétiennes, en Europe comme sur les terres de mission jusqu'au XXe siècle, et, de l'autre, la mutation d'abord timide mais progressive de ce climat, intervenue à partir de la deuxième moitié du XIXe siècle. Les historiens semblent retenir deux causes de ce changement [2]. D'abord la dialectique unité/éclatement qui, depuis ce moment, détermine l'histoire de l'humanité et atteint également le domaine religieux ; en témoigne le premier « parlement des religions » de Chicago en 1893 et ses successeurs, désirant intéresser les Églises au sort de l'humanité, en dépit des acharnements guerriers et du *Gott mit uns* (« Dieu avec nous ») de 1914. Ensuite, les défis nouveaux de la société industrielle avec ses vagues progressives de déchristianisation, de laïcisation et de sécularisation, certes « accueillies » différemment par les confessions chrétiennes, mais créant progressivement une solidarité chrétienne nouvelle. C'est en tout cas hautement significatif que la première conférence œcuménique, celle d'Édimbourg en 1910, porte sur la *mission* et donne aux délégués des Églises d'autres continents l'occasion de stigmatiser les divisions entre chrétiens *comme obstacle majeur à la diffusion de l'Évangile*. L'œcuménisme est né dans les marges de la chrétienté européenne et, surtout, de l'interrogation sur la mission dans le monde moderne et contemporain.

À partir de cet arrière-plan mondial, on peut préciser ensuite la distinction entre les deuxième et troisième phases. Jusqu'en 1930 prédominent les « œcuménismes » particuliers des différentes confessions :

---

1. G. ALBERIGO, « Le christianisme un et pluriel. L'Église et les Églises. Les grandes étapes de l'éloignement et du rapprochement », dans J.-M. MAYEUR, Ch. et L. PIETRI, A. VAUCHEZ, M. VENARD, *Histoire du christianisme*, 14 : *Anamnèsis* (Origines – Perspectives – Index), Paris, Desclée, 2001, p. 217.

2. É. FOUILLOUX, *Les catholiques et l'unité chrétienne*, p. 14 s.

« concentration protestante », « catholicité non romaine » ou « unionisme catholique », modèles irréconciliables de réunification, jouent, non sans arrière-pensées politiques, le jeu dangereux du deux (ou trois) contre un : « panslavisme », « impérialisme anglo-saxon », « panchristianisme », « orgueil romain »... s'entrechoquent alors dans un affrontement idéologique sans issue [1].

C'est à partir de 1930 qu'une nouvelle plateforme commence à s'établir, le changement climatique, postérieur à la deuxième guerre mondiale, jouant dans la suite comme puissant accélérateur : le traumatisme laissé par cette déflagration et par les crimes contre l'humanité et l'engagement nouveau en faveur de la paix, en opposition au totalitarisme stalinien et en tentant de renforcer la plausibilité du modèle démocratique et le dialogue social en Europe de l'Ouest constituent l'arrière-fond et la condition politico-culturelle *sine qua non* de la mutation œcuménique en cours.

3. Celle-ci est particulièrement spectaculaire au sein du catholicisme romain : dans un laps de temps de 36 ans seulement, il a su passer de « l'unionisme », réaffirmé en 1928 par l'encyclique *Mortalium annimos* qui condamne sévèrement les premières conférences du mouvement œcuménique, et le Décret *Unitatis redintegratio* de 1964 qui, au contraire, perçoit dans ce mouvement un appel de l'Esprit. Ce « passage » surprenant (retracé en détail par l'ouvrage d'Étienne Fouilloux) a connu maints revirements et résistances. On doit rappeler ici les conflits de l'époque entre la Propagande et les congrégations missionnaires latines, d'un côté, allant, au moins pour certaines, jusqu'à confondre les missionnaires non-catholiques avec des païens, et, de l'autre, l'Orientale qui prône l'unionisme et considère les communautés orientales unies à Rome comme des têtes de pont, permettant, espère-t-on, de rallier l'Orthodoxie de Constantinople et de Moscou ; devenant de plus en plus fragile, l'unionisme se trouve finalement lui-même concurrencé par l'œcuménisme catholique naissant ; tension qui aura des effets complexes durant tout le concile Vatican II et après, seuls les Melkites montrant une attitude œcuménique remarquablement persévérante.

Le passage opéré par l'Église catholique n'est donc pas unilinéaire et reste, comme nous le verrons, très mesuré ; en témoigne

---

1. *Ibid.*, p. 15 s.

la thèse, certes nuancée, de l'identité substantielle de l'Église romaine avec l'Église du Christ et la distinction entre « Églises » orientales (*UR*, 14-18), d'un côté, et « communautés » issues de la Réforme (*UR*, 19-23), de l'autre.

4. Un dernier aspect plus sociologique mérite encore d'être signalé : les historiens sont particulièrement sensibles aux « lieux » d'émergence de l'œcuménisme catholique :

> Il apparaît soit dans des pays qui vivent sous le régime de la séparation des Églises et de l'État (exemple français), soit dans des pays où une relative parité confessionnelle empêche tout écrasement d'un clocher par un autre (exemple allemand). Rien n'est plus nuisible au rapprochement que l'existence de liens privilégiés entre l'une des confessions et les pouvoirs publics (Italie, Espagne, Angleterre) ou d'un déséquilibre matériel et psychologique tel que la minorité s'enferme dans un ghetto défensif (États-Unis après la crise « américaniste »)[1].

Par ailleurs, il faut souligner – surtout dans une perspective à long terme – que, dans des pays de relative parité confessionnelle (comme en Allemagne, aux Pays-Bas et en Suisse), le problème œcuménique devient, après la deuxième guerre mondiale, une question pastorale qui se pose à la base, à propos des mariages mixtes, de la question scolaire, de certaines refondations politiques, comme la Démocratie chrétienne en République fédérale, etc. Certes, Étienne Fouilloux note que, pendant les deuxième et troisième phases, l'œcuménisme n'a jamais été un mouvement populaire mais plutôt l'apanage d'une élite intellectuelle ou pastorale, éloignée des leviers de pouvoir institutionnel, qu'il s'agisse des grands pionniers, théologiens ou maîtres spirituels, belges, français, anglais, allemands ou d'aumôniers, découvrant par leurs études et leurs contacts un problème auquel l'institution catholique ne prêtait guère attention[2]. Mais dans des pays de mixité confessionnelle, c'est la base laïque qui joue désormais un rôle certain de conscientisation, non négligeable sur le plan de la préparation œcuménique du concile Vatican II ; j'y viens tout de suite.

---

1. *Ibid.*, p. 931.

2. *Ibid.*

Le projet œcuménique du Concile et l'euphorie œcuménique postconciliaire

1. Fin d'une *période de cristallisation collective et institutionnelle* et *début de la phase actuelle* de l'œcuménisme, le projet spécifique du Concile ne peut être compris que sur fond d'une histoire culturelle et politique, telle qu'elle vient d'être retracée à très grands traits. Faute de pouvoir le monter en détail en parlant par exemple des acteurs principaux – d'un Jean XXIII, du cardinal Bea et de bien d'autres grandes figures, comme du Père Yves Congar –, la mutation œcuménique de l'Église catholique s'inscrit en effet dans un « basculement paradigmatique » plus vaste qui consiste à laisser advenir en son sein, « les fenêtres ouvertes », les effets de la modernité ; ce qu'on appelle parfois « sécularisation interne ». Celle-ci consiste à légitimer, *de l'intérieur* même du donné évangélique et *à partir* de la foi, un certain nombre de valeurs ou postures prônées par la modernité, mais refusées pendant presque un siècle par l'Église catholique [1]. L'acteur principal de cette mutation est le secrétariat conciliaire pour l'unité des chrétiens qui – il faut le rappeler – n'a pas seulement en charge le Décret sur l'œcuménisme mais aussi les futures Déclarations sur les relations de l'Église avec les religions non chrétiennes *Nostra aetate* et sur la liberté religieuse *Dignitatis humanae* [2].

Deux notions clés, celle de la liberté religieuse et celle du dialogue, reçoivent alors droit de cité au sein de la doctrine : ce qui permet non seulement de clarifier les rapports de l'Église catholique avec les sociétés modernes et émancipées, au détriment de celles qui – sur la cartographie rappelée à l'instant – maintiennent des monopoles religieux, mais aussi d'introduire un nouveau principe de relation – celui du dialogue (*UR*, 11) et de la recherche commune de la vérité (*DH*, 3 § 2) – qui redéfinit les rapports

1. Fr.-A. Isambert, « La sécularisation interne du christianisme », dans *R. franç. de Sociol.*, 1976, p. 573-589 ; voir aussi Chr. Theobald, « La "sécularisation interne" du christianisme : quel apprentissage pour la théologie ? » dans *RSR* 101/2 (2013), p. 201-210. Voir aussi plus haut le chap. xi, p. 255 s.

2. Pour davantage de précisions, cf. Chr. Theobald, « Émulation fraternelle et convergences. Le "bond en avant" du concile Vatican II », à paraitre dans *A History of the Desire for Christian Unity. Ecumenism in the Churches. 19th-21st Century*, Bologna, Istituto per scienze religiose.

œcuméniques, en quittant définitivement « l'unionisme » ou un « œcuménisme de retour ».

Bien évidemment, tout n'est pas réglé par ce basculement. Car la référence à la « doctrine » risque de bloquer le deuxième versant de l'interprétation des « signes des temps », à savoir l'invitation, adressée à la foi *par l'événement historique* en question ou par la mutation culturelle, esquissée à l'instant, *à se réinterpréter elle-même* en fonction de la Parole de Dieu, entendue prioritairement dans l'Écriture transmise par la Tradition. C'est précisément à cet endroit critique qu'intervient la célèbre « pastoralité » de la doctrine, dès la première période du Concile intrinsèquement liée à son « œcuménicité » ; et cela sans doute grâce à des interventions d'évêques venus de pays où la mixité des confessions pose d'emblée un problème pastoral. Je ne cite ici qu'un des discours de Mgr Volk, évêque de Mayence et membre du secrétariat pour l'unité, qui donne les indications les plus précises et les plus unifiées sur *la forme pastorale et œcuménique de toute doctrine* : « La doctrine dogmatique est en elle-même vraiment *pastorale*. Si la doctrine n'a pas de force salutaire en elle-même, le travail pastoral ne peut pas non plus l'ajouter[1]. » Ce n'est pas l'uniformité qui rend cette doctrine salvifique catholique mais « la force de contenir dans l'unité de l'Église du Christ diverses formes de vie chrétienne, dans la mesure où apparaît en elles l'unique et l'entière doctrine et grâce du Christ[2] ». De cela Mgr Volk conclut, d'un côté, que l'Église (catholique) n'a pas le droit de contester *sa place*, tant que celle-ci reste vraiment chrétienne, à *une forme quelconque de vie chrétienne*, sous prétexte d'uniformité, et, de l'autre, qu'elle ne doit pas oublier *sa propre historicité*[3] qui lui interdit de considérer ce qui peut être changé comme essentiel : « Plus l'Église se montre alors prête à *se réformer elle-même* et à manifester plus clairement sa propre essence, plus son témoignage devient *crédible*[4]. »

---

1. *AS* I/4, p. 388.

2. *AS* II/5, p. 688 s.

3. « Le Christ lui-même, Verbe incarné de Dieu, a accompli son œuvre moyennant un parcours historique ; quoi d'étonnant qu'*a fortiori* l'Église vit dans un parcours historique » (*AS* II/5, p. 687).

4. *AS* II/5, p. 689.

2. Trois conséquences de cette prise de conscience fondamentale se trouvent inscrites dans le Décret sur l'œcuménisme (et pour une part déjà dans la Constitution sur l'Église). *D'abord* la reconnaissance sans réserve du mouvement œcuménique, selon les critères d'appartenance donnés par le *COE*, à savoir l'invocation du Dieu Trinité et la confession de Jésus comme Seigneur et Sauveur (*UR*, 1). *Ensuite* la distinction entre « l'Église du Christ » et « l'Église catholique » ainsi que les autres « Églises et communautés ecclésiales séparées » ; le célèbre *subsistit in...* maintient à la fois une distinction *et* une identité substantielle entre l'Église du Christ et l'Église catholique confiée au ministère de Pierre (*LG*, 8 et *UR*, 3 et 4), point âprement discuté depuis, au sein même de l'Église romaine et dans les dialogues œcuméniques. *Et enfin* le principe de la « hiérarchie des vérités de la doctrine catholique en raison de leur rapport différent avec les fondements de la foi catholique » (*UR*, 11).

3. C'est sur cette base que l'Église catholique s'est engagée dès la fin du Concile dans des dialogues bi- et multilatéraux, ayant désormais une instance *institutionnelle*, le Secrétariat pour l'unité des chrétiens, le futur Conseil pontifical pour la promotion de l'unité des chrétiens, permettant de continuer ce qui fût inauguré pendant le Concile. C'est une quatrième phase qui débute ainsi, portée d'abord par l'euphorie œcuménique des premières années postconciliaires, phase d'amplification (comme dit Étienne Fouilloux), mais suivie rapidement d'une certaine banalisation, voire d'une stagnation ; j'y reviendrai.

Une grâce œcuménique ?

On comprend que *l'historien* s'abstienne de répondre à « la question de savoir si l'œcuménisme s'avère plus conforme que ses prédécesseurs à l'intention évangélique[1] », jugeant qu'elle n'est pas de son ressort. Il peut analyser le positionnement du Concile qui, comme il a déjà été noté au début, rapporte le mouvement œcuménique *et* sa propre manière d'entendre l'appel du Christ au « dessein de grâce du Maître des siècles [...] qui a commencé en ces derniers temps de répandre plus abondamment

1. É. Fouilloux, *Les catholiques et l'unité chrétienne*, p. 930.

dans les chrétiens divisés entre eux *l'esprit de repentir et le désir de l'union* » (*UR*, 1 § 2). Il peut aussi soupçonner cette interprétation comme une légitimation *post hoc*, après une reconnaissance réaliste de l'échec de l'unionisme et par une sorte de réflexe de survie du corps ecclésial catholique, intervenu bien tardivement et encore de manière plus que mesurée, car « Rome redoute plus que tout les solutions de continuité, les mutations difficiles à justifier[1] ».

Mais *le théologien* ne peut pas ne pas répondre à la question de la *plus grande* conformité évangélique du mouvement œcuménique. Pour lui, la « survie » ne figure pas parmi les valeurs principales de l'Évangile. Il constate plutôt une surprenante générosité du côté des acteurs principaux de la mutation et montre sa surprise face à la *reconnaissance*, par l'assemblée conciliaire, *d'avoir été précédée par d'autres*, des frères séparés, pour ce qui est de « l'esprit de pénitence et du désir de l'union ». C'est d'autant plus étonnant que cette reconnaissance s'est faite à la quasi-unanimité *dans une assemblée qui*, selon la cartographie suggérée plus haut, *n'était pas composée de beaucoup d'évêques déjà touchés par la question œcuménique*. Remarquable *conversion* donc d'une assemblée qui se décentre – au moins partiellement – dans le Décret sur l'œcuménisme, conversion que la foi est en droit d'interpréter comme une « grande grâce ».

On peut alors appliquer ici le vieux principe néotestamentaire de discernement, qui, stipulant que « l'arbre se reconnaît à ses fruits » (Mt 7, 20), introduit la durée. Ces fruits, ce sont d'abord les générations de pionniers et acteurs qui, dans une étonnante continuité, ont œuvré en faveur d'une conversion collective, travail dont Vatican II récolte les fruits ; ce sont ensuite les rencontres, pendant le Concile, et les relations durables entre frères et sœurs séparés, établies dans la suite, en dépit de multiples turbulences qui ne tarderont pas à se présenter ; ces fruits, ce sont enfin les découvertes, déjà durant les assises conciliaires, des trésors cachés au sein des autres traditions que celle catholique-latine : la manière des luthériens et réformés de lire les Écritures, l'incroyable richesse des différentes liturgies et rites pratiqués dans l'Église de Dieu, etc.

1. *Ibid.*, p. 929.

Le discernement théologique de ces fruits n'est donc nullement menacé par l'enracinement *terrestre* du mouvement œcuménique, mis en valeur par les historiens. Au contraire, le repérage des facteurs culturels et politiques, ayant joué en faveur de l'œcuménisme – et cela malgré les déflagrations successives de violence inouïe sur le sol européen et ailleurs –, donne à ces fruits un relief plus vif encore, car il les situe dans une *mutation culturelle globale* où la foi se présente davantage sous l'angle de la liberté et dans une forme relationnelle, mutation qu'une lecture des « signes des temps » ne peut pas ne pas attribuer à l'Esprit Saint. Est-ce que ce sont des fruits qui « demeurent » (Jn 15, 16) ? Notre question initiale au sujet de l'actuelle stagnation du renouveau œcuménique revient ici – avec une certaine inquiétude – et attend d'être abordée maintenant avec autant de rigueur historique *et* théologique.

Les mutations des années quatre-vingt et leur arrière-plan culturel

Un regard rétrospectif sur plus d'un demi-siècle d'œcuménisme postconciliaire venant de s'achever semble imposer le repérage d'une *césure*, intervenue durant les années quatre-vingt. Trois phénomènes, sans doute liés entre eux, permettent de la repérer. Dès le célèbre synode commun des évêchés allemands à Würzburg, entre 1971 et 1976, s'exprime le diagnostic alarmant d'un « affaiblissement de la volonté œcuménique », avec le rappel qu'il s'agit d'« un *kairos* donné par le Seigneur des temps, qui ne tolère pas de report [1] ». Ces avertissements se multiplient dans les années suivantes. À titre d'exemple, je mentionne déjà le diagnostic de deux œcuménistes chevronnés, Heinrich Fries et Karl Rahner, dans leurs huit thèses *Unification des Églises – une possibilité réelle,* parues en 1983, un an après la publication du travail historique d'Étienne Fouilloux. « L'unité de l'Église est le commandement du Seigneur de l'Église », rappellent-ils ; « il demandera

1. « Pastorale Zusammenarbeit der Kirchen im Dienst an der christlichen Einheit », dans *Gemeinsame Synode der Bistümer in der Bundesrepublik Deutschland. Offizielle Gesamtausgabe*, Fribourg/Basel/Wien, Herder, p. 806.

compte aux chefs des Églises *si, en cette question, ils ont effectivement fait tout ce qui était en leur pouvoir*[1] ». Du doute qui s'exprime ici et de leur manière de le dépasser, il sera davantage question dans le chapitre suivant.

Sensible au désir œcuménique et à la volonté spirituelle d'entendre *jusqu'au bout* la Parole du Seigneur de l'Église, ce diagnostic « climatique » contraste avec la manifestation de *nouvelles résistances*. Celles-ci se déclarent au cœur du compromis doctrinal de Vatican II, déjà abordé, et portent sur le deuxième versant du discernement des « signes des temps ». Oui ou non, l'engagement œcuménique conduit-il chaque partenaire à une véritable « réinterprétation » ou une « re-réception » (selon le vocabulaire du cardinal Grillmeier) de sa foi et de la foi de l'Église indivise ? C'est sur ce plan « doctrinal » que se manifestent des résistances de plus en plus affirmées. Celles-ci cependant ne peuvent être comprises et évaluées sans tenir compte du contexte culturel et historique dans lequel nous sommes entrés depuis la chute du mur de Berlin en 1989 ; elles sont en effet tributaires d'une mutation culturelle de grande envergure et deviennent plus manifestes, quand l'œcuménisme doit se *re*situer dans un *univers politico-culturel radicalement pluralisé*. Je commence ma brève rétrospective historico-théologique par le paramètre « doctrinal » avant d'aborder le contexte culturel, y ajoutant quelques mots de bilan.

L'enjeu des dialogues bi- et multilatéraux

Quand on regarde d'abord la série des accords signés depuis la fin du Concile, soit au sein du *COE* ou entre Églises protestantes – la Concorde de Leuenberg (1973) – ou entre Églises orthodoxes pré- et post-chalcédoniennes, soit entre ces Églises non catholiques romaines et l'Église de Rome, on ne peut qu'être admiratif et reconnaissant devant le travail accompli.

---

1. H. Fries, K. Rahner, *Einigung der Kirchen – eine reale Möglichkeit*, QD 100, Fribourg/Basel/Wien, Herder, 1983, p. 9. ; cette *Quaestio* fut reproduite dans le vol. 27 des *Sämtliche Werke. Einheit in Vielfalt. Schriften zur ökumenischen Theologie*, Fribourg/Basel/Wien, Herder, 2002 (citation p. 287 ; je souligne). Le chap. XIX est consacré à ces thèses et leur réception.

Ce n'est pas le lieu ici d'énumérer tous ces textes. Pour le début de ces travaux, je mentionne simplement le rapport final de l'ARCIC, publié en 1981 à Windsor[1] et le document « Foi et constitution » du Conseil œcuménique des Églises sur « Baptême – Eucharistie – Ministère », publié l'année suivante à Lima[2]. Car c'est dans les débats sur ces textes que s'explicitent pour la première fois les deux difficultés majeures du dialogue œcuméniques : le discernement de ce qui relève du « consensus nécessaire » entre chrétiens et de ce qui peut être légitimement considéré comme relevant de « sensibilités confessionnelles » différentes, tous ne mettant pas le curseur au même endroit ; et le conflit entre deux manières différentes de comprendre la relation constitutive entre l'Église universelle et les Églises particulières, voire locales ou celles qui peuvent être considérées comme telles. Ultérieurement, bien d'autres textes importants ont été publiés, surtout la « Clarification du Conseil pontifical pour la promotion de l'unité des chrétiens » sur le *Filioque* en 1995 et la Déclaration commune catholique et luthérienne sur la doctrine de la justification. Célébré le 31 octobre 1999 à Augsbourg, ce dernier accord représente une avancée fondamentale, car il entérine aussi le concept de « consensus différencié » *et* une méthode commune qui vont désormais montrer leurs effets dans d'autres textes comme l'important document d'étude luthéro-catholique sur l'apostolicité (2007).

Les *résistances* s'expriment avec plus de netteté après la chute du mur de Berlin, pendant la dernière décennie du XXe siècle, et se cristallisent dans la lettre de la Congrégation pour la Doctrine de la foi sur certains aspects de l'Église comprise comme communion *Communionis notio* (1992). Ce document a eu des répercussions considérables sur les dialogues œcuméniques, car en donnant à l'Église de Rome l'épithète « Église-tête », il conduit à envisager les Églises non romaines comme étant « blessées » en leur condition particulière. Si l'encyclique *Ut unum sint* (1995)

1. « Anglican – Roman Catholic conversations. Final Report 1981 », dans *Growth in Agreement : Reports and Agreed Statements of Ecumenical Conversations on a World Level*, H. MEYER, L. VISCHER (éd.), New York, Paulist Press, 1984, p. 61-118.

2. Commission on faith and order, « Baptism – Eucharist – Ministry », Lima, Peru, Council of Churches, 1982, *ibid.*, p. 465-503.

renonce à cette épithète, la Déclaration *Dominus Iesus* (2000) réintroduit l'asymétrie dans le débat œcuménique. Dans les chapitres suivants, je reviendrai plus en détail sur ces conflits d'interprétation sur la tradition chrétienne, conflits qui se précisent en effet pendant toute cette nouvelle phase qui débute durant les années quatre-vingt.

Le contexte culturel : la postmodernité

Ces controverses doctrinales sont incompréhensibles si l'on ne les situe pas dans leur contexte culturel, passablement différent de celui qui a vu se cristalliser le mouvement œcuménique.

Désormais, les sociétés euro-atlantiques sont entrées dans une nouvelle époque, appelée « post- » ou « hypermoderne », marquée par l'individualisme et le pragmatisme et, surtout, un pluralisme convictionnel qui conduit à relativiser la question de la vérité, la livrant à l'action ou à un probabilisme de plus en plus répandu dans tous les domaines[1].

Cette situation culturelle reflue évidemment sur le climat et les débats œcuméniques. Les réflexes « identitaires » qui se multiplient sont l'effet de ce pluralisme convictionnel et religieux de nos sociétés et peuvent être compris aussi comme des réactions de *retrait* ou de *protection* par rapport à un monde social devenu de plus en plus complexe et non transparent ; et surtout dans un contexte où l'œcuménisme interreligieux qui a fonctionné comme moteur puissant lors des quatre phases de l'œcuménisme moderne est, lui aussi, en crise en raison des violences interreligieuses terrifiantes que nous connaissons.

Un bilan mitigé

Que retenir de cette trop rapide rétrospective à la fois spirituelle, doctrinale et historico-culturelle ? Sans anticiper notre interprétation théologique, on ne peut pas ne pas constater la retombée de l'euphorie postconciliaire et la stagnation du mouvement œcu-

---

1. Voir par exemple J.-M. DONEGANI, « La mondanisation du salut », dans *RSR* 100 (2012), p. 345-363.

ménique à partir des années quatre-vingt, voire la crise dans laquelle celui-ci est désormais entré. Cette crise se situe, me semble-t-il, au croisement des trois phénomènes évoqués au début de ce développement sur la *césure* des années quatre-vingt. On doit noter *d'abord* un certain enlisement des dialogues doctrinaux bi- et multilatéraux. Progressivement, l'œcuménisme est devenu une affaire de commissions, suggérant involontairement que l'union des Églises est le résultat d'un accord doctrinal entre experts et hauts responsables ecclésiaux. Aucune des Églises existantes ne semble en effet prête à déterminer, d'un commun accord et de façon précise et concrète, les conditions sous lesquelles elle tient une unification possible. Nous vivons sans vision globale de ce qui a été atteint et réussi en matière œcuménique depuis une cinquantaine d'années et de ce qui est réellement souhaitable et envisageable de manière réaliste pour répondre collectivement à la parole du Christ Jésus.

S'ajoute à ce premier phénomène un second que j'appelle « schisme vertical ». À la base de nos Églises, dans beaucoup de nos communautés et parmi la plupart des fidèles (selon leur situation géographique et culturelle) la question œcuménique est considérée comme résolue concrètement (par exemple dans le domaine des mariages mixtes) ou a perdu de son intérêt, étant dépassée par des problèmes humanitaires plus globaux et plus graves. Une enquête plus précise pourrait le montrer.

Ces deux phénomènes, intrinsèquement liés entre eux, sont sous-tendus par une mutation « spirituelle » qui, suivant un filon toujours présent dans le mouvement œcuménique, consiste à relativiser l'unité dans la foi et à insister plutôt sur un œcuménisme de solidarité et d'action commune en faveur de la paix, qui, dans la situation actuelle, se transforme en beaucoup d'endroits, en œcuménisme du martyre.

C'est donc une image brouillée que nous livre l'actuelle « scène » œcuménique, nous reconduisant, après ce long parcours historique et avec davantage d'urgence, vers la question proprement théologique, posée dès le début. Le renouveau œcuménique de l'Église correspond-il à un « kairos » passé ? Ou vivons-nous maintenant à une *autre* époque où il nous faut entendre le même appel à l'unité de tous les chrétiens *d'une autre manière* ou carrément un *autre appel* ? Bref :

QUE NOUS EST-IL PERMIS D'ESPÉRER ?

C'est en effet d'abord vers une *expérience d'écoute collective* que nous sommes conduits aujourd'hui, nous laissant atteindre intérieurement par la *contradiction* entre le commandement du Christ Jésus et la division effective d'une chrétienté menacée par l'érosion, et interroger sur notre courage spirituel d'*anticiper un avenir commun*. Certes, on peut récuser le diagnostic mitigé qui vient d'être posé et se contenter à l'avenir d'une image brouillée de « l'oikouménè » chrétienne avec son « schisme » vertical et ses déplacements de la cause œcuménique, donnant ainsi raison à ceux qui s'en désintéressent ou entendent *d'autres* appels qu'ils jugent prioritaires. S'il s'agit donc d'entendre toujours le même appel du Seigneur à l'unité, adressé aux Églises existantes, il faut l'entendre aujourd'hui à une *autre* époque que celle qui a vu naître et se cristalliser le mouvement œcuménique ; ce qui veut dire aussi l'entendre *autrement*. L'expérience d'un demi-siècle d'œcuménisme et la mutation politico-culturelle, brièvement esquissée à l'instant, nous conduisent, me semble-t-il, *premièrement* à reconsidérer l'image que nous nous formons de nos « ententes » et donc de l'unité des chrétiens, *deuxièmement* à inscrire cette image avec davantage de résolution dans la dynamique messianique qui, selon notre foi commune, oriente *toute* la création vers Dieu, et donc, *troisièmement*, à concevoir un ou plusieurs modèles d'unité, non pas minimalistes mais intégrant les « forces » de chacune de nos traditions. Je reprends rapidement ces trois éléments d'une vision qu'à l'avenir, l'espérance œcuménique devrait porter.

Vers une connaissance plus profonde et une manifestation plus évidente des insondables richesses du Christ

Nos images de l'unité restent, dans la plupart des cas, marquées par le phantasme d'une unanimité monolithique, s'exprimant diversement dans l'histoire de l'œcuménisme, par exemple dans l'unionisme et ses succédanés. De ce point de vue, il est significatif que le célèbre n° 11 du Décret sur l'œcuménisme de Vatican II a été prioritairement reçu sous l'angle plus abstrait de la « hiérarchie des vérités » alors que ce principe se trouve ici inscrit dans une *manière de procéder*, en quelque sorte pré-institutionnelle et considérée à ce titre comme commune aux frères et sœurs séparés, manière qui est appelée aussi « émulation fraternelle », fondée sur « l'amour de la vérité, la charité et l'humilité ». Ce modus est le seul qui corresponde au statut de la vérité en christianisme, à « l'*insondable richesse* du Christ » (Ep 3, 8) qui ne peut être visée que sur un chemin *(via)*, emprunté par plusieurs, voire par tous, personne ne pouvant se prévaloir de la possession du vrai. Cette articulation intrinsèque entre une manière de vivre *et* la vérité du Christ devra conduire le mouvement œcuménique à laisser se convertir nos images de l'entente chrétienne et de l'unité dans la plénitude.

On peut faire appel ici à l'inspiration fondamentale qui anime l'exhortation apostolique *Evangelii gaudium*. Avant de traiter de l'œcuménisme dans son quatrième chapitre, elle aura déjà parlé, dans son premier chapitre, du cœur même de l'Évangile. Le texte s'oppose ici au « rêve d'une doctrine monolithique, défendue par tous sans nuances », et affirme avec force que la « *variété* » – celle des « diverses lignes de pensées philosophique, théologique et pastorale » – aide à manifester et à mieux développer « les *divers aspects de la richesse inépuisable de l'Évangile*[1] » (*EG*, 40), se demandant également « comment faire parvenir la proposition de l'Évangile à la *diversité des contextes culturels et des destinataires* » (*EG*, 133). Ce sont en effet ces deux versants intrinsèquement liés d'une complexification à la fois interne ou œcuménique *et* externe ou missionnaire de la foi, que seule une conception stylistique peut adéquatement décrire et penser.

Celle-ci a été déjà explicitée dans les parties précédentes de l'ouvrage[2]. Il suffit de rappeler ici la substitution de la métaphore du « polyèdre » à celle de la « sphère » : l'unité et l'entente fraternelle entre chrétiens sont à « imaginer » selon le modèle du *polyèdre* et non selon l'image de la sphère, plutôt caractéristique de l'époque précédente. Or, une vision « polyédrique » de l'unité nécessite une *approche stylistique,* précisément sensible à la *confluence* de *tous* les éléments partiels dans une donnée singulière où ces éléments conservent en même temps leur originalité,

---

1. Voir p. 182.

2. Voir chap. VII, p. 183 s. et chap. X, p. 239 ; voir Chr. THEOBALD, *Le christianisme comme style. Une manière de faire de la théologie en postmodernité*.

tout en étant habités par le tout qu'est la plénitude de la richesse de l'Évangile. C'est là, me semble-t-il, la clé de l'herméneutique œcuménique du pape François.

L'œcuménisme comme élément essentiel du dialogue social

C'est ensuite, à la fin du chapitre IV de son Exhortation, que le pape François revient, de manière explicite mais de façon étonnamment brève, à l'œcuménisme en l'inscrivant dans « le dialogue social comme contribution à la paix » (*EG*, 244-246). On pourrait comprendre ce « recadrage » comme une dévalorisation ; mais on peut aussi y lire une réaffirmation de la visée messianique des dialogues œcuméniques et, peut-être, la relativisation de leur caractère encore trop euro-méditerranéen, rappelant précisément leur horizon mondial : « L'œcuménisme est un apport à l'unité de la famille humaine », est-il affirmé de manière lapidaire (*EG*, 245).

Ce décentrement ne minimise donc pas l'engagement œcuménique ; il le situe, au contraire, dans la perspective missionnaire (*EG*, 246) qui, depuis les débuts du mouvement œcuménique, est son véritable ressort. Mais au lieu de le faire dans une perspective de globalisation abstraite, le pape François rattache l'image pentecostale d'une Église en voie d'unification à une vision messianique de la création et du monde, vision d'avenir où nos identités culturelles en leur incroyable variété contribueront enfin à la sauvegarde de notre maison commune, ayant accepté d'entrer dans un échange sans exclusive et fondé sur la justice et la fraternité. Ainsi prend-il en compte l'opinion de tous ceux qui croient l'œcuménisme dépassé par des causes plus nobles et plus universelles, tout en les invitant à s'y investir mais selon une orientation strictement missionnaire.

Cette double *conversion* œcuménique – le passage vers une conception polyédrique de l'unité catholique et son inscription dans une vision messianique du monde – ne peut cependant jamais être programmée par nos institutions ecclésiales ; elle est donc livrée à l'histoire et à l'œuvre de l'Esprit. Mais elle resterait bel et bien de l'ordre du vœu pieux si elle n'était pas *suscitée* activement par des institutions ecclésiales, capables de se laisser simultanément transformer de l'intérieur par elle. C'est à ce point précis que devrait intervenir le *courage d'anticipation* de nos

Églises, dont il a déjà été question, l'écoute de l'appel à se prononcer, au nom même du commandement de Jésus, sur les conditions sous lesquelles elles tiennent une unification pour possible.

Les principaux points d'articulation d'un modèle d'unité

Je reviens ici, pour terminer, sur ce que je considère comme un des problèmes majeurs de nos Églises depuis le concile Vatican II : la difficulté de ne pas se contenter de lire les « signes des temps », d'enregistrer donc la nouvelle situation politico-culturelle, décrite plus haut, mais de se saisir de cette situation et de ses effets sur l'œcuménisme comme un « signe des temps », précisément parce que la foi qui les interprète ainsi *se voit en même temps invitée à se réinterpréter elle-même*. Les principaux points d'articulation du modèle d'unité qui se dégage de tout ce qui précède se situent donc *entre* la lecture des signes des temps *et* la réinterprétation de la substance vive de la foi *en* sa visibilité ecclésiale *et entre* celle-ci et le respect de l'altérité des traditions existantes comme apport indispensable à une future Église, à la fois unifiée et toujours en voie d'unification. Je me contente de quelques remarques rapides sur cette articulation qui, tout en restant controversée et traversée de polémiques, pourra s'inscrire dans nos institutions ecclésiales. Les chapitres suivants préciseront ces intuitions.

1. La situation culturelle de la postmodernité ne conduit pas nécessairement vers l'évacuation de la question de la vérité, mais ouvre une distance indépassable entre le devoir éthique de tout être humain de chercher cette vérité (*DH*, 3 § 2), l'« insondable richesse » de celle-ci en ses diverses manifestations historiques et la situation culturelle des fidèles, qui ne leur permet plus de maîtriser l'ensemble des savoirs et encore moins d'évaluer les différences entre nos convictions religieuses et confessionnelles.

Dans cette situation « polyédrique », l'accès à l'unité de la foi exigera, pour emprunter une formule de Heinrich Fries et de Karl Rahner, qu'on « *mette sur un second plan des considérations qui, en soi, n'ont pas peu d'importance*[1] ». Ce courage spirituel de

1. H. FRIES, K. RAHNER, *Einigung der Kirchen – eine reale Möglichkeit*, p. 17 et dans *SW* 27, p. 292.

différenciation ou de pondération peut s'appuyer sur une unité réelle, *déjà* gratuitement donnée avec le baptême, et sur un consensus *déjà* existant au sujet des vérités fondamentales, telle qu'elles sont reconnues par le COE et par l'Église catholique dans *Unitatis redintegratio* ; ce courage implique *en même temps* un *double renoncement*, celui de proscrire un énoncé qui, dans une autre Église particulière, représente une doctrine obligatoire, et celui d'obliger une Église particulière à confesser une doctrine d'une autre Église particulière ; faute de quoi l'unité deviendrait un but inatteignable au sein de notre histoire humaine.

2. Ce double renoncement ne conduirait pas pour autant vers une autre forme de *COE* mais vers une véritable *unité dans la foi.* Certes, il faudrait – du côté catholique – accorder le même principe ecclésiologique du pluralisme légitime dans la discipline et la vie des Églises particulières (*Lumen gentium*, 13) à *l'ensemble* des Églises séparées, aux Églises orientales *et* aux Églises de la Réforme [1] ; ce qui demanderait qu'on sorte de l'ambiguïté ecclésiologique créée par *Communionis notio.* Il faudrait par ailleurs s'appuyer sur les accords déjà acquis en 2007 au sujet de l'apostolicité de l'Église et sa structure épiscopale [2] ainsi que sur les appels réitérés du Pape François à penser à une « conversion de la papauté » : « Je suis persuadé », a-t-il affirmé dans son discours pour la commémoration du cinquantième anniversaire de l'institution du synode des évêques, le 17 octobre 2015 [3], « que, dans une Église synodale, même l'exercice du primat pétrinien pourra recevoir une plus grande lumière ». Ces exigences, différemment abordées selon les Églises, ne semblent pas pour autant insurmontables ; tout en maintenant la profondeur « insondable » de la richesse du Christ comme fondement de l'unité, la visibilité future de l'Église implique le « ni… ni » d'une ecclésiologie « négative » : ni un « retour » à Rome, ni une simple fédération œcuménique. Ce qui me conduit vers le dernier paramètre du modèle d'unité proposé ici.

3. La figure « polyédrique » d'une Église, unifiée et toujours en voie d'unification, suppose le respect de l'altérité des Églises

---

1. Voir *ibid.* p. 58 s. ou p. 321 s.

2. Voir aussi le chap. XIV.

3. Voir plus haut, chap. XIII p. 319 et XVI p. 417 s.

particulières, déjà affirmée à plusieurs reprises par Vatican II, sans être développé – pour les raisons indiquées – dans tous ses éléments œcuméniques. L'échange entre dons et charismes comme entre Églises particulières et leurs traditions est parfaitement reconnu comme principe de fécondité (*LG*, 12 et 13). Un tel échange œcuménique devrait pouvoir guérir la maladie ecclésiologique par excellence qui consiste à considérer l'autre Église comme arrière-fond négatif ou sombre, permettant de profiler sa propre identité : « Ce qui est chrétien et catholique [...] a la force d'une reconnaissance universelle ; il est grand en sachant simultanément voir *ce qui est autre* comme grand[1]. »

Conclusion

« Comment cela se fera-t-il ? » (Lc 1, 34), nous demandons-nous. Par la force des gestes et des *images alternatives*, susceptibles de rendre possible des conversions collectives. L'opinion répandue dans l'Église catholique jusqu'à la fin du règne de Pie XII (1958) selon laquelle le dogme du primat de juridiction et de l'infaillibilité pontificale de Vatican I rendait désormais tout concile inutile, voire nocif, n'a pu être démentie que grâce à la convocation du concile Vatican II et à sa conduite par Jean XXIII et Paul VI, l'un et l'autre *incarnant*, avec les Pères conciliaires et toutes leurs Églises, l'image d'une Église délibérante et d'une délibération ecclésiale ; et cela en la présence de nos frères séparés, ce qui aurait été impensable quelques années auparavant. Peut-être nous est-il permis d'espérer aujourd'hui qu'au creux du mouvement œcuménique, plusieurs de nos chefs d'Églises et pasteurs posent, au cœur du ni... ni... évoqué à l'instant, un geste eucharistique commun qui sorte la communion de l'autel – la *comunicatio in sacris* (*UR*, 8) – de son statut d'expression ultime de l'unité dans la foi et en fait le « lieu » où cette grâce est reçue joyeusement par tous, dès maintenant, « afin que le monde croie » (Jn 17, 21).

---

1. H. Fries, K. Rahner, *Einigung der Kirchen – eine reale Möglichkeit*, p. 130 et dans *SW* 27, p. 377.

XIX

UNIFICATION DES ÉGLISES – UNE POSSIBILITÉ RÉELLE

Les huit thèses d'Heinrich Fries et de Karl Rahner, relues trente-cinq ans après

Publiées à Pâques 1983, les huit thèses de Heinrich Fries et de Karl Rahner en vue d'une possible *Unification des Églises* n'ont rien perdu de leur actualité. C'est ce que je voudrais montrer, tout en tenant compte de la distance historique qui nous sépare aujourd'hui de ce que ces deux œcuménistes de grande renommée appellent leur « cri de détresse », un « cri de détresse de chrétiens qui ont l'impression qu'en cette affaire, les choses n'avancent pas [1] ».

Or, « l'unité de l'Église est le commandement du Seigneur de l'Église, qui demandera compte aux chefs des Églises si, en cette question, ils ont effectivement fait tout ce qui était en leur pouvoir ». Ce point de *départ proprement théologal* de la proposition Fries-Rahner est, *du fait même de son statut « prophétique »*, immédiatement suivi d'un *diagnostic* de la situation globale de la chrétienté.

> En un temps – continuent-ils – où la foi en Dieu et en son Christ est menacée en profondeur par un athéisme mondial et militant et par un scepticisme relativiste, aussi dans des pays dans lesquels l'athéisme n'est pas encore religion d'état, cette unité (commandée par le Seigneur de l'Église) est une question de vie et de mort pour la chrétienté. N'étant plus soutenu par un colonialisme européen, le christianisme ne peut se

1. H. Fries, Karl Rahner, *Einigung der Kirchen – eine reale Möglichkeit*, p. 13 ; nous citons dans le texte d'abord la version de la *Quaestio* (traduite par nous-même) et ensuite, après /, les pages du vol. 27 des *Sämtliche Werke. Einheit in Vielfalt. Schriften zur ökumenischen Theologie*, p. 290.

> payer aujourd'hui le luxe de rencontrer, séparé et déchiré, les peuples et cultures auxquels il veut toujours transmettre – jusqu'à maintenant presque sans succès – son message. L'absence de la grande unité des Églises signifie aussi parmi les chrétiens un affaiblissement durable de leur courage de croire et de leur confiance, d'autant plus qu'il n'y a plus de pays ni de régions où la vie chrétienne serait une évidence sociale et culturelle dans la sphère publique, capable de soutenir et de faciliter la foi chrétienne [9/287].

Sur fond de ce premier tableau, l'introduction reconnaît certes ce qui, en matière œcuménique, a été accompli et réussi pendant les deux décennies qui ont suivi le Concile. Mais elle constate surtout une certaine *stagnation* : elle note une tendance à ne pas dépasser le *cadre* tracé par Vatican II (en particulier dans le domaine sacramentel du ministère et de la Cène) ; elle observe un souci de plus en plus prononcé de maintenir plutôt *l'homogénéité de l'espace intra-confessionnel* que de tenter de nouveaux rapprochements œcuméniques et remarque même une propension à réduire progressivement l'espace des « possibles œcuméniques ». Ainsi s'établit un *status quo* où l'on se contente du fait que les relations entre Églises et confessions se sont considérablement améliorées, refusant de nouvelles avancées au nom d'une justification « kairologique » : *« le moment n'est pas encore venu »*. Fries et Rahner interrogent cette manière de tranquilliser la conscience œcuménique de la chrétienté :

> Ne sommes-nous pas nous-même le temps, comme dit saint Augustin ? Et le temps, ne sera-t-il pas ce que nous en faisons, tel que nous le façonnons ? Et combien de temps donnerons-nous au "pas encore". Pouvons-nous penser comme auparavant en termes de siècles ? Le temps ne nous laisse-t-il pas sur la route ? Et enfin : qui constate si et quand le temps est mûr ? Les signes des temps ne sont-ils pas, eux aussi, une réalité théologique qu'il faut considérer ? [11/287].

Ce diagnostic du climat global étant proposé, les auteurs analysent brièvement ses effets concrets sur les Églises, y distinguant trois types de comportements : (1) des groupes qui avancent seuls et à leurs risques et périls, poussés en avant par l'*impatience œcuménique* et se référant, dans leurs relations avec leurs autorités respectives, à une « obéissance prospective » *(vorauslaufender Gehorsam)* ; (2) d'autres qui ne croient plus à l'engagement œcuménique et entrent dans la *résignation*, se laissant prendre par la passivité et le désintérêt ; (3) d'autres enfin qui pensent que l'œcuménisme est *dépassé* ou débordé par des questions plus globales et plus graves concernant l'humanité tout entière qui est confrontée à des problèmes de justice, de liberté et de paix et à la réconciliation entre peuples, en particulier entre populations pauvres et riches.

De ce diagnostic paradoxal du moment présent – un christianisme à la fois divisé *et* menacé par l'athéisme et le scepticisme dans son existence même –, Fries et Rahner reviennent au versant théologal et prophétique de leur proposition, en montrant – non sans rappeler la logique des Exercices spirituels de saint Ignace – que désormais l'œcuménisme fait objet d'un choix ou d'une élection. L'enjeu est d'entendre la parole de Jésus, de *se laisser atteindre (betroffen machen)* par elle, voire par la contradiction entre cette parole et la réalité effective du christianisme. Ce n'est qu'*au sein d'une telle expérience spirituelle* que l'union des Églises peut devenir aujourd'hui une des plus hautes priorités :

> Que devons-nous dire, de manière très brève, quand on nous demande s'il est possible d'atteindre dans un temps relativement prévisible une unité de foi et ecclésiale entre les grandes Églises chrétiennes ? Une question difficile à laquelle la plupart des chrétiens répond par la négative. Nous y répondons positivement, répliquent les auteurs, sous les conditions suivantes qu'il nous paraît possible de remplir dans un laps de temps relativement bref, *si l'on éprouve cette unité comme une exigence si radicale de la part de Jésus qu'on ait le courage de mettre au second plan des considérations qui, en soi, n'ont pas peu d'importance* [17/292].

J'ai pris le temps de présenter ces pages d'introduction de la *Quaestio* de Heinrich Fries et de Karl Rahner, car sans leur enracinement kairologique, *à la fois* historique *et* théologal, les huit thèses des deux auteurs risquent de perdre leur force. Elles veulent être l'expression intellectuelle d'une « énergie spirituelle » (au sens pneumatologique du terme) ou d'un mouvement interne à l'histoire du XIXe et du XXe siècle, qui mène celle-ci d'une époque vers une autre, obligeant les Églises à changer de plausibilité ou de paradigme (13 s./290 s.). C'est de l'intérieur même de ce processus que les auteurs anticipent sa *fin* – l'unification des Églises – et invitent les Églises à faire de même, d'avoir donc le courage spirituel d'en indiquer les conditions :

Il faudrait enfin – exigent-ils – déterminer, de commun accord et de façon plus précise et concrète, les conditions sous lesquelles chaque Église existante tient une rapide unification pour possible. En déterminant ces *conditions*, chaque Église aurait, de la part du commandement de Jésus, l'obligation et la responsabilité de prendre son courage à deux mains pour mettre au second plan des considérations qui de soi gardent du poids et donc de ne pas élargir ces conditions au-delà de ce qui lui paraît clairement nécessaire à partir de sa conviction concernant la foi salvifique [19/293].

Situées au sein de ce processus historique, les huit thèses ou conditions d'une unification des Églises sont susceptibles de plusieurs lectures. Je commence par les *présenter* brièvement, présentation qui sera suivie d'une *lecture historique* dont l'objectif est de les comprendre dans et à partir du contexte des années quatre-vingt du siècle dernier et de mesurer simultanément la distance culturelle qui nous en sépare. Devant cet arrière-plan historique, à la fois œcuménique et culturel, je me propose de revenir sur le texte lui-même des thèses, pour en dégager et discuter ce que je considère comme les trois points clés de la proposition d'unification qu'elles véhiculent. Il me restera, pour conclure, à les relire dans notre situation actuelle et à poursuivre ainsi la lecture « kairologique » de l'histoire, proposée par les deux auteurs, en m'interrogeant sur la « vertu heuristique » de ces thèses et en me demandant si elles ont aujourd'hui une quelconque chance d'être comprises et reçues.

Présentation des huit thèses

Voici donc d'abord le texte des huit thèses (17 s./292 s.) ; on trouvera entre parenthèses le nom de l'auteur indiqué dans l'introduction :

I. Les *vérités fondamentales* du christianisme, telles qu'elles sont énoncées dans l'Écriture Sainte, dans le Symbole des apôtres et dans celui de Nicée-Constantinople, sont normatives pour toutes les Églises particulières de l'Église *une* à venir (Fries).

II. Au-delà de ces vérités fondamentales, on appliquera un *principe réaliste de foi* : dans aucune Église particulière, on ne proscrira, de manière décidée ou sous forme de confession, un énoncé qui, dans une autre Église particulière, représente un dogme obligatoire. Par ailleurs et au-delà de la thèse I, on n'exigera pas, dans une Église particulière, la confession expresse et positive d'un dogme d'une autre Église particulière, réservant cette confession à un consensus d'avenir plus large. Cela vaut *a fortiori* des déclarations doctrinales authentiques mais non définies de l'Église romaine ; ce qu'il faut prendre plus particulièrement en considération dans le domaine des questions éthiques. En appliquant ce principe, on ne ferait que ce que chaque Église pratique déjà aujourd'hui vis-à-vis de ses propres membres (Rahner).

III. Dans cette *unique Église de Jésus Christ, formée d'Églises qui s'unissent*, il y a des Églises particulières régionales qui peuvent garder très largement leurs structures actuelles. Ces Églises particulières peuvent aussi continuer à exister sur un même territoire, puisque, même selon une ecclésiologie catholique et selon ce que l'Église romaine pratique, par exemple en Palestine, cela n'est pas impossible (Rahner).

*

IV. a) Toutes les Églises reconnaissent, en vérité et avec amour, le *sens et la légitimité du ministère pétrinien* du pape romain comme garant concret de l'unité de l'Église (Fries).

IV. b) De son côté, le pape s'oblige expressément à reconnaître et à respecter l'autonomie des Églises particulières. Il déclare *(jure humano)* qu'il utilisera sa suprême autorité magistérielle *(ex cathedra)*, à lui reconnue par Vatican I selon les principes catholiques, d'une manière qui, d'un point de vue juridique et sur le fond, corresponde à un concile général de toute l'Église, comme ses décisions *ex cathedra* ont été prises, jusqu'à maintenant, en concorde et en contact avec l'épiscopat catholique entier (Rahner).

V. D'après une tradition ancienne, toutes les Églises particulières ont à la tête de leurs plus grandes subdivisions des évêques. Il n'est pas nécessaire que *l'élection des évêques* dans ces Églises particulières se déroule selon la modalité qui, dans l'Église catholique romaine est maintenant reconnue comme normale (même le nouveau code romain de droit canonique connaît d'autres manières d'installer des évêques que celle par un libre choix du pape : can. 377 § 1) (Fries).

VI. Les Églises particulières vivent dans un *mutuel échange fraternel qui concerne toutes leurs dimensions vitales*, de sorte que l'histoire et l'expérience des Églises, autrefois séparées, puissent exercer leur influence dans la vie des autres Églises particulières (Fries).

VII. Sans préjudice quant à la légitimité théologique du *ministère*, jusqu'à maintenant existant dans les Églises séparées, selon le jugement d'une autre Église, toutes les Églises particulières s'obligent à procéder à partir de maintenant à l'ordination par la prière et par l'imposition des mains, de telle manière que leur reconnaissance, aussi par l'Église catholique romaine, ne pose pas de problèmes (Rahner).

*

VIII. Entre les différentes Églises particulières existe la *communion de chaire et d'autel* (Fries).

Il n'est pas possible de commenter ici le commentaire qui accompagne chacune de ces huit thèses. Je me contente donc d'analyser la structure du parcours ainsi proposé et sa signification.

1. Il est clair que, pour nos deux auteurs, l'unification des Églises n'est possible que si elle est fondée sur *l'unité de la foi* ; ce qui ressort avec la plus grande netteté des deux premières thèses qui, formant un premier bloc, portent toutes les deux sur le *contenu de la foi*.

2. La dernière des huit thèses indique l'ultime finalité du processus d'unification, à savoir la communauté de chaire et d'autel *(Kanzel- und Altargemeinschaft)*.

3. Entre le début et la fin de ce parcours se situe un bloc central de cinq thèses d'ordre ecclésiologique. Si les thèses I et II portent en effet sur le contenu trinitaire de la foi, tel qu'il est énoncé dans les Écritures et les grands symboles de l'antiquité, ainsi que sur les traditions d'interprétation de la foi dans les Églises séparées, les thèses III à VII traitent de l'Église dont l'approche croyante se greffe sans difficulté sur le troisième article, article pneumato-ecclésiologique du Credo dont il est question dès la fin du commentaire de la première thèse (32-34/301-303).

4. La structuration des thèses ecclésiologiques III à VII est en elle-même hautement significative d'un point de vue œcuménique. Par deux fois, on aborde au préalable les Églises et l'unique Église dans leur réalité « communautaire » – si je puis dire –, *avant* de traiter des ministères qui en ont la charge : la thèse III parle des Églises particulières, voire régionales, de différentes provenances confessionnelles – Églises qui pourront coexister un jour sur un même territoire –, avant qu'il soit question du ministère pétrinien dans les deux parties de la thèse IV et du ministère épiscopal dans la thèse suivante ; et la thèse VI s'intéresse d'abord aux échanges fraternels entre Églises, avant que la thèse VII discute la question du ministère.

Retenons donc de cette brève présentation que cette *Quaestio* de 156 pages propose un parcours très fermement structuré qui représente une véritable synthèse œcuménique du « dogme » chrétien. Elle porte évidemment la marque des années quatre-vingt-dix ; ce qu'il faut montrer maintenant.

Une lecture contextuelle

Notons en exergue que, publiée un an avant sa mort, la *Quaestio* dont l'inspiration principale revient à Karl Rahner représente le dernier de ses textes de théologie œcuménique et récapitule un engagement qui a débuté en 1948 avec son entrée dans le « groupe œcuménique de travail de théologiens évangéliques et catholiques », le cercle Jaeger-Stählin. Cet engagement se trouve alors confirmé par le concile Vatican II et s'est renforcé ensuite[1] ; car – on le sait – Rahner interprète le Concile comme le « commencement d'un commencement[2] » ; ce qui se perçoit dans les thèses qui dépassent en effet le cadre tracé par le décret sur l'œcuménisme *Unitatis redintegratio*.

---

1. Voir l'introduction du vol. 27 des *Sämtliche Werke* par K. cardinal Lehmann et A. Raffelt, *SW*, 27, p. IX-XVII.

2. K. Rahner, « Le Concile – un nouveau commencement », dans id., *Le deuxième concile du Vatican. Contributions au Concile et à son interprétation*, p. 757-777 (la célèbre citation se trouve à la p. 766).

Le contexte des années quatre-vingt, tel qu'il transparaît à travers la *Quaestio*, doit être abordé dans une *double* perspective, à la fois œcuménique et culturelle. Commençons par la première.

Le « climat » œcuménique des années quatre-vingt et son évolution ultérieure

1. Le contexte allemand postconciliaire est déterminant. L'introduction cite comme référence majeure le synode commun des évêchés allemands à Würzburg qui, en 1974, avait déjà proposé le même diagnostic alarmant d'un « affaiblissement de la volonté œcuménique » et rappelé qu'il s'agit d'un *kairos* donné par le Seigneur des temps, qui ne tolère pas de report[1] (12/289). En 1983, deux événements marquent les milieux œcuméniques et la société allemande, la célébration du cinq-centième anniversaire de la naissance de Luther et un débat particulièrement vif sur la paix, événements intégrés par les thèses dans une seule perspective qui – selon l'observation de Eilert Herms, un des principaux contradicteurs luthériens de Rahner[2] – « relie les deux thèmes ».

2. Plus largement : il est difficile de comprendre les thèses sans les situer sur l'arrière-fond de quelques textes d'accords bi- ou multilatéraux, comme le rapport final de l'ARCIC, publié en 1981 à Windsor[3] (88-94/344-349), ou encore le document final de « Foi et constitution » du Conseil œcuméniques des Églises sur « Baptême – Eucharistie – Ministère », publié l'année suivante à Lima[4]. L'absence de réaction catholique dans le deuxième cas et l'étonnante réponse du Cardinal Ratzinger, depuis 1981 préfet de la Congrégation pour la doctrine de la foi, et non pas du Secrétariat

1. Voir la décision du synode de Würzburg « Pastorale Zusammenarbeit der Kirchen im Dienst an der christlichen Einheit », dans *Gemeinsame Synode der Bistümer in der Bundesrepublik Deutschland. Offizielle Gesamtausgabe,* Fribourg, Herder, 1976, p. 774-806.

2. E. Herms, *Einheit der Christen in der Gemeinschaft der Kirchen*, p. 9 s.

3. « Anglican – Roman Catholic conversations. Final Report 1981 », dans *Growth in Agreement : Reports and Agreed Statements of Ecumenical Conversations on a World Level*, p. 61-118.

4. Commission on faith and order, « Baptism – Eucharist – Ministry », Lima, Peru, Council of Churches, 1982, *ibid.*, p. 465-503. Voir p. 266.

pour l'unité, au texte anglo-romain crée un *découragement général*, nullement atténué par le débat pourtant éclairant mené en 1983, l'année de la publication des huit thèses, entre le Cardinal allemand et deux membres catholiques de la Commission anglicane-catholique dans les revues *Insight* et *The Tablet*[1]. C'est ici que sont explicitées les deux difficultés fondamentales du dialogue œcuménique : 1) du côté de la Commission, la distinction entre « consensus *substantiel* » et « explications » ou « sensibilités différentes » (qui annonce déjà le concept de « consensus *différencié* ») et le refus catégorique du cardinal-préfet de considérer certains points de doctrine (culte eucharistique d'adoration, primauté, dogmes mariaux, etc.) comme développements *particuliers* de l'Église latine du deuxième millénaire et de faire jouer à leur sujet la « hiérarchie des vérités » ; 2) le conflit entre deux manières différentes de comprendre la relation constitutive entre l'Église universelle et les Églises locales, conflit dans lequel le cardinal-préfet esquisse déjà la position de sa lettre *Communionis notio* de 1992. Les huit thèses se positionnent précisément par rapport à ces deux problèmes de fond : la thèse II, en introduisant, dans ce qui dépasse les vérités fondamentales, ce qu'elle appelle un « principe réaliste de foi » – j'y reviendrai – et les thèses III et IV en proposant une articulation entre les Églises existantes et l'Église une et universelle, recevable par tous.

3. L'année de la parution du plan Fries-Rahner aura été une *année charnière* ; je viens de le suggérer en faisant allusion aux réactions du cardinal-préfet de la Congrégation pour la doctrine de la foi. Bientôt quarante ans après, le constat d'une *situation de plus en plus confuse* semble s'imposer.

D'un côté, des nouveaux accords peuvent être mis sur *l'actif des œcuménistes des grandes Églises* : principalement la « Clarification du Conseil pontifical pour la promotion de l'unité des chrétiens » sur le *Filioque* en 1995[2], qui fait suite à l'institution (dès 1982) d'une commission mixte entre l'Église catholique et

1. Voir la traduction française des articles du cardinal Joseph Ratzinger, du père Jean-Marie Tillard et du père Edward Yanold, les deux derniers étant membres catholiques de la commission, dans *DC* 81 (1984), p. 854-869.

2. Clarification du Conseil pontifical pour la promotion de l'unité des chrétiens, « Les traditions grecque et latine concernant la procession du Saint-Esprit », dans *DC* 92 (1995), p. 941-945.

l'Église orthodoxe, et la signature de la Déclaration commune catholique et luthérienne sur la doctrine de la justification à Augsbourg en 1999 [1]. Pour ce qui est du *Filioque* la thèse I de Fries-Rahner, qui stipule la normativité du Symbole de Nicée-Constantinople, anticipe déjà la solution de 1995, se référant à la thèse II pour clarifier le statut du *filioque*, à retirer du Symbole par les catholiques et à déclarer non hérétique par les orthodoxes (30 s./299 s.). Quant à la justification des pécheurs par la foi seule, le commentaire de la thèse IV a) qui parle du ministère pétrinien évoque déjà la solution trouvée en 1999 : cette thèse cite Luther qui, à plusieurs reprises et une dernière fois en 1531, a affirmé qu'« il accepterait le pape et son ministère, voire qu'"il le porterait sur ses mains et lui baiserait les pieds" s'il recevait "son" Évangile de la justification de l'homme ou au moins l'acceptait. À l'époque », continue le commentaire de la thèse IV, « cela n'a pas été le cas sous une forme perceptible pour Luther. Mais, peut-on continuer l'interrogation, comment se présente la situation si la doctrine de la justification – "l'article par lequel l'Église reste debout ou tombe" – a perdu aujourd'hui, selon l'opinion de la plupart des théologiens luthériens et catholiques, sa qualité de séparation des Églises, ce qui veut donc dire que, de son côté, elle occupe un lieu légitime, au sens d'une différence réconciliée ? » (78/336 s.). D'autres avancées peuvent être mentionnées comme le document d'étude luthéro-catholique sur l'apostolicité (2007) dont les éléments d'accord sont déjà présents dans la thèse VII.

Face à cet actif, on trouve de l'autre côté un *passif* important qui s'exprime avec plus de netteté à partir de 1992, l'année où fût publiée la lettre de la Congrégation pour la doctrine de la foi sur certains aspects de l'Église comprise comme communion *Communionis*

1. Déclaration commune de la Fédération luthérienne mondiale et de l'Église catholique romaine, « La doctrine de la justification », dans *DC* 94 (1977), p. 875-885 ; Réponse de l'Église catholique à la Déclaration commune de l'Église catholique et de la Fédération luthérienne mondiale sur la doctrine de la justification, « La Doctrine de la justification selon l'Église catholique », dans *DC* 95 (1998), p. 713-718 ; Communiqué commun officiel de la Fédération luthérienne mondiale et de l'Église catholique, « Annexe à la Déclaration commune catholique et luthérienne sur la doctrine de la justification », dans *DC* 96 (1999), p. 720-722.

notio[1]. Ce document – on s'en souvient – affirme une « intériorité *mutuelle* » entre les Églises particulières et l'Église universelle, en y ajoutant que « l'Église universelle est, dans son mystère essentiel, une réalité ontologiquement et chronologiquement préalable à toute Église particulière » (*CN*, 9) et qu'à ce titre, « l'Église tête des Églises, qui est précisément l'Église de Rome » avec le ministère pétrinien, est « intérieure à toute Église particulière » (*CN*, 12 et 13). Cette thèse a des conséquences importantes sur le plan œcuménique, car, au nom d'une présence continue de l'Église universelle *dans* l'Église romaine (ce qui est une interprétation particulière du célèbre *subsistit in* de *Lumen gentium*, 8), elle conduit à distinguer nettement les Églises et les communions chrétiennes non catholiques et à aborder ces Églises non romaines à partir de ce que la lettre appelle « blessure de leur condition d'Église particulière » (*CN*, 17). Certes, l'encyclique *Ut unum sint* de 1995 qui ne cite plus qu'une seule fois *Communionis notio* apporte des nuances et renonce à la notion ambiguë d'« Église tête » pour valoriser celle d'« Église sœur ». Mais d'autres textes comme la Déclaration *Dominus Jesus*, publiée en 2000, maintiennent l'ambiguïté.

4. Ces publications romaines confirment-elles a posteriori le diagnostic de Fries et de Rahner qui, en 1983, avaient constaté que les Églises se souciaient plutôt de « maintenir *l'homogénéité de l'espace intra-confessionnel* que de tenter de nouveaux rapprochements œcuméniques » et manifestaient une tendance à « mettre la barre de l'"œcuméniquement possible" toujours plus haut » (10/288) ? Une autre interprétation accompagne les évolutions qu'on vient de retracer à grands traits. Ainsi observe-t-on, dans *toutes* les grandes confessions, des réactions de personnes comme Joseph Ratzinger et Eilert Herms, déjà cités, Eberhard Jüngel, Olivier Clément et bien d'autres, voire des réactions d'Églises entières – je pense aux inquiétudes des Églises orthodoxes au sein du COE, exprimées avec de plus en plus de fermeté pendant la dernière décennie du XXe siècle. Ces voix s'élèvent contre une rhétorique, voire une diplomatie œcuménique qui favorise des « ambiguïtés et des confusions sémantiques et logiques[2] », selon l'expression du

1. Nous citons la traduction française de la Lettre *Communionis notio*, dans *DC* 89 (1992), p. 729-734.

2. E. Herms, *Einheit der Christen in der Gemeinschaft der Kirchen*, p. 189.

premier contradicteur du plan Fries-Rahner, diplomatie qui minimise les différences, voire les contradictions doctrinales entre Églises au profit de rassemblements, soit sous l'égide d'une ecclésiologie romaine (ce qui est le soupçon exprimé à l'égard du projet Fries-Rahner), soit sous le toit du COE, en abandonnant la centralité, voire l'indépendance de l'argumentation dogmatique.

5. C'est précisément au cœur de cette controverse de plus en plus vive que le *contexte culturel* se mêle inextricablement au débat doctrinal, non sans augmenter le sentiment de confusion déjà évoqué. Ce contexte est présent en 1983 et pensé comme tel par Rahner dans la thèse II où il est question d'« un *principe réaliste de foi* » ; mais, depuis cette époque charnière, il a pris des dimensions dramatiques ou éprouvées comme telles par certaines des Églises historiques. Je rappelle simplement la question des ordinations de femmes prêtres et de femmes évêques dans l'Église anglicane et les réactions catholiques et orthodoxes, la forte présence du Pentecôtisme dans le COE, le débat avec et sur les minorités sexuelles et, sur un autre plan, l'intervention d'intérêts politiques, par exemple dans les conflits entre l'orthodoxie russe et d'autres Églises orthodoxes.

Ce point de vue où se mêlent le doctrinal *et* le politico-culturel est appelé par Rahner « situation politico-spirituelle dans laquelle vivent les hommes d'aujourd'hui et également les Églises » (36/304). C'est l'autre versant du contexte, tel qu'il paraît dans la *Quaestio* de 1983 ; il en sera question maintenant.

La situation politico-spirituelle dans laquelle vivent les hommes d'aujourd'hui

1. Dès l'introduction, Heinrich Fries et Karl Rahner caractérisent la condition culturelle de l'homme contemporain comme celle d'un « athéisme mondial et militant et d'un relativisme sceptique », d'un monde où la foi chrétienne a perdu son évidence sociale et culturelle. Ce diagnostic globalisant, antérieur à la chute du mur de Berlin en 1989, rappelle le débat du concile Vatican II avec l'athéisme (sous ses différentes formes) et semble éloigner le texte de notre propre actualité. Or, dans la thèse II (36-304/2-309), Rahner précise la situation de telle façon que la « mutation qualitative » qu'il y discerne (38/305 s.) puisse être comprise sous

l'angle de nos approches actuelles de ce que nous appelons « post- » ou « hyper-modernité [1] ».

En comparaison avec cette situation nouvelle, l'ancienne Europe qui a vu apparaître les divisions confessionnelles, supposait un « matériel spirituel » relativement limité, simple et transparent (comme dit Rahner), de sorte qu'on pouvait toujours supposer et supposait effectivement que, malgré des divergences d'opinions, voire des divisions, on se comprenait et pouvait se faire comprendre au sein d'un même ensemble culturel de plausibilités partagées. Or, c'est précisément ce monde homogène qui a disparu : le savoir disponible s'est exponentiellement enrichi ; ce qui fait que, proportionnellement, chacun de nous devient toujours plus « débile » (selon l'expression de Rahner), personne ne pouvant plus maîtriser l'ensemble du savoir humain, confié désormais à des immenses ordinateurs (1983 !), le savant universel étant définitivement mort. De ce fait, les experts se multiplient et ne se comprennent plus que difficilement ou pas du tout. Chacun de nous est donc obligé de faire confiance à d'autres dans des domaines théoriques et pratiques de plus en plus étendus. « Les frontières », écrit Rahner, « entre des soi-disant cultivés et d'autres sans-culture sont devenues floues. Aujourd'hui il n'y a plus des cultivés et des gens qui ne le sont pas ; tous sont, dans une certaine perspective déterminée, cultivés et pour cette raison dans d'autres domaines sans aucun savoir » (39/306).

Le résultat de ce pluralisme « non transparent » est que le *consensus* au sein des sociétés humaines a tendance à passer – Rahner ajoute « malheureusement » de la concordance dans les convictions fondamentales (au sein de l'ancienne Europe) vers un consensus qui se réduit à l'identité de mêmes conditions matérielles et de besoins.

On connaît ce diagnostic culturel et épistémologique de Rahner qu'il a développé immédiatement à la fin du concile, se laissant ainsi conduire vers une théologie qui se situe, comme il dit, à un « premier niveau de réflexion ». Dans la thèse II, il applique ce diagnostic au contexte œcuménique (39-42/306-309) qui, d'après lui, est dominé par une même non-transparence :

1. J.-F. LYOTARD, *La Condition postmoderne, Rapport sur le savoir*, Paris, Éd. de Minuit, 1979 et G. LIPOVETSKY, (avec S. CHARLES), *Des temps hypermodernes*, Paris, Grasset, 2004.

l'impossibilité de pouvoir dire avec certitude si l'on a compris la théologie de l'autre dont les présupposés culturels nous échappent. Et ce qui vaut pour les relations œcuméniques doit valoir également au sein d'une même Église où personne ne peut dire avec certitude – même en absence de condamnation ou de censure – si sa théologie correspond *effectivement* à ce qui est visé par les jeux de langage et la régulation doctrinale de cette Église. Rahner fait intervenir ici le « premier niveau » d'un *présupposé* qu'il avait déjà exprimé en 1968 par cette formule lapidaire : « L'ultime présupposé de la théologie œcuménique est l'unité, saisie en espérance, d'un même acte de foi en la grâce justifiante, acte déjà donné des deux côtés et qui précède la théologie, y compris la confession énoncée conceptuellement [1]. » Le théologien peut et doit donc présupposer cette unité en dépit de « l'incommensurabilité des théologies », tout en s'interrogeant sur la figure que peut alors prendre le discours de *foi* d'une Église une et unifiée, dans les conditions culturelles caractérisées par l'impossibilité de « synthétiser » ses éléments.

2. Il faut remarquer ici, sans quitter l'approche historique, que le conflit d'interprétation entre ce que Eilert Herms et d'autres critiquent comme « œcuménisme des ambiguïtés et confusions sémantiques et logiques », lui substituant un « œcuménisme de tensions constructives [2] », d'un côté, *et* une manière rahnérienne de dire l'unité *de la foi* dans les conditions d'un pluralisme convictionnel non transparent, de l'autre, ne se situe pas seulement sur un plan doctrinal, portant par exemple sur la franche reconnaissance par les théologiens romains de la « contradiction » de la figure romaine par l'Église évangélique, mais relève en même temps et inextricablement d'un débat culturel ; c'est l'enjeu d'une lecture des « signes des temps » qui fait toute la force des huit thèses. Certes, Eilert Herms le reconnaît, mais il interprète l'analyse culturelle de la thèse II, de manières significatives, dans le sens d'une justification de l'autorité, voire de l'autorité romaine – « la régression de la conscience publique et son besoin grandissant d'autorité comme moment favorable donné

1. K. RAHNER, « Zur Theologie des ökumenischen Gesprächs », dans *SW*, 27, p. 66.

2. *Ibid.*, p. 189-201.

par Dieu en vue d'une unité romaine de l'Église »[1] – et reproche à Rahner d'oublier la critique de la société postindustrielle et de ses tendances de dépersonnalisation et de déresponsabilisation des sujets[2].

Sans doute, la thèse II est-elle bien plus nuancée que Eilert Herms le laisse entendre ; car Rahner distingue nettement entre ce qu'il dit de la *situation* politico-spirituelle dans laquelle vivent les hommes et les Églises d'aujourd'hui, d'un côté, et les *tendances* à réduire nos consensus à nos besoins – « malheureusement », ajoute-t-il laconiquement. Par ailleurs, on doit se demander si la « résistance » à Rome et à la société postindustrielle, prônée par Eilert Herms, ne contourne pas trop rapidement les conditions culturelles considérées par les huit thèses comme irréversibles. Se dessine ici, dès 1983, un débat qui traversera de plus en plus fortement *toutes* les confessions et Églises sur la manière de se situer dans la post- ou ultra-modernité, ce qu'on appelle le réflexe « identitaire » étant un effet du pluralisme non transparent des convictions et en faisant culturellement partie. C'est le point aveugle dont les contradicteurs de la proposition Fries-Rahner ne sont guère conscients.

Que retenir de cette double lecture contextuelle ? 1. Les thèses se situent au sein d'un mouvement historique et à un moment charnière, marqué à la fois par une mutation culturelle, déjà suffisamment mûrie pour être pensée, et par une constellation œcuménique qui en est le reflet contrasté. 2. Elles sont le fruit d'une expérience spirituelle, à savoir de l'épreuve qui résulte d'une écoute du commandement de Jésus et du constat d'une stagnation œcuménique, interprétée selon des présupposés qui ne sont pas partagés par tous, épreuve spirituelle qui suscite un choix œcuménique. 3. C'est de ces deux affirmations que résulte l'orientation des thèses, formulée au début de la thèse II :

> Il ne faut certes pas changer ou abandonner la substance authentique de la foi chrétienne – ce que les Églises existantes considéraient comme appartenant à leur substance « définie ». Mais la *manière* selon laquelle cette compréhension de la foi des Églises existantes peut et doit être introduite dans l'unique Église de la foi de l'avenir peut différer de la

1. E. Herms, *Einheit der Christen in der Gemeinschaft der Kirchen*, p. 151.

2. *Ibid.*, p. 189.

manière selon laquelle on pensait jusqu'à maintenant l'unité de la foi dans les controverses entre Églises et confessions [35 s./303 s.].

Il me reste à expliciter, dans une dernière partie, cette *manière*, en revenant aux thèses elles-mêmes.

Les principaux points d'articulation du modèle d'unité Fries-Rahner

Les principaux points d'articulation du modèle d'unité Fries-Rahner se situent *entre* la lecture des signes des temps – « la situation politico-spirituelle dans laquelle vivent les hommes d'aujourd'hui » – *et* la substance vive de la foi *en* sa visibilité ecclésiale *et entre* celle-ci et le respect de l'altérité des traditions existantes [1]. Je parcours rapidement ces trois pôles d'une articulation controversée et traversée de polémiques.

Les signes des temps et la substance salvifique de la foi

La première articulation du modèle porte sur les rapports entre les thèses I et II. Il a déjà été question de la situation épistémologique ou gnoséologique du pluralisme convictionnel de nos sociétés post- ou ultramodernes. Sur le plan œcuménique, Rahner introduit à cet endroit ce qu'il appelle une « tolérance gnoséologique et existentielle » (47/312 et 49/314), à savoir le courage de tous les partenaires, exprimé dès l'introduction, « de mettre au second plan des considérations qui, en soi, n'ont pas peu d'importance » (17/292). Ce courage spirituel de différenciation ou de pondération, greffé sur un consensus quant aux vérités fondamentales – affirmé dans la thèse I – implique, selon la thèse II, un *double renoncement*, celui de proscrire un énoncé qui, dans une autre Église particulière, représente un dogme obligatoire, et celui d'obliger une Église particulière de confesser un dogme d'une autre Église particulière [2].

1. Voir déjà notre formulation dans la conclusion du chap. XVIII, p. 483.

2. Voir p. 482.

Ce double renoncement est précisément fondé sur la situation gnoséologique déjà exposée. Celle-ci implique qu'il est tout à fait possible d'accomplir « son devoir éthique d'honorer la vérité » (43/309) en réservant son adhésion à un énoncé, même bien compris ; et cela pour diverses raisons, par exemple parce que cet énoncé est sans importance pour la situation existentielle d'une personne ou lui demanderait proportionnellement trop d'efforts pour vérifier s'il est fondé. Et ce qui vaut pour chaque individu peut également être affirmé des Églises existantes et de leurs traditions qui ont chacune leur propre hiérarchie des vérités, à la fois objective et subjective. Même dans l'Église catholique, on reconnaît que sa conscience collective de la foi comme telle et la conscience de chacun de ses membres ne concordent pas d'emblée, l'Église ne se sentant pas obligée de vérifier ce décalage, au-delà du « fondamental », auprès de celles et de ceux qu'elle admet au baptême (42-47/309-312) : « L'unité de la foi qui existe *de facto* et doit donc être légitime dans l'Église catholique est autre que celle qu'on présuppose sans le dire et comme évidente dans l'ecclésiologie *théorique* » (50/315). Rahner anticipe ici ce que les sociologues nous apprennent aujourd'hui du pragmatisme et du probabilisme culturel [1], *sans qu'il renonce pour autant comme théologien à la quête de la vérité*. Il fournit même un *argumentum ad absurdum*, disant qu'une unité de la foi, conçue d'une manière idéale ou plus radicale, conduirait – s'il était possible de la réaliser – vers un même résultat existentiel et gnoséologique. D'où l'alternative qui sous-tend l'ensemble des thèses : *ou bien* on déclare l'unité comme un but idéal concrètement inatteignable dans notre histoire *ou bien* on tend vers une unité de la foi, pensable de manière réaliste (50/315).

Le contradicteur de Rahner, cité à plusieurs reprises, introduit à cet endroit l'idée luthérienne des *adiaphora*, théorisée par Meldenius [2] (vers 1626) avant d'entrer en 1959 dans la première encyclique de Jean XXIII *Ad Petri cathedram* et en 1964 dans *Unitatis redintegratio,* n° 4 (§ 7) : *In necessariis unitas, in dubiis libertas,*

---

1. Voir par exemple J.-M. Donegani, « La mondanisation du salut », p. 345-363.

2. Voir J. Lecler, « À propos d'une maxime citée par le pape Jean XXIII : *In necessariis unitas, in dubiis libertas, in omnibus caritas* », dans *RSR* 49 (1961), p. 549-560 ; id., « Note complémentaire sur la maxime : *In necessariis unitas, in non necessairiis libertas, in omnibus caritas* », dans *RSR* 52 (1964), p. 432-438.

in omnibus caritas. Ce principe étant enregistré par tous et l'accord d'Augsbourg sur la justification, déjà anticipé dans les thèses, étant reçu par tous, on peut se demander légitimement si le positionnement des huit thèses est si éloigné de l'« œcuménisme de tensions constructives », prôné par Eilert Herms. La thèse VI l'implique, même si son commentaire insiste davantage sur la réconciliation que sur la contradiction ou la protestation, pourtant toujours nécessaire au sein d'une Église une, si celle-ci ne veut pas perdre l'intuition fondamentale de la Réforme : « Les Églises particulières vivent dans un mutuel échange fraternel qui concerne toutes leurs dimensions vitales », lisons-nous dans la thèse VI, « *de sorte que l'histoire et l'expérience des Églises, autrefois séparées, puissent exercer leur influence dans la vie des autres Églises particulières* ».

J'en viens maintenant au deuxième pôle du modèle d'unité Fries-Rahner :

La substance vive de la foi en sa visibilité ecclésiale

Dès l'introduction, les deux auteurs anticipent le reproche que leur proposition ne viserait, sur le fond, qu'une autre forme de COE. L'argument principal qu'ils y opposent est leur exigence d'une unité des Églises *dans la foi.*

C'est dans les thèses III et IV que se décide ultimement si leur argumentation est fondée. *Négativement*, ces thèses s'opposent à tout œcuménisme de « retour », déjà contredit par la conception ancienne d'une unité entre les Églises orthodoxes et l'Église latine. Tout en rappelant la distinction, opérée par *Unitatis redintegratio*, entre Églises orientales et Églises issues de la Réforme quant à leur proximité par rapport à l'Église de Rome, la thèse III propose *positivement* d'appliquer le même principe ecclésiologique du pluralisme légitime dans la discipline et la vie des Églises particulières (*LG*, 13) à *l'ensemble* des Églises séparées, aux Églises orientales *comme* aux Églises de la Réforme (58 s./321 s.[1]). Cela conduit à admettre la cohabitation historique de différentes Églises sur un même territoire, mais nécessite en même temps la reconnaissance du ministère pétrinien « comme garant

1. Voir p. 482.

concret de l'unité de l'Église». C'est ce que développe la thèse IV qui est composée de deux parties pour honorer le rapport symétrique entre tous les partenaires, de maintenir donc, d'un côté, l'exigence pour toutes les Églises particulières de reconnaître, «en vérité et avec amour», le ministère pétrinien et, de l'autre côté, l'obligation qui incombe à l'évêque de Rome de respecter l'autonomie de ces Églises. La thèse se situe sur un terrain miné, comme il ressort de sa manière d'interpréter les prérogatives magistérielles, accordées par les conciles Vatican I et II à l'autorité suprême, et de tenir en même temps compte des exigences légitimes des Églises encore séparées. Une analyse détaillée de cette interprétation et de la manière de se référer aux accords œcuméniques déjà disponibles et largement cités demanderait un travail spécifique qu'il n'est pas nécessaire de fournir ici[1].

Il est en tout cas surprenant que les thèses III et IV ne se réfèrent pas à *Lumen gentium,* 23, qui stipule que «l'Église catholique une et unique existe *dans* les Églises particulières et *à partir* d'elles (*in quibus et ex quibus*)». La célèbre lettre *Communionis notio* de 1992 entrera dans cette brèche et tirera argument de l'inversion de la formule – *les Églises existent dans et à partir de l'Église universelle (Ecclesiae in et ex Ecclesia*[2]*)* –, pour fonder sa propre thèse que «l'Église tête des Églises, qui est précisément l'Église de Rome» est, avec le ministère pétrinien, «*intérieure* à toute Église particulière[3]» (*CN*, 12 et 130). Fries et Rahner ne tirent évidemment pas cette conclusion qui – ajoutons-le – ne peut à aucun titre se réclamer légitimement de *Lumen gentium,* 23. Mais cette conclusion permet de comprendre *a posteriori* la crainte et la protestation de Eilert Herms qui prend la position opposée et distingue (avec Luther) entre «le *témoignage visible,* rendu à l'unité de l'Église» et la tentative «de rendre *visible cette unité elle-même*[4]», refusant cette dernière comme

1. Voir plus loin, le chap. XXI.

2. Cette inversion de la formule conciliaire se trouve pour la première fois dans le discours de Jean-Paul II aux cardinaux et à la Curie romaine du 20 décembre 1990, dans *DC* 88 (1991), p. 104 s.

3. Voir p. 501, n. 1.

4. E. HERMS, *Einheit der Christen in der Gemeinschaft der Kirchen*, p. 116-121 et 162-168.

étant sans cesse menacée par la confusion entre l'œuvre de Dieu et le travail de l'homme.

Notons que la dernière thèse (VIII) de Fries et de Rahner rappelle cette même distinction entre deux postures différentes par rapport à l'unité effective, donnée dans et avec la *communicatio in sacris* (139-142), deux postures bien présentes au n° 8 du Décret sur l'œcuménisme sans qu'elles y soient *articulées* l'une à l'autre : « Deux principes règlent principalement cette *communicatio* : témoigner de l'unité de l'Église ; faire participer aux moyens de grâce. » Elle est la plupart du temps, empêchée du point de vue du témoignage de l'unité (ce que contesterait un Eilert Herms) ; la grâce à procurer la recommande quelques fois (réserve que Fries et Rahner tentent de dépasser au nom des thèses précédentes, en particulier des thèses I et II). Il me semble qu'ils répondent ainsi à la fois à ceux qui craignent une confusion entre l'unité de l'Église et une nouvelle forme de COE et à ceux qui, comme Eilert Herms, redoutent une récupération des autres Églises par l'Église romaine. Le projet Fries-Rahner défend certes la visée d'une unité visible, mais une unité qui implique le « ni… ni » d'une ecclésiologie « négative » : ni un « retour » à Rome, ni une simple fédération œcuménique [1]. Ce qui me conduit vers le dernier paramètre du modèle d'unité proposé ici :

Le respect de l'altérité des traditions existantes

Eilert Herms soupçonne la notion de « *tolérance* gnoséologique et existentielle » d'être récupératrice de la *différence* des autres traditions, en particulier de la tradition réformée, défendant lui-même un « œcuménisme des tensions constructives », comme il a été déjà noté. Il repère aussi dans la manière de donner beaucoup de poids aux autorités des différentes Églises et à leur capacité de convaincre leurs propres communautés d'une possible unification (66/327) une manière « crypto-catholique » d'envisager l'œcuménisme. Il accuse encore l'interprétation de la fonction pétrinienne par Fries et Rahner comme une manière d'annuler les différences entre la compréhension luthérienne et l'approche

1. Voir p. 482.

catholique de la révélation, différence impliquée, selon le contradicteur de Rahner, dans le dogme de Vatican I.

Ces points, en particulier le dernier, méritent évidemment débat et invitent, peut-être davantage que le font les huit thèses, à entendre l'appel spécifique de la Réforme, au sein de *toutes* les Églises, de réformer ce qui, en leur sein, s'oppose à l'Évangile. Mais cette exigence ne peut pas annuler l'insistance sur le respect de l'altérité des Églises particulières, prioritairement développée dans la thèse VI sur « leur échange fraternel ». Y est discerné le risque qui consiste à considérer l'autre Église comme arrière-fond négatif ou sombre, permettant de profiler sa propre identité : « Ce qui est chrétien et catholique [...] a la force d'une reconnaissance universelle ; il est grand en sachant voir comme étant grand ce qui est autre » (130/377).

Conclusion : les huit thèses et leur vertu heuristique

Le projet Fries-Rahner garde-t-il aujourd'hui, presque quarante ans après sa publication, une force révélatrice ou heuristique ? Conserve-il, dans l'actuel débat œcuménique, une quelconque chance d'être reçu ? Je me contente de trois brèves réflexions conclusives.

1. Le *caractère prophétique* des huit thèses, souligné dès le début de ce chapitre, peut avoir la vertu de réveiller les partenaires de l'actuel dialogue œcuménique. Menacés par l'enlisement dans le mauvais infini de débats sur des questions sectorielles certes importantes mais secondes, tous sont interrogés sur leur véritable volonté d'entendre le commandement du Christ Jésus, sur leur capacité théologale de se laisser atteindre par la contradiction entre sa parole et la division effective d'une chrétienté menacée par l'érosion et sur leur courage spirituel d'anticiper un avenir commun.

2. Les huit thèses et leur cohérence doctrinale nous révèlent alors l'actuelle absence d'une *vision globale* ou de *visions globales* (au pluriel) de ce qui a été atteint et réussi en matière œcuménique depuis le concile Vatican II et de ce qui est réellement souhaitable et envisageable de manière réaliste pour répondre collectivement à la parole du Christ Jésus. Comment

sortir de ce vacuum dangereux pour le mouvement œcuménique tout entier ?

3. Une des vertus principales du projet Fries-Rahner est ici sans doute de proposer un véritable « *modèle* d'unité », modèle qui est suffisamment large, voire formel ou « systémique » pour qu'on puisse y situer les points de conflits et de controverse incontournables. C'est précisément ce que révèle l'histoire subséquente à la publication du plan ; j'ai voulu le montrer par ma manière de situer les thèses au sein d'une histoire œcuménique plus longue. Or, fondé sur les trois paramètres ou pôles des signes des temps (1), de la conception de l'unité de la foi en sa visibilité ecclésiale (2) et du respect de l'altérité des traditions existantes (3), ce modèle pourrait servir de base, non seulement pour une histoire de l'œcuménisme, capable de rendre compte des tensions et conflits internes à l'ensemble du mouvement œcuménique, portant nécessairement sur l'articulation des trois pôles ou paramètres, mais encore comme jauge ou mesure critique de l'avancée actuelle et future des dialogues et tentatives d'union.

Quant à la question de savoir si les thèses de Fries-Rahner, reconsidérées sous cet angle plus large, ont une chance d'être à nouveau lues, comprises et reçues, la réponse relève d'un nouveau « kairos » offert par le Seigneur des temps à notre capacité de nous en saisir.

XX

LE COURAGE D'ANTICIPER UN AVENIR COMMUN

L'unité visible de l'Église, à quelles conditions ?

Une année aussi riche en événements œcuméniques que 2016 invite à faire un point d'étape. L'orthodoxie a célébré à la Pentecôte 2016, le Grand et Saint concile panorthodoxe ; et nous avons assisté à l'ouverture, en présence du pape François, de l'année de commémoration de la Réforme luthérienne à Lund et à Malmö. Nous pourrions même remonter un peu plus loin et nous souvenir de la rencontre entre François et le patriarche Cyril de Moscou à Cuba, en février 2016, et de la visite commune en terre sainte du Patriarche œcuménique Bartholomé et du pape en mai 2014. Une multiplication de rencontres œcuméniques à haut niveau, sans doute pour relancer un processus que beaucoup de chrétiens et observateurs pensaient enlisé ou appartenant à un autre âge de la chrétienté. Faire donc un point d'étape, c'est s'interroger de manière critique sur le courage des chrétiens et de nos institutions ecclésiales d'envisager, voire d'anticiper un avenir commun, selon la volonté du Christ Jésus : « Que tous soient un ! » (Jn 17,21).

Dans un premier temps, je tenterai de définir l'attitude *spirituelle* du « courage » et du « courage d'anticiper » dans la ligne de « l'œcuménisme spirituel », avant de réfléchir, dans un deuxième temps, aux *modalités* de cette anticipation et de donner, pour finir, un *contenu* à cette posture, m'interrogeant alors sur les conditions actuelles d'une possible « unification » des Églises.

Qu'est-ce que le courage d'anticiper ?

Le courage comme vertu

Rappelons d'abord que le courage fait partie des quatre vertus cardinales – prudence ou sagesse, justice, courage et tempérance ; quadruple articulation profondément ancrée dans la conscience méditerranéenne et européenne qui remonte à l'antiquité grecque (Platon et Aristote), romaine (Cicéron et Sénèque) et juive (Philon). Dès le départ, une distinction s'est établie entre, d'un côté, une conception plus aristocratique, voire héroïque ou militaire du courage chez Platon, qui ressurgit à maintes reprises dans l'histoire culturelle de l'Occident, dans la noblesse et la chevalerie du Moyen Âge et encore dans la bourgeoisie moderne, et, de l'autre côté, une conception qu'on pourrait qualifier de démocratique et universelle, s'inspirant de l'attitude positive de Socrate face à la mort et à la vie et du rapport de cette assurance à la sagesse. La tradition chrétienne a assimilé ces vertus, à partir du IVe siècle (saint Ambroise), et les a associées aux trois vertus théologales. Une nouvelle distinction apparaît alors, clairement énoncée par saint Thomas : grâce à l'Esprit Saint, le courage, uni à la sagesse, s'épanouit, d'un côté, dans la foi *et* l'espérance, orientées vers Dieu en tant qu'« être » ou « exister », et se réalise, de l'autre côté, dans l'amour comme principe théologal de toute éthique.

Dans son célèbre ouvrage *Le courage d'être* (1952), Paul Tillich note que saint Thomas subordonne le courage à la sagesse parce qu'il donne la priorité à l'intellect, y compris dans la foi et dans l'espérance, alors qu'on peut aussi opter pour la priorité de la volonté qui conduit à une indépendance plus grande, bien que non totale, du courage à l'égard de la sagesse. « La divergence entre ces deux directions de pensée », continue le théologien germano-américain, « est d'une importance capitale dans la façon d'apprécier le "courage de risquer" (en termes religieux, le "risque de la foi"). Si la sagesse le domine, le courage n'est alors que cette "force d'âme" qui rend possible l'obéissance aux préceptes de la raison – ou de la révélation ; si au contraire, il est courage de risquer, il prend part lui-même à la création de la sagesse [1] ».

1. P. Tillich, *Le courage d'être* (1952), trad. F. Chapey, Paris, Casterman, 1967, p. 20 s.

Tillich adopte cette deuxième voie qui fait l'unité des deux versants, éthique et ontologique, du concept de courage, « le courage d'être » étant – selon sa définition – « l'acte éthique par lequel l'homme affirme son propre être en dépit de ces éléments de son existence qui sont en lutte avec son affirmation de soi essentielle [1] ». Si le courage n'est donc pas seulement une vertu, éventuellement héroïque, parmi d'autres mais s'avère être *central*, au point d'unifier le versant ontologique et éthique de notre être, nous devons nous demander comment la foi, l'amour et surtout l'espérance peuvent l'accueillir et, se laissant transformer par lui, le conduire au bout.

Cette deuxième voie me paraît préférable dans le contexte œcuménique qui est le nôtre. Car elle met davantage en relief l'ouverture historique, voire messianique de la tradition chrétienne, perçue en creux quand nous prenons conscience de la contradiction entre la prière du Christ Jésus pour l'unité, d'un côté, et nos divisions effectives, de l'autre, et quand nous réalisons quel risque l'espérance doit prendre quand elle ose anticiper – « contre toute espérance », dit l'apôtre Paul (Rm 4, 18)[2] – ce qu'elle espère, l'unité de tous les chrétiens au sein d'une humanité réconciliée (Jn 17, 21). Nos Églises sont toujours tentées de se laisser dominer par la sagesse indéniable dont *leur propre tradition* est porteuse et de limiter inconsciemment, selon la première ligne de pensée (discernée par Tillich), leur perspective d'unité. Or, l'unité n'est pas derrière nous mais devant nous, même si le passé de nos Églises représente une puissante source d'inspiration ; mais la situation actuelle leur demande le courage de laisser traverser leur point de vue spécifique par celui de l'autre, pour que puisse ainsi advenir une sagesse *commune*. Il est quelque peu surprenant que luthériens, orthodoxes et catholiques trouvent aujourd'hui la force d'œuvrer d'un commun accord en faveur du vivre-ensemble de l'humanité tout entière dans la maison commune de la création (et j'y reviendrai), alors qu'ils ont du mal à déterminer les conditions de leur propre unification.

1. *Ibid.*, p. 17.

2. Voir le chap. IV, p. 115 s. et le chap. IX p. 228.

La patience et le kairos

Cette première approche doit maintenant être nuancée. Donner une place centrale au courage et à sa capacité d'anticiper un avenir commun – en dépit des résistances qui s'y opposent – et le considérer comme soubassement humain des trois vertus théologales, cela exige qu'on y ajoute deux conditions : le courage d'anticiper doit s'accorder avec la patience, vertu que l'Écriture n'hésite pas à attribuer à Dieu lui-même (voir par exemple Rm 2, 4) ; il s'inscrit donc dans l'histoire et suppose un discernement du « moment favorable ».

1. Il est clair que l'unité visible des chrétiens ne peut être imposée de l'extérieur, que ce soit par une autorité ecclésiale ou par une action divine, conçue de manière purement externe ou « extrinséciste ». L'unité pourra advenir parce qu'elle est réellement désirée et voulue par les chrétiens ou par une large majorité parmi eux ; d'où l'importance donnée à la prière qui est en même temps une école du désir et de la conversion.

Sur ce point, nous avons passé un seuil spirituel qui se remarque par exemple dans l'insistance, par toutes les Églises, sur ce que la tradition latine appelle *sensus fidei fidelium* [1]. Lors de la commémoration du cinquantième anniversaire de l'institution du synode des évêques, le 17 octobre 2015, le pape François a établi un lien intrinsèque entre ce « sens de la foi » et la synodalité constitutive de l'Église :

> Après avoir réaffirmé que le peuple de Dieu est constitué de tous les baptisés appelés à « être une demeure spirituelle et un sacerdoce saint » (*LG*, 10), « le concile Vatican II proclame que la collectivité des fidèles, ayant l'onction qui vient du Saint (voir 1 Jn 2, 20.27), ne peut se tromper dans la foi ; ce don particulier qu'elle possède, elle le manifeste moyennant le sens surnaturel de foi qui est celui du peuple tout entier, lorsque, des évêques jusqu'aux derniers des fidèles laïcs », elle apporte aux vérités concernant la foi et les mœurs un consentement universel (*LG*, 12).

Et le pape d'ajouter ici que « le Troupeau possède son propre "flair" pour discerner les nouvelles routes que le Seigneur ouvre à l'Église », justifiant ainsi qu'« une Église synodale est une Église

1. Voir le chap. XIII.

de l'écoute, avec la conscience qu'écouter "est plus qu'entendre" (*EG*, 171)[1]. C'est une écoute *réciproque* dans laquelle chacun a quelque chose à apprendre». Est-ce un hasard si la célèbre affirmation de saint Jean Chrysostome «Église et Synode sont synonymes», citée dans ce discours, se retrouve aussi dans le récent document, dit de Chieti (septembre 2016), de la Commission mixte internationale pour le dialogue théologique entre catholiques et orthodoxes, portant sur la synodalité et la primauté dans la vie de l'Église?

Quoi qu'il en soit, *c'est précisément l'écoute réciproque, dans le but de mieux entendre ensemble la voix de Dieu, qui nécessite et fonde la patience*: une patience capable d'affronter et de traverser les multiples malentendus, voire les surdités des uns et des autres. Sans cette patience, le courage d'anticiper un avenir commun risquerait de devenir téméraire ou autoritaire; mais inversement, sans ce courage, la patience se transformerait rapidement en pusillanimité ou en passéisme conservateur. La perception de cette tension spirituelle nous invite donc à une pondération ou à un discernement commun, discernement sans cesse à reprendre dans nos vies quotidiennes, dans la vie de nos Églises et plus particulièrement dans la recherche de l'unité.

2. C'est précisément au cœur de cette tension qu'intervient une deuxième condition à respecter, à savoir la prise en compte de l'histoire et du «moment présent». Est-ce un «moment favorable», un *kairos* offert par le Seigneur de l'histoire et son Esprit?

Il n'est pas aisé de répondre à cette question, car elle suscite immédiatement une pluralité de réponses qui risquent de paralyser notre capacité d'anticiper un avenir commun. Ces interprétations ne sont pas uniquement tributaires de la diversité irréductible des christianismes, laquelle ne se réduit pas aux Églises ou confessions classiques des deux premiers millénaires mais inclut les Églises évangéliques et les mouvements pentecôtistes. La fragmentation actuelle vient du fait que ces ensembles, aux frontières plus ou moins poreuses, sont eux-mêmes traversés par des divergences culturelles majeures qui se retrouvent dans chacune de nos Églises. Rappelons simplement quelques questions: les ordinations de femmes prêtres et de femmes évêques, le débat avec et

1. Pape François, *Commémoration du cinquantième anniversaire de l'institution du synode des évêques*, Vatican, Aula Paul VI, 17 octobre 2015.

sur les minorités sexuelles, les interrogations de l'éthique biomédicale, etc., et, sur un autre plan, l'intervention d'intérêts politiques, parfois liés, comme dans le cas de l'orthodoxie russe, à un jugement de type culturel sur la décadence de l'Occident, qui trouve bien des adeptes de ce côté-ci de l'Europe ou aux États-Unis, dans des milieux catholiques et ailleurs.

Ces frontières nouvelles s'établissent sur un arrière-fond culturel différent de celui qui a vu se cristalliser le mouvement œcuménique. Nos sociétés « post- » ou « hypermodernes » sont devenues *non-transparentes*, personne ne pouvant plus maîtriser l'ensemble des savoirs humains qui se sont exponentiellement enrichis et se retrouvent désormais emmagasinés dans d'immenses ordinateurs, laissant chacun de nous avec un petit fragment du « réel » et de ce qu'on en sait. La complexité qui en résulte est devenue telle que l'exercice démocratique de participation de tous aux orientations majeures de nos sociétés est gravement menacé ; toutes sortes de pouvoirs, financiers ou autres et une multitude de commissions d'experts s'y sont substitués. Entre-temps, la question du *vivre-ensemble* quotidien de tous dans des sociétés de plus en plus fragmentées et pluralistes est devenue le problème numéro un. On peut se demander si une telle cohabitation est possible sans vision commune de l'avenir, l'actuelle crise de l'Europe et la crise écologique laissant paraître les effets dramatiques de son absence.

Plus qu'on ne le pense habituellement, l'œcuménisme, sa paralysie et la tentative de le relancer sont marqués par cette situation politico-culturelle de l'Europe et de l'Occident. Deux indices doivent suffire pour le montrer :

(1) D'abord la distinction de plus en plus nette entre, d'un côté, la foi, telle qu'elle est publiquement *confessée* dans telle Église, et, de l'autre, la foi *effectivement vécue et pratiquée* par des individus ou groupes de fidèles. Ceux-ci sélectionnent des « éléments » dans ce qui est proposé officiellement, ils les « bricolent » (comme disent les sociologues), les combinant avec leurs intérêts vitaux et des convictions d'ordre culturel, social, politique, etc. Il est devenu impossible d'analyser ce phénomène souterrain de « sélection » en termes d'« hérésie », car ce concept suppose une opposition *explicite* à la confession de foi, alors qu'il s'agit, dans la plupart des cas, de son assimilation vécue, plus ou moins verbalisée. Ce qui ne veut pas dire

que le célèbre *opportet haereses esse* paulinien (« il faut qu'il y ait des hérésies » ; 1 Co 11, 19) ait disparu de nos Églises ; et j'y reviendrai.

Mais on ne peut nier qu'à l'image de ce qui se passe dans nos sociétés postmodernes, s'est installée dans nos Églises une sorte de « schisme vertical[1] » : tandis que l'œcuménisme officiel est devenu très largement un *œcuménisme de commissions* (l'Église catholique étant impliquée dans une quinzaine de ce type de dialogues), à la base, parmi une partie des fidèles, la question œcuménique est considérée comme résolue ou a perdu de son intérêt. Les réflexes identitaires de certains, qui existent également dans toutes nos Églises, sont l'exacte réplique de cette distance toujours plus grande entre la foi officielle et la foi vécue. D'où l'actuelle tentative des autorités de faire appel au *sensus fidei fidelium* et à la synodalité pour donner la parole à tous ou à un maximum de fidèles et dépasser ainsi, autant que faire se peut, ce schisme vertical.

(2) L'autre symptôme culturel, étroitement lié au premier, est la tendance de beaucoup de croyants à occulter (avec leurs concitoyens) la question de la vérité au profit d'un engagement éthique commun pour la paix, l'intégration sociale des plus pauvres et la sauvegarde de la création, se contentant, pour le reste, d'une juxtaposition de nos communautés confessionnelles, appelées simplement à garder et à favoriser des relations de bon voisinage. La commémoration commune de la Réforme en 2017 pourrait rester à ce niveau, bien sûr appréciable, sans enclencher une véritable conversion de chacun des deux partenaires. Or, c'est précisément à cet endroit que *peut* s'immiscer ce qu'un Karl Rahner a appelé « crypto-hérésie[2] ». Qui oserait aujourd'hui accuser d'hérésie une autre confession que la sienne ! Mais celle-ci se manifeste aujourd'hui d'une autre manière, précisément dans une indifférence inavouée par rapport à la question de la vérité, pouvant s'exprimer par une conscience apparemment tranquille et parfois arrogante de la posséder ou, au contraire, dans

1. Déjà évoqué dans le chap. XVII.

2. K. RAHNER, « Qu'est-ce qu'une hérésie ? », dans *Œuvres* 10 : *L'Église face aux défis de notre temps. Études sur l'ecclésiologie et l'existence chrétienne*, Paris, Éd. du Cerf, 2017, p. 723-774.

l'abandon tacite de sa recherche commune [1]. Personne, ni fidèle ni membre d'une hiérarchie, n'en est exempté. Il est regrettable que le récent document de Chieti sur l'héritage du premier millénaire ne cite pas la célèbre « règle certaine » du deuxième concile de Constantinople (553) « que lorsque des questions qui doivent être tranchées par les deux parties sont posées lors de discussions communes (*in communibus disceptationibus*), la lumière de la vérité chasse les ténèbres du mensonge [2] ».

L'engagement commun en faveur de la paix est indubitablement un critère de vérité, qui dans tel cas (je pense au nazisme ou à l'apartheid en Afrique du Sud) a pu conduire vers l'exclusion de certaines communautés de la communion ecclésiale, parce que leur comportement éthique a été jugé en contradiction avec la foi chrétienne. Mais on peut se demander légitimement si les questions nouvelles de type anthropologique, évoquées plus haut, l'érosion du christianisme dans une bonne partie de l'Europe et le paysage interreligieux ne feront pas ressurgir, à plus ou moins long terme, la question de l'identité et de la vérité chrétienne *sous une nouvelle forme*, tenant précisément compte du fait que la vérité ne peut que se manifester, et se manifester dans une écoute commune.

(3) Concluons donc cette première série de réflexions sur le courage d'anticiper en retenant que notre situation culturelle « post- » ou « hypermoderne », telle qu'elle vient d'être esquissée, *peut* devenir un *kairos* si nous entendons effectivement les nouvelles questions qu'elle nous pose – l'appel au *sensus fidei fidelium* et à la synodalité, pour dépasser nos « schismes verticaux », et l'invitation à la recherche commune du vrai, pour ne pas contourner le caractère théologal de l'Évangile de Dieu en nous précipitant dans l'action. C'est dans cette situation – situation d'une complexité sans précédent – qu'il nous faut vivre la difficile pondération spirituelle entre la nécessaire patience qu'exigent la recomposition de fond de la tradition chrétienne et le courage d'anticiper un avenir commun. Que nous est-il donné

1. Voir ce que *Dignitatis humanae*, 3, dit de la « recherche de la vérité » et *Unitatis redintegratio*, 11 (en référence à Ep 3, 8) de ses « insondables richesses ».

2. *Les conciles œcuméniques* (dir. G. ALBERIGO), t. II/1 : *Les Décrets. Nicée I à Latran IV*, p. 242 s.

de *vivre,* d'*espérer* et d'*anticiper*, dans cette situation où nous devons éviter que l'unité visible soit sans cesse renvoyée aux calendes grecques – *« le moment n'est pas encore venu »*, parole qui cache le constat mélancolique rarement avoué : *« il ne viendra donc jamais »* –, sans céder pour autant à une impatience incapable d'entrer dans une écoute commune de la voix même de Dieu ?

Deux manières d'anticiper un avenir commun

Au point où nous en sommes et conscients de la difficulté spirituelle que représente l'écoute mutuelle, nous pouvons nous interroger maintenant sur les *modalités* à notre disposition pour anticiper – dans la patience – un avenir commun. Depuis Vatican II, deux manières, ordinaires et extraordinaires, se sont imposées au mouvement œcuménique : des processus de dialogue bi- et parfois multilatéraux et des gestes anticipatoires.

Des dialogues doctrinaux

1. Quant aux dialogues sur des questions doctrinales, ils sont menés par des commissions mixtes de théologiens sous la direction de leurs hiérarchies respectives, compte tenu également du rôle différent que jouent les théologiens dans nos Églises respectives et surtout de la diversité des processus de réception (synodale ou/et primatiale) des textes de concorde. Il serait nécessaire d'aligner les thématiques abordées depuis cinquante ans et de les situer dans la trame du symbole de Nicée-Constantinople pour obtenir une image précise des avancées ; ce qui ne peut être le but de ce chapitre.

Le courage d'anticiper un avenir commun au sein de ces cellules de prière et de travail consiste à explorer jusqu'au bout les « possibles », cachés dans nos traditions doctrinales, liturgiques, canoniques, etc., avec l'espérance qu'ils se révèlent précisément dans l'écoute patiente de l'autre. Ce processus d'intercompréhension passe nécessairement par la levée progressive des « malentendus » accumulés dans l'histoire, la réconciliation de nos mémoires, l'identification des résistances et obstacles qui subsistent, jusqu'à aboutir à une manière précise de situer ce qui relève effectivement du « consensus » (voire de la *con-spiratio* entre tous ; *DV*, 10) et ce qui est de l'ordre de la différence plus ou moins irréductible, nous léguant la question difficile de savoir si cette divergence justifie encore, oui ou non, la séparation. Nous sommes alors renvoyés, soit à un nouveau dialogue, portant sur les questions qui se seront révélées pendantes, soit à cette zone à la fois culturelle et spirituelle qui, comme nous l'avons vu précédemment, dépasse l'ordre doctrinal et touche à l'ethos spécifique de telle Église ou de tel groupe de fidèles. Ajoutons que ces cinquante ans ont vu émerger un « méta-niveau », à savoir des règles du jeu œcuménique, une « méthode » (comme on dit aussi) et un nouveau concept, celui du « consensus différencié [1] » qui nuance celui de la « hiérarchie des vérités » (utilisé par le Décret *Unitatis redintegratio* de Vatican II, 11).

2. Des résultats, inimaginables en 1965, ont été obtenus par ces processus bilatéraux. Certains textes émergent comme des pics dans un massif par ailleurs très accidenté : nous avons déjà mentionné dans les chapitres précédents la « Clarification du Conseil pontifical pour la promotion de l'unité des chrétiens » sur le *Filioque* en 1995 et surtout la signature de la Déclaration commune catholique et luthérienne sur la doctrine de la justification à Augsbourg en 1999 [2].

On doit cependant se demander aujourd'hui si ces dialogues ne souffrent pas d'une carence structurelle, à savoir de l'imaginaire implicite que l'unité visible serait retrouvée au bout de ces processus doctrinaux. S'ajoute à cela que les commissions d'experts qui en sont porteuses se situent inévitablement au sein de la fragmentation « postmoderne » de nos sociétés et de nos Églises, produisant les « schismes verticaux » dont il a été question. Le problème central n'est donc pas l'homologation des résultats obtenus en commission par nos hiérarchies respectives mais leur réception par le peuple de Dieu tout entier et son « sens de la foi ». On peut par exemple se demander si les catholiques francophones ont réellement reçu la déclaration commune sur la justification des

1. Voir la Déclaration commune de la Fédération luthérienne mondiale et de l'Église catholique romaine, *La Doctrine de la justification*, 14, dans *DC* 94 (1997), p. 877.

2. Voir p. 475 dans le chap. XVIII et p. 493 s. dans le chap. XIX.

pécheurs par la foi seule et intégré dans leur propre vie de foi la conversion permanente qu'elle implique. Et que dire de *l'ensemble des documents de concorde* produits depuis 1965, arrivés comme des fragments œcuméniques dans l'opinion catholique, sans proposer aux fidèles une vision unifiée, certes inachevée mais susceptible de déclencher des énergies de conversion ? Ce qui nous manque est une *pédagogie œcuménique* que la semaine d'unité ne fournit plus vraiment, me semble-t-il ; car elle est devenue un « événement » parmi d'autres, qui, dans nos Églises et sociétés « postmodernes », est aussitôt oublié, quand la pastorale diocésaine, nationale ou romaine en programme un autre. Comment s'étonner alors que le travail de nos commissions d'experts œcuméniques subisse le même sort que les piles de papier produites par nos innombrables commissions parlementaires et gouvernementales, nationales et internationales !

3. Loin d'être désabusées, ces remarques critiques ne sont pas à comprendre comme plaidoyer pour un arrêt des processus de dialogue en cours. Mais il me semble que le moment favorable est venu de les réorienter, au moins certains d'entre eux, selon le stade atteint. Au lieu d'affronter uniquement les *contentieux doctrinaux du passé*, ne faudrait-il pas déterminer d'un commun accord, sur la base d'un bilan bilatéral et à la suite de processus multilatéraux et synodaux, *les conditions sous lesquelles chacune de nos Église tient une unification pour possible* ? La réorientation consisterait dans le passage du passé vers l'avenir. Sans abandonner l'enracinement des dialogues dans nos traditions respectives, il s'agirait de *mesurer la distance qui nous sépare du but : la pleine communion de chaire et d'autel.* Le troisième des cinq impératifs œcuméniques qui concluent le document luthéro-catholique *Du conflit à la communion* va dans ce sens : « catholiques et luthériens devraient s'engager à nouveau à chercher l'unité visible, *à en étudier ensemble les étapes concrètes* et à tendre sans se lasser vers ce but [1] » (n° 241).

Le courage d'anticiper un avenir commun consisterait alors à développer un *modèle d'unité* et une *vision* ; vision qui serait

1. Rapport de la Commission luthéro-catholique romaine sur l'unité, *Du conflit à la communion. Commémoration luthéro-catholique commune de la Réforme en 2017. Rapport de la Commission luthéro-catholique romaine sur l'unité*, Lyon, Éd. Olivetan, 2014, p. 100.

d'ailleurs plus facile à communiquer et rendre recevable par le « sens de la foi » des baptisés que les résultats fragmentaires de dialogues qui restent greffés sur des contentieux que beaucoup de chrétiens ne comprennent même plus.

Des gestes significatifs

1. L'autre modalité d'anticipation, pratiquée dès l'époque du Concile, est tel geste inattendu dont il faudra comprendre après coup la portée d'avenir. On peut penser ici plus particulièrement aux signes prophétiques posés par Paul VI : son pèlerinage avec le patriarche Athénagoras à Jérusalem en janvier 1964 et la célèbre accolade de réconciliation de ces deux chefs d'Églises sœurs, rappelant celle de Pierre et de Paul « en signe de communion » (Ga 2, 9) ; le geste du même pape qui s'agenouille en 1975 devant le métropolite Méliton, envoyé du Patriarche Dimitrios, pour lui baiser les pieds ; ou encore la visite, en 1966, de l'archevêque de Cantorbéry, Michael Ramsey, auquel Paul VI fit alors don de son anneau pastoral.

L'inauguration commune de l'année de commémoration de la Réforme est un de ces gestes anticipateurs hautement significatifs : plus spécialement la venue du Pape François à Lund en Suède, désirant rencontrer non pas le luthéranisme historique à Erfurt (comme son prédécesseur) mais sa figure actuelle, ainsi que l'ouverture de cette rencontre à Malmö, visant un engagement commun en faveur de nos sociétés. L'annonce du triple but de cette célébration est en elle-même déjà chargée d'un avenir nouveau : « L'action de grâce non seulement pour le don de la Parole de Dieu […] mais aussi pour les dons spécifiques de la Réforme, ainsi que les dons que luthériens et catholiques se reconnaissent mutuellement » ; « la repentance » pour la désunion de l'Église et « les souffrances énormes qu'ont dû subir des gens ordinaires […] pendant les guerres de religion ; l'engagement en faveur d'un témoignage commun ».

Sans doute ne mesurons-nous pas encore un effet plus particulier qui ne s'est révélé qu'au moment où le geste a été posé et après. Nous souvenant des débats, suscités par la lettre de la Congrégation pour la Doctrine de la foi sur certains aspects de l'Église comprise comme communion *Communionis notio*, nous restons toujours avec l'image que l'Église catholique aborde les autres Églises ou communautés ecclésiales à partir de ce que la lettre appelle « blessure de leur condition d'Église particulière » (*CN*, 17). Or, la venue du pape François à Lund et l'action de grâce, mentionnée à l'instant, qui aborde la réalité ecclésiale à partir de la Parole de Dieu et de la structure charismatique du peuple de Dieu (voir *LG*, 4 ; *AG*, 4 et *UR*, 2), n'impliquent-elles pas l'abandon tacite de cette perspective blessante ? Surtout si l'on adopte le point de vue des autres, luthériens d'aujourd'hui, qui se voient subitement exister en présence du pape, reconnus dans leur ecclésialité. Qui d'autre qu'un pape peut la leur « rendre », si j'ose dire ; car c'est lui qui la leur avait « déniée » ? Et n'est-ce pas pour les deux parties la fin effective d'une autodéfinition de l'un en fonction de l'autre, la Réforme suscitant la Contre-réforme et ainsi de suite ?

2. Comme tous les autres gestes, évoqués précédemment, celui-ci a la structure de l'hospitalité évangélique : « N'oubliez pas l'hospitalité, car, grâce à elle, certains, sans le savoir, ont reçu des anges » (He 13, 2). Le courage de l'anticipation consiste donc à accueillir l'autre qui m'est d'abord un étranger, en attendant avec patience que se produise le miracle du passage de l'asymétrie à la symétrie, quand l'hôte accueilli devient l'hôte qui accueille et vice versa. Il faut cependant rester aussi conscient des limites de ces gestes significatifs. Tout en touchant l'opinion publique, ils restent ponctuels et ne garantissent nullement une conversion en profondeur de nos mentalités œcuméniques et ecclésiales. Ils sont posés par les plus hauts responsables de nos Églises ; ce que certains soupçonnent comme une manière « crypto-catholique » d'envisager l'œcuménisme, rappelant la difficulté de dépasser nos schismes verticaux au sein de structures ecclésiales où la synodalité et le *sensus fidei fidelium* sont sous-évalués.

La complémentarité des deux modalités

On pourrait être tenté, pour finir ces quelques remarques sur nos modalités d'anticipation, de situer le courage du côté des gestes anticipateurs et la patience du côté des longs processus de dialogue doctrinal. Mon propos a voulu réagir contre une telle répartition, espérant que ces deux modalités, sans aucun doute traversées par une mémoire douloureuse qui impose ses propres rythmes, soient *tournées et retournées vigoureusement du passé vers un avenir commun*. Si la première manière, le dialogue doctrinal, doit alors indiquer les étapes qui nous séparent encore de l'unité visible, la seconde qui se situe sur un plan symbolique signifie en creux cette même distance, restant pour sa part dans le périmètre de la communion sacramentelle de chaire et d'autel. Ainsi se dessine progressivement une vision d'avenir, faisant appel à notre désir et à notre capacité de conversion individuelle et collective, activés dans la prière pour l'unité.

Il me reste à esquisser, dans une dernière partie, ce qui se perçoit déjà de cette vision, maintenant plus que nécessaire si nous voulons dépasser le schisme vertical qui menace non seulement toutes nos Églises mais aussi et davantage encore l'œcuménisme.

DÉTERMINER LES CONDITIONS SOUS LESQUELLES NOUS TENONS UNE UNIFICATION POSSIBLE : UN ITINÉRAIRE

Sur la base de ce qui précède, je tenterai donc maintenant de donner un *contenu* au courage d'anticiper un avenir commun. Comme j'ai essayé de le montrer ailleurs, une telle anticipation, appelée aussi modèle d'unité, doit tenir compte de *trois paramètres en relation réciproque* : (1) le discernement du « moment présent » comme moment favorable ou la fameuse lecture des signes des temps (*GS*, 4 et 11) ; (2) la réinterprétation de la substance vive de la foi *en* sa visibilité ecclésiale ; (3) le respect de l'altérité des traditions existantes comme apport indispensable à une « future Église », à la fois unifiée et toujours en voie d'unification [1]. Ce n'est pas chaque pôle en soi qui est en jeu dans ce modèle mais leur interrelation et interaction constitutive. Comme nous l'avons montré dans le chapitre précédent, le premier exemple d'un tel modèle entièrement explicité se trouve dans l'ouvrage publié par Heinrich Fries et Karl Rahner en 1983 sous le titre *Unification des Églises – une possibilité réelle* [2]. Dans leurs

---

1. Voir les conclusions des chap. XIII p. 483 et XIX p. 506.

2. H. FRIES, K. RAHNER, *Einigung der Kirchen – eine reale Möglichkeit* ; republié dans le vol. 27 des *Sämtliche Werke. Einheit in Vielfalt. Schriften zur*

huit thèses, les auteurs le déploient dans la trame du symbole de Nicée-Constantinople. Aujourd'hui, il faut sans doute davantage souligner (plus que nous l'avons fait) que le lien entre le diagnostic du moment présent (1) et la réinterprétation de la substance vive de la foi en sa visibilité ecclésiale (2) implique un engagement missionnaire.

En explicitant le modèle d'unité qui semble émerger des débats et événements des cinquante dernières années, je distingue quatre étapes vers une possible unification en allant des conditions reconnues « par tous ou presque tous » (Vincent de Lérins) vers celles qui posent davantage de problèmes.

Le témoignage commun d'une Église missionnaire…

Un premier consensus qui se dégage des textes et gestes du pape François, du message du Concile panorthodoxe et du programme de l'inauguration de l'année de la Commémoration de la Réforme, porte sur la *visée missionnaire de l'Église* qui, depuis les débuts du mouvement œcuménique, est son véritable ressort.

La perspective d'un *témoignage commun* en faveur du « pouvoir transformateur de la foi » est particulièrement claire dans l'annonce de la Commémoration commune et a été surtout mis en valeur à Malmö. Pour ce qui est du Concile panorthodoxe, il insiste, dès les premières lignes de son message du 26 juin 2016, sur le décentrement missionnaire de l'Église :

> Fidèles à l'exemple des Apôtres et des Pères théophores, nous avons étudié de nouveau l'Évangile de la liberté par lequel « Christ nous a affranchis » (Ga 5, 1). *La fondation de nos discussions théologiques constitue l'assurance que l'Église ne vit pas pour elle-même.* Elle transmet le témoignage de l'Évangile de la charité et de la liberté, tout en offrant à l'ensemble du monde habité les dons de Dieu : l'amour, la paix, la justice, la réconciliation, le pouvoir de la Croix et de la Résurrection et l'attente de l'éternité.

Si la visée missionnaire de l'Église, voire sa « philanthropie » fondée dans la Sainte Trinité, est donc première, on ne peut pas ne

---

ökumenischen Theologie, p. 286-396. Voir notre relecture dans le chapitre précédent.

pas entendre dans la suite du message une certaine réserve par rapport à un témoignage *commun*, le texte insistant plutôt sur la centralité de la tradition orthodoxe : « Notre Église réfléchissant à la nécessité de témoigner de la vérité et de la foi apostolique », y lisons-nous, « accorde une grande importance au dialogue, en particulier avec les chrétiens non-orthodoxes. *De cette manière, le reste du monde chrétien connaît plus précisément l'authenticité de la tradition orthodoxe* ». Quant, enfin, au chapitre IV de l'Exhortation apostolique *Evangelii gaudium* (2013) et à l'encyclique *Laudato si'*, le pape François inscrit l'œcuménisme dans « le dialogue social comme contribution à la paix » (*EG*, 244-246), affirmant que « l'œcuménisme est un apport à l'unité de la famille humaine » (*EG*, 245).

Catholique et luthériens sont donc d'accord – sans aucun doute avec bien d'autres – sur ce que leur texte commun *Du conflit à la communion* appelle cinquième impératif : « Catholiques et luthériens devraient *ensemble* témoigner de la grâce de Dieu en proclamant l'Évangile et en se mettant au service du monde [1] » (nº 243). Il n'est pas sûr que l'Église orthodoxe les suive sur ce point, craignant sans doute davantage qu'un témoignage *commun* soit fondé sur « un compromis en matière de foi » ; c'est ce qu'elle refuse vigoureusement dans son message.

Le témoignage commun d'une Église missionnaire, passionnée pour la vérité de l'Évangile…

1. Le courage d'anticiper l'avenir implique en effet un intérêt passionné pour la vérité de l'Évangile de Dieu ; c'est ce qu'il faut entendre dans maintes réactions individuelles, exprimées dans *toutes* les grandes confessions dès les années quatre-vingt du siècle dernier, voire par telle Église entière – je pense aux inquiétudes des Églises orthodoxes au sein du COE, répétées avec de plus en plus de fermeté pendant la dernière décennie du XXᵉ siècle. Il ne suffit pas de réduire ces voix alarmantes à des réflexes identitaires (même si ceux-ci interviennent aussi), comme

1. Rapport de la Commission luthéro-catholique romaine sur l'unité, *Du conflit à la communion*, p. 101.

on ne peut accepter l'opposition inverse entre l'œcuménisme, d'un côté, et l'intérêt pour la vérité, de l'autre.

La force des deux Décrets du concile Vatican II sur l'œcuménisme et sur la liberté religieuse consiste précisément dans la mise en évidence de la relation intrinsèque entre la vérité comme horizon d'une recherche commune *et* l'engagement œcuménique. Dans ces deux textes, il ne s'agit de rien de moins que du maintien d'un rapport à la vérité *dans l'esprit chrétien*. Dans *Unitatis redintegratio*, 11, la vérité est identifiée aux « insondables richesses du Christ » (Ep 3, 8) qu'il n'est possible de viser que sur un chemin *(via)*, emprunté par plusieurs, voire par tous (*DH*, 3 § 2), personne ne pouvant se prévaloir de la possession du vrai. La « hiérarchie des vérités » ou les « hiérarchies internes » à nos traditions se trouvent ainsi inscrites dans une *manière de procéder*, en quelque sorte pré-institutionnelle et considérée comme commune aux frères et sœurs séparés ; appelée aussi « émulation fraternelle », elle est fondée sur « l'amour de la vérité, la charité et l'humilité ».

Nous retrouvons ici ce qui, dans la première partie de ce chapitre, a été dit sur l'écoute comme fondement d'une patience œcuménique et, dans la deuxième, du « méta-niveau » de la « méthode œcuménique » dont l'unique enjeu est de rendre possible la *conversion* qui consiste à croire qu'on ne peut entendre la voix de Dieu qu'en écoutant celles des autres chrétiens. Cette confiance fondamentale n'exclut pas l'enracinement de chacun des partenaires dans sa propre tradition ; elle l'exige, au contraire, comme le souligne *Unitatis redintegratio*, 11. Mais elle rend impossible la sacralisation globale et inconditionnelle de celle-ci. L'avertissement de Jésus à l'adresse des pharisiens et des scribes est sans appel : « Vous laissez de côté le commandement de Dieu et vous vous attachez à la tradition des hommes » (Mc 7, 8). Laquelle d'entre nos Églises pourrait prétendre sérieusement et en vérité qu'elle n'a gardée qu'une tradition divine, sans y mêler ses propres « attachements » et absolutisations culturelles !

Heinrich Fries et Karl Rahner avaient introduit, *dans cet espace d'un possible retour critique de chaque tradition propre sur elle-même*, un double renoncement œcuménique qui préciserait la conversion en question : celui de proscrire un énoncé qui, dans une autre Église particulière, représente une doctrine obligatoire et celui d'obliger une Église particulière à confesser une doctrine d'une autre Église particulière ; faute de quoi l'unité deviendrait un but inatteignable au sein de notre histoire humaine[1]. Je reviendrai à ce double renoncement et à ses enjeux dans les deux étapes suivantes. À l'endroit où nous en sommes, le point décisif est l'acceptation par tous que Dieu n'a pas seulement parlé autrefois (la Révélation étant effectivement achevée) mais continue à s'entretenir avec son Église, dans l'écoute mutuelle entre frères et sœurs séparés, à savoir (comme dit le message du Concile panorthodoxe) dans « la liturgie après la divine liturgie » ; ce qui oblige les chrétiens de toutes provenances à exprimer ce qu'ils entendent aujourd'hui et à interpréter ensemble l'Évangile de Dieu de telle façon qu'il puisse être entendu par beaucoup d'autres dans leur contexte culturel. Nous croisons ici le quatrième impératif du document luthéro-catholique : « Luthériens et catholiques devraient ensemble redécouvrir la puissance de l'Évangile de Jésus Christ pour notre époque[2] » (n° 242). Le courage d'anticiper un avenir commun consisterait alors, comme il a été déjà suggéré plus haut, à faire passer les processus de dialogue du traitement des « vieilles oppositions confessionnelles » à une réinterprétation *commune* de la vérité évangélique pour notre temps.

Le témoignage commun d'une Église missionnaire, passionnée pour la vérité de l'Évangile et désireuse de se présenter comme « une »...

1. Ce « passage » ne peut se faire en dehors, *ni* des processus de dialogue menés sous l'autorité des différentes hiérarchies, dans le cadre du COE ou dans une relation directe entre telle ou telle Église, *ni* des structures synodales de celles-ci. Nous entrons donc, avec l'exposé d'une troisième condition, dans une zone plus périlleuse où notre courage est particulièrement sollicité. En effet, les modalités d'anticipation dont il a été question dans la deuxième partie de ce chapitre véhiculent déjà une image ou un modèle d'unité ; d'où le recul de certains, dès qu'ils ont l'impres-

1. Voir chap. XVIII, p. 483 et 501.

2. Rapport de la Commission luthéro-catholique romaine sur l'unité, *Du conflit à la communion*, p. 100.

sion que la manière de se rapporter les uns aux autres risque de trahir leurs convictions profondes (en particulier dans le domaine liturgique).

Il me semble donc qu'il faudrait combler ici une double carence, déjà signalée : le manque d'une vision *commune* de ce qui a été *reçu* par tous durant ces cinquante dernières années et l'absence d'une institution « provisoire », située *entre* les instances de dialogue et un futur concile d'union ; institution « provisoire » – redisons-le – qui réunirait représentants des processus de dialogue, responsables ecclésiaux ainsi que des chrétiens de différentes Églises et mettrait *explicitement* entre parenthèses ce qui fait ultimement problème, à savoir l'idée de « l'unité de l'Église comme rajustement interconfessionnel » (Concile panorthodoxe, *Les relations de l'Église orthodoxe avec l'ensemble du monde chrétien*, n° 18) et les modèles d'unité qui seraient prônés par une de nos Églises (celui par exemple de l'Église de Rome).

2. Ce qui de prime abord semble relever de la quadrature du cercle n'est peut-être pas impossible à envisager en tant que manifestation concrète d'un désir d'unité qui ne nie pas le fait que l'Église du Christ *subsiste* effectivement – car la Parole de Dieu a été réellement entendue tout au long de l'histoire et les sacrements administrés en et par l'Église –, mais qui reconnaît collectivement sa défaillance par rapport à la prière du Christ pour l'unité. Un diagnostic du moment présent et une vision commune des dons œcuméniques reçus jusqu'alors devraient être établis et, chacun ayant entendu l'autre, une réponse *différenciée* élaborée à la question décisive portant sur les conditions sous lesquelles les uns et les autres tiennent une unification de nos Églises pour possible. Des lieux symboliques, pouvant héberger dans des conditions de paix suffisantes une telle démarche synodale, existent sans doute ailleurs que dans les lieux classiques comme Rome, Istanbul, Genève, etc., « l'ailleurs » signifiant à sa façon le caractère provisoire de la démarche. Comment faire en effet l'expérience effective des charismes propres des uns et des autres et de leur possible fécondation mutuelle (visée que j'emprunte au programme de Lund) si l'on n'invente pas un laboratoire multilatéral où un vécu heureux peut rendre possible des conversions collectives et des renoncements nécessaires ? Le premier impératif œcuménique du document luthéro-catholique va dans ce sens : « Catholiques et luthériens devraient toujours se placer dans la

perspective de l'unité et non du point de vue de la division, afin de renforcer ce qui est commun, même si les différences sont plus faciles à voir et à sentir» (n° 239)[1].

Le témoignage commun d'une Église missionnaire, passionnée pour la vérité de l'Évangile et désireuse de se présenter comme «une», tout en voulant bénéficier du «charisme» propre de chacune de nos traditions particulières

1. On aura remarqué qu'une telle démarche anticipatrice repose, comme d'ailleurs toute la recherche œcuménique du passé, sur ce que j'ai appelé ailleurs «ecclésiologie négative». La visée d'une unité visible implique en effet un «ni... ni», bien connu dans toute la tradition théologique et appliquée ici à l'ecclésiologie: l'unité visible ne passera ni par un «retour» (à Rome ou à Constantinople), ni par une simple fédération œcuménique[2]. Or, c'est l'acceptation de ce *point de départ*, permettant d'avancer ensuite dans l'apprentissage commun, qui est sans doute le principal point d'achoppement du moment présent.

Insistant sur la *présence continuelle de l'Église universelle dans l'Église romaine*, appelée «Église tête» qui, avec le ministère pétrinien, est «intérieure à toute Église particulière» (*CN*, 12 et 13), la lettre *Communionis notio*, déjà citée, aborde les Églises non romaines en fonction de ce qu'elle appelle «blessure de leur condition d'Église particulière» (*CN*, 17). Le message du concile panorthodoxe, quant à lui, s'exprime sur un même registre: «Fidèle à la tradition apostolique unanime et à l'expérience sacramentelle, l'Église orthodoxe constitue la continuité authentique de l'Église une, sainte, catholique et apostolique, comme elle est confessée dans le symbole de foi et confirmée par l'enseignement des Pères de l'Église»; ce qui conduit le Concile à considérer les autres comme «ceux qui sont partis, lointains et proches» et de parler des «Églises et confessions non-orthodoxes» en termes d'«éloignement de la vraie foi de l'Église une, sainte, catholique

1. *Ibid*., p. 99.

2. Voir ci-dessus chap. XVIII, p. 483 et XIX, p. 505 s.

et apostolique » (Concile panorthodoxe, *Les relations de l'Église orthodoxe avec l'ensemble du monde chrétien*, n° 3 et 21). Quant enfin aux Églises issues de la Réforme, ils distinguent avec Luther entre « le *témoignage visible,* rendu à l'unité de l'Église » et la tentative « de rendre *visible cette unité elle-même*[1] », refusant cette dernière comme étant sans cesse menacée par la confusion entre l'œuvre de Dieu et le travail de l'homme ; ce qui est encore une autre manière de se situer du bon côté et de s'immuniser contre le questionnement, venant d'autres traditions.

2. Étant donné l'ancrage profond de ces présupposés dans nos consciences confessionnelles, on peut se demander si nous ne nous trouvons pas, pour finir, devant un mur infranchissable. Comment une recherche commune et une véritable conversion de nos images de l'unité visible peuvent-elles s'enclencher dans ces conditions ? Seul un véritable respect devant l'altérité des traditions existantes, voire le désir de bénéficier du « charisme » propre de la tradition de l'autre, et donc l'acceptation *initiale* du « ni... ni » d'une ecclésiologie négative permettront peut-être de franchir ce mur. Le courage d'anticiper est ici poussé jusque dans ses ultimes retranchements spirituels.

Il serait alors possible de s'inspirer de trois textes pour avancer sur cette base spirituelle vers un unique modèle d'unité visible. Émanant de la commission luthéro-catholique, le premier, datant de 2007, porte sur l'apostolicité de l'Église et sa structure épiscopale[2] ; le second est le texte déjà cité de Chieti (2016) qui, rédigé par la Commission mixte internationale pour le dialogue théologique entre catholiques et orthodoxes, traite de la synodalité et de la primauté dans la vie de l'Église du premier millénaire. À quoi s'ajoute le discours du pape François lors de la Commémoration du cinquantième anniversaire de l'institution du synode des évêques, le 17 octobre 2015. On partirait – avec les Églises orthodoxes – de « l'héritage commun » de l'Église indivise du premier millénaire – le Cardinal Ratzinger parlait en 1983 de « dogme œcuménique » –, à savoir d'une ecclésiologie synodale ou conci-

1. E. HERMS, *Einheit der Christen in der Gemeinschaft der Kirchen*, p. 116-121 et 162-168.

2. *Study document : The apostolicity of the church (2007)* de la Commission catholique-luthérienne, Rome, Conseil pontifical pour la promotion de l'unité des chrétiens, n° 128 (2008).

liaire, fondée sur la pluralité des Églises locales, chacune et l'ensemble des Églises impliquant, dans l'Eucharistie, l'interdépendance de la communauté et du « premier », l'évêque en tant que serviteur. Ce que *Lumen gentium* dit de la collégialité reste certes marqué par une ecclésiologie « grégorienne » mais peut être interprété et développé dans un sens plus synodal[1]. L'apport essentiel du deuxième millénaire est sans aucun doute une conscience plus vive de la « primauté » du Christ « en tout » (Col 1, 18) ainsi que de la Parole de Dieu en tant qu'instance critique par rapport à nos traditions, le *sensus fidei fidelium* de tous les baptisés étant son espace d'accueil et d'assimilation créatrice, portée par l'Esprit Saint[2]. Quant à la primauté du siège de Pierre, le pape François a affirmé dans son texte consacré à l'institution du synode romain : « Je suis persuadé que, dans une *Église synodale*, même l'exercice du primat pétrinien pourra recevoir une plus grande lumière. »

Le témoignage commun d'une Église missionnaire, passionnée pour la vérité de l'Évangile et désireuse de se présenter comme « une », tout en voulant bénéficier du « charisme » propre de chacune de nos traditions particulières. Cette formule brève qui nous a guidés tout au long de cette troisième partie me semble bien désigner la vision anticipatrice d'une unité visible qui est en train d'émerger des dialogues et événements œcuméniques des cinquante dernières années..., en attente d'un *geste eucharistique commun* qui sorte la communion de l'autel de son statut d'expression *ultime* de l'unité dans la foi.

Deux remarques pour terminer :

1. Voulant donner un contenu *concret* au courage d'anticiper un avenir commun, je me suis davantage rendu compte de la complexité du processus œcuménique en cours, du poids qu'il s'agit de soulever ou, plutôt, de laisser soulever par l'Esprit Saint et des dimensions de conversion ecclésiale qui sont ici en jeu[3]. Je me suis laissé alors convaincre que la vertu du courage

---

1. Voir A. MILTOS, *Collégialité et synodalité. Vers une compréhension commune entre catholiques et orthodoxes*, Paris, Éd. du Cerf, 2019.

2. Voir toute la partie III p. 255 s.

3. Voir sur ce point le texte remarquable du GROUPE DES DOMBES, *Pour la conversion des Églises. Identité et changement dans la dynamique de communion*, Paris, Centurion, 1991.

n'est pas une parmi d'autre mais celle qui informe ultimement la foi, l'espérance ainsi que l'amour. La patience œcuménique n'est pas un correctif du courage de la foi mais la capacité de prendre le temps nécessaire pour écouter autrui et percevoir le charisme propre d'une tradition chrétienne différente de la nôtre, tout dialogue anticipatoire d'avenir devant être porté par la conviction que nous ne pouvons entendre la voix de Dieu qu'en entendant celle d'autrui dans un espace d'hospitalité.

2. En situant l'œcuménisme dans l'histoire de l'Église deux fois millénaire, nous prenons davantage conscience à quel point il n'est pas un épiphénomène mais touche au cœur de la tradition chrétienne et à sa capacité de se « réinterpréter » et de se « régénérer » en fonction de et en lien avec sa situation historique. Tant que cette *centralité* n'est pas reconnue – par exemple par la fusion des deux dicastères romains, de la Congrégation pour la doctrine de la foi et du Conseil pontifical pour l'unité –, l'œcuménisme restera une affaire de quelques-uns, qui ne touche pas à l'essentiel de l'existence chrétienne.

En pensant alors plus largement à la configuration politico-culturelle de l'ensemble du pourtour méditerranéen, on perçoit à quel point nos divisions du deuxième millénaire et les résistances qui s'opposent à l'œcuménisme sont finalement le simple reflet des fractures au sein de cet espace. On peut certes espérer que d'autres continents inventent des parcours œcuméniques propres ; ce qui est heureusement déjà le cas. Mais cela ne nous dispense pas d'anticiper un avenir commun là où nous sommes, à savoir dans la sphère d'origine de la tradition chrétienne. L'unité visible de nos Églises y pourrait alors être perçue comme « un signe levé parmi les nations » (Is 11, 12) [1], « lumière du monde » et « sel de la terre » (Mt 5, 13-16) [2], pour une pacification durable de nos pays et de leur environnement.

1. *DzH* 3014 ; *SC*, 2 ; *UR*, 2 § 5 ; *AG*, 36 § 2.

2. *LG*, 9 § 2.

XXI

QUE NOUS EST-IL PERMIS D'ESPÉRER ?

L'œcuménisme : un seuil à franchir

Décidément, le champ œcuménique, ensemencé il y a plus d'un siècle, continue à être labouré et à porter du fruit. Deux grands ouvrages, parus en 2017 à quelques mois d'intervalle, invitent, pour finir, à faire un bilan et à nous interroger sur notre espérance commune en ce domaine.

Le premier, un « recueil d'études » modestement intitulé « Ecclésiologie et œcuménisme », a pour auteur le dehonien Joseph Famerée, professeur d'ecclésiologie, d'œcuménisme et de théologie des Églises orientales à l'université catholique de Louvain et membre du groupe des Dombes [1]. Le second est du Frère Hyacinthe Destivelle o.p., historien du concile de Moscou, théologien et proche collaborateur du Conseil pontifical pour la promotion de l'unité des chrétiens. Il porte comme titre l'invocation qui, dans le rite romain de l'Eucharistie, introduit l'échange de paix au sein de l'Église : « Conduis-la vers l'unité parfaite ». Son sous-titre, « Œcuménisme et synodalité [2] », le rapproche des études de Joseph Famerée. Les thématiques de ces deux volumes ne sont pas exactement les mêmes. L'ouvrage d'Hyacinthe Destivelle est centré sur *un* aspect fondamental de l'Église, tandis que le recueil d'études de Joseph Famerée traite de l'ensemble de l'ecclésiologie. Mais l'axe œcuménique leur est commun, plus précisément le lien intime qui existe entre leur *pratique* du dialogue œcuménique et leur *pensée* ecclésiologique.

---

1. J. FAMERÉE, *Ecclésiologie et œcuménisme. Recueil d'études*, Louvain, Peeters, 2017.

2. H. DESTIVELLE, *Conduis-la vers l'unité parfaite. Œcuménisme et synodalité*, Paris, Éd. du Cerf, 2018.

Commençons donc par prendre connaissance de chacun des deux parcours et des lieux où ils se croisent, avant de rassembler ces recherches des derniers vingt-cinq ans autour de quelques questions centrales et d'oser nous interroger sur l'avenir de la tradition œcuménique.

Deux parcours œcuméniques

1. Les trente-six études (publiées entre 1992 et 2015) qui forment la somme œcuménique de l'ecclésiologue de Louvain sont regroupées en six parties. Après un premier ensemble, composé de textes ecclésiologiques très divers, par exemple sur les marqueurs spécifiques de l'ecclésiologie catholique, les conférences épiscopales et la démocratie dans l'Église, le ministère pétrinien et le statut de la femme (I), et un second avec deux textes sur Marie (II), les trois parties suivantes sont directement consacrées à l'œcuménisme. Joseph Famerée se situe d'abord sur un plan historique, méthodologique et sacramentel (III) et aborde ensuite plus spécifiquement les dialogues bilatéraux avec les protestants (IV) et avec les orthodoxes (V). Dans la dernière partie de l'ouvrage (VI), il rassemble ses nombreux travaux sur le Concile Vatican II.

La toute première de ces études s'inspire de l'adage de Saint Irénée : « Là où est l'Église, là est aussi l'Esprit de Dieu ; et là où est l'Esprit de Dieu, là est l'Église et toute grâce » (3 [1]). Elle peut être considérée comme porche d'entrée qui donne son orientation à l'ensemble du parcours. L'auteur renverse l'ordre de cet adage et s'interroge d'abord – dans le contexte du pentecôtisme – sur le lien constitutif entre l'Esprit et l'Église : « En d'autres termes encore, accueillir l'Esprit implique-t-il un *besoin de l'Église* et des formes diverses d'être Église ? » (4). La réponse irénéenne représente une certaine bifurcation sur laquelle nous reviendrons, car elle stipule que l'Esprit habite dans l'Église en permanence, tout en obligeant celle-ci à l'invoquer constamment et à discerner sa présence, voire à authentifier ses dons ; ce qui renvoie au premier versant de l'adage. Toute la suite du parcours œcumé-

1. Nous indiquons les pages de chacun des deux ouvrages entre parenthèses.

nique de Joseph Famerée peut être lue comme étant fondée sur cette base (18 s.).

2. Les trois parties du volume d'Hyacinthe Destivelle sont constituées de seize études, parues entre 2005 et 2018 et centrées sur les « sources du Mouvement œcuménique » (I), les défis œcuméniques actuels (II) et sur les rapports entre « synodalité et primauté » (III). Une introduction établit un parallèle éclairant entre le récit des disciples d'Emmaüs et la « marche en commun » (*syn/ode*) œcuménique ; une conclusion rassemble les intuitions principales du Mouvement œcuménique et distingue, selon une certaine logique, quelques étapes de cette marche qui *déjà* « réunit » l'ensemble des Églises.

Cette singulière logique historique est fondée sur le célèbre *Oportet haereses esse* de l'apôtre Paul (1 Co 11, 19) : les divisions entre chrétiens ne seraient pas seulement à considérer comme un effet du péché mais correspondraient aussi à une sorte de « nécessité » divine, « pour permettre aux hommes éprouvés de se manifester » et, comme les disciples d'Emmaüs (390), de se mettre en route vers une meilleure compréhension de l'unité. Il s'ensuit, comme première condition, l'auto-réforme de chacune des Églises (391), condition nécessaire avant d'entreprendre un travail de différentiation des problématiques orthodoxes et réformées et de prendre conscience que nos différences ne portent pas seulement sur des points marginaux mais concernent « l'identité profonde » de chacun des partenaires (392 s.). Le « dialogue de la charité » qui peut alors s'instaurer n'est pas une préparation au « dialogue de vérité » mais, comme le souligne le Frère Hyacinthe Destivelle, il est chargé lui-même d'une théologie en acte qui se lit en particulier dans les gestes des uns en faveur des autres, l'unité « catholique » paraissant toujours davantage comme un échange de dons (393 s.). La relecture commune de l'histoire des divisions intervient à cet endroit, les grands saints de l'histoire du christianisme et les amitiés qui ont su traverser les frontières confessionnelles restant, avec la prière pour l'unité, les ressources ultimes de l'avancée œcuménique (395-398). Il nous faudra revenir sur cette « logique » déjà marquée par une ecclésiologie synodale qui, sans du tout être absente des études de Joseph Famerée, représente l'axe de l'ouvrage d'Hyacinthe Destivelle.

3. Les deux parcours se croisent en effet très fréquemment. L'*histoire du Mouvement œcuménique* joue un rôle de premier

plan dans les deux volumes : elle couvre la première partie de l'ouvrage du dominicain qui l'aborde prioritairement dans une perspective orthodoxe-catholique (19-111) et est l'objet d'au moins quatre études de la troisième partie de la somme du théologien louvaniste (193-280). On n'est pas étonné de constater la place de choix qui, des deux côtés, est réservée aux pères de l'œcuménisme catholique, à Yves Congar (Famerée, 63-74, 336-340, etc. ; Destivelle, 89-111) et à Christoph-Jean Dumont (Destivelle, 67-88 ; Famerée, 340-342), ce dernier étant évoqué par le Frère Hyacinthe Destivelle en raison de son insistance, en particulier à Vatican II, sur la distinction (sans dissociation) entre les *contextes* des Églises de l'Orient et de l'Occident.

La question des méthodes qui intervient ici est traitée par les deux auteurs. La « logique » du dialogue, exposée dans la conclusion de l'ouvrage de l'official du Conseil pontifical a déjà été résumée plus haut. Il faut ajouter ici ses deux longs articles sur « l'œcuménisme entre histoire et mémoire » et sur « la nécessité d'un œcuménisme culturel » (153-198). L'ecclésiologue de Louvain consacre, lui aussi, deux études importantes à la question de la méthode : sa « petite "phénoménologie" du dialogue œcuménique » (193-215) et son texte intitulé « les méthodes en œcuménisme » (229-251) ; la question méthodologique comme telle est omniprésente dans l'ensemble de son ouvrage, par exemple dans son travail sur les « morphologies confessionnelles » (99-121) ou encore sur la réception de la « Déclaration commune sur la justification » (352-359).

Les deux ouvrages abordent enfin les grandes questions controversées entre Églises et, en particulier, l'interprétation, voire un possible « recadrage », du dogme de Vatican I : Joseph Famerée lui consacre deux études, donnant beaucoup de poids à l'histoire de sa réception (99-129), Hyacinthe Destivelle insistant davantage sur son enracinement historico-contextuel (chap. XI : 259-282).

Notons, pour conclure ce premier aperçu, que, très proche de l'actualité, l'ouvrage du Frère Destivelle contient une étude éclairante sur « l'œcuménisme en chemin du pape François » et une analyse détaillée du « Saint et Grand Concile de l'Église orthodoxe », sorte de double clé pour comprendre l'axe synodal de son propre ouvrage, alors que Joseph Famerée se contente de quelques allusions à cette actualité immédiate. On vient de le percevoir : la focalisation du premier sur la synodalité et l'ouverture de l'angle de vue sur l'ensemble de l'ecclésiologie par le second offrent un panorama exceptionnel des *quaestiones disputatae in oecumenicis*. Ce qui a suscité mon désir de participer au débat.

LA « LOGIQUE » D'UNE RECONSIDÉRATION ŒCUMÉNIQUE DE NOS TRADITIONS AU SEIN DE L'UNIQUE TRADITION CHRÉTIENNE

L'intérêt de la conclusion de l'ouvrage d'Hyacinthe Destivelle me semble être, en effet, de nous proposer une sorte de « logique *œcuménique* », fondée sur la théologie paulinienne et à l'œuvre au sein de la grande tradition chrétienne. S'il semble en accentuer plutôt les aspects positifs et prospectifs, l'histoire longue de l'œcuménisme fait apparaître une complexité dont les dialogues bi- et multilatéraux ont révélé progressivement l'ampleur. Il ne peut pas être question ici de retracer cette longue histoire [1], même pas à grands traits. Considérons comme acquis qu'elle débute avec la conférence missionnaire mondiale d'Édimbourg (1910) et que la naissance du COE en 1948, l'engagement œcuménique de l'Église catholique pendant le concile Vatican II (1964), la Déclaration de Balamand de la commission internationale mixte catholique-orthodoxe (1993) et la réception de la *Déclaration commune sur la justification* à Augsbourg (1999) en représentent des seuils décisifs. Il me semble que les deux volumes invitent à identifier cinq paramètres cruciaux, caractéristiques de cette histoire.

La pluridimensionalité de la tradition chrétienne

Un premier paramètre, mis en relief par les deux ouvrages, est la prise de conscience de la *pluridimensionalité* de la tradition chrétienne, révélée progressivement par l'échange œcuménique ;

1. Voir *A History of the Desire for Christian Unity. Ecumenism in the Churches 19th-21st Century.*

ce qui conduit tous les partenaires à s'interroger sur ce qu'on peut appeler la ou les «*méthode(s)* œcuménique(s)». Relevons-en les éléments principaux qu'*in fine* il faudra bien intégrer dans une grammaire œcuménique de la tradition chrétienne.

1. On pourrait en effet avoir l'impression qu'en se limitant aux dialogues bi- et multilatéraux, engagés depuis de longues années entre Églises, leurs divisions ne porteraient que sur des questions doctrinales et pourraient, sur ce plan, être un jour dépassées. Mais comme l'avait souligné Yves Congar à propos des contentieux entre l'Orient et l'Occident, «c'est l'identique qui est différent; les différences, qui doivent être reconnues et respectées, sont des différences dans l'identité profonde» (cité par Destivelle, 101 et 392). Cet état de fait étant identifié, d'autres dimensions différenciantes peuvent acquérir droit de cité. Le Frère Destivelle plaide ici pour un «œcuménisme culturel» (185-198). Car si la diversité culturelle de l'Europe – voire (selon nous) de l'ensemble du pourtour méditerranéen –, a été un facteur déterminant de la division des chrétiens et de leurs Églises en symbiose culturelle avec leurs contextes, cette dimension culturelle sera également décisive dans leur rapprochement. De manière très lucide, Destivelle met en relief la problématique particulière de l'Europe qui, dans toutes les Églises, est aux prises avec deux mouvements contradictoires: d'un côté une déconnexion entre christianisme et culture et de l'autre une réduction du christianisme à un phénomène culturel.

Les facteurs qui interviennent dans les divisions et dans les rapprochements ne sont donc pas seulement d'ordre théologique mais aussi d'ordre personnel, institutionnel et politique (Destivelle, 27-31): l'ouverture du mur de Berlin (1989), par exemple, relançant en Europe de l'Est l'épineuse question des Églises «uniates», ou encore l'accès de l'Ukraine à l'autonomie posant des problèmes graves entre Constantinople et Moscou. Joseph Famerée insiste, lui aussi, sur ces facteurs non théologiques du dialogue œcuménique (par exemple 209-213), se disant à juste titre «très frappé par l'importance prépondérante (et même irrésistible) des facteurs non strictement théologiques (mécanismes historiques, sociaux et culturels) par rapport aux questions "purement rationnelles" (explicites et conscientes)» et plaidant pour un «travail sur ces "inconscients collectifs"» (214; voir aussi 112).

Plusieurs champs de réflexion théologique d'un *nouveau type* se dessinent ainsi; et d'abord la question des «morphologies» ou

« typologies » confessionnelles (Famerée, 113-120). Leur approche relève d'un comparatisme qui précisément ne se contente pas de facteurs doctrinaux mais tente de saisir telle *manifestation* confessionnelle dans sa globalité, dans sa « *Denkform* » (352-359, à propos de la Déclaration commune sur la justification). Joseph Famerée dit bien que cette recherche se situe sur un « terrain plus risqué » (113), car il s'agit de rejoindre la « racine » des différences au sein même de « l'identité profonde » de chacun des partenaires. Il identifie l'« inconscient collectif » de telle ou telle confession avec son anthropologie plus ou moins explicite, sa vision chrétienne de l'homme et du salut, donc aussi de Dieu (112). Au risque, me semble-t-il, de réduire cette « manifestation » singulière d'une identité à une série de paramètres doctrinaux. J'y reviendrai.

L'autre tâche qui se dégage de cette prise en compte de la globalité du phénomène confessionnel est de penser et de gérer le passage du paysage bipolaire, voire tripolaire des deux formes orientales et occidentales ou latines de la tradition chrétienne vers une situation plus complexe et multipolaire (277-280). Nos auteurs abordent cette question sous l'angle des priorités, question qui habite les travaux du COE et ceux du Conseil pontifical pour l'unité des chrétiens (voir Destivelle, 77 s. et 391 s.). Joseph Famerée énonce ici la thèse que « la communion chrétienne est indivisible *de facto* [...], aussi *de iure* et *in spe* : que serait une communion chrétienne (partielle) entre certaines Églises seulement, prêtes à en laisser d'autres de côté ? » (280). En fonction de cette visée, il opte pour une voie dialectique : « L'union de l'Église catholique et des Églises orientales est indissociable de leur union avec les Églises de la Réforme ; réciproquement, l'union de l'Église catholique et des Églises de la Réforme ne peut qu'être solidaire de leur communion avec les Églises orientales » (280).

Ainsi se dessine, à travers ces nouvelles approches, une hypothèse théologique ou une vision que Joseph Famerée déploie en deux temps : « Si l'ouverture réciproque, caractéristique des dialogues œcuméniques, continue à s'approfondir, (les) lieux de séparation deviendront de plus en plus des lieux de conversion et de diversité légitime. *À une condition cependant : qu'aucune Église ne prétende au monopole de l'ecclésialité ou ne nie l'ecclésialité de l'autre, quelles que soient les conversions à opérer de part et d'autre* » (50, nous soulignons). Ce premier présupposé qui relève de ce que j'ai appelé ailleurs une « ecclésiologie négative[1] » – et j'y reviendrai ultérieurement – est suivi d'un autre qui concerne précisément les conversions à l'Évangile du Christ à opérer : « Le point auquel une Église tient tout particulièrement au nom même de sa fidélité à l'Évangile *et* sur lequel elle se voit interpellée par *toutes* les autres au nom même de leur fidélité au Christ est un point sur lequel cette Église doit continuer à témoigner de la vérité évangélique, mais en reconnaissant qu'elle a aussi quelque chose à "convertir" en ce domaine » (102). On pourrait parler ici d'un présupposé spirituel de « conversion » ou d'« apprentissage » qui tient compte du fait que nos « attachements » individuels et collectifs peuvent être « ordonnés » mais peuvent aussi être entachés de « désordres » subtils, à savoir de toutes sortes de préjugés à travailler collectivement dans la recherche commune de la vérité.

2. Avec ces dernières remarques, nous nous trouvons déjà sur le terrain de la « méthode » ou des « méthodes œcuméniques ». Les deux auteurs y consacrent des développements importants, Hyacinthe Destivelle, surtout dans sa conclusion, mais pas exclusivement (voir aussi 35-65). Joseph Famerée propose, lui, toute une histoire des méthodes œcuméniques, partant des conversations de Malines (1921) et des conférences de *Life and work* et de *Faith and ordre*. Sans doute doit-on distinguer avec nos auteurs plusieurs niveaux méthodologiques.

À la base, on trouverait ce que Famerée appelle « la sagesse expérimentale acquise par le dialogue œcuménique » (213 s.). On peut y situer le « dialogue de la charité » (Destivelle, 51-55) ou de « l'amour » (Famerée, 205), noyau de l'œcuménisme spirituel et de l'action, qui est fondé sur l'échange de dons. Les deux auteurs insistent sur l'importance des signes ou gestes œcuméniques, à la hauteur des facteurs non théologiques et inconscients ; gestes qui, après une longue période d'affrontements ou de maladresses, devraient être susceptibles de rétablir la confiance. Sans une véritable délicatesse et ce qu'on peut appeler « doigté évangélique », le dialogue s'avère impossible.

---

1. Voir plus haut chap. XIII, p. 318, chap. XVIII, p. 482 et chap. XX, p. 526 s.

Le versant intellectuel du dialogue vient dans un second temps : c'est le retour à l'histoire qui intervient ici ou – en langage œcuménique – la purification et la réconciliation de nos mémoires. Hyacinthe Destivelle consacre un long développement à cet enjeu (153-184) en montrant en particulier le renversement qui s'est produit quand nos sociétés sont passées d'une « histoire-mémoire » à une « saisie de la mémoire par l'histoire » (155-158). Motivée depuis Paul VI par le « dialogue de la charité », cette histoire critique de nos mémoires fut progressivement introduite dans les « dialogues de vérité » (168-173) dont le but est de nous resituer ensemble dans une histoire commune.

Mais une énorme difficulté se présente ici. Elle provient de l'actuel « présentisme » qui est une des marques principales de notre ethos commun. Les Églises risquent en effet de se contenter de la gestion de leurs propres urgences, toujours plus ou moins nobles, qu'il s'agisse de leur difficile présence dans des sociétés déchristianisées et, dans certains cas, de résistance à la persécution ou, au contraire, de défense acharnée d'intérêts politico-culturels. Ce qui, à plus ou moins long terme, produit un « schisme vertical[1] » entre la vie effective des Églises ou communautés sur place, d'un côté, et les dialogues œcuméniques entre experts et chefs de communautés, de l'autre.

Ceux-ci ont inventé et continuent nécessairement à inventer un *métalangage* de communication et de commune présence dans une histoire à long terme, inaugurée par le Christ Jésus et les Églises des origines. Reconnaissons que ce langage « procédural » (pour ce qui est des règles du jeu œcuménique) est souvent bien éloigné des préoccupations de la base qui, dans certaines régions, se livre soit à des syncrétismes « œcuméniques » soit à des fragmentations communautaires (comme dans le pentecôtisme). Dans cette situation, il ne s'agit pas de nier la nécessité de ces dialogues doctrinaux, mais de marquer leurs limites. Des attentes trop exclusives à leur égard comme condition *sine qua non* de l'unité conduisent plutôt à accentuer le « schisme vertical », les mettant finalement en contradiction avec la position de Vatican II qui insiste sur la *relationalité* pastorale et œcuménique de toute doctrine. Sans doute faudrait-il, pour avancer, aider les communautés

1. Déjà évoqué dans les chap. XVII et XX.

et Églises à prendre *elles-mêmes* conscience de la pluridimensionalité de leur *et* de la tradition chrétienne (qui les dépasse), vivant concrètement l'hospitalité et laissant émerger, de leurs propres expériences de communication œcuménique, de nouvelles règles du jeu et de nouvelles manières de se situer ensemble dans l'histoire du christianisme (voir Destivelle, 211-216). J'y reviendrai dans la dernière partie de ce chapitre.

La reconnaissance de l'ecclésialité des autres

Le deuxième paramètre qui émerge ici porte précisément sur la *reconnaissance de l'ecclésialité des autres* « porteurs » *(tradentes)* de leur « tradition » *au sein d'une même tradition chrétienne (tradendum)*, comme condition d'une véritable hospitalité. À l'heure actuelle, c'est sans doute l'obstacle majeur d'une avancée vers l'unité visible ; obstacle élémentaire parce que touchant à la symétrie des partenaires du dialogue, clairement désigné comme tel par Joseph Famerée ; nous l'avons vu plus haut (Famerée, 50).

L'ecclésiologue de Louvain réfléchit à ce qu'il appelle les « apories de la doctrine catholique » sur ce point (295-314). Se référant à *Lumen gentium*, 8 et 15 ainsi qu'à *Unitatis redintegratio*, 3, il s'interroge sur la signification, voire la légitimité du maintien de la *seiunctio* (*fratres seiuncti*, c'est-à-dire frères séparés), étant donné « l'incorporation au Christ » par le baptême, véritable *coniunctio* que de fait l'Église catholique reconnaît aux autres Églises. N'est-ce pas incohérent de parler d'une « incorporation » limitée ? L'Église catholique ne risque-t-elle pas de considérer les autres « vérités » (au sein de la hiérarchie des vérités) et *in fine* la fonction particulière de l'Église de Rome au sein de la communion ecclésiale comme un *salutaire medium* au sens fort du mot « sacrement », légitimant ainsi la séparation (308) ? Selon Joseph Famerée, elle se trouve devant un dilemme qui fait comprendre les débats sur le fameux *subsistit in* : « ou bien l'Église catholique reconnaît trop facilement le baptême des autres communautés chrétiennes, ou bien elle ne tire pas toutes les conséquences de cette reconnaissance » (309).

On peut alors se demander avec lui si la position des Églises orthodoxes, voire la réserve de certaines qui refusent de recevoir le document de Balamand et ne reconnaissent pas les sacrements des autres Églises, parce qu'elles considèrent l'Église orthodoxe comme l'unique véritable Église, n'est pas plus cohérente (304). Le problème n'a rien perdu de son actualité. Analysant les décisions du Saint et Grand Concile de l'Église orthodoxe (345-372), Hyacinthe Destivelle enregistre en effet quelques reculs par rapport à la célèbre « Encyclique de l'Église de Constantinople à toutes les Églises du monde » (1920), adressée « aux Églises d'Orient, sœurs de la nôtre, aux vénérables Églises d'Occident et à celles du reste de la chrétienté » (365), sans mettre en doute cette reconnaissance de base.

Dans deux de ses contributions (305-314 et 463-478), Joseph Famerée réussit à profiler les enjeux ecclésiologiques sous-jacents à cette difficile reconnaissance mutuelle sur la base d'un même baptême. Il s'appuie sur un théologien russe de l'émigration, Georges Florovsky (1893-1979), qui, étant patrologue, valorise la position de saint Augustin. Ce qui, notons-le, est plutôt rare dans la théologie orthodoxe, généralement hostile au docteur de l'Occident qu'elle accuse d'avoir créé les doctrines du *filioque* et du péché originel. Or, tout en maintenant la prémisse théologique de Cyprien de Carthage qui affirme que les sacrements ne peuvent être accomplis que *dans la communion de l'Église (extra Ecclesiam nulla salus)* – position défendue par la plupart des Églises orthodoxes –, Augustin rappelle, lui, la *pratique* de l'Église qui, renonçant au re-baptême, témoigne du fait « que son territoire mystique s'étend au-delà de son seuil canonique. Les sacrements sont bien accomplis seulement "dans" l'Église, mais ce "dans" est défini trop étroitement par Cyprien. Florovsky formule (donc) une conclusion opposée à celle du Père de l'Église : *là où les sacrements sont accomplis, là est l'Église* » (466 s.). L'enjeu théologique de fond (et pas seulement « économique ») est le *respect des « limites de l'Église »* (selon le titre de l'ouvrage de Florovsky). Son « pouvoir ne s'étend pas aux fondements même de l'existence chrétienne » (468) : conféré validement une fois pour toutes (ce qui veut dire toujours en lien avec l'Église, même chez les schismatiques, voire les hérétiques), le sacrement s'accomplit par la grâce ; mais son efficacité dépend de la liberté et de l'amour de celui qui le reçoit – ce qui est le contraire de l'entêtement et de la volonté du schisme.

Il convient de rappeler ici la position du concile Vatican II (*LG*, 14 à 16). Elle est *grosso modo* la même que celle qui vient d'être présentée, même si elle élargit le « terrain mystique » aux autrement-croyants (*LG*, 16 et *GS*, 22 § 5). Avec Cyprien, la Constitution sur l'Église enseigne la nécessité de l'Église dans laquelle on entre par le baptême et pour le salut (*LG*, 14 § 1). Mais elle rappelle aussi et en même temps avec Augustin que « l'incorporation à l'Église n'assure pas le salut pour celui qui, faute de persévérer dans la charité, reste bien "de corps" au sein de l'Église mais non "de cœur" » (*LG*, 14 § 2). Cette « relativisation » de toute appartenance au regard de Dieu correspond certes à un aspect important de la modernité occidentale, mais ne doit pas être interprétée dans le sens d'une théologie libérale : elle ne consiste pas à minimiser l'ecclésialité comme telle (voir *LG*, 14 § 1), mais au contraire à reconduire la complexité de la tradition chrétienne vers son cœur théologal, la charité qui transforme l'appartenance ecclésiale en ouverture, et cela même en direction d'autres types d'appartenance ecclésiale. Émanant de la profondeur théologale de l'existence chrétienne, constitutivement en relation, cette ouverture nous amène à préciser un troisième paramètre.

L'Église communion d'Églises

C'est en effet la pluralité des « formes » d'Église et donc de « types » d'appartenance qui pose problème, une fois l'ecclésialité de tous les partenaires étant acceptée et reçue. À suivre l'exposé très précis de Joseph Famerée qui s'appuie sur l'étude du groupe mixte de travail (GMT) entre l'Église catholique romaine et le COE (1990), un large consensus semble s'être installé sur une ecclésiologie fondamentale de « communion » : « son enracinement trinitaire, sa révélation néotestamentaire, son expression patristique ainsi que son importance grandissante dans les différentes Communions chrétiennes mondiales et au sein du mouvement œcuménique contemporain » (37 s.). Il semble également acquis que l'Église locale bénéficie d'une certaine priorité, comme communauté de baptisés dans laquelle la Parole de Dieu est prêchée, la foi apostolique confessée, les sacrements célébrés et l'œuvre du salut du Christ Jésus en faveur du monde attestée, un ministère d'*épiscopè* étant exercé par l'évêque ou d'autres ministres au service de la communauté et de la communion.

1. Les divergences portent principalement sur la compréhension du ministère et les rapports intrinsèques et mutuels entre les Églises particulières ou locales et l'Église universelle. Joseph Famerée résume l'actuelle situation de la manière suivante : « Que l'Église catholique ou l'Église orthodoxe se considèrent, chacune à elle seule, comme l'Église universelle a un effet discriminatoire inacceptable aux yeux des autres Églises qui se sentent, par le fait même, exclues de l'Église universelle (non nécessaires à la réalisation de celle-ci) et donc niées dans leur véritable ecclésialité : divergence radicale. Réciproquement, sur un plan pratique et théologique, un sens insuffisant de l'universalité ecclésiale crée aussi une divergence sérieuse avec les traditions catholique romaine et orthodoxe » (39).

Il faut rappeler, au point où nous en sommes, le second présupposé, d'ordre spirituel, développé par Joseph Famerée : « le point auquel une Église tient tout particulièrement au nom même de sa fidélité à l'Évangile *et* sur lequel elle se voit interpellée par *toutes* les autres au nom même de leur fidélité au Christ est un point sur lequel cette Église doit continuer à témoigner de la vérité évangélique, mais en reconnaissant qu'elle a aussi quelque chose à “convertir” en ce domaine » (102 ; voir plus haut).

2. Pour ce qui est de la tradition romaine, ce principe exige qu'elle affronte les *dissensions ecclésiologiques en son propre sein*. Ce n'est pas parce que la Lettre de la Congrégation pour la doctrine de la foi *Communionis notio* (1992) n'est plus citée actuellement que son contenu est tombé en désuétude. Il faut reconnaître que les textes mêmes de Vatican II restent ambivalents (voir par exemple Famerée, 51-62). D'un côté, ils prolongent l'ecclésiologie grégorienne du deuxième millénaire latin, mais de l'autre côté font paraître, à quelques endroits dans *Lumen gentium* (*LG*, 23 § 1, 26 § 1) et surtout dans le Décret sur l'œcuménisme (en particulier *UR*, 15 § 1) et celui sur les Églises orientales catholiques, la perspective antique, maintenue dans l'Orthodoxie, d'une communion d'Églises. Joseph Ratzinger lui-même reconnaît en 1966 la présence des deux ecclésiologies dans le chap. III de *Lumen gentium* : « C'est dans l'ordre des choses, car (le texte exige) que les deux conceptions se complètent intérieurement. » C'est peut-être trop vite dit, car il continue : « Le relief qu'on donnera à l'une ou à l'autre sera, dans une mesure sans

doute considérable, la tâche de l'interprétation ; d'elle dépend d'ailleurs toujours, et grandement, le genre d'effet historique produit par un texte. La grave responsabilité des commentateurs apparaît ici, et elle est d'une portée difficile à prévoir [1]. » On sait quelle grave responsabilité « œcuménique » de commentateur le cardinal Ratzinger prendra en 1992 en rédigeant la Lettre *Communionis notio*.

Le point d'achoppement est évidemment ce qu'on appelle parfois « le dogme » du concile Vatican I du primat de juridiction du Pontife romain et de son infaillibilité doctrinale, pièce maîtresse de l'ecclésiologie grégorienne. Seul un travail œcuménique en commun sur les documents concernés et sur leur réception par Vatican II permettra de dégager la « *particula veri* » de ces dispositions de leur environnement grégorien et ecclésio-centré. Nos deux auteurs s'y attellent, dans des perspectives différentes.

Hyacinthe Destivelle en traite dans la troisième partie de son ouvrage. L'intérêt majeur de son apport consiste dans une reprise des meilleurs travaux sur l'enracinement historique de Vatican I (259-282) et dans la « feuille de route » qu'il propose pour le dialogue catholique-orthodoxe (335-343). Celui-ci peut s'appuyer désormais sur des travaux historico-théologiques déjà considérables ; il a déjà franchi quelques seuils, même si la rupture de communion entre le patriarcat russe et le patriarcat œcuménique ne peut pas ne pas avoir des effets retardateurs sur l'ensemble du processus dialogal. Destivelle distingue quatre tâches ou étapes : une étude des sources bibliques et patristiques de l'autorité dans l'Église et de la primauté, une relecture commune du premier millénaire, une relecture herméneutique du second millénaire et une réflexion prospective sur le troisième millénaire.

Quant à Joseph Famerée, ses deux contributions au problème de la primauté romaine (chap. VI et VII), permettent non seulement de dissiper quelques malentendus quant à l'interprétation de la Constitution *Pastor aeternus*, mais aussi de situer les difficultés au sein d'une « morphologie » des confessions (voir plus haut) et de rendre compte des mutations au sein même de l'ecclésiologie

1. J. RATZINGER, « La collégialité épiscopale. Développement théologique », dans G. BARAÚNA (dir.), *L'Église de Vatican II. Études autour de la Constitution conciliaire sur l'Église*, t. III, Paris, Éd. du Cerf, 1966, p. 775-778.

catholique postconciliaire laquelle est prête à repartir du concile de Sardique (343), seul concile où l'Orient et l'Occident ont légiféré en commun sur l'appel à l'évêque de Rome : « Ne pourrait-on voir dans les canons de Sardique une figure d'articulation de la communion entre Orient et Occident dans une perspective créatrice d'avenir, qui n'opère pas un retour purement archéologique au premier millénaire, mais tienne compte des exigences propres de notre époque planétaire ? » (110, avec une référence à Hervé Legrand).

3. Les révisions à envisager sont évidemment considérables ; la plupart des partenaires du dialogue œcuménique en sont d'ailleurs conscients.

3. 1 Pour *l'Église latine et romaine*, l'enjeu est de situer ses conciles généraux dans la matrice de l'ecclésiologie grégorienne et de comprendre la Constitution *Pastor aeternus* comme son aboutissement, dans une situation historique, éprouvée en 1870 comme menace apocalyptique. Il suffit de citer quelques unes des propositions des *Dictatus papae* (mars 1075) pour y trouver une même structure ecclésiale que celle qui déterminera la Constitution de Vatican I, malgré les atténuations introduites en 1870 par la minorité conciliaire[1]. Les deux premières affirmations des *Dictatus* énoncent déjà le principe fondamental de l'ecclésiologie latine du deuxième millénaire : « I. L'Église romaine a été fondée par le Seigneur *seul*. II. *Seul* le Pontife romain *[pontifex romanus]* peut en droit être qualifié d'universel[2]. » Le déplacement fondamental, opéré par l'ecclésiologie grégorienne (et renforcé par celle d'Innocent III), y est parfaitement lisible : de la reconnaissance *pratique* de la « priorité » *(principalitas)* de l'Église de Rome au premier millénaire, « priorité » qu'elle partage avec d'autres Églises malgré sa primauté[3], on est passé à la

1. Voir déjà notre analyse détaillée de la constitution *Pastor aeternus*, datée d'il y a vingt-cinq ans : « Première constitution dogmatique sur l'Église du Christ *Pastor aeternus* du concile de Vatican I », dans B. SESBOÜÉ et Chr. THEOBALD, *Histoire des dogmes*, IV : La parole du salut, Paris, Desclée, 1996, p. 315-344.

2. Nous citons S. GOUGUENHEIM, *La Réforme Grégorienne. De la lutte pour le sacré à la sécularisation du monde*, Paris, Temps Présent, 2010, p. 104 s.

3. Il est significatif que le prologue de la constitution *Pastor aeternus* (1870), repris dans le n° 18 de *Lumen gentium* (1964), transforme la citation implicite de Cyprien de Carthage qui insiste plutôt sur l'égalité des apôtres, chacun ayant

revendication de la « principauté » *(principatus)* du « souverain pontife » *(pontifex maximus)* qui possède, grâce à sa fonction pétrinienne de « pierre », la plénitude du pouvoir, puis à l'affirmation ontologique que le pape est « tête » *(caput)* ou *principium et fundamentum* de l'unité du corps ecclésial [1]. Les *dicta* XVIII, XIX et XXII – pour ne citer que ceux-ci – annoncent clairement la revendication du primat de juridiction et de l'infaillibilité pontificale, codifiées seulement en 1870 : « XVIII : Sa sentence ne doit être récusée par personne et lui seul peut récuser la sentence de tous. » « XIX : Lui-même ne doit être jugé par personne. XXII : L'Église romaine n'a jamais erré et n'errera jamais comme en témoigne l'Écriture [2]. »

Deux aspects méritent d'être explicités. Sur le plan ecclésiologique, la conséquence majeure est, dès l'époque grégorienne et malgré les nuances introduites par le concile de Florence (1439) [3], l'occultation durable de l'antique structure patriarcale de l'Église, reléguée par Vatican I au niveau du droit humain, le primat romain étant lui seul de droit divin [4]. La renonciation, en 2006, de Benoît XVI au titre de Patriarche d'Occident peut être interprétée dans le même sens.

L'autre versant est d'ordre théologico-politique. Carl Schmitt et Hermann-Josef Pottmeyer ont montré à quel point le concept de « souveraineté », forgé par Hobbes, a influencé la philosophie de l'État de la contre-révolution chez de Maistre et de Bonald, d'où il est entré dans l'ecclésiologie ultramontaine, et enfin dans celle du concile Vatican I, ayant dans les deux cas la même fonction de normaliser l'idée d'« état d'urgence » (liée à l'interprétation du moment historique) pour fonder l'absoluité du pou-

---

reçu les mêmes prérogatives que Pierre (voir notre commentaire, dans *Histoire des dogmes*, IV, p. 316 s.). Pour ce qui est de l'ecclésiologie de Cyprien, voir M. FÉDOU, « Cyprien et l'unité de l'Église », *CrSt* 37 (2016), p. 259-272, surtout 268-271.

1. Voir *DzH* 3051 (Vatican I, *Pastor aeternus*) et *DzH* 4142 (Vatican II, *LG*, 18).

2. S. GOUGUENHEIM, *La Réforme Grégorienne*, p. 105.

3. Voir *COD* II-1, (1083) 14-17.

4. Voir Chr. THEOBALD, « Première constitution dogmatique sur l'Église du Christ *Pastor aeternus* du concile de Vatican I », dans B. SESBOÜÉ et Chr. THEOBALD, *Histoire des dogmes*, IV : La parole du salut, Paris, Desclée, 1996, p. 321 s.

voir étatique, d'un côté, et pontifical *(ex sese non autem ex consensu ecclesiae)*, de l'autre [1]. Aujourd'hui, on est davantage sensible au fait que la notion d'État sécularisé chez Hobbes est déjà largement précédée par une *conception étatique* de l'Église grégorienne *(Dictatus papae)* [2], disposant d'un clergé international [3] et maintenant une certaine souveraineté sur les États nationaux émergents, diversifiée selon les régions [4]. La *libertas ecclesiae* est bien évidemment évoquée comme motif principal de cette *étatisation de l'ecclésiologie latine*, à distance de la séparation gélasienne des pouvoirs. Ce motif jouera différemment dans la suite, par exemple dans le combat de Rome contre la conception étatique des Églises nationales à l'époque de l'absolutisme. Et quand, au XIXe siècle, l'Église romaine se trouve en face d'États laïcs naissants, la perte progressive de l'idée de chrétienté conduit presque automatiquement à une émancipation plus grande de l'Église latine par rapport à son environnement et, dans un premier temps, à un renforcement de ses structures internes d'autorité ; sans qu'il y ait une véritable conscience du mimétisme qui continue à fonctionner entre « l'étatisation » inconsciente de l'Église et « l'ecclésialisation » involontaire des États « laïcs ».

La terminologie du « dogme révélé », utilisée par la définition de l'infaillibilité pontificale [5], relève bien évidemment de la même ecclésiologie. C'est le même concile qui, auparavant (24 avril 1870) avait défini, dans sa Constitution *Dei filius*, la notion de « dogme révélé », empruntée à Philipp Neri Chrismann (1792) : « On *doit* croire de foi divine et catholique tout ce qui est contenu dans la Parole de Dieu, écrite ou transmise, *et* que l'Église propose à croire comme divinement révélé, soit par un jugement solennel, soit par le magistère ordinaire et universel [6]. » L'avan-

1. Voir *ibid.*, p. 331 s.

2. « VIII : Lui seul peut user des insignes impérieux. IX : Du pape seul tous les Princes doivent baiser les pieds », voir S. GOUGUENHEIM, *La Réforme Grégorienne*, p. 104.

3. « XIV : Il a le droit d'ordonner un clerc de toute Église, où il veut » (*ibid.*)

4. Voir VIII (note 14) et « XII : Il lui est permis de déposer les empereurs ».

5. *DzH* 3073.

6. *DzH* 3011.

tage de cette définition « stricte » du dogme[1] est qu'elle exige, dans chaque cas, l'établissement de l'obligation de croire, assurant ainsi un champ appréciable de liberté dans l'Église. Mais on ne peut nier qu'elle *juridicise* le contenu de la foi et le rend judiciable par une instance *quasi-étatique*, la *suprema congregatio* de l'Église de Rome.

3. 2 Quelle serait donc la « *particula veri* » évangélique des affirmations de *Pastor aeternus,* quand on les libère de la gangue historique de l'ecclésiologie grégorienne ? Ainsi pourrait se formuler la question qu'il faudrait poser dans « un dialogue fraternel et patient » sur l'exercice concret de la primauté de l'Église de Rome, dialogue que Jean-Paul II a souhaité instaurer avec tous les partenaires œcuméniques et que ses successeurs souhaitent poursuivre. Sur la base des avancées de l'exégèse biblique, il s'agirait d'abord de *s'accorder* sur une interprétation de ce que les Écritures disent de la fonction pétrinienne, sachant que la référence romaine au droit divin concerne essentiellement l'interprétation du donné biblique[2]. Il y aurait ensuite une lecture *théologique* – et non pas idéologique ou apologétique – de l'histoire commune à élaborer, pour y situer les bienfaits *et* les méfaits, la fécondité et les déviations de l'exercice de la fonction pétrinienne.

Peut-être la réponse à la question de la « *particula veri* » du concile général de Vatican I pourrait-elle se trouver alors dans la notion de « l'*ultime* recours », notion qui se dégage avec netteté de la *relatio* de Mgr Gasser du 11 juillet 1870, huit jours avant la proclamation solennelle[3]. Il suffit de citer ici la finale de ce long discours, qui, poursuivant la logique du *Commonitorium* de Vincent de Lérins, argumente en faveur d'un *ultime* recours *(sans jamais annuler les autres moyens de la recherche de la vérité !).* « Mais qu'en sera-t-il lorsqu'un dissentiment surgit entre les Églises particulières, si des controverses relatives à la foi s'ensuivent ? En ce cas, d'après Vincent de Lérins, il faut recourir à l'accord unanime de l'antiquité, c'est-à-dire à l'Écriture et aux

---

1. Voir W. KASPER, *Dogme et Évangile* (1967), Paris, Éd. du Cerf, 2010, p. 35 et 39 s.

2. Voir Chr. THEOBALD, « L'apostolicité de l'Église. Pour une théologie œcuménique des origines chrétiennes », dans *RSR* 103/2 (2015), p. 223-245, republié dans ce volume, chap. XIV.

3. Mansi 52, 1204 A – 1230 D.

saints Pères ; et c'est de cet accord unanime de l'antiquité que le dissentiment dans la prédication présente doit tirer sa solution. » C'est en se situant au sein de ce processus global que Mgr Gasser introduit la procédure du « recours au Saint-Siège » *(recursus ad sacram sedem)*[1], montrant que l'idée même de « recours » est en contradiction avec l'axiome qui voudrait que le « consentement unanime » soit la *condition* du maintien de l'Église dans la vérité : « Qu'en sera-t-il si les évêques n'étaient pas d'accord ? Il en sera fini pour l'Église de juger, il en sera fini pour l'Église d'être selon le témoignage de l'Apôtre la colonne et le fondement de la vérité (1 Tm 3, 15)[2]. »

La reconnaissance par tous que l'Église de Rome et celui qui la préside exerce(nt) la fonction pétrinienne de l'« ultime recours » nécessiterait-elle la *« définition » positive d'une distinction* entre l'infaillibilité de l'Église tout entière et une infaillibilité pontificale[3], voire l'introduction positive d'un « charisme de vérité et de foi à jamais indéfectible[4] » ? Je n'en suis pas convaincu. À l'époque « post-dogmatique » et œcuménique dans laquelle nous sommes entrés avec le concile Vatican II, la notion de « recours » et de « recours ultime » me semble suffire pour maintenir la nécessaire référence à l'absolu au sein de l'histoire[5] et le faire dans le cadre contemporain d'une conception procédurale de la vérité. Le célèbre canon 34 des Constitutions apostoliques serait respecté[6], tout en y intégrant les cas inévitables de conflits. Les canons du concile de Sardique (343), déjà plusieurs fois évoqués,

1. *Ibid.*, 1217.

2. *Ibid.*, 1217.

3. *Ibid.*, 1217.

4. *DzH*, 3071

5. Voir Chr. THEOBALD, *La réception du concile Vatican II*. I. *Accéder à la source*, p. 161-206 ; voir aussi ID., « Pour une théologie de l'institution conciliaire », dans *RSR* 93/2 (2005), p. 267-290.

6. *Les constitutions apostoliques*, livre VIII, canon 34 : « Il faut que les évêques de chaque nation sachent lequel d'entre eux est le premier, qu'ils le considèrent comme leur chef et ne fassent rien d'important sans son accord ; chacun ne s'occupera que de ce qui concerne son district et les territoires qui en dépendent ; mais que le chef ne fasse rien non plus sans l'accord de tous ; ainsi la concorde règnera-t-elle et Dieu sera-t-il glorifié, par le Christ, dans l'Esprit », Paris, Éd. du Cerf, 1987, p. 284 s.

en seraient une toute première explicitation[1]. Se contenter de la reconnaissance par tous d'un « recours ultime » a par ailleurs l'avantage de respecter le principe d'économie de la sentence de Meldenius, réaffirmée par le Décret *Unitatis redintegratio* :

> Conservant *l'unité dans ce qui est nécessaire*, que tous, dans l'Église, chacun selon la fonction qui lui est départie, gardent la *liberté* que de droit, qu'il s'agisse des formes diverses de la vie spirituelle et de la discipline, de la variété des rites liturgiques, et même de l'élaboration théologique de la vérité révélée ; et qu'en tout ils pratiquent la *charité* [*UR*, 4 § 7].

3. 3 Ajoutons cependant que la proposition de considérer l'exercice de la fonction d'un « ultime recours » comme la *particula veri* évangélique de la Constitution *Pastor aeternus* est liée à la condition de la libérer de la gangue historique de l'ecclésiologie grégorienne. Le concile Vatican II a fait de grands pas en ce sens en renonçant à l'ecclésiologie « société parfaite ». Mais il y a des seuils qu'il n'a pas su franchir. Le débat sur le Décret *Orientalium Ecclesiarum* en octobre 1964 – au moment où les chapitres II et III de *Lumen gentium* sont déjà votés ! – était une dernière occasion. Un des plus critiques et des plus visionnaires est l'Abbé Johannes Hoeck, président de la congrégation bénédictine de Bavière : « La constitution *De Ecclesia* (chap. III, nº 23) fait certes allusion à la structure patriarcale », reconnaît-il dans sa remarquable allocution du 19 octobre 1964, « mais d'une manière si obscure et en omettant même de la nommer, de sorte que des experts en la matière ont de la peine à la deviner[2] ». Le questionnement de l'Abbé est en fait fondamental, pour ne pas dire radical :

> On peut se demander, conclut-il son intervention, – et de fait, ajoute-t-il, beaucoup se demandent – s'il appartient à notre Concile, *qui est presque un concile latin*, de décider de ces sortes de questions qui touchent les Églises Orientales, puisque dans notre Décret (nº 5) comme aussi dans le Décret *De Œcumenismo* (nº 16) on déclare solennellement que les Églises Orientales ont le droit et le devoir de se régir selon leurs propres disciplines. Ne nous contredisons-nous pas en traitant

1. *DzH* 133-135 (avec les indications concernant les différentes éditions et versions).

2. *AS* III/5, p. 73.

quand même de leur discipline ? Ne faudrait-il pas au moins, avant de procéder au vote général, demander aux Orientaux s'ils veulent que sur ces questions le Concile se prononce par un vote universel ? *La seule question, ou presque, qui revient certainement à tout le Concile est celle de la structure patriarcale de l'ensemble de l'Église, mais cette question, comme nous l'avons dit, n'a été que très insuffisamment abordée*[1].

Dans l'esprit de l'Abbé Hoeck, cette question a bien évidemment des conséquences constitutionnelles très importantes. Elle soulève en particulier

> la question de savoir s'il convient d'instituer de nouveaux patriarcats. [...]. On peut même se demander s'il ne convient pas de diviser également l'Église latine en plusieurs patriarcats (mais pas seulement honorifiques), car elle est beaucoup trop grande par rapport aux autres Églises, et qu'elle est toujours tentée en conséquence de traiter les autres Églises particulières en minorités et de les opprimer. De cette façon aussi, on peut facilement remédier à une centralisation exagérée, dont tout le monde se plaint[2].

Il faut bien reconnaître aujourd'hui qu'il s'agit, dans cette proposition précoce, à la fois principielle et pratique, du *« recadrage » le plus audacieux de l'ecclésiologie de la Constitution sur l'Église*. La proposition de l'Abbé Hoeck de confier « toute cette question », à savoir celle des patriarcats, « qui est le pivot de tout le problème de l'union avec les Églises Orientales », à une *nouvelle* commission mixte, formée de membres des commissions *de Fide, de Episcopis, de Œcumenismo* et de la Commission des Églises orientales, n'aboutira pas. Peut-être était-elle trop ambitieuse, surtout à cette étape du Concile ; car, selon le souhait de l'Abbé Hoeck, cette « nouvelle étude » devrait être entreprise « pas seulement pour notre décret *(Orientalium Ecclesiarum)*, mais aussi et surtout pour la constitution *De Ecclesia* et le décret *De episcopis*[3] ».

Ne faudrait-il pas, pour avancer sur cette question décisive, qu'un concile général de *clarification* de l'Église latine soit

1. *AS* III/5, p. 74.

2. *AS* III/5, p. 74.

3. *AS* III/5, p. 73 s.

convoqué[1], concile aidé – cela serait sa nouveauté significative – par des *experts et expertes de toutes les confessions*? L'enjeu ne serait pas l'union mais la réception des acquis ecclésiologiques du demi-siècle qui nous sépare de Vatican II. Il s'agirait précisément de resituer les deux conciles du Vatican dans le temps plus long du deuxième millénaire, d'entendre les voix alternatives qui se manifestent tout au long de cette période, prônant une structure patriarcale et une conception « non maximaliste » du ministère pétrinien, et de résoudre les tensions qui traversent non seulement les textes conciliaires cités par l'Abbé Hoeck, mais plus particulièrement le troisième chapitre de *Lumen gentium* sur la constitution hiérarchique de l'Église. Un tel concile général aurait aussi à mettre en valeur ce qui, selon une relecture théologique de l'histoire latine du deuxième millénaire, a « nécessité » l'ecclésiologie latine, comme la tentative de « réforme », et ce qu'elle a apporté de positif, comme l'engagement missionnaire et l'émergence d'une herméneutique globale du mystère chrétien.

3. 4 Quant aux rapports entre l'Église et les sociétés, voire avec leurs États et leurs pouvoirs politiques, nous sommes devant une question récurrente depuis les débuts du christianisme, question constitutivement liée à sa structure eschatologique. Différemment traitée dans les confessions chrétiennes, elle est à l'origine de l'actuelle rupture entre les patriarcats de Moscou et de Constantinople (2018/19). Même si elle relève de la fiction, la possibilité que, dans ce cas précis, il soit fait appel par les deux frères séparés au siège de Rome qui préside à la charité, afin qu'il fasse rejuger la cause, mérite d'être considérée ici. Elle révèle en effet la part de responsabilité qui revient à l'Église latine, celle-ci ayant rendu impossible ce « recours ultime » par son ecclésiologie grégorienne et son interprétation « souverainiste » de la fonction pétrinienne.

1. J. Famerée milite pour « un commentaire officiel et actualisé » et même pour « un changement de vocabulaire, en concordance avec l'ecclésiologie de communion » (p. 129). Un tel commentaire officiel pourrait-il avoir l'autorité d'un concile général pouvant préparer un futur concile œcuménique d'union ?

L'épineuse question du territoire

L'enjeu précis de ce conflit est l'Église d'Ukraine, certes divisée mais d'un côté considérée par le patriarcat de Moscou comme étant située sur sa propre « terre canonique », et de l'autre rendue par le patriarche œcuménique de Constantinople à son autonomie autocéphale. Le principe territorial, clairement énoncé par le Canon 8 du concile de Nicée, est à nouveau utilisé comme argument principal, comme dans les conflits antérieurs. Signalons ici la remarquable contribution d'Hyacinthe Destivelle dans son volume, qui fait un bilan complet des débats suscités à partir de 2002 par l'érection de quatre diocèses catholiques en Russie (217-256). L'apport garde toute sa force dans les nouveaux conflits, cette fois-ci entre les deux principaux patriarcats orthodoxes, et plus généralement.

S'inspirant des travaux de son confrère aîné, Hervé Legrand, Hyacinthe Destivelle montre en effet qu'en raison même de la mondialisation et du nomadisme qu'elle provoque, le principe territorial n'a jamais été aussi pertinent (251). Il reste le rempart de la « catholicité », car il évite de réduire l'appartenance ecclésiale à des facteurs ethniques, sociaux, culturels ou même spirituels. J'ajoute pour ma part que la tradition chrétienne ne connaît pas vraiment de « terre sainte » car le tombeau est vide et ne représente plus aucun enjeu de fond. En revanche, désormais, tout territoire peut devenir « Galilée des nations », terre promise, à condition que la Parole y soit vraiment entendue et que les signes messianiques soient accomplis, la sacramentalité de l'Église y jouant un rôle transformateur de premier plan. S'ajoute à cela aujourd'hui que la crise écologique exige une nouvelle manière d'habiter la création et plus directement le lieu qui est donné à telle Église locale.

Le canon 8 du concile de Nicée affirme l'unicité de l'Église réunie en un lieu autour de l'évêque et de l'Eucharistie, principe qui n'est respecté ni par l'Église latine ni non plus par les Églises orthodoxes. Hyacinthe Destivelle a raison quand il conteste « que cette juxtaposition (de plusieurs évêques et de plusieurs structures ecclésiales sur un même territoire) serait un mal nécessaire – la séparation rendant impossible le respect des territoires canoniques ».

> En réalité, nous voyons bien que la multiplicité des évêques n'est pas liée à la division des chrétiens, et qu'une diversité d'évêques et de structures ecclésiales n'est pas forcément incompatible avec l'unité des chrétiens, pour peu que cette diversité ne soit pas réalisée sous le mode de juxtaposition d'évêques portant les mêmes titres et d'une superposition de structures parallèles [254] [1].

L'enjeu est donc d'actualiser en ce sens le principe énoncé par le canon 8 de Nicée. La thèse œcuménique d'Hervé Legrand à laquelle nous souscrivons est que « l'unité de l'Église locale devrait vraisemblablement être pensée non pas tant autour du *monoépiscopat* qu'autour d'une unité d'*épiscopè* ». C'est précisément la synodalité épiscopale qui intervient ici sous la responsabilité d'un évêque titulaire ainsi qu'un certain nombre de règles du jeu qui existent déjà ici et là. « Ne pourrait-on pas imaginer l'heureux jour où la communion entre orthodoxes et catholiques sera retrouvée, un évêque catholique à Moscou, vicaire du patriarche orthodoxe de Moscou, et un ou des évêques orthodoxes à Paris, vicaires de l'archevêque de Paris ? » (253).

Prospectives

Cette dernière suggestion comme d'ailleurs la précédente qui porte sur l'ecclésiologie de communion et la reconnaissance de l'Église de Rome, fondée par Pierre et Paul [2], comme lieu d'un « ultime recours » en cas de conflit irrémédiable nous ont déjà projetés vers l'avenir. Il est significatif que nos deux interlocuteurs principaux conduisent la « logique » d'une reconsidération œcuménique de nos traditions confessionnelles au point où ils se sentent eux-mêmes obligés d'anticiper l'avenir. Joseph Famerée surtout propose ici quelques pas concrets qui impliquent des per-

1. Dans ses célèbres thèses (voir chap. XIX), rédigées et commentées avec Heinrich Fries, Karl Rahner esquissait déjà ce type de solution, pensant surtout à l'Europe de l'Ouest et à la cohabitation des Églises catholiques et réformées ; voir H. FRIES et K. RAHNER, *Einigung der Kirchen – reale Möglichkeit*, p. 61-64.

2. Voir le remarquable ouvrage d'O. CLÉMENT qui, d'un point de vue œcuménique, n'a pas reçu une attention suffisante : *Rome autrement. Une réflexion orthodoxe sur la papauté*, Paris, Desclée de Brouwer, 1997.

sonnes et des communautés de provenance confessionnelle différente, tout en s'appuyant sur des principes théologiques solides.

Ainsi envisage-t-il la *perspective finale* de l'unité visible comme célébration d'une *réconciliation* ; perspective « pénitentielle », fondée sur le baptême « commun » à tous, et qui se retrouve ensuite dans chacun des gestes déjà à disposition des communautés actuelles. La levée des anathèmes mutuels et la reconnaissance réciproque de la pleine ecclésialité de chaque Église (voir plus haut) étant présupposées, le désir de pénitence devra trouver son accomplissement grâce aux « pasteurs réunis dans un véritable concile œcuménique de réconciliation » : « Ce concile, comme celui de Jérusalem, serait foncièrement une synaxe, le rassemblement et la concélébration œcuménique de l'unique Église du Christ » (292 s.).

La « note pénitentielle » qui rappelle que la pleine unité visible et canonique n'est pas encore atteinte devra marquer surtout les *gestes anticipatoires* comme le « partage eucharistique » et la « célébration eucharistique commune », gestes nécessaires, selon Joseph Famerée (324-329), si l'on ne veut pas réduire l'Eucharistie à être uniquement « signe d'unité », alors qu'elle est aussi « moyen de grâce » (*UR*, 8 § 4). Le théologien louvaniste a raison d'évoquer ici l'adage selon lequel « ce qui *peut* avoir lieu une fois peut (en principe) avoir lieu *toujours* » et de faire valoir, une fois de plus, la *hierarchia sacramentorum* selon laquelle l'ecclésialité des sacrements d'initiation l'emporte sur celle des ministères (331 ; voir les deux chap. XVI et XVII). Dans une perspective pratique (330-334), il distingue l'hospitalité eucharistique réciproque et la célébration commune. Un discernement est en effet nécessaire dans chaque cas, la *maturité œcuménique des communautés concernées* étant le critère fondamental. Mais sans généraliser ces pratiques dans une situation où l'unité visible et canonique n'est pas encore atteinte, de tels gestes ponctuels ne seraient-ils pas une preuve concrète de la volonté de nos « hiérarchies » de hâter l'unité ? Quel est leur désir et leur volonté d'unité ?

L'AVENIR DE LA « TRADITION ŒCUMÉNIQUE » OU UN NOUVEAU SEUIL PARADIGMATIQUE À FRANCHIR

Quand, dans l'histoire déjà longue de la quête de l'unité – avec ses flux et ses reflux –, on discerne une « logique œcuménique », cette question se pose inévitablement ; mais, reconnaissons-le, elle nous met apparemment devant une impasse. On peut se demander si la stagnation actuelle de l'avancée œcuménique n'est pas l'envers du fait que les Églises et leurs « hiérarchies » attendent trop des commissions doctrinales dont le rythme de travail, pour une bonne part tributaire des rapports d'ordre « politique » entre Églises, ne concorde pas avec la maturation œcuménique du peuple de Dieu. Le « seuil » de ce qui est « nécessaire » (selon la sentence de Meldenius) pour envisager rapidement l'unité visible et canonique entre les Églises historiques des deux premiers millénaires de notre histoire n'est-il pas déjà dépassé ? Ne nous dérobons-nous pas devant un nouveau « seuil » paradigmatique à franchir ?

Pâques 1983 : le « cri de détresse » de Heinrich Fries et de Karl Rahner

À relire aujourd'hui les célèbres huit thèses de Fries et de Rahner, intitulées « Unification des Églises – une possibilité réelle », on est bien obligé de reconnaître l'enlisement actuel du travail œcuménique. En tout cas, la situation n'a pas beaucoup changé par rapport au diagnostic opéré par ces deux auteurs : nonobstant quelques grandes avancées, rappelées plus haut, et quelques gestes symboliques hautement significatifs, un *status quo* œcuménique s'est établi. On se contente du fait que les relations entre Églises et confessions se sont considérablement améliorées, refusant de nouvelles avancées au nom d'une justification qui est que *« le moment n'est pas encore venu*[1] ». Les dialogues bi- et multilatéraux ont été effectivement multipliés, avec des résultats non négligeables, mais force est de reconnaître

1. H. FRIES, K. RAHNER, *Einigung der Kirchen – eine reale Möglichkeit*, p. 10 s. ; *Sämtliche Werke. Einheit in Vielfalt. Schriften zur ökumenischen Theologie* (citation : 288). Voir aussi plus haut chap. XIX, p. 486 et chap. XX p. 515.

que le « schisme vertical » (déjà évoqué) entre ces processus dialogaux d'experts et la vie concrète des communautés chrétiennes s'est plutôt accentué. C'est surtout la non-transparence complète de ces travaux « en haut lieu » et l'absence de vision ou de perspective d'avenir « à la base » qui posent de graves problèmes. Car l'unité des chrétiens, si elle s'avère ici et maintenant comme possibilité réelle, ne peut et ne pourra jamais se décréter simplement d'en haut.

Les auteurs ont donc posé en 1983 pour la première fois la question décisive pour l'avenir, susceptible de réorienter les dialogues et ententes futures, à savoir celle des *conditions sous lesquelles chacune de nos Églises tient une unification pour possible* :

> Il faudrait enfin déterminer, d'un commun accord et de façon plus précise et concrète, les conditions sous lesquelles chaque Église existante tient une rapide unification pour possible. En déterminant ces *conditions*, chaque Église aurait, de la part du commandement de Jésus, l'obligation et la responsabilité de prendre son courage à deux mains pour mettre au second plan des considérations qui de soi gardent du poids et donc de ne pas élargir ces conditions au-delà de ce qui lui paraît clairement nécessaire à partir de sa conviction concernant la foi salvifique [19/293] [1].

Malheureusement, pour l'heure, cette tâche n'est entreprise par aucune de nos Églises.

L'engageant pour leur part, les auteurs des VIII thèses [2] s'inscrivent dans la trame du symbole de Nicée-Constantinople pour montrer d'abord clairement que l'unification des Églises n'est possible que si elle est fondée sur *l'unité de la foi* (thèse I) [3]. Mais ils y ajoutent, pour ce qui dépasse les « vérités fondamentales » du Symbole, un « principe réaliste de foi » (thèse II), selon leur expression, principe qui, faisant partie de la conversion des Églises (et j'y reviendrai), consiste en un double renoncement : celui de *proscrire* un énoncé qui, dans une autre Église particulière, représente une doctrine obligatoire et celui d'obliger une Église particulière à *confesser* une doctrine d'une autre Église

1. Voir chap. XIX, p. 487 s.

2. Je résume ici à grand traits les huit thèses ; voir p. 488 s.

3. Voir p. 488.

particulière[1]. *Cette confession serait réservée à un consensus d'avenir plus large* (17/292). Le commentaire très important de cette thèse (j'y reviendrai également) porte sur la mutation culturelle de ces années, mutation que nous désignons aujourd'hui par les termes de « post- » ou d'« hyper-modernité ». Rahner insiste sur le pluralisme « non transparent » de nos sociétés qui succède à la situation spirituelle de l'ancienne Europe où l'on pouvait toujours supposer que, malgré des divisions confessionnelles, on se comprenait et pouvait se faire comprendre au sein d'un même ensemble culturel de plausibilités partagées. La situation nouvelle se retrouve évidemment au sein d'une même Église et a fortiori entre Églises ; ce qui motive la prudence, voire le double renoncement de la deuxième thèse, laissant ouverte la nécessité d'aboutir à des consensus postérieurs à l'unification de nos Églises sur la base du Symbole.

Les cinq thèses ecclésiologiques (III à VII) qui suivent les deux premières (I et II) se situent sur le terrain des trois paramètres centraux de la « logique œcuménique » que nous venons de déployer précédemment : la reconnaissance de l'ecclésialité des autres, l'Église communion d'Églises et l'épineuse question du territoire. Il est significatif que ces thèses anticipent, en 1983, certains résultats de la recherche œcuménique ultérieure.

Mais le point central me semble être une sorte de *tension* qui commence à se préciser aujourd'hui. Au-delà des cinq thèses ecclésiologiques de Fries-Rahner, nous sommes en effet entrés, depuis leur formulation, dans une *reconsidération historique* plus radicale ; notre analyse de la « logique œcuménique » le montre clairement. Ce « recadrage » résulte, d'un côté, de la découverte progressive de la pluridimensionalité de la tradition chrétienne (voir plus haut le premier paramètre) et nous invite, de l'autre côté, à un discernement collectif des effets positifs et négatifs de nos héritages ecclésiologiques respectifs, dans le catholicisme romain de l'héritage grégorien[2]. Or cette reconsidération, déjà avancée mais peu visible et suivant son propre rythme, entre

1. Voir chap. XVIII, p. 482, chap. XIX, p. 500 et chap. XX p. 523.

2. Cet héritage reste implicitement présent dans les thèses de Fries-Rahner. Car, tout en traitant – par deux fois – d'abord des Églises et de l'Église en leur réalité communautaire avant de parler des « ministères » qui en ont la charge (III et VI), en bonne logique grégorienne, la question du ministère pétrinien (IV a et b) est

aujourd'hui en tension avec le « principe réaliste » de la foi, principe qui, lui, est d'une actualité brûlante dans des sociétés et des communautés chrétiennes où *l'essentiel théologal* de la foi est fréquemment occulté au profit d'aspects secondaires ou de systèmes de valeurs et d'autres approches éthiques. Dans cette situation de plus en plus tendue, le diagnostic de Fries-Rahner de 1983 acquiert une urgence nouvelle. Pour cette raison nous le citons encore une fois[1] :

> En un temps où la foi en Dieu et en son Christ est menacée en profondeur par un athéisme mondial et militant et par un scepticisme relativiste, même dans des pays dans lesquels l'athéisme n'est pas encore religion d'état (nous sommes avant 1989), cette unité (commandée par le Seigneur de l'Église), est une question de vie ou de mort pour la chrétienté. N'étant plus soutenu par un colonialisme européen, le christianisme ne peut se payer aujourd'hui le luxe de rencontrer, séparé et déchiré, les peuples et cultures auxquels il veut toujours transmettre – jusqu'à maintenant presque sans succès – son message. L'absence de la grande unité des Églises signifie aussi parmi les chrétiens un affaiblissement durable de leur courage de croire et de leur confiance, d'autant plus qu'il n'y a plus de pays ni de régions où la vie chrétienne serait une évidence sociale et culturelle dans la sphère publique, capable de soutenir et de faciliter la foi chrétienne [9/287].

Si les huit thèses pouvaient donc être considérées en 1983 comme une utopie, leur visée se voit aujourd'hui confirmée et, dans une perspective historique, nuancée par la recherche œcuménique, sans parler de leur tonalité prophétique plus actuelle que jamais. Deux tâches intimement liées me semblent alors s'imposer à la théologie : une réflexion fondamentale qui entreprend – enfin – de préciser les *conditions d'une possible unification* en tentant d'inscrire la logique œcuménique dans une conception pluridimensionnelle de la Tradition ; un engagement pratique qui consiste à envisager ensemble les étapes concrètes à mettre en œuvre pour arriver à la pleine communion de chaire et d'autel (thèse VIII).

---

posée avant qu'on s'interroge sur les évêques (V) et sur l'imposition des mains (VII).

1. Voir chap. XIX, p. 485.

Pour une grammaire œcuménique de la tradition chrétienne

La question de fond qui se pose maintenant peut être formulée ainsi : Comment la tradition œcuménique plus que centenaire peut-elle s'introduire *dans* les traditions particulières dont elle est d'ailleurs issue et ainsi transformer *simultanément la tradition commune* des chrétiens, leur faisant prendre conscience de sa pluridimensionalité ?

1. Telle qu'elle est posée, cette question nécessite d'abord un bref retour sur la structure élémentaire de la *paradosis* chrétienne, formalisée pour la première fois par l'apôtre Paul et saint Irénée [1]. Rappelons que cette structure nous accompagne depuis l'introduction de cet ouvrage et forme son ossature doctrinale [2]. On doit y distinguer trois pôles intimement liés : (1°) la référence ultime qu'est l'Évangile du Règne de Dieu ou ce qui est à transmettre *(tradendum)* ; (2°) ceux qui transmettent cet Évangile, les chrétiens et leurs Églises *(tradentes)*, et qui le livrent, l'ayant eux-mêmes déjà reçu du Seigneur Jésus ; et (3°) les destinataires, à savoir les femmes et les hommes de toutes les sociétés humaines. C'est de l'importance de ce troisième pôle qu'on a très progressivement pris conscience dans l'histoire deux fois millénaire du christianisme, peut-être plus explicitement dans la sphère latine de l'Église. L'enjeu théologique de cette prise en compte des destinataires de l'Évangile est la conviction chrétienne qu'ils ne sont pas une simple caisse de résonance : l'Évangile annoncé est *déjà* mystérieusement à l'œuvre en eux, en creux ou en attente, grâce à la présence de la sagesse, du Verbe de Dieu et de l'Esprit Saint dans toute la création. Ce qui veut dire qu'on peut aussi et doit même lire le « triangle » de la tradition chrétienne en sens inverse : ce qui se passe chez les destinataires (au sein de leur culture et de leur manière d'habiter le monde), qu'il incombe aux Églises de discerner, reflue en quelque sorte sur leur figure concrète et sur la manière d'interpréter, ici et maintenant, l'Évangile du Règne de Dieu.

1. Voir 1 Co 11, 23-26 et 15, 1-5 ; IRÉNÉE, *Contre les hérésies*, III, 1.

2. Voir dans l'introduction la présentation de la structure p. 7 s. et les reprises successives dans l'ouvrage.

C'est surtout la théologie luthérienne et réformée du XIXe siècle qui s'est attelée à cette tâche herméneutique. La théologie catholique lui a emboîté le pas, d'abord dans l'école catholique de Tübingen et ensuite plus généralement dès le milieu du XXe siècle. Ajoutons qu'en raison de sa pneumatologie très développée, la théologie orthodoxe devrait pouvoir se sentir chez elle dans l'effort commun de réinterpréter « l'Évangile éternel » (Ap 14, 6) pour le rendre « audible » dans nos « Galilées » d'aujourd'hui. Mais il est vrai que *l'historicité de la tradition chrétienne* qui résulte de l'articulation des trois « pôles » se heurte aux fondamentalismes au sein de toutes les Églises. Il n'est pas aisé en effet d'accepter que ce que nous appelons « signes des temps » (Mt 16, 1-4 et Lc 12, 54-56 ; *GS*, 4 et 11) relève d'un processus complexe d'interprétation qui obéit à une structure circulaire (le fameux cercle herméneutique) : il s'agit en effet d'*« événements » historiques repérables et analysables* que la *« foi » interprète* comme manifestation du « Maître des siècles qui poursuit son dessein de grâce avec sagesse et patience à l'égard des pécheurs que nous sommes » (*UR*, 1) ; mais cette « foi » ne *peut* interpréter *ainsi* ces « événements », parce qu'elle se perçoit *en même temps invitée et poussée* par eux *à se réinterpréter elle-même* en fonction de la parole du Seigneur (voir *GS*, 44 et *AG*, 22).

2. Pour le concile Vatican II, le « mouvement œcuménique » et « tant d'efforts accomplis par la prière, la parole et l'action pour arriver à la perfection de l'unité voulue par Jésus-Christ » (*UR*, 4 § 1) sont effectivement un « signe des temps » qui, dans le Décret sur l'œcuménisme, enclenche un véritable travail de réinterprétation de la foi. Mais il serait dangereusement réducteur de limiter cet appel herméneutique, constitutif de la tradition chrétienne, à son versant œcuménique, les historiens ayant d'ailleurs montré à quel point l'évolution du mouvement œcuménique plonge ses racines dans l'histoire des sociétés européennes et extra-européennes[1]. Aujourd'hui, il nous faut donc traiter de ces deux versants *en même temps* ou, pour nous situer dans le cadre offert par le concile Vatican II, relier intimement le diagnostic du Décret sur l'œcuménisme et celui, d'ailleurs provisoire (voir le titre de *GS* et la note attachée), de la Constitution pastorale.

1. Voir É. FOUILLOUX, *Les catholiques et l'unité chrétienne du XIXe au XXe siècle.*

2.1 Ce que la *tradition œcuménique* introduit en effet *dans nos traditions particulières* c'est d'abord une conscience inédite de la pluridimensionalité de la tradition chrétienne comme telle, à la fois diverse et une dans sa plasticité historico-culturelle. La conversion œcuménique de nos Églises, déjà plusieurs fois évoquée, se situe exactement à cet endroit. Elle ne concerne pas seulement, comme cela a été évoqué plus haut, la transformation progressive des lieux de séparation en diversités légitimes (« consensus différenciant ») mais porte aussi et surtout sur l'image, voire la *vision* de l'unité même d'une tradition chrétienne *une* en voie de réinterprétation.

Il semble que l'exhortation apostolique *Evangelii gaudium* du pape François puisse donner ici une orientation. Dès son premier chapitre, elle s'oppose au « rêve d'une doctrine monolithique, défendue par tous sans nuances » et milite pour la diversité théologique et pastorale, car « cette variété aide à manifester et à mieux développer les divers aspects de la richesse inépuisable de l'Évangile » (*EG*, 40). Ce passage est d'ailleurs une citation implicite du n° 11 du Décret *Unitatis redintegratio* qui, revenant à la référence ultime de la tradition chrétienne (voir plus haut 1°), désigne l'horizon de « l'insondable richesse du Christ Jésus » (Ep 3, 8) qui ne peut être visé que sur un chemin *(via)* emprunté par plusieurs, chacun sachant qu'il a besoin de l'autre pour y accéder : « Ainsi sera tracée une voie qui les incitera tous, par cette émulation fraternelle, à *une connaissance plus profonde* et une *manifestation plus évidente* des insondables richesses du Christ. » Ces richesses insondables (qui sont la caractéristique principale du messianisme chrétien) nécessitent une conversion de l'image de l'unité que le pape François engage dans le chap. IV de l'exhortation, substituant à la métaphore de la sphère (parfaitement adaptée à une ecclésiologie grégorienne, entièrement centralisée) celle du polyèdre (plus apte à signifier une vision pentecostale de l'unité catholique[1]).

Comme nous l'avons déjà montré dans la deuxième partie de cet ouvrage, la complexité de cette vision polyédrique de l'unité catholique « nécessite » une *conception stylistique de la tradition*

---

1. Voir la citation p. 183 ou p. 331.

chrétienne[1] qui, selon la morphologie confessionnelle de Joseph Famerée (voir plus haut le premier paramètre), ne se laisse plus réduire à des différences ou à des divergences doctrinales. L'enjeu est en effet de percevoir, dans l'autre Église (qu'il s'agisse d'une autre Église locale ou particulière ou encore d'une Église d'une « autre confession »), *l'ensemble de sa vie chrétienne en ses expressions tout autant singulières que plurielles, relationnelles que sociopolitiques, prenant place sur notre planète,* bref de repérer sa manière d'habiter le monde et de discerner la *concordance stylistique* entre la forme et le fond, entre sa manière de vivre et sa référence évangélique. Pour voir et entendre, dans ce qui est vu et entendu, une concordance, pour une part invisible et inaudible, d'une communauté ou d'une Église avec elle-même et avec sa référence évangélique, voire avec « l'*in*sondable richesse du Christ », il faut disposer d'un *sensus* stylistique particulièrement affiné. Ce *sensus* est une manifestation actuelle du *sensus fidei fidelium*[2] qui, dès le Nouveau Testament, est à l'œuvre dans le discernement des « charismes » (1 Co 12 ; Rm 12, 3-8). *Le but et le fruit de l'introduction de la tradition œcuménique au sein même de nos traditions particulières sont précisément cet affinement du « sens de la foi » grâce à l'échange fraternel entre Églises*, affinement déjà visé dans les thèses Fries-Rahner[3] et plus récemment dans le document luthéro-catholique *Du conflit à la communion* (2013) : « Luthériens et catholiques doivent continuellement se laisser transformer par la rencontre de l'autre, et

1. Voir chap. VII. Voir aussi Chr. THEOBALD, *Le christianisme comme style. Une manière de faire de la théologie en postmodernité* ; voir aussi ID., « Le christianisme comme style. Entrer dans une manière d'habiter le monde », dans Ph. BORDEYNE et A. THOMASSET (dir.), « Les communautés chrétiennes et la formation morale des sujets », *Revue d'éthique et de théologie morale*, Paris, Éd. du Cerf, 2008, p. 235-248.

2. Voir les contributions de J. FAMERÉE, de J.-Fr. CHIRON et de Chr. THEOBALD dans le dossier des *RSR* 104 (2016/2) : *Sensus fidei fidelium*.

3. « Thèse VI : Les Églises particulières vivent dans un *mutuel échange fraternel qui concerne toutes leurs dimensions vitales*, de sorte que l'histoire et l'expérience des Églises, autrefois séparées, puissent exercer leur influence dans la vie des autres Églises particulières », dans H. FRIES, K. RAHNER, *Einigung der Kirchen – eine reale Möglichkeit*, p. 123/371-131/377.

par un témoignage de foi des uns à l'égard des autres» (n° 240)[1].

2. 2 L'autre versant du discernement des signes des temps, conduisant à une réinterprétation de la foi, s'enracine dans l'histoire des sociétés européennes et extra-européennes. Malheureusement, ce versant est trop peu présent dans les débats et recherches œcuméniques. Il est clair que le *soubassement « spirituel » des sociétés* qui ont vu émerger le mouvement œcuménique, de celles qui ont assisté à la naissance du Conseil œcuménique et à l'engagement surprenant de l'Église catholique au moment du Concile, et de celles qui sont témoins de l'actuel désarroi œcuménique n'est pas le même. Or, les chances d'une réelle avancée sont très largement tributaires des conditions « spirituelles » que nous offrent nos sociétés. Sans trop entrer dans les détails[2], on peut en distinguer trois aspects.

(1°) Les principales caractéristiques globales, déjà signalées plus haut et fréquemment reliées à la désignation d'époque de « post- » ou d'« hyper-modernité », sont bien connues : à savoir l'individualisme contemporain, le pragmatisme et, surtout, le pluralisme radical des convictions ; bref des « valeurs » culturelles issues de la « révolution anthropologique », intervenue dès avant le concile Vatican II, qui mettent en difficulté tout lien social et politique, le vivre-ensemble et le « commun ». Parmi ces « valeurs » figure également la *suspension de la question de la vérité*, livrée immédiatement à l'action et à un probabilisme dominant l'ensemble de notre régime de connaissance[3].

Il faut reconnaître que cet état de fait est lié à la complexité grandissante de nos *sociétés*, devenues pour tous *non-transparentes*. Personne n'en maîtrise les circuits et les savoirs humains qui leur correspondent. S'enrichissant de façon exponentielle, ceux-ci s'éloignent de ce qui relève du « bon sens » quotidien des citoyens, non sans le transformer sans cesse. Chacun de

1. *Du conflit à la communion. Commémoration luthéro-catholique commune de la Réforme en 2017. Rapport de la Commission luthéro-catholique romaine sur l'unité*, Lyon, Éditions Olivetan, 2014, p. 81.

2. Voir Chr. THEOBALD, « La recomposition du catholicisme européen en débat », dans ID., *Urgences pastorales du moment présent. Pour une pédagogie de la réforme*, p. 25-73.

3. Voir chap. XVIII, p. 476 s.

nous vit avec des fragments du « réel », voire avec ce qu'il en perçoit, ce qui rend l'exercice démocratique de plus en plus difficile. Aujourd'hui, nous touchons dangereusement à la limite de cette situation, marquée par ce qu'on a appelé le « nihilisme européen ». Car toutes sortes de pouvoirs, financiers ou autres, se sont installés dans ces « interstices » de notre non-savoir, provoquant à leur tour des résistances, certaines étant justifiées, d'autres allant jusqu'à faire circuler des « fake-news » et des théories du complot, sans parler du regain alarmant de l'antisémitisme et du racisme en général. On pourrait se demander si, dans la traversée dramatique de cette épreuve, la « recherche de la vérité » et ses modalités démocratiques (*DH*, 3 § 2) ne retrouveraient pas quelques titres de noblesse.

(2°) Or, un des ressorts majeurs de nos sociétés hypercomplexes est la capacité, générée par le système économique mondial, d'*instrumentaliser*, voire de « retraiter » toutes les autres sphères de l'existence humaine en fonction du besoin de consommation qu'il ne cesse de stimuler. Nos styles de vie sont tous marqués par cette rationalité qui utilise même les religions, leurs symboliques, leurs fêtes, leurs modes vestimentaires, etc. à des fins économiques, alors qu'inversement les religions se servent spontanément des techniques de communication et de marketing quand elles traitent avec leurs membres ou tentent d'élargir leur « part de marché ». Cette propension à l'instrumentalisation ne s'arrête évidemment pas devant la sphère politique. À la recherche d'électeurs ou, dans le meilleur des cas, en quête de « ressources » pour le vivre-ensemble, les acteurs politiques puisent dans les réserves religieuses disponibles, tandis que tel groupe religieux ou Église tente de faire du lobbying auprès de tel courant politique ou pouvoir, trop heureux d'y trouver son « bras séculier ».

C'est la *libertas ecclesiae* et d'abord celle de l'Évangile qui sont ici touchées ; enjeu récurrent à travers l'histoire du christianisme (comme nous l'avons vu) et qui, de part en part, traverse la problématique œcuménique. Il prend aujourd'hui d'autres dimensions, plus complexes et moins aisées à traiter selon les catégories classiques de Gélase ou de la réforme grégorienne (de « césaropapisme », d'« Église nationale », d'« Église d'état », etc.), précisément en raison de la différenciation des sphères et logiques institutionnelles de nos sociétés et de la possibilité généralisée de tout instrumentaliser. C'est telle « Realpolitik » qui risque alors d'avoir raison de nos désirs œcuméniques de consensus différenciés et différenciants.

(3°) Évoqué à plusieurs reprises, le « schisme vertical » entre les processus de dialogue œcuménique, d'un côté, et ce qui se passe effectivement à la base dans les Églises et communautés, de l'autre, s'inscrit dans cette situation sociétale et en est un des effets. Il n'est donc pas propre aux Églises, mais se produit dans des sociétés modernes dont les gouvernements tentent de gérer la complexité en s'entourant d'équipes d'experts. Tout en s'avérant nécessaires, ceux-ci révèlent en même temps que le *vivre-ensemble* dans des sociétés de plus en plus fragmentées et pluralistes leur échappe et risque de se retourner contre leur pouvoir, quand celui-ci semble contribuer à une administration, voire à une bureaucratisation de moins en moins transparente. Les Églises, leurs « gouvernements » et leurs experts théologiens ne sont pas épargnés de tels fonctionnements « cléricaux », même si les dialogues bi- et multilatéraux dont il a été question tentent de maintenir la primauté commune de la question de la vérité.

2. 3 Dans ses paralysies et ses tentatives de relance, l'œcuménisme est donc largement marqué par ces conditions « spirituelles » dans une Europe et un Occident postchrétiens, luttant toujours avec la sécularisation des mentalités et la laïcisation de ses institutions (sous ses différentes formes) et tentant de parvenir à un équilibre de maturité.

À première vue, c'est le côté problématique et clivant des évolutions œcuméniques qui se donnent ainsi à comprendre. (1°) La disparition pure et simple, chez nombre de chrétiens, de l'intérêt pour un rapprochement entre Églises, faisant comme si la question était réglée ou comme si elle était dépassée par des problèmes sociétaux et humanitaires plus importants, signe un certain désintérêt par rapport à la recherche de la vérité, non sans provoquer, dans chacune de nos Églises, de nouveaux besoins identitaires. (2°) On aurait pu croire que les nombreuses rencontres œcuméniques à l'époque stalinienne de persécution et – dans un ordre d'idées différent et ultérieurement – que les utilisations politiques du nom de Dieu par l'islamisme radical avaient rendu nos Églises davantage conscientes de la nécessaire sauvegarde de leur liberté évangélique. Mais il semble plutôt que l'habitude de notre civilisation hypermoderne *commune* de tout instrumentaliser leur a enlevé des anticorps par rapport à leurs

« inconscients collectifs » et les a laissées dans l'illusion, et pas seulement à l'est de notre continent, de pouvoir compter sur les pouvoirs politiques pour s'opposer à ce que, dans notre culture moderne et contemporaine, elles considèrent comme décadent. (3°) Et dans la mesure où les « élites » œcuméniques et les responsables ecclésiaux avec leurs experts misent sur des processus longs, sans résultats immédiats ou rapides, ils s'exposent – comme nos sociétés – à des ruptures entre la base et les « hiérarchies », à moins que ces dernières se laissent mener par les attentes identitaires au sein de nos Églises ; dilemme qui montre quel « seuil » est à franchir et à quel « travail sur [nos] "inconscients collectifs" » (Famerée, 214) l'œcuménisme est appelé à consentir.

Le discernement des « signes des temps » doit alors relever également les aspects favorables à une réinterprétation commune de la foi. (1°) L'individualisme contemporain et la pluralité des convictions qui en résulte conduit (et a déjà conduit) à une réévaluation du *sensus fidei fidelium*, non pas en tant que « caisse de résonance » de l'enseignement officiel des Églises mais comme capacité, suscitée par l'Esprit Saint, de « discerner ce qui vient réellement de Dieu » (*EG*, 119) ; ce qui implique aussi le respect de la compétence qu'a la foi de tout un chacun d'interpréter sa situation à la fois individuelle et collective au sein d'une culture donnée. Sur cette même ligne, le discernement des « charismes » propre à chacune de nos Églises a été déjà évoqué ; il porte davantage encore sur le « charisme » de chaque chrétien, voire sur celui qu'il est dans et pour une communauté donnée. (2°) Si l'on ne veut pas voir échouer cette différenciation « charismatique » ou « pentecostale » dans une *fragmentation* qui menace toutes nos sociétés et nos Églises, pour faire bref : notre « commun », il faut consentir à une régulation « polyédrique » qui, certes, cherche ses modèles dans nos cultures politiques, mais se doit d'être aujourd'hui particulièrement vigilante par rapport à toute instrumentalisation externe et interne. Les travaux encore trop rares et les derniers textes ecclésiaux sur la synodalité et la primauté (Destivelle, 373-388) constituent une promesse non négligeable, mais ils manifestent encore plus cruellement les dysfonctionnements actuels dans toutes nos Églises en déficit toujours plus grand de crédibilité. (3°) Ce déficit se concentre finalement dans ce que nous avons appelé « schisme vertical » qui ne concerne pas seulement les « hiérarchies » de nos Églises mais aussi leurs intellectuels. Peut-être la prise de conscience actuelle chez beaucoup de chrétiens et dans bon nombre de communautés et Églises particulières de leur propre responsabilité baptismale, leur investissement dans une formation ajustée et leur ouverture « diaconale » à leurs contemporains auront-ils pour effet de déplacer, sur l'échelle que représente la « hiérarchie des vérités » (*UR*, 11), le curseur vers *l'essentiel* ou *le nécessaire évangélique*.

3. On peut en effet espérer que « l'infiltration » progressive de la tradition œcuménique *dans* nos traditions particulières en contact réel avec nos contextes respectifs fera davantage ressortir la grammaire *élémentaire et ultimement simple* de notre tradition chrétienne commune. N'est-il pas urgent d'orienter les multiples processus dialogaux en ce sens, au lieu de cultiver l'illusoire espoir que l'unité se fera automatiquement quand tous les contentieux doctrinaux auront été réglés ? *Car ce qui nous sépare aujourd'hui d'une possible unification, ce n'est pas tant telle ou telle question théologique encore pendante, mais l'entrée effective de l'ensemble du peuple de Dieu dans une vision une et pluridimensionnelle de notre Tradition commune et la participation de tous, chacun à sa mesure, à sa réinterprétation circonstanciée.* En fonction de ce qui précède, un triple apprentissage œcuménique semble donc s'imposer.

3. 1 Suscitée par l'interprétation des « signes » œcuméniques et sociétaux, la réinterprétation *commune* de la foi n'est pas uniquement une opération intellectuelle ou doctrinale. Elle s'enracine dans le *sensus fidei* de *tous* les fidèles, nous venons de le souligner, l'autorité rendant son expression possible (voir 1 Th 2, 13 et *LG*, 12). Or, ce « sensus » dont le pape François souligne la dimension proprement mystique[1] est aujourd'hui appelé à s'affiner. On peut parler, à ce sujet, d'une capacité d'écoute « stéréophonique » de la Parole de Dieu, car il s'agit d'apprendre à l'entendre – à travers tous les « mal-entendus » possibles – en écoutant la « voix » de l'Évangile dans les Écritures, les multiples « voix » de nos contemporains, destinataires en attente du Règne

1. Voir *Evangelii gaudium*, 119 : « La présence de l'Esprit donne aux chrétiens une certaine connaturalité avec les réalités divines et une sagesse qui leur permet de les comprendre de manière intuitive, même s'ils ne disposent pas des moyens appropriés pour l'exprimer avec précision. »

de Dieu, et la « voix » de nos consciences absolument singulières. L'expression de cette écoute sera certes multiple et plus proche de l'existence de chaque fidèle, mais en même temps reconnaissable et susceptible d'être reconnue par d'autres, parce que toujours référée à un même univers biblique et à « l'insondable richesse du Christ » qui l'habite [1].

3. 2 C'est seulement là où un tel apprentissage s'est mis en route qu'un *véritable intérêt pour la foi d'autrui* peut naître, en deçà ou au-delà de ce qu'une autre « confession » peut susciter comme curiosité « folklorique » en raison de ses pratiques ou coutumes différentes. Car celui qui désire réellement entendre Dieu nous parler aujourd'hui, celui-là ne peut pas ne pas prêter l'oreille à l'expérience d'écoute d'autrui, fût-ce celle d'un chrétien d'une autre confession. C'est alors que le génie propre ou le « charisme » propre de l'interlocuteur, de sa communauté, voire d'une Église particulière ou d'une « confession » différente peut se mettre à « parler ». L'« exercice » œcuménique à la base aura ainsi débuté et pourra devenir l'horizon d'espérance de nos Églises. Le « charisme » d'*une* Église, celui par exemple des Églises luthériennes pétries de foi en la justification, peut alors interroger les autres, déployer sa fonction critique mais aussi sa force révélatrice, renvoyant chacun et chaque Église à son propre « charisme » et affinant en tous un « sens » capable de percevoir l'humanité de leurs concitoyens non-chrétiens. Les différences doctrinales ne sont pas exclues de cet exercice, mais elles sont « relativisées » et trouvent leur place dans le vécu effectif des communautés [2]. À leur sujet, Karl Rahner a su dire l'essentiel en 1983 (voir plus haut).

3. 3 Nous venons déjà de toucher à un troisième apprentissage particulièrement vital dans une situation sociétale et ecclésiale menacée par la fragmentation et l'absence de vision d'avenir. Ce qui met l'Europe et nos Églises en péril freine aussi et au même titre l'œcuménisme. Est-ce que les états-majors de l'œcuménisme ont une vision claire de la finalité ultime des dialogues ? On peut

1. Voir les chap. II et XVI.

2. Un des grands problèmes de la réception de la Déclaration commune sur la justification (31 octobre 1999) dans les pays latins à majorité catholique est la quasi-absence d'une mise en rapport de ce texte, *en soi* remarquable, avec l'existence quotidienne des catholiques romains.

se poser légitimement la question. Par contre, il ne fait aucun doute que la base chrétienne, quelle que soit son appartenance confessionnelle, avance sans une vision globale qui lui permettrait de situer et de mesurer avancées et reculs. Au lieu de se contenter d'une fragmentation toujours plus dispersante d'une multitude d'Églises et de dénominations ou de compter sur des régulations institutionnelles, cléricales et extrinsécistes pour dompter la profusion, ne vaut-il pas mieux situer la tradition œcuménique au sein de la visée messianique de notre tradition commune, à savoir par rapport à la proximité du Règne de Dieu ?

C'est ce que le pape François fait dans l'exhortation apostolique *Evangelii gaudium* où, avec les autres thématiques classiques de Vatican II, l'œcuménisme est abordé dans le cadre du dialogue social comme contribution à la paix. Loin de le dévaloriser, cette nouvelle mise en situation lui permet de mettre en relief la visée messianique de la tradition œcuménique (*EG*, 244-246). Cette interprétation est d'autant plus légitime que les quatre principes exposés auparavant – « principes qui orientent spécifiquement le développement de la cohésion sociale » (*EG*, 221) – trouvent leur réalisation non seulement dans l'orientation messianique de la création tout entière, mais aussi dans la vision d'avenir qu'on peut se faire des Églises unies dans une commune mission : le temps est supérieur à l'espace, l'unité prévaut sur le conflit, la réalité est plus importante que l'idée et le tout est supérieur à la partie, le modèle polyédrique étant le mieux ajusté à ces principes [1]. Une autre manière, plus programmatique, de décentrer le travail œcuménique se trouve dans les cinq impératifs du document luthéro-catholique *Du conflit à la communion. Commémoration luthéro-catholique commune de la Réforme en 2017*, en particulier dans le quatrième et le cinquième impératifs portant respectivement sur la redécouverte commune de « la puissance de l'Évangile de Jésus-Christ pour notre époque » et sur le témoignage commun de la « grâce de Dieu » par « la proclamation de l'Évangile et le service du monde » (n° 242 et 244) [2].

3. 4 La grammaire de la tradition commune aux chrétiens manifeste ainsi sa structure élémentaire à mettre en œuvre *à*

1. Voir chap. VIII.

2. *Du conflit à la communion*, p. 82.

partir de sa finalité et en quelque sorte en sens inverse : *in fine* c'est la mission ou la présence messianique des chrétiens dans la société *et* – ajoutons-le aux formulations précédentes – leur discernement *commun* de ce qui se passe en ceux et celles qu'ils rencontrent quotidiennement qui leur permettent et permettent à leurs communautés de découvrir leurs charismes propres ; grâce à cet échange de « dons », leur *sensus fidei fidelium* s'affine toujours plus et s'enrichit de leur capacité d'expression, d'interprétation et de mise en œuvre de ce qu'ils entendent de l'Évangile du Règne de Dieu. N'étant jamais achevée en raison de son insondable richesse, la vérité reste livrée à la recherche, non seulement de quelques-uns mais de tous ; et cela au sein d'un processus vivant de « tradition » ou de « livraison » apostolique portée par l'Esprit, et « institutionnalisé » ecclésialement pour maintenir l'unique souveraineté de l'Évangile de Dieu [1].

Entrer avec courage dans une nouvelle phase œcuménique

Or, l'apprentissage commun et réciproque qui vient d'être prôné n'est possible que si le degré d'unité atteint est tel que les Églises peuvent s'y fier, en lui faisant confiance. Il me semble que la fragilisation actuelle de l'ensemble des Églises historiques – précisément en ce que chacune d'elles défend au nom même de sa fidélité à l'Évangile (Joseph Famerée) – représente un « kairos » historique au sens le plus fort du terme pour entrer dans une nouvelle phase œcuménique. La traversée, par le catholicisme romain, de la crise systémique de la pédocriminalité et des abus de conscience sur autrui le met en demeure de remettre au centre la pastoralité du ministère ordonné, en en relativisant telle expression (l'obligation du célibat), en distinguant sa « sacramentalité » (seconde par rapport au baptême) d'une « sacralisation » indue et en l'inscrivant dans un exercice de synodalité à tous les niveaux. Par ailleurs, les ruptures répétées et encore récentes au sein de la communion orthodoxe (entre Constantinople et Moscou) ne sont-elles pas un appel à protéger la légitime autocéphalie contre son instrumentalisation politique et d'engager une réflexion sur le lien entre la conciliarité des Églises patriarcales et la nécessité d'un

1. Voir p. 546, n. 6.

ultime recours ? Et l'émergence et la multiplication de nouvelles Églises dans la sphère évangélique et le risque permanent de leur fragmentation n'invitent-ils pas les Églises « protestantes » à mettre leur légitime fondement « charismatique » en relation avec un ministère à dimension transnationale, voire universelle ?

Ce « kairos » ouvre deux options, l'une se présentant sur un plan « universel », l'autre étant livrée aux Églises et communautés locales.

1. Sur un plan « universel », il semble que le catholicisme doive d'abord engager une démarche de *clarification* quant à l'interprétation actuelle de sa propre tradition ecclésiologique et missionnaire. Il s'agirait d'un acte officiel de *re-réception* des conciles généraux du deuxième millénaire à partir des acquis ecclésiologiques des cinquante dernières années dans une perspective œcuménique. Comme il a été déjà suggéré, un tel acte de re-réception relèverait de l'autorité d'un concile général de l'Église latine dont la spécificité œcuménique pourrait être qu'il soit aidé par des experts hommes *et femmes*, *issus de toutes les confessions*. Ce modèle a été esquissé à Vatican II qui a connu les rencontres du mercredi entre le « Secrétariat pour l'unité » et tous les observateurs, rencontres qui ont eu une influence non négligeable sur la rédaction des textes. La nouveauté d'un concile général de re-réception pourrait être leur participation *de plein droit*. L'Église catholique ne s'entourerait pas d'« observateurs » comme à Vatican II, mais demanderait de l'aide à des experts et des expertes de toute provenance confessionnelle.

Cette démarche serait à distinguer d'une autre, exposée dans le chapitre précédent où j'ai développé une *formule brève* pour désigner la vision anticipatrice d'une unité visible en train d'émerger des dialogues et événements œcuméniques des cinquante dernières années : « *Le témoignage commun d'une Église missionnaire, passionnée par la vérité de l'Évangile et désireuse de se présenter comme "une", tout en voulant bénéficier du "charisme" propre de chacune de nos traditions particulières*[1]. » Cette autre démarche proprement œcuménique et donc *représentative de toutes les Églises* répondrait à la carence fondamentale de l'œcuménisme qu'est sa fragmentation et tenterait d'aboutir à une *vision*

1. Voir le chap. XX.

commune de ce qui a été *reçu* depuis la naissance du Conseil œcuménique, l'engagement de l'Église catholique à Vatican II et, plus récemment, le Saint et Grand Concile de l'Église orthodoxe. Il s'agirait d'une « institution *provisoire*, située *entre* les instances de dialogue et un futur concile d'union, institution *provisoire* qui réunirait des représentants des processus de dialogue, des responsables ecclésiaux ainsi que des chrétiens de différentes Églises et mettrait *explicitement* entre parenthèses ce qui fait ultimement problème, à savoir l'idée de « l'unité de l'Église comme rajustement interconfessionnel » (Concile panorthodoxe, *Les relations de l'Église orthodoxe avec l'ensemble du monde chrétien*, n° 18) et les modèles d'unité qui seraient prônés par une de nos Églises (celui par exemple de l'Église de Rome [1]). Le fondement de cette démarche anticipatrice serait l'« ecclésiologie négative », déjà mentionnée plus haut [2] – l'unité visible ne passera *ni* par un « retour » (à Rome ou à Constantinople), *ni* par une simple fédération –, condition minimale en quelque sorte qui, en l'acceptant, permettrait à chaque partenaire de montrer sa volonté de hâter l'unité selon le désir du Christ Jésus et qui ouvrirait à tous les fidèles et à toutes les communautés et Églises particulières *la voie à un apprentissage commun* disposant d'une vision de ce qui est acquis et de ce qui reste ouvert.

2. L'autre option qui se présente à ce « seuil » est en effet l'apprentissage, initié par l'échange *effectif* des « dons » et « charismes » reconnus réciproquement. Tout au long de ce dernier développement, nous avons fait ressortir une *nouvelle problématique œcuménique* qui se présente dès qu'on prend conscience que l'unité visible des chrétiens ne se trouve pas au bout des dialogues doctrinaux entre experts et que l'enjeu majeur de l'unité est le vécu « œcuménique » de nos communautés et Églises sur place et à la base. Il est déjà difficile – comme il a été souligné – de faire participer tous les membres d'une Église particulière – ou presque tous – à la transmission active et créatrice de ce que nous avons reçu, les initiant à ce qui a été appelé plus haut une « écoute stéréophonique de la voix de Dieu » ; il est encore plus difficile de susciter, sur fond de cette première expérience, un intérêt

1. Je reprends ici une proposition avancée dans le chap. XX, p. 525.

2. Voir p. 483, 505 s. et 526 s.

intérieur pour la foi d'un membre d'une autre Église… Et pourtant, la « maturité œcuménique d'une communauté », évoquée par Joseph Famerée, se repère à ce carrefour. Sans doute une avancée *différenciée* sur le chemin vers l'unité, tenant compte de cette « maturation », est-elle la seule issue. Elle exige une prise de conscience « universelle » quant au critère qui vient d'être énoncé ainsi que des discernements et des autorisations circonstanciées, permettant ici et là l'hospitalité eucharistique réciproque et des célébrations communes. Une saine « émulation » œcuménique en serait le fruit d'avenir.

Que nous est-il permis d'espérer ? Les deux ouvrages de Joseph Famerée et d'Hyacinthe Destivelle répondent à cette question, chacun à sa façon et à partir de son propre lieu universitaire et romain. Nous devons leur savoir gré d'avoir exploré des chemins d'avenir, malgré les résistances qui s'y opposent aujourd'hui. Si nous avons prolongé ces chemins, c'est qu'il nous semble qu'il en va de l'avenir du christianisme et de l'Église et que, face à des « seuils » apparemment infranchissables – pas seulement celui de la mort –, il est bon de se rappeler que l'apôtre Paul fait appel à un genre radical d'espérance, l'« espérance contre toute espérance » (Rm 4, 18). Celle-ci se révèle aujourd'hui comme la principale vertu d'une tradition œcuménique en voie d'infiltration dans nos diverses traditions particulières.

Conclusion

Notre parcours a débuté par une analyse de la crise du catholicisme européen, rapportée au constat que nous vivons un « changement d'époque » qui rend toute prévision incertaine, voire périlleuse. Il nous a cependant conduits à prendre progressivement conscience de la tâche urgente des théologiens et théologiennes d'esquisser et de penser une *vision d'avenir*. Une telle vision peut en effet jouer le rôle d'un antidote aux tendances de sectarisation ecclésiale, exercer une fonction de guérison et de consolation au sein de nos communautés et susciter une véritable énergie théologale. Ce qui exige que la théologie qui, malgré son unité facultaire, donne souvent une image émiettée, ne poursuive pas seulement la logique d'une recherche interne à chaque discipline mais s'interroge sur son *principe d'unité* et sur ce que chaque spécialiste peut apporter à une vision commune.

Le courage de développer une telle vision d'avenir permettrait à la théologie de se situer à la hauteur des *Écritures prophétiques* qui furent en prise avec des événements. Pensons par exemple à la figure du « guetteur » en Is 21, 6, qui illustre la double fonction du prophète, celle de *voir* et d'*annoncer*, ici l'événement de la chute de la ville de Babylone en 539. Ce rôle ne peut pas toujours être joué ; le prophète le reconnaît d'ailleurs à la suite de l'oracle sur Babylone : « Veilleur, où en est la nuit ? Le matin vient et de nouveau la nuit. Si vous voulez encore poser la question, revenez » (Is 21, 13). Mais quand, dans l'obscurité de la nuit, des « signes » d'un avenir autre se font plus nombreux et plus parlants et commencent même à converger, un regard sur « ce qui doit arriver bientôt » (Ap 1, 1) devient plausible. C'est le cas dans l'Apocalypse qui, bien ancrée dans l'histoire des Églises d'Asie mineure (Ap 2-3) et de l'Empire de la fin du premier siècle (Ap 16, 17-18, 24), nous laisse avec une vision théologique de l'histoire, superposant, comme dans un fondu enchaîné, plusieurs niveaux de profondeur[1].

---

1. Voir Chr. THEOBALD, *Présences d'Évangile I. Lire les évangiles et l'apocalypse en Algérie et ailleurs* (2003), Paris, Éd. de l'Atelier, 2011², p. 127-221.

Quelle vision d'avenir sommes-nous capables de porter aujourd'hui ? Plusieurs conditions épistémologiques doivent être remplies pour répondre à cette question. Nous les avons exposées et discutées tout au long du parcours, en particulier dans la troisième partie de l'ouvrage. Rappelons la nécessité de délimiter *le « lieu » à partir duquel* orienter notre regard vers l'avenir, le perspectivisme phénoménologique étant hostile à toute vue en surplomb. Ce « lieu », ce sont nos communautés chrétiennes en Europe (avec leurs « anges », dirait l'Apocalypse) ; communautés qui attendent une telle vision, peut-être parce qu'elles sont traversées par d'âpres conflits d'interprétation de ce qui leur arrive. Retenons aussi ce qui, à plusieurs reprises, a été dit de la *structure « triangulaire » de la tradition* chrétienne, à la fois invariable et historiquement diversifiée et diversifiante. L'interprétation évangélique du contexte et des « événements, exigences et requêtes » (*GS*, 11) qui s'y manifestent refluent en effet sur celles et ceux qui annoncent l'Évangile et donc sur la figure de l'Église, et sur leur compréhension même de l'Évangile du Règne de Dieu. Ce qui donne à la vision d'avenir une forme « polyédrique » composée d'une pluralité pentecostale de perspectives.

Dans cette conclusion, je tente de redessiner cette vision d'avenir de la manière la plus simple en orientant mon regard d'abord sur notre contexte, avant de scruter ce que nous pouvons espérer d'une réforme missionnaire de l'Église et de sonder la « richesse inépuisable » (Ep 3, 8) de l'Évangile du Règne de Dieu, sachant qu'à chaque niveau de profondeur sont impliquées d'autres disciplines intellectuelles permettant de préciser progressivement les tâches principales qui s'imposent aujourd'hui à la théologie.

L'humain à l'épreuve : urgences sociétales et écologiques

1. Il suffit ici de rappeler d'abord notre diagnostic, suffisamment étayé tout au long du parcours (en particulier dans les chap. III, IV et IX) : la « crise anthropologique *et* socio-environnementale » qui est le « signe » de notre entrée dans une nouvelle époque géologique, appelée « anthropocène ». L'impact des

actions humaines sur le « système terre », l'épître aux Romains l'avait perçu en faisant entendre le « gémissement de la création tout entière » (Rm 8, 22), tandis que saint François et l'encyclique *Laudato si'* parlent de la clameur de la terre, reliant cette clameur aux cris des pauvres, dans toute la tradition chrétienne destinataires privilégiés de l'Évangile.

Une nouvelle vision se présente donc ainsi devant nos yeux de « guetteurs », vision d'un avenir plus ou moins bouché et donc angoissante, en tout cas bien différente de la perspective de l'humanisme anthropocentré de la Constitution pastorale *Gaudium et spes* de Vatican II (1965). Absente de ce texte, la *terre* nous renvoie aujourd'hui, comme dans un miroir, ce que la population humaine lui a infligé, l'interrogeant silencieusement sur sa manière d'habiter le monde et de se rapporter à elle-même. Paradoxalement *nous savons* bien « ce qui doit arriver bientôt » (Ap 1, 1) mais *nous n'y croyons pas*, *restant souvent aveugles et sourds*. Une des raisons majeures de cette situation est la désarticulation du temps : la temporalité individuelle, celle d'une société donnée et celle des réactions/actions de notre planète ne concordent pas et sont traversées d'innombrables conflits. Chacun d'entre nous peut se dire facilement : « Les sanctions de la terre, je ne les connaîtrai pas ; après moi le déluge » ; et face à de multiples contraintes, telle société tient collectivement un même langage.

2. Classiquement, nos traditions religieuses garantissaient l'articulation de ces différentes temporalités. Dans nos sociétés laïques et plurielles, elle doit être assurée par une philosophie ou une nouvelle « anthropologie » de la « foi » : d'une « foi *élémentaire* » qui ne se réduit pas à la dimension individuelle, mais intègre aussi la confiance qui se trouve à la base du lien social et politique et l'espérance qui mise sur l'habitabilité de notre planète pour des générations futures. Sans doute plusieurs entrées philosophiques, instruites par les sciences et issues de la phénoménologie, de la philosophie du « care » et de l'agir communicationnel, etc., doivent coopérer à une telle approche de la « foi » ; il s'agit là d'*une première tâche philosophico-théologique* et, bien sûr, *pastorale*, rendue urgente par le « changement d'époque » que nous sommes en train de vivre.

Tandis que l'humanisme européen, tel qu'il règne encore à Vatican II, ne doutait jamais de la situation d'exception de l'homme dans l'univers, nous vivons aujourd'hui avec une vision « moniste » qui met à mal la frontière entre l'homme, le règne animal et leur environnement vital. Il reste cependant le fait anthropologique *incontournable*, mais « négatif » et formel, à savoir que l'homme, dès lors qu'il se prend comme champ expérimental, *ne se perçoit jamais soi-même comme objet.* Cette « anthropologie négative » libère et nécessite un « acte de foi » élémentaire. Jamais donnée d'avance, jamais garantie face à un avenir radicalement ouvert, cette « foi » ou cette « espérance » *constitue* désormais notre condition humaine en sa différence spécifique.

Orientées par des temporalités différentes, les trois dimensions de cette « foi » élémentaire – son rôle sur nos itinéraires individuels, sa capacité de rendre possible notre « vivre-ensemble » et sa force d'anticiper l'habitabilité de notre planète – sont intrinsèquement liées ; nous l'avons montré dans les études anthropologiques de cet ouvrage [1].

3. Que voyons-nous donc, nous autres « guetteurs », quand nous nous laissons guérir de notre aveuglement et de notre surdité ? Au premier plan : une désarticulation dramatique des différentes temporalités qui nous constituent, la perspective de notre mortalité individuelle ne correspondant pas à celle de nos sociétés ni à celle qui menace l'humanité à l'époque de l'anthropocène, toutes accompagnées d'innombrables pertes de confiance individuelles et collectives et de violences qui s'ensuivent. Simultanément, nous percevons, en arrière-plan ou en profondeur et comme sur une image de plus en plus nette, la « ressource » d'une « foi » ou d'une « espérance » élémentaire, certes invisible et silencieuse et donc méconnue par une société tournée vers l'efficacité au présent, mais portée par « une foule immense que nul ne peut dénombrer, de toutes nations, tribus, peuples et langues » (Ap 7, 9). À terme, la vision messianique des *Écritures prophétiques*, qui au cœur du « gémissement de la création tout entière » et de nos propres « gémissements intérieurs » mise sur la réconciliation entre la terre et *tous* ses vivants, semble gagner une plausibilité inattendue et surprenante. Mais il faudra que des femmes et des hommes l'activent et la rendent crédible.

1. Ce lien et sa désarticulation ont été davantage analysés dans *Urgences pastorales du moment présent*, p. 231-290, et dans *Europe, terre de mission*, p. 85-321.

L'Église en mutation : urgences ecclésiologiques

1. L'Église et nos communautés chrétiennes sont-elles à la hauteur de ce que nous venons de percevoir de notre « Galilée » ? La crise ecclésiale, évoquée tout au début et tout au long de cet ouvrage, risque d'obturer notre regard sur la société et la terre et de nous tenir captifs de notre état de minorité, souvent mal assumé. S'il y a donc nécessité d'une *réforme*, c'est la « mission » qui doit la déterminer ; c'est en tout cas la thèse du pape François dans le premier chap. de l'Exhortation apostolique *Evangelii gaudium* où il propose un nouveau concept, celui de « l'Église en sortie » (*EG*, 20-24). C'est en laissant advenir une vision réaliste des forces spirituelles qui habitent nos sociétés, y compris la vision messianique qui se présente à l'arrière-plan des menaces écologiques, que l'Église pourra se regarder *elle-même*, non seulement avec le regard que la société porte sur elle et dans le miroir que nous offre la terre, mais aussi à partir du Christ Jésus auquel elle se réfère.

Nous rencontrons là *une deuxième tâche théologico-pastorale urgente*, cette fois-ci dans le domaine de l'ecclésiologie. Celle-ci ne pourra se contenter du commentaire de la Constitution *Lumen gentium*. Elle devra intégrer les déplacements importants, opérés par le Concile lui-même en fin de parcours, en particulier dans le Décret *Ad gentes* (1965) qui ne distingue plus la « nature » et la « mission » de l'Église (*LG*, 1), car « *de sa nature* », cette dernière « est missionnaire » (*AG*, 2) ; déplacement poursuivi par Paul VI dans l'Exhortation *Evangelii nuntiandi* (1975) et par François dans l'Exhortation *Evangelii gaudium* (2013). L'ecclésiologie devra surtout penser les multiples initiatives et intuitions, surgies ces dernières années, qu'on pense au synode d'Amazonie tout juste terminé ou au chemin synodal des Églises d'Allemagne. Des convergences, œcuméniques aussi, entre ces expériences diverses se manifesteront au fur et à mesure que les communautés se rendent effectivement « présentes » dans leur environnement sociétal et ajustent en retour leurs structures internes à cette mission vécue. En fait, une *nouvelle figure d'Église* est déjà en train de naître, laissant derrière elle celle qui est sortie de la réforme grégorienne du

XIe siècle et qui a été encore déterminante à Vatican II[1]. À la théologie de penser la « dynamique constitutive » de cette figure, à savoir le lien entre la « sortie » missionnaire *et* ce qui en résulte pour la vie des communautés ; nous avons engagé cette réflexion dans la troisième partie de cet ouvrage.

2. À un premier niveau, nos communautés ont pour mission d'exercer le ministère même de Jésus dans nos « Galilée » d'aujourd'hui et de l'exercer en son nom. Si l'on suit la logique lucanienne[2] et si l'on enracine la créativité de l'Église naissante dans une « dynamique constitutive », telle qu'elle s'esquisse dans le chap. 10 de l'évangile avec l'envoi *et* le retour des Soixante-douze, le *point de départ de la mission* ne peut être une « crise » mais se trouve dans la vision d'une « abondance » : « La moisson est abondante » (Lc 10, 2). À l'arrière-plan de ce qui a été dit de « l'humain à l'épreuve » se trouvait déjà cette expérience d'une « abondance », intimement liée au messianisme biblique. Si les « épreuves » – la crise anthropologique et socio-environnementale sur un plan global, mais aussi les « crises » personnelles dont il a été question, les surdités et aveuglements individuels et collectifs – occupent souvent le premier plan de nos perceptions, le guetteur chrétien est appelé à voir les immenses trésors de « conversion » de nos mentalités, de sorties de nos cécités et d'ouverture de nos oreilles, ou simplement les disponibilités à l'apprentissage. Il ne se laisse pas duper par ce qui paraît à la surface mais perçoit les « aveugles qui retrouvent la vue et les sourds qui entendent » (Lc 4, 17-21 et 7, 22).

C'est la toute première *finalité de la mission* qui se présente ici, nécessitant évidemment une véritable « présence » auprès d'autrui : il s'agit de susciter sa « foi » élémentaire et son espérance au moment même où s'ouvre en lui comme une fenêtre sur le tout de son existence unique, en lui faisant entendre l'Évangile – la Nouvelle toujours nouvelle d'une bonté inconditionnelle – et

1. Voir J. WERBICK. *Kirche. Ein ekklesiologischer Entwurf Für Studium und Praxis*, Fribourg, Herder, 1994 ; ID., *Grundfragen der Ekklesiologie*, Fribourg, Herder, 2009 ; voir aussi Chr. THEOBALD, *« Selon l'Esprit de sainteté »*, p. 393-439 ; ID., *Urgences pastorales*, p. 303-373 ; ID., *Europe, terre de mission*, p. 323-379.

2. Voir aussi Chr. THEOBALD, *Présences d'Évangiles II. Lire l'Évangile de Luc et les Actes des apôtres en Creuse et ailleurs*, Paris, Éd. de l'Atelier, 2011.

peut-être cette confirmation jésuanique : « Mon fils, ma fille, c'est ta foi qui t'a sauvé(e). » Mais la mission des chrétiens ne s'arrête pas à la présence aux itinéraires individuels ; elle s'intéresse au climat global de nos sociétés ou à la confiance qui est au fondement du lien social et politique ; elle défend l'espérance – même « contre toute espérance » –, misant sur l'unité de toutes les générations, recevant généreusement la terre comme héritage à maintenir habitable pour tous. Nous retrouvons ici les trois dimensions de la « foi » élémentaire que nos communautés chrétiennes tentent de susciter et de faire grandir dans leur environnement en s'intéressant aux « lieux institutionnels » de son engendrement et de sa formation, la famille et l'école, et à l'espace « démocratique » où se crée ou se défait la confiance d'une société et de tous ses membres en l'avenir.

La manière de mener à bien la mission est aujourd'hui davantage discutée que son point de départ et sa finalité. Il n'est pas aisé, en effet, de mettre en œuvre le *principe de gratuité*, car le désir qu'autrui rejoigne la communauté chrétienne est légitime. Mais étant garante de la crédibilité de la mission ecclésiale, la gratuité d'une « présence » auprès d'autrui exige qu'on respecte sa liberté et s'intéresse à lui pour lui, l'ouverture de la « porte de la foi chrétienne » (Ac 14, 27) comme déjà l'accès à la « foi » élémentaire étant du ressort de Dieu et de son Esprit [1]. Si nos communautés chrétiennes entrent réellement dans *cette* posture missionnaire, elles peuvent découvrir le sens de leur état de minorité, mieux désigné par le terme de « situation diasporique », et l'accepter avec joie.

3. À la suite des *Actes des apôtres* [2], le décret *Ad gentes* du Concile insiste sur la progressivité de cette présence missionnaire de l'Église ; progressivité qui reflue sur la figure de l'Église et fait que celle-ci reste toujours en genèse. Le deuxième chapitre du Décret distingue trois étapes d'une telle ecclésiogenèse : le « témoignage » des chrétiens ou leur « présence » dans leur environnement non chrétien (*AG*, 11 § 1). Suit la prédication de l'Évangile, rendue possible *par Dieu lui-même* – « partout où Lui ouvre la bouche à la prédication » – avec une analyse du

1. Pour davantage de précisions voir *Urgences pastorales*, p. 141-185.

2. Voir plus haut, p. 580, n. 1 et *Europe, terre de mission*, p. 343-363.

processus de conversion et de sa structure spirituelle et sacramentelle, dont le but est le rassemblement du peuple de Dieu (*AG*, 13 et 14). Ce n'est qu'au troisième article qu'est retracée, progressivement et pour ainsi dire d'en bas, la « configuration » de la communauté ou assemblée chrétienne, avec l'indication, en toute leur ampleur, des services qui y sont nécessaires (*AG*, 15, § 7), avant qu'il soit question du ministère presbytéral et d'autres vocations spécifiques (*AG*, 16-18).

L'enjeu principal de cette mutation « missionnaire », que beaucoup de « guetteurs » chrétiens perçoivent déjà à l'œuvre et que le théologien doit penser, est le *déplacement du « sujet » ecclésial*, passant du prêtre post-tridentin (qui, avec la première prière eucharistique, considère les fidèles comme *circonstantes*) vers la communauté ecclésiale. « Dans ces communautés », stipule *Lumen gentium*, 26, « si petites et pauvres qu'elles puissent être souvent ou dispersés, le Christ est présent par la vertu duquel se constitue l'Église une, sainte, catholique et apostolique » (*LG*, 26 § 1). C'était le point de départ de la troisième partie de cet ouvrage. L'égalité baptismale entre tous les chrétiens et chrétiennes, considérés par le pape François comme « disciples-missionnaires » (*EG*, 24, 40, 50, etc.), se trouve au fondement de cette nouvelle figure de l'Église, explicitée et orientée par trois paramètres théologiques dont on découvre aujourd'hui le lien intrinsèque : le « sens de la foi » *(sensus fidei)* des disciples-missionnaires (*EG*, 120), s'exprimant à travers des « charismes » divers, et la « délibération synodale », permettant de maintenir la visée pneumatologique, à savoir le bien de tous (1 Co 12)[1]. Là où l'on accentue le pouvoir des clercs, le « sensus fidei » se réduit à une obéissance passive au kérygme, sans engager l'intériorité *et* la capacité créatrice d'interprétation et d'expression de ceux et celles qui le reçoivent, rendant du même coup superflu tout discernement des « charismes » et toute délibération commune. Si, en revanche, la mission fait voir au sein de nos sociétés et dans la création une « moisson abondante », celles et ceux qui s'y sont engagés découvriront en retour *une même richesse messianique* au

1. Voir les numéros des *Recherches de Science Religieuse*, celui sur « sens de la foi, sens des fidèles » (*RSR* 104/2 [2016], p. 161-236) et les deux sur « La synodalité de l'Église » (*RSR* 106/3 [2018], p. 353-464 et 107/2 [2019], p. 177-343).

sein de leurs communautés où, si l'on veut bien voir et entendre, les charismes abondent.

Cette structure baptismale de l'Église nécessite évidemment le ministère apostolique sous ses différentes formes ainsi que des nouveaux ministères. Mais, avouons-le, l'Église de l'Europe de l'ouest est comme paralysée par la fin du modèle presbytéral grégorien et post-tridentin et n'ose pas poser la question qu'impose « l'abondance de la moisson » : *de quel ministère presbytéral et diaconal, masculin et féminin, voire de quels ministères avons-nous besoin pour passer de « communautés » qui se reproduisent difficilement à des communautés résolument missionnaires ?* Cette question arrive trop tôt pour ceux, nombreux, qui ne pensent qu'à combler la pénurie de plus en plus alarmante de clercs ; elle se pose au bon moment pour les guetteurs qui contemplent déjà, ici et là, des déplacements réussis vers des communautés-sujets missionnaires et perçoivent l'activation, par tel pasteur, du « sens de la foi » ainsi que de la structure charismatique et synodale de l'Église.

Le frein vient donc d'un universalisme latin, peu sensible à la diversité polyédrique, voire œcuménique et pneumatologique des cultures et des Églises. Seule pourtant la création de véritables laboratoires locaux, disons d'« espaces amazoniens » en Europe de l'ouest, permettrait aux communautés chrétiennes de répondre aux défis que leur pose notre « Galilée ».

LA FOI SUR LA VOIE DE LA « MYSTIQUE » : URGENCES CHRISTOLOGIQUES ET SACRAMENTAIRES

1. On doit cependant se demander s'il est juste de rendre les tendances à l'uniformisation de l'Église latine seules responsables de son exculturation sur nos territoires. La large disparition d'une conscience missionnaire, la difficulté d'une présence gratuite (et sans arrière-pensée prosélyte) auprès d'autrui et au service de la société et de la création ainsi qu'une certaine incapacité à quitter la figure de l'Église, telle qu'elle s'est formée au deuxième millénaire, ne révèlent-elles pas une crise collective de la foi chrétienne ? Comme si notre foi au Christ Jésus était liée à une expression ecclésiale du passé en voie de disparition et que nous

ne trouvions pas en nous la « source » théologale, permettant de nous la redire et de la dire à d'autres dans notre et leur vie quotidienne. Pour le formuler d'une autre manière : beaucoup de chrétiens en Europe de l'ouest ne se contentent-ils pas d'une « foi » que j'ai appelée « élémentaire », nécessaire pour vivre, s'exprimant dans leur cas par un intérêt pour des valeurs chrétiennes ou un patrimoine ecclésial, mais ne sachant plus pourquoi se référer au Christ Jésus ? Ou s'ils s'y réfèrent, c'est à Jésus comme fondateur du christianisme qu'ils font appel.

Une *troisième tâche théologico-pastorale urgente* se présente ici, cette fois-ci dans le domaine de la christologie trinitaire [1] et de la théologie sacramentaire [2]. Elle consiste à laisser notre regard contemplatif se diriger vers les profondeurs abyssales de Dieu, un peu à la manière du visionnaire de Patmos qui percevait dans les sept Églises d'Asie mineure le Fils de l'homme qui, s'adressant à chacune d'elles, prend progressivement figure *en elles*. Penser aujourd'hui ce processus, c'est faire comprendre que la présence gratuite de nos communautés auprès de nos contemporains et l'espérance messianique à l'époque de l'anthropocène prend sa « source » en Lui.

L'ébauche dont je dois me contenter pour finir s'appuie sur la *Quaestio* 40 de la troisième partie de la Somme de saint Thomas d'Aquin, qui m'impressionne depuis très longtemps ; question quasiment stylistique sur le « genre de vie du Christ », à savoir son *modus conversationis* en accord parfait avec la finalité de son Incarnation [3]. Ne pouvant pas commenter l'ensemble de la *Quaestio* dans son contexte [4], je retiens le lien que Thomas établit

1. Un dernier état de la recherche se trouve dans E. DURAND et V. HOLZER (dir.), *Les sources du renouveau de la théologie trinitaire au XXe siècle*, Paris, Éd. du Cerf, 2008 ; *Les réalisations du renouveau trinitaire au XXe siècle*, Paris, Éd. du Cerf, 2010.

2. Un des derniers états de la recherche se trouve dans *RSR* 97/4 (2009), p. 485-582 et dans *RSR* 107/1 (2019), p. 5-122.

3. Voir surtout Chr. THEOBALD, *Le christianisme comme style I*, p. 299-353 et p. 414-422.

4. Voir maintenant le remarquable commentaire d'E. DURAND, « L'incarnation comme "conversation" selon saint Thomas d'Aquin. Pertinence sémantique, antécédents patristiques, déploiement théologique », dans *RSPT* 102 (2018), p. 561-610.

avec la distinction classique entre « vie contemplative » et « vie active » : « La *vie active qui consiste à livrer aux autres par la prédication et l'enseignement les vérités que l'on a contemplées* est plus parfaite que la vie qui n'est que contemplative, puisqu'elle présuppose une *abondance* de contemplation. Aussi est-ce sur une vie active de cette espèce que le Christ a porté son choix. » Fondant la charte de *l'ordo praedicatorum*, Thomas fait ici de Jésus le premier frère prêcheur, conciliant la *vita activa* et la *vita contemplativa* dans une *vita activa* supérieure de prédication. On pourrait (avec le dominicain Jean-Pierre Torrell) sourire de cette finale[1]. Mais, disons-le tout de suite, dans la *vita Christi* des *Exercices spirituels* de saint Ignace, Jésus est le premier jésuite ou plutôt Celui de qui se réclament ses « compagnons », habités par le désir d'« aider tous les hommes » (Ex. 146).

Peut-être entendons-nous aujourd'hui, avec *Dei verbum*, 7[2], dans le *modus conversationis Christi* d'abord le type de *communication engagée par le Christ Jésus lui-même et par ses disciples-missionnaires avec leurs contemporains de tous les temps*. C'est en tout cas le lieu où s'enracine la *pastoralité missionnaire de la théologie* ou la *théologalité d'une pastoralité missionnaire* ; présupposée au point de départ de cet ouvrage, elle défie toute séparation entre théologie « dogmatique », « spirituelle » et « pastorale ou pratique ». L'abondance *messianique* de contemplation au sein de l'obscurité de l'histoire de notre planète se vit en effet *dans les relations effectives* de nos communautés avec leurs contemporains et avec la terre qui nous porte. Mais elle ne nous est accessible que dans la *relation* unique entre le Christ Jésus et

1. J.-P. TORRELL, *Encyclopédie Jésus le Christ chez Saint Thomas d'Aquin*, Paris, Éd. du Cerf, 2008, p. 664.

2. « C'est pourquoi le Christ Seigneur, en qui s'achève toute la Révélation du Dieu très haut (voir 1 Co 1, 30 ; 3, 16-4,6), ayant accompli lui-même et proclamé de sa propre bouche l'Évangile d'abord promis par les prophètes, ordonna à ses Apôtres de le prêcher à tous comme la source de toute vérité salutaire et de toute règle morale, en leur communiquant les dons divins. Ce qui fut fidèlement exécuté, soit par les Apôtres, qui, par la prédication orale, par leurs exemples et des institutions, transmirent, ce qu'ils avaient appris de la bouche du Christ en vivant avec lui et en le voyant agir *[sive ex ore, conversatione et operibus acceperant]*, ou ce qu'ils tenaient des suggestions du Saint-Esprit, soit par ces Apôtres et par des hommes de leur entourage, qui, sous l'inspiration du même Esprit Saint, consignèrent par écrit le message du salut. »

nous, voire avec l'Église. Ce qui me reste à considérer des deux côtés, du côté du Christ et du nôtre.

2. Le *modus conversationis* du Christ Jésus est un remarquable point de départ pour initier aujourd'hui nos communautés à un rapport juste avec Lui, dans la trame des Écritures et sans sous-estimer les apports de l'histoire largement divulgués dans l'opinion publique. Si son tout premier titre messianique fut celui du « Saint de Dieu » (voir Ac 2, 27. 31 ; Jn 6, 69 ; etc.), c'est que son « genre de vie » a été et reste absolument convaincant pour ceux qui se laissent toucher par lui [1]. On peut décrire ce *modus* par une triple relation : sa relation à soi, exempte de tout mensonge et en concordance avec lui-même – Jésus a toujours dit ce qu'il a pensé et fait ce qu'il a dit – ; sa relation avec « quiconque » – l'empathie ou la compassion et la sympathie actives ou encore la capacité de « se mettre à la place d'autrui » sans jamais quitter la sienne – ; et enfin la relation à Celui que, dans sa prière, il appelle « Abba – Père ». L'inconditionnalité *éthique* de sa « présence » gratuite auprès de ceux qui viennent à sa rencontre implique les adversaires, un Pierre et un Judas, montrant son ultime liberté *théologale* par rapport à sa propre vie, symbolisée dans la Cène et formalisée par Jean : « Personne ne m'enlève la vie mais je m'en dessaisis de moi-même » (Jn 10, 18). L'intimité avec son Père « qui fait lever son soleil sur les méchants et sur les bons et tomber la pluie sur les justes et les injustes » (Mt 5, 45), lui donne une même intimité avec toutes les créatures et ce regard messianique d'un enfant pour qui la création renaît chaque jour.

La vieille règle spirituelle, selon laquelle l'arbre se reconnaît à ses fruits (Mt 7, 20 ; Lc 6, 44), entre ici en jeu et permet de descendre vers nos racines ou de « remonter » du « genre de vie » de Jésus vers Dieu et de comprendre de l'intérieur que l'ensemble de l'itinéraire du Saint de Dieu, *l'unicité unique de son existence livrée,* se déroule *dans* l'intimité de son Père (Jn 1, 1-18 et *DV*, 4) et nous donne accès à cette même intimité (Rm 5, 1-2), son Règne qui n'est rien d'autre que l'espace de gratuité absolue en lui. Ce n'est qu'en faisant cette expérience-là, appelée communément « mystique », que nous réalisons pourquoi nous autres « chris-

1. Voir Chr. THEOBALD, « "Selon l'Esprit de sainteté…" (Rm 1, 3-4). À propos de la messianité de Jésus de Nazareth », dans ID., *Selon l'Esprit de sainteté. Genèse d'une théologie systématique*, p. 345-366.

tiens », nous ne pouvons pas nous contenter d'une « foi » élémentaire. On pourrait traduire cette expérience par la magnifique *métaphore du pendule* : plus nous entrons dans l'intimité abyssale de Dieu, plus paraît devant nos yeux la vision messianique d'une création en voie de réconciliation avec elle-même à l'époque de l'anthropocène, plus nous pouvons sortir de nous-mêmes et devenir capables d'une « présence » gratuite et hospitalière, à quêter auprès de et à offrir à notre entourage relationnel, sociétal et terrestre [1]. L'épreuve collective de la foi, déjà évoquée, vient de la difficulté de l'Église, au moment d'un « changement d'époque » sans précédent, d'initier à cette expérience, voire de maintenir cette finalité dans nos communautés.

3. Nous venons de passer déjà sur l'autre versant de notre relation avec le Saint de Dieu, le versant ecclésial. Comme l'émergence de la « foi » élémentaire, la naissance de l'Église ne va nullement de soi ; la crise actuelle nous le fait toucher du doigt. Cette renaissance doit venir à la fois de l'extérieur *et* de l'intérieur, à savoir du libre accueil du Christ Jésus *dans* nos communautés (comme dans la septième lettre de l'Apocalypse) et de « l'écoute de ce que l'Esprit dit aux Églises » (Ap 2, 7, etc.).

Une difficulté non négligeable vient de notre sacramentaire, intimement liée à la figure grégorienne de l'Église ; car elle suggère une continuité rituelle qui risque d'obturer l'expérience dont il vient d'être question, alors qu'elle devrait en être l'expression « charnelle ». L'Église de Vatican II a su mettre les Écritures entre les mains des fidèles ; elle ne nous a pas habitués à comprendre de l'intérieur le lien intrinsèque entre les temps messianiques, inaugurés par le Christ Jésus, et les gestes « sacramentels » dans leur dimension relationnelle et sociétale et leur enracinement dans la terre. Espérons que l'entrée de notre foi dans l'âge de l'anthropocène nous conduise à revisiter aussi l'ensemble de notre sacramentaire.

Le moment est venu de conclure. Le lecteur patient aura compris, je l'espère, qu'à mes yeux, il y a certes plusieurs urgences théologico-pastorales à honorer aujourd'hui ; j'ai tenté de les sérier en me servant des catégories classiques d'anthropologie,

1. Pour davantage de précisions, voir *Urgences pastorales*, p. 141-185.

d'ecclésiologie, de christologie et de sacramentaire. Mais ces urgences convergent vers l'unique recherche d'une *vision commune d'avenir.* Mon désir était alors d'orienter notre regard en partant de « l'humain » en crise à l'époque de l'anthropocène et de me mettre ensuite à la recherche d'une présence ecclésiale, déjà en train de paraître, qui pourra être à la hauteur de notre situation, avant de nous inviter à contempler le style du Christ Jésus dans l'intimité de Dieu et au sein de nos communautés ecclésiales. Je voudrais mettre cette réflexion sous le patronage de l'apôtre Paul : Paul le missionnaire et fondateur d'Églises, Paul le théologien qui pense la puissance de l'Évangile pour « quiconque » et la foi qui fait vivre, Paul enfin le visionnaire qui anticipe l'avenir messianique des humains au sein de la création. Quand, dans l'épître aux Romains, il évoque le *don de la prophétie, à exercer en accord avec la foi*, et le *don de l'enseignement* (Rm 12, 6.7) [1], il parle de lui-même mais nous exhorte aussi, nous théologiennes et théologiens et vous, chers lecteurs, à faire fructifier le même don, « selon la grâce accordée à chacun ».

1. Voir Chr. THEOBALD, « *Analogia regni.* Approche contextuelle du "principe" de la théologie chrétienne », dans *« Selon l'Esprit de sainteté »*, p. 441-444.

Bibliographie

DOCUMENT D'ÉGLISE ET AUTRES

Acta Synodalia Sacrosancti Concilii oecumenici Vaticani II, Typis Vaticanis (noté *AS*).

ALBERIGO Giuseppe (dir.), *Les conciles œcuméniques* t. I *: L'histoire*, Paris, Éd. du Cerf, 1994.

–, *Les conciles œcuméniques*, t. II/1 : *Les Décrets. Nicée I à Latran V*, Paris, Éd. du Cerf, 1994.

–, *Les conciles œcuméniques*, t. II/2 : *Les Décrets. De Trente à Vatican II*, Paris, Éd. du Cerf, 1994.

CONFESSION D'AUGSBOURG, dans *La foi des Églises luthériennes. Confessions et catéchismes*, Paris, Éd. du Cerf, 1991, p. 38-93.

CODEX IURIS CANONICI, Romae typis polyglottis Romae, 1917.

CODE DE DROIT CANONIQUE, Librairie Editrice, Vaticane, 1983 ; édition annotée, Paris, Éd. du Cerf, 1989.

BENOÎT XVI, *Réflexions sur une année de la vie de l'Église et du monde. Discours à la curie romaine (22 décembre 2015)*, dans *DC* 103 (2006).

–, *Discours devant le Bundestag* (22 septembre 2011) : www.vatican.va/content/benedict-xvi/fr/speeches/2011/september/documents/hf_ben-xvi_spe_20110922_reichstag-berlin.html

FRANÇOIS, « *Interview du pape François aux revues culturelles jésuites*, réalisée par le P. Antonio SPADARO, sj », Rome, 2013.

–, *La joie de l'Évangile – Evangelii gaudium*, Préface de Mgr P.-M. CARRÉ, Paris, Bayard/Fleurus/Éd. du Cerf, 2013.

–, *Loué sois-tu, Laudato si'*, Paris, Bayard/Fleurus/Éd. du Cerf, 2015.

–, *La Joie de l'amour. Amoris Laetitia. Exhortation apostolique post-synodale*, Paris, Bayard/Fleurus/Éd. du Cerf, 2016.

–, *La joie et l'allégresse (Gaudete et exultate)*, Paris, Bayard/Fleurus/Éd. du Cerf, 2018.

–, *Commémoration du 50e anniversaire de l'institution du synode des évêques* – Discours du pape dans la salle Paul VI, samedi 17 octobre 2015 : www.vatican.va/content/francesco/fr/speeches/2015/october/documents/papa-francesco_20151017_50-anniversario-sinodo.html

–, *Lettre du pape au peuple de Dieu* (20 août 2018) : www.vatican.va/content/francesco/fr/letters/2018/documents/papa-francesco_20180820_lettera-popolo-didio.html

–, *Fratelli tutti*, Paris, Bayard/Fleurus/Éd. du Cerf, 2020.

JEAN XXIII/PAUL VI, *Discours au Concile*, Paris, Centurion, 1966.

DOCUMENTS PONTIFICAUX DE PAUL VI. 1964, Saint-Augustin, Saint Maurice, 1965.

PAUL VI, Encyclique *Ecclesiam suam,* dans *Documents pontificaux de Paul VI. 1964*.

–, L'évangélisation dans le monde moderne *Evangelii nuntiandi*, Saint Céneré, Éd. Saint-Michel, 1976.

–, *Discours pour le début des travaux de l'Assemblée Générale Ordinaire du Synode des Évêques, le 30 septembre 1967*, dans *DC* 64 (15 octobre 1967), p. 1736-1742.

SYNODE EXTRAORDINAIRE. CÉLÉBRATION DE VATICAN II *(24 novembre – 8 décembre 1985)*, Paris, Éd. du Cerf, 1986.

SYNODE SUR LA VOCATION ET LA MISSION DE LA FAMILLE DANS L'ÉGLISE ET DANS LE MONDE CONTEMPORAIN. *26 théologiens répondent*, Paris, Bayard, 2015.

CONGRÉGATION POUR LA DOCTRINE DE LA FOI, Lettre *Communionis notio*, dans *DC* 89 (1992), p. 729-734.

COMMISSION THÉOLOGIQUE INTERNATIONALE, *Textes et documents (1969-1985)*, Paris, Éd. du Cerf, 1988.

–, « L'apostolicité de l'Église et la succession apostolique » (1973), dans CTI, *Textes et documents (1969-1985)*, Paris, Éd. du Cerf, 1988, p. 64-84.

–, *À la recherche d'une éthique universelle : nouveau regard sur la loi naturelle*, Paris, Éd. du Cerf, 2009.

–, *Le « sensus fidei » dans la vie de l'Église*, Paris, Éd. du Cerf, 2014.

CONSEIL PONTIFICAL POUR LA PROMOTION DE L'UNITÉ DES CHRÉTIENS, « Les traditions grecque et latine concernant la procession du Saint-Esprit », dans *DC* 92 (1995), p. 941-945.

ANGLICAN – ROMAN CATHOLIC CONVERSATIONS. FINAL REPORT 1981, dans *Growth in Agreement : Reports and Agreed Statements of Ecumenical Conversations on a World Level*, H. MEYER, L. VISCHER (éd.), New York, Paulist Press, 1984, p. 61-118 ; réaction du cardinal J. Ratzinger et réponses du père J.-M. Tillard et du père E. Yanold, dans *DC* 81 (1984), p. 854-869.

COMMISSION ON FAITH AND ORDER, « Baptism – Eucharist – Ministry », Council of Churches, Lima, Peru, 1982.

DÉCLARATION COMMUNE DE LA FÉDÉRATION LUTHÉRIENNE MONDIALE ET DE L'ÉGLISE CATHOLIQUE ROMAINE, *La Doctrine de la justification*, 14, dans *DC* 94 (1997), p. 875-885.

RÉPONSE DE L'ÉGLISE CATHOLIQUE À LA DÉCLARATION COMMUNE DE L'ÉGLISE CATHOLIQUE ET DE LA FÉDÉRATION LUTHÉRIENNE MONDIALE SUR LA DOCTRINE DE LA JUSTIFICATION, « La Doctrine de la justification selon l'Église catholique », dans *DC* 95 (1998), p. 713-718.

COMMUNIQUÉ COMMUN OFFICIEL DE LA FÉDÉRATION LUTHÉRIENNE MONDIALE ET DE L'ÉGLISE CATHOLIQUE, « Annexe à la Déclaration commune catholique et luthérienne sur la doctrine de la justification », dans *DC* 96 (1999), p. 720-722.

ÉGLISE CATHOLIQUE - FÉDÉRATION LUTHÉRIENNE MONDIALE, *La doctrine de la justification. Déclaration commune*, « Documents d'Église », Paris/Genève, Bayard/Fleurus/Éd. du Cerf/Labor et Fides, 1999.

COMMISSION CATHOLIQUE-LUTHÉRIENNE SUR L'UNITÉ, *Study document : The apostolicity of the church* ; Lutheran-Roman Catholic Commission on Unity – The lutheran world federation, The Apostolicity of the Church, éd. Karen L. Bloomquist, Lutheran University Press, 2007.

COMMISSION LUTHÉRO-CATHOLIQUE ROMAINE SUR L'UNITÉ, *Du conflit à la communion. Commémoration luthéro-catholique commune de la Réforme en 2017. Rapport de la Commission luthéro-catholique romaine sur l'unité*, Lyon, Éd. Olivetan, 2014, p. 100.

LE GROUPE DES DOMBES, *Pour la conversion des Églises. Identité et changement dans la dynamique de communion*, Paris, Centurion, 1991.

SYNODE DE WÜRZBURG, « Pastorale Zusammenarbeit der Kirchen im Dienst an der christlichen Einheit », dans *Gemeinsame Synode der Bistümer in der Bundesrepublik Deutschland. Offizielle Gesamtausgabe*, Fribourg/Basel/Wien, Herder, 1976.

AUTEURS ANCIENS

LES CONSTITUTIONS APOSTOLIQUES, *SC* 336, Paris, Éd. du Cerf, 1987.

MARSILE DE PADOUE, *Defensor pacis*, édité par SCHOLZ R., Hanover, Hahnsche Buchhandlung, 1933.

KEMPIS Thomas a, *L'imitation de Jésus-Christ*, nombreuses éditions, par exemple « Points » 17, Paris, Éd. du Seuil, 1979.

IGNACE, *Exercices spirituels*, dans *Écrits* (dir. M. Giuliani), Paris, DDB/Bellarmin, 1991, p. 45-255.

IRÉNÉE, *Adversus Haereses*, *SC* 100, 210, 211, 152, 153, 263, 264, 293 et 294, Paris, Éd. du Cerf, 1965-1982 (rééditions ultérieures).

JEAN CHRYSOSTOME, *Explicatio in Ps. 149*, dans *PG*, 55, texte grec et latin, p. 493-495.

JEAN de la CROIX, *La montée du Carmel*, dans *Œuvres complètes*, Paris, DDB, 1967[4], p. 71-352.

VINCENT DE LÉRINS, *Commonitorium primum*, *CCSL* 64 (1985), p. 147-195 (R. Demeulenaere [Éd.], trad. P. de Labriolle).

–, *Tradition et progrès*, Paris, DDB, 1978.

AUTEURS MODERNES ET CONTEMPORAINS

ALBERIGO G., MELLONI A., BATELLI G., et TRINCHESE S., *Fede, tradizione, profezia, Studia su Giovanni XXIIIe sul Vaticano II*, Brescia, Paidei Editrice, 1984.

ALBERIGO G. (dir.), *Histoire du concile Vatican II. 1959-1965*, 5 tomes (1995-2001), Paris/Louvain, Éd. du Cerf/Peeters, 1997-2005.

–, « Le christianisme un et pluriel. L'Église et les Églises. Les grandes étapes de l'éloignement et du rapprochement », dans J.-M. MAYEUR, Ch. et L. PIETRI, A. VAUCHEZ, M. VENARD, *Histoire du christianisme*, 14 : *Anamnèsis* (Origines – Perspectives – Index), Paris, Desclée, 2001.

ALETTI J.-N., *Quand Luc raconte. Le récit comme théologie*, Paris, Éd. du Cerf, 1998.

–, *Essai sur l'ecclésiologie des lettres de Saint-Paul*, Amiens, Gabalda, 2009.

APPEL K., PITTLE S., « Das Konzil am Grab. Das Grabmal Pauls VI. und der "Pakt der Katakomben" als Verständnishilfen für den ästhetischen Perspektivenwechsel des Konzils », dans H.-H. TÜCK (Éd.), *Erinnerungen an die Zukunft. Das Zweite Vatikanische Konzil. Erweiterte und aktualisierte Auflage*, Fribourg, Herder, 2013, p. 371-384.

ASSMANN J., *Le prix du monothéisme*, Paris, Aubier, 2003.

BAUBÉROT J., MILOT M., *Parlons laïcité en 30 questions*, Paris, La Documentation française, 2017.

BEAUCHAMP P., *L'un et l'autre Testament. Essai de lecture.* I, Paris, Éd. du Seuil, 1976.

BEIRNAERT L., *Aux frontières de l'acte analytique. La Bible, saint Ignace, Freud et Lacan*, Paris, Éd. du Seuil, 1987.

BELLET M., *Thérèse et l'illusion*, Paris, DDB, 1998.

BENVENISTE É., *Le vocabulaire des institutions indo-européennes. 1. Économie, parenté, société*, Paris, Éd. de Minuit, 1969.

BÉRAUD C., *Prêtres, diacres laïcs – Révolution silencieuse dans le catholicisme français,* préface de D. Hervieu-Léger, Paris, PUF, 2007.

–, GUGELOT Fr., SAINT-MARTIN I. (dir.), *Catholicisme en tensions*, Paris, Éd. de l'EHESS, 2012.

BETTI U., « Qualification théologique de la constitution », dans G. BARAUNA, *L'Église de Vatican II*, *US* 51b, Paris, Éd. du Cerf, 1966.

Bobineau O., « La troisième modernité, ou "l'individualisme confinitaire" », *SociologieS*, Théories et recherches, mis en ligne le 6 juillet 2011 sur https ://journals.openedition.org/sociologies/3536

Borras A., *Communion ecclésiale et synodalité*, Cahier de la NRT, Paris, Éd. CLD, 2018.

Brandmüller W., Bux N., Marchetto A., *Le "Chiavi" di Benedetto XVI per interpretari il Vaticano II*, Rome, 2012.

Bultmann R., *Foi et compréhension*, t. II : *Eschatologie et démythologisation*, Paris, Éd. du Seuil, 1969.

Burnet R., « La notion d'apostolicité dans les premiers siècles », dans *RSR* 103/2 (2015), p. 185-202.

Castiglioni L., *Filles et fils de Dieu. Égalité baptismale et différence sexuelle*, Paris, Éd. du Cerf, 2020.

Caudron M., « Magistère ordinaire et infaillibilité pontificale » d'après la Constitution *Dei Filius*, dans *ETHL* 36 (1960), p. 393-431.

Chauvet L.-M., *Symbole et sacrement : une relecture sacramentelle de l'existence chrétienne*, Paris, Éd. du Cerf, 1987.

Chiron J.-Fr., « Message et communauté. Une articulation délicate », dans *RSR* 103/2 (2015), p. 203-221.

–, « *Sensus fidei* et vision de l'Église chez le pape François », dans *RSR* 104/2 (2016), p. 187-205.

Clément O., *Rome autrement. Une réflexion orthodoxe sur la papauté*, Paris, DDB, 1997.

Congar Y., *Jalons pour une théologie du laïcat*, *US* 23, Paris, Éd. du Cerf, 1953.

–, « Quod omnes tangit ab omnibus tractari et approbari debet », *Revue historique de droit français et étranger* 36 (1958), p. 210-259.

–, *La Tradition et les traditions, I. Essai historique* ; *II. Essai théologique*, Paris, Arthème/Fayard, 1960.

–, *L'Église, de saint Augustin à l'époque moderne*, Paris, Éd. du Cerf, 1970.

–, « La "réception" comme réalité ecclésiologique », dans *RSPhTh*56 (1972), p. 369-403, republiée dans Id., *Église et papauté. Regards historiques*, *CF* 184, Paris, Éd. du Cerf, 1994, p. 229-266.

–, « R. Sohm nous interroge encore », dans *RSPhTh* 57 (1973), p. 263-294.

–, « Jus divinum » (1978), republié dans Id., *Église et papauté. Regards historiques*, *CF* 184, Paris, Éd. du Cerf, 1994, p. 65-80.

Cottier G. *et al*, *Église et pauvreté. Préfaces de Sa Béatitude le Patriarche Maxilos IV et de Son Éminence le Cardinal Lercaro*, *US* 57, Paris, Éd. du Cerf, 1965.

Cuchet G., *Comment notre monde a cessé d'être chrétien. Anatomie d'un effondrement*, Paris, Éd. du Seuil, 2018.

DARGENT C., GALLAND O., « La religion en mouvement », dans BRÉCHON P., GONTHIER Fr., ASTOR S. (dir.), *La France des valeurs*, Grenoble, Presses universitaires de Grenoble, 2019.

CERTEAU M. DE, *L'invention du quotidien. 1. Arts de faire* (1980), nouvelle édition, Paris, Gallimard, 1990.

–, *La fable mystique, XVIe-XVIIe siècle. I.*, Paris, Gallimard, 1982 ; *La fable mystique, XVIe-XVIIe siècle. II.*, Paris, Gallimard, 2013.

FONTENAY É. DE, « L'exproprié : comment l'homme s'est exclu de la nature » dans PICQ P. et COPPENS Y. (éd.), t. I : *De l'apparition de la vie à l'homme moderne* ; t. II : *Le propre de l'homme*, Paris, Fayard, 2002.

LUBAC H. DE, *Le drame de l'athéisme athée*, Paris, Éd. du Cerf, 1944.

MOULINS-BEAUFORT É. DE, « Sacerdoce apostolique et liberté spirituelle. Face aux défis du temps, quelles ressources pour l'Église en France ? », dans *NRT* 141 (2019), p. 228-243.

DELHAYE Ph., « Vatican II », dans *DTC*, Tables III, 1972, col. 4286-4354.

DESTIVELLE H., *Conduis-la vers l'unité parfaite. Œcuménisme et synodalité*, Paris, Éd. du Cerf, 2018.

DOMBOIS H., *Hierarchie. Grund und Grenze einer umstrittenen Struktur*, Fribourg, Herder, 1971.

DONEGANI Jean-Marie, « La mondanisation du salut », dans *RSR* 100 (2012), p. 345-363.

DUMONS B., GUGELOT Fr. (dir.), *Catholicisme et identité. Regards sur le catholicisme français contemporain (1980-2017)*, Paris, Karthala, 2017.

DURAND E. et HOLZER V. (dir.), *Les sources du renouveau de la théologie trinitaire au XXe siècle*, Paris, Éd. du Cerf, 2008.

–, *Les réalisations du renouveau trinitaire au XXe siècle*, Paris, Éd. du Cerf, 2010.

DURAND E., « L'incarnation comme "conversation" selon saint Thomas d'Aquin. Pertinence sémantique, antécédents patristiques, déploiement théologique », dans *RSPT* 102 (2018), p. 561-610.

DURKHEIM É., *De la division du travail social*, Paris, Alcan, 1922[4].

EICHER P., *Offenbarung. Prinzip neuzeitlicher Theologie*, Munich, Kösel, 1977.

ENGEL P., MARION J.-L. et QUENTEL J.-C. et la réponse de SCHAEFFER J.-M., dans *Le Débat* 152 (novembre-décembre 2008).

ESPAGNAT B., *Le réel voilé*, Paris, Fayard, 1994.

FAMERÉE J., « *Sensus fidei, sensus fidelium.* Histoire d'une notion théologique discutée », dans *RSR* 104/2 (2016), p. 167-185.

–, *Ecclésiologie et œcuménisme. Recueil d'études*, Louvain, Peeters, 2017.

FÉDOU M., « Cyprien et l'unité de l'Église », dans *CrSt* 37 (2016), p. 259-272.

FELTZ B., « Modernité critique et discours ecclésial », *RTL* 44 (2013), p. 1-32.

FESSARD G., *Autorité et bien commun*, Paris, Aubier, 1944 ; 2e éd., Paris, Aubier-Montaigne, 1969.

FOUILLOUX É., *Les catholiques et l'unité chrétienne du XIXe au XXe siècle. Itinéraires européens d'expression française*, Paris, Le Centurion, 1982.

FOURQUET J., *À la droite de Dieu. Le réveil identitaire des catholiques*, Paris, Éd. du Cerf, 2018.

–, *L'archipel français. Naissance d'une nation multiple et divisée*, Paris, Éd. du Seuil, 2019.

FRIES H., RAHNER K., *Einigung der Kirchen – eine reale Möglichkeit, QD* 100, Fribourg/Basel/Wien, Herder, 1983 ; *SW*, vol. 27. *Einheit in Vielfalt. Schriften zur ökumenischen Theologie*, Fribourg/Basel/Wien, Herder, 2002.

GEFFRÉ C., *De Babel à Pentecôte. Essais de théologie interreligieuse*, Paris, Éd. du Cerf, 2006.

GHERARDINI B., *Concilio Ecunemico Vaticano II. Un discorso da fare*, Frigento, Casa Mariana Editrice, 2009.

GIBERT P. et THEOBALD Chr. (dir.), *La réception des Écritures inspirées. Exégèse, histoire et théologie*, Paris, Bayard-RSR, 2007.

–, *Recherches de Science Religieuse. 1910-2010 – Théologies et Vérité au défi de l'histoire. Introduction par Pierre Gibert et Christoph Theobald*, Louvain/Paris/Walpole, Peeters, 2010.

GIRAUD G., *Illusion financière. Pourquoi les chrétiens ne peuvent pas se taire*, Paris, Éd. de l'Atelier, 2012.

GISEL P., *La théologie face aux sciences religieuses. Différences et interactions*, Genève, Labor et Fides, 1999.

–, *La théologie*, Paris, PUF, 2007.

GODIN H., DANIEL Y., *La France pays de mission ?*, Lyon, Éd. de l'Abeille, 1943 ; nouvelle édition par R. DUMONT, *La France pays de mission ?* suivi de *La religion est perdue à Paris,* Paris, Karthala, 2014.

GOUGUENHEIM S., *La Réforme Grégorienne. De la lutte pour le sacré à la sécularisation du monde*, Paris, Temps Présent, 2010.

GRILLMEIER A., « Konzil und Rezeption. Methodische Bemerkungen zu einem Thema der ökumenischen Diskussion der Gegenwart », dans *ThPh* 45 (1970/3), p. 321-352.

GUARDINI R., *Das Ende der Neuzeit. Ein Versuch zur Orientierung*, Werkbundverlag, Würzburg, 1950.

–, *La fin des temps modernes* (1950), Paris, Éd. du Cerf, 1952.

HABERMAS J., RATZINGER J., « Les fondements prépolitiques de l'État démocratique (Débat dans le cadre de l'Académie catholique de Bavière, le

19 janvier 2004) – Prise de position de Joseph Ratzinger», *Esprit* (juillet 2004), p. 5-28.

HABERMAS J., *Le discours philosophique de la modernité*, Paris, Gallimard, 1988.

–, *Textes et contextes* (1991), Paris, Éd. du Cerf, 1991.

HERMS E., *Einheit der Christen in der Gemeinschaft der Kirchen*, Göttingen, Vandenhoeck & Ruprecht, 1984.

HERVIEU-LÉGER D., *Catholicisme : la fin d'un monde*, Paris, Bayard, 2003.

–, *Le temps des moines. Clôture et hospitalité*, Paris, PUF, 2017.

–, «Un catholicisme diasporique. Réflexions sociologiques sur un propos théologique», dans *RSR* 107/3 (2019), p. 425-440.

HORKHEIMER M., ADORNO T. W., *La dialectique de la raison : fragments philosophiques* (2e éd. all.), Paris, Gallimard, 1974.

HÜNERMANN P., «Der Text : Werden - Gestalt - Bedeutung», dans HÜNERMANN P., HILBERATH B. J. (dir.), *Herders theologischer Kommentar zum zweiten vatikanischen Konzil,* vol. 5, Fribourg, Herder, 2006, p. 5-101.

–, *Sprache des Glaubens – Sprache des Lehramts – Sprache der Theologie. Eine geschichtliche Orientierung, QD* 274, Fribourg/Basel/Wien, Herder, 2016.

ISAMBERT Fr.-A., «La sécularisation interne du christianisme», dans *R. franç. Sociol.*, 1976, p. 573-589.

JEDIN H., *Kleine Konziliengeschichte. 7., durchgesehene Auflage und um einen Bericht über das Zweite Vatikanische Konzil vermehrte Auflage*, Herderbücherei 51, Fribourg/Basel/Wien, Herder, 1966.

JONAS H., *Le principe responsabilité : une éthique pour la civilisation*, Paris, Flammarion, 2013.

KANT E., *Critique de la raison pure* (1781/1787), dans *Œuvres philosophiques*, 1, Paris, Gallimard, 1980, p. 705-1470.

–, *Critique de la raison pratique* (1788), dans *Œuvres philosophiques*, 2, Paris, Gallimard, 1985, p. 609-804.

–, *La Religion dans les limites de la simple raison (1793)*, dans *Œuvres*, 3, Paris, Gallimard, 1986, p. 15-242.

–, *Sur l'insuccès de toutes les tentatives philosophiques en matière de théodicée (1791)*, dans *Œuvres philosophiques*, 2, Paris, Gallimard, 1985, p. 1339-1413.

–, *Le conflit des facultés* (1798), dans *Œuvres*, 3, Paris, Gallimard, 1986, p. 803-930.

KÄSEMANN E., «Sätze heiligen Rechtes im neuen Testament» (1954), dans ID., *Exegetische Versuche und Besinnungen*, Zweiter Band, Göttingen, Vandenhoeck & Ruprecht, 1970[3], p. 69-82 ; trad. dans KÄSEMANN E., *Essais exégétiques*, Neuchâtel, Delachaux et Niestlé, 1972, p. 227-241.

KASPER W., *Dogme et Évangile* (1967), Paris, Éd. du Cerf, 2010[2].

KEEN S., *Debunking Economics. The Naked Emperor Dethroned?* Revised and expanded edition, Londres-New York, Zed Books Ltd, 2011.

KOMONCHAK J. A., « Le combat pour le concile durant la préparation », dans ALBERIGO G. (dir.), *Histoire du concile Vatican II*, t. I, Paris/Louvain, Éd. du Cerf/Peeters, 1997, p. 185-397.

KÜNG H., « Das theologische Verständnis des ökumenischen Konzils », dans *ThQ* 141 (1961), p. 50-77.

–, *Structures de l'Église* (1962), Paris, DDB, 1963.

–, « Veröffentlichungen zum Konzil. Ein Überblick », dans *ThQ* 143 (1963), p. 56-82.

–, *Infaillible? Une interpellation* (1970), Paris, DDB, 1971.

LAFONTAINE C., *La société post-mortelle*, Paris, Éd. du Seuil, 2008.

LAGRÉE M., *Religion et modernité. France, XIXe-XXe siècles*, Rennes, PUR, 2002.

LAMBERIGTS M. et SCHELKENS K., « La notion de l'apostolicité selon Vatican II », dans *RSR* 103/2 (2015), p. 169-183.

LANGLOIS Cl., *Le continent théologique*, Rennes, PUR, 2016.

LATOUR B., « Sur une nette inversion du schème de la fin des temps. Repenser la Création à l'âge de l'anthropocène », dans *RSR* 107/4 (Octobre-Décembre 2019), p. 601-615.

LE CHEVALIER V., *Ces fidèles qui ne pratiquent pas assez*, Namur, Lessius, 2017.

LECLER J., « À propos d'une maxime citée par le pape Jean XXIII : *In necessariis unitas, in dubiis libertas, in omnibus caritas* », dans *RSR* 49 (1961), p. 549-560.

–, « Note complémentaire sur la maxime : *In necessariis unitas, in non necessairiis libertas, in omnibus caritas* », dans *RSR* 52 (1964), p. 432-438.

LEGRAND H., « Relecture et évaluation de l'*Histoire du concile Vatican II* d'un point de vue ecclésiologique », dans Chr. THEOBALD (dir.), *Vatican II sous le regard des historiens. Colloque du 23 septembre 2005. Centre Sèvres – Facultés jésuites de Paris*, Paris, Médiasèvres, p. 49-82.

LEVINAS E., *Du sacré au saint. Cinq nouvelles lectures talmudiques*, Paris, Éd. de Minuit, 1977.

LEHMANN K., RAFFELT A., « Introduction » du volume 27 des *Sämtliche Werke*, *SW*, 27, p. IX-XVII.

LIPOVETSKY G. (avec CHARLES S.), *Des temps hypermodernes*, Paris, Grasset, 2004.

LOISY A., *Autour d'un petit livre*, Paris, Picard, 1903.

–, *La crise de la foi dans le temps présent*, Turnhout, Brepols, 2010.

LUTHER M., *Von den Konziliis und Kirchen* (1539), dans *WA*, 50, Weimar, Hermann Böhlaus, 1914, p. 509-536.

–, *Du serf arbitre*, dans *Œuvres* V, Genève, Labor et Fides, 1958, p. 21-236.

–, *Homélie du 10 août 1522*, dans *WA* 10/3, Weimar, Hermann Böhlaus, 1914, p. 257-268.

LYOTARD J.-Fr., *La Condition postmoderne, Rapport sur le savoir*, Paris, Éd. de Minuit, 1979.

MEIER J. P., *Jésus, un certain Juif*, vol. 3, Paris, Éd. du Cerf, Paris, 2005.

MELLONI A., *Papa Giovanni. Un cristiano e il suo concilio*, Turin, Einaudi, 2009.

–, Édition critique du discours d'ouverture du Concile *Gaudet mater Ecclesia* (11 octobre 1962), dans ID., *Papa Giovanni. Un cristiano et il suo concilio*, Turin, Einaudi, 2009, p. 299-336.

MERLEAU-PONTY M., *Signes*, Paris, Gallimard, 1960.

MESSORI V., *Entretien sur la foi*, Paris, Fayard, 1985.

METZ J. B., *Christliche Anthropozentrik*, Munich, Chr. Kaiser, 1962.

–, *L'homme – Anthropocentrique chrétienne. Pour une interprétation ouverte de la philosophie de saint Thomas* (1962), Paris, Mame, 1968.

–, *Zur Theologie der Welt*, Mainz/Munich, Grünewald/Kaiser, 1968.

–, *Glaube in Geschichte und Gegenwart*, Mainz, Grünewald, 1977.

MILDENBERGER Fr., « Apostel/Apostolat/Apostolizität III. Systematisch-theologisch », dans *TRE 3*, Berlin/New York, de Gruyter, 1978, p. 466-477.

MILTOS A., *Collégialité et synodalité. Vers une compréhension commune entre catholiques et orthodoxes*, Paris, Éd. du Cerf, 2019.

MOINGT J., *Croire au Dieu qui vient. I. De la croyance à la foi critique*, Paris, Gallimard, 2014.

NAULT Fr., « Révélation sans théologie, théologie sans révélation », dans BORDEYNE Ph. et VILLEMIN L. (dir.), *Vatican II et la théologie. Perspectives pour le XXIe siècle*, Paris, Éd. du Cerf, 2006, p. 127-149.

NEUFELD K. H., *Die Brüder Rahner. Eine Biographie*, Fribourg/Basel/Wien, Herder, 1994.

O'MALLEY J. W., « Erasmus and Vatican II : Interpreting the Council », dans MELLONI A. (éd.), *Cristianesimo nella storia. Saggi in onore di Giuseppe Alberigo*, Bologna, Il Mulino, 1996, p. 195-211.

–, « Official Norms : On Interpreting the Council, with a Response to Cardinal Avery Dulles », dans *America* n° 188/11, 31 mars 2003, p. 11-14.

–, *L'Événement Vatican II* (2008), Bruxelles, Lessius, 2011.

PELLETIER D., *Les catholiques en France de 1789 à nos jours*, Paris, Albin Michel, 2019.

PERRIN M.-Y., « À propos de l'émergence de la "Grande Église" : quelques notations introductives », dans *RSR* 101/4 (2013), p. 489-497.

Picq P., Coppens Y. (éd.), t. I : *De l'apparition de la vie à l'homme moderne* ; t. II : *Le propre de l'homme*, Paris, Fayard, 2002.

Poulat É., *Histoire, dogme et critique dans la crise moderniste*, Paris/Tournai, Casterman, 1962.

–, *Modernistica. Horizons, physionomies, débats*, Paris, Nouvelles éditions latines, 1982.

–, « Nouveaux christianismes et religion de l'humanité », dans Id., *Critique et mystique. Autour de Loisy ou la conscience catholique*, Paris, Le Centurion, 1984, p. 217-253.

Rahner K., *Mission et grâce*, vol. II, Paris, Mame, 1963.

–, *Schriften* XIV, Zürich/Einsiedeln/Cologne, Benziger, 1980.

–, « Essai d'une esquisse de dogmatique », dans *L'auditeur de la parole. Écrits sur la philosophie de la religion et sur les fondements de la théologie*, édition critique sous la direction de O. Riaudel et de Y. Trocheris, *Œuvres* 4, Paris, Éd. du Cerf, 2013, p. 615-635.

–, « L'interprétation théologique de la situation du chrétien dans le monde moderne » (1954), dans *L'Église face aux défis de notre temps. Études sur l'ecclésiologie et l'existence ecclésiale*, édition critique sous la direction de Theobald Chr., *Œuvres* 10, Paris, Éd. du Cerf, 2016, p. 357-394.

–, « Qu'est-ce qu'une hérésie ? », dans *Œuvres* 10, p. 723-774.

–, « Sur le concept du *ius divinum* dans la conception catholique », dans *Œuvres* 10, p. 849-877.

–, *Le deuxième concile œcuménique du Vatican. Contributions au Concile et à son interprétation.* Dirigé et préfacé par Chr. Theobald, *Œuvres* 21, Paris, Éd. du Cerf, 2015.

–, « À propos de la théologie du Concile » [1962], dans *Œuvres* 21, p. 45-70.

–, « Remarques concernant le schéma *De Ecclesia in mundo huius temporis.* 28 mai 1965 », dans *Œuvres* 21, p. 361-370.

–, « Le Concile – un nouveau commencement », dans *Œuvres* 21, p. 757-777.

–, « La théologie et sa mise en demeure par le concile Vatican II », dans *Œuvres* 21, p. 817-849.

–, « La doctrine de Vatican II sur l'athéisme », dans *Concilium* 3 (1967/3), p. 13-28 ; version augmentée sous le titre « Athéisme et christianisme implicite », dans *Œuvres* 21, p. 871-900.

–, « À propos de la problématique théologique d'une Constitution pastorale », dans *Œuvres* 21, p. 901-926.

–, « Interprétation théologique fondamentale du Deuxième concile du Vatican », dans *Œuvres,* 21, p. 993-1009.

–, « Quelques remarques sur le *Traité fondamental de la foi* » (1980), dans *Traité fondamental de la foi. Études sur le concept du christianisme,* édition critique sous la direction de E. MAURICE et O. RIAUDEL, *Œuvres* 26, Paris, Éd. du Cerf, 2012, p. 509-520.

–, avec RATZINGER J., *Episkopat und Primat, QD* 11, Fribourg, Herder, 1961.

RAISON DU CLEUZIOU Y., *Qui sont les cathos aujourd'hui ? Sociologie d'un monde divisé,* Paris, DDB, 2014.

–, CIBOIS Ph., « Qui sont vraiment les catholiques », *La Croix*, 12 janvier 2017.

RATZINGER J., « Zur Theologie des Konzils », dans *Cath* 15 (1961), p. 292-304, texte développé après le Concile dans ID., *Le Nouveau Peuple de Dieu* (1969), Paris, Aubier, 1971, p. 73-100.

–, « La collégialité épiscopale. Développement théologique », dans G. BARAÚNA (dir.), *L'Église de Vatican II. Études autour de la Constitution conciliaire sur l'Église*, t. III, Paris, Éd. du Cerf, 1966, p. 775-778.

–, *Foi chrétienne hier et aujourd'hui*, Éd. du Cerf, Paris, 2020

–, *Le Nouveau Peuple de Dieu* (1969), Paris, Aubier, 1971.

RIAUDEL O., « La critique de "l'Évangile selon sainte Scolastique" », dans *RSR* 107/3 (2019), p. 441-462.

RICŒUR P., « Herméneutique de l'idée de Révélation », dans D. COPPIETERS de GIBSON, *La Révélation*, Bruxelles, Publications des Facultés universitaires Saint-Louis, 1977, p. 15-54.

–, *Liebe und Gerechtigkeit – Amour et justice*. Mit einer deutschen Parallelübersetzung von Matthias Raden, O. Bayer (éd.), Tübingen, J. C. B. Mohr (Paul Siebeck), 1990.

ROMANACCE Fr.-X., « Église et Églises ; réflexions sur les questions d'autorité dans les communautés chrétiennes au IIe siècle », dans *RSR* 101/4 (2013), p. 517-527.

ROUTHIER G., *Cinquante ans après Vatican II. Que reste-t-il à mettre en œuvre ?*, Paris, Éd. du Cerf, 2015.

–, « La naissance d'une théologie pratique et pastorale dans le sillon du concile Vatican II et l'interrogation actuelle sur les "sujets" de la théologie », dans *RSR* 107/3 (2019), p. 463-478.

RUBENS P., « La foi aux prises avec l'ambiguïté postmoderne : Penser avec Paul Tillich la méthode théologique », dans *International Yearbook*, vol. 11, Yearbook 2016 for Tillich Research (dir. Ch. DANZ, M. DUMAS, W. SCHÜSSLER, M. A. STENGER, E. STURM), *Faith in Postmodernity*, Berlin/Boston, De Gruyter, 2016, p. 1-22.

SANDER H.-J., commentaire de la Constitution pastorale *Gaudium et spes*, dans HÜNERMANN P., HILBERATH B. J. (dir.), *Herders theologischer Kommentar zum zweiten vatikanischen Konzil*, vol. 4, Fribourg, Herder, 2005, p. 581-886.

–, « L'histoire du salut au rythme de la diaspora. Un élément porteur de l'élan missionnaire à la suite d'Aparecida et d'*Evangelii Gaudium* », dans *RSR* 107/3 (2019), p. 479-496.

SCANNONE J. C., *Le pape du peuple. Bergoglio raconté par son confrère théologien, jésuite et argentin*, Paris, Éd. du Cerf, 2015.

SCHAEFFER J.-M., *La fin de l'exception humaine*, Paris, Gallimard, 2007.

SCHATZ K., *Allgemeine Konzilien – Brennpunkte der Kirchengeschichte*, Paderborn, Ferdinand Schöningh, 1997.

SCHLINK E., « Zur Unterscheidung von ius divinum und ius humanum », dans SECKLER M. (éd.), *Begegnung. Beiträge zu einer Hermeneutik des Gesprächs. Heinrich Fries gewidnet von Freunden, Schülern und Kollegen*, Graz, Styria, 1972, p. 233-250.

SECKLER M., « Der Begriff der Offenbarung », dans *Handbuch der Fundamentaltheologie*, vol. 2, Fribourg, Herder, 1985, p. 60-83.

SÉGOVIE J. DE, *Historia generalis synodi Basiliensis* (1449-1453), dans *MCG* III.

SEMMELROTH O., « Zur Frage nach der Verbindlichkeit der dogmatischen Aussagen des zweiten Vatikanischen Konzils », dans *ThPh* 42 (1967), p. 236-246.

SESBOÜÉ B., « Magistère "ordinaire" et magistère "authentique". Note théologique », dans *RSR* 84/2 (1996), p. 267-275 (avec référence à M. CAUDRON, « Magistère ordinaire et infaillibilité pontificale » d'après la Constitution *Dei Filius*, *ETHL* 36 [1960], p. 393-431).

SIEBEN H. J., *Traktate und Theorien zum Konzil. Vom Beginn des grossen Schismas bis zum Vorabend der Reformation (1378-1521)*, Francfort, Josef Knecht, 1983 [*Traktate*].

–, *Die Konzilsidee der alten Kirche*, Paderborn, Schöningh, 1979 (*K.* I).

–, *Die Konzilsidee des lateinischen Mittelalters*, Paderborn, Schöningh, 1984 (*K.* II).

–, *Die katholische Konzilsidee von der Reformation bis zur Aufklärung*, Paderborn, Schöningh, 1988 (*K.* III).

–, *Katholische Konzilsidee im 19. und 20. Jahrhundert*, Paderborn, Schöningh, 1993 (K. IV).

SIFFER N., « La proclamation du Royaume de Dieu comme marqueur de continuité entre Jésus et l'Église dans l'œuvre de Luc », dans *RSR* 99/3 (2011), p. 349-369.

SUDAR P., « La religiosidad popular como lugar teológico en la exhortación apostólica Evangelii Gaudium de Su Santidad Francisco », dans *Pontifica Universidad Católica Argentina, 100 años de la Facultad de Teología. Memoria, presente, futuro*, Buenos Aires, Agape Libros, 2015, p. 453-463.

TAYLOR Ch., *L'Âge séculier*, Paris, Éd. du Seuil, 2011.

THEOBALD Chr., « L'entrée de l'histoire dans l'univers religieux et théologique au moment de la "crise moderniste" », dans J. GREISCH, K. H. NEUFELD, Chr. THEOBALD, *La crise contemporaine. Du modernisme à la crise des herméneutiques*, Paris, Beauchesne, 1973, p. 7-85.

–, « L'exégèse catholique au moment de la crise moderniste », dans *Bible de tous les temps*, vol. VIII, Paris, Beauchesne, 1985, p. 387-439.

–, « Les "changements de paradigmes" dans l'histoire de l'exégèse et le statut de la vérité en théologie », dans *Revue de l'Institut catholique de Paris* 24 (octobre/décembre 1987), p. 79-111.

–, *Maurice Blondel und das Problem der Modernität. Beitrag zu einer epistemologischen Standortbestimmung zeitgenössischer Fundamentaltheologie*, Francfort, Knecht, 1988.

–, « Première constitution dogmatique sur l'Église du Christ *Pastor aeternus* du concile de Vatican I », dans SESBOÜÉ B. et THEOBALD Chr., *Histoire des dogmes*, t. IV : La parole du salut, Paris, Desclée, 1996, p. 315-344.

–, « De Vatican I aux années 1950 : Révélation, foi et raison, inspiration, dogme et magistère » (avec bibliographie), dans B. SESBOÜÉ et Chr. THEOBALD, *La Parole du salut.* Histoire des Dogmes, t. IV, Paris, Desclée, 1996, p. 227-470.

–, « Le développement de la notion des "vérités historiquement et logiquement connexes avec la Révélation" de Vatican I à Vatican II », dans *cristianesimo nella storia* XXI (février 2000), p. 37-70.

–, *La Révélation... tout simplement*, Paris, Atelier, 2001[1], 2006[2].

–, « L'Église sous la Parole de Dieu », dans ALBERIGO G. (dir.), *Histoire du concile Vatican II. 1959-1965, V : Concile de transition. La quatrième session et la conclusion du Concile* (2001), p. 337-437.

–, « La foi au Christ : transmettre l'intransmissible ? », dans SEMAINES SOCIALES DE FRANCE, *Transmettre, partages des valeurs, susciter des libertés*, Paris, Bayard, 2006, p. 95-114.

–, *Transmettre un évangile de liberté*, Paris, Bayard, 2007.

–, *Le christianisme comme style. Une manière de faire de la théologie en postmodernité. Deux volumes*, Paris, Éd. du Cerf, 2007.

–, « Le christianisme comme style. Entrer dans une manière d'habiter le monde », dans Ph. BORDEYNE, A. THOMASSET (dir.), *Les communautés chrétiennes et la formation morale des sujets*, Revue d'éthique et de théologie morale, Paris, Éd. du Cerf, 2008, p. 235-248.

–, *La réception du concile Vatican II.* I. *Accéder à la source*, Paris, Éd. du Cerf, 2009.

–, *« Dans les traces... » de la Constitution* Dei verbum *du Concile Vatican II*, Paris, Éd. du Cerf, 2009.

–, « La différence chrétienne. À propos du geste théologique de Vatican II », dans *Études* 4121 (janvier 2010), p. 65-76.

–, GIBERT P., *Recherches de Science Religieuse. 1910-2010 – Théologies et Vérité au défi de l'histoire. Introduction par Pierre Gibert et Christoph Theobald*, Louvain/Paris/Walpole, Peeters, MA, 2010.

–, *Présences d'Évangile I. Lire les évangiles et l'apocalypse en Algérie et ailleurs* (2003), Paris, Éd. de l'Atelier, 2011[2].

–, *Présences d'Évangiles II. Lire l'Évangile de Luc et les Actes des apôtres en Creuse et ailleurs*, Paris, Éd. de l'Atelier, 2011.

–, « Le difficile vivre-ensemble, le lien social et la perspective du Règne de Dieu », dans *RSR* 100/3 (2012), p. 365-380.

–, *As grandes intuições de futuro de Concílio Vaticano II : a favor de uma, gramática gerativa das relações entre Evangelho, sociedade et Igreja*, Cadernos Teologia Pública, ano X/77, Universidade do Vale do Rio dos Sinos, 2013.

–, « Tradition als kreativer Prozess. Eine fundamentaltheologische Herausforderung », dans EISELE W., SCHAEFER Ch., WEIDEMANN H.-U., *Aneignung durch Transformation. Festschrift für Michael Theobald*, Fribourg, Herder, 2013, p. 483-508.

–, « La "sécularisation interne" du christianisme : quel apprentissage pour la théologie ? », dans *RSR* 101/2 (2013), p. 201-210.

–, *Le concile Vatican II. Quel avenir ?*, Paris, Éd. du Cerf, 2015.

–, *Selon l'Esprit de sainteté. Genèse d'une théologie systématique*, Paris, Éd. du Cerf, 2015.

–, « Commentaire sur l'Exhortation apostolique post-synodale *Amoris laetitia* (2016) », dans *L'édition présentée et annotée sous la direction du Service national Famille et Société – Conférence des évêques de France et de la Faculté de théologie du Centre Sèvres. Avec un guide de lecture et des témoignages*, Namur/Paris, Fidélité/Lessius, 2016, p. 321-336.

–, *Urgences pastorales du moment présent, Pour une pédagogie de la réforme*, Paris, Bayard, 2017.

–, *Donner un à-venir à la théologie*, Paris, Bayard, 2017.

–, *Europe, terre de mission. Vivre et penser la foi dans un espace d'hospitalité messianique,* Paris, Éd. du Cerf, 2019.

THEOBALD M., « Exegese als theologische Basiswissenschaft. Erwägung zum interdisziplinären Selbstverständnis neutestamentlicher Exegese », dans *Wie biblisch ist die Theologie*, JBTH 25, Neunkirchen, 2010, p. 105-139.

–, *Herrenworte im Johannesevangelium*, Herders Biblische Studien, Bd. 34, 2002.

TILLICH P., *Le courage d'être* (1952), Paris, Casterman, 1967.

TORRELL J.-P., *Encyclopédie Jésus le Christ chez Saint Thomas d'Aquin*, Paris, Éd. du Cerf, 2008.

TROELTSCH E., « Der Modernismus » (1909), dans *Gesammelte Schriften*, 2, Aalen. Scientiaverlag, 1982, p. 45-67.

–, « Que signifie "Essence du Christianisme" ? » (1900), dans ID., *Histoire des religions et destin de la théologie*, *Œuvres* III, Paris, Éd. du Cerf, 1996, p. 179-241.

VERWEYEN H., *Gottes letztes Wort. Grundriss der Fundamentaltheologie*, Regensburg, Pustet, 2002⁴.

VITALI D., « *Universitas fidelium in credendo falli nequit* (*LG*, 12). Il *sensus fidelium* al concilio Vaticano II », dans *Gregorianum* 86 (2005), p. 607-638.

WENDEL S., « In Antinomien verstrickt. Zum Problem einer begründungslogischen Rezeption der heiligen Schrift », dans *ET. International congress "The Soul of Theology. On the Role of Scripture in Theology". Louvain, 17-20 September 2015*, KU Louvain, p. 33-46.

WERBICK J., *Kirche. Ein ekklesiologischer Entwurf Für Studium und Praxis*, Fribourg, Herder, 1994.

WOHLMUTH J., *Verständigung in der Kirche. Untersucht an der Sprache des Konzils von Basel*, Mayence, Grünewald, 1983.

ZALASIEWICZ J. *et al.*, *The Anthropocene as a Geological Unit*, Cambridge, CUP, 2019.

Sources des textes ici republiés et révisés

Dans les traces du concile Vatican II…

La « pastoralité » de l'enseignement du concile Vatican II

« Bilan d'une réception controversée » ; texte publié pour la première fois en italien dans *Una chiesa « Esperta in umfanità ». Paolo VI interprete del Vaticanon II. Colloquio internazionale de Studio. Concessio (Brescia) 23, 24 et 25 seetembre 2016*, A. Amffeise (éd.), Istituto Paolo VI – Brescia, Edizioni Studium – Rome, 2019, p. 73-95.

Paroles humaines – Parole de Dieu

« Quelques réflexions théologiques et pastorales à partir de la Constitution Dei verbum de Vatican II » ; texte publié pour la première fois dans *Cahiers Évangile* 175 (mars 2016), p. 38-52 et en italien sous le titre : « Parole umane – Parole di Dio. Riflessioni teologiche et pastorali a partire dalla Costituzione *Dei verbum* del Concilio Vaticano II », dans *Rivista Teologicas des Seminario Archivescovile di Milano* 144/4 (2016), p. 489-505.

Les potentialités d'avenir de la Constitution pastorale *Gaudium et spes* : pour une foi qui sait interpréter ce qui advient

« Aspects épistémologiques et constellations actuelles » ; texte publié pour la première fois en portugais sous le titre : « As potencialidades de futuro da Constituição Pastoral *Gaudium et spes* : por uma fé que sabe interpretar o que advém. Aspectos epistemológicos et constelações actuais », dans *Cadernos Teologia Pública* do Instituto Humanitas Unisinos, Ano XII/96 (2015), Universidade do Vale do Rio dos Sinos, São Leopoldo, 2015.

Mutations de l'humain – défis pour la théologie

« De l'anthropocentrisme européen vers un nouvel humanisme », Texte inédit.

La « vie consacrée » dans l'Église

« Fondement commun dans une diversité de formes et selon un processus historique ouvert » ; texte publié pour la première fois dans *Sequela Christi*, année 42 (2016/01), p. 43-60.

...LA NOUVELLE PERSPECTIVE DU PAPE FRANÇOIS

L'exhortation apostolique *Evangelii gaudium*

« Esquisse d'une interprétation originale du concile Vatican II » ; texte publié pour la première fois dans *RTL* 46 (2015), p. 321-340.

Le christianisme comme style

« Mise en perspective de la "théologie" du pape François » ; texte publié pour la première fois en italien : « Il cristianesimo come stile. Uno sguardo sulla 'teologia' di papa Francesco », dans *Misericordiae vultus. I Giubileo di papa Francesco*, Istituto della Enciclopedia Italiana fondata da Giovanni Treccani, Rome, 2016, p. 15-34.

L'enseignement social de l'Église selon le pape François

« De l'holocène vers l'anthropocène » ; texte publié pour la première fois dans *NRT* 132/2 (avril-juin 2016), p. 273-288.

Pour un nouvel humanisme ou l'appel universel à la sainteté

« Une reprise originale du chap. V de la Constitution *Lumen gentium* » ; texte publié pour la première fois en italien sous le titre « Il cristianesimo come stile. Per un nuovo umanesimo », dans *Il Regno* 22 (1314 : décembre 2019), p. 81-90.

« Mystique de la fraternité »

« Église et théologie dans un style nouveau » ; texte publié pour la première fois sous le titre : « "Mystik der Fraternité". Kirche und Theologie in neuem Stil », dans K. APPEL, J. DEIBL (éd.), *Barmherzigkeit und Liebe. Das theologische Programm von Papst Franziskus*, Herder, Fribourg/ Basel/Wien, 2016, p. 21-38.

L'INVITATION À REVISITER LES FONDAMENTAUX...

Des frontières à franchir, une limite à penser.

« Ce qu'un théologien peut apprendre de l'historicité sociale de sa discipline » ; texte inédit.

La tradition chrétienne comme révélation

« À propos de la nécessité formelle et de la crédibilité culturelle du concept d'"autorévélation" divine » ; texte publié pour la première fois dans J. GRAMONT, V. HOLZER (dir.), *La Révélation. Lectures philosophiques et théologiques*, Paris, Hermann, 2020, p. 243-260.

« Sensus fidei fidelium »

« Enjeux d'avenir d'une notion classique » ; texte publié pour la première fois dans *RSR* 104/2 (2016), p. 207-236.

L'apostolicité de l'Église

« Pour une théologie œcuménique des origines chrétiennes » ; texte publié pour la première fois dans *RSR* 103/2 (2015), p. 223-245.

Pour une théologie de l'institution conciliaire

« L'enjeu d'une concordance entre le contenu et la forme » ; texte publié pour la première fois dans *RSR* 93/2 (2005), p. 267-290.

S'entendre dans l'Église et dans la société

« Pour une articulation entre autorité et dialogue » ; texte publié pour la première fois dans *StPat* 66/1 (Gennaio-Aprile 2019), p. 67-85.

Faire de la théologie au service d'un christianisme en diaspora

« Pour un pragmatisme éclairé » ; texte publié pour la première fois dans *RSR* 107/3 (2019), p. 497-523.

...DANS UN ESPRIT ŒCUMÉNIQUE

Le renouveau œcuménique au XXe siècle

« Flux et reflux » ; texte publié pour la première fois dans N. EDELBY, S. BECHEALANY (éd.), *Le défi de l'Église Une. Mission de la revue œcuménique francophone. Actes de colloque de Beyrouth – 12-14 novembre 2015*, Études du Proche Orient Chrétien, 7, CERPOC, Beyrouth, 2018, p. 15-31.

Unification des Églises – une possibilité réelle

« Les huit thèses d'Heinrich Fries et de Karl Rahner, relues trente-deux ans après » ; texte publié pour la première fois dans *CrSt* 37 (2016), p. 361-381.

Le courage d'anticiper un avenir commun

« L'unité visible de l'Église, à quelles conditions ? » ; texte publié pour la première fois dans *Proche-Orient chrétien* 66 (2016/3 et 4), p. 265-287 et dans *Irénikon* 90 (2017/1), p. 5-31.

Que nous est-il permis d'espérer ?

« L'œcuménisme : un seuil à franchir » ; texte publié pour la première fois dans *CrSt* 40 (2019), p. 411-452.

Index des noms

D

E

F

G

M

N

O

P

Table des matières

Deuxième partie

...LA NOUVELLE PERSPECTIVE DU PAPE FRANÇOIS

Troisième partie
L'INVITATION À REVISITER LES FONDAMENTAUX...

Quatrième partie
...Dans un esprit œcuménique